Gustav Körting

**Enzyklopädie und Methodologie der englischen Philologie**

Gustav Körting

**Enzyklopädie und Methodologie der englischen Philologie**

ISBN/EAN: 9783742888952

Hergestellt in Europa, USA, Kanada, Australien, Japan

Cover: Foto ©Thomas Meinert / pixelio.de

Manufactured and distributed by brebook publishing software (www.brebook.com)

Gustav Körting

**Enzyklopädie und Methodologie der englischen Philologie**

# ENCYKLOPAEDIE UND METHODOLOGIE

## DER

# ENGLISCHEN PHILOLOGIE.

# ENCYKLOPAEDIE

UND

## METHODOLOGIE

DER

# ENGLISCHEN PHILOLOGIE

VON

## GUSTAV KÖRTING.

HEILBRONN,
VERLAG VON GEBR. HENNINGER.
1888.

# Vorwort.

Das vorliegende Buch soll nach seiner Anlage und Bestimmung ein Seitenstück zu meiner „Encyklopädie und Methodologie der romanischen Philologie" sein. Man wird es gewiss gerechtfertigt finden, dass ich die in dem letztgenannten Werke gegebenen allgemeinen Erörterungen über den Begriff, den Umfang und die Aufgaben der Philologie hier nicht wiederholt habe, zumal da ich voraussetzen zu dürfen glaube, dass die etwaigen Käufer des gegenwärtigen Buches zum grossen Theile Besitzer des früheren sind. So habe ich mich darauf beschränkt, eine Uebersicht über die wichtigsten Einzelgebiete der englischen Philologie im Besonderen zu entwerfen mit möglichster Beiseitelassung des Allgemeinen.

Die den einzelnen Abschnitten beigefügten „Litteraturangaben" sollen keine vollständige Bibliographie der englischen Philologie bilden — eine solche würde wohl auch nur in England sich zusammenstellen lassen und, nebenbei bemerkt, einen Raum beanspruchen, der mit der Bestimmung meines Buches unverträglich war —, es sollen vielmehr diese „Litteraturangaben" nur auf das Wichtigste aufmerksam machen. Eine Art Ergänzung der „Litteraturangaben" bildet das im Anhange gegebene, vielleicht gar Manchem sehr willkommene systematische Inhaltsverzeichniss der „Anglia" und der „Englischen Studien". Da in demselben auch sämmtliche in den genannten Zeitschriften erschienenen Recensionen verzeichnet sind, so habe ich in den „Litteraturangaben" nur ausnahmsweise auf eine solche verwiesen.

Die „Litteraturangaben" beruhen zu einem Theile auf den in der „Anglia" (Bd. 2, 4, 6, 9, 10) veröffentlichten, sehr dankenswerthen Bibliographien.

Wie bei früheren Büchern, so habe ich auch bei diesem meinem lieben Freunde Herrn Gymnasialrector Prof. Dr. Meltzer in Dresden für die aufopfernde Unterstützung, welche er mir bei der Correctur gewährt hat, herzlichsten Dank zu sagen.

Münster i. W., den 7. März 1888.

G. Körting.

# Inhaltsverzeichniss.

## Einleitung.

§ 1. **Begriff der »englischen Philologie«**. S. 1 bis 6.
Definition des Begriffs »englische Philologie«. Bemerkung gegen ELZE'S Auffassung des Begriffes S. 1 — Die engl. Phil. ein Theil der german. Gesammtphilologie 2 — Die angelsächsische Phil. ein Bestandtheil der engl. Phil. 2 — Encyklopädien der engl. Phil. 2 — Bibliographie der engl. Phil. 4 — Zeitschriften für engl. Phil. 5.

§ 2. **Beziehungen der englischen Philologie zu verwandten Wissenschaften.** S. 6 bis 19.
Die engl. Phil. und die german. Phil. 6 — Die Beziehungen der engl. Phil. zur indogerman. Sprachvergleichung und zur allgemeinen Sprachwissenschaft 8 — Die Beziehungen der engl. Phil. zur romanischen Phil. 15 — Die Beziehungen der engl. Phil. zur Lautphysiologie 16 — Die Beziehungen der engl. Phil. zur Geschichte 17.

§ 3. **Die Geschichte der englischen Philologie.** S. 19 bis 33.
Sprachliche Studien in England während des Mittelalters 19 — Angelsächsische Studien in England im 16., 17. und 18. Jahrh. 20 — Herausgabe alt- und mittelengl. Texte in England im 18. und im Beginn des 19. Jahrhunderts 21; die litterarischen Clubs 22 — Die Begründung der germanischen, bzw. der englischen Philologie durch J. GRIMM u. A. 23 — Die gegenwärtigen Universitätslehrer der engl. Phil. in Deutschland 25 [1]) — Der gegenwärtige Stand der engl. Philologie in Deutschand, England, Skandinavien, Frankreich und Italien 31.

§ 4. **Das akademische Studium der englischen Philologie.** S. 33 bis 41.
Charakter und Umfang des akad. Studiums der engl. Phil. 33 — Die Anforderungen im Staatsexamen 34 — Studienplan 36 — Wichtigkeit der

---

[1]) Die S. 25 ff. gegebenen Personalnotizen beruhen theils auf den Angaben im Richter'schen Universitätskalender, theils auf brieflichen Mittheilungen der betr. Herren Collegen. Einige Mittheilungen gingen mir leider verspätet zu (so z. B. die des Herrn Prof. Dr. Mall). Mehrfach blieben meine Anfragen unbeantwortet. Aus diesem Grunde bitte ich, einzelne Lücken und Ungenauigkeiten entschuldigen zu wollen.

Beschäftigung mit der elementaren Grammatik 37 — Wichtigkeit einer möglichst ausgedehnten Lectüre 38 — Die Beschäftigung mit dem Ags., Alt- und Mittelenglischen 39 — Die Erlangung der Sprechfertigkeit 40.

## Erstes Kapitel.
### Die geschichtliche Entwickelung der englischen Sprache.

§ 5. Allgemeines. S. 41 bis 47.
Die Perioden der englischen Sprachgeschichte 42 — Der geschichtliche Wandel im Baue der engl. Sprache 43 — Verhältniss der sprachlichen Analyse zur Synthese 44.

§ 6. Uebersicht der Geschichte der englischen Sprache bis zur normannischen Eroberung. S. 47 bis 69.
1. Die Kelten. Eintheilung der kelt. Sprachen 47 — Einfluss des Keltischen auf das Englische 48 — Einwirkung der keltischen Litteratur auf die englische 49 — Litteraturangaben für das Studium des Keltischen 50.
2. Die Römer. Die römische Herrschaft in England 51 — Einfluss des Lateins auf das Englische 51.
3. Die Angelsachsen. Die ags. Besiedelung Englands 52 — Die ags. Königreiche 53 — Die Bekehrung der Angelsachsen zum Christenthume 54 — Der Charakter des ags. Volkes 54.
4. Die ags. Sprache. Stellung des Ags. innerhalb der germanischen Sprachen und Eintheilung der letzteren 57 (Der Name »angelsächsisch« 57 Anm.) — Die ags. Mundarten, insbesondere das Westsächsische 59 — Charakteristik des Ags. 60 — Litteraturangaben 61 — Ueber das Studium des Ags. 63.
5. Die Dänen. Begriff des Namens »Dänen« 65 — Niederlassung der Dänen in England 66 — Einfluss des Dänischen, bzw. des Nordischen, auf das Englische 66.
6. Die Normannen. Niederlassung und sprachliche Französirung der Normannen in Neustrien 66 — Litteraturangaben zur normannischen Geschichte und zur Geschichte der norm. Eroberung Englands 68.

§ 7. Uebersicht über .die Geschichte der englischen Sprache seit der normannischen Eroberung. S. 69 bis 94.
1. Verhältniss des normannischen Französisch zum Ags. in der ersten Zeit nach der Eroberung 69.
2. Verfall der ags. Schriftsprache. Das Neuags. und seine Litteratur 70 — Litteraturangaben für das Studium des Neuags. 71.
3. Das Erlöschen des Französ. in England 72.
4. Der Einfluss des Französischen auf das Englische 73 — Litteraturangaben über das Verhältniss zwischen Französisch und Englisch 79.
5. Das Altenglische 80 — Litteraturangaben über das Altenglische 81.
6. Das Mittelenglische 85 — Das Aufkommen der nationalen Schriftsprache 86 — Litteraturangaben über das Mittelenglische 87.
7. Das Neuenglische 88 — Litteraturangaben über das Neuenglische 89 — Bemerkungen über das Studium des Neuenglischen 92.

## Zweites Kapitel.
### Das Sprachgebiet des Englischen.

§ 8. Die geschichtliche Entwickelung des englischen Sprachgebietes. S. 94 bis 96.
1. Das ursprüngliche Gebiet des Angelsächsischen 94 — 2. Die Ausbreitung des Ags. 94 — 3. Ausbreitung des Normannisch-Französischen in England 95 — 4. Die Anglisirung Irlands 95 — 5. Die Anglisirung Schottlands 95 — 6. Verbreitung des Englischen in überseeischen Gebieten 95.

§ 9. Das englische Sprachgebiet innerhalb Europa's. S. 96 bis 102.
1. Das englische Sprachgebiet in Grossbritannien 96 — 2. Das Englische auf dem Continent 96 — 3. Der Umfang des englischen Sprachgebietes in Grossbritannien 96 — Die politische Eintheilung Grossbritanniens 97.

§ 10. Das englische Sprachgebiet ausserhalb Europa's. S. 102 bis 103.
1. Das Englische in Nordamerika und Australien 102 — 2. Das Englische in den sonstigen englischen Coloniallándern 103 — 3. Der Umfang des engl. Sprachgebietes ausserhalb Europa's 103.

§ 11. Die Zahl der englisch Redenden. S. 103 bis 105.
Die Bevölkerungsziffern des britischen Reiches 104 — Ungefähre Schätzung der Zahl der englisch Redenden 105.

### Drittes Kapitel.
### Die Dialekte des Englischen.

§ 12. Die ags. Dialekte. S. 106 bis 108.
1. Die Hauptdialekte des Ags. 106 — 2. Das Anglische und seine Untermundarten 106 — 3. Das Westsächsische 107 — 4. Das Kentische 107 — 5. Litteraturangaben 108.

§ 13. Die alt- und mittelenglischen Dialekte. S. 108 bis 114.
1. Eintheilung der alt- u. mittelengl. Dialekte 108 — 2. u. 3. Charakteristik der alt- u. mittelengl. Dialekte 109 — 3. Die Dialekte u. die Litteratur 112 — Litteraturangaben 114.

§ 14. Die neuenglischen Dialekte. S. 114 bis 124.
1. Allgemeine Bemerkung über das Verhältniss zwischen den Dialekten und der Schriftsprache 114 — 2. Litterarische Bedeutung der neuengl. Dialekte 115 — 3. Eintheilung der neuengl. Dialekte 115 — 4. Das amerikanische Englisch 117 — 5. Negerenglisch u. Pidgin-Englisch 118 — 6. Litteraturangaben 119.

§ 15. Die Umgangssprache; die Vulgärsprache; Slang; Cant. S. 124 bis 127.
1. Die Umgangssprache 124 — 2. Die Vulgärsprache 125 — 3. Slang 125 — 4. Cant 125 — 5. Litteraturangaben 126.

## Viertes Kapitel.
### Die Laute des Englischen.

§ 16. Ueber die Sprachlaute im Allgemeinen. S. 127 bis 137. 1. Allgemeine Bemerkung über die Lautphysiologie 127 — 2. Die Sprachorgane und ihre Functionen 128 — 3. Litteraturangaben u. methodologische Bemerkungen 133.

§ 17. Bemerkungen über den germanischen Vocalismus. S. 137 bis 140. 1. Verhältniss des germ. Vocalismus zu demjenigen der indogermanischen Grundsprache 137 — 2. Das germ. Vocalsystem 138 — 3. Der Vocalwandel im German. 138 — 4. Die german. Wortbetonung 139.

§ 18. Der Consonantismus des Germanischen. S. 140 bis 144. 1. Das germanische Consonantensystem 140 — 2. Die Lautverschiebung 141 — 3. Der consonantische Auslaut 144.

§ 19. Der ags. Vocalismus. S. 144 bis 153. I. Gestaltung der gemeingermanischen, bezw. der westgermanischen Vocale im Ags.: A. in (betonten) Stammsilben 145. 1. Kurzes a 145, 2. langes a 145, 3. kurzes o 145, 4. langes o 146, 5. kurzes u 146, 6. langes u 146, 7. kurzes e 146, 8. langes e 146, 9. kurzes i 146, 10. langes i 146, 11. ai 146, 12. au 146. B. in (neben-, bezw. schwachtonigen) Mittel- und Endsilben 147.

II. 1. Beeinflussung der ags. Vocale durch ihre Umgebung 147 — 2. Brechung 148 — Umlaut 149.

III. Ablaut 151.

IV. Uebersicht des ags. Vocalbestandes 151.

§ 20. Der ags. Consonantismus. S. 153 bis 157. I. Uebersicht des ags. Consonantenbestandes 153 — II. Uebersicht über den Consonantenwandel und den Consonantenschwund 155. 1. Consonantenangleichung 155. 2. Consonantenvereinfachung 155. 3. Consonantenumstellung 155. 4. Consonantenverschiebung 155. 5. Palatalisirung 156. 6. Vocalisirung 156. 7. Schwund 156. 8. Grammatischer Wechsel 156.

§ 21. Die ags. Wortbetonung und Aussprache. S. 157 bis 159. 1. Die Betonung der Stammsilbe 157 — 2. Die Betonung der Nominalcomposita 157 — 3. Die Betonung der Particelcomposita 157 — 4. Der Gesammtklang des Angelsächsischen 158.

§ 22. Der neuenglische Vocalbestand. S. 159 bis 164. A. Gutturale Vocallaute. a) U-Laute: 1. halbconsonantisches u 159, 2. kurzes u 159, 3. diphthongisches u 159, 4. palatales diphthong. u 160. b) O-Laute: 1. kurzes offenes o 160, 2. langes offenes o 160, 3. diphthong. o mit U-Element 160, 4. diphthong. o mit I-Element 160. c) Der ə-Laut 160. d) Der ɐ-Laut 161. e) A-Laute: 1. langes helles a 162, 2. diphthong. a mit I-Element 162 — B. Palatale Vocallaute. a) E-Laute: 1. kurzes ä 162, 2. langes ä 162, 3. kurzes offenes e 163, 4. langes offenes e 163, 5. diphthongisches e 163. b) I-Laute: 1. halbconsonantisches i 163, 2. kurzes i 163, 3. langes i 164, 4. diphthong. i 164.

§ 23. Uebersicht des neuenglischen Consonantenbestandes. S. 164 bis 166.
A. Explosivae 164 — B. Fricativae 165 — C. Das Kehlkopfgeräusch h 166.

§ 24. Das Verhältniss des neuenglischen Vocalismus zu dem angelsächsischen (oder: Die Entwickelung der angels. Vocallaute zu den neuenglischen). S. 166 bis 175 [1]).
I. Charakteristische Züge des neuengl. Vocalismus verglichen mit dem angelsächsischen 166 — II. Die Entwickelung der ags. Vocale zu den neuenglischen 166 ff. — III. Die ags. Entsprechungen der neuengl. Vocale 172 — IV. Bemerkungen über den neuengl. Vocalismus 174.

§ 25. Das Verhältniss des neuenglischen Consonantismus zu dem angelsächsischen (oder: Die Entwickelung der angels. consonantischen Laute zu den neuenglischen). S. 175 bis 179.
I. Die Palatalisirung 175 — II. Der Consonantenschwund 176 — III. Sonstiger Consonantenwandel 178 — IV. Allgemeine Bemerkung 179.

§ 26. Die Laute in französischen Lehnworten. S. 179 bis 182.
1. Allgemeines 179 — 2. Das romanische und das germanische Wortbetonungsprincip 179 — 3. Die Gestaltung der frz. Vocale im Neuenglischen 180 — 4. Die Gestaltung der frz. Consonanten im Neuenglischen 181.

§ 27. Die Wortbetonung des Englischen. S. 182 bis 185.
1. u. 2. Die Betonung der Stammsilbe 182 — 3. Die Betonung der Composita 183 — 4. bis 9. Die Betonung der französischen Worte 183 — 10. Einfluss der Stammsilbenbetonung auf den Verfall der Flexion 184.

§ 28. Die Aussprache des Englischen. S. 185 bis 191.
1. Die Schwierigkeit der engl. Aussprache 185 — 2. Die Bedeutung des Satzaccentes für die Aussprache 186 — 3. Die Londoner Aussprache 187. Methodologische Bemerkung über die praktische Aneignung einer guten Aussprache 188 — 4. Die Cockney-Aussprache 189 — 5. Die Aussprache der Vergangenheit 189 — 6. Der Gesammtklang des Neuenglischen 190.

§ 29. Die Schreibung des Englischen S. 191 bis 200.
1. Die Runen 191 — 2. u. 3. Die Schreibung des Angelsächsischen mit dem lateinischen Alphabet 192 — 4. Die Schreibung des Alt- und Mittelenglischen 193 — 5. Die allmählige Ausbildung der neuenglischen Schreibung 194 — 6. Das Missverhältniss zwischen Schreibung und Aussprache im Neuengl. 194 — 7. In Vorschlag gebrachte phonetische Schreibungen 196 — 8. Die Anleitung zur engl. Rechtschreibung in der deutschen Schule 197 — Anmerkung 1: Silbenabtheilung; Buchstabenwechsel zwischen Inlaut und Auslaut; Wortkürzungen; Homonyma 198 — An-

---

[1]) Diesem Paragraphen sind Anmerkungen unter dem Texte beigegeben, in denen die Entwickelung der französ. Vocale im Englischen kurz dargestellt ist, vgl. auch § 26.

merkung 2: Die amerikanische Schreibung des Englischen 199 — Anmerkung 3: Die Schreibung der Eigennamen 199.
§ 30. Litteraturangaben zur Lautlehre. S. 200 bis 208.

## Fünftes Kapitel.
### Die Worte des Englischen.

§ 31. Die Wortkategorien. S. 208 bis 210.
1. Die Zahl der Wortkategorien 208 — 2. Die lautliche Unterscheidung der Wortkategorien 209.

§ 32. Der Wortschatz des Englischen. S. 210 bis 226.
1. u. 2. Der Wortschatz des Angelsächsischen 210 — 3. Verhältniss des neuenglischen Wortschatzes zu dem angelsächsischen 211 — 4. bis 6. Die Romanisirung des engl. Wortschatzes 216 — 7. Das Verhältniss der romanischen Worte im Englischen zu den germanischen 221 — 8. Uebersicht über die verschiedenen Bestandtheile des englischen Wortschatzes 222 — 9. Die Zahl der Worte im Neuenglischen 226.

§ 33. Form, Bedeutung und Bedeutungswandel der Worte im Neuenglischen. S. 226 bis 230.
1. Die lautliche Umwandlung der germanischen Worte 226 — 2. u. 3. Die lautliche Umwandlung der französischen und lateinischen Worte im Englischen 227 — 4. Onomatopoieta 227 — 5. Die etymologische Durchsichtigkeit der engl. Worte 228 — 6. Vulgärsprachliche Wortkürzungen 229 — 7. Koseformen der Rufnamen 229 — 8. Die Gestaltung der Ortsnamen 229 — 9. Der Bedeutungswandel der Worte 229 — 10. Die Synonyma 230.

§ 34. Die Wortableitung im Englischen. S. 231 bis 237.
1. Die primäre Wortbildung 231 — 2. Die wortableitenden Suffixe 231 — 3. Die wortableitenden Suffixe im Angelsächsischen 231 — 4. Die Gestaltung der ags. wortableitenden Suffixe im Neuenglischen 233 — 5. Die uneigentliche Wortableitung 234 — 6. Die Suffixe -kin und -heard 235 — 7. Die secundären Verbalableitungssuffixe -en, -le und -er 235 — 8. Die romanischen Wortableitungssuffixe im Englischen 236 — 9. Die Dürftigkeit des Bestandes an wortableitenden Suffixen 236.

§ 35. Die Wortzusammensetzung im Englischen. S. 237 bis 241.
1. Allgemeine Bemerkung 237 — 2. Die Nominalcomposition 239 — 3. Die Zusammensetzung des Verbums mit einem Nomen oder Adverb 240 — 4. Die Partikelcomposition 240 — 5. Zusammenziehung der Modalverben mit Personalpronominibus u. dgl. 241.

§ 36. Litteraturangaben zur Wortkunde. S. 241 bis 253.

## Sechstes Kapitel.
### Die Wortformen und die Wortformumschreibungen im Englischen.

§ 37. Allgemeines. S. 253 bis 257.
1. Der synthetische Formenbau des Indogermanischen 253 — 2. Die Unvollständigkeit des synthetischen Formenbaues 254 — 3. und 4. Die

grammatische Entwickelung der idg. Sprachen von der Synthese zur Analyse 254 — 5. Die Entwickelung des Formenbaues im Angelsächsischen u. Englischen 256.

§ 36. Bemerkungen über Wortstamm (des Nomens), Genus, Numerus und Casus. S. 257 bis 260.
1. Wurzel und Nominalstamm 257 — 2. Genusunterscheidung bei den Nominalstämmen 257 — 3. Die Zahlauffassung des Nominalbegriffes 257 — 4. Die Nominalcasus 257 — 5. Die beiden Hauptdeclinationen des Indogermanischen 259 — 6. Die Casussuffixe 259.

§ 39. Die Declination der Substantiva im Englischen. S. 260 bis 270.
1. Casus, Numeri u. Genera in der ags. Substantivdeclination 260 — 2. Die substantivischen Wortstämme und ihre verschiedene (entweder starke oder schwache) Declination 260 — 3. Uebersicht über die ags. Substantivdeclination 261 — 4. Bemerkungen zu den Declinationsparadigmen 265 — 5. Die Reste der Declination im Neuenglischen 267 — 6. Die Casusumschreibungen 269 — 7. Die grammatische Genusunterscheidung im Neuenglischen 270.

§ 40. Die Declination der Pronomina. S. 270 bis 277.
I. Vorbemerkung 270 — II. Die Personalpronomina 271 — III. Die Demonstrativpronomina 272 — IV. Die Interrogativpronomina 273 — V. Die Indefinita 274 — VI. Ersatz des Reflexivpronomens 274 — VII. Ersatz des Possessivpronomens 275 — VIII. Ersatz des Relativpronomens 276.

§ 41. Die Declination der Adjectiva. S. 277 bis 280.
1. Allgemeines 277 — 2. und 3. Die beiden Declinationsweisen der Adjectiva 277 — 4. Uebersicht über die ags. Adjectivdeclination 278 — 5. Verfall und Schwund der Adjectivdeclination 279 — 6. Die Adj. romanischen Ursprungs 280.

§ 42. Die Steigerung der Adjectiva. S. 280 bis 283.
1. Bildung des Comparativs im Ags. 280 — 2. Bildung des Superlativs im Ags. 280 — 3. Die mehrstämmigen ags. Comparationsformen 281 — 4. Die Reste der organischen Steigerung im Neuengl. 281 — 5. Die Umschreibung der Steigerungsformen 282 — 6. Die Steigerung der Adj. romanischen Ursprungs 283.

§ 43. Die Declination der Numeralia. S. 283 bis 285.
I. Die Cardinalzahlen 283 — II. Die Ordinalzahlen 284.

§ 44. Bemerkungen über die Verbalflexion im Allgemeinen. S. 285 bis 290.
1. Die nothwendigen Bestandtheile einer Verbalform 285 — 2. Begriff der Wurzel 285 — 3. Erhebung der Wurzel zum Verbalstamme 285 — 4. Genera, Tempora, Modi und Subjecte der durch das Verbum ausgesagten Handlung 286 — 5. Der Umfang der Verbalflexion im Indogermanischen 289 — 6. Der theilweise Verlust ursprünglich vorhanden gewesener verbaler Formenkategorien im Germanischen 290.

§ 45. Die Conjugation im Englischen. S. 290 bis 316.
1. Der Formenbestand 290 — 2. Bildung und Flexion des Präsens

292 — 3. Bildung und Flexion des Präteritums 299 — 4. Die Verbalformumschreibungen 311.

§ 46. Die einformigen Wortklassen. S. 316 bis 320.
I. Die Adverbien 316 — II. Die Präpositionen 317 — III. Die Conjunctionen 319 — IV. Die Interjectionen 320.

§ 47. Litteraturangaben zur Formenlehre. S. 320 bis 325.

## Siebentes Kapitel.
### Bemerkungen über die Syntax des Englischen.

§ 48. Allgemeines. S. 326 bis 332.
1. Charakter der englischen Syntax 326 — 2. Einfluss des Lateins auf die Entwickelung der engl. Syntax 328 — 3. Einfluss des Französischen auf die Entwickelung der engl. Syntax 331.

§ 49. Der syntaktische Gebrauch der Wortkategorien. S. 332 bis 333.
1. Der Artikel 332 — 2. Schöpfung neuer Pronominalkategorien 332 — 3. Die syntaktische Function der Verbalsubstantiva auf -ing 332 — 4. Verschiebung der Wortkategorien 333.

§ 50. Der syntaktische Gebrauch der Wortformen und Wortformumschreibungen. S. 333 bis 341.
1. Die suffixlose Form des Nomens 333 — 2. Der organische Genetiv 334 — 3. Der organische Dativ 334 — 4. Der Instrumental 334 — 5. Der Plural 334 — 6. Substantivirung der Adjectiva 335 — 7. Comparativ und Superlativ 335 — 8. Personalpronomina 335 — 9. Das Reflexivum 335 — 10. Die Possessiva 335 — 11. Die Demonstrativa 336 — 12. Die Interrogativa 337 — 13. Die Ersetzung des Relativums 336 — 14. Activ u. Passiv 336 — 15. Transitiva und Intransitiva 337 — 16. Unpersönlicher Gebrauch des Verbums 338 — 17. Präsens und Präteritum 338 — 18. Der Conjunctiv 339 — 19. Der Imperativ 340 — 20. Hinzufügung der Personalpronomina zum Verbum finitum 340 — 21. u. 22. Der Infinitiv und das Verbalsubstantiv auf -ing 340 — 23. Das Part. Prät. 341 — 24. Die Verneinung des Verbums und des Nomens 341.

§ 51. Der grammatische Ausdruck der Satztheile. S. 341 bis 347.
1. Nothwendige und mögliche Satztheile 341 — 2. Nichtbezeichnung eines Satztheils 341 — 3. Die Form des Subjects 342 — 4. Die Form des Objects 342 — 5. Die Form des indirecten Objects 343 — 6. Das Eintreten passiver Constructionen für active 343 — 7. bis 13. Die Form des verbalen Prädicates 345.

§ 52. Die Wortstellung. S. 347 bis 349.
1. Die Wortstellung im Angelsächsischen 347 — 2. Die Wortstellung im Neuenglischen 347 — 3. Hervorhebung eines einzelnen Satztheiles durch Satzzerdehnung (»it is . . . . that«) 348 — 4. Absolute Participialconstructionen 348 — 5. Gesammturtheil über die neuenglische Wortstellung 349.

§ 53. Die Satzverbindung. S. 349 bis 357.
1. Parataxe und Hypotaxe 349 — 2. Das Verhältniss zwischen Para-

taxe und Hypotaxe im Englischen 350 — 3. Der Ausdruck der Hypotaxe durch die Form des Prädikates im Nebensatze 350 — 4. Asyndetische und syndetische Satzaneinanderreihung 352 — 5. Die Einbeziehung des Nebensatzes in den Hauptsatz durch Infinitiv- und Participialconstructionen 354 — Der synthetische Charakter des englischen Periodenbaues 355.

§ 54. Der Stil. S. 357 bis 362.

1. Allgemeines 357 — 2. Der Stil im Altangelsächsischen 357 — 3. Die Entwickelung des Stils im Neuangelsächsischen, Alt- und Mittelenglischen 359 — 4. Die Entwickelung des Stils in der neuenglischen Zeit; die Stilseuchen 359 — 5. Methodologische Bemerkung 361.

§ 55. Litteraturangaben zur Syntax. S. 362 bis 368.

## Achtes Kapitel.
### Die Rhythmik des Englischen.

§ 56. Allgemeines. S. 368 bis 373.

1. Das Grundprincip der engl. Rhythmik 368 — 2. Gleichtaktigkeit und Ungleichtaktigkeit 369 — 3. Rhythmische Bindung der Verse, bzw. der Halbverse 371 — 4. Strophenbildung 373 — 5. Schlussbemerkung 373.

§ 57. Die (alt)angelsächsische Langzeile. S. 373 bis 377.

I. u. II. Der Bau der Langzeile 373 — III. Beispiel für den Bau der Langzeile 376 — IV. Der Charakter und der Klang der Langzeile 376 — V. Verfall der Langzeile 377.

§ 58. Der Otfrid'sche Vers. S. 377 bis 380.

I. Der Bau des Otfrid'schen Verses 377 — II. Die Anwendung des Otfrid'schen Verses in der neuags. u. altengl. Litteratur 379 — III. Der Streit über den Otfrid'schen Vers 379.

§ 59. Die allitterirende Langzeile im 14. Jahrhundert. S. 380 bis 382.

1. Die Anwendung der Langzeile in Dichtungen des 14. Jahrhunderts 380 — 2. Der Bau der neuen Langzeile nach Rosenthal's Theorie 381 — 3. Bemerkung über Rosenthal's Aufstellungen 381.

§ 60. Der neuenglische Versbau. S. 382 bis 386.

1. Geschichtliche Vorbemerkung 382 — 2. Die Anwendung der rhythmischen Redeform in der engl. Litteratur 382 — 3. Das Grundprincip des neuengl. Versbaues 382 — 4. Verhältniss zwischen Hebung und Senkung 383 — 5. Silbenzählung, Elision, Synkope, Aphäresis, Hiatus 383 — 6. Alliteration 383 — 7. Rhythmische Bindung oder Nichtbindung der Verse 383 — 8. Der Reim 384 — 9. Der Zehnsilbner mit und ohne Reim (Blankvers) 384 — 10. Strophenbildung 384 — 11. Urtheil über die neuengl. Rhythmik 384 — 12. Der poetische Stil 385.

§ 61. Litteraturangaben zur Rhythmik. S. 386 bis 390.

## Neuntes Kapitel.
### Bemerkungen über die Geschichte der englischen Litteratur.

§ 62. Der Umfang der englischen Litteratur. S. 391 bis 393.

1. Die drei englischen Einzellitteraturen 391 — 2. Die schottische

Litteratur 391 — 3. Die nordamerikanische Litteratur 391 — 4. Die nationalengl. Litteratur 392.

§ 63. Die Hülfsmittel für das Studium der englischen Litteratur. S. 393 bis 395.

1. Mangel eines Lehrbuches der englischen Gesammtlitteraturgeschichte 393 — 2. Die wichtigsten Hülfsmittel für das Studium der einzelnen Litteraturperioden 394 — 3. Methodologische Bemerkung über das Studium der Litteraturgeschichte 394.

§ 64. Eintheilung der englischen Litteraturgeschichte. S. 395 bis 397.

1. Der mittelalterliche und der neuzeitliche Zeitraum 395 — 2. Eintheilung des mittelalterlichen Zeitraums 396 — 3. Eintheilung des neuzeitlichen Zeitraums 396.

§ 65. Die Entwickelung der englischen Litteratur. S. 397 bis 403.

1. Einwirkung fremder Litteraturen auf die Entwickelung der englischen 397 — 2. Die Neigung der engl. Litteratur zum Realismus 399 — 3. Die Neigung der engl. Litteratur zu schwermüthiger Welt- u. Lebensauffassung 401 — 4. Der christliche Geist und der sittliche Ernst in der englischen Litteratur 402.

Anhang.

Systematisches Verzeichniss der in der »Anglia« (Bd. I bis X, 2) und in den »Englischen Studien« (Bd. I bis XI, 1) erschienenen Abhandlungen, Recensionen und Miscellen S. 404 bis 442.

Sachregister S. 443 bis 446.

## Uebersicht über die Litteraturangaben.

I. Encyklopädien der engl. Philologie 2 (Nachtrag: Den Encyklopädien darf seines reichen Inhaltes wegen auch beigezählt werden VIETOR's soeben [Februar 1888] erschienenes Büchlein: »Einführung in das Studium der engl. Philologie mit besonderer Berücksichtigung der Praxis«, Marburg 1888, Elwert. Dies Büchlein bietet Studierenden eine ganz vortreffliche, reiflich durchdachte Anleitung und ist ihnen also angelegentlichst zu empfehlen).

II. Bibliographien der engl. Philologie 4.

III. Zeitschriften für engl. Philologie 5 (Berichtigung: Die »Englischen Studien« erscheinen in jährlich 8 Heften).

IV. Hülfsmittel für das Studium der germanischen Sprachen 7 (Nachtrag: Empfehlenswerth ist auch POESTION's Lehrbuch des Altnordischen, von welchem unlängst ein zweiter Theil, Lesebuch mit Glossar enthaltend, erschienen ist [Hagen i. W. und Leipzig 1887]).

V. Hülfsmittel für das Studium der allgemeinen Sprachwissenschaft u. indogermanischen Sprachgeschichte 9 [1]) (Nachtrag: SCHRADER, Sprach-

---

[1]) Die Schriften über die Frage nach dem Begriff und der Allgemeingültigkeit der sog. Lautgesetze s. S. 13 Anm.

vergleichung und Urgeschichte. Jena 1883 [hochwichtiges und interessantes Buch].
VI. Hülfsmittel für das Studium der vergl. Gramm. der indogerman. Sprachen 11.
VII. Encyklopädien der romanischen Philologie 16 (Nachtrag: Ueber GRÖBER's Grundriss vgl. die Recension von KOSCHWITZ in der Zeitschr. f. das Gymnasialwesen XLII 2, 3 S. 154).
VIII. Hülfsmittel für das Studium der engl. Geschichte 17.
IX. Die ältesten auf die engl. Philologie bezüglichen Werke 21.
X. Die wichtigeren Schriften der gegenwärtigen Universitätslehrer des Englischen in Deutschland 25.
XI. Anleitungen zum Studium der englischen Philologie 41 (Nachtrag: VIETOR, Einführung in das Studium der engl. Philologie etc. s. oben unter I).
XII. Zur Geschichte der engl. Sprache 46.
XIII. Hülfsmittel für das Studium des Keltischen 50.
XIV. Ueber die Benennung »angelsächsisch« 57 Anm.
XV. Hülfsmittel für das Studium des Angelsächsischen 61, vgl. 71.
XVI. Hülfsmittel für das Studium der Geschichte der Normannen 68.
XVII. Ueber das Verhältniss zwischen Französisch und Englisch; Hülfsmittel für das Studium des Anglo-Normannischen 79.
XVIII. Hülfsmittel für das Studium des Alt- u. Mittelenglischen 81, vergl. 87.
XIX. Hülfsmittel für das Studium des Neuenglischen 89.
XX. Hülfsmittel für das Studium der Geographie Englands 101.
XXI. Ueber die angelsächsischen Dialekte 108.
XXII. Ueber die alt- und mittelenglischen Dialekte 114 (Nachtrag: Ein werthvoller Beitrag zur altengl. Dialektologie ist die unlängst zu Breslau erschienene Diss. WILDA's über zwölfzeilige Schweifreimstrophe, vgl. unten unter Nr. XXX d] Nachtrag).
XXIII. Ueber die neuenglischen Dialekte 119. Nachtrag: Lehrreich auch für Anglisten ist THURNEYSEN's Buch: Keltoromanisches. Halle 1884.
XXIV. Ueber Umgangssprache, Vulgärsprache, Slang u. Caut 126.
XXV. Hülfsmittel für das Studium der Lautphysiologie 133 (Nachtrag: HANDMANN, S. J., Die menschliche Stimme und Sprache. Münster 1887 [kein Buch für Anfänger]).
XXVI. Litteraturangaben zur Lautlehre 200 (I. Zur indogermanischen Lautlehre 200 — II. Zur allgemein germanischen Lautlehre. 1. Allgemeines 200; 2. Vocalismus 200; 3. Consonantismus 201 — III. Zur englischen Lautlehre: α) Allgemeines 202; β) Vocalismus 202; γ) Consonantismus 203; δ) Die französ. Laute im Englischen 204; ε) Der Lautstand in Sprachdenkmälern und Litteraturwerken 204 [Nachtrag: Alfred. GIESCHEN, Die charakteristischen Unterschiede der einzelnen Schreiber im Hatton Ms. der Cura Pastoralis. Greifswald 1887 Diss. Cynewulf. FRUCHT, Metrisches und Sprachliches zu C.'s Elene. Juliana u. Crist. Greifswald 1887 Diss. LEIDING, Die Sprache der C.'schen Dichtungen Crist, Juliana u. Elene. Göttingen 1887 Diss.]; ζ) Geschichte der Aussprache 206 — IV. Orthoëpie

und Orthographie 206: α) Allgemeines 206; β) Lehrbücher 206; γ) Pronouncing Dictionaries 207 (Nachtrag: TANGER, Englisches Namen-Lexikon. Berlin 1888 [nützliches Buch]) — V. Zum Unterricht in der Aussprache 207.

XXVII. Litteraturangaben zur Wortkunde 241.
(1. Wörterbücher 241. a) Angelsächsische, alt- u. mittelengl. Wörterbücher 242, vgl 62 u. 81; b) Dialectwörterbücher u. -glossare 242, vgl. 199; c) Wörterbb. der Schriftsprache 242; d) Wörterbb. zu einzelnen Schriftstellern 244 — 2. Fremdsprachliche Elemente im Englischen 244 — 3. Wortgeschichte 245 — 4. Etymologie 246: a) etymologische Einzelschriften 246; b) Volksetymologie 246; c) etymologische Wörterbücher 246 (Nachtrag: SKEAT, Principles of English Etymology. Oxford 1887. Part I The Native Element. Vgl. Literaturbl. f. germ. u. rom. Phil. 1888, Sp. 57); d) Etymologien einzelner Worte 247 — 5. Onomatologie 249 — 6. Wortbildung und Wortzusammensetzung 249 — 7. Synonymik 250 — 8. Phraseologie, Citatensammlungen u. dgl. 251 — 9. Fachwörterbücher u. dgl. 251 — 10. Reallexika 252).

XXVIII. Litteraturangaben zur Formenlehre 320.
1. Zur allgemein indogermanischen Formenlehre 320 — 2. Zur allgemein germanischen Formenlehre 321: a) Zur Nominalflexion 322; b) Zur Verbalflexion 323; c) Partikeln 324 — 3. Zur englischen Formenlehre 324: a) Allgemeines 324; b) zur Nominalflexion 324 (Nachtrag: FRICKE, Das altengl. Zahlwort, eine grammat. Untersuchung. Göttingen 1887 Diss.); c) zur Verbalflexion 325 (s. XVIII); d) Partikeln 325).

XXIX. Litteraturangaben zur Syntax 362.
a) Allgemeines 363 — b) Zur Syntax einzelner Sprachperioden, Litteraturwerke u. Schriftsteller 363 — c) Zur Syntax des Nomens 364 — d) Zur Syntax des Verbums 365 — e) Zur Bedeutung und zum Gebrauche der Adverbien etc. 367 — f) Zur Wortstellung 367 — g) Zur Satzverbindung 367 — h) Zur Stilistik 368).

XXX. Litteraturangaben zur Rhythmik 386.
a) Allgemeines 386 [Nachtrag: Der 2. Band der SCHIPPER'schen Metrik befindet sich im Druck und soll im Herbst 1888 erscheinen] — b) Schriften zur ags. Rhythmik 387 — c) Zur alt- u. mittelengl. Rhythmik 368 — d) Schriften über einzelne Versarten: α) Der sog. Otfrid'sche Vers 368; β) Die allitterirende Langzeile späterer Zeit 388; γ) Der Blankvers 388; δ) Der Hexameter 389 [Nachtrag: ε) Die Schweifreimstrophe. WILDA, Ueber die örtliche Verbreitung der zwölfzeiligen Schweifreimstrophe in England. Breslau 1887 (inhaltsreiche u. sehr verdienstliche Arbeit, vgl. Literaturbl. f. germ. u. rom. Phil. 1888, Sp. 88]) — e) Ueber Versbau und Poetik in einzelnen ags., alt- u. mittelenglischen Dichtungen 389 [Nachtrag: Cynewulf: FRUCHT, Metrisches und Sprachliches zu C.'s Elene, Juliana u. Crist. Greifswald 1887 Diss. (inhaltsreiche, mit guter Methode gearbeitete Untersuchung). FUHRMANN, Die allitterirenden Sprachformeln in Morris' Early English Allitt. Poems und in Sir Gawayne and the Greene Knight. Kiel 1887 Diss.] — f) Schriften über den Versbau einzelner neu-

englischer Dichter 389 — g) Zur Geschichte der Rhythmik 390 — h) Reimwörterbücher 390).

XXXI. Die nothwendigsten Hülfsmittel für das Studium der engl. Litteratur 393.

XXXII. Systematisches Verzeichniss der in der »Anglia« (Bd. I bis X, 2) und in den »Englischen Studien« (Bd. I bis XI, 1) erschienenen Abhandlungen, Recensionen u. Miscellen 404. (I. Allgemeines [Bibliographie; Mittheilungen aus Bibliotheken; zur allgem. Sprachwissenschaft] 404 — II. Zur Geschichte der engl. Philologie [Nekrologe] 405 — III. Zur Sprachgeschichte 405 — IV. Dialektisches 406 — V. Wissenschaftliche Grammatiken 406 — VI. Zur Schulgrammatik 407 — VII. Zur Lautlehre u. Orthoëpie 408 — VIII. Zur Formenlehre 410 — IX. Zur Syntax 410 — X. Zur Wortbildung 411 — XI. Wörterbücher [mit Ausschluss der etymologischen u. synonymischen] 411 — XII. Zur Etymologie 412 — XIII. Zur Synonymik 413 — XIV. Phraseologie, Stilistik, Conversationsbücher u. dgl. 413 — XV. Sammlungen, Chrestomathien, Lesebücher, Uebersetzungsbücher 414 — XVI. Zur Rhythmik 416 — XVII. Zur Litteraturgeschichte 417 [vgl. auch Nr. XXII] — XVIII. Zur Sagengeschichte u. Folklore 419 — XIX. Zur Culturgeschichte und politischen Geschichte 419 — XX. Zur Theorie des Studiums und des Unterrichts 419 — XXI. Vermischtes 422 — XXII. Alphabetisches Verzeichniss von Ausgaben einzelner Schriftwerke und Schriftsteller 422.

**Alphabetisches Verzeichniss der in den „Litteraturangaben"
angeführten Schriftsteller etc. (S. 447.)**

**Nachträge[1]) und Berichtigungen.**

S. 5, Z. 11 v. u. Die »Englischen Studien« erscheinen in jährlich 3 (nicht 4) Heften.

S. 27, Nr. 6 u. S. 30, Nr. 16. A. BRANDL ist seit dem Sommersemester 1888 Prof. ord. in Göttingen.

S. 28, No. 12. In Königsberg hat sich neuerdings KALUŽA für englische Philologie habilitirt.

S. 33 ff. Eine treffliche Anleitung zu dem akademischen Studium der englischen Philologie giebt VIETOR's oben S. XIV nachtragsweise genannte Schrift.

S. 64, Z. 5 v. u. im Texte. Streiche das Komma nach odorem.

S. 64, Z. 4 v. u. in der Anm. Setze nach der Klammer einen Punkt.

S. 72, Z. 8 v. u. Statt leneþ lies leueþ.

---

1) Die bibliographischen Nachträge sind bereits in der vorstehenden Uebersicht der Litteraturangaben gegeben.

Nachträge und Berichtigungen.

S. 108, Z. 12 v. ob. Statt uf lies af.
S. 128, Z. 16 v. u. Statt verticaler lies horizontaler.
S. 161, Z. 15 v. u. Streiche das Komma nach wenn.
S. 175, Z. 9 v. ob. Statt § 26 lies 25.
S. 232, Z. 17, 19 u. 22 v. ob. ist statt η) ɔ )ε) zu setzen ε) ζ) η).
S. 233, Z. 13 v. ob. Statt eall-unge lies eall-unga.
S. 251 f. Die Ziffern der einzelnen Abschnitte 7, 8, 9 sind zu ändern in 8, 9, 10.
S. 259, Z. 2 v. u. Statt SCHERER's lies SCHERER's.
S. 278, Z. 12 v. ob. Statt z̦óđ lies z̦ód.
S. 281, Z. 11 v. ob. Statt SIELERS lies SIEVERS.
S. 309 Anm. Z. 6 v. ob. Statt BEEGEMANN lies BEGEMANN. (Neuerdings hat H. COLLITZ in einer interessanten Abhandlung [The American Journal of Philology IX, 1] eine an B. sich anlehnende Hypothese über die Bildung des schwachen Präteritums aufgestellt und geistvoll begründet).

# EINLEITUNG.

§. 1. **Begriff der »englischen Philologie«.** 1. Die englische Philologie ist die Wissenschaft von englischer Sprache und englischer Litteratur.

Meine Auffassung des Begriffes »Philologie« habe ich in meiner Encykl. der rom. Phil. I 82 ff. ausführlich dargelegt und, so gut ich es vermochte, begründet, vgl. auch meine Neuphilolog. Essays, p. 7 ff. Was ELZE, Grundriss der engl. Philologie, p. 18 ff., gegen meine Auffassung geltend gemacht hat, kann ich nicht für zutreffend erachten, so gern ich mich auch von dem älteren Fachgenossen belehren lassen würde. ELZE schliesst sich der bekannten BÖCKH'schen Definition an, wonach Philologie »Erkenntniss des Erkannten« ist. Diese Definition hat BÖCKH seiner berühmten »Encyklopädie und Methodologie der philologischen Wissenschaften« (Leipzig 1877, 2. Ausg. 1886) zu Grunde gelegt, dabei ist aber wohl zu beachten, dass BÖCKH die »philologischen Wissenschaften« nur in Bezug auf das classische Alterthum behandelt hat, dass also die Anwendbarkeit seiner Definition im günstigsten Falle nur hinsichtlich der sogenannten classischen Philologie bewiesen worden ist. Ob dies wirklich geschehen, will ich hier nicht beurtheilen, ebensowenig will ich hier auch erörtern, ob die jetzigen Vertreter der classischen Philologie ihre Wissenschaft im Sinne der BÖCKH'schen Definition auffassen, aber ich gestatte mir, dies sehr zu bezweifeln, namentlich in Hinblick darauf, dass die Archäologie, die nach BÖCKH nur die Stellung einer Disciplin der Philologie für sich beanspruchen darf, sich mehr und mehr zu einer selbständigen Wissenschaft entwickelt (»selbständig« freilich nur in dem relativen Sinne, in welchem das Wort in Bezug auf eine Wissenschaft allein gebraucht werden darf). Thatsache ist jedenfalls, dass die weitaus grosse Mehrzahl der classischen Philologen in den Sprachen und Litteraturen des classischen Alterthums die eigentlichen Objecte ihres Studiums erblickt und die übrigen nach dem BÖCKH'schen Systeme zur Philologie gehörigen Disciplinen nur

2 Einleitung. § 1, 2 u. 3.

als Hülfswissenschaften der Philologie auffasst. Will man aber der BÖCKH'schen Definition bezüglich der classischen Philologie Berechtigung und Anwendbarkeit zuerkennen, so darf man dies doch ganz gewiss nur um desswillen thun, weil die griechisch-römische Cultur eine (freilich weit mehr nur scheinbare, als wirkliche) Einheit, ein relativ abgeschlossenes Ganze bildet. Eine englische oder französische oder irgend welche andere auf Mittelalter und Neuzeit bezügliche Philologie nach BÖCKH'schem Principe und Systeme construiren zu wollen, halte ich für ein Unding, weil es eine englische oder französische Cultur gar nicht giebt, d. h. weil die Cultur der Engländer oder Franzosen etc. keine specifisch englische oder französische, sondern nur eine Erscheinungsform der romanisch-germanischen Gesammtcultur ist. Den besten Beweis für die Unhaltbarkeit seiner Construction hat ELZE selbst dadurch geliefert, dass er erklärt (p. 26 f.), dass die Religion und auch »aus praktischen Gründen« die Kunst aus dem System der englischen Philologie in Wegfall zu kommen haben und dass ferner die Geschichte der Philosophie und die der Einzelwissenschaften von der englischen Philologie loszulösen seien. — Wenn ELZE (p. 18) es als ein unstatthaftes Verfahren bezeichnet, dass ich bei der Aufstellung meiner Definition des Begriffes Philologie mich durch die Rücksicht auf deren praktische Brauchbarkeit habe bestimmen lassen, so bemerke ich, dass nach meinem Dafürhalten die Abgrenzung und Definition einer sog. Einzelwissenschaft überhaupt nur nach praktischen Gesichtspunkten erfolgen darf, da es theoretisch keine Einzelwissenschaften, sondern nur eine Wissenschaft giebt. Wenn man Einzelwissenschaften abgrenzt, so kann dies doch nur den Zweck haben, dass man damit zugleich übersehbare Wissens- und Forschungsgebiete abgrenzt, sonst dürfte man sich die Mühe füglich sparen.

2. Da die englische Sprache der germanischen Sprachfamilie angehört, so bildet die englische Philologie einen Bestandtheil der germanischen Philologie, ist eine Einzelphilologie innerhalb der germanischen Gesammtphilologie. Ueber die Bedeutsamkeit dieser Thatsache für das Studium der englischen Philologie vgl. unten § 4, Nr. 3.

3. Die englische Philologie schliesst die angelsächsische Philologie in sich ein, denn »Angelsächsisch« ist nur eine herkömmliche und praktisch brauchbare Benennung für das älteste Englisch, vgl. unten § 6, Nr. IV Anm. u. d. T.

Anmerkung. Eine encyklopädische Darstellung der englischen Philologie ist in folgenden Werken entworfen worden:
1. B. SCHMITZ, Encyklopädie des philologischen Studiums der neueren Sprachen, hauptsächlich der französischen und englischen. 2. Aufl., Leipzig 1875/76 (die erste Auflage erschien 1859). Das Werk zerfällt in vier Theile: a) die Sprachwissenschaft überhaupt; b) die Litteratur der französisch-englischen Philologie; c) Methodik des selbständigen Studiums der neueren Sprachen; d) Methodik des Unterrichtes in den neueren Sprachen. Ergänzt

wird das Werk durch drei »Supplemente« (2. Aufl. 1879/1881¹)) und drei Hefte betitelt »die neuesten Fortschritte der französisch-englischen Philologie«, Greifswald 1866/1872 (Heft 1 erschien in zweiter Auflage 1873). Der Inhalt der (zusammen) sechs Ergänzungshefte ist nicht, wie man erwarten sollte, in die zweite Ausgabe des Hauptwerkes übergegangen.

SCHMITZ' grosses Werk litt bereits bei seinem ersten Erscheinen (1859) an schweren principiellen Mängeln, war aber doch immerhin eine in mancher Beziehung verdienstliche und, wenn auch nicht das wissenschaftliche, so doch das praktische Studium der »neueren« Sprachen fördernde Leistung. In der zweiten Ausgabe aber steht das Buch leider in grellstem Widerspruche zu den Anforderungen der gegenwärtigen Wissenschaft, da sein Verfasser verabsäumt hatte, die bereits der ersten Ausgabe anhaftenden Schwächen zu beseitigen und seinem Werke die Ergebnisse der neueren wissenschaftlichen Forschung zu Gute kommen zu lassen.

Anfänger sind vor dem Studium der SCHMITZ'schen Encyklopädie ernstlich zu warnen, da sie durch dasselbe leicht zu ganz verkehrten Anschauungen verleitet werden können. Schon Vorgeschrittenere dagegen, welche mit Kritik zu lesen verstehen, werden in dem Buche zwar nicht eben Vieles, aber doch Manches finden, was nützlich und interessant ist[2]), namentlich in pädagogischer Beziehung, denn SCHMITZ war ein selbständig denkender und tüchtiger Schulmann.

2. EARLE, The Philology of the English Tongue, Oxford (Clarendon Press Series) 1871, 3. Ausg. 1879.

EARLE behandelt ausschliesslich den sprachlichen Theil der englischen Philologie und auch diesen durchaus nur in dilettantischer Weise. Aber das Buch ist anregend und geistvoll geschrieben und lässt sich folglich ganz ·wohl lesen. Auch wird man es nicht ohne Nutzen lesen, falls man nur die Angaben und Behauptungen des Verfassers nicht blindgläubig hinnimmt, sondern kritisch prüft. Namentlich ist Kritik da anzuwenden nöthig, wo der Verfasser wirkliche oder vermeintliche Analogien zu englischen Spracherscheinungen aus anderen Sprachen beibringt.

3. J. STORM, Englische Philologie. Anleitung zum wissenschaftlichen Studium der englischen Sprache. Vom Verfasser für das deutsche Publicum bearbeitet (das Werk war zuerst in norwegischer Sprache, Christiania 1878, erschienen). Bd. I: Die lebende Sprache, Heilbronn 1881, 2. Ausg. in Vorbereitung.

Inhalt: Einleitung S. 1. Aussprache S. 18. Cap. I. Allgemeine Phonetik S. 18. Cap. II. Englische Aussprache S. 59. Cap. III. Wörterbücher S. 129. Cap. IV. Synonymik, Phraseologie, praktische Hülfsmittel S. 164. Cap. V. Lecture und Litteraturstudium S. 202 (die Umgangssprache, die Vulgär-

---

1) Suppl. 2 enthält eine Abhandlung »Ueber den Begriff und den Umfang unseres Faches«, Suppl. 3 eine solche »Ueber englische Philologie insbesondere.«

2) Allerdings wird das Aufsuchen derartiger Goldkörner kein müheloses sein, da das Buch nebst seinen sechs Anhängseln durchaus unübersichtlich angelegt ist und den Eindruck eines riesigen Kraut- und Rübenbeetes macht.

sprache, zur Lautlehre der Vulgärsprache, amerikanische Litteratur, Amerikanismen, amerikanische Aussprache, Anthologien, Geschichte, Drama, Poesie, Ausgaben mit Kommentar, achtzehntes Jahrhundert, das siebzehnte Jahrhundert und der Schluss des sechzehnten; Shakespeare, Ausgaben, Uebersetzungen, Litterarisches, über die Quellen Shakespeare's, Erwähnungen oder Anspielungen, Litteraturgeschichte, Shakespeare's Zeitgenossen). Cap. VI. Litteraturgeschichte. Einzelne Litteraturgattungen S. 414. Cap. VII. Grammatik S. 417 (Englische Arbeiten, Specialabhandlungen, Sprachgeschichte, Zeitschriften).

STORM's Werk ist jedem Studierenden der englischen Philologie geradezu unentbehrlich, und keiner wird es lesen, ohne reichste Anregung und Belehrung zu empfangen, namentlich in Bezug auf Phonetik und Phraseologie. Eine streng systematische Anlage freilich fehlt dem Buche, es trägt vielmehr einen aphoristischen Charakter, und man merkt ihm deutlich an, dass sein Verfasser diejenigen Disciplinen, welche ihm persönlich sympathisch sind und mit denen er speciell sich beschäftigt, mit besonderer Vorliebe und Ausführlichkeit behandelt, Anderes dagegen ziemlich stiefmütterlich abgethan hat. Indessen gerade dieser ausgeprägt subjective oder, wie hier vielleicht richtiger zu sagen, individuelle Charakter, den das Buch an sich trägt, verleiht den in ihm gegebenen Erörterungen eine grosse Lebendigkeit und besondere Anziehungskraft.

4. ELZE, Grundriss der englischen Philologie, Halle 1887.

Dieses bedeutende Werk enthält folgende Kapitel: I. Grundlegende Einleitung, p. 1—34. II. Hermeneutik, p. 35—57. III. Kritik, p. 58—83 (Methodologischer Anhang zur Hermeneutik und Kritik, p. 83—91). IV. Geographie, p. 95—127. V. Geschichte, p. 128—175. VI. Privatalterthümer [1]), p. 176—217. VII. Litteraturgeschichte, p. 217—233. VIII. Geschichte der Sprache, p. 234—264. IX. Lexikographie, p. 265—296. X. Grammatik, p. 297—321. XI. Stilistik, p. 322—339. XII. Metrik, p. 340—363. — Das Buch ELZE's enthält eine Fülle geistvoller Bemerkungen und einen Schatz gelehrter, namentlich auch bibliographischer Materialien; über ELZE's Auffassung des Begriffes Philologie vgl. oben S. 1 Anm.

Anmerkung 1. Um die Bibliographie der englischen Philologie ist es noch ziemlich misslich bestellt. Zwar seit dem J. 1876 hat die »Anglia« (s. u. Anm. 2) in Bd. 2, 4, 6, 9 und 10 und seit dem J. 1881 der »Jahresbericht des Berliner Vereins für deutsche Philologie« Uebersichten der die englische Philologie betreffenden neu erschienenen wichtigeren Werke gebracht (der »Jahresbericht« jedoch, wie begreiflich, mit Ausschluss gewisser Disciplinen, namentlich der neueren Litteraturgeschichte), nachdem schon vorher vom Jahre 1858 ab das »Jahrbuch für romanische und englische [Sprache und] Litteratur« wenigstens hinsichtlich der Litteraturge-

---

[1]) Diese Ueberschrift nimmt sich in einer Encyklopädie, die einer modernen Sprache gewidmet ist, seltsam genug aus, mindestens hätte dem betreffenden Capitel ein anderes, die Privatverhältnisse der Gegenwart behandelndes, nachfolgen sollen.

schichte ein Gleiches gethan hatte, aber für die ältere Zeit ist man auf vorwiegend nur allgemein bibliographischen Zwecken dienende und schon deshalb unzureichende Hülfsmittel angewiesen (LOWNDES, The Bibliographers Manual of English Literature. New Ed. revised by BOHN, London 1857/64, 11 Bde. Low, English Catalogue of Books, L. 1873, 2 Bde.). — Dankenswerthe monatliche Uebersichten über die neuen Erscheinungen giebt das »Litteraturblatt für germanische und romanische Philologie« (s. u. Anm. 2).

Anmerkung 2. Ausschliesslich der englischen Philologie sind folgende zwei Zeitschriften gewidmet: »Englische Studien«, herausgegeben von E. KÖLBING [1]), seit 1877 (jährlich 4 Hefte, welche einen Band bilden) und »Anglia«, herausgegeben seit 1878 von R. WÜLKER und M. TRAUTMANN, von Bd. 9 ab von WÜLKER allein (jährlich ein Band; Bd. 1, 2, 3 erschienen in je 3 Heften, Bd. 4, 5, 6, 7 und 8 in je vier Heften, von denen das je zweite und vierte den Sondertitel »Anzeiger« mit eigener Seitenbezifferung führten und fast ausschliesslich Recensionen, Miscellen und bibliographische Uebersichten enthielten; Bd. 9 ist wieder in nur drei Heften ausgegeben worden, und für Bd. 10 ff. scheint das Gleiche beabsichtigt zu werden). — Mitberücksichtigt wird, wie selbstverständlich, die englische Philologie in Zeitschriften, welche der Neuphilologie überhaupt gewidmet sind oder waren; besonders zu nennen sind hier: »Jahrbuch für romanische und englische Litteratur«, herausgegeben von A. EBERT, von Bd. 5 ab von L. LEMCKE, erschien von 1859—1876 (die drei letzten Bände [13, 14, 15] bilden eine »Neue Folge« und führen den Titel »Jahrbuch für romanische und englische Sprache und Litteratur«) — »Archiv für das Studium der neueren Sprachen«, herausgegeben von L. HERRIG, seit 1846 (bis jetzt 78 Bde., welche aber freilich neben vielem Werthvollen auch recht viel Dilettantisches enthalten) — »Taalstudie, Tweemaandelijksch Tijdschrift voor de Studie de nieuwe Talen«, herausgegeben von RODE, STOFFEL und DE BEER, seit 1879 (der Inhalt ist grösstentheils einfach werthlos, weil in schlimmem Sinne dilettantisch) — »Modern Language Notes«, herausgegeben von A. MARSHALL ELLIOTT, seit 1886 (sehr beachtenswerthe, zu Baltimore in jährlich 8 Monatsheften [2]) erscheinende Zeitschrift vorwiegend kritischen Inhaltes).

In England selbst fehlt bis jetzt eine ausschliesslich der englischen Philologie gewidmete Zeitschrift; philologische Recensionen, Miscellen und Notizen bringen namentlich die »Academy« und das »Athenaeum«. Litterargeschichtliche Essays, und zwar häufig sehr werthvolle, erscheinen in den grossen englischen Reviews (Quarterly Review, Westminster Review, Edinburgh Review u. dgl.). Mancherlei philologisch Interessantes findet sich auch in den »Notes and Queries«.

Viel auf die englische Philologie Bezügliches findet sich in den der germanischen, beziehentlich der deutschen Philologie gewidmeten Zeit-

---

1) Von Bd. X ab redigirt H. KLINGHARDT den pädagogischen Theil der Englischen Studien.
2) Während der Universitätsferien werden keine Hefte ausgegeben.

schriften und zeitschriftähnlichen Publicationen; die wichtigsten derselben
seien hier angeführt: »Zeitschrift für deutsches Alterthum«, herausgegeben
von Bd. 1—16 (1841—1873)[1]) von F. MÜLLENHOFF, Bd. 17 und 18 (1874 und
1875) von E. STEINMEYER, von Bd. 19 ab bis Bd. 25 (1876—1881) von E.
STEINMEYER unter Mitwirkung von F. MÜLLENHOFF und W. SCHERER (dazu
»Anzeiger für deutsches Alterthum und deutsche Litteratur«, herausgegeben
von E. STEINMEYER, seit 1876) — »Germania«, herausgegeben von Bd. 1—13
(1856—1868) von F. PFEIFFER, von Bd. 14 (1869) ab von K. BARTSCH[2];
dazu als Supplement »Germanistische Studien«, herausgegeben von K.
BARTSCH (1872 und 1875) — »Zeitschrift für deutsche Philologie«, herausgegeben von E. HÖPFNER und J. ZACHER, seit 1868 — »Beiträge zur Geschichte der deutschen Sprache und Litteratur«, herausgegeben von H. PAUL
und W. BRAUNE, seit 1874, bis jetzt 11 Bde. — »Quellen und Forschungen
zur Sprach- und Culturgeschichte der germanischen Völker«, herausgegeben
seit 1874 von B. TEN BRINK, W. SCHERER und E. MARTIN, bis jetzt 60
Hefte.

Beste kritische Zeitschrift auch für englische Philologie ist das »Litteraturblatt für germanische und romanische Philologie«, herausgegeben von
F. NEUMANN und O. BEHAGHEL, seit 1879 monatlich erscheinend. Berücksichtigt wird natürlich die englische Philologie auch in den allgemein kritischen Zeitschriften, von denen die bekanntesten und bedeutendsten sind
das »Litterarische Centralblatt«, herausgegeben von F. ZARNCKE (Leipzig),
jetzt im 31. Jahrgange stehend, und die »Deutsche Litteraturzeitung«, herausgegeben von A. FRESENIUS (Berlin), jetzt im 8. Jahrgange stehend, beide
wöchentlich erscheinend.

§ 2. Beziehungen der englischen Philologie zu
verwandten Wissenschaften. 1. Die englische Philologie
steht, weil sie selbst nur eine Einzelphilologie der germanischen Gesammtphilologie ist, in den innigsten Beziehungen zu
den übrigen germanischen Einzelphilologien, namentlich aber
zu der niederdeutschen und zu der altnordischen[3]), weil einer-

---

1) Mit Bd. 10 beginnt eine »Neue Folge«.
2) Mit Bd. 13 beginnt eine »Neue Reihe«.
3) Recht nachdrücklich werde hier Folgendes bemerkt. Für den Philologen haben selbstverständlich die erreichbar ältesten Sprachgestaltungen
das unmittelbarste Interesse, und auf diese muss sein Studium zunächst
gerichtet sein. Aber grundverkehrt ist es, die Sprachgestaltungen der Gegenwart über denen der Vergangenheit zu vernachlässigen. Es ist durchaus in der Ordnung. ja durchaus nothwendig, dass der Germanist — also
auch der Anglist — vor Allem Gothisch, Altnordisch, Angelsächsisch und
sonstiges Altgermanisch treibe, aber er muss auch mit modernem Schwedisch, Dänisch, Holländisch etc. einigermassen wenigstens bekannt sein.
Sehr mit Recht bemerkt KLINGHARDT (Litteraturbl. f. germ. u. rom. Phil.
1887, Nr. 8 Sp. 344): »Hoffentlich verbreitet sich bald die Erkenntniss etwas
rascher, dass der Germanist, bzw. Anglist mit dem Schwedischen (Dänischen) ebenso vertraut sein muss, wie der Romanist mit dem Italienischen

seits das Englische selbst dem niederdeutschen Sprachzweige angehört und weil es andrerseits in seiner ersten Entwickelung sprachlich und litterarisch durch das Altnordische beeinflusst worden ist, da ja vom 8. bis zum 11. Jahrhundert die Skandinavier (Dänen) zahlreiche Wikingerzüge nach England unternahmen, zum Theil sich dort bleibend ansiedelten und eine Zeit lang sogar der Herrschaft über das ganze Land sich bemächtigten (König Knud 1017—1035). Vgl. unten § 6, V.

Anmerkung. Die Hülfsmittel für das Studium der deutschen Philologie sind in trefflicher Weise verzeichnet worden von K. v. BAHDER, Die deutsche Philologie im Grundriss, Paderborn 1883, und es sei daher hier auf dieses Buch verwiesen.

Im Uebrigen werde hier nur auf einige grammatische Werke aufmerksam gemacht, welche zur Einführung in das wissenschaftliche Studium der deutschen Sprache geeignet sind: HEYNE, Kurze Grammatik der altgermanischen Dialecte (Gothisch, Althochdeutsch, Altsächsisch, Angelsächsisch, Altfriesisch, Altnordisch). I. Theil. Laut- und Flexionslehre (ein zweiter Theil dieses — übrigens etwas veralteten — Werkes ist bis jetzt nicht erschienen), Paderborn 1862 und öfters. — SIEVERS, Paradigmen zur deutschen Grammatik (Gothisch, Altnordisch, Angelsächsisch, Altsächsisch, Althochdeutsch, Mittelhochdeutsch) Halle 1874. — BRAUNE, Gothische Grammatik mit einigen Lesestücken etc. 3. Ausg. Halle 1887. — BRAUNE, Althochdeutsche Grammatik. Halle 1886. — PAUL, Mhd. Gramm. Halle 1884.

Unter allen deutschen Mundarten steht das Altsächsische dem Englischen, bezw. dem Altenglischen (Angelsächsischen) am nächsten [1]; Kenntniss des Altsächsischen ist demnach für den englischen Philologen mindestens sehr wünschenswerth, am sichersten wird sie erworben durch das, ja auch an sich sehr lohnende und interessante, Studium des Héliand (beste Ausgabe desselben von SIEVERS).

Zur ersten Einführung in das Studium des Altnordischen kann trefflich dienen: BRENNER's Altnordisches Handbuch. Litteraturübersicht, Grammatik, Texte, Glossar, Leipzig 1882. Schon Vorgeschrittnere werden, falls sie dänisch zu lesen verstehen (und das sollte doch jeder Germanist), WIMMER's Oldnordisk Formlära, Kopenhagen 1869 und öfters (ins Deutsche über-

---

(Provenzalischen).« Jeder Anglist sollte im Schwedischen, Dänischen und Norwegischen (wenn möglich, auch im Holländischen) sich die Lesefertigkeit erwerben, schon um die fachwissenschaftlichen Arbeiten der (sehr tüchtigen) skandinavischen Germanisten verstehen zu können. An für praktische Zwecke ganz brauchbaren Grammatiken des Schwedischen etc. fehlt es nicht (für das Schwedische kann die von LYTH recht empfohlen werden). Vgl. auch unten § 4 Nr. 3 Anm. u. d. T.

[1] Nächst dem Altsächsischen hat unter den deutschen Mundarten das Altfriesische für den Anglisten das grösste Interesse, wenn auch zwischen Altfriesisch und Angelsächsisch kaum so enge Beziehungen obwalten, wie SWEET angenommen hat (vgl. unten § 12, Anm. 1 u. d. T.).

setzt von SIEVERS, Halle 1871) und Oldnordisk Laesebog, Kopenhagen 1870 und öfters, mit grossem Nutzen brauchen. Beste wissenschaftliche Grammatik ist die von NOREEN verfasste (Altnordische Grammatik. I. Altisländische und altnorwegische Grammatik unter Berücksichtigung des Urnordischen, Halle 1884; II. Altschwedische Grammatik, noch nicht erschienen). — Eine gute allgemeine, freilich allerdings in manchen Punkten bereits veraltete und nicht mehr zureichende Orientirung über die altnordische Philologie giebt die Schrift von MÖBIUS, Ueber die altnordische Sprache, Kiel 1872. Ueber die Eigenart der altnordischen Sagalitteratur kann man sich in Kürze und in angenehmer Weise unterrichten durch die Lecture der Programmabhandlung von DÖRING, Bemerkungen über Typus und Styl der isländischen Saga, Leipzig 1877/78, Nicolaigymnasium.

Das Altnordische ist keine leicht zu erlernende Sprache, und es ist sehr erklärlich, dass gar Manche, welche es auf autodidaktischem Wege erlernen wollen, durch die ihnen begegnenden — mitunter freilich mehr scheinbaren als wirklichen — Schwierigkeiten sich sehr bald abschrecken lassen, zumal wenn sie mit den Hülfsmitteln des Studiums nicht genügend vertraut sind. Wer also irgend Gelegenheit hat, Vorlesungen über altnordische Grammatik und Erklärungen altnordischer Texte zu hören, sollte dieselbe ja nicht unbenutzt lassen und nicht wähnen, dass er ihrer ohne Schaden entbehren könne. Wem aber derartige Gelegenheit nicht geboten wird, der kann sich auf folgende Weise in das Altnordische einarbeiten: er mache sich zunächst nach BRENNER's Handbuch (s. oben) mit den Elementen der Grammatik, namentlich der Formenlehre, bekannt und lese dann die Saga von Gunnlaug Schlangenzunge, deren Text am bequemsten in WIMMER's Lesebuch zu finden ist, unter Benutzung der von KÖLBING herausgegebenen deutschen Uebersetzung (die Geschichte von G. Schl., Heilbronn 1878, Henninger).

2. Die germanischen Sprachen in ihrer Gesammtheit (das Germanische) bilden eine einzelne Sippe oder Gruppe innerhalb der grossen indogermanischen (oder indo-europäischen oder arischen) Sprachfamilie[1]). Dadurch wird bedingt, dass die wissenschaftliche Einsicht in die Sprachbildung und Sprach-

---

1) Die übrigen indogermanischen Einzelsippen sind: 1. das Arische (Indisch und Iranisch), 2. das Armenische, 3. das Griechische, 4. das Italische, 5. das Keltische, 6. das Baltisch-Slavische, (7. das Albanesische). — Zwischen dem Germanischen und dem Baltisch-Slavischen (oder Letto-Slavischen) bestehen wahrscheinlich besonders enge Verwandtschaftsbeziehungen, ja, es lässt sich vermuthen, dass beide Gruppen einst eine Einheit gebildet haben, indessen der streng wissenschaftliche Beweis für derartige Annahmen ist noch nicht erbracht. Vgl. hierüber LESKIEN, Die Declination im Slavisch-Litauischen und Germanischen, Leipzig 1876 (hochbedeutende Schrift). R. HASSENKAMP, Ueber den Zusammenhang des lettoslavischen und germanischen Sprachstammes, Leipzig 1876 (mehr Kompilation, als Neues bringende Untersuchung). KREK, Einleitung in die slavische Litteraturgeschichte. 2. Ausg. Graz 1887.

entwickelung des Germanischen wesentlich gefördert, ja vielfach erst ermöglicht wird durch die Kenntniss des Baues und des Entwickelungsganges der urverwandten Sprachen. In Folge dessen steht die germanische und also auch die englische Philologie in engstem Zusammenhange mit der Wissenschaft von der vergleichenden Grammatik der indogermanischen Sprachen und dadurch mit der allgemeinen Sprachwissenschaft überhaupt.

Anmerkung. Zur Einführung in die allgemeine Sprachwissenschaft können Anfängern dienen: SCHLEICHER, Die deutsche Sprache, Stuttgart 1860, 3. Ausg. herausgegeben von J. SCHMIDT 1874 (populär geschriebenes Buch des genialen Sprachforschers, das freilich in wesentlichen Dingen auf einem jetzt überwundenen Standpunkte steht, immerhin aber reiche Anregung zu bieten vermag, namentlich denen, welche sprachwissenschaftliche Studien erst beginnen). — DELBRÜCK, Einleitung in das Sprachstudium, Leipzig 1880, 2. Ausg. 1884 (sollte von jedem Studierenden der Philologie recht gründlich gelesen werden)[1]. — MAX MÜLLER, Lectures on the Science of Language. Neue Ausgabe London 1880 (deutsche Uebersetzung von K. BÖTTGER, Leipzig 1863, 3. Ausg. 1875, 2. Serie Leipzig 1866, 2. Ausg. 1870). MAX MÜLLER gehört zu den genialsten Sprachforschern und grössten Sprachkennern der Gegenwart, und es ist demnach ganz selbstverständlich, dass seine »Lectures« eine Fülle belehrender Dinge und geistvoller Gedanken enthalten; ein streng wissenschaftliches und systematisches Lehrbuch aber können und sollen die »Lectures« nicht sein, sie sind vielmehr eben nur für ein allgemein gebildetes Publikum bestimmte und im guten Sinne des Wortes popularisirende Vorlesungen, deren Niederschrift überdies in eine verhältnissmässig schon weit zurückliegende Zeit fällt, in welcher man über gar manche sprachliche Frage anders dachte, als heute, namentlich aber auf manche Fragen bestimmte Antworten geben zu können glaubte, während man gegenwärtig diese Zuversicht nicht mehr besitzt. — MAX MÜLLER, Ueber die Resultate der Sprachwissenschaft, Strassburg 1872 (sehr anregende kleine Schrift).

PAUL, Principien der Sprachgeschichte, 2. Ausg. Halle 1886 (bedeutendes Buch, das in trefflicher Weise über die Grundsätze der Sprachwissenschaft orientirt und geistvoll und scharfsinnig die Anschauungen der »Junggrammatiker« vertritt). — POTT, Einleitung in die allgemeine Sprachwissenschaft, in TECHMER's Zeitschrift (s. unten) I 1 und 329, II 54 und 251, III 110 (enthält eine Fülle von Material). — KRUSZEWSKI, Principien der Sprachentwickelung, in TECHMER's Zeitschrift I 295, II 268, III 145 (anregend und geistvoll, wenn auch nicht gerade viel Neues bietend). — WEGENER, Untersuchungen über die Grundfragen des Sprachlebens, Halle 1855 (wichtiges und interessantes Buch).

---

[1] Eine englische Uebersetzung des Buches erschien (in dem gleichen Verlage wie das Original) 1882.

W. v. HUMBOLDT, Ueber die Verschiedenheiten des menschlichen Sprachbaues. Herausgegeben und erläutert von POTT. Berlin 1875, 2 Bde. (vgl. dazu W. v. HUMBOLDT, Grundzüge des allgemeinen Sprachtypus, in TECHMER's Ztschr. I, 383). W. v. HUMBOLDT ist der grösste Sprachphilosoph der Neuzeit, das Studium seiner Schriften das beste Mittel, zu einer richtigen und tiefen Auffassung allgemein sprachwissenschaftlicher Fragen zu gelangen. Vgl. über W. v. HUMBOLDT die schöne Rede STEINTHAL's, gehalten bei Gelegenheit der Enthüllung der Humboldt-Denkmäler am 28. Mai 1883 (im Druck erschienen Berlin, DÜMMLER). — HEYSE, System der Sprachwissenschaft, herausgegeben von STEINTHAL Berlin 1856 (gutes Buch). — STEINTHAL, Charakteristik der hauptsächlichsten Typen des Sprachbaues. Berlin 1860 (classisches Werk, dessen gründliches Studium für jeden der Sprachwissenschaft sich Widmenden unbedingtes Erforderniss ist. Man lasse sich durch die etwas schwere Schreibart des Buches nicht abschrecken). — STEINTHAL, Abriss der Sprachwissenschaft. 1. Theil: die Sprache im Allgemeinen. Einleitung in die Psychologie und Sprachwissenschaft. Berlin 1871, 2. Ausg. 1881 (der zweite Theil bis jetzt nicht erschienen. Auch dieses Buches Studium ist dringend anzuempfehlen).

W. DWIGHT WHITNEY, Language and the Study of Language. Twelve Lectures on the Principles of Linguistic Science, 2. Ed. London 1868 (deutsche Uebersetzung von JOLLY, München 1874. Ueber das Buch lässt sich ähnlich urtheilen wie über M. MÜLLER's Vorlesungen, s. oben S. 9). — SAYCE, The Principles of Comparative Philology, 2. Ed. London 1875, und: Introduction to the Science of Language, London 1880, 2 Bde. (gute Bücher). — HOVELACQUE, La linguistique, Paris 1875 (popularisirendes Buch von mässigem Werthe). — *ASCOLI, Studj critici (deutsch u. d. T.: Kritische Studien zur Sprachwissenschaft von G. J. ASCOLI, übersetzt von MERZDORF und MANGOLD, Weimar 1878).

*F. MÜLLER, Grundriss der Sprachwissenschaft. Bd. I. Abth. 1. Einleitung in die Sprachwissenschaft. Abth. 2. Die Sprachen der wollhaarigen Rassen. Bd. II. Die Sprachen der schlichthaarigen Rassen. Abth. 1. Die Sprachen der australischen, der hyperboreischen und der amerikanischen Rassen. Abth. 2. Die Sprachen der malayischen und der hochasiatischen (mongolischen) Rasse. Bd. III. Die Sprachen der lockenhaarigen Rassen. Abth. 1. Die Sprachen der Nuba- und der Dravida-Rasse. Abth. 2. Die Sprachen der mittelländischen Rassen. Wien 1876/87. Zwei weitere Bände, die analytischen und die sogenannten Mischsprachen behandelnd, sollen noch folgen (ein Riesenwerk, ungeheure Massen gut verarbeiteter und übersichtlich geordneter Materialien enthaltend und durchaus geeignet, der weiter fortschreitenden allgemeinen Sprachforschung zur Grundlage zu dienen).

BENFEY, Geschichte der Sprachwissenschaft und der orientalischen Philologie in Deutschland seit dem Anfange des 19. Jahrhunderts mit einem Rückblick auf die früheren Zeiten. München 1869.

Der allgemeinen Sprachwissenschaft sind namentlich folgende Zeitschriften gewidmet: Internationale Zeitschrift für allgemeine Sprachwissenschaft, herausgegeben von TECHMER, Leipzig seit 1884, jährlich ein Band

## Hülfsmittel für das Studium der Sprachwissenschaft. 11

(enthält zahlreiche Abhandlungen von höchstem Werthe und reichhaltige Bibliographien). — Zeitschrift für Völkerpsychologie und Sprachwissenschaft, herausgegeben von LAZARUS und STEINTHAL, Berlin, seit 1860. — Revue de linguistique et de philologie comparée, Paris, seit 1862.

Ueber die vergleichende Grammatik der indogermanischen Sprachen im Besondern handeln: \*BOPP, Vergl. Gramm. des Sanskrit, Zend, Armenischen, Griechischen, Lateinischen, Litauischen, Altslavischen, Gothischen und Deutschen, Berlin 1833/52, 3. Ausg. 1869/74, 3 Bde., dazu ein (für die 2. Ausg., von welcher übrigens die 3. nur ein fast unveränderter Abdruck ist, gearbeitetes) Sach- und Wortregister von ARENDT, Berlin 1863. (Durch BOPP's Werk wurde die vergleichende indogermanische Sprachwissenschaft begründet, und schon um deswillen besitzt es hohen bleibenden Werth; dass im Einzelnen die neuere Forschung vielfach über BOPP's Ergebnisse hinausgekommen ist und dass mithin der Inhalt des BOPP'schen Buches durchaus keine unbedingte Gültigkeit besitzt, versteht sich ganz von selbst). — SCHLEICHER, Compendium der vergl. Gramm. der indogermanischen Sprachen, Weimar 1861, 4. Ausg. 1876, dazu eine Indogermanische Chrestomathie, Weimar 1869. (SCHLEICHER's Compendium, das zur Zeit seines Erscheinens hochbedeutende Werk eines genialen Sprachforschers, ist gegenwärtig veraltet und Anfänger sind vor demselben geradezu zu warnen, schon Vorgeschrittnere dagegen können aus dem Buche doch Manches lernen, mindestens aber mit Interesse daraus ersehen, wie gar Vieles von dem, was SCHLEICHER als sichere wissenschaftliche Thatsache betrachtete, seitdem als Irrthum erkannt oder doch wieder in Frage gestellt worden ist). — WESTPHAL, Vergl. Gramm. der indogermanischen Sprachen. Theil 1 (mehr nicht erschienen) Das indogermanische Verbum. Jena 1873 (liederlich gearbeitetes Buch). — \*BRUGMANN, Grundriss der vergl. Grammatik der indogermanischen Sprachen, Strassburg 1886, bis jetzt nur Bd. 1 (Lautlehre) erschienen (hochbedeutendes Werk, vergl. Revue critique vom 7. 2. 1887).

\*ASCOLI, Corsi di glottologia. Vol. 1 Fonologia comparata del sanscrito, del greco e del latino, Turin und Florenz 1870 (deutsche Uebers. von BAZZIGHER und SCHWEIZER-SIDLER, Halle 1871).

\*G. CURTIUS, Zur Chronologie der indogermanischen Sprachforschung, Leipzig 1867 (Abhandlungen der K. S. Gesellsch. d. Wissensch., Phil.-hist. Kl. V 157), 2. Ausg. 1873.

OSTHOFF und BRUGMANN, Morphologische Untersuchungen auf dem Gebiete der indogermanischen Sprachen, Leipzig 1878 ff.

Lexikalische Werke: \*FICK, Vergleichendes Wörterbuch der indogermanischen Sprachen. 3. Ausg. Göttingen 1874/76, 4 Bde. — ZEHETMAYR, Analogisch-vergleichendes Wörterbuch über das Gesammtgebiet der indogermanischen Sprachen. Leipzig 1879. — G. CURTIUS, Grundzüge der griech. Etymologie, 5. Ausg. Leipzig 1879 (ist hier mit zu nennen, weil in dem Buche alle indogermanischen Sprachen berücksichtigt worden sind, insoweit dies durch seinen Zweck erfordert wurde).

POTT, Etymologische Forschungen auf dem Gebiete der indogermanischen Sprachen, 2. Ausg. Lemgo und Detmold 1859/76 mit Namen- und Sachregister von BINDSEIL. Ueber die zwischen den einzelnen indogermanischen Sprachen etwa bestehenden näheren Verwandtschaftsbeziehungen vergl. J. SCHMIDT, Die Verwandtschaftsverhältnisse der indogermanischen Sprachen, Weimar 1872 (SCHMIDT bekämpfte die sog. Stammbaum- oder Spaltungstheorie[1]), welche namentlich von SCHLEICHER aufgestellt worden war, und wollte an ihre Stelle die sog. Wellen- oder Uebergangstheorie gesetzt wissen: darnach hätten die vorauszusetzenden einzelnen Mundarten der indogermanischen Grundsprache eine continuirliche Reihe gebildet, innerhalb deren jeder Dialect die Ueberleitung zu und die Vermittelung zwischen anderen, ihm nächststehenden Dialecten gebildet hätte; indem nun im Laufe der historischen Entwickelung ein Theil der Vermittelungsdialecte in Wegfall gekommen seien, hätten die übrigbleibenden mehr oder weniger eine selbstständigere Stellung gewonnen, und die individuelle Eigenart eines jeden wäre in schärferen Gegensatz zu derjenigen anderer getreten). LESKIEN, Die Declination im Slavisch-Litauischen und im Germanischen, Leipzig 1876 (sucht die Spaltungs- und die Uebergangstheorie mit einander zu vereinigen). BRUGMANN, Zur Frage nach den Verwandtschaftsverhältnissen der indogermanischen Sprachen, in TECHMER's Ztschr. I 226 (nach einer kritischen Besprechung der über die Verwandtschaftsverhältnisse der indogermanischen Sprachen bisher aufgestellten Theorien spricht BRUGMANN seine eigene Ansicht in folgenden Worten aus: »Jedenfalls ist es bei dem gegenwärtigen Stande der Frage nach der inneren Gliederung des indogermanischen Sprachstammes ausserordentlich schwierig, allgemein giltige Normen ausfindig zu machen, nach denen man bestimmen könnte, was jedesmal für ursprachlich zu halten sei, was nicht. In sehr vielen Fällen wird man sich vorläufig einfach mit einem non liquet bescheiden und auf die Aufschlüsse rechnen müssen, die unsere rüstig fortschreitende Wissenschaft künftig geben wird«.)[2]

Den muthmasslichen Culturzustand des arischen Urvolkes versuchte PICTET zu schildern in dem gelehrten und anziehend geschriebenen, aber phantastischen Werke: Les origines indo-européennes ou les Aryas primi-

---

[1] Dieselbe wird am einfachsten durch folgendes Schema veranschaulicht:

idg. Grundsprache
arische Ursprache    europäische Ursprache
Indisch, Zend, Altpers.   Südeurop.,   nordeurop.
                          Grundsprache
                    German., Bal-   Keltisch, Italisch,
                    tisch-Slav.     Griechisch.

[2] Eine sehr eingehende und interessante Uebersicht über die seit 70 Jahren bezüglich der Ursprache und der Sprachverwandtschaftsverhältnisse im Idg. aufgestellten Ansichten hat KREK gegeben in seinem für Jeden, der mit Sprachwissenschaft sich beschäftigt, hochwichtigen Buche: Einleitung in die slavische Litteraturgeschichte. 2. Ausg. Graz 1887.

tifs. Essai de paléontologie linguistique, 2. Ausg. Paris 1877, 3 Bde. PICTET ging von dem Grundgedanken aus, dass, wenn ein und dasselbe Wort (z. B. »Salz«) in mindestens zwei einander ferner stehenden indogermanischen Sprachen (z. B. im Indischen und im Slavischen) zur Bezeichnung eines und desselben Begriffes sich finde, dies Wort und der dadurch bezeichnete Begriff schon dem indogermanischen Urvolke bekannt gewesen sein müsse und dass sich folglich durch die Zusammenstellung derartiger Worte die Cultur der Arier erschliessen lasse. Die heutige Sprachwissenschaft hat allen Grund und alles Recht, sich PICTET's Aufstellungen gegenüber ablehnend zu verhalten und zu glauben, dass für derartige Constructionen die Zeit noch lange nicht gekommen sei und wohl auch nie kommen dürfte. — Ebenfalls auf Grund der sprachvergleichenden Forschung hat culturgeschichtliche Fragen V. v. HEHN behandelt in dem geistvollen, höchst lesenswerthen Buche: Culturpflanzen und Hausthiere in ihrem Uebergange aus Asien nach Griechenland und Italien sowie in das übrige Europa, 3. Ausg. Berlin 1877. Derselbe Gelehrte hat eine nicht minder anziehende Monographie über das Salz verfasst. (Berlin 1878). Sehr interessante Fragen hat BECHTEL behandelt in seiner Schrift: Ueber die Bezeichnungen der sinnlichen Wahrnehmungen in den indogermanischen Sprachen. Ein Beitrag zur Bedeutungsgeschichte. Weimar 1879.

Der indogermanischen Sprachvergleichung sind folgende Zeitschriften gewidmet: Zeitschr. f. vergl. Sprachforschung auf dem Gebiete der indogermanischen Sprachen, herausg. von E. KUHN und J. SCHMIDT (begründet durch A. KUHN, Berlin, seit 1852, mit Bd. 21 hat eine »Neue Folge« begonnen) — Beiträge zur vergl. Sprachforschung auf dem Gebiete der arischen, celtischen und slavischen Sprachen, herausg. von A. KUHN und A. SCHLEICHER, Berlin 1858/76 — Beiträge zur Kunde der indogermanischen Sprachen, herausg. von A. BEZZENBERGER, seit 1877.

Die vergleichende Sprachwissenschaft und die Sprachwissenschaft überhaupt befindet sich gegenwärtig seit dem Auftreten der sogenannten junggrammatischen Schule (Ausgang der siebziger Jahre) in einer Art von Gährungs- oder Uebergangsstadium. Vieles von dem, was man auf Grund früherer Forschungen als gesicherte wissenschaftliche Thatsache betrachtete und zu einem festgegliederten Systeme verband, gilt jetzt entweder als nachweislich irrig oder doch als blos hypothetisch und noch des Beweises bedürftig, wenn nicht als schlechthin unbeweisbar. Dazu kommt, dass wichtige Principienfragen aufgeworfen worden sind, von deren zur Zeit noch ausstehender Lösung der fernere Entwickelungsgang der Wissenschaft abhängig sein wird. Ein besonders heftiger Kampf ist um die Frage nach dem Begriff und der Bedeutsamkeit der »Lautgesetze« entbrannt, deren Allgemeingültigkeit und Ausnahmslosigkeit — soweit es um mechanischen Lautwandel sich handelt — von den Junggrammatikern als Princip aufgestellt worden ist.[1]) Aber auch sonst sind strittige Probleme,

---

[1]) Die wichtigsten Schriften über die Frage seien nachstehend verzeichnet: L. TOBLER, Ueber die Anwendung des Begriffes von Gesetzen auf die Sprache, in d. Vierteljahrsschr. f. wissenschaftl. Philos. Bd. III, 32

14   Einleitung. § 2, 2 u. 3.

so z. B. die Frage nach der Heimath des indogermanischen Urvolkes (ob in Centralasien, ob in Europa), die Frage nach dem Ursprunge der verbalen Personalendungen (ob Personalpronominalstämme oder Nominalbildungen, vgl. SAYCE in TECHMER's Ztschr. I 222 und dagegen MÜLLER in seinem Grundriss III 597), die Frage nach der Ursprünglichkeit des e [und o], beziehentlich nach der Ursprünglichkeit des a im Indisch-Armenischen (vgl. MÜLLER im Grundriss III 454) u. a. m. Es kann nicht ausbleiben, dass die auf dem allgemein sprachwissenschaftlichen, bezw. indogermanischen Gebiete zur Zeit herrschende Bewegung und Gährung sich auch auf die germanische, in Sonderheit auch die englische Philologie überträgt, oder es ist dies vielmehr bereits geschehen und wird fernerhin in immer weiterem Umfange geschehen; um so mehr aber ist der germanische, bezw. der englische Philolog verpflichtet, den Vorgängen auf dem Gebiete der Sprach-

---

(höchst gediegene Abhandlung, welche kein Philolog ungelesen lassen sollte). — MISTELI, Lautgesetz und Analogie, in Ztschr. f. Völkerpsych. XI, 365 und XII, 100. — OSTHOFF und BRUGMANN, Morphologische Untersuchungen I (1878), p. XIII (hier wird als erster »methodologischer Grundsatz« der »junggrammatischen« Richtung hingestellt: »Aller Lautwandel, soweit er mechanisch vor sich geht, vollzieht sich nach ausnahmslosen Gesetzen«, dagegen sprach BEZZENBERGER in Gött. Gel. Anz. 1879, p. 641, auch J. SCHMIDT erkannte die Richtigkeit des Satzes nur in bedingter Form an: »Ganz ausnahmslose Lautgesetze, d. h. deren Ausnahmen wir alle erklären können, gehören ja noch zu den grössten Seltenheiten«, Ztschr. f. vgl. Sprachf. XXV, 134). — DELBRÜCK, Einleitung in das Sprachstudium, Leipzig 1880, p. 112 (in der 2. Ausg. p. 113), vgl. dagegen D'OVIDIO in Rivista di Filologia X fasc. 5, 6. — PAUL, Principien der Sprachgeschichte, Halle 1880, p. 55 (in der 2. Ausg. p. 61). PAUL vertritt den junggrammatischen Standpunkt in sehr besonnener Weise, indem er u. A. sagt: »in dem Sinne, wie wir in der Physik oder Chemie von Gesetzen reden ....., ist der Begriff »Lautgesetz« nicht zu verstehen«). — CURTIUS, Zur Kritik der neuesten Sprachforschung, Leipzig 1885 (gegen die Junggrammatiker. Bereits früher hatte CURTIUS in den Berichten der K. S. Gesellsch. d. Wissensch., philol.-hist. Cl. 1870 »Bemerkungen über die Tragweite der Lautgesetze, insbesondere im Griechischen und Lateinischen« veröffentlicht). — Gegen CURTIUS schrieben: DELBRÜCK, Die neueste Sprachforschung, Leipzig 1885; BRUGMANN, Zum heutigen Stand der Sprachwissenschaft, Strassburg 1885. Vgl. auch MERLO, Cenni sullo stato presente della grammatica ariana istorica e preistorica a proposito di un libro di G. Curtius, in Rivista di filol. e d'istruz. class. Bd. XIV (1885). — ASCOLI, Una lettera glottologica, Torino 1881, und Dei Neogrammatici (mit einer Poscritta) in Archivio glottologico X, 1 (ungemein inhaltsreiche und scharfsinnige Schriften, welche nicht bloss für die allgemeine Sprachwissenschaft, sondern auch für die romanische Philologie von höchster Bedeutung sind). — SCHUCHARDT, Ueber die Lautgesetze. Gegen die Junggrammatiker. Berlin 1885 (höchst anregende Schrift des berühmten Sprachforschers und Romanisten, welche auch die gebührende Beachtung gefunden und eine Reihe gehaltvoller Recensionen veranlasst hat, vgl. namentlich Revue critique vom 2. Februar 1856 und Litteraturbl. f. germ. u. rom. Phil. Jahrg. 1886 Sp. 1). — F. MÜLLER, Sind die Lautgesetze Naturgesetze? in TECHMER's Ztschr. I, 211 (die Frage wird verneint). — JESPERSEN, Zur Lautgesetzfrage, in TECHMER's Ztschr. III, 188 (interessante Abhandlung). — Eine gute Uebersicht über den Streit giebt NYROP in der Einleitung zu Adjectivernes Konsbojning i de Romanske Sprog. Kopenhagen 1886.

wissenschaft aufmerksam und mit Verständniss zu folgen. Hierzu ist freilich einige Kenntniss des Sanskrit, des Slavischen und des Keltischen (für Lateinisch und Griechisch wird sie als selbstverständlich vorausgesetzt) ganz unentbehrlich, und der Studierende der germanischen, bezw. der englischen Philologie muss sich dieselbe zu erwerben suchen,[1]) wenn er auch in der Regel nothgedrungen darauf wird verzichten müssen, wirklicher Sanskritist, Slavist und Keltist zu werden. Zur Einführung in das Studium des Sanskrit sind geeignet STENZLER's Elementarbuch des Sanskrit, Breslau 1868 (und öfters in neuen Auflagen erschienen) und KELLNER's Elementargramm. der Sanskritspr., Leipzig 1868 und öfters; letzteres Werk, das allerdings von Sanskritphilologen häufig recht ungünstig beurtheilt wird,[2]) kann namentlich denen nützen, welche autodidaktisch studieren und die Mühe der Erlernung der freilich mehr scheinbar als wirklich schwierigen Sanskritschrift sich sparen wollen. Ein thörichtes Buch ist BOLTZ's Vorschule des Sanskrit, Oppenheim 1868, wie hier ausdrücklich bemerkt werden muss, weil es durch seinen Nebentitel »Ein Hülfs- und Uebungsbuch für Jedermann, namentlich für Lehrer der modernen Sprachen« sich besonders an die Neuphilologen wendet. Wer das Studium des Sanskrit in richtiger Weise angreift, energische Arbeit nicht scheut und durch die im Beginne allerdings entgegentretenden Schwierigkeiten sich nicht abschrecken lässt, wird innerhalb etwa zweier Semester die elementare Kenntniss sich recht wohl zu erwerben vermögen. Slavische Studien beginnt man am besten mit LESKIEN's trefflichem Handbuche der altbulgarischen (altkirchenslavischen) Sprache, Weimar 1871, 2. Ausgabe. 1885. Das Hauptwerk für slavische Sprachkunde ist MIKLOSICH's Vergl. Gramm. d. slav. Spr., Wien 1868/79, 4 Bde. Zeitschrift für slavische Philologie ist das von JAGIČ herausgegebene »Archiv f. slav. Philologie«, Berlin seit 1875. — Hülfsmittel für das Studium des Keltischen sehe man unten § 6 Nr. I.

3. Wie bekannt, wurde in Folge der normannischen Eroberung die englische Sprache in ihrer Entwickelung wesentlich durch das Französische beeinflusst, und später hat sie, namentlich in der Litteratur, auch Einwirkungen von Seiten des Italienischen und Spanischen erfahren. Aus diesen Thatsachen ergeben sich enge Beziehungen der englischen zu der romanischen, besonders der französischen Philologie. Doch auch abgesehen hiervon, begründet schon die Thatsache, dass sowohl die romanischen wie die germanischen Sprachen die ursprüngliche Synthesis ihres Baues in weitem Umfange analytisch zersetzt haben, ein näheres Verhältniss zwischen den

---

1) Vgl. auch unten § 48 Nr. 1.
2) Indessen hat doch ein so gewiegter Sanskritist wie E. WINDISCH sich im Litterarischen Centralblatt über die praktische Brauchbarkeit der KELLNER'schen Grammatik günstig ausgesprochen.

beiderseitigen Philologien. Für den germanischen, bezw. für den englischen Philologen ist demnach eine gewisse Vertrautheit mit der romanischen, namentlich mit der französischen Philologie eine unabweisbare Nothwendigkeit. Andrerseits aber muss in Berücksichtigung der noch immer weit verbreiteten Gewohnheit, Französisch und Englisch unter dem Namen »neuere Sprachen« zusammenzufassen und als etwas gleichsam naturgemäss Zusammengehöriges zu betrachten, nachdrücklichst hervorgehoben werden, dass die Verbindung von französischer und englischer Philologie zu einer äusserlichen Einheit (»Neuphilologie«) wissenschaftlich einfach ein Unding ist und höchstens in Bezug auf praktische Verhältnisse als statthaft bezeichnet werden darf. Vergl. KÖRTING, Neuphilologische Essays, S. 1 ff.

Anmerkung. Hülfsmittel für das Studium der romanischen, bezw. der französischen Philologie anzuführen, würde hier zu viel Raum beanspruchen. Es genüge daher auf nachstehende encyklopädische Werke zu verweisen, von denen namentlich das an erster und das an dritter Stelle genannte umfängliche bibliographische Uebersichten bieten, während dies in dem an zweiter Stelle angeführten weniger der Fall ist, für welchen Mangel es aber durch den anderweitigen Inhalt reich entschädigt: 1. NEUMANN, Die romanische Philologie im Grundriss, Leipzig 1885 (knappe und gute Zusammenfassung des Wichtigsten; die von dem Verfasser an den citirten Werken geübte Kritik dürfte manchmal zu subjectiv und mitunter vorschnell sein'. — 2. Grundriss der romanischen Philologie, herausg. von GRÖBER, Strassburg 1886 ff., bis jetzt zwei Lieferungen, das Gesammtwerk ist auf 2 Bände berechnet. — 3. KÖRTING, Encyklopädie und Methodologie der romanischen Philologie, Heilbronn 1884/86, 3 Theile (das Werk soll nach Absicht seines Verfassers ein Hülfsbuch für Studierende sein).

Auf Einzelobjecte der romanischen Philologie bezügliche Schriften, welche irgendwie für die englische Philologie unmittelbare Bedeutung besitzen, werden an geeigneten Stellen dieses Buches genannt werden.

4. Das physische und sinnliche Substrat der Sprache sind die Laute. Wer daher, sei es der Sprache im Allgemeinen, sei es einer Einzelsprache im Besonderen ein auf wissenschaftliche Erkenntniss gerichtetes Studium widmet, muss mit der Wissenschaft von der Beschaffenheit und der Erzeugung der Laute vertraut sein. Die Lautphysiologie muss die Grundlage der Lautlehre bilden. Gilt dies im Allgemeinen, so hat es doch noch eine ganz besondere Geltung in Bezug auf lebende Sprachen, da bei diesen dem Studierenden die Mög-

lichkeit geboten ist, die Hervorbringung ihrer Laute mit dem Ohre zu beobachten und mit den eigenen Sprachorganen zu erproben. Welche Wichtigkeit diese Thatsache sowohl in wissenschaftlicher als auch namentlich in praktischer Beziehung besitzt und wie sie besonders auch in pädagogischer Hinsicht von höchster Bedeutung ist, das ist so augenfällig, dass es einer weiteren Darlegung hier nicht bedarf.

Anmerkung. Die Hülfsmittel für das Studium der Lautphysiologie s. unten im ersten Paragraphen des vierten Kapitels.

5. Die Entwickelung der Sprache und Litteratur eines Volkes steht im innigsten Zusammenhange mit dessen sonstiger geschichtlicher, namentlich culturgeschichtlicher Entwickelung. Eines Volkes Sprache und Litteratur kann man wissenschaftlich nicht verstehen und zum Gegenstande wissenschaftlichen Studiums nicht machen ohne Kenntniss seiner politischen und Kulturgeschichte. Die Geschichte ist somit eine der vornehmsten Hülfswissenschaften der Philologie. Für den englischen Philologen kommt selbstverständlich zunächst die englische Geschichte in Betracht, da diese jedoch eng verflochten ist mit der Geschichte der ausserbritischen Völker und Staaten (namentlich mit derjenigen Frankreichs), so ist das Studium der englischen Geschichte zu verbinden mit dem der mittelalterlichen und neuzeitlichen Universalgeschichte überhaupt.

Anmerkung. Ein den wissenschaftlichen Anforderungen der Gegenwart genügendes, die Gesammtgeschichte Englands, bezw. Grossbritanniens behandelndes Werk fehlt noch; als Ersatz aber können gelten die einander in gewisser Weise ergänzenden beiden Werke: *LAPPENBERG-PAULI, Geschichte Englands, Hamburg und Gotha 1835/58, 4 Bde. (bildet einen Bestandtheil der bekannten Heeren-Ukert'schen Staatengeschichte und reicht bis zum Tode Heinrichs VII., 1509), und: *RANKE, Englische Geschichte, vornehmlich im 17. Jahrh. (Bd. 15 bis 18 in der Gesammtausg. der Werke RANKE's, Berlin 1878).

Die von englischen Historikern verfassten Gesammtgeschichten Englands besitzen zum Theil litterarischen Werth als Kunstwerke, können aber nicht als wissenschaftliche Leistungen im Sinne der Jetztzeit gelten. Von Werken über einzelne Perioden, Ereignisse u. dergl. der englischen Geschichte seien hier folgende genannt:

Ueber ags. Geschichte: TURNER, History of the Anglo-Saxons from the Earliest Period to the Norman Conquest, L. 1799 1805, 3 Bde. (öfters neu aufgelegt). — GERVINUS, Die Geschichte der Angelsachsen im Ueberblick, Frankfurt a. M. 1836. — WINKELMANN, Geschichte der Ags. bis zum Tode Alfred's, Berlin 1883 (bildet einen Theil des ONCKEN'schen Geschichtswerkes).

Ueber die Dänen in England: STEENSTRUP, Danske og Norske rike paa de brittiske øer, Kopenhagen 1879/82, und: Danelag, Kopenhagen 1882. — WORSAAE, Minder om de Danske og Nordmåndene in England, Kopenhagen 1851.

Ueber die normannische Eroberung: AUG. THIERRY, Histoire de la conquête de l'Angleterre par les Normands, Paris 1825, 3 Bde. (noch immer lesenswerthes Buch, wenn es auch in wissenschaftlicher Beziehung fast völlig veraltet ist). — FREEMAN, A History of the Norman Conquest of England, L. 1867/79, 6 Bde. (classisches Werk, ebenso ausgezeichnet durch Gründlichkeit der Forschung wie durch Schönheit der Darstellung; kein Studierender der englischen Philologie sollte verabsäumen, sich mit diesem Werke, sei es auch nur mit einzelnen Capiteln, bekannt zu machen). — WORSAAE, De danske Erobring af England. Kopenh. 1863.

Ueber englische Cultur im späteren Mittelalter: PAULI, Bilder aus Altengland, Gotha 1860.

Die Zeit der Tudors: FROUDE, History of England, from the Fall of Wolsey to the Defeat of the Spanish Armada. L. 1856/70, 12 Bde. — RANKE'S oben genanntes Werk.

Die grosse Revolution: RANKE'S oben genanntes Werk. (Die früher viel verbreiteten Werke von GUIZOT und DAHLMANN sind jetzt veraltet). — CARLYLE, Oliver Cromwell's Letters and Speeches. L. 1845, 2 Bde. — BROSCH, Oliver Cromwell und die puritanische Revolution. Frankf. a. M. 1886.

Die Zeit der Restauration, der zweiten Revolution und Wilhelm's III.: MACAULAY, History of England from the Accession of James II., L. 1848/59 (eine Fortsetzung bildet Lord Mahon's Werk: The History of England from the Peace of Utrecht to the Peace of Versailles. L. 1836/53, 7 Bde., und: History of the Reign of Queen Anne, 4. Ausg. L. 1873, 2 Bde.

Die vier George: THACKERAY, The four Georges (in Band 580 der Tauchnitz-Sammlung).

LECKY, A History of England in the Eighteenth Century, L. 1878/82, 4 Bde.

PAULI, Geschichte Englands seit den Friedensschlüssen von 1814 und 1815. Lpzg. 1864/75, 3 Bde. — CARTHY, A History of Our Own Times. L. 1879/80, 4 Bde.

WRIGHT, The History of Scotland from the Earliest Period to the Present Time. L. 1852/57, 3 Bde.

BANCROFT, History of the United States. Boston 1834/74, 10 Bde. — ELIOT, Manual of United States History. Boston 1856. — NEUMANN, Geschichte der vereinigten Staaten von Nordamerika. Berlin 1863, 3 Bde.

RUSDEN, History of Australia. L. 1884.

Ueber die englische Verfassung: FREEMAN, The Growth of the English Constitution (in der Tauchnitz-Sammlung).

Die wichtigsten Quellensammlungen für die mittelalterliche Geschichte Englands sind: Monumenta historica britannica, or Materials for the

History of Britain, from the Earliest Period to the End of the Reign of King Henry (auch betitelt: »Collection of Historians, edited by Order of the Record Commission« oder »PETRIE, Collection of the English Historians«), London, seit 1848. — Rerum britannicarum medii aevi scriptores, or Chronicles and Memorials of Great Britain and Irland during the Middle Ages, London, seit 1858.

Ein ausgezeichnetes Hülfsmittel für die Quellenkunde der mittelalterlich englischen Geschichte ist: DUFFUS HARDY, Descriptive Catalogue of Materials relating to the History of Great Britain and Ireland to the End of the Reign of Henry VII., London 1862 ff.

Sehr förderlich für die Gewinnung einer lebendigen Anschauung bestimmter geschichtlicher Zeiten und Persönlichkeiten kann die Lecture guter historischer Romane sein, wenn auch freilich die in diesen gegebenen Darstellungen nie für wissenschaftlich unanfechtbar gehalten werden dürfen, sondern immer etwas skeptisch und kritisch aufgefasst werden müssen. Derartige Romane sind z. B. von W. SCOTT, von CHARLES KINGSLEY [1]) und von BULWER [2], verfasst worden.

## § 3. Die Geschichte der englischen Philologie.

1. Der Sinn für philologische Studien ist in England früh erwacht; er bethätigte sich indessen während des Mittelalters lediglich in der — selbstverständlich sich ganz in den von den Grammatikern des Alterthums vorgezeichneten Bahnen bewegenden — Bearbeitung der lateinischen Grammatik und Metrik (Beda Venerabilis [geb. 672, gest. 735] verfasste »De orthographia«, »De VIII partibus orationis«, »Cunabula grammaticae artis Donati restituta«, »De schematibus et tropis«, »De metrica ratione« etc. Vgl. TEUFFEL, Gesch. d. röm. Litt. § 500, 3. — Älfric [geb. um 955, gest. um 1022] schrieb eine lat. Grammatik und ein lat. Glossar, herausg. von ZUPITZA, Berlin 1880).[3])

Als philologische Leistungen, wenngleich untergeordnetster Art, sind auch die während des Mittelalters von Engländern verfassten Anleitungsschriften zur Erlernung des Französischen zu betrachten. Verzeichnet sind diese zahlreichen und in ihrer

---

1) Namentlich »Westward Ho« (spielt im Zeitalter Elisabeth's) und »Hereward the Wake« (spielt zur Zeit der normannischen Eroberung). Bd. 328 f. und 829 f. der Tauchnitz-Sammlung.
2 Namentlich »The Last of the Barons« (spielt zur Zeit des Rosenkrieges). Bd. 38 f. der Tauchnitz-Sammlung.
3) Nur in losester Beziehung, immerhin aber doch in gewisser Beziehung zur Philologie steht der von KLUGE in TECHMER'S Zeitschrift II, 116 herausgegebene ags. Text »Indicia Monasterialia« (Katechismus der Zeichensprache).

Art sehr interessanten Tractate von STENGEL in Ztschr. f. nfrz. Spr. u. Lit. I 1, von STÜRZINGER in seiner Ausg. der (ebenfalls von einem Engländer, und zwar nach Mitte des 13. und vor Mitte des 14. Jahrhunderts, verfassten) »Orthographia Gallica« (Heilbronn 1884, Bd. 8 von FÖRSTER's Altfrz. Bibliothek) und von KÖRTING, Encykl. d. rom. Phil. III 68. Wenn auch diese Schriften zunächst und hauptsächlich für die französische Philologie Bedeutung besitzen, so sind sie doch mittelbar auch für die englische von Wichtigkeit, indem sie namentlich Rückschlüsse auf die mittelalterliche Aussprache des Englischen gestatten. Das Gleiche gilt von den im 16. Jahrhundert verfassten, von Engländern für ihre Landsleute geschriebenen Lehrbüchern des Französischen, unter denen PALSGRAVE'S Grammatik (L'esclarcissement de la langue françoyse, London 1530, neu herausg. von GÉNIN, Paris 1852. Vgl. LÜTGENAU, Jean Palsgrave und seine Ausspr. des Frz., Bonn 1880 Diss.) das bedeutendste ist. Eine gute Uebersicht über diese Litteratur hat gegeben THUROT, De la prononciation frçse. etc., Paris 1881, I, p. XXII ff., vgl. auch KÖRTING a. a. O. III, 69.

Die einzige auf das Englische bezügliche wirklich philologische Leistung während des Mittelalters ist die eigenartige, von gutem sprachlichen Verständnisse zeugende Normirung der Orthographie, welche Orrm (Ende des 12. und Anfang des 13. Jahrhunderts) bei der Niederschrift seiner Homiliensammlung (Orrmulum) durchführte. Vgl. EFFER, Einfache und doppelte Consonanten im O., Bonn 1885 Diss.; TRAUTMANN in Anglia VII Anz. 94 und 208.

2. Gegen Ende des 16. Jahrhunderts erwachte in England ein das ganze 17. und, wenn schon im schwächeren Masse, auch noch im 18. Jahrhundert fortdauerndes Interesse für das Studium des Angelsächsischen. Mögen auch immerhin die aus diesem Interesse hervorgegangenen grammatischen und lexicalischen Werke und Textausgaben, wenn mit heutigem Massstabe gemessen, als durch und durch dilettantische Arbeiten erscheinen, so waren sie doch, zum Theil wenigstens, für ihre Zeit hochverdienstliche und achtbare Leistungen und besitzen als Materialiensammlungen noch heute Werth, jedenfalls aber Interesse als Erstlingserzeugnisse eines ernsten und

## Die Anfänge der englischen Philologie. 21

nach wissenschaftlicher Methode ringenden philologischen Strebens.

(1566 oder 1567 erschien auf MATTHEW PARKER's Veranlassung der erste angelsächsische Druck [Bruchstücke aus Älfrik's Schriften und andere theologische Dinge enthaltend]. — 1571 Ausg. von »The Gospels of the fower Euangelistes translated in the olde Saxons tyme out of Latin etc.« — 1574 Parker veröffentlicht in einer Ausgabe von Asser's »Historia de rebus gestis regis Alfredi« die Vorrede Älfred's zu seiner Uebersetzung der Cura pastoralis; ein zweiter Abzug dieses Textes erschien 1603 in CAMDEN'S Anglica, Normannica, Hibernica, Cambrica [Frankfurt] — ROBERT BRUCE COTTON (geb. 1570, gest. 1631] sammelt ags. Hdsch., ungefähr gleichzeitig ist in ähnlicher Weise THOMAS BODLEY [geb. 1544, gest. 1612] thätig; diese Sammlungen begründen die Bibliotheca Cottoniana [British Museum] und Bibl. Bodleyana [Oxford]. — 1623 WILLIAM L'ISLE giebt Älfric's Abhandlung über das Alte und Neue Testament nebst anderen theologischen Schriften heraus. — HENRY SPELMAN'S [gest. 1641] u. seines Sohnes JOHN [gest. 1643] ags. Bestrebungen. Der ältere Spelman beabsichtigt, in Cambridge eine Professur für das Ags. zu begründen[1], und giebt den ersten Theil eines ags. Glossars heraus. — 1643 WHELOC's Ausgabe der Historia Ecclesiastica Beda's mit Älfred's ags. Uebers. — 1655 F. JUNIUS' Ausg. der »Caedmonis monachi Paraphrasis Poetica Geneseos ac praecipuarum sacrae paginae historiarum«. — 1659 SOMNER's Diction. Saxonico-Latino-Anglicum. — 1689 HICKES' Institutiones Grammaticae Anglo-Saxonicae et Moeso-gothicae. — 1690 BENSON's Thesaurus Linguae Anglo-Saxonicae. — 1692 GIBSON's Ausgabe der Sachsenchronik. — 1698 RAWLINSON's Ausg. der ags. Boëthiusübers. — 1699 ELSTOB's Ausg. der ags. Orosiusübers. — 1703 bis 1705 HICKES' Linguarum veterum septentrionalium thesaurus grammaticus et archaeologicus, 3 Bde. (Bd. 3: Antiquae litteraturae septentrionalis [liber alter seu Humphredi Wanleii librorum veterum septentrionalium, qui in Angliae bibliothecis extant, nec non multorum veterum codicum septentrionalium alibi extantium catalogus historico-criticus. — 1711 THWAITES' Grammatica Anglo-Saxonica ex Hickesiano lingg. septt. thesauro excerpta. — 1715 ELIZABETH ELSTOB'S Ausg. der Homiliae Älfric's, und: The Rudiments of Grammar for the English-Saxon Tongue. — 1721 WILKINS' Ausg. der ags. Gesetze. — 1735 WOTTON giebt einen englisch geschriebenen Auszug aus Hickes' Thesaurus heraus. — 1767/72 LYE's und MANNING's Dictionarium Saxonico- et Gothico-Latinum. — 1773 BERRINGTON'S Ausg. der ags. Orosiusübers.).

Diese rege Thätigkeit auf dem Gebiete der angelsächsischen Philologie hat sich in England auch in das 19. Jahrhundert hinein bis zur Gegenwart fortgesetzt; die durch sie

---

[1] Aeussere Verhältnisse vereitelten die Verwirklichung dieser Absicht; ebenso gelangte die im J. 1750 von RAWLINSON geplante Errichtung einer ags. Professur in Oxford nicht zur Ausführung.

geschaffenen Werke werden aber besser erst später an den geeigneten Stellen namhaft gemacht werden. In den letzten Jahrzehnten haben die angelsächsischen Studien auch in Nordamerika festen Boden gewonnen und scheinen dort einer erfreulichen Blüthe entgegenzugehen.

Ueber die Entwickelung der angelsächsischen Philologie vgl. WÜLKER's treffliche »Uebersicht der Geschichte der angelsächsischen Sprachwissenschaft« im Eingange seines »Grundrisses zur Geschichte der angelsächsischen Litteratur«, Leipzig 1885.

3. Die diesseits des Angelsächsischen liegenden Gebiete der englischen Philologie (Altenglisch, Mittelenglisch, Neuenglisch) fanden erst spät Bearbeitung und auch dann zunächst nur eine spärliche und wissenschaftlich unzulängliche. Abgesehen davon, dass im 16. Jahrhundert mehrere Tractate über Poetik und Rhythmik entstanden, in denen auch sprachliche Fragen gestreift wurden, und dass vom Beginn des 18. Jahrhunderts ab Anfänge zur Textkritik Shakespeare's gemacht wurden, gab erst das Aufkommen der sogenannten Naturdichtung und der Romantik den Anstoss zur Beschäftigung mit der älteren englischen Dichtung, namentlich mit der Balladenpoesie und dem Abenteuerroman (PERCY's Reliques of Ancient English Poetry 1765, TH. WARTON's History of English Poetry 1774/81; CHATTERTON's [gest. 1770] Fälschungen; auch MACPHERSON's Ossian gehört, mittelbar wenigstens, hierher). Es ist sehr bezeichnend, dass kein Geringerer als WALTER SCOTT zu den ersten Herausgebern altenglischer Texte gehört und namentlich in seiner Tristrem-Ausgabe (1804) ein redliches und nicht erfolgloses Streben bewies. Das erwachte Interesse an altenglischen Dingen bekundete sich namentlich auch in dem Entstehen einer Reihe von Gesellschaften [1], welche sich die Herausgabe mittelalterlicher Texte zur Aufgabe machten Bannatyne Club, Roxburghe Club, Surtees Society u. w.). Freilich hatte die an sich recht löbliche und jedenfalls gut gemeinte Thätigkeit derartiger Vereine auch ihre sehr bedenk-

---

[1] ELZE, Grundriss etc. p. 137, giebt für die Entstehung der wichtigeren dieser Gesellschaften folgende Daten an: The Bannatyne Club 1823; the Maitland Club 1828; the Abbotsford Club und the Surtees Society 1834; the Camden Society 1838; the Caxton Society 1844.

liche Seite, welche noch gegenwärtig sich empfindlich fühlbar macht: die in solchen Gesellschaftsschriften erschienenen Ausgaben sind nicht nur vielfach durch und durch, oft geradezu haarsträubend, dilettantisch gearbeitet, sondern sind auch, weil meist nur in einer geringen Anzahl von Exemplaren gedruckt, vielfach litterarische Kuriositäten und folglich, namentlich auf dem Continente, schwer zu erlangen, gleichwohl aber ist ihr blosses Vorhandensein ein Hemmniss für die Veranstaltung wissenschaftlich brauchbarer Editionen.

Bei aller Anerkennung, die man den älteren Leistungen der englischen Philologie zollen mag, muss doch behauptet werden, dass dieselben über einen liebenswürdigen Dilettantismus sich nicht erheben und gegenwärtig höchstens noch für die Geschichte der Wissenschaft Interesse besitzen. Die Anregung zu wirklich wissenschaftlichem und methodischem Studium ihrer Sprache und Litteratur wurde den Engländern erst von Deutschland aus gegeben.

4. J. Grimm's Deutsche Grammatik, deren erster Theil Göttingen 1819 erschien [1]), gab die feste Grundlage für die wissenschaftliche Behandlung der germanischen Sprachen und also auch des Englischen, wie überhaupt durch J. Grimm's und seines Bruders Wilhelm (geb. zu Hanau 24. Februar 1786, gest. zu Berlin 16. December 1859) über nahezu alle Gebiete der germanischen Sprachen und Litteraturen ausgebreitete und langjährige gelehrte Thätigkeit die germanische Philologie so recht erschaffen wurde. Mittelbar wurde auch die durch F. Bopp (geb. zu Mainz 14. September 1791, gest. zu Berlin 23. Oktober 1867) vollzogene Begründung der vergleichenden indogermanischen Sprachwissenschaft von grosser Bedeutung für die Entwickelung der germanischen und also auch der englischen Philologie.

Zunächst waren es vornehmlich die angelsächsische Sprache und Litteratur, welche philologische Behandlung fanden. Ludwig Ettmüller (geb. zu Gersdorf bei Löbau am 5. Oktober 1802, gest. zu Zürich 15. April 1877) machte sich um die Herausgabe angelsächsischer Texte verdient und war neben Karl Müllenhoff (geb. 8. September 1818 zu Marne

---

[1) Theil 2 und 3 erschien 1826, Theil 4 1837. J. Grimm geb. am 4. Januar 1785 zu Hanau, gest. am 20. September 1863 zu Berlin.)

in Holstein, gest. 1853 zu Berlin) einer der Ersten, welche die kritische Untersuchung der Composition des Beówulfsliedes unternahmen. CHRISTIAN WILHELM MICHAEL GREIN (geb. am 16. Oktober 1825 zu Willingshausen in Kurhessen, gest. am 15. Juni 1877 zu Hannover) fasste den Plan, die Gesammtheit der erhaltenen angelsächsischen Litteraturwerke in eine »Bibliothek der angelsächsischen Poesie und Prosa« zusammenzufassen, und verwirklichte ihn wenigstens in Bezug auf die Poesie; GREIN's Hauptverdienst aber ist die Abfassung des ersten wissenschaftlich brauchbaren angelsächsischen Wörterbuches. Entspricht auch das, was GREIN, zum Theil unter sehr ungünstigen Verhältnissen, geschaffen hat, nicht voll und ganz den heutigen Anforderungen der Wissenschaft, so nimmt er doch unter den Begründern der angelsächsischen Philologie eine der ersten Stellen ein und hat sich durch den unermüdlichen Fleiss, mit dem er namentlich das lexicalische Material gesammelt, alle späteren Forscher auf angelsächsischem Gebiete zu Dank verpflichtet.

Das Altenglische im engeren Sinne des Wortes fand zuerst in FRANZ HEINRICH STRATMANN (geb. 22. Januar 1822 zu Brackwede bei Bielefeld, gest. 9. November 1884 zu Köln)[1] einen hochbefähigten und rastlosen Bearbeiter, dessen Leistungen man rühmend noch nennen wird, auch nachdem sie durch diejenigen Anderer überholt worden sein werden.

Den ersten Versuch einer historischen Behandlung der englischen Grammatik wagte in Deutschland EDUARD FIEDLER (1850). Ihm folgten mit umfangreichen Werken noch EDUARD MÄTZNER und C. FRIEDRICH KOCH. Ueber die Beschaffenheit und Bedeutung dieser Arbeiten wird an anderer Stelle gehandelt werden (vgl. unten die Litteraturangaben zu § 7).

Wesentlich gefördert wurde das Studium der englischen Philologie in Deutschland durch die Errichtung besonderer Lehrstühle an den bedeutenderen Universitäten und durch die Begründung zweier trefflich redigirter Fachzeitschriften (»Englische Studien« 1877, »Anglia« 1878).

Unter den verschiedenen Gebieten der englischen Philologie erfreute sich — abgesehen von dem Angelsächsischen —

---

[1] Vgl. über ihn den Nekrolog in Anglia VII, Anz. 216.

in früheren Zeiten das Studium Shakespeare's besonderer Bevorzugung, aber freilich bewegte sich dasselbe meist nur in ästhetischen und nicht in eigentlich philologischen Bahnen und blieb deshalb für die Wissenschaft in erschreckender Weise ergebnisslos. NICOLAUS DELIUS und TYCHO MOMMSEN waren nahezu die Einzigen, welche die Grundsätze philologischer Methode auf die Textkritik und Erklärung der Shakespeare-Dramen übertrugen. Bereitwillig ist jedoch zuzugestehen, dass in den ästhetisirenden Werken eines GERVINUS, v. FRIESEN, KREYSSIG, RÜMELIN u. A. eine Fülle von feinsinnigen Beobachtungen niedergelegt ist, welche auch von der philologischen Forschung berücksichtigt werden müssen und der letzteren zuweilen die Pfade weisen oder doch erhellen können. Ein Shakespearephilolog ersten Ranges ist M. BERNAYS.

An den deutschen Universitäten wirken gegenwärtig folgende Docenten der englischen Philologie [1]):

1. Berlin.

JULIUS ZUPITZA, P. O. (geb. am 4. Januar 1844 zu Karpen i. Schl.).

ZUPITZA gab heraus: Cynewulf's Elene, Berlin 1877, 2. Aufl. 1883. — Prolog der Canterbury Tales Chaucer's, Berlin 1882. — The Romance of Guy of Warwick, London 1875/76 (E. E. T. S. E. S. 25 u. 26). — Die zweite Auflage von KOCH's hist. Gramm. der engl. Spr., Kassel 1878/82. — Altengl. Uebungsbuch. 3. Ausg. Wien 1884.

KARL HORSTMANN, P. D. (geb. 1847 zu Münster i. W.).

HORSTMANN gab heraus: Das Leben Jesu, ein Fragment, und die Kindheit Jesu. Münster 1873. — Altenglische Legenden. Paderborn 1875. — Sammlung altengl. Legenden. Heilbronn 1878. — Altengl. Legenden. Neue Folge. Heilbronn 1881. — Die Legendensammlung Barbour's. Heilbronn 1881/82. — Osbern Bokenam's Lives of Saints. Heilbronn 1883. — Das Chronicon Vilodunense. Heilbronn 1883. — Die Legenden von Celestin, in Anglia I 55, von Susanne, ebenda I 93, von Euphrosyne, in Engl. Stud. I 300, von Gregor, in Herrig's Archiv LVI 407, von Paulus, ebenda LII 35 und Engl. Stud. I 295, von Thomas Beket, in Engl. Stud. III 409.

---

[1] Die den einzelnen Namen beigefügten bibliographischen Angaben machen auf Vollständigkeit keinen Anspruch, sondern sollen nur andeuten, auf welche Gebiete die schriftstellerische Thätigkeit des betreffenden Gelehrten sich vorwiegend erstreckt hat. Unberücksichtigt blieben grundsätzlich die nicht auf englische Philologie bezüglichen Publicationen. In Zeitschriften erschienene Abhandlungen sind nur ausnahmsweise genannt worden. — Kein Stoff zu irgend welchen Angaben lag vor bei den Universitäten Basel, Bern, Czernowitz, Dorpat, Giessen, Graz, Innsbruck.

## 2. Bonn.

MORITZ TRAUTMANN, P. O. (geb. am 23. April 1842 zu Klöden).

TRAUTMANN verfasste: Ueber Verfasser und Entstehungszeit einiger allitterirender Gedichte. Halle 1876. — Die Sprachlaute im Allgemeinen und die Laute des Englischen, Französischen und Deutschen im Besonderen. Leipzig 1884/86. — Der Dichter Huchown und seine Werke, in Anglia I, 109. — Der Vers Lazamon's, in Anglia II, 153. — Zur alt- und mittelenglischen Verslehre, in Anglia V, Anz. 123.

In Gemeinschaft mit P. WÜLKER begründete TRAUTMANN die »Anglia« und betheiligte sich an deren Redaction bis zu Bd. 8 einschliesslich.

TRAUTMANN gab heraus: Golagrus and Gawain, in Anglia II, 410.

NICOLAUS DELIUS, P. O. hon. (geb. am 19. October 1813 zu Bremen).

DELIUS verfasste: Die Tieck'sche Shakespeare-Kritik, Bonn 1846. — Der Mythus von William Shakespeare, Bonn 1851. — Ueber das englische Theaterwesen zu Shakespeare's Zeit, Bonn 1853. — J. Payne Collier's alte handschriftliche Emendationen zu Shakespeare, Bonn 1853. — Shakespeare-Lexikon. Bonn 1852. — Abhandlungen zu Shakespeare. Elberfeld 1878.

DELIUS gab heraus: Shakespeare's Werke, Elberfeld 1851/61, 5. Ausg. 1882. — Pseudo-Shakespeare'sche Dramen. Elberfeld 1878.

LORENZ MORSBACH, P. D. (geb. am 1. Juni 1850 zu Bonn).

MORSBACH verfasste: Ueber den Ursprung der neuenglischen Schriftsprache. Heilbronn 1887.

## 3. Breslau.

EUGEN KÖLBING, P. O. (geb. am 21. October 1846 zu Herrnhut i. S.).

KÖLBING verfasste: Untersuchungen über den Ausfall des Relativpronomens in den germanischen Sprachen. Strassburg 1872. — Beiträge zur vergleichenden Geschichte der romantischen Poesie und Prosa im Mittelalter. Breslau 1876.

KÖLBING gab heraus: Die nordische und die englische Version der Tristansage. Heilbronn 1878/82. — Amis and Amiloun. Heilbronn 1884.

KÖLBING redigirt: Englische Studien (seit 1877) und Altenglische Bibliothek.

KARL LENTZNER, Lector (geb. am 25. Mai 1842 zu Frankfurt a. M.).

LENTZNER verfasste: Ueber das Sonett und seine Gestaltung in der engl. Dichtung bis Milton. Leipzig 1886.

## 4. Erlangen.

HERMANN VARNHAGEN, P. O. (geb. am 10. August 1850 zu Arolsen).

VARNHAGEN verfasste: Systematisches Verzeichniss der auf die neueren Sprachen etc. bezüglichen Programme etc. seit dem Jahre 1830. Leipzig

1577. — Chaucer's Reeve's Tale, in Engl. Stud. IX, 240. — VARNHAGEN gab heraus: Hendyng's Spr., A. IV, 150.

## 5. Freiburg i. B.

ARNOLD SCHRÖER (geb. am 10. Nov. 1857 zu Presburg).

SCHRÖER verfasste: Die Anfänge des Blankverses in England, in Anglia IV, 1. — Supplement zur englischen Grammatik. Wien 1685. — Wissenschaft und Schule in ihrem Verhältnisse der praktischen Spracherlernung. Leipzig 1887.

SCHRÖER gab heraus: J. Bale's »A Comedy concernynge thre Lawes«, in Anglia V, 137.

FRITZ NEUMANN, P. O. [der roman. Phil.] (geb. am 23. April 1854 zu Warnemünde).

NEUMANN redigirt in Gemeinschaft mit O. BEHAGHEL das Litteraturblatt f. german. u. rom. Phil.

## 6. Göttingen.

KARL VOLLMÖLLER, P. O. [der roman. Phil.] (geb. am 16. October 1848 zu Ilsfeld in Württemberg).

VOLLMÖLLER giebt heraus: Englische Sprach- und Litteraturdenkmale des 16., 17. und 18. Jahrhunderts.

## 7. Greifswald.

M. KONRATH, P. E. (geb. am 9. März 1843 zu Imst in Tyrol).

KONRATH verfasste: Beiträge zur Erklärung und Textkritik des Wilhelm v. Shorham. Berlin 1878.

## 8. Halle.

FRIEDRICH KARL ELZE, P. O. (geb. am 22. Mai 1821 zu Dessau).

ELZE verfasste: Biographie Walter Scott's. Dresden 1864. — Biographie Lord Byron's. Berlin 1870, 3. Aufg. 1886. — Biographie Shakespeare's. Halle 1876. — Der englische Hexameter. Dessau 1867. — Abhandlungen zu Shakespeare. Halle 1877. — |Notes on Elizabethan Dramatists. Halle 1887. — Grundriss der engl. Philologie. Halle 1887.

ELZE gab heraus: Shakespeare's Hamlet. Halle 1864 und 1882. — Chapman's Tragedy of Alphonsus. Leipzig |1867. — Rowley, When You See me etc. Dessau 1874.

EDUARD SIEVERS, P. O. (geb. am 19. März 1850 zu Lippoldsberg in Hessen).

SIEVERS verfasste: Grundzüge der Phonetik zur Einführung in das Studium der indogermanischen Sprachen. 3. Ausg. Leipzig 1885. — Angelsächsische Grammatik. 2. Ausg. Halle 1886. — Zur Rhythmik des germanischen Allitterationsverses, in Paul's und Braune's Beiträgen X, 209 und 451. — Auch für die age. Philologie ist wichtig SIEVER's Ausgabe des Héliand.

9. Heidelberg.

KARL BARTSCH, P. O. (geb. am 25. Febr. 1832 zu Sprottau).
BARTSCH übersetzte: Burns' Lieder.

10. Jena.

FRIEDRICH KLUGE, P. O. geb. am 22. Juni 1856 zu Köln).
KLUGE verfasste: Beiträge zur Geschichte der germanischen Conjugation, Strassburg 1879 (Quellen und Forschungen XXXII.; ausserdem zahlreiche Abhandlungen in Zeitschriften.

11. Kiel.

ALBERT STIMMING, P. O. (geb. am 17. Dezember 1846 zu Prenzlau).
SARRAZIN, P. D. (geb. am 13. Mai 1857 zu Grütz in Posen).
SARRAZIN verfasste u. A.: Cynewulf und Beówulf, in Anglia IX, 515; vgl. auch Paul's und Braune's Beitr. XI, 259 u. 528.
SARRAZIN gab heraus: Zwei mittelenglische Fassungen der Octaviansage, Heilbronn 1885.

12. Königsberg.

ALPHONS KISSNER, P. O. (geb. am 3. April 1844).
KISSNER verfasste: Chaucer in seinen Beziehungen zur ital. Litteratur. Marburg 1867.

13. Leipzig.

RICHARD PAUL WÜLKER, P. O. (geb. am 29. Juli 1845 zu Frankfurt a. M.)[1].
WÜLKER verfasste: Das Evangelium Nicodemi in der abendländischen Litteratur. Paderborn 1871. — Altengl. Lesebuch. Halle 1874.80. — Grundriss zur Geschichte der ags. Litteratur. Leipzig 1885.
WÜLKER gab heraus die neue Auflage von GREIN's ags. Bibl. sowie »Kleinere ags. Texte«.
WÜLKER redigirt die »Anglia« (bis einschliesslich Bd. 8 war TRAUTMANN [Bonn] an der Redaktion betheiligt).
ADOLF EBERT, P. O. (geb. am 1. Juni 1820 zu Kassel).
EBERT verfasste: Allgemeine Geschichte der Litteratur des Mittelalters im Abendlande. Leipzig 1874/87 (im dritten Bande dieses Werkes ist die ags. Litteratur eingehend behandelt). — Die engl. Mysterien, im Jahrb. f. rom. u. engl. Litt. I, 1.

14. Marburg.

WILHELM VIETOR, ao. P. (geb. am 25. Dec. 1850 zu Kleeberg).
VIETOR verfasste: Englische Grammatik. Leipzig 1879. — Elemente der Phonetik und Orthoepie des Deutschen, Englischen und Französischen. Heilbronn 1884, 2. Ausg. 1887. — Die Aussprache des Englischen nach

---

[1] Bis 1885 schrieb WÜLKER seinen Namen mit CK; vgl. Anglia VIII, Heft 1, Innenseite des Umschlags.

Die englische Philologie in Deutschland. 29

den deutsch-englischen Grammatiken vor 1750. Marburg 1886. — German Pronunciation. Practice and Theory. Heilbronn 1885.

VIETOR giebt heraus: Phonetische Bibliothek (bis jetzt 1 Bd. 'erschienen), und: Phonetische Studien (seit 1887).

MAX KOCH, ao. P. (geb. zu München am 22. Dec. 1855).

KOCH verfasste: Die Beziehungen der englischen Litteratur zur deutschen im 18. Jahrh. Leipzig 1883. — Eine Shakespeare-Biographie. Stuttgart 1885.

KOCH redigirt die Ztschr. f. vgl. Litteraturgeschichte.

ED. STENGEL, P. O. [der romanischen Philologie] (geb. am 5. April 1845 zu Halle a. S.).

STENGEL verfasste: Codex Digby manuscriptus etc. Halle 1871 (enthält Mittheilungen auch über englische Handschriften). — Bilden die ersten 126 Sonette Shakespeare's einen Sonettencyklus und welches ist die ursprüngliche Reihenfolge derselben? in Engl. Stud. IV, 1.

STENGEL gab heraus: John Gower's Minnesang- und Ehezuchtbüchlein, (72 anglo-normannische Balladen). Marburg 1886.

15. München.

HERMANN BREYMANN, P. O. (geb. am 3. Juli 1843 zu Oker im Harz).

BREYMANN verfasste: The Bearing of the Study of Modern Languages on Education at large. Manchester 1872. — Ueber Lautphysiologie und deren Bedeutung für den Unterricht, München 1884. — Wünsche u. Hoffnungen betr. das Studium der neueren Sprachen an Schule und Universität, München 1885.

MICHAEL BERNAYS, P. O. [der Litteraturgeschichte] (geb. am 17. November 1834 zu Hamburg).

BERNAYS verfasste u. A.: Ueber die Confession Shakespeare's, im Shakesp.-Jahrb. I, 220 u. VII, 363. —'Der Schlegel-Tieck'sche Shakesp., im Shakesp.-Jahrb. I, 396. — Zur Entstehungsgeschichte des Schlegel'schen Shakesp. Leipzig 1872.

OSCAR BRENNER, P. D. (geb. am 13. Juni 1854 zu Windsheim).

BRENNER gab heraus: Ags. Sprachproben mit Glossar. München 1879.

16. Münster.

GUSTAV KÖRTING, P. O. (geb. am 25. Juni 1845 zu Dresden).

KÖRTING verfasste: Gedanken und Bemerkungen über das Studium der neueren Sprachen auf den deutschen Hochschulen. Heilbronn 1881. — Neuphilolog. Essays. Heilbronn 1887. — Grundriss der Geschichte der engl. Litt. Münster 1887.

KÖRTING giebt heraus: Neuphilolog. Studien, Paderborn seit 1883.

EUGEN EINENKEL, P. D. (geb. am 18. August 1853 zu Leipzig).
EINENKEL verfasste: Ueber die Verfasser einiger neuags. Schriften.
Leipzig 1881. — Ueber den Verf. der neuags. Legende von Katharina, in
Anglia V, 91. — Streifzüge durch das Gebiet der mittelengl. Syntax unter
besonderer Berücksichtigung Chaucer's. Münster 1887.
EINENKEL gab heraus: Die neuags. Katharinenlegende. London 1884
(E. E. T. S. 80).

16. Prag.
ALOYS BRANDL, P. O. (geb. zu Innsbruck am 21. Juni 1855).
BRANDL verfasste: Samuel Taylor Coleridge und die engl. Romantik.
Berlin 1885.
BRANDL gab heraus: Thomas v. Erceldoune. Berlin 1880 (Bd. 2 der
Sammlung engl. Denkmäler, herausg. von ZUPITZA).

17. Rostock.
MAX LINDNER, P. D. (geb. am 4. Mai 1849 zu Oels).

18. Strassburg i. E.
BERNHARD TEN BRINK, P. O. (geb. am 12. Jan. 1841 zu
Amsterdam).
TEN BRINK verfasste: Wace und Galfrid v. Monmouth, in Jahrb. für
rom. u. engl. Litt. IX, 241. — Zum Romaunt of the Rose, ebenda VIII,
306. — Beiträge z. engl. Lautlehre, in Anglia I, 522. — Zum engl. Vocalismus, in Ztschr. f. dtsch. Alterth. XIX, 211. — Eode, ebenda XXIII, 65. —
Chaucer, Studien zur Geschichte seiner Entwickelung und zur Chronologie
seiner Werke, Theil I. Münster 1870. — Geschichte der engl. Litt. Bd. I.
Berlin 1877. — Chaucer's Sprache und Verskunst. Leipzig 1884.
TEN BRINK gab heraus: Prolog z. d. Canterbury Tales. Marburg 1871
(Universitätsprogr.). — Chaucer's Compleynte, in den Publ. der Ch. Soc.,
Essays on Ch. II, 165.

19. Wien.
JACOB SCHIPPER, P. O. (geb. am 19. Juli 1842 zu Fr. Aug.
Groden in Oldenburg).
SCHIPPER verfasste: Englische Metrik. Bd. I. Bonn 1881. — William
Dunbar, sein Leben und seine Gedichte. Berlin 1884.

20. Würzburg.
EDUARD MALL.
MALL gab heraus: The Harrowing of Hell. Breslau 1871.

21. Zürich.
HEINRICH BREITINGER P.O. (geb. am 11. März 1832 zu Zürich).
BREITINGER verfasste: Grundriss der engl. Sprach- und Litteraturgeschichte. 2. Ausg. Zürich 1882.

Ausser den genannten Universitätslehrern sind zahlreiche in anderen Stellungen, namentlich in Schulämtern, befindliche Männer auf dem Gebiete der englischen Philologie schriftstellerisch thätig, darunter nicht wenige in rühmlichster und erfolgreichster Weise. Eine auch nur flüchtige Durchsicht der Inhaltsverzeichnisse der »Anglia« und der »Englischen Studien« kann lehren, welch grosse Zahl begabter und schaffensfreudiger Gelehrter in Deutschland der Erforschung englischer Sprache und Litteratur ihre Kraft gewidmet hat. Gleichwohl hat man allen Anlass, sich vor einer Ueberschätzung der bisherigen Leistungen zu hüten und sich dessen bewusst zu sein, dass die englische Philologie immerhin erst in den Anfängen sich befindet und dass noch Vieles geschehen muss, ehe sie allseitig auf sicheren Grundlagen ruhen wird. Daher sollte man auch in dem an sich sehr berechtigten und löblichen Streben nach Nutzbarmachung der Ergebnisse der wissenschaftlichen Forschung für die Praxis des Schulunterrichtes sich vor jeglicher Uebereilung bewahren und bedenken, dass gut Ding Weile haben will. So dürfte es namentlich zur Zeit noch verfrüht sein, den Elementarunterricht in der englischen Aussprache nach lautphysiologischen Grundsätzen ertheilen zu wollen. Ganz sicher wird die Zeit einmal kommen und vielleicht bald kommen, wo die angedeutete Reform möglich und selbst nothwendig werden wird, aber dass diese Zeit schon gekommen sei, muss man im Hinblick auf die gerade gegenwärtig so scharf hervortretenden Meinungsverschiedenheiten unter den Phonetikern doch entschieden verneinen.

5. Das Emporblühen der englischen Philologie in Deutschland hat, wie begreiflich, auf die philologischen Studien in England belebend und fördernd eingewirkt und wesentlich dazu beigetragen, dass der bis dahin dort übliche Dilettantismus zwar nicht ertödtet, aber doch wesentlich eingeschränkt worden ist. Es giebt gegenwärtig wenigstens einige Männer in England, welche die Sprache und Litteratur ihres Landes mit philologischer Methode zu behandeln verstehen und mit unermüdlichem Eifer nach Vertiefung der sprachlichen und litterarischen Forschung streben. Vor Allen sind zu nennen HENRY SWEET, WALTER W. SKEAT, RICHARD MORRIS, ELLIS und

HENRY FURNIVALL [1]). Was von diesen Männern während der letzten Jahrzehnte in der Phonetik, in der Grammatik und insbesondere in der Herausgabe altenglischer Texte geleistet worden ist, das ist höchster Bewunderung würdig und lässt erwarten, dass, falls diese Meister ebenbürtige Schüler finden, die Hauptpflegstätte der englischen Philologie künftig in England selbst sein wird, zumal wenn, was doch wohl endlich geschehen wird, die englischen Colleges und Universitäten dem philologischen Studium der nationalen Sprache und Litteratur grössere Berücksichtigung schenken werden, als bisher; Einiges ist ja in dieser Beziehung bereits geschehen, doch bleibt freilich Vieles noch zu thun übrig. Von grosser Bedeutung ist dass die wichtigeren litterarischen Vereine (Early English Text Society, Chaucer Society, New Shakespeare Society, Dialect Society u. a.) zwar in gar manchen ihrer Veröffentlichungen noch argen, mitunter selbst naiven Dilettantismus zeigen, dass aber immerhin in Folge des von philologisch geschulten Mitgliedern geübten Einflusses das Durchschnittsniveau ihrer Leistungen sich gegen früher ganz wesentlich gehoben hat.

Neben englischen und deutschen haben namentlich skandinavische Gelehrte um die Erforschung des englischen Lautsystems sich hervorragende Verdienste erworben, so besonders J. STORM in Christiania, Verfasser der oben (S. 3) näher gekennzeichneten Encyklopädie, und AUG. WESTERN in Frederikstadt, Verfasser einer trefflichen englischen Lautlehre (deutsche Ausg., Heilbronn 1885).

6. Ausserhalb Englands, Skandinaviens und Deutschlands hat die englische Philologie nur in Nordamerika verständnissvolle und erfolgreiche Pflege gefunden, wie ja überhaupt die sprachlichen und litterargeschichtlichen Studien, insbeson-

---

[1] SWEET ist namentlich als Verfasser phonetischer Werke ('Handbook of Phonetics«, »History of English Sounds‹' und angelsächsischer Lehrbücher (namentlich des »Anglo-Saxon Reader«) rühmlichst bekannt. SKEAT und MORRIS haben sich namentlich durch Herausgabe alt- und mittelenglischer Litteraturwerke meist in den Publicationen der E. E. T. S. erschienen) sowie durch Abfassung trefflicher alt- und mittelenglischer Chrestomathien hohe Verdienste erworben; SKEAT ist überdies Verfasser eines gediegenen etymologischen Wörterbuchs der englischen Sprache. ELLIS schrieb eine ungemein inhaltsreiche und verdienstliche Geschichte der englischen Aussprache. FURNIVALL ist der Hauptvertreter der Chaucer-Philologie. — Wie selbstverständlich, werden die hier nur angedeuteten Werke der genannten Gelehrten an geeigneten Stellen genauer citirt und charakterisirt werden.

dere auch die auf die neueren Sprachen bezüglichen, in den Vereinigten Staaten schon seit mehreren Jahrzehnten in erfreulichster und für die Zukunft vielversprechender Blüthe stehen. Namentlich scheint es, als ob in Nordamerika die Beschäftigung mit dem Altenglischen (und dem Angelsächsischen) in weiteren Kreisen verbreitet sei als in England selbst. In Frankreich hat man sich wohl, freilich meist nur in schöngeistiger und ästhetisirender Weise [1]), mit dem litterargeschichtlichen, nicht aber oder doch nicht in irgend erfolgreicher Weise mit dem sprachlichen Theile der englischen Philologie beschäftigt. Aehnliches gilt von Italien [2]). In den übrigen romanischen Culturländern ist bis jetzt irgend etwas Nennenswerthes für die englische Philologie nicht geleistet worden [3]).

§ 4. Das akademische Studium der englischen Philologie. 1. Das akademische Studium der englischen Philologie muss selbstverständlich ein wissenschaftliches sein, womit indessen sehr wohl sich vereinbaren lässt, dass der Studirende nebenbei auch die Pflege praktischer Sprech- und Schreibübungen in thunlichst nachdrücklicher Weise betreibe und überhaupt sich um die Erlangung der Sicherheit und Gewandtheit im praktischen Gebrauche der Sprache eifrigst bemühe.

2. Das wissenschaftliche, bezw. das akademische Studium der englischen Philologie hat sich auf das Gesammtgebiet der englischen Sprach- und Litteraturgeschichte zu erstrecken, darf sich also nimmermehr auf das Neuenglische beschränken.

---

[1] Die bedeutendste Leistung ist TAINE's bekannte »Histoire de la littérature anglaise«, ein Werk, das ebenso geistvoll (obwohl sehr einseitig geistvoll) als unphilologisch ist. Indessen fehlt es doch nicht ganz an wirklich wissenschaftlichen Leistungen in der litterargeschichtlichen Forschung. So ist namentlich BELJAME's schönes Buch »Le public et les hommes de lettres en Angleterre au XVIII ième siècle« rühmend zu nennen.
[2] Einer der geistvollsten Kenner der englischen Litteratur ist in Italien der Neapolitaner ZUMBINI, Verfasser eines höchst schätzbaren interessanten Essays über Milton (enthalten in seinen Saggi etc. Neapel 1878).
[3] Eine Geschichte der englischen Philologie ist noch nicht geschrieben, indessen sind wenigstens für die Geschichte der angelsächsischen Studien schätzbare Beiträge vorhanden, vgl. namentlich WÜLKER's Grundriss zur Geschichte der ags. Litteratur mit einer Uebersicht der ags. Sprachwissenschaft (Leipzig 1885), p. 1 ff., wo auch weitere Litteratur angegeben ist. — Die »Anglia« pflegt über verstorbene Anglisten Nekrologe zu bringen.

In Sonderheit ist zu bemerken, dass gründliche Kenntniss des Angelsächsischen die unerlässliche Bedingung für die wissenschaftliche Erkenntniss der neuenglischen Sprachgestaltung ist.

3. Das Englische ist eine germanische Sprache, die englische Philologie ist folglich ein Bestandtheil der germanischen Philologie, und wer englische Philologie studirt, ist Germanist [1]. Ein wissenschaftliches Studium der englischen Philologie ist schlechterdings unmöglich ohne Berücksichtigung der übrigen germanischen Einzelphilologien, namentlich der gotischen, der altsächsischen und der altnordischen (die alt- und mittelhochdeutsche kommen weniger in Betracht).

Weitere Bemerkungen über den Zusammenhang der englischen Philologie mit der germanischen Gesammtphilologie sowie über ihre Stellung im Kreise der verwandten Wissenschaften sind bereits oben in § 2 gemacht worden unter Angabe der diese Studien betreffenden litterarischen Hülfsmittel.

4. Die Anforderungen, welche an Candidaten des höheren Schulamtes bei der Prüfung im Englischen für alle Classen gestellt werden, dürfen als im Ganzen mässige und wohl erfüllbare bezeichnet werden. In § 15 der am 1. October 1887 in Kraft getretenen neuen preussischen »Ordnung der Prüfung für das Lehramt an höheren Schulen« sind sie folgendermassen formulirt worden:

»Um sich für den Unterricht in den oberen Classen zu befähigen, hat der Candidat in dem schriftlichen (§ 29, 2, bezw. § 31) [2] und in dem

---

[1] Ein Germanist sollte es für selbstverständlich erachten, dass er in allen germanischen Cultursprachen die Lesefertigkeit sich erwerben müsse. Es ist gar zu kläglich, wenn Germanisten über ihre Fachwissenschaft handelnde, in schwedischer, dänischer, norwegischer etc. Sprache abgefasste Werke nicht mit sicherem Verständnisse zu lesen verstehen. Ueberdies kann eine selbst nur elementare Kenntniss des Dänischen, Schwedischen, Holländischen etc. dem, der sich mit Deutsch oder Englisch philologisch beschäftigt, auch wissenschaftlich zum Vortheil gereichen. Die Analogien in der Entwickelung der skandinavischen Sprachen und des Holländischen zu derjenigen des Deutschen und des Englischen sind noch bei weitem nicht genug ausgebeutet. Ueberhaupt ist es sehr zu bedauern, dass man sich in Deutschland selbst in philologischen Kreisen um die skandinavischen Sprachen und um das Holländische so wenig bekümmert.

[2] In § 29, 2 wird bestimmt, dass die »auf moderne fremde Sprachen bezüglichen« (häuslichen) Prüfungsarbeiten, für deren jede »eine Zeitdauer von sechs Wochen bewilligt wird«, in den betreffenden Sprachen abzufassen seien. Der in Betracht kommende Absatz des § 31 aber besagt: »Die Prüfungskommissionen sind befugt, in allen Fällen, in welchen sie es zur Er-

## Die Anforderungen im Staatsexamen.

mündlichen (§ 34, 2 [1]) Gebrauch der Sprache nicht bloss grammatische Korrektheit, sondern auch Vertrautheit mit dem Sprachschatze und der Eigenthümlichkeit des Ausdruckes zu erweisen. Seine grammatischen, insbesondere syntaktischen Kenntnisse muss er in wissenschaftlichen Zusammenhang gebracht haben. Von den Hauptthatsachen der geschichtlichen Entwickelung der Sprache muss der Candidat sich in dem Masse Kenntniss erworben haben, dass ihm das Verständniss der neuenglischen Laute, Formen und Wortbildungen ermöglicht wird. Seine Bekanntschaft mit dem Altenglischen (Angelsächsischen) und dem Mittelenglischen hat soweit zu reichen, dass er nicht zu schwierige Stellen eines von ihm gelesenen altenglischen oder mittelenglischen Werkes mit richtiger Auffassung der darin vorkommenden Wortformen und im Wesentlichen zutreffender Deutung des Sinnes zu übersetzen versteht. Auch soll der Candidat mit den Gesetzen des englischen Versbaues älterer und neuerer Zeit sich bekannt gemacht haben. Ferner ist zu verlangen, dass er [von der Entwickelung der Litteratur nach ihren Hauptepochen und Hauptträgern ein deutliches, zum Theil durch Lektüre belebtes Bild habe und von hervorragenden Schriftstellern seit dem Ende des 16. Jahrhunderts wenigstens ein oder das andere Werk mit sicherem Verständniss gelesen hat.« [2])

Die Prüfungsordnungen der übrigen deutschen Staaten stellen entweder bereits [ganz ähnliche Anforderungen oder werden doch voraussichtlich bald den in Preussen gültigen Normen angepasst werden.

So verwerflich es nun auch wäre, wenn ein Student, der

---

mittelung des sicheren Besitzes des Wissens für zweckmässig erachten, Clausurarbeiten von mässiger Zeitdauer anfertigen zu lassen.«

1) § 34, 2 lautet: »Die Prüfung derjenigen Candidaten, welche im Lateinischen oder im Englischen für die oberen Classen, im Französischen für die oberen oder die mittleren Classen die Lehrbefähigung erwerben wollen, ist insoweit in diesen Sprachen selbst zu führen, dass dadurch die Fertigkeit der Candidaten im mündlichen Gebrauche dieser Sprachen ermittelt wird.«

2) Die Anforderungen für die auf die Erwerbung der Lehrbefähigung nur für Mittelclassen gerichtete Prüfung sind wesentlich geringer; der betreffende Absatz des § 15 hat nachstehenden Wortlaut: »Die Befähigung, das Englische in den mittleren Classen zu lehren, ist als nachgewiesen zu erachten, wenn der Candidat eine im Ganzen correcte Uebersetzung eines nicht zu schwierigen deutschen Textes in das Englische als schriftliche Clausurarbeit geliefert und in der mündlichen Prüfung dargethan hat, dass er mit richtiger, zu fester Gewöhnung gebrachter Aussprache eine sichere Kenntniss der grammatischen Regeln und des für den Unterricht unentbehrlichen Wortschatzes, auch der wichtigeren feststehenden Thatsachen der Synonymik, verbindet. Von dem Entwickelungsgange der neueren englischen Litteratur muss er eine Uebersicht gewonnen und einige Werke hervorragender Schriftsteller, soweit sie im Bereich der Schullectüre liegen, mit eingehendem Verständniss gelesen haben. Mit den wesentlichen Regeln des neuenglischen Versbaues und Reimes muss der Candidat bekannt sein, auch im mündlichen Gebrauch der Sprache eine gewisse Fertigkeit sich erworben haben.«

nach beendeter Studienzeit der Prüfung für das höhere Schulamt sich zu unterziehen beabsichtigt, lediglich das Ziel verfolgte, diese Prüfung gut bestehen zu können, und also sein ganzes Studium zu einem Brotstudium erniedrigte, so würde doch andrerseits ein Student unbedacht handeln, wenn er in seinen späteren Semestern, unbekümmert um die Forderungen der Prüfungsordnung, nur nach eigener Wahl und Neigung studieren wollte.

5. Ein Studienplan lässt sich für die Studierenden der englischen Philologie nicht wohl entwerfen [1]), da an jeder Universität eigenartige Verhältnisse bezüglich der Vorlesungen und Seminarübungen bestehen, und da überdies der Studiengang, welchen der einzelne Studierende einzuschlagen hat,

---

1) WÜLKER hat (Anglia VII, Anz. 135) folgenden Studienplan aufgestellt, der, wenn irgend einer, auf Allgemeingültigkeit Anspruch erheben kann und gewiss in der praktischen Anwendung sich bewähren dürfte:
Erstes Semester: Ein lautphysiologisches Colleg mit besonderer Berücksichtigung der neueren Sprachen (WÜLKER bemerkt hierzu: »Hierbei wird der Anfänger wol auf ein Colleg angewiesen sein, andere werden die Bücher von Trautmann, Vietor, auch die von Sweet und Sievers benutzen können. Bei den übrigen Studien ist zwar überall ein Colleg wünschenswerth, aber nicht nothwendig, da man diese Studien auch mit Hülfe von Büchern machen kann. Einige Interpretationsvorlesungen zu hören, halte ich aber für durchaus nöthig.«). — Neuenglische Grammatik (Laut- und Formenlehre). — Lesen eines leichteren Schriftstellers (Scott, Byron, Moore). — — Grosse Ferien: Scott, Byron, Moore.
Zweites Semester: Historische englische Grammatik. — Lesen eines Schriftstellers des 17. oder 19. Jahrhunderts (Milton, Butler, Dryden, Pope). — Osterferien: Wiederholung der historischen Grammatik.
Drittes Semester: Angelsächsische Litteraturgeschichte. — Elene, kleinere ags. Dichtungen, Beówulf. — — Grosse Ferien: Angelsächsisch (Beówulf). Neuenglische Prosaiker (Macaulay, Thackeray).
Viertes Semester: Altenglische Litteraturgeschichte. — Altenglische Uebungen. — Osterferien; Altenglisch (Chaucer).
Fünftes Semester: Neuenglische Litteraturgeschichte — Tennyson, Bulwer, Dickens. — — Grosse Ferien: Bulwer, Dickens, Shakespeare.
Sechstes Semester: Englische Syntax — Shakespeare. — — Osterferien: Shakespeare.
»Im siebenten Semester soll womöglich die Promotionsschrift fertig gestellt und die Prüfung zur Erlangung des Doktorgrades abgelegt werden. Dann soll der Betreffende in's Ausland gehen, und zwar berechne ich zwei Semester für dasjenige Land, dessen Sprache und Litteratur man sich zum Hauptstudium erwählt, ein Halbjahr für das andere Land, oder neun Monate für jedes Land (WÜLKER geht von der Voraussetzung aus, dass Englisch und Französisch im Studium verbunden werden). Will Jemand nicht erst promovirt sein, doch für das Ausland empfiehlt sich das Doktorwerden sehr, so kann er auch schon im siebenten Semester in's Ausland gehen und im zehnten seiner Staatsprüfung sich unterziehen.«
Uebungen im »Parlieren« sollen durch alle Semester hindurchgehen.

nur unter Berücksichtigung seiner Vorbildung und Beanlagung bestimmt werden kann.

Im Allgemeinen sei nur Folgendes bemerkt: Der Studierende trage dafür Sorge, dass er die auf der Schule erworbenen Elementarkenntnisse der Grammatik sich bewahre. Diese Mahnung mag wunderlich klingen, ist aber durchaus berechtigt, denn die Erfahrung wird nur gar zu oft gemacht, dass die Studierenden über der Wissenschaft die Elemente mehr oder weniger vergessen, z. B. unsicher werden in der Formenbildung der starken Verben oder in der Anwendung ganz elementarer syntaktischer Regeln. Wer das bezweifeln möchte, dem ist nur zu rathen, einmal eine Anzahl Prüfungsarbeiten (namentlich in Clausur gefertigter) durchzulesen, er wird da von seinem Unglauben gründlich geheilt werden; nebenbei wird er bemerken können, dass in der Regel die inhaltlich besten Arbeiten bezüglich der grammatischen Korrektheit am meisten zu wünschen übrig lassen, weil eben ihre Verfasser über der Gelehrsamkeit die gewöhnliche Praxis vernachlässigt haben. Das aber ist für den künftigen Lehrer eine unverzeihliche Unterlassungssünde, welche selbstverständlich das Ergebniss der Prüfung schwer beeinträchtigen muss. Also der Studierende erhalte sich die elementaren Kenntnisse und namentlich die auf der Schule etwa erlangte Schreibfertigkeit! Er halte es nicht für seiner unwürdig, Repetitionen der elementaren Grammatik vorzunehmen und sich fleissig im schriftlichen Uebersetzen aus dem Deutschen in das Englische, beziehentlich im Rückübersetzen zu üben. Nur wer derartige Uebungen unverdrossen und regelmässig betrieben hat, darf erwarten, dass seine schriftliche Prüfungsarbeit den an sie zu stellenden Anforderungen genügen werde. Mindestens gilt dies für alle diejenigen, welche sich nicht bereits vor dem Examen durch einen längeren Aufenthalt in England die volle Beherrschung der Sprache erworben haben, und in dieser Lage befinden sich doch die allermeisten. Besonderen Anlass, sich um die Bewahrung und Festigung der elementaren Kenntnisse zu bemühen, dürfte die Mehrzahl der auf einem Gymnasium vorgebildeten Studierenden haben, da ja der auf dem Gymnasium ertheilte Unterricht in der Regel nur ein facultativer und zeitlich sehr beschränkter ist und folglich oft an nachhaltiger Wirkung zu wünschen übrig lässt. — Oefters kommt es vor, dass Studierende, welche englischen Schulunterricht überhaupt nicht empfangen haben, dennoch zum Studium der englischen Philologie sich entschliessen. An sich ist dagegen nicht das Geringste einzuwenden, vorausgesetzt jedoch, dass die Betreffenden nicht versäumen, sich in der englischen Aussprache von einem bewährten Lehrer methodisch unterrichten zu lassen, denn eben die Aussprache kann man nimmermehr autodidaktisch erlernen, selbst dann nicht, wenn man auf gelegentliche Unterstützung von Seiten eines Sachkundigen rechnen darf. Im Uebrigen aber wird, auch wer vorher nie ein englisches Wort gelernt hat, mit bestem Erfolge englische Philologie zu studieren sehr wohl vermögen, falls er nur fleissig und strebsam ist.

Von grösster Wichtigkeit ist, dass der Studierende die englische Litteratur, namentlich die neuere, in ihren durch Form und Inhalt bedeutendsten Werken in thunlichstem Umfange durch eigene Lektüre kennen lerne. Der Studierende lasse es sich also engelegen sein, möglichst viel zu lesen, d. h. soviel zu lesen, als innerhalb vernünftiger Grenzen zu lesen möglich ist. Selbstverständlich wird Niemand alle des Lesens würdige Werke zu lesen vermögen, sondern es wird ein Jeder sich auf eine Auswahl beschränken müssen, aber es darf diese doch keine zu eng begrenzte sein. Einen bis in das Einzelne gehenden Kanon für die Auswahl aufzustellen ist misslich, als selbstverständlich darf aber gelten, dass, wer englische Philologie studiert, sich mit Chaucer, mit Shakespeare und dessen bedeutenderen Zeitgenossen auf dem Gebiete der dramatischen Dichtung (namentlich mit Marlowe), mit Spenser, mit Milton, mit Pope, mit Addison, mit Richardson, mit Fielding, mit Sheridan, mit Moore, mit Byron, mit Shelley, mit Burns, mit Scott, mit Bulwer, mit Dickens, mit Thackeray und mit Macaulay bekannt machen muss, wenn auch natürlich nicht daran zu denken ist, dass er alle Werke der genannten Autoren lese. Die Lektüre wird meist nur eine cursorische sein können, jedoch sollte man es nicht unterlassen, sich über jedes gelesene Buch ein bestimmtes Urtheil zu bilden und dasselbe mit einer knappen Inhaltsangabe niederzuschreiben, wo möglich in englischer Sprache. Dass ausserdem der Studierende einzelne

Werke in philologischer Weise durcharbeiten muss, wozu ja in den Seminarübungen und in Interpretationsvorlesungen Gelegenheit und Anleitung geboten wird, das bedarf nicht erst der Bemerkung.¹) — Der Pflicht, möglichst viel cursorisch zu lesen, darf man sich um so weniger entziehen, als ihre Erfüllung wesentlich vorzubereiten und beizutragen vermag zur Erlangung der praktischen Sprechfertigkeit und als ja überdies der Genuss, welchen die Lektüre inhaltsreicher und formenschöner Schriftwerke gewährt, für die aufzuwendende Mühe reichlich entschädigt. Und angesichts der Thatsache, dass in Deutschland spottbillige Ausgaben aller classischen Werke der englischen Litteratur vorhanden und vielfach auch in Leihbibliotheken zu finden sind, kann auch der unbemittelte Student um die Beschaffung der Bücher nicht verlegen sein.

An das Studium des Angelsächsischen trete man erst heran, wenn man mit dem Gotischen und, wo möglich, auch mit dem Altnordischen sich bekannt gemacht hat. Dann aber betreibe man es mindestens ein Semester lang (nebst den daran sich anschliessenden Ferien) recht energisch. Wem dabei die Anleitung eines Lehrers fehlt, der wird allerdings im Anfange auf Schwierigkeiten stossen, er lasse sich aber durch diese nicht abschrecken und sei überzeugt, dass sie durch einige Anstrengung rasch überwunden werden können. Die autodidaktisch betriebene Lektüre wird man am füglichsten mit einem Prosatexte beginnen, etwa mit König Älfreds Pastoral Care (herausg. mit englischer Uebers. von H. SWEET, E. E. T. S. 45 und 50; ein Bruchstück auch in Sweet's Anglo-Saxon Reader), dann lese man Cynewulf's Elene in Zupitza's Ausgabe und erst hierauf wage man sich an den Beówulf, während

---

1) Namentlich eins aber sollte ein Philolog nicht versäumen: die eindringende und hingebende Beschäftigung mit einem Schriftsteller, bezw. mit einem Litteraturwerke. Jeder Philolog sollte von Jugend an einen Lieblingsautor oder ein Lieblingswerk haben, welchen oder welches er nach allen Richtungen hin zu verstehen sich bemüht, den oder das er immer und immer wieder liest und bei jedem Male neue Freude daran hat und neue Beobachtungen macht, auf den oder auf das er, wenn auch nicht in absolutem, so doch in relativem Sinne seine wissenschaftliche Thätigkeit concentrirt. Nur wer sich lange Jahre mit einem Autor oder einem Werke beschäftigt hat, ist zur textkritischen Behandlung und zur Interpretation desselben befähigt. Nichts ist verkehrter als auf Grund einer einmaligen Lectüre Conjecturen zu machen.

mit dem letzteren anzufangen, wie häufig geschieht, ein arger Missgriff sein würde. Wer sich in das Angelsächsische gründlich eingearbeitet hat, der wird dann in das Alt- und Mittelenglische sich leicht einzulesen vermögen, wie überhaupt das Studium des Angelsächsischen den Schlüssel zum Verständnisse der geschichtlichen Entwickelung der englischen Sprache bildet. Also ist ihm auch die gebührende Beachtung zu schenken! Nebenbei werde bemerkt, dass die Beschäftigung mit der angelsächsischen Litteratur zwar nicht eben grossen ästhetischen Genuss bietet, aber doch, weil diese Litteratur eine sehr eigenartige ist, des Interesses und Reizes keineswegs entbehrt; namentlich gewährt auch das eindringende Studium der rhythmischen Form der angelsächsischen Dichtungen reichen und noch bei weitem nicht erschöpften Stoff zu interessanten Beobachtungen.

Um die in der Prüfungsordnung geforderte Fertigkeit im mündlichen Gebrauche der englischen Sprache zu erlangen, hat der Studierende jede sich ihm bietende Gelegenheit zu Sprechübungen zu benutzen. Freilich aber bieten sich leider in kleinen Universitätsstädten derartige Gelegenheiten nur selten. Wer also unter diesem Uebelstande zu leiden hat, der suche es zu ermöglichen, wenigstens ein mal die grossen Ferien in England zu verleben und den Aufenthalt daselbst nach Möglichkeit für die Erlangung der Sprechfertigkeit methodisch auszunutzen.[1]) Es versteht sich von selbst, dass diese Massregel jedem Studierenden der englischen Philologie dringend anzuempfehlen ist, auch dem, der etwa, durch besondere Verhältnisse begünstigt, sich die Sprechfertigkeit in Deutschand zu erwerben vermochte. Denn etwas, was für den Philologen noch ungleich wichtiger ist, als Sprechfertigkeit, kann man nur durch einen Aufenthalt in England erlangen: Kenntniss und Verständniss englischen Lebens und Wesens. Manches, vielleicht selbst Vieles mag man ja in dieser Beziehung aus

---

1) Die Kosten einer Reise nach und eines Aufenthaltes in England sind für einen jungen Mann, der sich einzuschränken versteht, nicht so erheblich, wie man oft glaubt, nur freilich gehe Niemand nach England, ohne sich vorher von Sachkundigen Rathschläge über Wahl der Reiseroute, die Wohnungsverhältnisse in London u. dgl. haben ertheilen zu lassen.

der Lektüre guter Sittenromane lernen können, aber wirkliche Kenntniss von Land und Leuten erwirbt doch nur, wer in das Land und zu den Leuten geht. Es gilt dies ganz besonders von England. Denn wenn irgend ein Land und irgend ein Volk eigenartig ist, so ist es England und das englische Volk.

Anmerkung: Rathschläge für das Studium der englischen Philologie findet man in folgenden Schriften: ASHER, Ueber den Unterricht in den neueren Sprachen, spec. der englischen an unsern Universitäten etc. Berlin 1882, vgl. TRAUTMANN in Anglia V, Anz. 54. — (Anonym), Wie studiert man neuere Philologie und Germanistik? Leipzig 1884, vgl. WÜLKER in Anglia VII, 129. — KÖRTING, Gedanken und Bemerkungen über das Studium der neueren Sprachen etc. Heilbronn 1882, und: Neuphilologische Essays. Heilbronn 1887.

Erstes Kapitel.

Die geschichtliche Entwickelung der englischen Sprache.

§ 5.[1]) Allgemeines (die Perioden der englischen Sprachgeschichte). 1. Die englische Sprachgeschichte hebt an mit der Besetzung Englands durch die germanischen Stämme der Angeln, Sachsen und Jüten (um die Mitte des 5. Jahrhunderts n. Chr.)[2]). Aus den Mundarten dieser Stämme hat die englische Sprache sich entwickelt. Die englische Sprache ist folglich eine germanische Sprache, und ihr germanischer Charakter wird dadurch nicht beeinträchtigt, dass sie im späteren Verlaufe ihrer Geschichte in enge Berührung mit dem Französischen getreten und durch dasselbe in manchen Beziehungen, namentlich aber in ihrem Wortschatze, beeinflusst worden ist.

Da die englische Sprache eine noch lebende ist, so ist ihre Entwickelungsgeschichte noch nicht abgeschlossen.

2. Vor der Besiedelung Englands durch die oben genannten germanischen Stämme war das Land von Kelten bewohnt und hatte mehrere Jahrhunderte unter römischer Herr-

---

1) Aus praktischem Grunde — des bequemeren Citirens wegen — werden die Paragraphen durch das ganze Buch durchgezählt.
2) Auch Friesen dürften unter den germanischen Eroberern Englands sich befunden haben.

schaft gestanden. Diese Thatsachen bedingen die Möglichkeit, dass das Keltische und das Lateinische auf die Entwickelung des Englischen Einfluss geübt haben. Vgl. § 6.

3. Die englische Sprachgeschichte ist in folgende Perioden abzutheilen. [1])
[Vorgeschichte: a. Die keltische Zeit, b. Die römischkeltische Zeit].

I. Die Periode des früheren Angelsächsisch oder die altangelsächsische Periode, von der Besiedelung Englands durch die Angeln, Sachsen und Jüten bis zur normannischen Eroberung (1066). [2])

II. Die Periode des späteren Angelsächsisch oder die neuangelsächsische Periode, von der normannischen Eroberung 1066) bis etwa zur Mitte des 13. Jahrhunderts, bezw. bis zum Aufgehen der Normannen in das englische Volksthum (die Proclamation Heinrich's III. vom 18. Oct. 1258, das erste amtliche Schriftstück seit der normannischen Eroberung, welches in französischer und englischer Sprache abgefasst wurde).

III. Die altenglische Periode (Periode der altenglischen Dialektlitteratur), etwa von der Mitte des 13. bis etwa zur Mitte des 14. Jahrhunderts.

IV. Die mittelenglische Periode (Periode der entstehenden nationalen Schriftsprache), etwa von Mitte des 14. bis etwa zum Beginne des 16. Jahrhunderts.

V. Die neuenglische Periode (Periode der ausgebildeten nationalen Schriftsprache), etwa vom Beginne des 16. Jahrhunderts bis zur Gegenwart. Innerhalb dieses, über mehr als drei Jahrhunderte sich erstreckenden Zeitraumes lassen sich wieder mehrere Epochen abgrenzen; am füglichsten unter-

---

1) Diese Eintheilung im Wesentlichen nach KOCH, Histor. Gramm. d. engl. Spr. I[2], 6 ff.
2) Wie selbstverständlich, ist diese Angabe nicht buchstäblich zu verstehen. Die normannische Eroberung hatte keine unmittelbare, sondern nur eine mittelbare Einwirkung auf die Sprachentwickelung, gleichwohl ist ihre Bedeutung für die Sprachgeschichte eine so grosse, dass es wohl berechtigt erscheint, mit dem Jahre 1066 eine neue Periode zu beginnen. Die Tragweite des damit etwa begangenen Fehlers wird dadurch gemindert, dass man sowohl die diesseits als auch die jenseits 1066 liegende Periode als »angelsächsisch« bezeichnet und nur durch den Beisatz »alt« und »neu« auf die Theilung hindeutet. KOCH nimmt das Jahr 1100 zur Grenzscheide.

scheidet man deren drei, deren erste durch die grosse Revolution, die zweite durch das Auftreten des Dr. Johnson begrenzt wird, die dritte aber bis in die Gegenwart hinein reicht.

4. Die Wandelungen, welche die englische Sprache während ihrer mehr als tausendjährigen Geschichte in allen Beziehungen durchgemacht hat, sind, wie begreiflich, sehr bedeutende gewesen, zumal da die organische Entwickelung der Sprache durch die Beeinflussung, welche sie im Mittelalter durch das Französische und in der Renaissancezeit durch das Latein erfuhr, zwar nicht unterbrochen, aber doch berührt worden ist. Nichtsdestoweniger hat die Sprache in ihrem innersten Wesen ihren germanischen Charakter behauptet.

Die zwischen dem Angelsächsischen und dem Neuenglischen bestehende Verschiedenheit mag dem Laien so erheblich erscheinen, dass er kaum begreift, wie zwischen dem ersteren und dem letzteren ein innerer Zusammenhang bestehen könne. Die wissenschaftliche Betrachtung jedoch vermag diesen Zusammenhang mit vollster Sicherheit zu erkennen und nachzuweisen; auch wird sie urtheilen müssen, dass, abgesehen vom Wortschatze, die Differenz zwischen Angelsächsisch und Neuenglisch nicht grösser ist, als sie auch in anderen Cultursprachen zwischen ihrer erreichbar ältesten und der jüngsten Gestaltung besteht. Jedenfalls bilden für die wissenschaftliche Betrachtung Angelsächsisch, Altenglisch, Mittelenglisch und Neuenglisch nur die zeitlich aufeinander folgenden, aber organisch mit einander zusammenhängenden Entwickelungsstufen einer und derselben Sprache.

5. In morphologischer Beziehung ist als Grundzug der englischen Sprachentwickelung der Uebergang von der Synthese des Formenbaues zur Analyse zu bezeichnen [1]), ein Wandel, vermöge dessen die Wortformen durch Umschreibungen (Kasus durch Präpositionen, Tempora und Modi durch die Verbindung modaler Verba mit dem Infinitiv oder mit einem Particip) ersetzt wurden. Der Vorgang an sich ist allerdings dem Englischen nicht eigenthümlich, sondern er lässt sich in allen indogermanischen Sprachen (namentlich auch in den romanischen) beobachten, aber er ist im Englischen mit be-

---

1) Vgl. unten § 39, namentlich Nr. 5.

sonderer Consequenz zur Durchführung gelangt, und es ist in Folge dessen das Englische auf der Bahn von der Synthese zur Analyse besonders weit vorgeschritten, namentlich im Vergleich mit den übrigen germanischen Sprachen und mit dem Romanischen.[1]) Man bringt sich dies am besten zum Bewusstsein, wenn man das Schema der englischen Conjugation überblickt — wie gering ist in ihm die Zahl der noch mit Tempus- und Personalsuffixen versehenen Formen! In dem Abwerfen der kennzeichnenden Suffixe ist das Englische sogar soweit gegangen, dass vielfach die formalen Unterscheidungszeichen zwischen den verschiedenen Wortkategorien geschwunden sind, dass oft ein und derselbe Lautcomplex je nach dem Zusammenhange der Rede als Nomen oder als Verbum oder als Partikel fungiren kann (z. B. [*the*] *love* »Liebe« und [*to*] *love* »lieben«; *long* »lang« [als Adjectiv und Adverb], [*the*] *long* »das Lange«, [*to*] *long* »[ver]langen«. Dadurch ist, wenigstens in weitem Umfange, das Englische scheinbar [2]) auf das Niveau der sog. isolirenden Sprachen gekommen, welche, wie z. B. das Chinesische, die Wortkategorien nur in rudimentärer Weise unterscheiden.

Das Englische ist eine der formenärmsten Sprachen, welche vorhanden sind. Damit ist aber nur eine Thatsache und nicht im mindesten ein Urtheil ausgesprochen. Der innere Werth einer Sprache ist durchaus unabhängig von der relativen Fülle oder Nichtfülle ihres Formenbaues. Es vermag sowohl eine sehr formenreiche als auch eine sehr formenarme Sprache den höchsten und vielseitigsten Bedürfnissen des Gedankenaustausches und damit der Cultur zu genügen, denn was die formenreiche Sprache mit Hülfe zahlreicher Suffixe vollbringt

---

1) Nur eine idg. Sprache dürfte ebenso, wie das Englische, bis zur nahezu völligen Analyse vorgedrungen sein: die neupersische. Der Formenbestand des Neupersischen weist überraschende Parallelen mit dem des Englischen auf, und überhaupt bestehen auch sonst zwischen beiden, räumlich so getrennten Sprachen überraschende Aehnlichkeiten, so ist z. B. der neupersische Wortschatz in ganz ähnlicher Weise mit arabischen Elementen durchsetzt, wie der englische mit romanischen. Ein Einblick in eine neupersische Grammatik ist für den englischen Philologen höchst interessant.

2 Nur eben von einem Scheine kann die Rede sein, denn die begriffliche Unterscheidung der Wortkategorien ist im Englischen durchaus und in vollem Umfange erhalten. Dadurch aber erhebt sich das Englische hoch über das Niveau der isolirenden Sprachen.

in Bezug auf den Ausdruck begrifflicher Beziehungen und Verbindungen, das leistet die formenarme Sprache mittelst sinnreicher Umschreibungen, und häufig genug ist ihre Leistung vollkommner, als die durch die Suffixe bewirkte. Grosser Formenreichthum einer Sprache erweist sich als eine Erschwerung des raschen Gedankenausdruckes; darin ist es innerlich begründet, dass ursprünglich formenreiche Sprachen der zu höherer Cultur aufsteigenden Völker sich ihres Formenbestandes mehr und mehr zu entledigen streben, während auf niederer Culturstufe verharrende Völker vielfach Sprachen von höchst verwickeltem Formenbau besitzen. [1] In ästhetischer Beziehung ist ja der reich gestaltete Formenbau einer Sprache gewiss schöner zu nennen, als ein nur trümmer- und lückenhafter, aber den geistigen Bedürfnissen, welchen die Sprache dienen soll, vermag der letztere, falls nur der analytische Begriffsausdruck angemessen entwickelt ist, ganz sicherlich besser zu genügen, als der erstere. Man vergesse auch nicht, dass selbst eine Sprache von verhältnissmässig sehr ausgebildeter Synthese dennoch keineswegs fähig ist, alle grammatischen Begriffsverbindungen und -beziehungen auszudrücken, sondern zu einem bedeutenden Theile dies auch nur auf analytischem Wege ermöglicht. Eine rein synthetische Sprache giebt es überhaupt nicht und kann wohl nicht einmal gedacht werden, während eine rein analytische mindestens denkbar ist. [2]

---

[1] Damit soll allerdings nicht gesagt werden, dass eine ursprünglich synthetische, im Laufe ihrer Entwickelung aber analytisch gewordene Sprache für alle Zeiten im analytischen Zustande verharren müsse. Es widerspräche dies ja dem alles Irdische beherrschenden Gesetze des stetigen Wechsels. Nein, es darf vielmehr angenommen werden, dass eine analytisch gewordene Sprache in weiterer Entwickelung zur Synthese zurückkehren werde, wenn auch zu einer Synthese anderer Art, als die erste gewesen war. Im vollen Umfange freilich ist dieser Vorgang noch nicht beobachtet worden, aber Ansätze dazu sind mehrfach zu finden, so z. B. in der Futurbildung des Romanischen, in der Passivbildung des Skandinavischen. Die indogermanischen Cultursprachen scheinen dem Gesetze zu unterliegen, dass ihre Entwickelung stetig von der Synthese zur Analyse und von dieser wieder zur Synthese sich hinbewegt.
[2] Ganz thöricht ist es, zwischen den classischen Sprachen des Alterthums und dem Englischen Vergleiche zu Ungunsten des letzteren anzustellen. Gewiss ist die Fülle, Schönheit und Geschlossenheit des Formenbaues im Lateinischen und im Griechischen hoher Bewunderung würdig, aber noch bewundernswerther ist es, wie das Englische auf analytischem Wege dieselbe und vielfach noch grössere Feinheit und Schärfe des Gedankenausdruckes zu erzielen vermag, als die antiken Sprachen es vermögen. Das Eine aber lässt sich mit aller Bestimmtheit behaupten: we-

Gerade ihrer Formenarmuth wegen ist die englische Sprache in so hohem Grade geeignet, der modernen Cultur und dem Weltverkehr als Werkzeug des Gedankenausdruckes und Gedankenaustausches zu dienen. ¹)

Litteraturangaben: Die Geschichte der englischen Sprache ist oft behandelt worden, aber freilich fehlt noch eine dem jetzigen Standpunkt der Wissenschaft entsprechende Bearbeitung des interessanten Stoffes. Die wichtigsten der betreffenden Werke sind: LATHAM, History and Etymology of the English Language, L. seit 1845, und MARSH, The Origin and History of the English Language, New York 1862. Veraltet sind so ziemlich: KEMBLE, History of the English Language; First, or, Anglo-Saxon Period, Cambridge 1834, und HARRISON, The Rise, Progress and Structure of the English Language, L. 1848. — TH. WRIGHT, The Celt, the Roman and the Saxon, 4. Ed., L. 1885. — Neuere englische Werke über den Gegenstand sind z. B. WEISSER, Origin, Progress and Destiny of the Engl. Lang. and Lit., New York u. L. 1878, SHEPHERD, The History of the Engl. Lang. (reicht bis zur »Georgian Era«), L. 1879, LOUNSBURY, Hist. of the Engl. Lang. New York 1879, vgl. Anglia III, 581, OLIPHANT, The Old and Middle English, L. 1878. ²) Irgendwie bedeutend ist keines dieser Bücher; dasselbe gilt von MARSHALL, The Past, Present and Future of the Engl. Lang., L. 1878, nicht minder von einer ganzen Anzahl anderer Schriften, welche hier zu nennen Papierverg̃eudung sein würde. — Ganz interessante sprachgeschichtliche, namentlich die Etymologie berücksichtigende Essays enthält TRENCH's Buch: English Past and Present, L. seit 1855. — Kurze Uebersichten der Sprachgeschichte findet man auch in den besseren Grammatiken (so besonders in denen von KOCH, MÄTZNER FIEDLER-KÖLBING). — Berücksichtigt ist endlich die Sprachgeschichte in den später zu nennenden Geschichten der engl. Litt. von CRAIK, SPALDING, BIERBAUM, KÖRTING u. A.

---

der das classische Latein noch das classische Griechisch würde geeignet sein, den Anforderungen zu entsprechen, welche die heutige — im Vergleich zu der antiken so unendlich complicirtere — Cultur an eine Sprache stellt.

1) Dass freilich das Englische jemals Universalsprache werden werde, ist nimmermehr zu erwarten. Vgl. über die theoretisch interessante, von keinem Geringeren, als J. GRIMM angeregte Frage BRACKEBUSCH, Is English destined to become the Universal Language of the World? Göttingen 1868 Diss.

2) Von derselben Verfasserin erschien neuerdings: The New English (L. 1886), die Zeit von 1300 bis 1811 umfassend. »The plan of the work is to bring before the notice of the student the more important English texts in chronological order, noting down page by page the remarkable words and forms occurring in each text, indicating their source, and endeavouring to account for changes of form.« So MAYHEW in Engl. Stud. XI, 126. Der Grundgedanke des Buches ist also ganz schön und löblich, leider lässt die Ausführung viel zu wünschen übrig, wie ebenfalls MAYHEW am genannten Orte nachweist.

Die Kenntniss der Sprachgeschichte ist von höchster Wichtigkeit für das Studium der historischen Grammatik.

## § 6. Uebersicht der Geschichte der englischen Sprache bis zur normannischen Eroberung. 1. Die Kelten.

Die ältesten geschichtlich nachweisbaren Einwohner (aber keineswegs die Ureinwohner) Englands und der britischen Inseln überhaupt sind die Kelten, die am weitesten nach Westen vorgeschobene indogermanische Völkersippe, welche im Alterthum auch über Gallien und Oberitalien (Gallia cisalpina) und in vorgeschichtlicher Zeit vermuthlich auch über einen Theil des südlichen und westlichen Deutschlands verbreitet war.

Die keltische Sprache der britischen Inseln spaltet sich in zwei Hauptmundarten, die gälische und die britische, von denen jede wieder in drei Unterdialekte zerfällt, dieselben sind:

im Gälischen das Irische, das Schottische (oder Ersische oder Gälische im engern Sinne), das Manx (Mundart der Insel Man);

im Britischen das Kymrische oder Welsche (in Wales), das Cornische (in Cornwall, seit Anfang dieses Jahrhunderts erstorben), das Bretonische (das nach der Bretagne [Armorica] übertragene Cornisch).

Von diesen Mundarten haben besonders das Irische und das Kymrische litterarische Bedeutung erlangt, indessen doch erst in mittelalterlicher Zeit; die ältesten erhaltenen Sprachdenkmäler (Glossen) reichen nur in das 8. und 9. nachchristliche Jahrhundert hinauf.

Das Keltische zeigt, verglichen mit den übrigen indogermanischen Sprachen, manche sehr auffällige Eigenart, besonders im Lautsystem; für die gegenwärtigen keltischen Idiome ist besonders die Wandelfähigkeit bestimmter anlautender Consonanten charakteristisch. [1]

Engere verwandtschaftliche Beziehungen bestehen vermuthlich zwischen dem Keltischen und dem Lateinischen.

---

[1] So wird z. B. unter gewissen Bedingungen anlautendes *p* in *b, mh, ph* gewandelt (*Prydain, Brydain, Mhrydain, Phrydain* »Britannien« — *pen, ben, mhen, phen* »Kopf«).

48  Kap. I. § 6, 1. Die geschichtl. Entwickelung der engl. Spr.

Die ältesten bestimmteren Nachrichten über die britischen Kelten (in England) verdanken wir Cäsar, der in den Jahren 55 und 54 zwei Züge nach England unternahm und darüber in seinen Commentaren de bell. gall. IV, 20 bis 35 und V, 8 bis 23 berichtet hat. Darnach standen die britischen Kelten auf ungefähr derselben Stufe der Halbcultur wie ihre gallischen Stammesgenossen. Eine Eroberung des Landes war von Cäsar nicht beabsichtigt, sie wurde erst von dem Jahre 43 n. Chr. ab in harten Kämpfen vollzogen.

Während in Oberitalien und in Gallien die Kelten völlig romanisirt wurden, überdauerte in England ihr Volksthum die römische Herrschaft, erlag aber später zum grössten Theile den seit Mitte des 5. nachchristlichen Jahrhunderts einwandernden Germanen.

Im Laufe der geschichtlichen Entwickelung ist das Keltische auf den britischen Inseln mehr und mehr von dem Englischen zurückgedrängt worden; behauptet hat es sich bis jetzt nur in Wales, in einigen Kirchspielen des westlichen Theiles von Monmouthshire, in Hochschottland, auf einzelnen schottischen Inseln und in gewissen Theilen Irlands, aber in diesen eng umgrenzten Gebieten ist die Bevölkerung meist zweisprachig, und der Tag dürfte nicht mehr fern sein, an welchem das Keltische als Volkssprache völlig von dem Englischen überwunden sein und höchstens noch als Litteratursprache innerhalb dilettantischer Dichtervereine ein künstliches Dasein fristen wird. —

Ein Einfluss des Keltischen auf die Entwickelung des Englischen in lautlicher und grammatischer Beziehung ist bis jetzt nicht nachgewiesen. Auch die Zahl der in das Englische übergetretenen keltischen Worte ist nur unerheblich, jedenfalls bei weitem nicht so bedeutend, als häufig behauptet worden ist.[1] Wenn ein englisches Wort sein Gegenstück im

---

[1] Keltische Ortsnamen haben sich namentlich im Norden und Westen Englands erhalten; vgl. ELZE, Grundriss p. 100 f. »Zu nennen sind: Aber- = -münde: Aberdeen = Dee-Münde), Aberdour, Aberfeldie, Abergeldie, Aberystwith; kommt in Irland nicht vor. Bally oder Ball, in Schottland und Irland, = Ort: Ballangeich, Ballahulich, Ballymahon, Ballymena. Caer = Veste, Festung: Caer-Caradoc, Caer-Colun, Caer-leon (= Castle of the Legion). Dun = umzäunter Ort: Dunbar, Dumbarton, Dundee, Dunedin (Edinburgh), Dum-

Keltischen besitzt, so ist grundsätzlich daraus zunächst nicht auf Entlehnung, sondern auf Urverwandtschaft zu schliessen.[2]) Zu bemerken ist aber freilich, dass gegenwärtig über die etwaigen näheren Beziehungen des Englischen zu dem Keltischen ein völlig sicheres Urtheil noch nicht abgegeben werden kann, da bis jetzt die Anglisten meist nähere Kenntnisse des Keltischen nicht besassen, und so muss denn dahin gestellt bleiben, ob nicht etwa die künftige Forschung zu anderem Ergebnisse gelangen werde; wahrscheinlich ist es durchaus nicht, indessen lässt die Möglichkeit sich doch nicht schlechtweg bestreiten. Vorläufig aber hat der Anglist (ebenso wie der Romanist) allen Anlass, sich allen zu Gunsten eines weittragenden Einflusses des Keltischen auf das Englische (und Französische) aufgestellten Hypothesen gegenüber völlig skeptisch und ablehnend zu verhalten. Andrerseits aber ist es Pflicht des Anglisten, sich mit der, neuerdings mächtig aufblühenden keltischen Philologie thunlichst vertraut zu machen oder doch von den Ergebnissen der auf das Keltische gerichteten Forschung, soweit sie eine methodische ist, Kenntniss zu nehmen. Denjenigen Studierenden der englischen Philologie, welche in die akademische Laufbahn einzutreten beabsichtigen, ist anzurathen, dass sie schon auf der Universität sich mit den Elementen des Keltischen bekannt machen, da bei der eigenartigen Schwierigkeit des Keltischen das Anfangsstudium desselben kaum ohne Anleitung eines sachkundigen Lehrers erfolgreich betrieben werden kann; zu bedauern ist nur, dass zur Zeit nur erst an wenigen Hochschulen Docenten der keltischen Philologie vorhanden sind (E. WINDISCH in Leipzig, ZIMMER in Greifswald).

Dass die keltische Litteratur auf die englische eingewirkt habe, ist — abgesehen von einer einzigen, und übrigens nur

---

fermline, Dumfries. Inch = Insel, in Schottland und Irland: Imchcape, Inchcolm, Inchkeith, Inchmarnock. Inver = Zusammenfluss, Flussmünde (nicht in Wales): Inverary, Inveresk, Invergordon, Inverkeithing, Inverness, Inverury. Kill = Kirche (in Schottland, Irland und Wales): Kildare, Kilkenny, Kilmarnock. Llan = sanctus, Kirche oder Kirchstadt (nur in Wales): Llandaff, Llandovery, Llandudno, Llanelly, Llanfair, Llanfyllin, Llangollen, Llanrwst, Llanthony.« ELZE a. a. O. p. 100 f.
[1] Einige Schriften über keltische Bestandtheile im Englischen werden unten § 37 Nr. 2 und 4 є genannt werden.

50 Kap. I. § 6, 1. Die geschichtl. Entwickelung der engl. Spr.

mittelbar und uneigentlich in Betracht kommenden Ausnahme — durchaus in Abrede zu stellen. Der Artussagenkreis hat allerdings in der altenglischen Litteratur mehrfache Bearbeitung gefunden und, namentlich in höfischen Kreisen, grosser Beliebtheit sich erfreut, aber, wenn er auch keltischen Ursprungs ist, so haben ihn die Engländer doch jedenfalls nicht aus Wales oder aus der Bretagne, sondern aus Frankreich übernommen, haben nicht keltische, sondern französische Vorlagen bearbeitet. — Für die Litteratur des 18. Jahrhunderts sind die angeblich Ossian'schen Lieder Macpherson's von grosser Bedeutung gewesen, und sie eben bilden die oben angedeutete Ausnahme, aber, wie bekannt, sind diese Lieder nicht keltische Originale, ja kaum Nachahmungen solcher zu nennen.

Litteraturangaben: 1. Allgemeines: WINDISCH, Keltische Sprachen, in Ersch's und Gruber's Encyklopädie, 2 Sect., Bd. 35, p. 132 ff. (auch als Sonderdruck erschienen), und in dem von GRÖBER [herausgegebenen Grundriss der roman Philologie I, 283. — G. RHYS, Lectures on Welsh Philology, L. 1877, seitdem 2. Aufl. — WALTER, Das alte Wales. Bonn 1858. — H. SCHUCHARDT, Romanisches und Keltisches. Berlin 1886 (enthält »Keltische Briefe«, in denen der gelehrte und geistvolle Verfasser Reiseeindrücke aus Wales schildert mit besonderer Berücksichtigung der gegenwärtigen litterarischen Bestrebungen der Walliser. Diese zuerst in der, Augsburger Allg. Ztg. erschienenen Briefe gewähren eine ebenso unterhaltende wie anregende und belehrende Lektüre). — Revue celtique p. p. GAIDOZ, Paris seit 1871 (einzige ausschliesslich˚der keltischen Philologie gewidmete Zeitschrift, indessen bringen auch die Zeitschriften für indogermanische Sprachvergleichung [so die KUHN'sche], für germanische und die romanische Philologie gelegentlich Beiträge zur keltischen Sprachkunde. — 2. Lehrbücher, H. ZEUSS, Grammatica celtica, 2. Aufl., besorgt von H. EBEL, Berlin 1871 (besitzt für die keltische Philologie eine ähnliche grundlegende Bedeutung, wie GRIMM'S Gramm. für die [germanische, DIEZ' Gramm. für die romanische, MIKLOSICH's Gramm. für die slavische). — J. O'DONOVAN, A Grammar of the Irish Language. Dublin 1845. — WINDISCH, Kurzgefasste irische Grammatik mit [Lesestücken. Leipzig 1878 (ausgezeichnetes irisches Elementarbuch). — CANON BOURKE, The College Irish [Grammar. Dublin 1879. — P. W. JOYCE, A Grammar of the Irish Language. Dublin 1879 (dieses und das vorhergenannte Werk sind treffliche praktische Lehrbücher des Neu-Irischen). — TH. ROWLAND, A Grammar of the Welsh Language. Wrexham o. J. (vor etwa 12 Jahren erschienen, praktisch brauchbar). — SATTLER, Y Gomeryd, das ist: Grammatik des Kymraeg oder Kelto-Wälischen Sprache. Leipzig und Zürich 1886 (wunderliches Buch, aber doch nicht ohne Werth, jedenfalls für den, der das heutige Wallisisch nach einer Methode à la Ollendorff zu erlernen Lust, Muth und Zeit hat, ganz nützlich, aber auch zur ersten Orientirung in keltischen Dingen verwendbar, nur muss man die sprachvergleichenden Bemerkungen des Verfassers mit grosser Vorsicht aufnehmen. Vgl. Engl. Stud. XI, 152). — 3. Litteraturgeschichte: A. DE JUBAINVILLE, Introduction à l'étude de la littérature celtique. Paris 1683. — TH. STEPHENS, Geschichte der wälschen Litteratur vom 12. zum 14. Jahrhundert. Aus dem Englischen übersetzt etc. von SAN-MARTE, Halle 1864 (relativ bestes Buch über den Gegenstand, aber doch mit Vorsicht zu benutzen, da auch in ihm der wallisischen Litteratur ein Umfang und eine Bedeutung beigelegt werden, die ihr jedenfalls gar nicht zukommen).

Ueber die keltischen Elemente in einzelnen englischen Dialekten (Lancashire, Leicester, Northampton) hat [eingehend gehandelt DAVIES, in der Archaeologia Cambrensis, V Series, Vol. 2 und 10. — Ueber das Welsche in Monmouthshire vgl. L. L. BONAPARTE in Transact. of the Philol. Soc. 1875/76, p. 571. — Ueber engl. Lehnworte im Wallis vgl. POWELL, Transact. of the Phil. Soc. X, 355.

2. Die Römer. Die Eroberung Englands (und des südöstlichen Schottlands) durch die Römer erfolgte im Wesentlichen während der Jahre 43 bis 84 n. Chr.; die Hauptquellen für ihre Geschichte sind Tacitus' Annalen und Agricola-Biographie. Nur unter steten Kämpfen gegen die von Norden andringenden keltischen Gebirgsvölker vermochten die Römer ihren entlegenen Besitz einige Jahrhunderte lang zu behaupten, [1] bis sie, die Unmöglichkeit eines längeren Festhaltens erkennend, im Jahre 410 ihre Legionen zurückzogen und die Insel ihrem Schicksal überliessen.

Die mehrhundertjährige Römerherrschaft hat in Britannien — vermuthlich, weil die römische Einwanderung nur eine schwache war — die unterworfene keltische Bevölkerung nicht zu romanisiren vermocht; so hat sich auch eine romanische Sprache in Britannien nicht gebildet. Daraus sowie aus den Schicksalen des Landes nach dem Abzuge der Römer erklärt sich, dass das Latein einen unmittelbaren Einfluss auf die Entwickelung des Englischen nicht ausgeübt hat. [2] Ziemlich zahlreiche mit castrum = -caster, -cester, -chester, colonia =

---

[1] Die Kaiser Hadrian und Antonius Pius errichteten, um die römische Provinz gegen die Einfälle der Caledonier zu sichern, Schutzmauern zwischen dem Golfe von Solway und der Mündung des Tyne-Flusses, bzw. zwischen Clyde und Forth.
[2] SWEET (Transact. of the Philol. Soc. 1875/76, p. 544) hat die lat. Worte zusammengestellt, welche schon während der Römerzeit in Britannien dauernd heimisch wurden (*camp, casere, mil, pin* = *campus, Caesar, milia, poena; laeden, olfend, mese, ster* = *latinum, elephantem, mensa, historia*).

-cola, strata = Strat-, Street- zusammengesetzte Ortsnamen sind fast die einzige directe Hinterlassenschaft der lateinischen Sprache in England.

[Gleichwohl ist das Englische dem Schicksale einer theilweisen Latinisirung nicht entgangen: die Bekehrung der Angelsachsen zum Christenthum und ihr dadurch vorbereiteter Eintritt in den Kreis der mittelalterlich-christlichen Cultur hatte die Einbürgerung zahlreicher lateinischer Worte in ihrer Sprache zur Folge [1]); die enge Berührung mit dem Französischen erfüllte das Englische mit Massen von Worten und Suffixen lateinischen Ursprungs, und schliesslich kam mit der Renaissancecultur eine Fülle von Latinismen in den englischen Wortschatz und Satzbau].

Ist, Alles in Allem genommen, der Einfluss des Lateins auf das Englische als nur wenig erheblich zu bezeichnen, so ist der Einfluss der lateinischen Litteratur auf die englische des Mittelalters und der Renaissancezeit ein um so bedeutenderer (Uebersetzungen lateinischer Werke in das Angelsächsische und Alt- und Mittelenglische, so z. B. mehrfache Bearbeitungen von Boëthius' de consolatione philosophiae, darunter eine von Chaucer; Einfluss Seneca's auf die entstehende englische Tragödie [Gorboduc]; Nachahmungen Virgil's, Ovid's, Horaz' etc. von Seiten neuenglischer Dichter). In Folge dessen hat der Anglist allen Anlass, nach Vertrautheit mit der lateinischen Litteratur zu streben. Das Gleiche gilt, nebenbei bemerkt, bezüglich der griechischen Litteratur. Und überhaupt kann nicht nachdrücklich genug daran gemahnt werden, dass das wissenschaftliche Studium der Sprache und Litteratur eines modernen europäischen Culturvolkes die Kenntniss und das Verständniss der Sprachen und Litteraturen des classischen Alterthums zur unbedingten Voraussetzung hat.

III. **Die Angelsachsen.** Nach dem Abzuge der Römer entstanden in Britannien verschiedene kleine keltische Reiche, welche jedoch, weil unter einander stets uneinig, unfähig waren, sich gegen die andrängenden nordschottischen Bergstämme der Picten und Scoten erfolgreich zu vertheidigen.

---

[1] Die Anlehnung der entstehenden angelsächsischen Prosa an das Latein (König Alfreds Uebersetzungen lateinischer Werke) hat ohne Zweifel wesentlichen Einfluss auf die Gestaltung der ags. Syntax ausgeübt.

So geschah es, dass einer der britischen Fürsten, Vortigern, germanische Kriegerschaaren von dem Festlande zu seinem Schutze herbeirief. Die Germanen kamen, wurden aber aus Helfern bald Eroberer, indem sie sich der östlichen und südlichen Gebiete Englands und Südschottlands bemächtigten, während im Westen die keltischen Stämme, namentlich in Wales, noch Jahrhunderte lang ihre Selbständigkeit behaupteten. Der Anfang der germanischen Eroberung, deren Einzelheiten von der Sage poetisch ausgeschmückt worden sind, wird um die Mitte des 5. Jahrhunderts (449) angesetzt.[1])

Die germanischen Eroberer Englands gehörten vorwiegend den Stämmen der Angeln (im westlichen Schleswig) und Sachsen (Holstein), zu einem kleineren Theile auch denen der Jüten (Geáten, in Jütland) und Friesen (Inseln an der dänischen Westküste) an.[2])

Die Angeln besetzten die später Norfolk, Suffolk und Northumberland genannten Gebiete, die Sachsen die später nach ihnen Essex, Sussex, Middlesex, Wessex benannten Landschaften, die Jüten (nebst den wenig zahlreichen Friesen) Kent und die Insel Wight. Es nahmen also die Angeln die östliche Hälfte der Insel ungefähr vom 56. bis zum 53., bezw. 52. Breitengrade ein, die Sachsen die Südküste und einen Theil des nördlich dahinter liegenden Binnenlandes, die Jüten (und Friesen) den äussersten Südosten.

In dem von den Germanen eroberten Theile Englands entstanden folgende acht kleine Königreiche[3]): 1. Kent;

---

1) Die ungefähren Entstehungsjahre der ags. Königreiche sind: 457 Kent, 491 Sussex, 519 Wessex, 527 Essex, 547 Bernicia, 560 Deira, 571 Ostangeln, 586 Mercia.
2) SWEET (Transact. of the Philol. Soc. 1875/76, p. 562; man sehe den Wortlaut der wichtigsten Stelle unten in der Anm. zu § 12, 1) hat behauptet, dass die nach England hinübergezogenen germanischen Stämme alle nur eine Sprache, die friesische, geredet hätten, weshalb aus dem Altfriesischen viel Aufschluss über die Beschaffenheit des ältesten Angelsächsisch (von SWEET »Anglo-Friesisch« genannt) zu gewinnen sei. Gegen diese Hypothese des berühmten Gelehrten ist vor allem einzuwenden, dass, da Angeln, Sachsen und Jüten doch ganz verschiedene, wenn auch nah verwandte Stämme waren, von vornherein angenommen werden muss, dass sie auch drei verschiedene Mundarten redeten; die zwischen diesen bestehenden Differenzen waren gewiss sehr wenig erheblich, aber sie waren doch eben vorhanden. Die nahen Beziehungen des Friesischen zum Englischen sollen um desswillen nicht geleugnet werden: Anglisch, Sächsisch, Jütisch, Friesisch bildeten eben eine Sprachsippe, aber keine einheitliche Sprache.
3) Ueber die Entstehungszeit derselben s. oben Anm. 1.

2. Sussex (Sussex und Surrey, Hauptstadt Chichester); 3. Wessex (Hampshire, Berkshire, Wiltshire, Dorset, Somerset und ein Theil von Devonshire, Hauptstadt Winchester); 4. Essex (Essex, Middlesex und der grösste Theil von Hertford, Hauptstadt London); 5. Bernicia (Northumberland und das südliche Schottland bis zum Forth (Hauptstadt Bamborough); 6. Deira (Yorkshire und Durham, Hauptstadt York); 7. Ostangeln (Norfolk, Suffolk und Cambridgeshire). 8. Mercia (das Land zwischen Themse und Humber und der wallisischen Grenze). — Im Jahre 617 wurden Bernicia und Deira zu einem Königreiche, Northumbrien, verbunden, so dass also von da ab nur sieben Reiche (die sogenannte Heptarchie) bestanden.

Im Jahre 827 erlangte König Egbert von Wessex die Oberhoheit über sämmtliche angelsächsische Reiche und nahm den Titel eines Königs von England an. Von da ab wurde die staatliche Einheit Englands zwar zeitweilig durch die Festsetzung der Dänen gestört, blieb aber doch im Wesentlichen erhalten.

Die Angelsachsen, unter welchem Namen man die Gesammtheit der germanischen Eroberer Englands zu begreifen pflegt, legten den Grund zu den auf Selbstverwaltung und auf das Rechtsleben bezüglichen Einrichtungen, welche in ihrer weiteren Entwickelung dem englischen Staatswesen und Volksleben seinen so eigenartigen Charakter gegeben haben.

Die im Jahre 596 auf Veranlassung des Papstes Gregor I. begonnene und um das Jahr 655 vollendete Bekehrung der Angelsachsen zum Christenthum hatte den Eintritt derselben in die christliche Culturgemeinschaft zur Folge, innerhalb deren sie rasch zu einer hervorragenden, zeitweilig sogar leitenden Stellung sich erhoben. (Angelsächsischer Einfluss auf die von Karl d. G. vollzogene Reform des Unterrichtswesens im fränkischen Reiche).

So befähigt aber auch das angelsächsische Volk sich erwiesen hat für die Annahme und die Weiterentwicklung einer höheren Cultur und so glänzend es auch seine kriegerische Tüchtigkeit in Kämpfen zu Land und zur See bekundet hat, so scheint es doch derjenigen Eigenschaften entbehrt zu haben, deren Völker bedürfen, wenn sie lange Dauer haben und zu

weltgeschichtlicher Bedeutung gelangen sollen. Es geht durch
das angelsächsische Volksthum ein gewisser weicher, ja weichlicher, fast möchte man sagen frauenhafter Zug hindurch. Er
macht sich am deutlichsten geltend in der Litteratur, die vielfach zur Mystik und Sentimentalität hinneigt (man denke an
religiöse Dichtungen, wie die Elene und den Traum vom
Kreuze, und namentlich an die Lyrik), ganz sicherlich aber
hat er auch das politische Leben beeinflusst, hat die Kraft des
Volkes gelähmt, seine Widerstandsfähigkeit geschwächt, ein
frühzeitiges Altern und raschen Niedergang veranlasst. Man
darf wohl behaupten, dass die Angelsachsen, wären sie sich
selbst überlassen geblieben, in einen Zustand unrühmlicher
Erschöpfung und Leistungsunfähigkeit versunken sein würden,
aus dem es keine Errettung mehr gegeben hätte. Darauf
deutet wenigstens der vielfach so klägliche Verlauf der späteren
angelsächsischen Geschichte, namentlich seit des grossen Alfred's
Tode, hin, und für geradezu beweisend muss die zweimalige
Unterwerfung der Angelsachsen durch fremde Stämme — erst
durch die Dänen, dann durch die Normannen — gelten; ein
noch voll lebenskräftiges Volk würde, zumal in so geschützter
insularer Lage, seine Selbständigkeit erfolgreicher zu wahren
vermocht haben. Die Gunst des Schicksals fügte es, dass
beide Male die Eroberer gleichen Stammes waren wie die Eroberten, so dass die letzteren mit den ersteren leicht zu einem
Volke verschmelzen konnten. Und eine noch grössere Gunst
des Schicksals war es, dass die Eroberten ihre Sprache nicht
nur für sich zu behaupten, sondern sie auch den Eroberern
allmählich annehmbar zu machen vermochten. Aus der Mischung zwischen Angelsachsen, Dänen und Normannen bildete
sich ein neues, das englische Volksthum, in dessen Bestande
das angelsächsische Element das vorherrschende ist, aber durch
die Bindung mit anderen Bestandtheilen grössere Festigkeit
und Leistungsfähigkeit erhalten hat. Will man bildlich sprechen, so darf man sagen, dass die dänische und namentlich
die normannische Eroberung für das Angelsachsenthum ein
läuterndes Feuer war, aus welchem es in seinem Bestande
durch die Ausscheidung ihm eigen gewesener schädlicher und
durch den Beisatz heilsamer fremder Elemente vortheilhaft verändert und stahlgleich gehärtet hervorging.

Das englische Volk ist — keineswegs zwar im eigentlichen und vollen Sinne des Wortes, aber doch in gewissem Sinne oder doch wenigstens scheinbar — ein Mischvolk, hervorgegangen aus der Kreuzung verschiedener germanischer Stämme, von denen der eine, der normannische, allerdings zur Zeit der Mischung bereits sprachlich romanisirt war. Gleichwohl ist die englische Sprache in ihrem Baue und Grundwesen keine Mischsprache, sondern nur die in organischer Weise weiter entwickelte angelsächsische, also eine rein germanische Sprache. Dass der Wortschatz dieser Sprache zahlreiche romanische Elemente in sich aufgenommen hat, vermag ihren germanischen Charakter ebenso wenig zu beeinträchtigen, als die gleiche Thatsache dies bezüglich des Deutschen vermag. Und überhaupt ist zu erwägen, dass der Wortschatz einer jeden Cultursprache — die altclassischen nicht ausgenommen — reichlich durchsetzt ist mit fremden Elementen, so dass also in Bezug darauf eine jede eine Mischsprache zu nennen sein würde. Das zu thun, hiesse unsinnig verfahren, also darf man es aber auch bezüglich des Englischen nicht thun wollen.

Litteraturangaben: Die wichtigsten Quellenwerke für die angelsächsische Geschichte sind die Sachsenchronik (Chronicon Saxonicum, the Saxon Chronicle, ed. GIBSON, Oxf. 1692, JNGRAM, L. 1823, THORPE, L. 1861, EARLE, Oxf. 1865) und BEDA's Historia ecclesiastica gentis Anglorum (ed. STEVENSON, L. 1838). Die auf die angelsächsische Zeit bezüglichen Urkunden u. dgl. sind gesammelt in KEMBLE's Codex diplomaticus aevi saxonici, L. 1839/48, 6 Bde. — Darstellende Werke: LAPPENBERG, Geschichte von England, Bd. 1, Hamburg 1835, in das Englische übersetzt von THORPE, L. 1845, 2 Bde., neue Ausg. L. 1883. — TURNER, History of the Anglo-Saxons from the Earliest Period to the Norman Conquest, L. 1799/1805, 3 Bde., 6. Ausg. 1886. — PALGRAVE, The Rise and Progress of the English Commonwealth: Anglo-Saxon Period, L. 1832. — KEMBLE, The Saxons in England, A History of the English Commonwealth till the Period of the Norman Conquest, L. 1849, 2 Bde., neue Ausg. 1876. — *FREEMAN, Old English History, L. 1869 (auch in desselben Verfassers grossem Werke »History of the Norman Conquest of England«, L. 1867/76, 5 Bde., ist Vieles über angelsächsische Geschichte zu finden). — GERVINUS, Geschichte der Angelsachsen im Ueberblick, Frankfurt a. M. 1830. — WINKELMANN, Geschichte der Angelsachsen bis zum Tode Älfred's. Berlin 1883 (bildet einen Theil des grossen ONCKEN'schen Geschichtswerkes).

Vgl. ferner: LINGARD, The Antiquities of the Anglo-Saxon Church, 2. ed., L. 1810 (davon eine deutsche Uebersetzung. Breslau 1847). — SOAMES, The Anglo-Saxon Church, its History, Revenues and General Character. L. 1835, 2. ed., 1840.

PHILLIPS, Versuch einer Darstellung der Geschichte des angelsächsischen Rechts. Göttingen 1825. — R. SCHMID, Die Gesetze der Angelsachsen. Leipzig 1858.

## IV. Die angelsächsische Sprache¹).

1. Die von den nach Britannien hinübergewanderten germanischen Stämmen gesprochenen Mundarten gehörten der westlichen (oder der deutschen) Gruppe der germanischen Sprachen an; innerhalb dieser Gruppe bilden die betr. Mundarten nebst denen ihrer in Deutschland zurückbleibenden Stammesgenossen (Altsachsen, Friesen etc.) die nieder- (oder platt-)deutsche Sippe. Das Niederdeutsche unterscheidet sich von dem ebenfalls zur westgermanischen Gruppe gehörigen Hochdeutschen namentlich durch den Stand der sogenannten Mutae (das Niederdeutsche steht [ebenso wie die ostgermanischen Sprachen] auf der ersten, das Hochdeutsche auf der zweiten Stufe der Lautverschiebung, vgl. unten in Capitel 4 den § über den angelsächsischen Consonantismus). ²)

---

1) Neuerdings ist von hervorragenden Anglisten — so namentlich von ZUPITZA (im Vorwort zu seinem Altengl. Uebungsbuche) und von SWEET (in seiner Ausgabe von Alfred's Uebersetzung der Cura pastoralis) — befürwortet worden, dass man nicht mehr von »angelsächsischer«, sondern von »altenglischer« Sprache reden solle. Vom rein sprachlichen Standpunkte aus ist dem unbedingt beizustimmen, zumal in Rücksicht darauf, dass dadurch die organische Zusammengehörigkeit des Neuenglischen mit dem Angelsächsischen nachdrucksvoll hervorgehoben und dem, wenigstens in Laienkreisen, immer noch spukenden Wahne, als ob das Angelsächsische eine vom Englischen (im engeren Sinne) innerlich verschiedene Sprache sei, entgegengearbeitet werden würde. Andrerseits aber scheinen mir praktische Gründe zu laut gegen die Neuerung zu sprechen, als dass man sich ihr ohne Weiteres anschliessen dürfte. Entscheidend ist für mich namentlich die Erwägung, dass, will man »Altenglisch« statt »Angelsächsisch« sagen man entweder folgerichtig die »Angelsachsen« fortan »Altengländer« nennen oder aber die Inconsequenz begehen müsste, den Volksnamen »Angelsachsen« zwar beizubehalten und doch für die Sprache eine nur von dem ersten Bestandtheile dieses Namens abgeleitete Bezeichnung zu brauchen. Ein Mittelweg würde sein, die Angelsachsen »Angeln«, und ihre Sprache »anglisch« zu nennen, aber auch er ist keineswegs zu empfehlen, weil das sächsische Element im Angelsachsenthume allzu wichtig ist, als dass es im Namen unberücksichtigt bleiben dürfte. Alles in allem genommen erachte ich es für am besten, bei dem althergebrachten Brauche zu bleiben, der nicht so unbedingt verwerflich ist, dass eine Abänderung gebieterische Nothwendigkeit wäre. — Vgl. über die Frage MARCH, Is there an Anglo-Saxon Language? in Engl. Stud. I, 367; GREIN, Ist die Bezeichnung »angelsächsische Sprache« wirklich unberechtigt? in Anglia I, 1; FREEMAN, in: The New Englander, Vol. 35 (Jan. 1876), p. 77 (alle drei Gelehrte treten für die Bezeichnung »angelsächsisch« ein, FREEMAN allerdings hatte sie früher in der Hist. of the Norm. Conqu. of England I, 529 ff. bekämpft) KNOTHE, Angelsächsich oder Englisch? Greifswald 1877 Diss.

2) Die wissenschaftliche Eintheilung der germanischen Sprachen ist

## Kap. I. § 6. IV. 2. Die geschichtl. Entwickelung der engl. Spr.

2. Die nahe Verwandtschaft, in welcher die nach England verpflanzten niederdeutschen Mundarten unter einander standen, und die enge politische Vereinigung, in welche die

folgende: I. Das Ostgermanische, umfassend das Gothische und das Altnordische (Norwegisch-Isländische und Schwedisch-Dänische). II. Das Westgermanische, umfassend die niederdeutschen und die hochdeutschen Mundarten. — Das Ostgermanische und das Westgermanische unterscheiden sich durch eine Reihe lautlicher und flexivischer Besonderheiten ,z. B. bleibt auslautendes *s* als *s* oder *r* im Ostgermanischen erhalten, während es im Westgermanischen schwindet: ostgerm. (gothisch) *fisk-s*, altnord. *fisk-r*, aber westgerm. *risc*. Im Ostgerm. ist die auf -*t* ausgehende 2. Pers. Prät. Sg. Ind. erhalten, während im Westgermanischen die entsprechende Form des Optativs dafür eingetreten ist: ostgerm. *nam-t*, westgerm. *numi*, *nume*). Vgl. ZIMMER in Ztschr. f. dtsch. Alterth. XIX, 393.

Die germanischen Einzelsprachen sind die Schösslinge einer vorauszusetzenden (sei es noch einheitlichen oder schon in Mundarten geschiedenen) germanischen Ursprache. Diese letztere weist gegenüber den ihr nächstverwandten, nämlich den übrigen westarischen Sprachen (dem Keltischen, Italischen, Lettoslavischen, Thrakischen und Griechischen, folgende charakteristische Züge auf nach SCHERER, Zur Geschichte der deutschen Sprache, 2. Ausg. (Berlin 1878 p. 4):

»Auf dem Gebiete der Lautlehre: das consonantische Auslautgesetz (germ. Conjugations- und Declinationsformen können nur auf *r*, *s*, *d*, *t* und *n* auslauten, SCHERER p. 177), die Lautverschiebung, der auf die Stammsylbe gerückte Accent, das vocalische Auslautgesetz.« (Das vocalische Auslautgesetz verscheucht alle *i* und *a* aus der Endsylbe, SCHERER p. 200.]

»Auf dem Gebiete der Formenlehre: der von den übrigen Westariern aufgegebene, von den Germanen aber festgehaltene Unterschied zwischen Singular und Plural-Dual Perfecti, d. h. die eigenthümliche Gestalt des germanischen Verbalablautes. Ausserdem in der Conjugation: Einbusse der Augmenttempora, des Futurums und des eigentlichen Conjunctivs, dafür die besondere Ausbildung der Verba praeteritopraesentia nach dem altarischen Typus *raida* »ich weiss« von Wurzel *vid* »sehen«. In der Declination: Verlust derjenigen Casus, welche die Functionen des Ablativs und Locativs hatten; Entwickelung einer dreifachen Form des Adjectivs; der starken, der schwachen und der scheinbar flexionslosen.«

»Auf dem Gebiete der Wortbildung und des Wortschatzes: die Bedeutsamkeit des Ablautes, der — man könnte sagen — die ganze Sprache durchdringt. Ueber die stammbildenden Suffixe, deren das Germanische zu gebrauchen verlernt hat, über die Wörter und Wurzeln, die ihm aus dem alten gemeinschaftlichen Schatze abhanden kamen, fehlt es noch an umfassenden Zusammenstellungen.«

»Auf dem Gebiete der Syntax machen sich die Eigenthümlichkeiten der Formenlehre und des Wortschatzes geltend. Die Aufgaben der verschwundenen Casus sind durch andere oder durch Construction mit Präpositionen übernommen; ebenso haben die verlorenen Tempora und Modi in anderen Temporibus und Modis, in Constructionen mit Hülfszeitwörtern, in componirten Verbis ihre Vertretung gefunden. Der für die altarische Satzverbindung so wichtige Pronominalstamm *ja* ist nur spurweise und nicht in lebendiger Declination erhalten. Dagegen hat der Demonstrativstamm *ta* sich in dem Amte der Satzverbindung weithin festgesetzt und das Interrogativum steht ihm dabei zur Seite. Im allgemeinen finden wir sonst Syntax und Styl der altgermanischen Poesie noch wesentlich auf dem altarischen Standpunkte: mehr Parataxe als Hypotaxe, und die Hypotaxe oft von der einfachsten Form, ohne Conjunction, ohne Relativum, bloss betreffenden Volkstämme zu einander traten, gestatten es, diese Mundarten unter dem Namen der »angelsächsischen Sprache« zusammenzufassen. ¡Freilich aber muss man sich dessen bewusst sein, dass die Volkssprache der Angelsachsen nie eine völlig einheitliche gewesen, sondern immer eine mundartlich gespaltene geblieben ist. Indessen waren die zwischen den einzelnen angelsächsischen Dialekten, über welche unten Cap. 3, § 12 näher gehandelt werden wird, bestehenden Verschiedenheiten nicht erheblicher oder vielmehr weniger erheblich, als etwa die zwischen den altfranzösischen Mundarten vorhandenen, und überdies stand neben ihnen, wenigstens in späterer Zeit, eine Schriftsprache (vgl. den nächsten Absatz), welche nationale Allgemeingültigkeit besessen zu haben scheint.

3. Im neunten Jahrhundert übernahm Wessex in politischer wie in cultureller Hinsicht die führende Stellung unter den angelsächsischen Kleinstaaten, beziehentlich in dem durch deren Vereinigung entstandenen englischen Königreiche. In Folge dessen erhob sich die westsächsische Mundart, zumal da der grosse Älfred (872 bis 901) sich ihrer für seine Uebersetzung der Cura pastoralis des Gregor und der Weltgeschichte des Orosius bediente, zu dem Range einer nationalen Schriftsprache. Nicht nur aber, dass das Westsächsische seitdem bis zum Untergange der angelsächsischen Selbständigkeit der sich weiter entwickelnden, freilich aber rasch niedersteigenden Litteratur als Organ diente, sondern es scheint auch nunmehr nahezu Alles, was vorher in anderen, namentlich nördlichen Mundarten litterarisch geschaffen worden war (besonders, ja fast ausschliesslich, auf poetischem Gebiete), in das Westsächsische übertragen worden zu sein, freilich ohne dass die rein oder streng westsächsische Sprachform erreicht worden wäre. Jedenfalls ist die weitaus überwiegende Mehrzahl der angelsächsischen Litteraturdenkmäler uns in einer Sprache überliefert worden, welche als westsächsische oder doch als eine durch das Westsächsische stark beeinflusste bezeichnet werden muss; rein oder streng westsächsisch freilich sind nur Älfred's und des Abtes Älfric's Schriften. Vgl. auch unten § 12, 3.

---

durch Nebeneinanderstellung ausgedrückt, aus dem Zusammenhange zu errathen, etwa durch Betonung verdeutlicht. Die Wortstellung zeigt vielfach die altarische Form: das Prädicat voran, das Subject hinterher.«

4. Eine Charakteristik des Angelsächsischen, bezw. des Westsächsischen zu geben, würde hier zu weit führen, und bleiben die betreffenden Angaben besser den unten folgenden Capiteln über Laute, Formen etc. des Englischen vorbehalten. Hier nur einige wenige ganz allgemeine Bemerkungen.

Das angelsächsische Lautsystem ist, verglichen mit dem des Englischen, noch ein sehr einfaches zu nennen, nichtsdestoweniger sind in ihm schon deutlich die Ansätze erkennbar, aus denen sich später die Vielheit der englischen Laute entwickelt hat. Namentlich gilt dies vom Vocalismus, der im Angelsächsischen bereits eine grosse Beweglichkeit besitzt, welche sich besonders in der Empfänglichkeit der Vocale für die Beeinflussung von Seiten ihrer Umgebung bekundet (Umlaut, Brechung). Für den Consonantismus ist die Abwesenheit der für das Englische so charakteristischen Zisch- und Quetschlaute (sch, tsch, dsch) — um hier diese laienhafte Bezeichnung zu brauchen — bemerkenswerth.

Die ursprüngliche indogermanische Flexion erscheint im Angelsächsischen bereits arg zerstört, besonders das Conjugationssystem weist in seinem Tempus- und Modusbestande sehr bedeutende Lücken auf. Immerhin aber ist der Formenbestand des Angelsächsischen doch noch ein so beträchtlicher, dass es nicht als eine analytische Sprache bezeichnet werden darf, wenn auch freilich die Bezeichnung »synthetisch« ebensowenig zutreffend sein würde. Man kann sagen, dass das Angelsächsische den Weg von der Synthese zur Analyse ungefähr zur Hälfte zurückgelegt hat und also etwa in der Mitte zwischen den beiden Endpunkten sich befindet.

Die angelsächsische Syntax erscheint in den vorälfred'schen Litteraturdenkmälern als noch sehr wenig entwickelt, insbesondere einer ausgedehnteren Anwendung der Hypotaxe noch unfähig; kennzeichnend dafür ist schon das Nichtvorhandensein eines Relativpronomens, ebenso die eingeschränkte Anwendungsfähigkeit des Conjunktivs. In der von König Älfred geschaffenen oder doch auf eine höhere Stufe gehobenen Prosa zeigt sich auch die Syntax entwickelter, freilich immer noch unbeholfen genug in der Wiedergabe lateinischer Constructionen.

Ungemein reich ist der Wortschatz des Angelsächsischen,

die Wortbildungsfähigkeit ebenso hoch entwickelt, wie in den übrigen germanischen Sprachen.

5. Von dem im zehnten Jahrhundert beginnenden und rasch vorschreitenden Verfalle des angelsächsischen Volksthums wurde selbstverständlich auch die Sprache, in Sonderheit die Schriftsprache, mit betroffen. Verwilderung riss in sie ein; die kaum gefestigten Normen des schriftmässigen Gebrauches wurden vernachlässigt und dem Mundartlichen wurde wieder ein weiterer Spielraum vergönnt; die Zersetzung der Flexion machte rasche Fortschritte; der Bau der stabreimenden Langzeile lockerte sich und damit ward ein bedeutender Wechsel in der poetischen Form angebahnt.

Wäre die Eroberung Englands durch die Normannen nicht erfolgt, so würden gewiss die Geschichte der englischen Sprache und diese letztere selbst eine andere geworden sein, als sie thatsächlich geworden sind, aber doch nicht so wesentlich anders, wie man glauben möchte. Die wichtigsten Eigenarten des späteren Englisch waren keimhaft bereits im Angelsächsischen enthalten, und bereits lange vor dem Jahre 1066 hatte die Entwickelung begonnen, welche zur Umgestaltung des angelsächsischen Lautsystems und zur fast völligen Auflösung der angelsächsischen Flexion hinführen sollte. Nur freilich hätte ohne die normannische Eroberung höchst wahrscheinlich das verwilderte und gleichsam aufgelöste Angelsächsisch nie die Kraft zu neuer Festigung gefunden, wäre nie eine Cultur- und Weltsprache geworden.

Litteraturangaben (Hülfsmittel für das Studium des Angels.):
1. Bibliographie: Eine treffliche kritische Zusammenstellung der auf die angelsächsische Philologie bezüglichen Litteratur findet man bei WÜLKER, Grundriss zur Geschichte der ags. Litt. (Leipzig 1885), S. 91 ff., ebenda S. 1 ff. eine »Uebersicht der Gesch. d. ags. Sprachwissenschaft«. 2. Grammatiken: *SIEVERS, Ags. Gramm. 2. Aufl. Halle 1886, vgl. Engl. Stud. XI, 148. — TH. MÜLLER, Ags. Gramm. Göttingen 1883. — GREIN, Kurzgefasste ags. Gramm. Kassel 1880. — KÖRNER, Einleitung in das Studium des Ags. Theil I, Ags. Formenlehre. 2. Ausg., bearbeitet von SOCIN, Heilbronn 1886.

COSIJN, Kurzgefasste altwestsächs. Gramm. I. Die Vocale der Stammsilben. Leiden 1881, und: Altwestsächs. Gramm. 1. Hälfte. Haag 1883, 2. Hälfte. Haag 1886, vgl. Engl. Stud. XI, 151.

Ein Abriss der Gramm. ist auch in SWEET's Anglo-Saxon Reader 4. Ausg. Oxf. 1884) gegeben.

Die weitaus beste der vorhandenen Grammatiken ist die von SIEVERS;

manchem Anfänger aber, der ohne Anleitung eines Lehrers das Studium des Angelsächsischen beginnt, dürfte die Benutzung des Buches etwas schwer fallen, da es einige germanistische und mehr noch einige allgemein sprachwissenschaftliche Kenntnisse voraussetzt. TH. MÜLLER's Gramm. ist weit elementarer gehalten, entspricht aber freilich auch eigentlich wissenschaftlichen Anforderungen nicht; sie wendet sich, so scheint es wenigstens, vorzugsweise an solche, welche vom Angelsächsischen nur gerade soviel erfahren wollen, um eine oberflächliche Kenntniss der historischen Entwickelung des Englischen zu erlangen; für andere Leser hat das Buch nur dadurch einigen Werth, dass in ihm die, bei SIEVERS ganz fehlende, Syntax berücksichtigt ist. KÖRNER's Einleitung in das Studium des Angelsächsischen soll ein Leitfaden für Anfänger sein und wäre seiner übersichtlichen und praktischen Anlage nach sehr wohl geeignet, dieser Bestimmung zu entsprechen, wenn sie nicht in wissenschaftlicher Hinsicht noch gar Manches zu wünschen übrig liesse, doch wird wohl eine 3. Ausgabe Abhülfe bringen. — Unbedeutend ist GREIN's Gramm. — Der grammatische Abriss in SWEET's Anglo-Saxon Reader ist gut, doch etwas complicirt. — COSIJN's noch nicht vollendete Werke besitzen hohen wissenschaftlichen Werth, können aber nur von schon Vorgeschritteneren 'mit Nutzen gebraucht werden. Vgl. auch Nr. 3.

Ein eigenartiges, in seinen Grundgedanken recht löbliches, in seiner Ausführung aber vielfach verfehltes Buch ist: J. LOTH, Etymologische ags.-englische Grammatik. Elberfeld 1870.

Berücksichtigt ist selbstverständlich das Angelsächsische auch in den grossen englischen Grammatiken von MÄTZNER, KOCH und FIEDLER-SACHS-KÖLBING, welche Werke an anderer Stelle näher charakterisirt werden.

»Monographien über die Sprache einzelner angelsächsischer Litteraturwerke u. dgl. werden in den Kapiteln über Syntax und Rhythmik aufgeführt werden.

3. Sammlungen und Chrestomathien: GREIN, Bibliothek der angelsächsischen Poesie, 4 Bde. (Bd. 1 und 2 Texte, Bd. 3 und 4 Wörterbuch'. Göttingen 1857/64, davon neue Bearbeitung von R. WÜLKER, Bd. 1 (Beówulfslied nebst kleineren epischen, lyrischen, didaktischen und geschichtlichen Stücken) Kassel 1883.[1]) — GREIN, Bibliothek der angelsächsischen Prosa. Bd. 1 (mehr nicht erschienen). Kassel u. Göttingen 1872. THORPE, Analecta Anglo-Saxonica. A Selection in Prose and Verse from Anglo-Saxon Authors with a Glossary. L. 1834, 2. Ausg. 1846. — LEO, Ags. Sprachproben. Mit einem Wörterverzeichniss. Halle 1835. — EBELING, Ags. Lesebuch. Leipzig 1847. — L. ETTMÜLLER, Engla and Seaxna scopas and boceras. Anglo-Saxonum poetae atque scriptores prosaici, quorum partim integra opera, partim loca selecta collegit, correxit, edidit

---

[1]) Eine Art Ergänzung zu GREIN's Bibl. der ags. Poesie bilden desselben »Dichtungen der Angelsachsen stabreimend übersetzt«, Göttingen 1857/59, 2 Bde. Diese Uebersetzungen sind in ästhetischer Hinsicht kaum geniessbar, besitzen aber philologischen Werth und können Anfängern das Verständniss der Originale sehr erleichtern.

L. E. Quedlinburg und Leipzig 1850 (= Bd. 28 der »Bibliothek der gesammten deutschen Nationallitteratur«), das dazu gehörige Lexikon sehe man unten Nr. 4. — \*RIEGER, Alt- u. ags. Lesebuch nebst altfriesischen Stücken mit einem Wörterbuche. Giessen 1862 (noch jetzt brauchbar. — \*ZUPITZA, Altengl. Uebungsbuch (enthält auch S. 1 bis 27 ags. Texte'. Mit einem Wörterbuche. Wien 1874, 2. Ausg. 1881, 3. Ausg. 1884, Ausg. von Mac Lean, Boston 1886. — SWEET, An Anglo-Saxon Reader in Prose and Verse, with Grammatical Introduction, Notes and Glossary. Oxford (Clarendon Press) 1876, 3. Ausg. 1881 (sehr nützliches, gut angelegtes und inhaltreiches Handbuch. Derselbe Verfasser hat auch Anglo-Saxon Reading Primers in 2 Bändchen herausgegeben, L. 1885). — KÖRNER, Einleitung in das Studium des Ags., Theil II, Angelsächsische Texte mit gegenüberstehender deutscher Uebersetzung, Anmerkungen und Glossar. Heilbronn 1880 (das Buch ist für solche, welche das Angelsächsische als Autodidakten erlernen wollen oder müssen, sehr brauchbar; über die dazu gehörige Grammatik vgl. oben Nr. 2). — BRENNER, Ags. Sprachproben, München 1879 (für Anfänger empfehlenswerth). — EARLE, A Book for Beginners in Anglo-Saxon, L. 1884 (nicht zu empfehlen, vgl. Engl. Stud. IV, 139.

4. Wörterbücher: \*GREIN, Sprachschatz der angelsächs. Dichter (= Bd. 3 u. 4 der Bibl. der ags. Poesie). Göttingen 1861/64 (bestes Werk, daraus ein Auszug: GROSCHOPP, Kleines ags. Wörterbuch, Kassel 1883, und darauf beruht wieder HARRISON's und BASKERVILLE's A Handy Poetical Anglo-Saxon Dictionary. New York und Chicago 1885). — BOSWORTH, A Dictionary of the Anglo-Saxon Language. L. 1838 (reichhaltig, aber wüst und unzuverlässig; davon eine Neubearbeitung u. d. T.: An Anglo - Saxon Dictionary, based on the Manuscript Collections of the Late Joseph Bosworth. Edited and enlarged by T. NORTHCOTE TOLLER. Oxford [Clarendon Press], seit 1882; ein Auszug aus dem ursprünglichen Werke ist: J. BOSWORTH's Compendious Anglo-Saxon and English Dictionary. L. 1868). — LEO, Ags. Glossar. Halle 1872/77 (nach Stämmen geordnet, doch ist ein alphabetisches Register von BISZEGGER beigegeben. Das Werk hat im Wesentlichen nur als Materialiensammlung Werth). — ETTMÜLLER, Vorda vealhstod engla and seaxna. Lexicon anglo-saxonicum ex poetarum scriptorumque prosaicorum operibus collectum. Quedlinburg und Leipzig 1851 (nach Stämmen geordnet, was den praktischen Gebrauch sehr erschwert). — Ein Anglo-Saxon Vocabulary von SKEAT ist nur »for private distribution« gedruckt (Cambridge 1879).

6. Wie die vorstehende Uebersicht zeigt, sind für das Studium des Angelsächsischen zahlreiche und zum Theil treffliche Hülfsmittel vorhanden, darunter nicht wenige, welche ausdrücklich dazu bestimmt sind, Anfängern eine sichere und praktische Anleitung zu geben. Um so mehr liegt dem Studierenden der englischen Philologie die Pflicht ob, sich mit dem Angelsächsischen ernsthaft und eindringend zu beschäftigen, eine klare Kenntniss von dessen grammatischem Baue sich zu erwerben

und mit den Hauptwerken der angelsächsischen Litteratur durch Lektüre der Originale¹) sich vertraut zu machen. Wer diese Pflicht versäumt, der verurtheilt sich selbst zu lebenslänglichem Dilettantismus, denn es ist ganz undenkbar, dass er auf dem Gebiete des Englischen jemals in philologischer Weise zu erkennen und zu arbeiten vermöchte. Es kann nicht nachdrücklich genug wiederholt werden: der Weg zum wissenschaftlichen Verständniss der englischen Sprache (und zum Theil auch der Litteratur) führt nur durch das Angelsächsische. Solche Mahnung ist um so nöthiger, als es leider immer noch Leute giebt, die den Docenten der englischen Philologie bitter vorwerfen, dass auf der Universität so viele schöne Zeit, die auf das Neuenglische verwandt werden könnte, mit Angelsächsisch vergeudet werde. Diese Herren wissen nicht, was sie sagen, sonst würden sie sich ein derartiges wissenschaftliches Armuthszeugniss schwerlich ausstellen. Andrerseits verstehen sich ja zwei Dinge ganz von selbst: erstens, dass der Studierende über dem Angelsächsischen (und Altenglischen) das Neuenglische nicht vernachlässigen darf, und sodann, dass nach beendetem akademischen Studium ein Jeder das volle Recht besitzt, die Beschäftigung mit dem Angelsächsischen fallen zu lassen, falls er keine besondere Neigung zu ihr verspürt, und sich ganz dem Neuenglischen zuzuwenden. Eben nur darauf kommt es an, dass der Student einmal einige Semester lang energisch Angelsächsisch treibe und damit die Grundlage eines philologischen Studiums des Englischen lege, denn dann wird sich an ihm das Horazische Wort bewahrheiten »quo semel est imbuta recens, servabit odorem, testa diu«.

Schliesslich einige Rathschläge für diejenigen, welche Angelsächsisch ohne Lehrer erlernen wollen: man trete an das Studium erst dann heran, wenn man sich mit dem Gotischen einigermassen vertraut gemacht hat; zunächst verschaffe man

---

1) Findet jemand wirklich keine Zeit zu einer einigermassen umfangreichen Lectüre ags. Schriftwerke im Originaltext, so ist es freilich immer noch besser, dass er dieselben in Uebersetzung, als dass er sie überhaupt nicht liest. Er greife also zu GREIN's »Dichtungen der Ags.« (s. oben S. 62 Anm.): Aber freilich einiger Ausdauer wird er auch dann bedürfen, und überdies droht ihm die Gefahr, durch Schuld der in ästhetischer Hinsicht sehr mangelhaften Uebersetzung eine ganz schiefe Anschauung von der ags. Poesie zu gewinnen.

sich, etwa aus SWEET's Anglo-Saxon Reader oder aus KÖRNER's Anleitung (wenn sie einmal in einer verbesserten dritten Ausgabe erschienen sein wird) einen Ueberblick über die wichtigsten Thatsachen der angelsächsischen Grammatik, wobei man freilich die Mühe nicht scheuen darf, die Declinations- und Conjugationsparadigmata, besonders auch die Ablautsreihen, gründlich auswendig zu lernen, denn sonst wird man nie Festigkeit in den Elementen erlangen; darauf lese man einen Prosatext [1]); man mag dabei, um sich die Sache in etwas zu erleichtern, eine Uebersetzung zu Hülfe nehmen, jedenfalls aber arbeite man den Text gründlich grammatikalisch durch, suche über jede vorkommende Form sich klar zu werden; sehr zu empfehlen ist, dass man einen kleineren, so durchgearbeiteten Abschnitt täglich ein- oder zweimal laut lese, bis man ihn auswendig kann, und dann dasselbe noch mit einem zweiten und dritten thue. Hat man sich auf diese Weise in die Elemente eingearbeitet, so widme man der SIEVERS'schen Grammatik ein aufmerksames Studium, mache sich am besten einen Auszug daraus. Darauf beginne man mit der Elene in ZUPITZA's Ausgabe die Lektüre poetischer Texte und setze dieselbe so lange fort, als man irgend Zeit dazu findet, namentlich versäume man nicht, das Beówulfslied, wenn irgend möglich, ganz zu lesen.

V. Die Dänen. Unter den Dänen versteht man in der angelsächsischen Geschichte dieselben nordischen Seeräuber (Wikinge), welche in Deutschland und Frankreich mit dem allgemeineren und passenderen Namen »Normannen« benannt wurden. Möglich, dass an den Wikingerzügen sich Angehörige des (insel)dänischen Stammes vorwiegend betheiligten, jedenfalls aber gesellten sich zu ihnen auch Angehörige der übrigen skandinavischen Stämme, namentlich des norwegischen, wobei übrigens zu berücksichtigen ist, dass im früheren Mittelalter die nationalen Unterschiede zwischen den nordischen Stämmen nur erst wenig entwickelt waren.

---

1) Am besten Älfred's Pastoral Care in SWEET's mit englischer Uebersetzung versehener Ausgabe (E. E. T. T. S. 49 u. 50); auch in KÖRNER's zweitem Theile (s. oben S. 63) findet man passende Stücke, nur darf man die ihnen beigegebene deutsche Uebersetzung nicht in unverständiger Weise als Eselsbrücke benutzen.

Die Raubzüge der Dänen an den englischen Küsten begannen in erheblicherem Umfange gegen Ausgang des 8. Jahrhunderts und hatten die Festsetzung der Eindringlinge in Ostangeln, Northumberland und Mercia (um Mitte des 9. Jahrhunderts) zur Folge. So entstand neben dem angelsächsischen ein dänisches Reich in England, und selbst der grosse Älfred vermochte nicht, dasselbe zu zerstören. Wohl gelang es ihm und den thatkräftigeren seiner Nachfolger, die Dänen zeitweilig zu unterwerfen, nicht aber, sie zu vertreiben.[1]) Der verzweifelte Versuch König Äthelred's aber, die Dänen durch einen Massenmord zu vernichten (12. Nov. 1002), veranlasste die Rachezüge des Dänenkönigs Swen, deren Ergebniss die Vertreibung Äthelred's und die Aufrichtung einer ungefähr 25 Jahre (1016 bis 1042) währenden dänischen Herrschaft war. Nach des vierten Dänenkönigs (Hardiknut's) Tode gelangte allerdings Äthelred's Sohn, Eduard III. der Bekenner, wieder auf den Thron, aber als er 1066 nach unrühmlicher Regierung kinderlos starb, wurde der Normannenherzog Wilhelm sein Erbe.

In wie weit die Niederlassung der Dänen in England auf die angelsächsische Sprache (und Litteratur) eingewirkt hat, entzieht sich bis jetzt genauer Erkenntniss, indessen dürfte dieser Einfluss wohl erheblich bedeutender sein, als er bis jetzt geschätzt worden ist, namentlich in lexikalischer Hinsicht.

Litteraturangaben: Ueber die Dänen in England hat am eingehendsten gehandelt: J. C. H. R. STEENSTRUP, Danske og Norske riger paa de brittiske oer. Kjøbenhavn 1879/82, und Danelag, ebenda 1882. Vgl. ausserdem WORSAAE, Minder om de danske og Nordmændene in England. Kjøbenhavn 1851, und An Account of the Danes and Northmen in England, Scotland and Ireland, L. 1852. STREATFIELD, Lincolnshire and the Danes, L. 1884. — Ueber nordische Worte im Angelsächsischen, bzw. im Neuangelsächsischen vgl. BRATE, Nordische Lehnworte im Orrmulum, in Paul's und Braune's Beitr. X, 1.

VI. Die Normannen. Im westlichen Frankreich (Neustrien) hatten die Normannen, nachdem sie etwa ein Jahrhundert die französischen Küstengebiete verheert, um das Jahr 911, ein eigenes, nur dem Namen nach unter französischer Ober-

---

[1] Im J. 878 schloss Älfred zu Wedmore einen Friedensvertrag mit den Dänen, vermöge dessen den letzteren das Land nördlich einer quer durch Mercia gezogenen Linie zuerkannt wurde. Unten § 33 Nr. 3 ist der Eingang der denkwürdigen Friedensurkunde mitgetheilt.

hoheit stehendes Reich, das Herzogthum Normandie, gegründet und dabei das Christenthum angenommen. Die also inmitten eines romanischen Landes sesshaft gewordenen Skandinavier eigneten sich in überraschend kurzer Zeit die Cultur und namentlich auch die Sprache der Romanen an, wurden also in sprachlicher Beziehung französirt. Die Erklärung für die Schnelligkeit, mit welcher dieser Sprachtausch sich vollzog [1], dürfte darin zu finden sein, dass die Normannen sich gegenüber den romanischen Einwohnern des von ihnen besetzten Landes höchst wahrscheinlich sehr in der Minderzahl befanden und dass sie Ehen mit französischen Frauen eingingen. Ob und in welchem Umfange etwa die Normannen Eigenarten ihres germanischen Idioms auf ihre Adoptivsprache übertragen haben, beziehentlich ob die bekannten Eigenthümlichkeiten des franconormannischen Dialektes zum Theil auf germanischen Einfluss zurückzuführen sind, das ist eine hier nicht zu erörternde Frage. Eher mag hier die Bemerkung gestattet sein, dass der von den neustrischen Normannen im zehnten Jahrhundert vollzogene Sprach- und Culturwandel ihren Austritt aus dem Germanenthum und Eintritt in das Romanenthum zwar selbstverständlich vorbereitete und mächtig förderte, aber doch keineswegs zur unmittelbaren Folge hatte. Die Normannen wurden, indem sie die französische Sprache und die französische — oder, wie man in Bezug auf das 10. Jahrhundert besser sagen würde, die fränkische — Cultur (richtiger: Halbcultur) annahmen, zunächst noch nicht zu Vollromanen, sondern behielten wesentliche Eigenschaften ihres ursprünglich germanischen Volksthums bei. Noch die Normannen,

---

[1] Schon unter dem zweiten Normannenherzoge, Wilhelm Langschwert (ca. 934—942 oder 943) sprach man in Rouen, der Hauptstadt des Landes mehr französisch, als dänisch, so dass Wilhelm, um seinen Sohn Richard die dänische Sprache erlernen zu lassen, ihn zur Erziehung nach der Küstenstadt Bayeux brachte, vgl. DUDO (ed. LAIR, Caen 1865), p. 222. Ob es sich auch ausserhalb der Hauptstadt, in welcher ja aus begreiflichen Gründen die französische Bevölkerung besonders zahlreich sein mochte, ebenso verhielt, muss dahin gestellt bleiben. An der Küste, deren Bewohner am ehesten in Verbindung mit Skandinavien bleiben konnten, mag das Dänische bis in das 11. Jahrh. hinein sich erhalten haben. Im übrigen Lande aber war sicherlich schon zur Zeit, als der eben citirte DUDO von St. Quentin sein merkwürdiges Geschichtswerk verfasste (Ende des 10. Jahrhunderts), das Französische alleinherrschend, wenigstens gewinnt man aus DUDO's Buch durchaus diesen Eindruck.

welche im Jahre 1066 nach England hinüberzogen, waren nicht voll romanisirt, sondern waren in ihrem innersten Wesen noch Halbgermanen oder hatten doch wenigstens noch viel Germanisches an sich[1]), standen also den Angelsachsen, namentlich aber den Dänen (ihren ursprünglichen Stammesbrüdern) Englands nicht so fremd gegenüber, als es bei Vollromanen der Fall gewesen sein würde. —

Nach dem am 5. Januar 1066 erfolgten Tode des letzten angelsächsischen Königs, Eduard des Bekenners, hielt der Normannenherzog Wilhelm sich für den berechtigten Erben der englischen Krone und erstritt sich dieselbe in der Schlacht bei Hastings oder Senlac (25. Oct. 1066). Damit wurde die Herrschaft der Franconormannen in England begründet, und wurde zugleich die französische Sprache nach England hinübergetragen. Vorbereitet war diese Wendung der Dinge worden durch König Eduard's Vorliebe für das normannische Franzosenthum und dessen Sprache.

Litteraturangaben: Die wichtigsten Quellen für die altnormannische Geschichte, bzw. für die Geschichte der Eroberung England's sind: Dudonis Sancti Quintini de moribus et actis primorum Normanniae ducum, ed. LAIR. Caen. 1865 (in Vol. 23 der Mémoires de la société des antiquaires de Normandie). — Guilelmi Gemmeticensis Historia Normannorum, b. DUCHESNE, Historiae Normannorum scriptores antiqui [Paris 1619], p. 218, vgl. HARDY, Descriptive Catalogue of Materials relating to the History of Great Britain and Ireland, II, 10 (nebenbei werde bemerkt, dass HARDY's Buch für die Quellenkunde der älteren englischen Geschichte die werthvollsten Beiträge enthält). — Orderici Vitalis Historia ecclesiastica, ed. LE PRÉVOST, Paris 1838/35, 5 Bde. (höchst interessantes und inhaltsreiches Quellenwerk). — Guilelmi Pictaviensis Gesta Guilelmi ducis Normannorum et regis Anglorum, ed. DUCHESNE, Hist. Norm. script. ant., p. 176, vgl. KÖRTING, Wilhelm's v. Poitiers Gesta etc. Dresden 1875. — WACE's Roman de Rou, ed. H. ANDRESEN. Heilbronn 1877/81, vgl. KÖRTING, Ueber die Quellen des Roman de Rou und die Echtheit seiner einzelnen Theile, Leipzig 1867 (fortgesetzt im Jahrb. f. ro. u. engl. Litt. VIII, 177). — Be-

---

1) Ich kann den Beweis für diese Behauptung hier nicht führen, weil es allzu viel Raum beanspruchen würde. Wer mir nicht glauben will, der lese die Quellen der altnormannischen Geschichte, und ich bin überzeugt, dass er dann sich die gleiche Ansicht von dem alten Normannenthume bilden wird, die ich mir in nun schon langjähriger Beschäftigung mit altnormannischen Quellenstudien gebildet habe. Ich behaupte übrigens, dass nicht nur die Franconormannen, sondern die Altfranzosen überhaupt als Halbgermanen betrachtet werden müssen, und berufe mich dafür z. B. auf die Chansons de geste. Vgl. meine Encykl. der rom. Phil. III, 19 und Neuphilolog. Essays, p. 19.

noit's (de-Ste-More?) Chronique des ducs de Normandie, ed. MICHEL, Paris 1832/34, 3 Bde. — Ueber das Verhältniss Benoit's zu seinen Quellen vgl. ANDRESEN in Vollmöller's Romanischen Forschungen III, 22. — GUIDO'S oder WIDO's Carmen de Hastingae Proelio, ed. MICHEL in den Chroniques anglo-normandes, Rouen 1840, III, 1. Die beste neuere Geschichte der Eroberung Englands ist: FREEMAN, History of the Norman Conquest of England, L. 1867/76, 5 Bde. — In vielen Beziehungen zwar veraltet, aber immer noch lesenswerth ist AUG. THIERRY's Histoire de la conquête de l'Angleterre par les Normands, Paris 1825, 3 Bde. — In LAPPENBERG-PAULI's Geschichte Englands wird die norm. Eroberung in Bd. II erzählt (p. 372 ff. wird über die Quellen gehandelt).

Der Studierende der englischen Philologie hat allen Anlass, sich mit der Geschichte der normannischen Eroberung genauer bekannt zu machen in Anbetracht der hohen Bedeutung, welche dieses Ereigniss für die Entwickelung der englischen Sprache, Litteratur und Nationalität besitzt. Wer Quellenstudien nicht betreiben kann, der versäume wenigstens nicht die Lectüre von FREEMAN's ebenso interessantem wie belehrendem Werke.

§ 7. Uebersicht über die Geschichte der englischen Sprache seit der normannischen Eroberung.

1. Durch die normannische Eroberung wurde die französische Sprache nach England verpflanzt und nahm daselbst als Sprache der Sieger zunächst die herrschende Stellung ein, blieb die Sprache des Königshauses und des hohen Adels, wurde neben dem Latein die Sprache der höheren Verwaltung, der Gerichte, des Unterrichts, selbst der Kirche (abgesehen vom eigentlichen Gottesdienste). Es wurde also die angelsächsische Sprache aus dem gesammten höheren Staatsleben verdrängt, und alle diejenigen Angelsachsen, welche durch Geburt oder Stellung zur Theilnahme an der Staatsverwaltung berufen und zum Verkehr mit dem eingewanderten normannischen Adel und höheren Clerus veranlasst waren, sahen sich zur Erlernung des Französischen genöthigt.

So lange die Normannen als das herrschende und die Angelsachsen als das beherrschte Volk neben einander wohnten, ohne mit einander sich zu mischen, fand eine unmittelbare Beeinflussung des Angelsächsischen durch das Normannische nicht statt, oder doch nicht in irgend welchem erheblichen Masse. Die Litteraturdenkmale bis zur Mitte des 13. Jahrhunderts zeigen nur einen sehr geringen Procentsatz romanischer Worte.

70 Kap. I. § 7, 1 u. 2. Die geschichtl. Entwickelung der engl. Spr.

Wohl aber wirkte das Angelsächsische auf das nach England übertragene Französische (Franco-Normannische) derartig ein, dass dasselbe sehr rasch eine eigene mundartliche Färbung annahm, zu dem anglo-normannischen Dialekte sich gestaltete, welcher bald eine für Frankreich nicht minder als für England wichtige litterarische Bedeutung erhielt. [1])

2. Mittelbar war aber doch die Uebertragung des Französischen nach England wichtig genug für die Schicksale des Angelsächsischen. Die angelsächsische Schriftsprache, bereits geraume Zeit vor der normannischen Eroberung im Verfalle begriffen, musste durch die nun eintretenden politischen und socialen Verhältnisse auf's schwerste geschädigt werden, schwer schon durch ihre Verdrängung aus dem staatlichen Gebrauche und aus dem Unterrichte, weit schwerer aber noch dadurch, dass die nationale Litteratur, der sie bisher als Organ gedient hatte, unter der normannischen Herrschaft nahezu ertödtet werden musste. Wer für die höheren Stände schreiben, wer durch eine Dichtung oder Prosaschrift die Gunst der Vornehmen erlangen wollte, der musste des Französischen oder des Anglonormannischen oder des Lateins sich bedienen; das Angelsächsische zu brauchen hatte nur für den noch Sinn, der nach Anerkennung von Seiten der Mächtigen nicht strebte, sondern damit sich begnügte, durch geistliche Dichtung das Volk zu erbauen oder durch Geschichtserzählung in Versen zu belehren. In der That, dürftig ist, was die angelsächsische Litteratur in der Zeit von der normannischen Eroberung bis etwa zur Mitte des 13. Jahrhunderts hervorgebracht hat: Heiligenlegenden, eine versificirte Homiliensammlung (das Orrmulum), ein Bussgedicht (das Poema morale), ein asketischer Prosatractat (die

---

1) Eine Reihe hervorragender altfranzösischer Dichtungswerke ist uns in anglo-normannischen Redactionen überliefert, so z. B. die Karlsreise, das Rolandslied O., Philipp's v. Thaün Bestiaire und Cumpoz, Fantosme's Reimchronik etc. — Nebenbei werde bemerkt, dass auch die französische Rhythmik in England durch angelsächsischen Einfluss wesentlich umgestaltet worden zu sein scheint. — Eine Geschichte der anglo-normannischen Litteratur mit Berücksichtigung der Rhythmik; zu schreiben, wäre eine ebenso verdienstliche wie dankbare Arbeit.
Wenn man übrigens von Anglo-Normannisch spricht, so ist das mehr ein bequemer als ein zutreffender Ausdruck, richtiger würde Anglo-Französisch sein. Vgl. GRÖBER in Ztschr. f. rom. Phil. VI, 485; STURMFELS in Anglia VIII, 213. Man sehe auch unten den Abschnitt Nr. 4.

Ancren Riwle), eine fabulöse Chronik in Versen —, das ist so ziemlich Alles. Verkehrt freilich wäre es, für diese litterarische Armuth lediglich die normannische Eroberung verantwortlich zu machen: die Blüthezeit der angelsüchsischen Litteratur war längst unwiederbringlich vorüber, ehe die Schlacht bei Hastings geschlagen wurde, es hatte eben das Angelsachsenthum sich erschöpft und nahezu ausgelebt, musste, um auf's neue zu geistiger Zeugung fähig zu werden, aufgefrischt werden durch Mischung mit einem anderen Volksthum.

Indem die angelsächsische Schriftsprache verfiel, musste das dialektische Element wieder immer mehr und mehr zur Geltung kommen, die Litteratur aus einer nationalen wieder zu einer nach den einzelnen Landschaften und alten Stammesgenossenschaften sich spaltenden werden. Eine andere unvermeidliche Folge des Niederganges der Schriftsprache war, dass die der Volkssprache innewohnende Neigung zur Auflösung des Formenbaues sich nun ungehindert geltend zu machen und die alten Flexionsformen in weitem Umfange zu zerstören vermochte, es gewann dadurch in morphologischer Hinsicht das Angelsächsische schon nahezu völlig den dem Englischen verbliebenen Charakter einer analytischen Sprache.

Die Engländer pflegen die in Rede stehende Sprach- und Litteraturperiode (von der normannischen Eroberung bis zur Mitte des 13. Jahrhunderts) die »halbsächsische« zu nennen, ein wenig passender Name, da er zu dem Glauben veranlassen muss, als ob Sprache (und Litteratur) nur zur einen Hälfte (angel)sächsisch, zur andern aber normannisch-französisch gewesen seien, während doch eine Mischung des Angelsächsischen mit dem Französischen damals noch gar nicht erfolgte. Die deutsche Wissenschaft bedient sich der geeigneteren Bezeichnung »neuangelsächsisch«; besser noch würde man [»spätangelsächsisch« sagen.

Litteraturangaben: Eine Grammatik des Neuangelsächsischen fehlt; verhältnissmässig eingehend ist dasselbe aber berücksichtigt worden in MÜLLER's Gramm., vgl. oben S. 61. Eine Uebersicht der Grammatik der Sprache Orrm's hat SWEET in seinem First Middle English Primer (L. 1884) gegeben. — Neuangelsächsische Texte findet man z. B. in MÄTZNER's Altengl. Sprachproben, Berlin 1867/69, MORRIS, Specimens of Early English, Part I, Oxford 1882, ZUPITZA, Altengl. Uebungsbuch, 3. Ausg., Wien 1884; ausserdem in den Publicationen der Early English Text Society.

3. Der Zustand, dass Angelsachsen und Normannen als zwei gesonderte Völker neben einander auf der Insel wohnten, war auf die Dauer unhaltbar, eine Annäherung und allmähliche Verschmelzung der beiden Nationalitäten durch innere Nothwendigkeit geboten. Politische Verhältnisse traten fördernd hinzu, so namentlich die Lösung der staatlichen Verbindung zwischen England und der Normandie (1203), später der Ausbruch des grossen englisch-französischen Krieges (1345). Die mehr und mehr sich herausbildende Gemeinsamkeit der Interessen musste in Angelsachsen und Normannen ein einheitliches Nationalbewusstsein erwecken, damit aber wurde die zwischen beiden Völkern bis dahin bestehende Kluft überbrückt. Dieser Wechsel der Dinge hatte auch den Wegfall der sprachlichen Scheidung zur Folge. Die Normannen nahmen die Sprache der Angelsachsen an, also die Minderheit die Sprache der Mehrheit. Spätestens um Mitte des 14. Jahrhunderts war das Französische als Volkssprache ausgestorben oder doch dem Aussterben nahe, freilich aber als modische Gesellschaftssprache der höheren Stände noch viel beliebt. Am längsten behauptete das Französische sich als Amtssprache, doch auch in dieser Eigenschaft wurde es nach und nach von dem Englischen verdrängt (zuerst wurde das Englische, freilich neben dem Französischen, in einem amtlichen Schriftstücke im Jahre 1258 angewandt [die bekannte im Namen Heinrich's III. vom 18. October datirte Proclamation, oft gedruckt, z. B. in MÄTZNER's Altengl. Sprachproben II, 52]; nm Mitte des 14. Jahrhunderts wird in den Lateinschulen das Englische statt des Französischen als Unterrichtssprache eingeführt [1]; »im Jahre 1362 werden die Parlamentsverhandlungen

---

[1] Es wird dies durch JOHN V. TREVISA in seiner Uebersetzung des Polychronicon's Higden's ausdrücklich bezeugt. Die viel citirte, interessante Stelle lautet im Original (bei MORRIS und SKEAT, Specimens of Early English II, 241, Z. 180): »Now, þe ȝer of oure Lord a þousond þre hondred foure score & fyne, of þe secunde kyng Richard after þe conquest nyne, in al þe gramer-scoles of Engelond children leneþ Frensch & construeþ & lurneþ an Englysch, and habbeþ þer-by avauntage in on syde and desavauntage yn anoþer; here avauntage ys, þat a lurneþ here gramer yn lasse tyme þan children wer ywoned to do — disavauntage ys, þat now childern of gramer-scole conneþ no more Frensch þan can here lift heele, & þat ys harm for ham & a scholle passe þe se & travayle in strange londes, & in meny caas also. Also gentil men habbeþ now moche yleft for to teche here childern Frensch. Hyt semeþ a gret wondur houȝ

zum ersten Male durch eine englische Rede eingeleitet, ein Verfahren, das in den beiden folgenden Jahren wiederholt wird. In demselben Jahre erlässt Eduard III. die Verordnung, dass bei den mündlichen Verhandlungen an allen Gerichtshöfen die englische Sprache statt der bis dahin üblichen französischen gebraucht werden solle« [MORSBACH, Ursprung der neuengl. Schriftspr., p. 1 f.]; vom zweiten Drittel des 14. Jahrhunderts ab finden sich Privaturkunden in englischer Sprache; am Ende des 15. Jahrhunderts [1483] ist das Französische als Staats- und Gesetzsprache völlig verdrängt, abgesehen von einigen wenigen parlamentarischen u. dgl. Formeln, welche zum Theil bis jetzt sich erhalten haben) [1]).

4. Das Französische konnte, nachdem es Jahrhunderte hindurch neben dem Angelsächsischen gelebt hatte, nicht schwinden, ohne sehr merkbare Spuren seines Daseins zu hinterlassen. Das Angelsächsische siegte in dem langen Kampfe gegen die über den Kanal eingedrungene romanische Fremd-

---

Englysch, þat ys þe burþ-tonge of Englysch men and here oune longage & tonge, ys so dyvers of soun in þis ylond; & þe longage of Normandy ys comlyng of a-noþer lond, & haþ on maner soun among al men þat spekeþ hyt aryȝt in Engelond. Noþeles þer ys as meny dyuers mauer Frensch yn þe rem of Fraunce as ys dyuers manere Englysch in þe rem of Engelond.

[1]) Die Sprachgeschichte Englands in Bezug auf das Französische charakterisirt FREEMAN, Hist. of the Norman Conquest V, 536, kurz und, wie mir scheint, im Wesentlichen richtig mit den Worten: »In the twelfth century the man of Norman descent spoke French naturally and habitually. He knew English only as an acquired tongue, to be spoken only when French would not serve. The English gentleman of the fourteenth century — his Norman or Old-English descent is now quite forgotten — spoke English naturally; but he was taught French from his childhood, because to speak French was the polite and fashionable thing.« — Aehnlich spricht sich SCHEIBNER aus (Ueber die Herrschaft der französischen Sprache in England vom 11. bis 14. Jahrhundert, Annaberg 1880 Progr. p. 5): »Nach unserer Ansicht zerfällt die Herrschaft der französischen Sprache in zwei Perioden, die von einander wohl zu unterscheiden sind. Die erste umfasst die Zeit von der normannischen Eroberung bis zum Verluste der Normandie (zweite Hälfte des 11. und 12. Jahrh.), die zweite die Zeit vom Verluste der Normandie bis gegen das Ende der Regierung Eduard's III. (das 13. Jahrb. und die erste Hälfte des 14. Jahrh.). Während der ersten Periode ist das Französische in England wirklich heimisch, denn es ist die Muttersprache der normannischen Eroberer und ihrer auch der Sprache nach allmählig zu Engländern werdenden Nachkommen. Während der zweiten Periode, einer Zeit der Gallomanie, ist das Französische in England eine fremde Sprache, zu deren Erlernung die Engländer, welcher Abkunft sie auch seien, durch die Mode veranlasst werden.« Bedenken gegen SCHEIBNER's Auffassung hat BEHRENS auf S. 3 seiner unten zu nennenden Schrift geäussert, sie scheinen mir aber nicht durchschlagend zu sein.

sprache, aber der Sieg schloss doch eine theilweise Niederlage in sich ein, wurde um schweren Preis nur erkauft. Die siegende Sprache wurde von der besiegten beeinflusst und durch diese Beeinflussung zwar nicht in ihrem innersten Wesen, aber doch in ihrer Erscheinung dermassen verändert, dass sie ihren bisherigen Namen beizubehalten nicht vermochte: indem das Angelsächsische den Einfluss des Französischen auf sich wirken liess, wandelte es sich zum Englischen um, ein Wandel, welcher nur der sprachliche Ausdruck war für die Erzeugung der englischen Nationalität aus der Mischung von angelsächsischem und normannischem Volksthume.

Die Frage nach der Art und dem Umfange des von dem Französischen auf das Angelsächsische ausgeübten Einflusses ist weit verwickelter, als es auf den ersten Blick scheinen mag, und zur Zeit wenigstens dürfte sie mit irgend welcher wissenschaftlichen Genauigkeit gar nicht zu beantworten sein. Begründet ist dies darin, dass eine Antwort die Kenntniss des nach England verpflanzten Französisch zur Voraussetzung haben müsste, dieser Voraussetzung aber nicht genügt werden kann.

Das Französische ist während des Mittelalters zweimal nach England übertragen worden: einmal durch die normannische Eroberung, das andere Mal, etwa ein und ein halbes Jahrhundert später, durch die damals von Frankreich ausgeübte geistige, beziehentlich litterarische Hegemonie. Die erste Uebertragung ist die bei weitem wichtigere, die zweite ist indessen in ihrer Bedeutung, namentlich für die Litteratur, keineswegs zu unterschätzen. Durch die erste Uebertragung wurde das Französische in der Gestalt, wie es die Normannen im Jahre 1066 und der zunächst darauf folgenden Zeit sprachen, nach England verpflanzt; die zweite Uebertragung brachte dasjenige Französisch über den Kanal, welches sich im Laufe der zweiten Hälfte des 12. Jahrhunderts in der Isle de France und der Champagne zu einer Art von Schriftsprache entwickelt hatte. Dies letztere Französisch ist uns wohlbekannt, nicht so dagegen verhält es sich mit dem Französischen der Normannen, welche die Eroberer Englands wurden, denn für dessen Kenntniss gebricht es uns an hinreichendem, namentlich aber an urkundlichem Material. Das erhaltene älteste französische Litteraturdenkmal, welches, wenigstens höchst wahrscheinlich, in der Normandie entstand, ist das Alexiuslied der Lambspringer Handschrift (nach G. PARIS in seiner Ausg. p. 45 um 1050 gedichtet). Aber abgesehen davon, dass diese wenig umfangreiche Dichtung ein nur geringes Sprachmaterial darbietet, wird der Werth dieses letzteren wesentlich dadurch beeinträchtigt, dass die genannte Handschrift keineswegs die Originalhandschrift ist. sondern erst um 1150 und zwar in England geschrieben wurde. Die in ihr überlieferte Sprache schwankt zwischen der des Originals und der des Abschreibers (vergl. G. PARIS a. a. O. p. 3), wir vermögen also aus ihr nicht mit genügender Sicherheit zu ersehen, welcher Art das um 1050 in der Normandie gesprochene Französisch war.[1] Wir kennen also die Sprache der nach England hinübergezogenen Normannen nicht in dem Masse, wie es nothwendig wäre, um von ihr aus die Untersuchung des Französischen in England führen zu können. Das Franco-Normannische des 12. Jahrhunderts aber bietet natürlich keinen ausreichenden Ersatz.

Dazu kommt noch etwas Anderes. Das Heer Wilhelm's des Eroberers bestand nicht aus Normannen allein, sondern auch Angehörige anderer Dialektgebiete, Picarden, Francier, Angoviner, Champagnarden etc. befanden sich in seinen Reihen, und gar mancher dieser nichtnormannischen Franzosen mag in England sesshaft geworden sein. So wurden auch nicht-normannisch-französische Mundarten nach England übertragen, und die Annahme ist nicht abzuweisen, dass auch sie neben dem Normannischen auf das Angelsächsische eingewirkt haben.

Auch ein Drittes ist zu beachten. Das Angelsächsische, auf welches das Französische einwirkte, war keine einheitliche, sondern eine dialektisch gespaltene Sprache. Vorauszusetzen

---

[1] Nach G. PARIS' Annahme gab es zur Zeit der Abfassung des Alexiusliedes noch keinen normannischen Sonderdialect, sondern die Normandie bildete mit der Isle de France und anderen Centrallandschaften ein einheitliches, das neustrische Dialectgebiet, welches erst um 1100 in ein normannisches und ein francisches sich spaltete; die Normannen konnten folglich nicht die franco-normannische, sondern nur die neustrische Mundart nach England übertragen, und aus dieser entwickelte sich dann das Anglo-Normannische, welches besser das Anglo-Neustrische zu nennen wäre. Durch LÜCKING's scharfsinnige Untersuchung über die ältesten französischen Mundarten (Berlin 1877) darf indessen die PARIS'sche Hypothese für widerlegt gelten, übrigens sprechen auch andere als die von LÜCKING geltend gemachten Gründe gegen sie. Selbstverständlich wird G. PARIS' Ruhm und Verdienst nicht dadurch geschmälert, dass er einmal geirrt hat.

ist aber, dass die einzelnen angelsächsischen Dialekte in verschiedenem Grade und in verschiedener Weise der Beeinflussung durch das Französische unterlagen. Daraus ergiebt sich ein Gesichtspunkt, dessen Festhaltung die Forschung ungemein erschwert.

Und endlich muss noch Eins erwogen werden. Der lautliche Reflex des Französischen im Englischen, d. h. die Art und Weise, wie die französischen Laute von dem englischen Ohre aufgefasst wurden, ist im Wesentlichen nur aus der Schreibung und aus Reimen zu erkennen. Aber wie schwer ist es, aus der ersteren wie aus den letzteren irgendwie sichere Schlüsse zu ziehen! Ist doch die altenglische Orthographie eine örtlich, zeitlich und individuell ungemein schwankende, vor Allem aber war sie unfähig, feinere Lautfärbungen wiederzugeben, selbst wenn dies in einzelnen Fällen von den Schreibern beabsichtigt gewesen sein sollte. Mit ähnlichen Erwägungen hat man zu rechnen bezüglich der Nutzbarmachung dessen, was etwa aus französischen Dichtungen, in denen französisch radebrechende Engländer redend eingeführt werden,[1] sowie aus für Engländer bestimmten Anleitungsschriften zur Erlernung des Französischen[2] für die Erkenntniss des Verhältnisses zwischen mittelalterlichem Englisch und Französisch gewonnen werden kann.

Bei dieser Sachlage muss man wohl bekennen, dass die oben bezeichnete Frage noch eine offene ist und vielleicht sogar nie eine abschliessende Beantwortung finden wird.

Hier seien nur einige allgemeine Bemerkungen gegeben.

Dass aus der Kreuzung des Französischen mit dem Angelsächsischen eine wirkliche Mischsprache hervorgegangen sei[3], ist eine Annahme, gegen welche die gewichtigsten Gründe sprechen, vor Allem aber die Thatsache, dass wir von einem derartigen Idiome geschichtlich gar nichts wissen.[4] Wo wirk-

---

[1] Eine Reihe solcher Texte hat BEHRENS a. a. O. p. 4 aufgeführt.
[2] Vgl. STÜRZINGER in der Einleitung zu seiner Ausgabe der Orthographia Gallica (Heilbronn 1884) und STENGEL in Ztschr. f. neufrz. Spr. u. Lit. I, 1.
[3] THIERRY spricht von einem »langage mêlé de français et d'anglais, qui était le moyen habituel de communication entre les fautes et les basses classes« (Hist. de la conqu. de l'Angl. par les Norm. III, 313 der Pariser Ausgabe vom Jahre 1844).
[4] Keineswegs darf das Anglo-Normannische für eine Mischsprache

liche Mischsprachen entstehen, vollzieht sich dieser Prozess unter ganz anderen Verhältnissen, als sie im mittelalterlichen England bestanden, und immer nur auf einem räumlich kleinen Gebiete. ¹) Einfluss des Französischen auf die Entwickelung der englischen Laute und Wortformen ist sehr wohl denkbar, aber in keinem einzigen Falle ist er mit Sicherheit nachzuweisen. Sämmtliche lautliche und flexivische Erscheinungen des Englischen lassen sich vielmehr ungezwungen aus dem Angel-

---

im sprachwissenschaftlichen Sinne erachtet werden. In diesem Sinne ist vielmehr das Anglo-Normannische ebenso zweifellos ein romanisches, bzw. ein französisches Idiom, wie etwa das Neuenglische trotz seiner romanischen Bestandtheile eine germanische Sprache ist. Auch mit dem Franco-Italienischen lässt das Anglo-Normannische sich keineswegs in Parallele stellen (wie dies GRÖBER in Ztschr. f. rom. Phil. VI, 385 thut). Das Franco-Italienische ist ein von Italienern (bzw. des Italienischen kundigen Franzosen) und für Italiener zu litterarischen Zwecken italianisirtes Französisch, ist ein rein künstliches Idiom; das Anglo-Normannische dagegen war die im Wesentlichen organische Entwickelung des nach England verpflanzten Französisch, falls es nicht künstlich von Ausländern gehandhabt wurde (vgl. STENGEL in seiner Ausg. von Gower's altfrz. Balladen).

1) Es werde hier, freilich nur ganz aphoristisch, Folgendes bemerkt. Mischsprachen entstehen da, wo zwei in ihrem lautlichen und formalen Baue wesentlich verschiedene Sprachen sich räumlich berühren und wo das Bedürfniss der Verständigung von beiden Sprachgenossenschaften lebhaft empfunden wird, andrerseits aber die Möglichkeit, dass die eine der beiden Sprachen die andere verdränge, bzw. dass beide Nationalitäten mit einander verschmelzen, nicht vorhanden ist. (Diese Möglichkeit aber bestand in England, und ebendeshalb war die Bildung einer Mischsprache von vornherein unthunlich.) Ferner: bei Entstehung einer Mischsprache vollzieht sich die Mischung ganz vorwiegend auf dem Gebiete des Laut- und Formenbaues, denn gerade in Bezug auf dieses ist das Bedürfniss nach Ausgleichung der bestehenden Differenzen und Angleichung der einen Sprachform an die andere am dringendsten, während auf dem Gebiete des Wortschatzes Entlehnung im wesentlichen ausreicht. Es ist aber nicht einzusehen, wie eine derartige Mischung zwischen Angelsächsisch und Französisch sich hätte vollziehen können, zumal da beide Sprachen in ihrem Grundwesen — Neigung zu analytischer Formenumschreibung — übereinstimmten und auch ihre lautliche Differenz, abgesehen vom Worthochtone, keineswegs eine schroffe war, denn man bedenke, dass das Französische des 11. und 12. Jahrhunderts eine wesentlich andere Aussprache besass, als sie dem Neufranzösischen eigen ist, eine Aussprache, welche leichter, als die moderne, von germanischen Zungen erfasst werden konnte. Nur freilich hinsichtlich des Worthochtones bestand zwischen Angelsächsisch und Französisch eine principielle Verschiedenheit, welche allerdings erst überwunden werden musste, ehe die eine Sprache die andere wirklich zu besiegen vermochte. Ehe Letzteres geschah, schwankte die Sprache eine Zeit lang zwischen zwei entgegengesetzten Betonungsprincipien und, wenn man will, kann man sagen, dass sie in diesem Zustande bezüglich der Wortbetonung eine Mischsprache gewesen sei. Vgl. auch unten S. 79 Anm.

sächsischen erklären, nie ist man genöthigt, Einwirkung des Französischen anzunehmen.

Auch bezüglich der Entwickelung der englischen Syntax zwingt, soweit das mittelalterliche Englisch in Frage kommt, nichts zu der Annahme eines dauernden französischen Einflusses. Nur und lediglich auf dem Gebiete des Wortschatzes und der Wortbildung ist ein tiefgreifender französischer Einfluss nicht blos nachweisbar, sondern liegt selbst dem blödesten Auge klar erkennbar vor: der englische Wortschatz ist durchsetzt mit französischen Bestandtheilen, die englische Wortbildung wirthschaftet mit einer Fülle französischer Suffixe.

Alles in Allem genommen aber hat, soweit man dies jetzt zu erkennen vermag, in sozusagen virtueller Beziehung das Französische auf das Angelsächsische nicht anders eingewirkt, als etwa während des Mittelalters das Lateinische auf das Deutsche oder das Arabische auf das Spanische: wie das Lateinische dem Deutschen, das Arabische dem Spanischen zahlreiche Worte (zum Theil sammt den durch sie bezeichneten Begriffen) überliefert hat, so das Französische dem Angelsächsischen. Nur quantitativ besteht ein, freilich aber bedeutender, Unterschied, denn allerdings ist der Procentsatz der französischen Lehnworte im Englischen ungleich bedeutender, als derjenige der lateinischen im Deutschen oder der arabischen im Spanischen.[1] Man darf sagen, dass der englische Wortschatz zu ungefähr gleichen Theilen aus germanischen und romanischen Bestandtheilen zusammengesetzt ist. Immerhin aber ist die starke Betheiligung des Französischen an der Bildung des englischen Wortschatzes ein Vorgang, welcher mehr die englische Culturgeschichte, als die englische Sprachgeschichte interessirt, denn er hat wohl auf die äussere Erscheinung der englischen Sprache den nachhaltigsten Einfluss geübt, ihr inneres Wesen aber unberührt gelassen. Nur im Wortschatz ist das Englische halbfranzösisirt, im Uebrigen ist es germanisch geblieben, und wo es dennoch dem Französischen ähnlich geworden zu sein scheint (wie z. B. in der Gleichförmigkeit der substantivischen Pluralbildung, in der Comparationsumschrei-

---

[1] Jedoch ist die Zahl der lateinischen Lehnworte im Deutschen und die der arabischen im Spanischen sehr beträchtlich und, wenigstens was das Deutsche anlangt, weit erheblicher, als man gemeinhin glaubt.

bung etc.), ist dies nicht die Folge einer Angleichung an das Französische, sondern erklärt sich durchaus befriedigend aus den der Sprache von jeher eigenen Entwickelungsneigungen.[2]

Litteraturangaben: Ueber das Verhältniss zwischen Französisch und Englisch, bezw. über den Einfluss des ersteren auf das letztere haben gehandelt: THOMMEREL, Sur la fusion de l'Anglosaxon et du Franco-Normand, Paris 1841. — J. PAYNE, The Norman Element in the spoken and written English of the 12., 13. und 14. centuries and in our provincial dialects, in: Transactions of the Philological Society 1868/69, p. 352. — *BEHRENS, Beiträge zur Geschichte der französ. Spr. in England. I. Zur Lautlehre der franz. Lehnwörter im Mittelengl. Heilbronn 1886 (KÖRTING und KOSCHWITZ, Französ. Stud. V, 2). — Besonders auf die Lautlehre beziehen sich: NICOL, On the Old French Labial Vowels, in den Transactions of the Philol. Soc. 1883/84, p. 77; STURMFELS, Ueber den altfrz. Vocalismus im Mittelenglischen, in Anglia VIII, 201; HOLTHAUS, Beiträge zur ¦Geschichte der englischen Vocale, in Anglia VIII, Anz. 203. — Zusammenstellungen der frz. Lehnwörter im Mittelengl. haben gegeben SKEAT in den Publicationen der Dialect Society No. 43 (L. 1884) und BEHRENS (s. oben), p. 10, vgl. ausserdem MORRIS, Historical Outlines of English Accidence, L. 1880; FRITZSCHE in Anglia V, 81; EINENKEL¦ Ueber d. Verf. einiger neuags. Schriften. — Vgl. auch unten § 31.

Ueber das Anglo-Normannische und das (Franco-¦Normannische vgl. die Einleitungen MALL's und KOSCHWITZ' zu ihren¦ Ausgg. des Cumpoz (Strassburg 1873¦, bezw. der Karlsreise (2. Ausg. Heilbronn 1883), und ausserdem folgende Einzelschriften: VISING, Etude s. le dialecte anglo-normand du 12. siècle, Upsala 1882, und Etude s. le dialecte anglo-normand du 14. siècle, in Revue des langues romanes Série 3, t., 9, p. 180 ff.; C. UHLEMANN, Ueber die anglo-norm. Vie de St. Auban (herausg. von SUCHIER,

---

[2] Am Schlusse dieser Erörterung und in Ergänzung des auf S. 77 Anm. Gesagten sei hier noch Folgendes bemerkt. Die Frage, wie die Franzosen (Normannen) und die Angelsachsen in England sich vor ihrer Verschmelzung zu einem einsprachigen Volke mit einander verständigt haben, wird am besten durch Hinweis auf ein analoges Verhältniss beantwortet werden können. In der russischen Ostseeprovinz Ehstland wohnen deutsche Grundbesitzer inmitten einer ehstnisch redenden Landbevölkerung und verständigen sich mit der letzteren meist in ehstuischer Sprache, welche sie in ihrer frühesten Kindheit von ihren Ammen, Wärterinnen und sonstigen Dienstboten erlernen; andererseits suchen sich alle intelligenteren und strebsameren Ehsten mit dem Deutschen vertraut zu machen. Ganz ebenso werden die französischen (normannischen) Gutsherren mit ihren angelsächsischen Bediensteten und Hörigen, soweit erforderlich, in angelsächsischer Sprache verkehrt, andererseits aber gar manche dienende Angelsachsen die Sprache ihrer Herren praktisch erlernt haben. Zur Bildung einer Mischsprache lag also gar kein Anlass vor. Wenn die Franzosen (Normannen) des Angelsächsischen kundig waren, so erklärt sich damit leicht, dass sie sich allgemach des Französischen entwöhnten, namentlich als die politische Verbindung zwischen England und der Normandie gelöst war.

Halle 1876) in Bezug auf Quelle, Lautverhältnisse und Flexion, in BÖH-
MER's Roman. Stud. IV, 543; STRAUCH, Latein. ö in der norm. Mundart,
Halle 1882 Diss.; SCHULZKE, Betontes ě + i und ŏ + i in der norm.
Mundart, Halle 1879 Diss.; ROETH, Ueber den Ausfall des intervocalen d
im Norm.; Halle 1882 Diss.; THIERKOPF, Der stammhafte Wechsel im
Norm., Halle 1880 Diss. (Veraltet sind: KLOPPE, Recherches s. le dialecte
de Wace, trouvère anglo-normand, Magdeburg 1853/54 Progr., und HOTZEL,
Der norm. Dialect und die frz. Schriftsprache, Eisenach 1869 Progr., und:
Die altfrz. Gesetze Wilhelm's des Eroberers, Eisenach 1859 Progr.).
Um sich in das Anglo-Norm. einzuarbeiten, benutzt man am besten
MALL's schon genannte Ausg. des Cumpoz (Strassburg 1873) oder Kosch-
WITZ' Ausg. der Karlsreise (2. Aufl., Heilbronn 1883) oder SUCHIER's Ausg.
von »Brandon's Seefahrt« (in BÖHMER'S Roman. Stud. I, 553). — Für das
Franco-Norm. ist zu dem gleichen Zwecke namentlich zu empfehlen:
SUCHIER's Ausg. der Reimpredigt Grant mal fist Adam, Halle 1879 (vergl.
dazu BOKEMÜLLER's Diss. Zur Lautkritik der Reimpredigt, Halle 1883). —
Vgl. unten § 37, No. 1a Anm.

Wer an normannische Studien herangeht, sollte die gründliche Lektüre
des altfrz. Rolandsliedes (Oxforder Text) nicht versäumen; die Ausgaben
desselben und die wichtigeren einschlägigen Schriften sind bei KÖRTING,
Encycl. d. roman. Phil. III, 329 ff. verzeichnet.

5. Indem Normannen und Angelsachsen mehr und mehr
zu einem Volke, dem englischen, verschmolzen und dieser
ethnische Vorgang sprachlich in der Aufnahme einer anfangs
nur spärlichen, aber rasch sich gewaltig mehrenden Zahl französischer Worte [1]) in den angelsächsischen Wortschatz seinen
Ausdruck fand, beginnt (um Mitte des 13. Jahrhunderts) die
Umwandelung des Angelsächsischen in das, im engeren Sinne
so zu nennende, Englisch, eine Umwandlung, die keineswegs
plötzlich und jäh erfolgt, sondern, wie alle organischen Pro-
zesse, in langsamer Entwickelung sich vollzieht.

Die ungefähr über ein Jahrhundert (ca. 1250 bis ca. 1350)
sich erstreckende altenglische Periode unterscheidet sich
von der ihr vorausgegangenen neuangelsächsischen mehr durch
ungleich grössere Fruchtbarkeit in der litterarischen Hervor-

---

1) MÄTZNER hat in den Einleitungen zu den von ihm herausgegebenen
neuags. und altengl. Texten (in den Altengl. Sprachproben) bemerkt, wie
viele romanische Worte in jedem einzelnen derselben vorkommen. Aehnliches hat STURMFELS in Anglia VIII, 208 gethan. Eine derartige Statistik
ist gewiss wichtig und interessant, aber die von ihr gelieferten Zahlen sind
doch nur dann wissenschaftlich verwerthbar, wenn der Umfang und die Beschaffenheit der betreffenden Texte veranschlagt und wenn berücksichtigt
wird, welcher Art die einzelnen romanischen Worte sind, namentlich ob
gelehrte oder offenbar volksthümliche.

bringung, als durch auffällige sprachliche Differenzen. In Bezug auf die Sprache sind vielmehr, abgesehen von dem Eindringen französischer Elemente in den Wortschatz, nur folgende drei Thatsachen als wichtig hervorzuhehen [1]: a) die Abweichungen der einzelnen Dialecte von einander treten in der einer nationalen Schriftsprache noch entbehrenden Litteratur schärfer hervor, als dies früher der Fall gewesen war; b) der Verfall der Flexion schreitet vorwärts; c) in der Wortbetonung schwankt die Sprache zwischen dem germanischen und dem romanischen Princip.

Litteraturangaben dieselben beziehen sich zum Theil auch auf das Mittelenglische: Grammatiken: STRATMANN, Mittelengl. Grammatik. Crefeld 1885. MORRIS und SKEAT in den Introductions ihrer Specimens of Early English (s. unten). BÖDDEKER'S Entwurf einer Gramm. in seiner Ausg. der altengl. Dichtungen des Ms. Harl. 2253. Reiches grammatisches Material enthalten die (zum Theil sehr werthvollen, zum Theil freilich auch recht dilettantischen) Einleitungen zu den von der Early English Text Society veröffentlichten Textausgaben (s. unten). — Wörterbücher: STRATMANN, An Old English Dictionary, 3. Ausg. Crefeld 1878, dazu ein Supplement. Crefeld 1881 (das Gesammtwerk kostet 35 M.). — MÄTZNER's (noch nicht abgeschlossenes) Wörterbuch zu seinen altengl. Sprachproben, s. oben S. 71. Die Glossare zu MORRIS' und SKEAT's Specimens, zu WÜLKER's altengl. Lesebuche und zu ZUPITZA's altengl. Uebungsbuche, s. unten. — Chrestomathien und Sammlungen: MÄTZNER, Altengl. Sprachproben (s. oben S. 71). MORRIS und SKEAT, Specimens of Early English with Introduction, Notes and Glossarial Index. Part II From Robert of Gloucester

---

[2] KOCH (Gramm. I², 16) characterisirt das Altenglische folgendermassen: »Die Periode des Altenglischen umfasst gegen 100 Jahre, es ist die Periode des Schwankens in Laut und Schrift und Darstellung; die Periode, in der zwei Accentuationsgesetze einander gegenüberstehen; die Periode fortschreitender Schwächung der alten Formen. In der starken Conjugation mindert sich der plurale Ablaut, und in der schwachen geht der vollere Ableitungsvocal des Präteritums in das flachere *e* über; die Pluralendung des Präsens fehlt schon bisweilen, der Infinitiv stösst sein *n* oft ab, und im activen Participe steht *-ing* neben nördlichem *-ende*, *-ande* und selbst französischem *-ant*. Die Substantivflexion zeigt nur Trümmer, den singularen Genitiv auf *-s*, *-es*, *-is* und den pluralen auf *-ene*, letzteren selten, aber beide oft vertreten durch Präpositionen. Die adjectivische Flexion zeigt noch Spuren der früheren doppelten Declination, aber ohne Unterscheidung. Die unverstandene Doppelform des Superlativs *m-est* setzt sich in das begreifliche *most* um. Auch die Pronominalflexion schwächt sich. Die Genitive der Personalpronomen schwinden, Dativ und Accusativ fallen zusammen, der Dativ wird durch Präpositionen unterschieden und der Genitiv ersetzt. Auch die Possessiven sind geschwächt, doch macht sich eine substantivische Form bemerklich. Der Artikel zeigt noch Ueberreste alter Flexion. — Die eindringende französische Accentuation greift in das deutsche Gebiet über«.

to Gower (a. D. 1298 to a. D. 1393), 2. Ed. Oxford 1879, Clarendon Press.[1] WÜLKER, Altenglisches Lesebuch, Halle 1874/79, 2 Thle. (die Zeit von 1250 bis 1500 umfassend). ZUPITZA, Altengl. Uebungsbuch, s. oben S. 63. BÖDDEKER, Altenglische Dichtungen des (um 1310 geschriebenen) Ms. Harl. 2253. Mit Grammatik und Glossar, Berlin 1878. Altenglische Bibliothek, herausg. von KÖLBING: Bd. 1, Osbern Bokenam's Legenden, ed. HORSTMANN, Heilbronn 1883; Bd. 2, Amis und Amiloun, ed. KÖLBING, Heilbronn 1884; Bd. 3, Zwei mittelenglische Fassungen der Octaviansage, ed. SARRAZIN, Heilbronn 1885 (weitere Bände sollen folgen). Sammlung englischer Denkmäler in kritischen Ausgaben, herausg. von ZUPITZA: 1. Älfric's Grammatik und Glossar, ed. ZUPITZA, Berlin 1880; 2. Thomas of Erceldoune, ed. BRANDL, Berlin 1880; 3. The Erl of Tolous and the Emperes of Alemayn, ed. LÜDTKE, Berl. 1881; 4. Wulfstan, ed. NAPIER, Berl. 1883; 5. Floris and Blauncheflur, ed. HAUSKNECHT, Berl. 1885.

Die Early English Text Society hat sich die Herausgabe der älteren englischen Litteraturdenkmale (bis in das 17. Jahrhundert hinein) zur Aufgabe gemacht und bereits eine lange Reihe von Texten erscheinen lassen. Der innere Werth dieser Ausgaben ist freilich ein überaus ungleichartiger: einige (namentlich die von SKEAT, MORRIS, SWEET, FURNIVALL, ZUPITZA, HAUSKNECHT, EINENKEL bearbeiteten) sind vorzüglich, manche nur eben erträglich, sehr viele aber durchaus dilettantisch. Immerhin aber sind die Publicationen der Gesellschaft recht dankenswerth und haben, auch wo sie in kritischer Hinsicht misslungen sind, wenigstens das Verdienst, bis dahin nur handschriftlich vorhanden gewesene oder bloss in entlegenen und ausser halb Englands kaum erreichbaren Clubeditionen gedruckte Texte für einen billigen Preis allgemein zugänglich gemacht zu haben.

Es folge hier ein Verzeichniss dieser Publicationen:
1. Early English Alliterative Poems, in the West-Midland Dialect of the 14. Century, ed. MORRIS. — 2. Arthur (about 1440 a. D.), ed. FURNIVALL. — 3. Ane Compendious and Breve Tractate concernyng the Office and Dewties of Kyngis etc., ed. F. HALL. — 4. Sir Gawayne and the Green Knight (about 1320 to 1330 a. D., ed. MORRIS. — 5. Of the Orthographie and Congruitie of the Britain Tongue by A. Hume (about 1617 a. D.), ed. WHEATLEY. — Lancelot of the Laik, ed SKEAT. — 7. The Story of Genesis and Exodus (about 1250 a. D.), ed. MORRIS. — 8. Morte Arthure, the allitterative version (about 1440 a. D.), ed. PERRY. — 9. Animadversions upon the annotacions and corrections of some imperfections of impressions of Chaucer's Works, reprinted in 1598, by F. THYNNE, ed. KINGSLEY and FURNIVALL. — 10. Merlin, or the Early History of King Arthur (ms. about 1450 a. D.), ed. WHEATLEY. Fortgesetzt in Nr. 21 und 36. — 11. The Monarche, and other Poems of Sir David Lyndesay, ed. (from the first edition in 1552) by HALL. Fortgesetzt in Nr. 19, 35 etc. — 12. The Wright's Chaste Wife

---

[1] Der erste Theil dieses Werkes behandelt die Litteratur »from Old English Homilies to King Horn (a. D. 1150 to a. D. 1300).«

Hülfsmittel für das Studium des Altenglischen. 83

a Merry Tale, by Adam of Cobsam (about 1462 a. D.), ed. FURNIVALL. —
13. Seinte Marherete, þe Meiden and Martyr, three texts of about
1200, 1310, 1330, ed. COCKAYNE. — 14. King Horn, with Fragments of
Floriz and Blauncheflur, ed. RAWSON LUMBY. — 15. Political,
Religious and Love Poems, from the Lambeth Ms. Nr. 306, ed.
FURNIVALL. — 16. A Tretice in English, brevely drawen out of þe
book of Quintis Essenciis in Latyn, ed. FURNIVALL. — Parallel Ex-
tracts from 29 Mss. of Piers Plowman, with Comments, ed. SKEAT. —
18. Hali Meidenhead, about 1200 a. D., ed. COCKAYNE. — 19. The
Monarche, and other Poems of Sir David Lyndesay, Part II, ed. HALL.
Vgl. Nr. 11. — 20. Some Treatises by Richard Rolle de Hampole,
ed. PERRY. — 21. Merlin etc., ed. WHEATLEY. Vgl. Nr. 10. — 22. The
Romans of Partenay, or Lusignan, ed. SKEAT. — 23. Dan Michel
Ayenbite of Inwyt, in the Kentish Dialect about 1340 a. D., ed.
MORRIS. — 24. Hymns of the Virgin and Christ; the Parliament
of Devils etc., ed. from the Lambeth Ms. 853 by FURNIVALL. — 25. The
Stacions of Rome and the Pilgrim's Sea Voyage and Sea-Sick-
ness, with Clene Maydenhood, ed. FTRNIVALL. — 26. Religious Pieces
in Prosa and Verse, ed. PERRY. — 27. Manipulus Vocabulorum,
a Rhyming Dictionary of the English Language by Peter Levins (1570), ed.
WHEATLEY. — 28. The Vision of Wiliam concerning Piers Plow-
man etc., 1362 a. D., by W. Langland. The »Vernon« Text, ed. SKEAT.
Fortgesetzt Nr. 38. — 29. Old English Homilies and Homiletic
Treatises (Sowles Warde and the Wohunge of Ure Lauerd etc.), ed.
MORRIS. Fortgesetzt in Nr. 34. — 30. Piers the Ploughman's Credo,
ed. SKEAT. — 31. Instructions for Parish Priests, by John Myrc,
ed. PEACOCK. — 32. The Babee's Book, Aristotle's A. B. C. Urbanitatis,
Stans Puer ad Mensam etc., ed. FURNIVALL. — 33. The Book of the
Knight de la Tour Landry, a. D. 1372. A Father's Book for the
Daughters, ed. WRIGHT and ROSSITER. — 34. Old English Homilies,
vgl. Nr. 29. — 35. Sir David Lyndesay's Works, vgl. Nr. 11, 19, 37.
— 36. Merlin etc., vgl. Nr. 10 u. 21. — 37. Sir David Lyndesay's
Works, vgl. Nr. 11, 19, 35. — 38. The Vision of William concern-
ing Piers Plowman. The »Cowley« Text, vgl. Nr. 28. — 39. The Gest
Hystoriale of the Destruction of Troy, ed. PANTON and DONALDSON.
Fortgesetzt in Nr. 56. — 40. English Gilds. The Original Ordinances
of more than One Hunderd Early English Gilds, ed. BRENTANO. — 41. The
Minor Poems of William Lauder, ed. FURNIVALL. — 42. Bernar-
dus de Cura rei familiaris with some Early Scotch Prophecies, ed.
LUMBY. — 43. Ratis Raving, and other Moral and Religious Pieces, in Prose and Verse, ed. LUMBY. — 44. Joseph of Arimathie,
otherwise called the Romance of the Seint Graal, ed. SKEAT. —
45. King Alfred's West-Saxon Version of Gregory's Pastoral Care,
ed. SWEET. Fortgesetzt in Nr. 50. — 46. Legends of the Holy Road,
ed. MORRIS. — 47. Sir David Lyndesay's Works, vgl. Nr. 11, 19, 35,
37. — 48. The Time's Whistle, or a New Daunce of seven Satires and
other Poems, compiled by R. C. Gent, ed. COWPER. — An Old English

6*

84 Kap. I. §. 7, 5. Die geschichtl. Entwickelung der engl. Spr.

Miscellany, containing a Bestiary, Kentish Sermons, Proverbs of Alfred, Religious Poems of the 13. century, ed. MORRIS. — 50. King Alfred's etc. Pastoral Care, vgl. Nr. 45. — 51. þe Liflade of St. Juliana, ed. COCKAYNE. — 52. Palladius on Husbondrie, ed. LODGE. Fortgesetzt in Nr. 72. — 53. Old English Homilies. Series II, ed. MORRIS. — 54. The Vision of William concerning Piers Plowman. Text C., vgl. Nr. 28 u. 38. — 55. Generydes, a Romance, ed. WRIGHT. Fortgesetzt in Nr. 70. — 56. The Geste Hystoriale of the Destruction of Troy, vgl. Nr. 39. — 57. The Early English Version of the Cursor Mundi, ed. MORRIS. Fortgesetzt in Nr. 59, 62, 66. — 58. The Blickling Homilies, ed MORRIS. Fortgesetzt in Nr. 63 u. 73. — 59. Cursor Mundi, vgl. Nr. 57. — 60. Meditacyuns on the Super of our Lorde (perhaps by Robert of Brunne), ed. COWPER. — 61. The Romance and Prophecies of Thomas of Erceldoune, ed. MURRAY. — 62. Cursor Mundi, vgl. Nr. 57. — 63. The Blickling Homilies, vgl. Nr. 58. — 64. Francis Thynne's Emblems and Epigrams, a. D. 1600, ed. FURNIVALL. — 65. Be Domes Dæge, and other short Anglo-Saxon Pieces, ed. LUMBY. — 66. Cursor Mundi, vgl. Nr. 57. — 67. Notes on Piers Plowman by W. SKEAT. — 68. Cursor Mundi, vgl. Nr. 57. — 69. Adam Davie's Fife Dreams about Edward II, ed. FURNIVALL. — 70. Generydes, vgl. Nr. 55. — 71. The Lay Folks' Mass Book, ed. SIMMONS. — 72. Palladius on Husbondrie, vgl. Nr. 52. — 73. The Blickling Homilies, vgl. Nr. 58. — 74. English Works of Wyclif, hitherto unprinted, ed. MATTHEW. — 75. Catholicon Anglicum, an Early English Dictionary, ed. HERRTAGE. — 76. Ælfric's Metrical Lives of Saints, ed. SKEAT. — 77. Beówulf. Autotypes of the unique Cotton Ms. Vitellius A XV with a Transliteration and Notes by J. ZUPITZA. — 78. The Fifty Early English Wills in the Court of Probate (1387/1439), ed. FURNIVALL. — 79. King Älfred's Orosius, Part I, ed. SWEET. — 80. Life of St. Katherine, ed. EINENKEL (erschien 1884, seitdem scheint in den Publicationen der Society eine Stockung eingetreten zu sein, mindestens sind mir neuere Bände nicht bekannt geworden).

Extra Series (von 1867 ab): 1. The Romance of William of Palerne, ed. SKEAT. — 2. On Early English Pronunciation, with especial reference to Shakspere and Chaucer. By A. J. ELLIS. Fortgesetzt in Nr. 7, 14, 23. — 3. Caxton's Book of Curtesye, ed. FURNIVALL. — 4. The Lay of Havelok the Dane, ed. SKEAT. — 5. Chaucer's Translation of Boëthius's de Consolatione, ed. MORRIS. — 6. The Romance of the Chevelere Assigne, ed. GIBBS. — 7. On Early English Pronunciation, vgl. Nr. 2. — 8. Queene Elisabeth's Achademy, by Sir Humphry Gilbert, ed. ROSSETTI. — 9. The Fraternity of Vagabondes, by John Awdeley, ed. FURNIVALL. — 10. The Fyrst Boke of the Introduction of Knowledge, made by Andrew Borde, ed. FURNIVALL. — 11. The Bruce, by John Barbour, ed. SKEAT. Fortgesetzt in Nr. 21, 29. — 12. England in the Reign of King Henry the Eighth, by Th. Starkey, ed. BREWER. — 13. A Supplication for the Beggars, written about the year 1529, by Simon Fish, ed. FURNI-

VALL. — 14. On Early English Pronunciation, vgl. Nr. 2. — 15. Robert Crowley's Thirty-one Epigrams etc., ed. COWPER. — 16. An Treatise on the Astrolabe by G. Chaucer, ed. SKEAT. — 17 u. 18. The Complaynt of Scotland, 1549 a. D., ed. MURRAY. — 19. Oure Ladyes Miroure, a. D. 1530, ed. Blunt. — 20. Lonelich's History of the Holy Grail (ab. 1450 a. D.), ed. FURNIVALL. Fortgesetzt in Nr. 24, 28, 30. — 21. Barbour's Bruce, vgl. Nr. 11. — 22. Henry Brinklow's Complaynt of Roderyck Mors (about 1542), ed. COWPER. 23. On Early English Pronunciation, vgl. Nr. 2. — 24. Lonelich's History etc., vgl. Nr. 20. — 25 u. 26. The Romance of Guy of Warwick, ed. ZUPITZA. — 27. Bp. Fisher's English Works, ed. MAYOR. — 28. Lonelich's History etc., vgl. Nr. 20. — 29. Barbour's Bruce, vgl. Nr. 11. — 30. Lonelich's History etc., vgl. Nr. 20. — 31. The Alliterative Romance of Alexander and Didimus, ed. SKEAT. — 32. Starkey's England in Henry's VIII time, ed. HERRTAGE. — 33. Gesta Romanorum (english about 1440), ed. HERRTAGE. — 34 bis 41. The Charlemagne Romances (34. Sir Ferumbras; 35. The Sege of Melayne, Sir Otuell; 36 u. 37. Lyf of Charles the Grete, ed. HERRTAGE; 38. The Sowdone of Babylone, ed. HAUSKNECHT; 39. Rauf Colyear, Rowland, Otuel, ed. HERRTAGE; 40 u. 41. Huon of Bordeaux by Lord Berners, ed. LEE).

6. Mit der Mitte des 14. Jahrhunderts hebt eine neue, die mittelenglische, Periode der Sprachgeschichte an, welche bis etwa in die Mitte des 16. Jahrhunderts, d. h. bis an die Schwelle des Elisabethanischen Zeitalters, hineinreicht [1]). Die organische Allgemeinentwickelung der Sprache freilich berechtigt zu einer solchen Abtheilung nicht, denn in ihrem Verlaufe tritt, seitdem das Französische verdrängt worden ist, ein irgend wie bedeutsamer Wendepunkt nicht mehr ein, mindestens nicht ausserhalb des lexikalischen Gebietes, es vollzieht sich vielmehr die immer weiter schreitende Zersetzung des Formenbaues, der Uebergang von der Synthese zur Analyse, in einer ganz allmählichen, und, möchte man sagen, normalen Weise, bis der neuenglische Standpunkt erreicht und damit (wenigstens für die Schriftsprache) ein vorläufiger Abschluss gewonnen wird. [2]) Wenn man dennoch mit der Mitte

---

[1]) Für eine Abgrenzung der mittelenglischen von der neuenglischen Periode fehlt es gar sehr an sicheren Anhaltspunkten.
[2]) KOCH (Gramm. I², 23) charakterisirt das Mittelenglische folgendermassen: »In den Lautverhältnissen zeigt das Mittelenglische noch keine Uebereinstimmung, und selbst Spenser und Shakespeare haben noch keine feststehende Orthographie. In der verbalen Flexion mindern sich die star-

des 14. und ebenso mit der Mitte des 16. Jahrhunderts eine neue Periode beginnen lässt, so geschieht dies lediglich nur in Rücksicht auf die Entwickelung der Schriftsprache, also in Rücksicht auf einen Vorgang, welcher mehr eine litterar- und culturgeschichtliche, als eigentlich sprachgeschichtliche Wichtigkeit besitzt.

Die Entstehung einer nationalen Schriftsprache war die nothwendige Folge der englischen Culturentwickelung[1]. Durch den Verlauf der letzteren war es auch bedingt, dass die entstehende Schriftsprache auf die Mundart der Landeshauptstadt, auf den Londoner Dialect sich gründete[2].

ken Verben, der plurale Ablaut beginnt zu schwinden und die Infinitive stossen oft ihre Endungen ab. Bei den Substantiven schwindet, die umlautenden Plurale ausgenommen, der plurale Genitiv. Das Adjectiv giebt seine Flexion fast ganz auf und behält nur ein plurales *e*. Die Flexion der Pronomen beschränkt sich auf Nominativ und Accusativ, nur im Interrogativ bleibt noch der Genitiv. Der Gebrauch der Substantivformen des Possessivs ist entschieden. Die durch die französische Accentuation ins Schwanken gerathenen deutschen Elemente mindern sich, die Reaction beginnt und zahlreiche französische Wörter können von Dichtern auch mit deutscher Betonung gebraucht werden. Wenn der Dichter eine solche Betonung wagen darf, dann muss die Sprache des öffentlichen Lebens schon längst eine solche Aussprache geübt haben«.

1) Namentlich der Ausbildung des englischen Nationalbewusstseins. Uebrigens aber wolle man nicht vergessen, dass, so sehr auch eine nationale Schriftsprache den idealsten Interessen des betreffenden Volkes zu dienen vermag, der Anstoss zu ihrer Entwickelung doch immer von den sehr realen Bedürfnissen der Verwaltungspraxis, des Handels und sonstigen Verkehrs gegeben wird. Die irgendwie straffe Zusammenziehung der Gesammtkräfte eines Volkes zur Erreichung staatlicher oder wirthschaftlicher Ziele ist ohne eine einheitliche Schriftsprache unmöglich. Daher entsteht eine solche ganz naturgemäss dann, wenn die einzelnen Stämme eines Volkes durch die Gemeinsamkeit ihrer Interessen zum lebendigen Bewusstsein ihrer Zusammengehörigkeit gebracht und dadurch zu einer höheren nationalen Einheit zusammengefasst werden. In England geschah dies im 14. Jahrh. in Folge der eingetretenen Festigung der königlichen Macht und der dadurch ermöglichten strafferen Organisation der Verwaltung, in Folge ferner des Aufschwunges, den Handel und Gewerbe nahmen, in Folge endlich des langen französisch-englischen Krieges, der die Anspannung aller Volkskräfte erforderte.

2) Der Londoner Dialekt war ein im wesentlichen südlicher und sächsischer, zeigte aber in seiner Entwickelung schon früh eine nach Norden gerichtete Neigung, so dass eine allmähliche Verschiebung nach dieser Richtung hin sich in vielen Punkten nachweisen lässt. Die Staats- und Parlamentssprache der zweiten Hälfte des 14. Jahrhunderts steht dem Londoner Dialekt sehr nahe und beruht im Ganzen auf derselben Grundlage, wie dieser, doch finden sich in ihm vielfach mittelländische und nördliche Formen, welche dem Londoner Dialekte fremd sind. Man wählte für Staats- und Parlamentsschriften im Ganzen die Londoner Sprache, doch war man in der Anwendung derselben nicht engherzig. (Vgl. MORSBACH, Ueber den Ursprung der engl. Schriftsprache, Heilbronn 1887.)

Die Schriftsprache ist aufzufassen als das Ergebniss einer ganz natürlichen Entwickelung, als die den Zwecken des allgemeinen nationalen Lebens sich anpassende londoner Sprache. Nicht aber ist die Schriftsprache zu betrachten als die Schöpfung einzelner Männer. CHAUCER und WYCLIFF haben durch ihr Wirken gewiss die Schriftsprache beeinflusst, aber sie haben dieselbe keineswegs geschaffen, ja sie haben, streng genommen, sich eigentlich ihrer nicht einmal bedient [1]). Dass es der nationalen Schriftsprache nicht sofort nach ihrem Entstehen gelang, die Dialekte aus der Litteratur zu verdrängen, ist begreiflich, ja selbstverständlich. Indessen wichen doch die Dialecte ziemlich rasch zurück, und um Mitte des 16. Jahrhunderts war in England die litterarische Alleinherrschaft der Schriftsprache eine vollendete Thatsache. In Schottland dagegen behauptete sich der landesthümliche Dialect im litterarischen Gebrauche bis tief in das 16. Jahrhundert hinein, ja noch darüber hinaus.

Litteraturangaben: Die auf das Mittelenglische bezüglichen Werke sind zum grössten Theile bereits oben S. 81 ff. verzeichnet worden. Nachzutragen ist nur, dass in Fortsetzung der Specimens of Early English, welche MORRIS und SKEAT gemeinsam veröffentlichten (s. oben S. 81), der letztere ›Specimens of Early English from the ‚Ploughman's Crede' to the ‚Shepheardes Calender', a. D. 1394 to a. D. 1579‹ (2. ed. Oxf. 1879, Clarendon Press) herausgegeben hat und dass in diesem Werke eine vorzügliche, namentlich auch Anfängern zu empfehlende mittelenglische Chrestomatie vorliegt.

Der bedeutendste Dichter der mittelenglischen Sprachperiode ist CHAUCER, mit ihm hat sich vor Allem vertraut zu machen, wer die genannte Zeit, ihre Denkart und ihre Sprache (in Bezug auf die letztere vgl. unten Anm. 3) genau erkennen lernen will. Bestes Werk zur Einführung in das philologische Studium Chaucer's ist: TEN BRINK, Chaucer's Sprache und Verskunst, Leipzig 1884. Sich mit Chaucer ernstlich zu beschäftigen, darf kein Studierender der englischen Philologie versäumen; beginnen wird man die Chaucerlectüre am besten mit den in den Clarendon Press Series er-

---

[1] CHAUCER hat seinen Dichtungen vielfach mittelländische und südliche Elemente beigemischt, welche dem Dialekte seiner engeren Heimath (London) entweder gänzlich fremd oder doch nicht in dem gleichen Umfange eigen waren (vgl. MORSBACH a. a. O. p. 97). — Ueber Wycliff's Sprache fehlt noch eine eingehende Untersuchung, welche übrigens, wenn einmal unternommen, auf ebenso grosse wie eigenartige Schwierigkeiten stossen würde. Das aber dürfte auch jetzt schon genügend feststehen, dass Wycliff's Sprache nicht die eigentlich Londoner ist. — Vgl. FISCHER, Ueber die Spr. J. W.'s. Laut- und Flexionslehre. Jena 1880 Diss.

schienenen Abschnitten der Canterbury Tales; neben den Canterbury Tales sollte man aber wenigstens mit einer der romantisch-epischen Dichtungen Chaucer's sich bekannt machen, sei es mit dem Hous of Fame oder, noch besser, mit Troilus and Cryseyda.

Neben Chaucer ist der grösste Dichter der mittelenglischen Periode William Langland (oder Langley), der Verfasser der tiefsinnigen allegorischen Dichtung »the Vision concernyng Piers the Plowman«, welche in mancher Beziehung mit Dante's Divina Commedia verglichen werden darf. In das Studium dieses Autors führt man sich am besten ein durch die Lectüre der von SKEAT in den Clarendon Press Series herausgegebenen Texte.

7. Nachdem um Mitte des 16. Jahrhunderts der Sieg der Schriftsprache über die Dialecte gesichert war, sind die letzteren mehr und mehr zu localen Patois verwildert, und ihre Geschichte hört damit auf, für die allgemeine Sprachgeschichte wichtig zu sein. Die Schriftsprache ist, was den Formenbau anbetrifft, noch weiter in dessen Auflösung vorgeschritten und hat in dieser Beziehung gegenwärtig einen Standpunkt erreicht, über welchen hinaus sie nur noch wenige Schritte zu thun hat, um zur völligen Analyse zu gelangen[1]).

Die Culturwandlungen, durch welche England während der letzten Jahrhunderte hindurchgegangen ist, haben auf Wortschatz und Syntax der Sprache nachhaltig eingewirkt. Die Renaissancebildung, welche in England während des Elisabethanischen Zeitalters ihren Höhepunkt erreichte, erfüllte die Sprache mit einer Menge gelehrter Worte lateinischen und

---

[1]) KOCH (Gramm. I², 24) bezeichnet als »die charakteristischen grammatischen Eigenthümlichkeiten des Neuenglischen« folgende: »Die starken Verben mindern sich, wie der Unterschied zwischen pluralem und singularem Ablaute im Präteritum, so dass nur ein Ablaut bleibt, und dieser mischt sich oft mit dem des passiven Particips. Von der verbalen Person- und Modusbezeichnung erhält sich nichts als die 2. P. Sg. Präs. und Prät. Ind. und die 3. P. Sg. Ind. Präs.; Imperativ und Infinitiv haben keine Kennzeichen; die activen Participien werden mit -ing gebildet, die passiven schwachen Verben mit -ed, die starken Verben haben oft -en, -n abgestossen. Die adjectivische Flexion ist ganz geschwunden, und die substantivische bis auf einen im Gebrauch beschränkten singularen Genitiv, dessen Form auch auf die umlautenden Pluralformen (man, man's, men, men's) übertragen worden ist. Die Comparation ist beschränkt. Personal- und Demonstrativpronomen fliessen zusammen, der Accusativ you verdrängt den Nominativ ye. Im Possessiv tritt ein strenger Unterschied ein zwischen adjectivischer und substantivischer Form. Die grösste Veränderung aber tritt in der Accentuation ein, denn eine grosse Anzahl romanischer Wörter unterliegt deutscher Accentuation. Mit der Accentuation ändert sich auch die Lautung des Worts.«

griechischen, aber auch italienischen und spanischen Ursprunges, beförderte das Eindringen von Latinismen in die Satzbildung und begünstigte das Emporkommen eines manierirten Styles (des sogenannten Euphuismus). Der in der ersten Hälfte des 18. Jahrhunderts zu zeitweiliger Herrschaft gelangende Einfluss des französischen Pseudoklassicismus war der Einbürgerung französischer Lehnworte günstig und hat wohl auch eine theilweise Annäherung der Syntax an die für das Neufranzösische gültigen, streng logischen Normen bewirkt. Der Weltverkehr endlich, in welchen England seit dem Zeitalter der Elisabeth durch seine Colonialpolitik, seinen Handel und seine Gewerbthätigkeit eingetreten ist, hat die Entlehnung zahlreicher Fremdworte aus den verschiedensten europäischen und aussereuropäischen Idiomen zur Folge gehabt und dadurch dem englischen Wortschatze ein kosmopolitisches Aussehen gegeben. Aehnliches freilich ist in allen Cultursprachen Europa's geschehen.

Eine autoritative Regelung, wie sie dem Französischen durch die Académie française zu Theil geworden ist, hat die englische Schriftsprache zwar bei weitem nicht in so durchgreifender Weise erfahren. Eine Art autoritativer Geltung jedoch besitzt auch in sprachlicher Hinsicht die unter Jacob I. endgültig revidirte hochkirchliche Bibelübersetzung (veröffentlicht 1611). Namentlich aber wurden Normen für den schriftmässigen Gebrauch der Sprache aufgestellt durch den zugleich genialen und pedantischen, jedenfalls aber originalen Dr. Samuel Johnson (1709 bis 1784), den Verfasser des Dictionary of the English Language)[1].

Litteraturangaben: Eine wissenschaftliche Grammatik des Neuenglischen giebt es nicht und kann es füglich nicht geben, da das Neuenglische wissenschaftlich eben nur im Zusammenhange mit den ihm vorangegangenen Sprachgestaltungen behandelt werden kann. Wohl aber dürfte hier der Ort sein, um die das Englische überhaupt, also das Neuenglische mit inbegriffen, behandelnden wissenschaftlichen Lehrbücher zu nennen, welche übrigens, was bezeichnend genug ist, sämmtlich von Deutschen verfasst wurden; es sind die folgenden: E. Mätzner, Engl. Gramm. Berlin 1860/65, 3 Bde., 3. Ausg. 1880 (die 2. u. 3. Ausg. sind im Wesentlichen nur Neudrucke der ersten. Mätzner's Buch enthält eine staunens-

---

[1] Eine noch jetzt sehr lesenswerthe Biographie des merkwürdigen und interessanten Mannes verfasste Boswell, L. 1791 (neue Ausgg. z. B. L. 1831 u. 1874).

werthe Fülle gelehrten Materiales, aber leider muss die ganze Anlage des Buches als dem heutigen Standpunkte der Wissenschaft nicht mehr entsprechend, ja als ihm widersprechend bezeichnet werden. Anfänger sind vor dem Werke geradezu zu warnen, da sie durch dasselbe leicht wirr gemacht werden können; schon Vorgeschrittnere dagegen, welche mit Kritik zu lesen verstehen, werden es mit Nutzen brauchen können; fraglich bleibt freilich für sie, ob der Nutzen in richtigem Verhältniss stehen wird zu der Mühe, welche das Studium des umfangreichen, schwer geschriebenen und nichts weniger als übersichtlichen Werkes erfordert) [1]. — C. F. KOCH, Historische Grammatik der engl. Sprache. Bd. 1, Weimar 1863, Bd. 2 u. 3, Cassel u. Göttingen 1865/68, 2. Ausg. (im Ganzen nur unveränderter Neudruck), besorgt von ZUPITZA, Bd. 1, Cassel u. Göttingen 1882, Bd. 2 ebenda 1878 (KOCH's Grammatik ist eine bewundernswerthe Leistung, welche den Vergleich mit DIEZ' Gramm. der rom. Sprachen nicht zu scheuen hat; es ist aber bei der raschen Entwickelung der Sprachwissenschaft selbstverständlich, dass ein vor 20 bis 25 Jahren zuerst erschienenes und seitdem zwar neugedrucktes, aber nicht umgearbeitetes Werk in vielen und wesentlichen Beziehungen veraltet sein muss. ZUPITZA bemerkt daher in der Vorrede zur 2. Ausgabe des ersten Bandes sehr mit Recht, der Anfänger müsse davor gewarnt werden, sich der Führung des Buches unbedingt zu überlassen). — E. FIEDLER, Wissenschaftl. Gramm. der engl. Spr., Bd. I: Geschichte der engl. Spr., Lautlehre, Wortbildungslehre, Formenlehre. Zerbst 1850, 2. Ausg. besorgt von E. KÖLBING, Leipzig 1877 (das Buch war seiner Zeit hochverdienstlich, jetzt ist es in der 1. Ausg. völlig veraltet, in der 2. dagegen, Dank den von KÖLBING vorgenommenen Aenderungen, welche freilich weit eingreifender hätten sein sollen, noch brauchbar, doch muss es mit einiger Vorsicht benutzt werden). Bd. II: Syntax und Verslehre, bearbeitet von C. SACHS, Leipzig 1861 (vielfach veraltet) [2].

Wie aus obigen Bemerkungen hervorgeht, ist keine der vorhandenen wissenschaftlichen Grammatiken voll brauchbar und zuverlässig (FIEDLER-

---

[1] Ich hoffe, dass kein Sachkundiger obiges Urtheil über MÄTZNER's Grammatik für ungerecht oder auch nur für zu schroff erklären wird. Uebrigens kann man sehr wohl über MÄTZNER's Grammatik sich abfällig äussern und doch voll und freudig anerkennen, dass das Buch zur Zeit seines Erscheinens eine hochbedeutende und bahnbrechende Leistung war. Die Verdienste aber, welche MÄTZNER um die englische (wie auch um die französische) Philologie sich erworben hat, werden dadurch nicht geschmälert, dass seine grammatischen Werke dem natürlichen Schicksale des Veraltens anheimfallen. MÄTZNER's Name wird in der Geschichte der englischen wie in der der romanischen Philologie stets in ehrendster Weise genannt werden; wenn diese Wissenschaften, seitdem er an ihrer Begründung thatkräftig mitwirkte, Fortschritte gemacht haben und über den von ihm eingenommenen Standpunkt hinausgeschritten sind, so ist eben dies zum nicht geringsten Theile seinem grundlegenden Wirken zu danken.

[2] Von englischen grammatischen Arbeiten verdient nur eine genannt zu werden: MORRIS, Historical Outlines of English Accidence, comprising Chapters on the History and Development of the Language and on Wordformation, L. 1872, ein Buch, das wenigstens reichhaltiges Material enthält.

KÖLBING kann noch am ehesten, aber doch auch nur mit Vorbehalt, empfohlen werden). Studierende sind daher durchaus darauf angewiesen, eine Vorlesung über historische Grammatik zu hören, namentlich aber ist ihnen zu rathen, durch tüchtige Beschäftigung mit dem Angelsächsischen, für welches ja die treffliche Grammatik von SIEVERS (2. Ausg., Halle 1886) vorliegt, die sichere Grundlage für ein selbständiges Studium der englischen Sprachentwickelung sich zu erwerben.

Die Zahl der Schulgrammatiken des Englischen ist Legion [1]), aber tüchtige Leistungen finden sich doch nur wenige darunter. Eine ganz vorzügliche Arbeit ist IMMANUEL SCHMIDT's Engl. Gramm. für die oberen Classen höherer Lehranstalten (3. Ausg., Berlin 1883), ein Buch, welches, weil es auf wissenschaftlicher Grundlage ruht, auch Studierenden empfohlen werden kann, namentlich denen, welche auf dem Gymnasium englischen Unterricht nicht erhielten. Pädagogisch gut durchdacht und deshalb für diejenigen, welche das Englische autodidaktisch erlernen wollen, recht brauchbar ist KADEN's Anleitung zur Erlernung des Englischen (Hamburg, seit 1872). Originell in ihrer Anlage ist die, eine Reform des englischen Schulunterrichts erstrebende, Grammatik von VIETOR (Leipzig 1879). Gute Schulbücher sind die von DEUTSCHBEIN und von FÖLSING verfassten Grammatiken, die letztere (ebenso wie ein dazu gehöriges, sehr brauchbares Lehrbuch) von J. KOCH neu herausgegeben (Berlin 1886/87). — SCHRÖER's Bücher s. § 31, V.

Ueber die Wörterbücher des (Neu-)Englischen wird an anderer Stelle gehandelt werden (§ 37, No. 1).

Unter den einzelnen Zeiträumen der neuenglischen Sprachgeschichte beansprucht das Elisabethanische Zeitalter das lebhafteste Interesse als das Zeitalter der Hochrenaissance, als das Zeitalter der classischen Litteratur Englands. Von der mächtigen Bewegung, welche damals das ganze englische Volksleben durchzog, wurde auch die Sprache nachhaltig berührt, ihr Wortschatz erweitert, ihre Syntax gefestigt, ihre Stylistik ausgebildet, die Rhythmik in neue Bahnen gelenkt. Nicht freilich fehlte es bei diesen Bestrebungen an schweren Verirrungen, deren böse Folgen auf lange Zeit hinaus auf der Sprache lasteten, aber auch diese Verirrungen, unter denen namentlich die Geschmacklosigkeit des Euphuismus hervorzuheben ist, sind interessant, weil sie Zeugniss ablegen von geistiger Kraft und von ernstem, wenn schon oft missleiteten, künstlerischen Streben.

Jedenfalls hat der Studierende alle Ursache zu eindringender und liebevoller Beschäftigung mit der Sprache des 16. (und des beginnenden 17.) Jahrhunderts, wäre es auch nur um Shakespeare's willen. Auch ist auf diesem Gebiete noch reicher Stoff für eigene schaffende Arbeit vorhanden. Philologische Behandlung, aber auch noch nicht in abschliessender und erschöpfender Weise, hat bis jetzt nur die Sprache Shakespeare's gefunden, sehr vernachlässigt dagegen ist geblieben die Sprache der vorshakespeare'-

---

[1]) Die, soweit bekannt, älteste englische Grammatik für Deutsche (und zugleich deutsche Grammatik für Engländer) wurde herausgegeben von OFFELEN, L. 1687; vgl. VIETOR in Engl. Stud. X, 361.

schen Dramatiker (unter denen, auch in sprachlicher Hinsicht, Marlowe besondere Beachtung verdient), vor Allem aber die Sprache der Prosa, in Bezug auf welche nur der euphuistische Styl Gegenstand der Untersuchung geworden ist.

Ueber die Shakespeare-Sprache vgl.: DEUTSCHBEIN, Sh.-Grammatik für Deutsche, Köthen 1882, vorher als Progr. der Realschule zu Zwickau 1881/82 erschienen (sehr praktisch für Anfänger). ABBOTT, Shakespearian Grammar, L. 1876 (enthält reiches Material, entspricht aber in dessen Bearbeitung keineswegs philologischen Anforderungen; es gilt dies namentlich auch von dem umfänglichen die Rhythmik behandelnden Abschnitte des Buches). KELLNER, Zur Syntax des englischen Verbums mit besonderer Berücksichtigung Shakespeare's, Wien 1884. A. SCHMIDT, Sh.-Lexikon, Berlin 1875, 2. unveränderte Ausg. 1886 (hochverdienstliches und bewundernswerthes Werk, welches indessen bei späterer Neubearbeitung sich weiterer Vervollkomnung in streng philologischem Sinne als fähig erweisen wird). DELIUS, Sh.-Lexikon, Bonn 1852. LUMMERT, Die Orthographie in der 1. Folioausg. der Sh.'schen Dramen, Halle 1883. Reiches und werthvolles grammatisches Material und eine Fülle feiner sprachlicher Beobachtung enthalten die Prolegomena zu TYCHO MOMMSEN's Ausg. von Romeo and Juliet, Oldenburg 1859.

Ueber den Euphuismus hat namentlich gehandelt LANDMANN in seiner Diss.: Der Eu., sein Wesen, seine Quelle, seine Geschichte, Giessen 1881 (davon ein Auszug in den Transactions der Philological Society), und in der Einleitung zu seiner Ausg. des ersten Theiles des Lyly'schen Euphues, Heilbronn 1887, vgl. Engl. Stud. XI, 153.

Ueber den Einfluss des Lateinischen und Griechischen auf das Englische vgl. TSCHISCHWITZ, L'Influence du Grec et du Latin s. le développement de la langue anglaise. Celle 1882 Progr.

Ueber die Rhythmik des 16. Jahrhunderts vgl. namentlich: SCHRÖER in seiner Ausg. von Bale's Comedy concerning three Lawes (Anglia V, 160) sowie desselben Gelehrten Abhandlung über die Anfänge des Blankverses in England (Anglia IV, 1); ausserdem: ALSCHER, Sir Thomas Wyatt und seine Stellung in der Entwickelungsgeschichte der englischen Litteratur und Verskunst, Wien 1886.

Schliesslich noch eine allgemeine methodologische Bemerkung. Für Jemand, welcher einerseits mit dem Angelsächsischen und andrerseits mit dem Neuenglischen einigermassen vertraut ist, hat die Lectüre älterer englischer Texte, selbst solcher der altenglischen Periode, nicht eben grosse Schwierigkeiten hinsichtlich der Erfassung des Sinnes. Diese verhältnissmässige Leichtigkeit des Lesens darf aber nicht zur Oberflächlichkeit verleiten und noch weniger zu dem Wahne, dass ein grammatisches Studium des älteren Englisch gar nicht erforderlich sei. Ein solcher Irrglaube ist sehr geeignet, ein wirklich wissenschaftliches Verständniss des Neuenglischen unmöglich zu machen, denn dasselbe kann eben nur erlangt werden auf Grund einer wissenschaftlichen Kenntniss aller vorausgehenden Sprachperioden. (Alt- und Neu-)Angelsächsisch, Altenglisch, Mittelenglisch, Neuenglisch bilden die eng an einander schliessenden Glieder einer Kette, von denen keins übersprungen werden darf, wenn das letzte recht erfasst werden soll.

Insbesondere lasse man sich durch die Thatsache, dass man, wenn einige praktische Vertrautheit mit dem Neuenglischen besitzend, die Shakespeare-Dramen in den landläufigen modernisirten Ausgaben leidlich glatt und geläufig zu lesen vermag [1]), nicht zu dem Irrglauben verführen, dass die Sprache Shakespeare's von der gegenwärtigen nicht eben sehr verschieden sei und also zu besonderem Studium keinen Anlass biete. Man lese vielmehr auch Shakespeare in philologischer Weise. Dazu gehört aber vor Allem, dass man ihn nicht nur in modernisirten Ausgaben lese, welche, so berechtigt sie auch für das nichtphilologische Publicum sind, für philologische Zwecke, wenigstens solche sprachlicher Art, einfach unbrauchbar genannt werden müssen, sondern dass man diplomatische Abdrücke der Originalausgaben — z. B. die von Tycho Mommsen edirten Quartotexte von Romeo and Juliet — benutze, denn dann erst erhält man ein getreues Bild von der Sprache und Rechtschreibung des Shakespeare-Zeitalters und wird sich dessen bewusst werden, dass im 16. Jahrhundert das Englische doch anders klang und auch sonst vielfach anders war, als am Ausgange des 19. Was von Shakespeare, das gilt selbstverständlich auch von anderen Autoren der älteren Zeit. Ueberhaupt gewöhne sich, wer Philolog sein will, möglichst früh daran, die Litteraturwerke der Vergangenheit in ihrer ursprünglichen Sprachgestalt kennen zu lernen. In die

---

[1]) Freilich mehr scheinbar, als in Wirklichkeit. Wer sich nicht selbst zu betrügen liebt, wird bereitwillig eingestehen, dass er bei der Shakespearelectüre viele Einzelheiten nicht verstanden hat — es sei denn, dass er als Philolog las, also ausgerüstet mit der Kenntniss der Sprache des 16. Jahrhunderts oder doch die Mühe nicht scheuend, sich bei der Lectüre durch gewissenhafte Benutzung der einschlägigen Hülfsmittel über die aufstossenden Schwierigkeiten aufzuklären.

heutige Orthographie umgesetzte und nach Massgabe des heutigen Sprachgebrauchs durchcorrigirte Ausgaben älterer Werke sind selbstverständlich für die lediglich auf Erfassung des Inhalts und auf ästhetischen Genuss gerichtete Lectüre durchaus berechtigt und praktisch schlechterdings unentbehrlich, für das philologische Studium aber sind sie nicht bloss unbrauchbar, sondern sogar verwerflich, weil sie zu Täuschung und Irrthum verleiten.

Zweites Kapitel.

### Das Sprachgebiet des Englischen.

§ 8. **Die geschichtliche Entwickelung des englischen Sprachgebietes.** 1. Das ursprüngliche Gebiet der angelsächsischen Herrschaft und damit auch der angelsächsischen Sprache umfasste nur die östliche (kleinere) Hälfte der Insel bis etwa zum 56. Breitegrad hinauf, so dass also das südöstliche Schottland von vornherein in das angelsächsische Gebiet einbezogen worden ist. Wie lange und in welcher Ausdehnung sich innerhalb dieses Gebietes das Keltische neben dem Angelsächsischen behauptete, entzieht sich jeder Feststellung; die Wahrscheinlichkeit aber spricht dafür, dass das Angelsächsische sehr bald alleinherrschend wurde, zumal da ein Theil der keltischen Bevölkerung nach Armorica (Bretagne) hinüberwanderte.

2. Allgemach breitete sich im Laufe des 7. und 8. Jahrhunderts der Machtbereich und damit auch die Sprache der Angelsachsen auch über die westlichen Theile der Insel aus; nur in Wales bewahrten die Kelten (Kymren) ihre Sprache und bis zum Ausgange des 13. Jahrhunderts auch ihre Freiheit. Bereits zur Zeit Älfred's d. G. dürfte England, abgesehen von Wales (und Cornwall) und abgesehen von den durch die Dänen besetzten Bezirken (in Northumberland, Ostangeln und Mercia), ein ziemlich einheitliches Sprachgebiet gebildet haben, welches wohl nur wenige keltische Enclaven zählte. Zur Zeit der normannischen Eroberung scheint annähernd völlige

Spracheinheitlichkeit vorhanden gewesen zu sein, da inzwischen wohl die meisten Dänen ihre heimische Sprache mit der stammverwandten angelsüchsischen vertauscht haben dürften.

3. Die normannische Eroberung trug das Französische nach England hinüber. Da jedoch die Eroberer nicht ganze Landschaften in geschlossener Menge besetzten, sondern über das ganze Reich hin sich verstreuten, so bildeten sich höchstens vereinzelte französische Sprachinseln, keine französischen Sprachbezirke — ein Umstand, welcher wesentlich zu der verhältnissmässig raschen Wiederverdrängung des Französischen beigetragen hat. Nachdem das Angelsächsische durch die Berührung mit dem Französischen zum Englischen sich umgebildet hatte, war England wieder ein im Wesentlichen einsprachiges Land und ist es bis zur Gegenwart geblieben.

4. Die Eroberung Irlands ist von Heinrich II. um 1170 begonnen, aber erst im 16. Jahrhundert beendet worden, und selbst seitdem ist die Insel immer nur ein unsicherer Besitz der englischen Krone gewesen. Die sprachliche Anglisirung des Landes ist nur langsam vorgeschritten und selbst heute noch nicht völlig durchgeführt.

5. Südschottland, dessen östlicher Theil von vornherein dem angelsächsischen Sprachgebiete angehörte, dürfte bereits gegen Ausgang des Mittelalters sprachlich anglisirt gewesen sein. Späterhin ist die englische Sprache, begünstigt durch die politischen Verhältnisse (Personalunion zwischen England und Schottland seit Jacob I. [1603], thatsächliche Vereinigung beider Reiche 1707), weiter nach Norden vorgedrungen, hat jedoch das Keltische (Gälische) noch nicht völlig zu vertreiben vermocht.

6. Mit der am Ausgange des 16. Jahrhunderts begonnenen englischen Colonisation Nordamerika's verpflanzte sich die englische Sprache über den atlantischen Ocean und verbreitete sich dort im Laufe der nächsten Jahrhunderte über ein weitgestrecktes Gebiet. Noch ausgedehnter wurde der Bereich der englischen Sprache durch die seit Ausgang des 18. Jahrhunderts erfolgte Besiedelung Australiens und Neuseelands.

So hat das Gebiet der englischen Sprache, welches einst — vor etwa zwölfhundert Jahren — auf die östlichen und südlichen Küstenlandschaften Englands beschränkt war, mit dem Fortschreiten der politischen und der Culturentwickelung des englischen Volkes eine über beide Hemisphären des Erdballs sich erstreckende, weite Länder umfassende Ausdehnung gewonnen.

§ 9. **Das englische Sprachgebiet innerhalb Europa's.** 1. Das rein englische Sprachgebiet innerhalb Europa's besteht aus dem Königreiche England (ohne Wales), dem südlichen Schottland und dem östlichen Theile Irlands; in Wales[1]), dem nördlichen Schottland, auf Man und den schottischen Inseln und in dem westlichen Theile Irlands behauptet sich noch das Kymrische, bezw. das Gälische neben dem Englischen, indessen ist das letztere, schon weil es die Sprache der herrschenden Rasse und der höheren Cultur ist, in immer weiterem Vordringen begriffen.

2. Ausserhalb der grossbritannischen Inseln besitzt das Englische in Europa kein zusammenhängendes Sprachgebiet, denn weder auf Helgoland noch in Gibraltar noch auf Malta ist es Landessprache. Dagegen ist bekanntlich die Zahl der auf dem Continente lebenden Engländer eine sehr erhebliche; bestehen ja in nahezu allen europäischen Grossstädten englische Kirchengemeinden und Clubs; in manchen dieser Städte sind ganze Strassen, selbst Stadtviertel vorzugsweise von Engländern (und Nordamerikanern) bewohnt.

3. Die grossbritannischen Inseln haben (nach den Angaben im diplomat.-statist. Jahrb. des Genealog. Kal. des J. 1887) folgenden Flächeninhalt:

| | | |
|---|---|---|
| England | 131 628 | Quadratkilometer |
| Wales | 19 069 | " |
| Schottland | 78 595 | " |
| Irland | 84 252 | " |
| Insel Man | 588 | " |
| Kanalinseln | 196 | " |
| | 314 628 | " (=5775,39 ☐ M.). |

Von dieser Gesammtfläche dürften mindestens drei Viertel dem rein englischen Sprachgebiete angehören, während in

---

[1] Ueber die Grenzen zwischen Englisch und Welsch vgl. ELLIS, The Delimitation of the English and Welsh Languages, in Y Cymmrodor V, 173 (abgedruckt in den Transact. of the Philol. Soc. 1882/83, Appendix II).

einem Viertel das Keltische neben dem Englischen noch fortbesteht.

Anmerkung: Im Folgenden werde eine Uebersicht der politischen Eintheilung Englands (mit Wales), Schottlands und Irlands gegeben, weil eine solche in diesem Buche zu finden für den Studierenden in mehrfacher Beziehung von Nutzen sein kann. Ist es doch für den, welcher mit Sprache und Litteratur eines Volkes sich beschäftigt, von grosser Wichtigkeit, mit der physischen und mit der politischen Geographie des betreffenden Landes vertraut zu sein, ein klares Bild von dessen Beschaffenheit und Eintheilung zu besitzen. Namentlich kommt die Geographie in Betracht, wenn es sich um die Abgrenzung der einzelnen Dialektgebiete handelt, aber auch für litterargeschichtliche Einzelstudien ist Bekanntschaft mit geographischen Dingen oft sehr erwünscht, ja nothwendig.

Die grossbritannischen Königreiche sowie das Fürstenthum Wales werden in Grafschaften (shires) eingetheilt; eine Eintheilung, welche in England schon in angelsächsischer Zeit durchgeführt worden und mit der Geschichte des Landes innigst verwachsen ist.[1]) In nachstehender Uebersicht sind die Namen der alten angelsächsischen Königreiche immer den Namen der ihrem Umfange nach ungefähr entsprechenden Grafschaften in Klammern vorgesetzt.

A. England. (I. Altes Königreich Essex.) 1. Middlesexshire, 13,2 Qu(adrat)m(eilen), wichtigste Stadt London[2]). 2. Essexshire, 78,1 Qum., zwischen der unteren Themse und dem Stour; wichtigste Städte: Colchester, Harwich. — (II. Altes Königreich Kent.) 3. Kentshire, 76,7 Qum., im äussersten Südosten; wichtigste Städte: Canterbury, Dover, Chatham, Rochester, Gravesend, Woolwich, Greenwich. — (III. Altes Königreich Sussex.) 4. Sussexshire, 68,9 Qum., südlich von Kent bis an das Meer sich erstreckend; wichtigste Städte: Chichester, Arundel, Shoreham, Brighton, Lewes, Hastings. 5. Surreyshire, 35,3 Qum., zwischen Middlesex und Sussex; wichtigste Städte: Richmond, Croydon, Kingston, Epsom, Dorking, Guildford. — (IV. Altes Königreich Wessex.) 6. Berkshire, 33,2 Qum., westlich von Surrey: wichtigste Städte: Reading, Windsor, Newbury. 7. Hampshire, südlich von Berk, westlich von Surrey und Sussex bis zum Meere sich erstreckend; wichtigste Städte: Southampton, Portsmouth, Winchester. 8. Wiltshire, 63,8 Qum., nordwestlich von Hampshire; wichtigste Städte: Salisbury, Wilton, Devizes, Marlborough. 9. Dorsetshire, 46,5 Qum., südlich von Wiltshire bis zur Meeresküste reichend;

---

[1] In rein administrativer Beziehung ist Grossbritannien in folgende Verwaltungsbezirke eingetheilt: I. England: London, South Eastern, South Midland, Eastern, South Western, West Midland, North Midland, North Western, York, Northern, Welsh. II. Schottland: Northern, North Western, North Eastern, Eastern Midland, West Midland, South Western, South Eastern, Southern. III. Irland: Leinster, Munster, Ulster, Connaught.

[2]) In seinem Gesammtumfange erstreckt sich London, die Vororte mit eingerechnet, in die Grafschaften Surrey und Kent hinein.

wichtigste Städte: Dorchester, Wareham, Pool. 10. Somersetshire, 77,2 Qum., nordwestlich von Dorsetshire bis zum Canal von Bristol; wichtigste Städte: Taunton, Bath, Bristol (zum Theil in Gloucestershire gelegen). 11. Devonshire, 122,1 Qum., zwischen dem Canal von Bristol und dem Canal de la Manche gelegen; wichtigste Städte: Exeter, Torquay, Plymouth, Barnstaple. 12. Cornwallshire, 64,4 Qum., die nach Südwesten vorspringende Landzunge. — (V. Altes Königreich Ostangeln.) 13. Suffolkshire, 69,8 Qum., Küstenlandschaft nördlich von Essex; wichtigste Städte: Ipswich, Bury St. Edmunds. 14. Norfolkshire, 99,8 Qum., Küstenlandschaft nördlich von Suffolk; wichtigste Städte: Norwich, Yarmouth, Dereham, Kings-Lynn. 15. Cambridgeshire, 38,6 Qum., westlich von Suffolk und Norfolk; wichtigste Städte: Cambridge, Newmarket, Wisbeach. — (VI. Altes Königreich Mercia.) 16. Gloucestershire, 59,3 Qum., nördlich von Somersetshire, von der Severn durchschnitten; wichtigste Städte: Gloucester, Cheltenham, Stroud, Cirencester, Tewkesbury. 17. Oxfordshire, 34,8 Qum., östlich von Gloucestershire, im S. von der Themse begrenzt; wichtigste Stadt: Oxford. 18. Buckinghamshire, 34,4 Qum., östlich von Oxfordshire, im S. von der Themse begrenzt; wichtigste Städte: Buckingham, Aylesbury, High-Wycombe, (Eton). 19. Hertfordshire, 28,8 Qum., östlich von Buckinghamshire, nördlich von Middlesex, westlich von Essex; wichtigste Städte: Hertford, St. Albans, Barnet. 20. Bedfordshire, 21,8 Qum., nördlich von Hertfordshire; wichtigste Städte: Bedford, Dunstable. 21. Huntingdonshire, 17,0 Qum., nördlich von Bedfordshire; wichtigste Städte: Huntingdon, Ives. 22. Northamptonshire, 46,4 Qum., westlich von Huntingdonshire; wichtigste Städte: Northampton, Naseby, Peterborough, (Fotheringhay). 23. Warwickshire, 41,5 Qum., westlich von Northamptonshire; wichtigste Städte: Warwick, Leamington, Stratford, Kenilworth, Coventry, Rugby, Birmingham. 24. Worcestershire, 34,8 Qum., nördlich von Warwickshire;|wichtigste Städte: Worcester, Evesham, Kidderminster, Stourbridge. 25. Herefordshire, 39,4 Qum., westlich von Worcestershire; wichtigste Städte: Hereford, Leominster. 26. Monmouthshire. 27,1 Qum., südlich von Herefordshire; wichtigste Städte: Monmouth, Newport. 27. Shropshire, 60,9 Qum., nördlich von Herefordshire; wichtigste Stadt: Shrewsbury. 28. Staffordshire, 53,7 Qum., östlich von Shropshire; wichtigste Städte: Stafford, Wolverhampton etc. (alle diese Orte haben nur als Industriesitze Bedeutung). 29. Leicestershire, 37,9 Qum., nordöstlich von Warwickshire; wichtigste Städte: Leicester, Loughborough. 30. Rutlandshire, 7,07 Qum., östlich von Leicester; irgendwie bedeutende Ortschaften besitzt die kleine Grafschaft nicht. 31. |Lincolnshire, 130,9 Qum., an der Küste der Nordsee zwischen Humber und Wash; wichtigste Städte: Lincoln, Gainsborough, Louth, Bolingbroke, Boston, Grantham. 32. Nottinghamshire, 38,8 Qum., westlich von Lincolnshire; wichtigste Städte: Nottingham, Mansfield, Newark upon Trent. 33. Derbyshire, 48,5 Qum., westlich von Nottinghamshire; wichtigste Städte: Derby, Chesterfield, Glossop. 34. Ches(ters)hire, 52,1 Qum., westlich von Derbyshire; wichtigste Städte: Chester, Birkenhead. — (VII. Altes Königreich Northum-

berland.) 35. Lanca(ster)shire, 89,3 Qum., nördlich von Chestershire; wichtigste Städte: Lancaster, Preston, Blackburn, Burnley, Bury, Rochdale, Manchester (Salford), Ashton-under-Lyne, Oldham, Liverpool. 36. Yorkshire, östlich von Lancaster bis zur Nordsee, zerfällt in drei Bezirke: a. East Riding 125,9 Qum., North Riding 56,8 Qum., West Riding 99,5 Qum.; wichtigste Städte: York, Hull, Withby, Middleborough, Leeds, Bradford, Halifax, Huddersfield, Saddleworth, Wakefield, Dewesbury, Barndley, Sheffield, Pomfreet, Doncaster. 37. Durhamshire, 45,9 Qum., nördlich von Yorkshire; wichtigste Städte: Durham, Bishop-Auckland, Darlington, Stockton, Bernard-Castle, Hartlepool, Sunderland. 38. Westmorelandshire, 35,7 Qum., westlich von Durhamshire; wichtigere Orte: Appleby, Clifton, Ambleside. 39. Cumberlandshire, 73,6 Qum., nördlich von Westmoreland; wichtigste Städte: Carlisle, Whitehaven, Penrith, Keswick. 40. Northumberlandshire, 92,1 Qum., nordöstlich von Cumberlandshire; (wichtigste Städte: Newcastle-upon-Tyne, Hexham, Berwick-upon-Tweed.
**B. Wales. a. Südwales:** 1. Pembrokeshire, 29,9 Qum., die südwestliche Halbinsel; wichtigste Städte: Pembroke, Milford. [2. Caermarthenshire, 32,7 Qum., östlich von Pembrokeshire; wichtigste Städte: Caermarthen, Llanelly, Llandovery. 3. Glamorganshire, 40,2 Qum., östlich von Caermarthenshire; wichtigste Städte: Cardiff, Swansea, Neath, Aberafon. 4. Brecknockshire oder Breconshire, [33,9 Qum., nördlich von Glamorganshire; wichtigste Stadt: Brecknock. 5. Cardiganshire, 27,3 Qum., nördlich von Caermarthenshire; wichtigste Städte: Cardigan, Aberystwyth. 6. Radnorshire, 20,0 Qum., nördlich von Brecknockshire; wichtigste Orte: Presteigne, New-Radnor. — b. Nordwales: Montgomeryshire, 35,6 Qum., nördlich von Radnorshire: Hauptorte: Montgomery und Welshpool. 8. Merionetshire, 28,4 Qum., nordwestlich von Montgomeryshire; Hauptorte: Bala, Dolgelly. 9. Denbigshire, 28,4 Qum., nördlich von Merionethshire; wichtigste Städte: Denbigh, Wrexham. 10. Flintshire, 13,5 Qum., nordöstlich von Denbighshire; wichtigste Städte: Flint, Holywell, St. Asaph, Hawarden. 11. Caernarvonshire, 44,7 Qum., westlich von Denbigh- und Merionethshire; wichtigste Orte: Caernarvon, Convay. 12. Angleseyshire, 14,2 Qum., Insel westlich von Caernarvonshire; wichtigste Orte: Beaumaris, Holyhead, Amlwch.
**C. Schottland. a. Südschottland,** von der Nordostgrenze Englands bis zum Tay-Busen. 1. Mid-Lothian- oder Edinburghshire, an der Südseite des von der [Mündung des Forth gebildeten Busens; wichtigste Städte: Edinburgh, Leith. 2. West-Lothian- oder Linlithgowshire, westlich von Edinburghshire, am Forth; wichtige Orte Linlithgow, Bathgate. 3. Ostlothian- oder Haddingtonshire, östlich von Edinburghshire; wichtigere Orte: Haddington, Dunbar, Prestonpans. 4. Berwick- oder Merseshire, zwischen den Lammermuirhügeln und dem Tweed; Hauptorte: Berwick, Coldstream, Dryburgh-Abbey, Dunse. 5. Peebles- oder Tweeddaleshire, westlich von Berwickshire; Hauptort: Peebles on Tweed. 6. Selkirkshire, südlich von Peeblesshire; Hauptorte: Selkirk, Galashiels. 7. Roxburgh- oder Teviotdaleshire, südlich von Selkirk-

100  Kap. II. § 9, 3. Das Sprachgebiet des Englischen.

und Berwickshire; Hauptorte: Jedburgh, Kelso, Abbotsford, Melrose. 8. **Dumfriesshire**, südwestlich von Roxburghshire bis zum Solway-Firth; Hauptorte: Dumfries, Annan, Gretna-Green. 9. **East-Galloway**- oder **Kirkcudbrightshire**, südwestlich von Dunfriesshire an der Solway-Bai; Hauptort: Kirkcudbright. 10. **West-Galloway**- oder **Wigtonshire**, im äussersten Südwesten; Hauptorte: Wigton, Stranraer, Port Patrik. 11. **Ayrshire**, Küstenland am Westufer des Loch-Ryan bis zum Clyde-Busen; Hauptorte: Ayr, Irvine, Kilmarnock. 12. **Lanark**- oder **Clydesdaleshire**, östlich vom Ayr; Hauptorte: Lanark, Hamilton, Glasgow. 13. **Renfrewshire**, westlich von Lanarkshire am linken Ufer der Clydemündung; Hauptorte: Renfrew, Paisley, Johnston, Port-Glasgow, Greenock. 14. **Dumbarton**- oder **Lenoxshire**, nördlich von Renfrewshire, zwischen dem Clyde-Busen und dem Loch-Long; Hauptorte: Dumbarton, Helensburgh, Kirkintulloch. 15. **Stirlingshire**, nordöstlich von Dumbartonshire, vom Forth begrenzt; Hauptorte Stirling, Bannockburn, Falkirk. 16. **Clackmannanshire**, am linken Ufer des Forth; Hauptorte: Clackmannan, Alloway. 17. **Kinrossshire**, östlich von Clackmannanshire; Hauptort: Kinross. 18. **Fifeshire**, zwischen der Mündung des Forth und Tay; Hauptorte: Dunfermline, Cupar, St. Andrews. — b. **Mittelschottland** (bis zum Grampiangebirge). 19. **Perthshire**, an der Ostküste am Forth of Tay gelegen; Hauptorte: Perth, Dunkeld, Crieff. 20. **Forfar**- oder **Angusshire**, nördlich von Perthshire; Hauptorte: Forfar, Dundee, Arbroath, Montrose, Brechin. 21. **Mearns**- oder **Kincardineshire**, nördlich von Forfarshire an der Ostküste zwischen den Mündungen des Nord-Esk und des Dee; Hauptorte: Stonehaven, Bervie. 22. **Aberdeenshire**, nördlich von Kincardineshire; Hauptorte: Aberdeen, Peterhead, Fraserburgh. 23. **Banffshire**, westlich von Aberdeenshire, zwischen Doveran und Spey; Hauptorte: Banff, Cullen. 24. **Elgin**- oder **Morayshire**, westlich von Banffshire von der Mündung des Spey bis zu der des Findhorn; Hauptorte: Elgin, Forres. 25. **Nairnshire**, westlich von Elginshire am Moray-Firth; Hauptort: Nairn. 26. **Argyleshire**, die westliche Küstenlandschaft Schottlands; Hauptorte: Inverary, Campbelltown. 27. **Buteshire**, bestehend aus den Inseln Bute, Arran u. a. im Firth of Clyde. — c. **Nord**- oder **Hochschottland**: 28. **Invernessshire**, westlich von Nairnshire; Hauptort: Inverness. 29. **Cromartyshire** und 30. **Rossshire** (zwei jetzt verbundene Grafschaften, nordwestlich von Inverness; Hauptorte: Cromarty, Dingwall, Tain. 31. **Southerlandshire**, der nordwestliche Theil des Hochlandes; Hauptort: Dornoch. 32. **Caithnessshire**, der nordöstliche Theil des Hochlandes; Hauptorte: Wick, Thurso.

**D. Irland.** I. Provinz **Leinster**. 1. **Dublinshire** mit der Landeshauptstadt Dublin. 2. **Wicklowshire**, südlich von Dublinshire; Hauptorte: Wicklow, Arklow. 3. **Wexfordshire**, südlich von Wicklowshire; Hauptorte: Wexford, Enniscorthy, New-Ross. 4. **Kilkennyshire**, westlich von Wexfordshire; Hauptort: Kilkenny. 5. **Carlowshire**, nordöstlich von Kilkennyshire; Hauptorte: Carlow, Bagenalstown, Tullow. 6. **Queens-County**, nördlich von Kilkennyshire; Hauptort: Maryborough oder Queenstown. 7. Kings-County, nördlich von Queens-County; Hauptorte: Philippstown oder Kingstown, Tullamore, Parsonstown. 8. Kildareshire, östlich von Queens- und Kings-County; Hauptorte: Kildare, Athy, Mainooth. 9 und 10. West-Meath- und East-Meathshire, nördlich von Kings-County; Hauptorte: Mullingar, Athlone, Trim, Navan, Kells. 11. Louthshire, nördlich von Meathshire; Hauptorte: Drogheda, Dundalk, Carlingford. 12. Longfordshire, westlich von Louthshire; Hauptorte: Longford, Edgeworthstown. — II. Provinz Ulster: 13. Cavanshire, nördlich von Longfordshire; Hauptorte: Cavan, Kilmore. 14. Monaghanshire, nordöstlich von Cavanshire; Hauptort: Monaghan. 15. Armagshire, östlich von Monaghanshire; Hauptort: Armagh. 16. Downshire, östlich von Armagshire; Hauptorte: Downpatrick, Donaghadee, Bangor, Bannbridge. 17. Antrimshire, im äussersten Nordosten; Hauptorte: Belfast, Carrickfergus, Larne, Antrim. 18. Londonderryshire, westlich von Antrimshire; Hauptorte: Londonderry, Coleraine. 19. Donegalshire, im äussersten Nordwesten; Hauptorte: Donegal, Ballyshannon. 20. Tyroneshire, östlich von Donegalshire; Hauptorte: Dungannon, Strabane. 21. Fermanaghshire, südwestlich von Tyroneshire; Hauptort: Enniskillen. — III. Provinz Connaught: 22. Leitrimshire, südwestlich von Fermanagshire; Hauptort: Carrock on Shannon. 23. Sligoshire, westlich von Leitrimshire; Hauptort: Sligo. 24. Mayoshire, die nordwestliche Halbinsel von der Killala-Bai bis zum Killery-Hafen; Hauptorte: Killala, Ballina, Castlebar, Westport. 25. Roscommonshire, südlich von Mayoshire bis zum Lough Ree und Shannon; Hauptorte: Roscommon. Elphin, Boyle. 26. Galwayshire, der südwestliche Theil der Provinz Connaught; Hauptorte: Galway, Tuam. — IV. Provinz Munster: 27. Clareshire, die Halbinsel zwischen dem Galwaybusen und dem Waterfordhafen; Hauptorte: Ennis, Killaloe, Kilrush, 28. Tipperaryshire, östlich von Clareshire; Hauptorte: Clonmel, Carrick, Cashel, Tipperary, Thurles. 29. Waterfordshire, südlich von Tipperaryshire; Hauptorte: Waterford, Dungarvan, Lismore. 30. Limerickshire, westlich von Tipperaryshire; Hauptorte: Limerick, Newcastle, Rathkeale, Askeaton. 31. Kerryshire, westlich von Limerickshire bis zum Ocean; Hauptorte: Tralee, Listowel, Dingle, Kularney. 32. Corkshire; im äussersten Süden der Insel; Hauptorte: Cork, Queenstown, Middleton, Youghal, Kinsale, Baltimore, Bantry, Fermoy.

Litteraturangaben: Ein für geschichtliche, bezw. für philologische Zwecke brauchbares Handbuch der Geographie fehlt; am ehesten kann dafür gebraucht werden: W. Hughes, A Geographical Description of the British Islands at Successive Periods from the Earliest Times to the Present Day, L. 1863. Gute topographisch-statistische Wörterbücher sind: The National Gazetteer: A Topographical Dictionary of the British Islands. With a Complete Atlas and Numerous Maps. L. 1868, 3 Bde., und: BEETON, British Gazetteer, A Topographical and Historical Guide to the United Kingdom, with the Correct Pronunciation of the Name of every Place L. o. J. (Preis 1 sh.!). Sehr werthvolle Bemerkungen über die geschichtliche Geographie Englands und die sie betreffende Litteratur gibt ELZE in seinem Grundriss, p. 95 ff.

Wem es nicht vergönnt ist, die britischen Inseln aus eigener Anschaaung kennen zu lernen, der versäume wenigstens nicht, sich durch das Lesen guter Reisebeschreibungen eine ungefähre Vorstellung von Land und Leuten zu erwerben. Wer aber, sei es auch nur auf kürzere Zeit, das britische Inselreich besuchen kann, der beschränke seinen Aufenthalt nicht auf die Hauptstädte oder gar nur auf London, sondern unternehme so viele Streifzüge in die Provinz, als er nur kann. Zum Mindesten sollte jeder Philolog, der nach England kommt, sich vornehmen, nicht zurückzukehren, ohne Stratford on Avon und entweder Oxford oder Cambridge gesehen zu haben.

§ 10. **Das englische Sprachgebiet ausserhalb Europa's.** 1. Ausserhalb Europa's dürfen das Dominion of Canada nebst New-Foundland, die Vereinigten Staaten Nordamerika's, Australien (der Continent) und Neuseeland als im **Allgemeinen** englische Sprachgebiete betrachtet werden [1]). Freilich aber nur im Allgemeinen, denn die Zahl der nicht englisch Redenden ist in allen diesen Ländern eine sehr beträchtliche. In Canada, namentlich in Untercanada, ist neben dem Englischen noch das Französische Landessprache. In den Vereinigten Staaten zählen die einer nichtenglischen Nationalität angehörigen Einwohner nach Millionen, die Deutschen sind auf etwa drei Millionen zu veranschlagen. Auch Australien und Neuseeland besitzen einen nicht unerheblichen Procentsatz nichtenglischer Bevölkerung. Indessen ist doch in allen den genannten Ländern die englische Sprache durchaus die herrschende und wird es wohl auch immer bleiben. Die

---

[1] Dieselben haben eine ungeheuere räumliche Ausdehnung, wie folgende Zusammenstellung veranschaulichen möge:

| | | |
|---|---:|---|
| Dominion of Canada | 6 301 506 | ☐ Kil. |
| Neu-Fundland | 110 670 | » |
| Vereinigte Staaten | 9 212 270 | » |
| Neu-Süd-Wales | 799 139 | » |
| Victoria | 229 062 | » |
| Südaustralien | 2 341 611 | » |
| Queensland | 1 730 721 | » |
| Tasmanien | 67 893 | » |
| Westaustralien | 2 527 283 | » |
| Neuseeland | 271 677 | » |

Einwanderer nichtenglischer Zunge sehen sich meist zur Erlernung des Englischen genöthigt, und wenn nicht schon ihre Kinder, so doch ihre Kindeskinder werden fast ausnahmslos sprachlich anglisirt. Somit steht nicht zu erwarten, dass sich in Nordamerika und Australien neue, nichtenglische Sprachgebiete bilden werden, vielmehr ist das allmähliche Schwinden der jetzt noch vorhandenen, namentlich des französischen in Canada, mit leidlicher Sicherheit vorauszusehen.

2. In den übrigen englischen Coloniallländern (Ostindien, Capland, Natal, Cypern etc.) wird das Englische nur von den daselbst dauernd oder vorübergehend wohnhaften Engländern gesprochen, während die einheimischen Bevölkerungen ihre Muttersprachen beibehalten haben. Namentlich ist zu bemerken, dass im Caplande nicht das Englische, sondern das Holländische die vorherrschende Sprache ist.

3. Es ist ein misslich Ding, das Gesammtgebiet einer weitverbreiteten Sprache abzuschätzen und dasselbe mit demjenigen anderer ebenfalls weitverbreiteten Sprachen zu vergleichen. Es soll auch hier in Bezug auf das Englische nicht versucht werden. Soviel aber dürfte sich behaupten lassen, dass unter den lebenden Sprachen Europa's die englische der räumlich grössten Verbreitung sich erfreut. Am nächsten dürfte ihr die deutsche kommen, sodann das Spanische und das Russische, während das Französische, das Italienische etc. eine beträchtlich weniger ausgedehnte Sphäre besitzen [1]. Das Englische ist eine Weltsprache im vollsten Sinne des Wortes.

§ 11. Die Zahl der englisch Redenden. Die Zahl der englisch Redenden auch nur annähernd zu bestimmen, ist bei der gegenwärtigen Unvollkommenheit der Sprachstatistik — eine Unvollkommenheit, welche übrigens sich wohl vermindern, aber nie ganz beseitigen lassen wird — schlechterdings unmöglich. Nur um wenigstens ungefähre Anhaltspunkte zu geben, seien hier die Bevölkerungsziffern Grossbritanniens und seiner vorwiegend englisch redenden jetzigen und früheren Coloniallländer aufgeführt:

---

[1] Unter den nichteuropäischen Sprachen sind die chinesische, die arabische und die malaiische die weitaus verbreitetesten.

Kap. II. § 11. Das Sprachgebiet des Englischen.

1) England . . . . . . . . . . 24 613 926  ⎫
   Wales . . . . . . . . . . . 1 360 513   ⎪
   Schottland . . . . . . . . 3 735 573    ⎪ im Jahre 1881.
   Irland . . . . . . . . . . . 5 174 836  ⎬
   Insel Man . . . . . . . . . 27 798      ⎪
   Kanalinseln . . . . . . . . 47 381      ⎪
   Soldaten u. Matrosen ausser Landes 215 374 ⎭
   Grossbritannien 35 241 482 [1].

2) Dominion of Canada . . 4 324 810 ⎫ im Jahre 1881.
   Neufundland . . . . . . 179 509  ⎭
   Vereinigte Staaten . . . 50 445 334 (1880)
   Nordamerika 54 849 655.

3) Neu-Süd-Wales . . . . 817 468 (1882)
   Norfolk Insel . . . . . 481 (1877)
   Victoria . . . . . . . . 906 225  ⎫
   Queensland . . . . . . 248 255   ⎪
   Südaustralien . . . . . 293 509  ⎪ im Jahre 1882.
   Nordterritorium . . . . 4 262    ⎬
   Westaustralien . . . . 30 766    ⎪
   Tasmania . . . . . . . 122 597   ⎪
   Neuseeland . . . . . . 517 707   ⎭
   Australien 2 941 150.

   Also: Grossbritannien . . 35 241 482
         Nordamerika . . . 54 859 655
         Australien . . . . 2 941 150
         Gesammtsumme 93 032 287.

[1] Es dürfte nicht überflüssig sein, hier die Bevölkerungsziffern der grössten englischen Städte nach der Berechnung des Registrar general für Mitte 1882 anzugeben:

| | | | |
|---|---|---|---|
| London | 3 893 272 | Leicester | 126 275 |
| Liverpool | 560 377 | Sunderland | 119 065 |
| Glasgow | 514 048 | Oldham | 113 572 |
| Birmingham | 408 532 | Brighton | 109 595 |
| Dublin | 348 293 | Bolton | 106 767 |
| Manchester | 340 211 | Blackburn | 106 460 |
| Leeds | 315 998 | Preston | 97 656 |
| Sheffield | 290 516 | Norwich | 88 821 |
| Edinburgh | 232 440 | Cardiff | 86 724 |
| Bristol | 210 134 | Birkenhead | 66 582 |
| Bradford | 200 155 | Derby | 83 587 |
| Nottingham | 193 573 | Huddersfield | 83 418 |
| Salford | 184 004 | Wolverhampton | 76 756 |
| Hull | 158 811 | Halifax | 74 713 |
| Newcastle | 147 626 | Plymouth | 74 449 |
| Portsmouth | 129 916 | | |

Die Dichtigkeit der städtischen Bevölkerung in Grossbritannien ist auch sprachlich von Wichtigkeit: je stärker der Zuzug vom Lande nach den Städten ist, desto mehr werden die landschaftlichen Dialecte durcheinander gemengt, in ihrer Eigenart getrübt, in ihrem Bestande erschüttert.

Wie gross die in dieser Gesammtsumme inbegriffene Zahl der nicht englisch Redenden ist, lässt sich nicht ermitteln; veranschlagt man sie aber auf zwölf Millionen, was eher zu hoch als zu tief gegriffen sein dürfte, so würden immer noch 81 032 287 englisch Redende verbleiben; und zieht man nun in Betracht, dass einerseits die Zahl der in den oben nicht aufgeführten englischen Kolonialgebieten (Ostindien etc.) sowie in sonstigen Ländern aufhältlichen Engländer — auch nach Abzug der oben bereits berechneten Soldaten und Matrosen — gewiss auf einige Millionen sich beläuft und dass andrerseits seit der Zählung vom Jahre 1881, bezw. 1882, welche den obigen Angaben zu Grunde liegt, eine erhebliche Vermehrung der Bevölkerung stattgefunden hat, so wird man wohl zu der Annahme berechtigt sein, dass die Gesammtzahl der englisch Redenden etwa 85 Millionen betrage.[1] Mögen nun auch in dieser Ziffer Millionen von Individuen inbegriffen sein, welche ihrer Abkunft nach Nichtengländer sind, so legt sie doch immerhin das beredteste Zeugniss ab für die üppige Lebenskraft des angelsächsischen Volksstammes, der neben den anderen Germanen so recht berufen zu sein scheint, Gesittung und Bildung über den Erdball zu verbreiten. Und besonders beachtenswerth ist dabei, dass die riesenhafte Ausdehnung des englischen Sprachgebietes und die damit Schritt haltende Vermehrung der Zahl der englisch Redenden nur erst in den drei letzten Jahrhunderten erfolgt ist. Unter Königin Elisabeth war die englische Sprache auf England (im engeren Sinne mit Ausschluss von Wales und Cornwall) und Südschottland beschränkt, und die Gesammtzahl der englisch Redenden betrug damals nur etwa acht Millionen[2]; sie hat sich also seitdem mehr als verzehnfacht.

---

[1] ELZE im Grundriss etc., p. 259, schätzt die Zahl auf nur 61 Millionen, entschieden zu niedrig.
[2] Nach anderer Schätzung sogar nur 5 Millionen.

## Drittes Kapitel.
### Die Dialecte des Englischen.

**§ 12. Die angelsächsischen Dialecte** (nach SIEVERS, Ags. Gramm. p. 2). 1. Entsprechend den drei germanischen Volksstämmen (Angeln, Sachsen, Jüten), welche England besetzten, theilt sich das Angelsächsische in drei Hauptdialecte 1) das Anglische, 2) das Sächsische, 3) das Jütische (Kentische)[1]).

2. Das Anglische theilt sich wieder in a) das Northhumbrische im Norden, b) das Mercische oder Binnenländische im Innern.

Die Hauptdenkmäler des Northumbrischen sind: a) einige Runeninschriften (bei SWEET, Oldest English Text [L. 1885] p. 124); b) eine Interlinearversion der Evangelien im sog. Durham Book oder den Lindesfarne Gospels (herausg. von KEMBLE und SKEAT, The Gospel according to S. Matthew etc. in Anglo-Saxon and Northumbrian Versions, Cambridge 1858/78); c) eine Uebersetzung des Rituals von Durham (herausg. von STEVENSON, Rituale ecclesiae Dunelmensis, L. 1840, Publ. der Surtees Society, vgl. dazu SKEAT in Transactions of the Philol. Soc. 1877/79)[2]).

---

1) Ueber die Sprache der germanischen Stämme, welche England besetzten, hat SWEET (Transact. of the Philol. Soc. 1875/76, p. 562) folgende Ansicht ausgesprochen: »England was colonized by a variety of tribes all speaking one language, who inhabited the coast of the North Sea and apparently the whole of the north of Denmark. Those who stayed behind and retained their language were afterwards called Frisians, and their ancient language, as preserved in the thirteenth century laws, is nearly identical with Old English, allowing, of course, for phonetic change and inflexional decay. The language spoken by these tribes before the migration may be called Anglo-Frisian, and its characteristics may be ascertained with considerable certainty from a comparison of the oldest English and Frisian. Whenever we find that Old English and Frisian agree in some sound change or peculiarity of inflexion that does not occur in any other Teutonic language, or when we find an archaism preserved in Frisian which is lost in Old English, we may be sure that alle the peculiarities belonged to the common Anglo-Frisian.« Vgl. oben § 6, III, Anm. u. d. T. auf S. 53.

2) Ueber das Altnorthumbrische vgl. HILMER, Zur altnorthumbrischen Laut- und Flexionslehre, Goslar 1880 Progr.

In mercischer Mundart sind geschrieben: a) die Interlinearübers. des Psalters in der Hds. Cotton Vespasian A, I (bei SWEET, Oldest English Texts p. 183); b) die Umarbeitung der northumbrischen Glosse im Rushworth Ms. (herausg. in dem oben genannten Werke von KEMBLE und SKEAT), doch »scheint der Dialect nicht rein zu sein, sondern einzelne sächsische Formen zu enthalten« (SIEVERS).

3. Innerhalb des Sächsischen hat sich das Westsächsische zur Schriftsprache entwickelt. In ihrer reinen oder strengwestsächsischen Gestalt zeigt sich dieselbe aber nur in denjenigen Werken Älfred's, welche in gleichzeitigen Handschriften überliefert sind (nämlich: Uebers. der Cura Pastoralis [ed. SWEET, E. E. T. S. 45] und Uebers. des Orosius [ed. SWEET, E. E. T. S. 78]), im Parker Ms. der Sachsenchronik (ed. THORPE, L. 1861 u. EARLE, Oxf. 1865) und in den Werken Älfric's (Homilies ed. THORPE, L. 1844/46; lat. Gramm. in ags. Sprache ed. ZUPIZA, Berlin 1880).

Die ags. Dichtungen, meist in Hdss. des 10. bis 11. Jahrhunderts überliefert, »zeigen fast durchgängig keinen reinen Dialect, sondern ein Gemisch der verschiedenartigsten Formen. Nicht nur sind vielfach anglische Formen aus den Originalen stehen geblieben, sondern es wechseln auch ältere und jüngere Formen derselben Mundart mit einander ab. Für grammatische Zwecke sind also diese Texte nur mit grösster Vorsicht zu benutzen. Hie und da erlaubt das Metrum noch, die ursprünglichen Sprachformen der Originale annähernd sicher zu bestimmen« (SIEVERS, p. 3 f.).

4. Denkmäler des Kentischen sind; a) eine rhythmische Uebers. des Psalmes 50 in Hds. Cotton Vespas. D. VI. (herausg. von DIETRICH in: Anglosaxonica quae primus edid. Fr. D., Marburg 1855); b) Uebers. eines Hymnus in derselben Hds. (ebenfalls von DIETRICH a. a. O. edirt); eine Sammlung von Glossen in derselben Hds. (herausg. von WRIGHT-WÜLKER, Anglo-Saxon and Old English Vocabularies [L. 1883] I, 55) — »Nicht rein kentisch, sondern mindestens mit mercischen Formen durchsetzt sind die Epinaler Glossen (ed. SWEET, L. 1884) aus dem Anfang des 8. Jahrhunderts nebst den nahe verwandten Corpusglossen und Erfurter Glossen, welche die wichtigsten

Kap. III. § 13, 1—3. Die Dialecte des Englischen.

Quellen für die Kenntniss des ältesten Angelsächsisch sind« (SIEVERS p. 3).

5. Bei der Spärlichkeit der Quellen ist unsere Kenntniss der angelsächsischen Dialecte leider nur eine beschränkte [1]). Verhältnissmässig am besten ist uns, abgesehen vom Westsächsischen, das Northumbrische bekannt.

Litteraturangaben: SWEET, Dialects and Prehistoric Forms of Old English, in Transactions of the Philol. Soc. 1875/76, p. 543 [höchst interessante inhaltsreiche Abhandlung, wenn man auch freilich nicht allen Aufstellungen des gelehrten Verfassers wird beipflichten können). — ZEUNER, Die Sprache des kentischen [2]) Psalters (Vespas. A, I), Halle 1881 Diss. — SVENSSON, Om språket i den förra (mercisca) delen uf Rushworthhandskriften. Göteborg 1883. — Diese drei genannten Schriften und die in Anm. 1 citirte Diss. DIETER's dürften die einzigen der angelsächsischen Dialectologie gewidmeten Monographien sein. Eingehend berücksichtigt sind die angelsächsischen Dialecte von SIEVERS in seiner Gramm.; das Northumbrische auch von HEYNE in seiner Laut- und Flexionslehre der altgermanischen Dialecte. Vergl. auch oben Nr. 2.

§ 13. Die alt- und mittelenglischen Dialecte [3]).

1. Das Alt- (und Mittel-)englische theilte sich in folgende Dialecte [4]):

a) Die nördliche Mundart (Gebiet: das schottische

---

1) Dabei kommt noch besonders in Betracht, dass wir das Ags. vor Älfred nur so wenig kennen (die wichtigste Quelle dafür sind die von SWEET herausgegebenen Oldest English Texts, L. 1885). Vgl. DIETER, Ueber Sprache und Mundart der ältesten englischen Denkmäler, Göttingen 1885 Diss.

2) In Wirklichkeit ist der Psalter binnenländisch.

3) Die in diesem § gegebenen sprachlichen Bemerkungen beruhen im Wesentlichen auf den Angaben bei MORRIS und SKEAT, Specimens of Early English, Part II, p. XVIII.

4) Die ältesten Angaben über die mittelalterlichen Dialecte finden sich in John's of Trevisa Uebersetzung des Polychronicons Higden's. Die betr. interessanten Stellen lauten (bei MORRIS und SKEAT, Specimens etc. II, 241 f.): »Also Englysh men, þey͜g hy hadde fram þe begynnyng þre maner speche, Souþeron, Norþeron & Myddel speche (in þe middel of þe lond), as hy come of þre maner people of Germania; noþeles, by commyxstion & mellyng furst wiþ Danes & afterward wiþ Normans, in menye þe contray longage ys apeyred, & som useþ strange wlaffyng, chyteryng, harryng & garryng, grisbittyng.« — »Also, of þe forseyde Saxon tonge þat ys deled a þre, and ys abyde scarslych wiþ feaw uplondysh men, & ys grete wondur; for men of þe est with men of þe west, as hyt were undur þe same party of heuene, acordeþ more in sounyng of speche, than men of þe nor<sup>t</sup> wiþ men of þe souþ; þer-fore hyt ys þat Mercij, þat buþ men of myddel Engelond, as hyt were parteners of þe endes, vnderstondeþ betre þe syde longages, Norþeron & Southeron, þan Norþeron &Souþeron vnderstondeþ eyþer oþer.«

Niederland, Northumberland, Durham und fast ganz Yorkshire; Humber und Ouse bildeten ungefähr die südliche, die Penine Chain die westliche Grenze).

b) Die mittelländische Mundart (Gebiet: die Grafschaften westlich von Penine Chaine, die ostanglischen Grafschaften, das ganze Binnenland). Man hat eine ostmittelländische und eine westmittelländische Untermundart zu unterscheiden.

c) Die südliche Mundart (Gebiet: alle Grafschaften südlich der Themse; Somersetshire, Gloucestershire, Theile von Herefordshire und Worcestershire) [1]).

Im Grossen und Ganzen lässt sich sagen, dass in dieser Dreitheilung die dialektische Dreiheit des Angelsächsischen fortlebte, bezw. in der Litteratur wieder auflebte.

2. Die altenglischen Mundarten sind weniger scharf von einander geschieden, als dies z. B. bei den altfranzösischen der Fall ist. Am weitesten stehen, wie begreiflich, das Nördliche und das Südliche von einander ab, während die mittelländischen Dialecte nicht bloss räumlich, sondern auch grammatisch eine Mittelstellung einnehmen. — Als Hauptkriterium für die Unterscheidung sämmtlicher drei Hauptmundarten gilt die Conjugation des Plur. Präs. Ind.; die diesbezüglichen Abweichungen ergeben sich aus folgender kleiner Tabelle:

|  | Nördlich. | Mittelländisch. | Südlich. |
|---|---|---|---|
| 1. P. 2. P. 3. P. | hopes | hopen | hopeth, |

es gehen also sämmtliche Personen des Plurals Präs. Ind. im Norden auf -es, im Mittelland auf -en, im Süden auf -eth aus. (Man erkennt leicht, dass die mittelländische Form durch Abfall des -n zur schriftneuenglischen geworden ist.).

Auch die Flexion des Singulars Präs. Ind. ist ein unterscheidendes Merkmal nicht nur für die drei Hauptdialecte,

---

[1] Innerhalb des Südlichen zeigt das Kentische mehrfache auffällige Eigenthümlichkeiten. Vgl. DANKER, Die Laut- und Flexionslehre der mittelkentischen Denkmäler, Strassburg 1879 Diss.

sondern auch für die beiden Untermundarten des Mittelländischen, wie nachstehende Zusammenstellung zeigen kann:

| | Nördlich. | Westmittelländisch. | Ostmittelländisch. | Südlich. |
|---|---|---|---|---|
| 1. P. | hope*s* | hope | hope | hope |
| 2. P. | hope*s* | hope*s*[1] | hope*st* | hope*st* |
| 3. P. | hope*s* | hope*s*[1] | hope*th* | hope*th* |

Auch hieraus ergiebt sich die zwischen Nord und Süd vermittelnde Stellung des Mittelländischen; ebenso erkennt man wieder leicht, dass das Mittelländische in der Gestalt, wie es im Osten (also auch in Middlesex, bezw. in London) gesprochen wurde, zum Schriftneuenglischen geworden ist.

3. Die wichtigsten der zwischen dem Nördlichen und dem Südlichen bestehenden Verschiedenheiten mögen durch folgende Zusammenstellung veranschaulicht werden:

### A. Lautliche Verschiedenheiten.

a) Einem nördlichen *ā* entspricht ein südliches *ō*,
    z. B. ndl. *ban* (neuengl. *bone*) = südl. *bon*
    » *laf* ( » *loaf*) = » *lof*.

b) Einem nördlichen *i* entspricht ein südliches *u*,
    z. B. ndl. *kin* (neuengl. *kin*) = südl. *kun*
    » *hil* ( » *hill*) = » *hul*.

c) Einem nördlichen *f* entspricht ein südliches *v*,
    z. B. ndl. *fel* (neuengl. *fell*) = südl. *vel*
    » *fu* ( » *foe*) = » *vo*.

d) Einem nördlichen *k* entspricht ein südliches *ch*,
    z. B. ndl. *kirke* (neuengl. *church*) = südl. *chirche*
    » *rike* ( » *kingdom*) = » *riche*
    » *cloke* ( » *clutch*) = » *clouche*.

e) Einem nördlichen *qu* entspricht ein südliches *hw* (*wh*)
    z. B. ndl. *quat* (neuengl. *what*) = südl. *what*.

f) Im Nördlichen sind die Vocalcombinationen *ea*, *eo* unbekannt, im Südlichen sind sie vorhanden.

### B. Flexivische Verschiedenheiten.

**Nördlich.**      **Südlich.**
a) Die Pluralbildung auf -*en* ist nur bei einzelnen Worten vorhanden (*eyhen, hosen, open, schoon*).      Die Pluralbildung auf -*en* ist beliebt.

---

[1] In der Mundart von Shropshire scheinen neben hope*s* auch die südlichen Formen hope*st*, hope*th* üblich gewesen zu sein.

## Nördlich.

b) Den Pluralen:
*childer, brether, k'u\y, hend*
entsprechen die Plurale:

c) Die Genitive Plur. auf *-ene* sind geschwunden.

d) Die Adjective sind flexionslos (ausgenommen die flectirten Formen *aller* von *all* und *bather* von *both*).

e) Der bestimmte Artikel ist flexionslos; *þat* ist ein demonstratives Adjectiv.

f) Den Pronominibus, bzw. den Pronominalformen
*ik, ic* (= neuengl. *I*) entspricht:
*sco, sho* (= neuengl. *she*) »
*thai* (= neuengl. *they*) »
*thair* (= neuengl. *their*) »
*thaim* (= neuengl. *them*) »
*urs* (= neuengl. *ours*) »
$\bar{o}$*^oures* (= neuengl. *yours*) »
*hirs* (= neuengl. *hers*) »
*thairs* (= neuengl. *theirs*) »
*þer, þir* (= neuengl. *these*) »

g) Sämmtliche Personen des Sing. Präs. Ind. gehen auf *-es* aus (s. oben Nr. 2).

h) Sämmtliche Personen des Plur. Präs. Ind. gehen auf *-es* aus (s. oben Nr. 2).

i) Das Präteritum (Sg. u. Pl.) auf *-ed* der schwachen Verba) hat keine Personalendungen (also z. B. *loved* ist die einzige Form für alle Personen Sg. u. Pl.).

k) In der 2. P. Sg. des Prät. der starken Verba fällt das auslautende flexivische *-e* ab, z. B. *segh = sawest*.

## Südlich.

*children, brethren, ken, honde(n).*
Die Genitive Plur. erhalten sich bis zu Ende des 14. Jahrhunderts.

Die Adjectiva zeigen zahlreiche flectirte Casus- und Numerusformen.

Der bestimmte Artikel ist flectirt; *þat* ist das Neutrum des bestimmten Artikels.

*Ich (uch)*
*heo (hi, hue, ho)*
*hii (hi, heo, hue)*
*here (hire, heore)*
*hem (heom, huem)*
*ure (cr)*
*eowere (ʒoure, ore, or)*
*hire*
*here (heore)*
*þise, þes.*

Nur dem Südlichen sind eigen die Pronominalformen:
*ha (a)* = neuengl. *he*
*hine* (Akk.) = neuengl. *him*
*wan* (Akk.) = neuengl. *whom*
*his (hise)* = neuengl. *them*
*his (is)* = neuengl. *her*.

Der Sing. Präs. Ind. hat die Endungen: 1. *-e*, 2. *-est*, 3. *-eth* (*th*) (s. oben Nr. 2).

Sämmtliche Personen des Plur. Präs. Ind. gehen auf *-eth* aus (s. oben Nr. 2).

Das schwache Präteritum auf *-ede* hat folgende Flexion: Sg. 1 *lovede*, 2 *lovedest*, 3 *lovede*, Pl. 1, 2 u. 3 *loveden*.

In der 2. P. Sg. des Prät. der starken Verba bleibt das auslautende flexivische *-e* erhalten z. B. *seʒe = sawest*.

Nördlich.
l) Das Part. Präs. geht auf -and oder -ande aus.

m) Das Präfix y- (i-) des Part. Prät. fällt ab, z. B. broken.

n) Das auslautende -n der starken Part. Prät. fällt nicht ab.
o) Die Infinitivendung -en fällt häufig ab, z. B. sing.
p) Die Infinitivausgänge -ie, -i, -y werden vermieden.

Südlich.
Das Part. Präs. geht auf -inde aus, daneben tritt das Verbalsubst. auf -ing in die participiale Function ein.
Das Präfix y- (i-) des Part. Prät. ist erhalten, z. B. y-broke(n), i-broke(n).
Das auslautende -n der starken Part. Prät. fällt häufig ab.
Der Infinitiv behält die Endung -en oder doch -e, z. B. singe(n).
Die Infinitivausgänge -ie, -i, -y sind häufig, z. B. hatie, lovie, ponky.

C. Lexikalische Abweichungen.

a) Das Nördliche besitzt eine ganze Reihe von Gebrauchsweisen einzelner Wörter, welche (Gebrauchsweisen) dem Südlichen unbekannt sind, z. B.

α) *at* wird gebraucht als Conjunction zur Einleitung von Nebensätzen (= *that*); als Infinitiv-Präposition (= *to*).
β) *sum* wird gebraucht im Sinne von *as*.
γ) *fra* wird gebraucht im Sinne von *from*.
δ) *til* wird gebraucht im Sinne von *to*.
ε) *hethen*
   *thethen*  } werden gebraucht im Sinne von { *hence*
   *whethen*                                    *thence*
                                                *whence*.

b) Das Nördliche ist in seinem Wortbestande weniger mit romanischen Wörtern durchsetzt, als das Südliche.

An den unter A c) und C a) α) erwähnten Einzelheiten erkennt man nördliche Texte am leichtesten.

4. In der Zeit zwischen dem Erlöschen der angelsächsischen (westsächsischen) und dem Aufkommen der englischen Schriftsprache, d. h. vom Ausgang des 11. bis zur Mitte des 14. Jahrhunderts, konnte die englische Litteratur in sprachlicher Beziehung nur eine dialectische sein. Theoretisch ist man folglich zu der Voraussetzung berechtigt, dass jedes aus dieser Zeit stammende Litteraturdenkmal in einem bestimmten und reinen Dialecte abgefasst sei. Praktisch findet man indessen diese Voraussetzung nicht eben häufig bestätigt [1], es zeigen

---

[1] Es seien einige Litteraturwerke genannt, in denen eine (wenigstens verhältnissmässig) reine Dialectgestaltung zu finden ist:
für den nördlichen Dialect: die Schriften Richard Rolle's de Ham-

vielmehr die Litteraturdenkmäler vielfach eine mehr oder weniger weitgehende Mischung von Dialecten, ein Nebeneinander von Schreibweisen und Formen, welche theoretisch nicht zusammengehören. Es ist diese Erscheinung in mehrfachen Ursachen begründet, als da sind: a) Es ist denkbar, dass bereits der Verfasser eines Litteraturdenkmals, weil er vielleicht nach einander in verschiedenen Dialectgebieten sich aufhielt, verschiedene Dialectformen mit einander mischte, einen reinen Dialect gar nicht sprach und folglich auch nicht schrieb. b) Es ist anzunehmen, dass Zwischenmundarten bestanden, welche zum Theil an den Eigenarten des einen, zum Theil an denen eines andern Hauptdialects participirten. Ja, der eine der Hauptdialecte, das Mittelländische, darf als eine solche Zwischenmundart betrachtet werden. c) Es konnte geschehen, dass der einem anderen Dialectgebiete, als dem des Verfassers, angehörige Abschreiber eines Litteraturwerkes die Sprache desselben mehr oder weniger umgestaltete, sei es, dass er es in seinen eigenen Dialect geradezu umzusetzen beabsichtigte, dabei aber nicht consequent verfuhr, sondern vereinzelt Formen des Originals stehen liess, sei es, dass er das Original in wörtlicher Treue wiederzugeben sich zwar bestrebte, aber doch unwillkürlich Formen und Schreibungen seiner eigenen Mundart beimischte. Aber auch wenn solche Mischungen nicht stattfanden, sondern Verfasser und Abschreiber Dialectgenossen waren, musste doch der sprachlich einheitliche Charakter eines Litteraturwerkes meist schon dadurch beeinträchtigt werden, dass die Abschrift geraume Zeit nach Abfassung des Originals vollzogen ward, folglich einer späteren Periode, als dieses, angehört und demgemäss ältere und jüngere Formen desselben Dialectes neben einander aufweist. Besonders übel

---

pole (Yorkshire), John Barbour's Dichtungen (Schottland), die nordenglische Legendensammlung (Durham);
    für den westmittelländischen Dialect: Sir Gawayne and the Green Knight (E. E. T. S. 4);
    für den ostmittelländischen Dialect: The Harrowing of Hell, The Debate of the Body and the Soul (bei MÄTZNER, Altengl. Sprachpr. I, 92);
    (für den Londoner Dialect: die von MORSBACH benutzten Urkunden, vgl. oben S. 86);
    für den südlichen Dialect: die südenglische Legendensammlung (Gloucestershire); besonders für den kentischen Dialect: Wilhelms von Shoreham Gedichte, Dan Michel's Ayenbite of Inwyt.

ist es um die sprachliche Reinheit eines Werkes natürlich dann bestellt, wenn der Abschreiber sowohl einem anderen Dialectgebiete als auch einer späteren Zeit angehört, als der Verfasser. Selbstverständlich fliessen die Quellen der Sprachtrübung am allerreichsten in dem so häufigen Falle, dass zwischen der erhaltenen Abschrift und dem Originale mehrere Mittelglieder liegen und also die erste nur mittelbar das letztere wiedergiebt. Dass bei derartiger Ueberlieferung in der Regel auch der Inhalt des betr. Litteraturwerkes Wandelungen durch Zusätze, Auslassungen und Abänderungen erlitten hat, bedarf gar nicht erst der Bemerkung. Dieser Möglichkeiten muss sich der Philolog stets bewusst sein, um vor schweren Irrthümern, Missgriffen und Fehlurtheilen bezüglich der sprachlichen wie der inhaltlichen Beschaffenheit eines Litteraturwerkes sich zu schützen [1]).

Litteraturangaben (vgl. auch unten § 31): Die Zahl der mit altenglischer Dialectkunde sich beschäftigenden Einzelschriften ist — abgesehen von Schriften, welche mit der Sprache eines einzelnen Litteraturdenkmals sich beschäftigen und welche unten § 31 c) verzeichnet sind — sehr gering. Die immer noch bedeutendste derselben ist: STURZEN-BECKER, Some Notes on the Leading Grammatical Characteristics of the Principal Early English Dialects. Kopenhagen 1868. Eine gute Behandlung eines einzelnen Dialects hat DANKER in seiner oben (S. 109, Anm. u. d. T.) genannten Schrift über das Mittelkentische gegeben.

Sehr reiches Material für die altenglische Dialectologie ist in den Introductions und Glossaren zu den besseren von der E. E. T. S. veranstalteten Ausgaben zu finden, ebenso in den Einleitungen zu den einzelnen Bänden der ZUPITZA'schen Sammlung, der altenglischen Bibliothek etc. Auch in sonstigen Ausgaben (so z. B. in denen der altenglischen Legenden von HORSTMANN) sind sehr schätzbare Beiträge enthalten.

In Part II von MORRIS' und SKEAT'S Specimens etc. ist p. XVIII eine gute Uebersicht über die Eigenarten der altenglischen Dialecte gegeben, welche oben in Nr. 2, 3, 4 im Wesentlichen reproducirt worden ist.

Selbstverständlich ist, dass der Studierende bei der Lectüre altenglischer Texte in die dialectische Beschaffenheit derselben sich klare Einsicht erwerben muss.

§ 14. Die neuenglischen Dialecte. 1. Seit der endgültigen Feststellung der nationalen Schriftsprache (um

---

[1) Ueber die in alt- und mittelenglischen Texten so häufige Dialectmischung vgl. die trefflichen Bemerkungen von SKEAT in der Preface zu seiner Ausg. des Joseph of Arimathie (E. E. T. S. 44) p. 11.

Mitte des 16. Jahrhunderts) gelangen — abgesehen von einer gleich zu erwähnenden Ausnahme — die Dialecte nicht mehr zu litterarischer Verwendung. In Folge dessen sind sie zu landschaftlichen Patois herabgesunken, deren Entwickelung vielfach in unorganische Bahnen eingelenkt und zu einer Art von Verwilderung geführt hat. Die durch das riesenhafte Anwachsen der grossen Städte herbeigeführte Verschiebung und Mischung der Bevölkerung hat gleichfalls die Entartung der Dialecte begünstigt. Dazu kommt, dass der Gebrauch der Schriftsprache in immer weitere Kreise eindringt, wodurch die Mundarten zwar nicht zerstört, aber mehr oder weniger mit ihnen fremden Elementen durchsetzt werden.

Das Verhältniss zwischen Schriftsprache und Mundarten ist in England das gleiche wie etwa in Deutschland. Alle höher Gebildeten sprechen schriftmässig, aber doch mit Anklängen an ihren heimischen Dialect, die weniger Gebildeten reden dialectisch, werden aber, namentlich in den grossen Städten und deren unmittelbarer Umgebung, mehr oder weniger von der Schriftsprache dahin beeinflusst, dass der Dialect sich der Schriftsprache annähert und dadurch in seiner Eigenart gestört wird; nur in abgelegeneren Gegenden erklingt wohl im Munde der ländlichen Bevölkerung ein Dialect noch in annähernder Reinheit.

2. Litterarische Bedeutung hat nur der sog. schottische Dialect sich bewahrt. Bis gegen Ausgang des 16. Jahrhunderts (bis auf Lyndesay und Knox) diente er einer in ihrer Art bewundernswerthen Litteratur zum Organe. Seitdem wird zwar von den englisch redenden Schotten das Schriftenglische für litterarische Zwecke ausschliesslich gebraucht, aber doch oft mit, zum Theil sehr starker, Beimischung dialectischer Elemente. So trägt namentlich die Sprache Walter Scott's ein sehr deutliches schottisches Gepräge, besonders im Wortschatze, und in noch höherem Grade gilt dies von der Sprache Robert Burns'. (Vgl. über die Bedeutung des Schottischen für die Litteratur NICHOL's Bemerkungen in seiner als Vorwort zu HALL's Ausg. des Monarche von Lyndesay [E. E. T. S. 11] geschriebenen »Sketch of Scottish Poetry«).

3. Eine wissenschaftlich völlig genügende Eintheilung der

gegenwärtigen englischen Dialecte ist bis jetzt nicht gegeben [1]), im Allgemeinen wird man aber sagen dürfen, dass die altenglische Dialectdreiheit im Neuenglischen fortlebt, dass aber die Zahl der Unter-, bezw. der Zwischenmundarten sich erheblich vermehrt hat, allerdings wohl nur scheinbar, denn es ist sehr denkbar, dass entsprechende Dialectvarietäten bereits in alter

---

[1] Die relativ beste ist diejenige, welche der als Linguist wohlbekannte Prinz L. L. BONAPARTE in den Transactions of the Philol. Society 1875/76, p. 570 unter Beifügung zweier Karten gegeben hat. Darnach sind dreizehn Hauptdialecte zu unterscheiden, nämlich: I. der östliche, II. der südöstliche, III. der südwestliche, IV. der Dialect von Devonshire, V. der cornische, VI. der westliche, VII. der Dialect von Shropshire, VIII. der nordwestliche, IX. der mittelländische, X. der ostmittelländische, XI. der nordöstliche, XII. der nordmittelländische, XIII. der nördliche. Von diesen Dialecten, deren jeder wieder mehrere Untermundarten zählt, bilden III, IV, V eine Südgruppe, IX ist ausgeprägt mittelländisch und XIII ausgeprägt nördlich, alle übrigen sind mehr oder weniger Uebergangsmundarten. — Es wird nicht uninteressant sein, den Wortlaut des in den »Minutes of Meetings« (from Nov. 1874 to Dec. 1876, p. 417) erstatteten Referates über den betreffenden Vortrag des Prinzen B. hier folgen zu lassen: »Basing his classification of the main dialects on grammar (especially on the form of the verb substantive) and vocabulary, the Prince uses phonetic differences mainly for the minor distinctions. Thus, a sound analogous to the French *u* being found in dialects so widely separated as Scotch, Devonian and Eastern, and sporadically elsewhere, is not a safe main distinction. Of the thirteen dialects which he admits, the principal three are: III, the South-Western (characteristics: I, he, we, you, they *be*, I *do* love, I have *a-heard*, *v*, *z*, *zh*, for *f*, *s*, *sh*, *thr*, Italian *ai* in *may*, *hay* etc.); XIII the Northern (characteristics: absence of the Southwestern forms; I, thou, we, you, they *is*; *strang*, *lang* for *strong*, *long* etc.; absence of guttural sound of *gh* and of French *u*); and IX the Midland (characteristics: absence of the two preceding; use of verbal plural in -*n*, they *arn*, *han* you, we *ben* in Shropshire). The others are transitional; XI the North-eastern (North Lincolnshire, North Nottingham); the North-western (South-Lancashire, Cheshire etc.); and XII the North Midland (South Yorkshire), are mixed Midland and Northern; VI the Western (already described) is a shade of Southwestern into Midland; X the East-Midland in its southern portion partakes of South-eastern and South-western; II the South-eastern (Oxford, South Northamptonshire, Bucks etc.) retains I, we, you, they *be*, but loses most of the other South-western forms; I the Eastern has a tendency to the north of East Midland (it still has occasionally I *be*); IV the Devonian, and V Cornish are offshoots of South-western, and VII Salopian (Shropshire and Staffordshire) is a passage of Western into North-western. Hence no such exact delimitations of the dialects is possible as for French, German, or Basque dialects. In the Scotch main land the Prince follows Dr. Murray; for the Orkneys and Shetlands the dialects and sub-dialects depend on the number of Icelandic words in use. The data for this classification are: the Prince's own inquiries during repeated visits to different parts of England; the translations of the »comparative specimens« made for Mr. Ellis; other modern original specimens made for and partly published by the Prince himself; Dr. Murray's Scotch and Mr. Elworthy's West Somersetshire works; and the large collection of well-known specimens already printed, which, though not trustworthy, cannot be neglected.«

Zeit vorhanden waren, uns aber durch die Litteratur entweder gar nicht oder doch nicht genügend überliefert worden sind.

4. Das in den Vereinigten Staaten gesprochene Englisch hat durch Einwirkung mehrfacher zusammenwirkender Verhältnisse eine eigenthümliche Färbung angenommen, so dass man mit Recht von einem amerkanischen Englisch reden darf. Dasselbe als einen englischen Dialect zu bezeichnen, würde jedoch nicht zutreffend sein, es ist vielmehr als eine in der ersten Entwickelung begriffene Seitensprache des Englischen zu betrachten, welche zu dem letzteren in einem halb schwesterlichen, halb töchterlichen Verhältnisse steht. Ob jemals das Amerikanische zu einer Sprache sich auswachsen wird, welche zu dem Englischen eine ähnliche Stellung (freilich keineswegs dieselbe) einnehmen würde, wie das Romanische gegenüber dem Lateinischen, muss dahin gestellt bleiben, ebenso möge auch die Frage, ob eine dialectische Scheidung innerhalb des Amerikanischen — namentlich in eine östliche und eine westliche Hauptmundart — bereits vorhanden oder doch für die Zukunft zu erwarten sei, ganz unerörtert bleiben. Bemerkt sei nur, dass die modernen Verhältnisse des Völker- und Verkehrslebens, welche ja in Nordamerika besonders scharf entwickelt sind, auf neue Sprach- und Dialectbildungen hemmend einwirken müssen, namentlich durch die fortwährende Verschiebung der Bevölkerungszustände in Folge von Einwanderung, Uebersiedelung schon Ansässiger in neu zu cultivirende Gebiete, Zuzug in die grossen Städte, vieles Umherreisen u. dgl. Jedenfalls dürfte also die weitere Entwickelung des Amerikanischen zu einer gewissen Selbständigkeit vielfache Erschwernisse finden; endlich wird aber doch wohl, wenn auch erst in ferner Zukunft, eine neue Sprache aus ihm sich herausbilden, möglicherweise eine Mischsprache in des Wortes eigentlichster Bedeutung.

Gegenwärtig unterscheidet sich das Yankee-Amerikanisch von dem (europäischen) Englisch namentlich in der Ausprache, im Wortschatze und in der Phrascologie [1]. Auch die Ortho-

---

[1] Storm, Englische Philologie I, 338 f., charakterisirt die amerikanische Aussprache folgendermassen: »Die Aussprache der Amerikaner ist von der guten englischen ziemlich verschieden, wenn auch nicht so sehr in den

graphie in Amerika gedruckter Bücher weicht häufig, freilich nur in Kleinigkeiten, von der in England üblichen ab. Amerikanische Schriftsteller bemühen sich zwar, und meist mit bestem Erfolge, ein reines Englisch zu schreiben, sind aber doch keineswegs engherzige Puristen, sondern gestatten sich gern den gelegentlichen, mitunter sogar recht reichlichen Gebrauch von Amerikanismen, insbesondere gilt dies von den Humoristen, wie z. B. Mark Twain.

Ob auch in anderen überseeisch-englischen Sprachgebieten die Sprache Ansätze zu einer Differenziirung von dem Europäisch-Englischen zeigt, muss ich dahingestellt sein lassen; am ehesten wäre in Bezug auf Australien der Beginn einer Differenziirung zu erwarten, indessen ist nach FROUDE's in der »Oceana« mitgetheilten Beobachtungen dies nicht der Fall (s. unten S. 124).

5. Aus der Kreuzung des Englischen einerseits mit Negeridiomen und andrerseits mit dem Chinesischen sind die für die allgemeine Sprachwissenschaft hochinteressanten Mischsprachen »Negerenglisch« und »Pidgin-Englisch« entstanden [1]); diese Neubildungen können aber keinesfalls als englische Dialecte angesehen werden, ihre Betrachtung gehört also auch nicht in das Gebiet der englischen Philologie.

---

einzelnen Lauten, so doch im Totaleindruck. Die Amerikaner werden in der Regel augenblicklich an ihrer stark singenden Aussprache erkannt, worin namentlich ein zweigipfliger Tonfall (erst fallend, dann steigend) hervortritt, ohne wie im Englischen bestimmte Verhältnisse wie Einwendung, Zweifel etc. auszudrücken. Er wirkt daher auf englische Ohren befremdend oder beleidigend. Die näselnde Aussprache der Amerikaner ist bekannt: sie rührt von unvollkommener Oeffnung des Nasencanals her und tritt am meisten in New England (den nordöstlichen Staaten) hervor; bisweilen fehlt sie ganz. Bei fein gebildeten Amerikanern, besonders im Süden, ist es bisweilen selbst Engländern schwer, den fremden Accent zu entdecken.« Als Einzelheiten führt STORM dann folgende auf: 1. Das dunkle *o* in *but*, *country* wird gewöhnlich als offener o-Laut, der mit französischem *o* in *dot* zunächst verwandt ist, gesprochen. 2. Das *a* in *ant*, *dance* u. dgl. wird meist wie *ä* gesprochen (also nicht wie *aa*). 3. Für *juu* in *new*, *due* tritt sehr oft *uu* ein. 4. *h* wird auch in der Vulgärsprache der Amerikaner nicht (wie im Vulgärenglischen) weggelassen oder falsch gesetzt. 5. *r* nach und zwischen Vocalen wird gewöhnlich supradental gesprochen, aber an einigen Orten verstummt es oft ganz.

1) »Pidgin« ist entstanden aus »pii-zhĕn«, und dies wieder (durch entstellende chinesische Aussprache) aus »business«; Pidgin-Englisch ist also = »Geschäftsenglisch«. Vgl. STORM a. a. O. p. 163 Anm. 2 u. d. T.

Bibliographie der Dialecte. 119

Litteraturangaben: A. Englische Dialecte (Hülfsmittel für deren Studium, Dialectdichtungen und sonstige Erzeugnisse der Folk-Lore)[1]:

a) Allgemeines. JAMES ORCHARD HALLIWELL, A Dictionary of Archaic and Provincial Words. 4. Ed. L. 1860. — GROSE, Provincial and Local Glossary, L. 1811. — HOLLOWAY, General Dictionary of Provincialisms, Sussex 1839. — (BOUCHER'S) Glossary of Archaic and Provincial Words. A Supplement to the Dictionaries of the English Language, particulary those of Dr. Johnson and Webster. By J. BOUCHER, ed. by J. HUNTER and J. STEVENSON, L. 1832. — SWEET, On Dialectology, in Transact. of the Philol. Soc. 1677/79, p. 396. — RUSSELL SMITH, A Bibliographical List of the Works that have been published towards illustrating the Provincial Dialects of England. L. 1839. — NICOLAI, Ueber die Dialecte der engl. Spr., in HERRIG's Archiv LV, 383.

b) Besonderes. Banffshire. W. GREGOR, A Treatise on the Dialect of Banffshire, and a Glossary of Words not in Jamieson's Scottish Dictionary, in the Transact. of the Philol. Soc. 1866. — Bedfordshire. BATCHELOR, Orthoepical Analysis of the English Language; to which is added a minute and copious analysis of the Dialect of Bedfordshire. — Cheshire. WILBRAHAM, An Attempt at a Glossary of some Words used in Cheshire, L. 1879. — Cornwallis. UNCLE JAN TRENOODLE, Specimens of Cornish Provincial Dialects, L. 1846. — Cumberland. Dialogues, Poems, Songs and Ballads by Various Writers in the Westmoreland and Cumberland Dialects, now first collected with a Copious Glossary, L. 1839. — RICHARDSON, »Cummerland Talk«, being short tales and sketches of the Dialect of that county. Carlisle o. J. — J. BAYSON, Miscellaneous Poems and Ballads chiefly in the Dialects of Cumberland and the English and Scotch Borders, L. 1858. — Devonshire. A Devonshire Dialogue in four parts, to which is added a Glossary for the most part by the late Rev. JOHN PHILIPPS, L. 1839. — Devonshire Provincialisms, in Saturday Review 1879 II, 627. Siehe auch Exmoor. — Dorsetshire. BARNES, Grammar and Glossary of the Dorset Dialect, in den Transact. of the Philol. Soc. 1864; von demselben: Poems of Rural Life. With Glossary 1844, New Ed. 1879. — Durham. A Glossary of Provincial Words used in Teesdale in the County of Durham, L. 1849. — Edinburgh. SPRAGUE in Transact. of the Philol. Soc. 1880/81, I, 106. — Essex. John Noakes and Mary Styles; or, an Essex calf's visit to tiptree races: a Poem exhibiting some of the most striking lingual localisms peculiar to Essex. With a Glossary, by CH. CLARK. L. 1839. — SKEAT, On the Essex Word »Relcet«, in Academy 1878, I, 190. — CHARNOCK, A Glossary of the Essex Dialect,

---

[1] Das nachfolgende Verzeichniss kann und soll auch nicht entfernt Anspruch auf Vollständigkeit machen; entnommen ist es zum grössten Theil dem Cataloge der »Bibliothèque patoise« des Herrn Burgaud des Marets (Paris 1878). Wie die ganze englische Dialectologie, so liegt auch die Bibliographie derselben noch gar sehr im Argen. — Eine gute Dialectbibliographie hat SKEAT L. 1876 herausgegeben. Vgl. auch unten S. 122 Z. 21 v. u.

L. 1880. — Exmoor. An Exmoor Scolding; in the propriety and Decency of Exmoor Language, between two sisters', Wilmot Moreman and Thomasin Moreman, as they were spinning, also, an Exmoor Courtship. A New Edition, L. 1839. — Hallamshire. HUNTER, The Hallamshire Glossary, L. 1829. — Herefordshire. A Glossary of Provincial Words used in Herefordshire and some of the adjoining Counties, L. 1839. — Lancashire. TIMM BOBBIN, A View of the Lancashire Dialect. With Glossary. 6. Ed. Manchester 1857. — S. BAMFORD, The Dialect of South Lancashire, or Timm Bobbin's Tummus and Meary, with his Rhymes and an enlarged Glossary of Words and Phrases, L. 1854. — NODAL u. MILNER, Glossary of the Lancashire Dialect, in den Publ. der Dialect Soc. 1883. — WAUGH, Poems and Lancashire Songs. Manchester 1876. — Papers of the Manchester Literary Club. Vol. 2 (1875/76) enthält eine Bibliographie des Lancashire Dialect. — HARLAND and WILKINSON, Ballads and Songs of Lancashire, Ancient and Modern. Manchester 1881. — NODAL and MILNER, Glossary of the Lancashire Dialect, L. 1881/82. — DAVIES, The Celtic Element in the Lancashire Dialect, in Archaeologia Cambrensis X, 1. — AXON, Folk-Song and Folk-Speech of L. Manchester o. J. — Leicestershire. Leicestershire Words, Phrases and Proverbs. Collected by A-B. EVANS, L. 1848. — Lincolnshire. J. BROWN, Neddy and Sally, or, the Statutes Day, a Lincolnshire Tale, Lincoln o. J. — London (und Middlesex). Anecdotes of the English Language, chiefly regarding the Local Dialect of London and his Environs, in a letter from SAMUEL PEGGE, 2. Ed., enlarged and corrected, to which is added a Supplement to the Provincial Glossary of F. GROSE, L. 1814. — Lonsdale. PEACOCK, A Glossary of the Lonsdale Dialect, in Transact. of the Philol. Soc. 1867. — Newcastle s. Northumberland. — Niederschottisch s. Schottisch. — Nördliche Landschaften. BROCKETT, A Glossary of North Country Words. 8. Ed. Newcastle 1846. — Norfolk. FORBY, The Vocabulary of East Anglia, an attempt to record the vulgar tongue of the twin sister Counties, Norfolk and Suffolk, as it existed in the last twenty years of the 18. century, and still exists, L. 1830, 2 Bde. (werthvoll). — Northamptonshire. ANNE BAKER, Glossary of Northamptonshire Words and Phrases, with Examples of their colloquial use and illustrations from various authors, L. 1854, 2 Bde. — STERNBERG, The Dialect and Folk-Lore of Northamptonshire, L. 1851. — Northumberland. Newcastle-Songbook, or, Tyne Side Songster, being a collection of comic and satirical songs etc., chiefly in the Newcastle Dialect, L. 1842. — Schottisch. MURRAY, Treatise on the Dialects of the Southern Counties of Scotland, with a Linguistical Max, in Transactions of the Philol. Soc. 1870/72. — A Dictionary of the Scottish Language, containing an explanation of the words used by the most celebrated ancient and modern scottish authors, L. 1818. — JAMIESON, Etymological Dictionary of the Scottish Language, Edinburgh 1808 (davon ein Auszug, ebenda 1818), dazu ein Supplement, Edinb. 1825, 2 Bde. Neue Ausg. von LONGMUIR, Edinb. 1877. — HIERTHES, Wörterbuch des schott. Dialects in den Werken von W. SCOTT und BURNS, Augsburg 1882, und: Schott. Dial. in W. Sc.'s Romanen, in Blätt. f. das bayr. Gymnasialw.

XVI, 7. — ELLIS, On the Dialects of the Lowland of Scotland, und: The Insular Scotch Lowland Dialect etc., vgl. The Academy Nr. 603, p. 353 und Nr. 623, p. 265. — The Proverbs of Scotland, collected and arranged, with Notes, explanatory and illustrative, and a Glossary, by A. HISLOP Glasgow 1862. — The Book of Psalms in Lowland Scotch. By H. SCOTT RIDELL, L. 1857. — Sheffield. The Gossips: or Pictures of Privoite Loife amang't Witmain. Be't Shewild Chap, L. 1881. — The Shewild Chap's Easter Gift, Sheffield 1847 ff. — The Yule Clog: or, t'hallamsher Chrismas e'em. By a Jingling Whittlesmith, Sheffield o. J. — Shropshire. HARTSHORNE, Salopia antiqua. With a Glossary of Words used in the County of Salop, L. 1841. — JACKSON, Shropshire Word-Book, L. 1879. — Somerset. SPENCER BAYNES, The Somersetshire Dialect: its Pronunciation, L. 1861. — ELWORTHY, The Dialect of West-Somerset, in Transact. of the Philol. Soc. 1875/56, I, 197 und 1877/79, p. 143. — Zummerzetshire Rhymes. A Collection of Poems in the Dialect of Somerset. Bridgewater 1853. — JENNINGS, Observation on some of the Dialects in the West of England, particulari Somersethire, with a Glossary of Words now in Use there and Poems and other Pieces exemplifying the Dialect, L. 1825. — HALLIWELL, Collection of Pieces in the Dialect of Zummerzet, L. 1843. — Suffolk. MOOR, Suffolk Words and Phrases, or an Attempt to collect the Lingual Localisms of that County. Woodbridge 1823. Vgl. auch oben Norfolk. — Sussex. DURANT COOPER, A Glossary of the Provincialisms in Use of the County of Sussex, L. 1853. — Tom Cladpole's Jurney to Lunnun shewing the many difficulties he met with and how he got safe home at last; told by himself and written in pure Sussex Doggerel, by his uncle Tim, Hailsham o. J. — Warwickshire. MORGAN, Venus and Adonis, a Study in Warwickshire Dialect, New York 1885. — Westmoreland siehe Cumberland. — Wexford (Irland). A Glossary, with some Pieces of Verse, of the old Dialect of the English Colony in the Baronies of Forth and Bargy, County of Wexford, Ireland. Formerly collected by J. POOLE and edited by W. BARNES, L. 1867. — Whitby siehe Yorkshire. — Wiltshire. YONGE AKERMAN, A Glossary of Provincial Words and Phrases in Use in Wiltshire, L. 1842. — AKERMAN, Wiltshire Tales, L. 1853 (Erzählungen in der Mundart von Nord Wiltsh.). — Wight. LONG, Dictionary of the Isle of Wight Dialect, L. 1886. — Worcestershire. CHAMBERLAIN, West Worcester Words in den Publications der Dialect Society 1883. — Yorkshire. The Yorkshire Dialect, exemplified in various Dialogues, Tales and Songs, applicable to the County, with a Glossary, L. 1839. — The Dialect of Craven, in the West-Riding of the County of York, with a copious Glossary, illustrated by authorities from ancient english and scottish writers, and exemplified by two familiar Dialogues (by the Rev. W. CARR), L. 1824. — ROBINSON, A Glossary of Mid-Yorkshire Words, with a Grammar. L. 1876. — The Bairnsla Foaks' Anual, an ony body els-as beside, for't year of our Lord 1842. Be Tom Treddlehoyle, Barnsley 1841. — Sum Thowts abaght Ben Bunt's Weddin, an ther jont to stainbur' cassal, ta look at pictas, be Tom Treddlehoyle, Barnsley 1838 (eine Fortsetzung erschien 1839).

— A Glossary of Yorkshire Words and Phrases, collected in Whitby and the Neighbourhood, L. 1855. — ROBINSON, A Glossary of Words used in the Neighbourhood of Whitby, L. 1876.

Eine für die Dialectkunde sehr interessante Sammlung ist die vom Prinzen L. L. BONAPARTE herausgegebene »Song of Salomon, in twenty five English Dialects« (enthält Uebersetzungen des S. of S. in dem Dialect von Niederschottland [dreifach], Newcastle, Westmoreland, Norfolk, Durham, Craven, West Riding, Lancashire, Somerset, Mittelcumberland, North Lancashire, Northumberland, North Yorkshire, Sheffield, Cornish, Devonshire und East Devonshire, Sussex, North Wiltshire, Cumberland, Dorset etc.). Leider sind nach englischer Unsitte die einzelnen Stücke dieser Sammlung nur in je 250 Exemplaren abgezogen und folglich für den gewöhnlichen Sterblichen meist unerreichbar.

Ueber älteres dialectisches Neuenglisch vgl. PANNING, Dialectisches Englisch in elisabethanischen Dramen, Halle 1884 Diss. — AXON, English Dialect Words in the 18th Century, L. 1883.

Mit der Erforschung der englischen Dialecte und der Veröffentlichung darauf bezüglicher Untersuchungen und Sammlungen beschäftigt sich in England eine 1873 gegründete »Dialect Society«. Die wichtigeren der in ihren Publicationen erschienenen Schriften sind:

MORRIS, On the Survival of Old English Words in our Dialects (1876). — SKEAT, Five Original Provincial Glossaries (1876). — ROBINSON, A Glossary of Words used in the Neighbourhood of Whitby (1876). — CLOUGH ROBINSON, A Glossary of Mid Yorkshire Words (1876). — PEACOCK, A Glossary of Words in use in the Wapentakes of Manley and Corringham, Lincolnshire (1877). — ROSS, STEAD and HOLDERNESS, A Glossary of Holderness Words, with a map of the district (1877). — NODAL, Bibliographical List. Part III completing the work, and containing lists of books relating to the Scotthish dialects, Cant and Slang, addition to the English list and index to the whole (1877). — DICKINSON, A Glossary of Cumberlands Words and Phrases (1878). — Tusser's Five Hundred Points of Good Husbandrie. Edited, with Introduction, Notes and Glossary, by W. PAYNE and SIDNEY J. HERRTAGE (1878). — JAMES BRITTEN and R. HOLLAND, A Dictionary of English Plant Names (1878). — Five reprinted Glossaries, including Wiltshire, East-Anglian, Suffolk and East Yorkshire Words and Words from Bp. Kennett's Parochial Antiquities. Ed. by SKEAT (1879). — DICKINSON, Supplement to the Cumberland Glossary (1879). — Specimens of English Dialects. Vol. I: Devonshire: Exmoor Scolding and Courtship. Ed. with Notes and Glossary by ELWORTHY. II: Westmoreland: Wm. de Worfats Bran New Wark. Ed. by SKEAT (1879). — BRITTEN and HOLLAND, A Dictionary of English Plant Names, Part II (1879). — CORTNEY and COUCH, Glossary of Words in use in Cornwall (1880 u. 1881). — PATTERSON, Glossary of Words and Phrases in use in Antrim and Down (1880 u. 1881). — An Early English Hymn to the Virgin. Ed. by FURNIVALL and ELLIS (1880). — J. BRITTEN, Old Country and Farming Words. Gleaned from Agricultural Books (1880 u. 1881). — EVANS, Leicestershire Words, Phrases and Proverbs (1881). — FURNIVALL and ELLIS, An Early

English Hymn (1861) — Five Original Glossaries, viz.: Isle of Wight Words, by H. SMITH and C. ROACH SMITH; Oxfordshire Words, by Mrs. PARKER; Cumberland Words, by DICKINSON; North Lincolnshire Words by E. SUTTON; Radworshire Words by MORGAN (1882). — AXON, George Eliot's Use of Dialect (1882). — The Names of Herbes. By W. TURNER, A. D. 1548. Edited, with an Introduction, Index of English Names and Identifications of the Plants enumerated by Turner, by J. BRITTEN (1882). — CHAMBERLAIN, West Worcestershire Words. With Glossic Notes by W. HALLAM (1882). — Fitzherbert's Book of Husbandry, 1534. Edited, with Introduction, Notes and Glossarial Index, by SKEAT. — HOLLAND, A Glossare of Cheshire Words. Part II. — SWAINSON, Bird Names. — HALLAM, Four Dialect Words (Clem, Lake, Oss and Ness).

In dem als »Miscellanies« bezeichneten Theile der Gesellschaftsschriften werden regelmässige »Reports on Dialectical Works« erstattet.

Mögen die Publicationen der Dial. Soc. zum Theil noch so dilettantisch sein, das eine Verdienst dürfen sie jedenfalls beanspruchen, ein an schätzbarstem Materiale reiches Archiv für englische Dialectkunde zu bilden und der Wissenschaft der Zukunft eine umfangreiche Kenntniss der heutigen Dialecte zu überliefern. Da voraussichtlich die englischen Dialecte rascher Zersetzung und Verwitterung anheimfallen werden, so ist die beobachtende und sammelnde Thätigkeit der Dial. Soc. um so zeitgemässer.

Mit neuenglischen Dialecten sich eingehender zu beschäftigen, wird der Studierende der englischen Philologie während des akademischen Trienniums (oder Quadrienniums) nicht leicht Zeit, Gelegenheit und Veranlassung finden. Auch ist eine solche Beschäftigung nicht einmal anzurathen, da es einerseits zur Zeit noch gar sehr an philologisch brauchbaren Hülfsmitteln dazu fehlt und da andrerseits durch ein derartiges Studium, wenn Anfänger es betreiben, dieselben leicht wirr und zerstreut gemacht werden[1]. Aber Eins sollte der Studierende nicht versäumen. Entsprechend dem gesunden Realismus, welcher die moderne englische Novellistik kennzeichnet, werden in Romanen sehr häufig Personen dialectisch, bzw. vulgärredend eingeführt (so werden z. B. in dem, nebenbei bemerkt, höchst spannenden und psychologisch tiefen Romane MAXWELL GRAY's »The Silence of Dean Maitland« [Tauchnitz Sammlung 2455 f.] zahlreiche Proben des Hampshire Dialects gegeben; bekannt ist, wie ausgiebig DICKENS die Londoner Vulgärsprache verwandt hat). Derartige Stellen lese der Studierende recht aufmerksam und bemühe sich die charakteristischen Züge der betr. Mundart herauszuerkennen. Stehen solche Sprachproben in grösserem Umfange zur Verfügung, so kann es eine recht nützliche Uebungsarbeit sein,

---

[1] Wer aber nach Beendung des akademischen Studiums etwa Gelegenheit findet, längere Zeit in England sich aufzuhalten und nicht bloss London, sondern auch die Provinz kennen zu lernen, der sollte allerdings auch um die Dialecte sich kümmern und mindestens Materialien für ihre Bearbeitung sammeln. Ueber die Art, wie man Dialectstudien zu betreiben hat, kann man viel lernen aus GARTNER's räto-romanischer Grammatik (Heilbronn 1884) und SCHNEEGANS, Laute des sicil. Dialects, Strassb. 1888.

eine Skizze der Laut- und Formenlehre derselben nebst dazu gehörigem Glossare zu entwerfen; freilich wird diese Arbeit immer nur unvollkommen ausfallen und Stückwerk sein können, schon weil die Lautverhältnisse sich oft nicht sicher genug erkennen lassen; indessen lernen wird viel und namentlich in methodischer Hinsicht, wer einmal eine solche Skizze ausarbeitet.

B. Amerikanisches Englisch. STORM, Englische Philologie p. 301 ff., giebt eine kritische Uebersicht der auf Amerikanismen bezüglichen Werke. — DE VERE, Americanisms; the English of the New World, L. 1872 (das Buch leidet an Ueberladung; »der Verfasser, von der Sammlermanie ergriffen, hat viele Ausdrücke aufgenommen, die nicht mit Recht Amerikanismen genannt werden dürfen, wie Specialnamen der Pflanzen, Thiere und Naturproducte.« STORM a. a. O. p. 362). — BARTLETT, Dictionary of Americanisms, a Glossary of Words and Phrases usually regarded as peculiar to the United States, 4. Ed. Boston u. London 1877. — LIENEMANN, Eigenthümlichkeiten des Englischen der Vereinigten Staaten nebst wenig bekannten Americanismen. Zittau 1886 Prgr. — BARRINGER, Etude s. l'anglais parlé aux Etats-Unis. Paris 1874. — LENTZNER, Australisches Englisch, in Engl. Stud. XI, 174 (es werden hier u. A. aus FROUDE'S »Oceana« diejenigen Stellen zusammengestellt, an denen FROUDE hervorhebt, dass in Australien ein sehr reines und dialectfreies Englisch gesprochen werde. LENTZNER bestätigt das aus persönlicher Erfahrung). — WHITE, Americanisms (eine Reihe von Artikeln in den Zeitschriften »The Galaxy« XXIV, 376, XXV, 94, »The Atlantic Monthly« 1878 I 405 u. 656, 1879 I 88, 379, 656. Der Verfasser erklärt, dass die meisten sog. Amerikanismen nur als Slang- und Cantausdrücke zu betrachten seien und dass es in Wirklichkeit nur wenige Amerikanismen gebe. Vgl. STORM a. a. O. p. 333.)

Bemerkungen über grammatische Eigenheiten des Amerikanischen hat STORM gegeben a. a. O. p. 332, ebenso p. 338 über amerikanische Aussprache, vgl. oben S. 117 Anm. u. d. T.

C. Englische Mischsprachen. a) Negerenglisch: HARRISON, Negro-English (Introduction; Phonetics, Etymology, Archaisms), in Anglia VII, 232. — b) Pidgin-Englisch: KREYENBERG, das Pidgin-Englisch, eine neue Weltsprache, in: Preuss. Jahrbücher, 1884 Juniheft. — LELAND, Pidgin English sing-sing, or songs and stories in the China-English Dialect, L. 1876. — c) Melaneso-Englisch: SCHUCHARDT, Kreolische Studien. V. Ueber das Melaneso-Englische. Wien 1883 (Sitzungsberichte der Kaiserl. Akademie der Wiss., philos.-hist. Cl.).

§ 15. Die Umgangssprache; die Vulgärsprache, Slang; Cant. 1. Unter englischer Umgangssprache (Colloquial English) versteht man diejenige Sprachform, deren sich gebildete Engländer im gewöhnlichen geselligen Verkehre bedienen. Diese Sprachform steht der Schriftsprache sehr nahe, oder vielmehr sie ist die Fortbildung der Schriftsprache, indem in ihr die Tendenz zur Auflösung des Formenbaues, welcher in der Schriftsprache zum zeitweiligen Stillstand gelangt ist, immer weiter vorschreitet, die Umgangssprache »steuert bestimmt auf Flexionslosigkeit hin«. (STORM a. a. O. p. 206).

2. **Die Vulgärsprache** ist die von den Nichtgebildeten gebrauchte Sprachform, sofern dieselben nicht einen landschaftlichen Dialect reden; im engeren Sinne versteht man unter »Vulgärsprache« die Volkssprache von London, wie sie z. B. von Dickens in den Pickwickiern etc. so köstlich dargestellt worden ist.

3. **»Slang«** ist die bestimmten Gesellschaftsclassen oder Berufskreisen (z. B. Parlamentariern, Geistlichen, Militärs, Jägern, Seeleuten, Studenten etc. etc.) eigene Ausdrucksweise. Charakteristisch ist für den Slang vor Allem die Anwendung von Worten und Phrasen, welche der Umgangs-, bezw. der Volkssprache entweder gar nicht oder nur in anderer Form oder in anderer Bedeutung bekannt sind[1]). Scharfe Grenzen zwischen dem Slang und der Umgangssprache lassen sich um so weniger ziehen, als vielfach Ausdrücke des ersteren von der letzteren aufgenommen werden, ein Vorgang, der an sich als ein durchaus normaler und der Auffrischung der Sprache förderlicher bezeichnet werden muss, mag auch dadurch hin und wieder ein ästhetisch anstössiger Ausdruck in die Umgangssprache hineingerathen.

Die Vielgestaltigkeit des englischen Culturlebens bringt es mit sich, dass zahlreiche oder vielmehr zahllose Slangarten im Englischen vorhanden sind, namentlich solche, welche auf Sport sich beziehen. Da die Novellistik in ihrer Neigung zum Realismus vor der Anwendung des Slang keineswegs zurückscheut, so ist eine gewisse Kenntniss desselben für die Geläufigkeit und Sicherheit der Lectüre erforderlich. Aehnliches gilt übrigens auch vom Drama, und zwar nicht bloss von dem der Gegenwart, sondern auch von dem älterer Zeit, insbesondere von dem elisabethanischen (zahlreiche Slangausdrücke bei Shakespeare, z. B. in den Merry Wives of Windsor).

4. **»Cant«** ist die vielfach mit fremden Elementen gemischte

---

1) Man denke an Ausdrücke des deutschen Studentenslangs, wie »Wichs«, »Moos«, »Bude«, »schwänzen«.

Kap. IV. § 16, 1. Die Laute des Englischen.

Kunst- und Geheimsprache der Verbrecherwelt, also ein Slang niedrigster Art, strotzend von Gemeinheit und Obscönität.

Litteraturangaben. A. Umgangssprache. Eine treffliche Charakteristik der Umgangssprache hat STORM a. a. O. p. 206 ff. gegeben, zugleich auch eine eingehende Besprechung und Kritik der darauf bezüglichen, hier gleich zu nennenden Werke. — ALFORD, The Queen's English, a Manual of Idiom and Usage, 4. Ed., L. 1874 (»gutes und nützliches Buch«, STORM p. 224). — WASHINGTON MOON, The Dean's English, a Criticism of the Dean of Canterbury's (Alford) Essays on the Queen's Englisch, 10. Ed., L. 1876 (»dieses Buch enthält meines Erachtens eine scharfe und zum Theil unbillige Kritik von Alford's Werk«, STORM p. 239), und: Bad English Exposed, a Series of Criticisms on the Errors and Inconsistencies of Lindley Murray and other Grammarians. 5. Ed., L. 1875 (vgl. STORM p. 249). — HYDE CLARKE, A Grammar of the English Tongue, spoken and written, with an Introduction to the Study of Comparative Philology, 4. Ed. L. 1879 (Der Verf. erklärt: »he has thought it right to look rather to the spoken than to the written tongue.« Vgl. STORM p. 256.) — Die Aussprache des »Colloquial English«, welche von der buchmässigen beträchtlich abweicht, lernt, wer praktische Erfahrung darin sich nicht erwerben kann, am besten kennen aus den Lesestücken in SWEET'S Elementarbuch des gesprochenen Englisch, 2. Ausg. Leipzig 1886.

B. Vulgärsprache. Eine eingehende und sowohl in wissenschaftlicher wie in praktischer Hinsicht höchst interessante Darstellung der wichtigsten Eigenthümlichkeiten der Vulgärsprache hat STORM p. 261 ff. gegeben; voraus schickt er die Bemerkung: »Von reinen Entstellungen gelehrter Worte und Wendungen (,hard words') abgesehen, beruhen diese Eigenthümkeiten theils auf Bewahrung des Aelteren, das in der Schriftsprache und in der gebildeten Umgangssprache ausser Gebrauch gekommen oder einer gelehrten Correctheit gewichen, theils auf weiterer Entwickelung der Keime und Neigungen der Sprache«.

C. Slang und Cant (vgl. STORM p. 152 ff.). TH. HARMAN, Cavent or Warening for Common Cursetors vulgarly called Vagabones, L. 1566 oder 1567 (neu aufgelegt von VILES and FURNIVALL in [The Rogues and Vagabonds of Shakespeare's Youth 1869 (älteste Sammlung von Slangausdrücken, der eine ganze Reihe anderer folgte). — GROSE, A Classical Dictionary of the Vulgar Tongue, L. 1785 (neue Ausg. 1823). — DUCANGE ANGLICUS, The Vulgar Tongue. A Glossary of Slang, Cant, and Flash Words and Phrases, L. 1859. — HOTTEN, The Slang Dictionary, Etymological, Historical and Anecdotal. New Ed., L. 1873. — BAUMANN, Londinismen. Slang und Cant. Alphabetisch geordnete Sammlung der eigenartigen Ausdrucksweisen der Londoner Volkssprache sowie der üblichsten Gauner-, Matrosen-, Sport- und Zunftausdrücke mit einer geschichtlichen Einleitung und Musterstücken, Berlin 1887 (die höchst interessante, freilich leider etwas verworrene Einleitung handelt über das Wesen und die Vertreter der Volkssprache, Litteratur des Cant und Slang, Herkunft und sprachliche Stellung des Cant, Hauptgattungen des Slang, kurzgefasste Lautlehre der

Londoner Volkssprache, grammatische Winke, Pompeii aus Mrs. Browne's Grand Tour'. Trotz mancher wesentlicher Mängel[1], welche das Buch aufweist, ist doch Jedem, der das Englische nicht bloss in schriftsprachlicher Form kennen lernen will, dringend anzurathen, wenigstens gelegentliche Einsicht davon zu nehmen.

## Viertes Kapitel.

### Die Laute des Englischen.

§ 16. **Ueber die Sprachlaute im Allgemeinen.**

1. Die Erzeugung der Sprachlaute ist ein physikalisch-mechanischer Process[2]; die Einzelheiten desselben zu erforschen und darzulegen, ist Aufgabe einer besonderen Wissenschaft, der **Lautphysiologie**, welche ihrem Objecte und ihrer Methode nach in den Kreis der Naturwissenschaften gehört, zugleich aber vermöge der engen Beziehungen, in denen der Sprechorganismus und -mechanismus zu der Sprachwissenschaft steht, eine Hülfswissenschaft der Philologie ist. Mit der Lautphysiologie sich gründlich vertraut zu machen, ist unabweisbare Pflicht für jeden Philologen; genügt er derselben nicht, so wird er nie zur Einsicht in die Lautbeschaffenheit und Lautentwickelung der von ihm behandelten Sprachen gelangen können. Freilich aber muss das Studium der Lautphysiologie, wenn es Zweck und Nutzen haben soll, ernst und energisch betrieben werden; eine bloss oberflächliche Beschäftigung kann nur verwirren und schaden. Namentlich ist es von Wichtigkeit, dass der Anfänger sich einmal über den Bau der Sprachorgane klar werde, wozu die aufmerksame Betrachtung der in den besseren der unten zu nennenden Werke enthaltenen Abbildungen wenigstens die Grundlage abgeben kann; wer freilich speciell mit Phonetik sich beschäftigen will, wird mit Ab-

---

[1] Vgl. die eingehende und zutreffende Beurtheilung von TANGER in Herrig's Archiv 79 p. 101.
[2] Dass das Sprechen in Lauten — abgesehen von seinem begrifflichen Inhalte — ein rein physikalisch-mechanischer Vorgang ist, wird am besten dadurch bezeugt, dass man Sprechmaschinen construiren kann und oft genug construirt hat.

bildungen sich nicht begnügen dürfen, sondern zu Modellen und Präparaten greifen und überhaupt nach Art des Mediciners, bezw. des Naturwissenschaftlers studieren müssen.

Diejenige Disciplin der Sprachwissenschaft, welche auf lautphysiologischer Grundlage die Sprachlaute behandelt, heisst **Phonetik**.

Für den künftigen Lehrer der englischen (und überhaupt einer lebenden) Sprache besitzt das Studium der Lautphysiologie und Phonetik noch eine besondere, praktische Wichtigkeit wegen der engen Beziehung, in welcher diese Disciplinen zur Lehre von und zum Unterrichte in der Ausprache stehen; die rationelle Ertheilung des letzteren kann nur auf Grund lautphysiologischer, bezw. phonetischer Kenntnisse erfolgen.

2. Die bei der Lauterzeugung hauptsächlich betheiligten Organe sind: die Lunge, die Kehle (= Luftröhre und Kehlkopf), die oberhalb des Kehlkopfes liegenden Hohlräume der Rachenhöhle, der Mundhöhle, des Rachenkopfes und der Nasenhöhle (der übliche Gesammtname für diese Hohlräume ist »Ansatzrohr«; TRAUTMANN sagt statt dessen »Lautrohr«, derselbe fasst den oberen Kehlkopfraum, die Rachenhöhle und die Mundhöhle unter dem Gesammtnamen »der Giel« zusammen).

Der Kehlkopf, ein von Knorpeln umschlossener Hohlraum, wird in verticaler Richtung von den beiden sogenannten Stimmbändern derartig überspannt, dass zwischen ihnen nur eine Spalte, die Stimmritze oder Glottis (der vordere Theil Bänderglottis, der hintere Theil Knorpelglottis oder Athemritze genannt) offen bleibt; dieser Spalt kann durch Zusammenziehung der Stimmbänder ganz oder theilweise verschlossen werden.

Der Nasenraum kann von dem übrigen Theile des Ansatzrohres abgesperrt werden; beim normalen Athmen jedoch ist er offen.

Der Mundraum kann durch Stellungen der Zunge, der Zähne und der Lippen verengt oder völlig verschlossen werden. Beim normalen Athmen findet Lippenverschluss des Mundraumes statt.

3. Bei dem Ausathmen (der Exspiration) steigt ein Luftstrom aus den Lungen in die Luftröhre und den Kehlkopf

empor; findet er den Spalt zwischen den Stimmbändern normal geöffnet, den Zugang von dem Mundraume zum Nasenraume offen, den Mundraum durch die Lippen geschlossen, so entweicht er durch den Nasenraum; ist aber dieser letztere geschlossen, der Mundraum dagegen nirgend verengt oder geschlossen und sind die Lippen normal offen, so geht der Luftstrom zwischen den letzteren hindurch. In dem einen wie in dem anderen Falle werden weder im Kehlkopf noch im Ansatzrohre Geräusche oder Klänge erzeugt, das Ausathmen geht also geräuschlos von statten.

Findet der in den Kehlkopf emporgestiegene Luftstrom die Stimmritze mehr oder weniger verengt, so entstehen durch seine Einwirkung auf die Stimmbänder entweder Kehlkopfgeräusche oder der sogenannte Stimmton.

Kehlkopfgeräusche entstehen, wenn der nur mit schwachem Druck emporgetriebene Luftstrom an den Rändern der Stimmbänder sich reibt.

Der Stimmton wird erzeugt, wenn der mit stärkerem Drucke emporsteigende Luftstrom die Stimmbänder in rhythmische Schwingungen versetzt.

Sowohl die Kehlkopfgeräusche wie der Stimmton finden im Ansatzrohre Resonanz, welche je nach den verschiedenen Stellungen des Ansatzrohres eine verschiedene ist.

Die im Ansatzrohre Resonanz findenden Kehlkopfgeräusche ergeben die Flüsterlaute, (das h und den Spiritus lenis).

Der im Ansatzrohre Resonanz findende Stimmton ergiebt die Stimmtonlaute.

Ist bei Erzeugung des Stimmtons das Ansatzrohr nirgends verengt, so entstehen durch die Resonanz je nach den verschiedenen Stellungen, welche im Ansatzrohr die Zunge zu dem Gaumen einnimmt, die verschiedenen Vocale (von TRAUTMANN »Galme« genannt) (gutturale oder postpalatale Vocale: u, o, palatale oder antepalatale Vocale: e, i, mediopalatale Vocale: die A-Laute, Mischvocale: i + u = ü, e + o = ö etc.).

Findet der in den Kehlkopf emporgestiegene Luftstrom zwar die Stimmspalte normal offen, den Mundraum aber irgendwo (durch Annäherung der Zunge an den Gaumen, an die Alveolen der Oberzähne, an den unteren Rand der Oberzähne; der Unterlippe an die Oberzähne, der Lippen an einander) verengt, so reibt er sich an den Rändern der Enge und erzeugt dadurch **Reibegeräusche**, welche indem sie in dem vor der Enge liegenden Theile des Mundraumes Resonanz finden, zu **Reibelauten** (Fricativen, Spiranten, von TRAUTMANN »Schleifer« genannt) werden.

Findet der in den Kehlkopf emporgestiegene Luftstrom zwar die Stimmspalte normal offen, den Mundraum aber irgendwo (durch Anpressen der Zunge an einen Theil des Gaumens oder an die Alveolen der Oberzähne oder an die Oberzähne selbst; der Lippen auf einander, der Unterlippe an die Oberzähne) geschlossen, so entstehen, indem der Verschluss gelöst wird und der Luftstrom nun freie Bahn hat, **Platzgeräusche**, welche, indem sie in dem Raume vor der Verschlussstelle des Ansatzrohres Resonanz finden, zu **Platzlauten** (Explosiven, von TRAUTMANN »Klapper« genannt) werden.

Sind bei der Erzeugung von Reibe- und Platzlauten die Stimmbänder so weit verengt, dass der zwischen ihnen hindurchgehende Luftstrom die Stimmbänder in Schwingungen versetzt und dadurch den Stimmton erzeugt, so entstehen stimmtonhafte Fricativen und Explosiven; man hat also zu unterscheiden zwischen (stimm)tonlosen und (stimm)tonhaften (tönenden) Fricativen und Explosiven, z. B. stimmtonlosem englischen th in thin und stimmtonhaftem (tönenden) englischen th in thou, zwischen stimmtonlosem p und stimmtonhaftem b (die sogenannten Tenues sind stimmtonlos, die sog. Mediae stimmtonhaft, die sog. Aspiraten sind theils stimmtonlose, theils stimmtonhafte [Spiranten oder] Fricativen).

Wird die Zungenspitze oder Vorderzunge irgendwo auf der Mittellinie des Vordermundes fest angesetzt, so dass rechts und links eine schmale Oeffnung bleibt [1]), so entsteht, indem beim Andringen des Luftstroms dieser theilweise Verschluss gelöst wird, ein Schlaggeräusch, welches durch Mitwirkung des Stimmtons und je nach der Resonanz, die derselbe und das Geräusch selbst im Ansatzrohre finden, zu einem L-Laute sich gestaltet.

Wird durch den (nach Erzeugung des Stimmtones) aus dem Kehlkopf hervordringenden Luftstrom entweder die Zungen-

---

[1]) Vgl. TRAUTMANN a. a. O. p. 91 (§ 220).

spitze gegen den harten Gaumen oder gegen die Alveolen der Oberzähne oder das Zäpfchen gegen die Hinterzunge in Schwirrung versetzt, so entsteht ein R-Laut (Zungen-r, Zäpfchen-r), welcher so wohl stimmtonhaft als auch stimmtonlos hervorgebracht werden kann. Ein Zungen-r kann auch ohne Schwirrung der Zungenspitze erzeugt werden, es ist das sogenannte »ungerollte« alveole r des Neuenglischen, vgl. unten § 23.

Ist die Verbindung zwischen Nasen- und Mundraum offen, so erhalten die auf die angegebenen Weisen hervorgebrachten Laute nasalen Beiklang, es entstehen die Nasalvocale, die genäselten Reibe- und Platzlaute. Insbesondere ist zu bemerken:

Entweicht bei Lösung des Lippenverschlusses des Mundraumes der Luftstrom durch den Nasenraum, so entstehen die M-Laute (genäselte P-Laute).

Entweicht bei Lösung des Zungen-Zahnverschlusses des Mundraumes der Luftstrom durch den Nasenraum, so entstehen die N-Laute (genäselte T-Laute).

Die M- und N-Laute können sowohl mit als auch ohne Mitwirkung des Stimmtons erzeugt werden.

Alle Laute, welche nicht Vocale (Mundraumvocale, Nasalvocale) sind, können unter dem Namen Consonanten (»Diesse« nach TRAUTMANN) zusammengefasst werden [1]). Die R-, L- und M-Laute pflegt man nach althergebrachter Weise als ‚Liquiden' zu bezeichnen, eine Benennung, die lautwissenschaftlich nicht eben sehr klar ist, aber doch geduldet werden darf. SIEVERS bezeichnet l, r, m, n, v, j als sonore Consonanten.

Die Explosivlaute (ausgenommen die Liquiden) ertönen nur im Moment der Lösung (der Explosion) des Verschlusses, sind also recht eigentlich Platz- und Momentanlaute. Alle übrigen Laute können von dem Sprechenden so lange festgehalten werden, bis das Bedürfniss des Einathmens eintritt, sie sind also Dauerlaute, welche relativer Kürze und relativer Länge fähig sind.

Eine Lautmasse [2]), welche mittelst einer einzigen Ausath-

---

[1]) Am bündigsten unterscheidet man Vocale und Consonanten, wenn man sagt: die ersteren sind Töne, die letzteren Geräusche, vgl. TRAUTMANN a. a. O. p. 25, § 80.
[2]) Oben folgende Definition des Begriffes »Silbe« nach SIEVERS § 26. »Lautmasse« kann bezeichnen einen Complex mehrerer Laute, aber auch

mung (Exspiration) hervorgebracht werden kann, bezw. hervorgebracht wird, heisst eine Silbe.

Der Exspirationsdruck, mit welchem eine Silbe hervorgebracht wird, ist in seinem Verlaufe ungleich stark. Derjenige Silbentheil, welcher mit dem verhältnissmässig stärksten Druck erzeugt wird, trägt den sogenannten Silbenhochton (»Treff« nach TRAUTMANN).

Eine Silbe oder ein Silbencomplex, welche(r) Träger(in) eines Begriffes oder Begriffcomplexes ist, wird Wort genannt.

Die einzelnen Silben eines mehrsilbigen Wortes werden mit verschiedenem Expirationsdruck hervorgebracht; diejenige Silbe, welche mit dem verhältnissmässig stärksten Drucke erzeugt wird, trägt den sogenannten Worthochton; die Stelle desselben kann, aber muss nicht, abhängig sein von dem begrifflichen Inhalte der betreffenden Silbe. Die vom Worthochton nicht getroffenen Silben eines Wortes tragen entweder einen Nebenton oder sind nur schwach betont (völlig unbetont oder tonlos aber kann keine Silbe sein, da eine jede durch einen gewissen, sei es auch noch so schwachen, Exspirationsdruck erzeugt wird). Vgl. unten § 17, Nr. 4.

Die zu einem relativ abgeschlossenen logischen Complex vereinigten Worte bilden einen Satz. Die einzelnen Glieder eines Satzes werden je nach ihrer begrifflichen Geltung und je nach dem Affecte des Sprechenden mit verschieden starkem Exspirationsdrucke gesprochen; die oder das mit dem verhältnissmässig stärkstem Drucke erzeugten tragen (trägt) den sogenannten Satzhochton.

Wie in begrifflicher, so bilden auch in lautlicher Hinsicht die einzelnen Silben eines Wortes und die einzelnen Worte eines Satzes eine Einheit. Das (isolirte) Wort bildet ein lautliches Ganze. Innerhalb des Wortes ist die Lautbeschaffenheit der einzelnen Silbe und innerhalb des Satzes ist die Lautgestaltung der einzelnen Worte abhängig von dem Worthochtone, bezw. von dem Satzhochtone, es kann also die isolirte Silbe, bezw. das isolirte Wort seine Lautgestaltung ändern

---

einen isolirten Laut (Vocal, Liquida), der Klangstärke genug besitzt, um für sich allein vernehmbar zu sein. Der Begriff »Silbe« ist ein vorwiegend akustischer, und jede Definition desselben hat eigentlich nur praktischen Werth.

müssen, wenn sie (es) in den Zusammenhang des Wortes, bezw. des Satzes tritt.

Litteraturangaben. Sich auf autodidaktischem Wege in die Lautphysiologie einzuarbeiten, wird dem Studierenden selten mit vollem Erfolge gelingen, namentlich denen nicht, welche mit den Naturwissenschaften und deren Methode weniger vertraut sind, vielleicht auch wenig Sinn dafür besitzen. Wenn irgend möglich, höre also der Studierende eine Vorlesung über Lautphysiologie, nehme es aber damit recht ernsthaft und lasse sich nicht dadurch abschrecken, dass ihm die vorgetragene Materie anfänglich vielleicht schwer verständlich oder trocken erscheint; er sei überzeugt, dass das Verständniss und damit das Interesse für die Sache allgemach kommen wird, und sei sich stets dessen bewusst, dass Vertrautheit wenigstens mit den Elementen der Lautphysiologie für den Philologen der Jetztzeit unbedingt erforderlich ist. Wer absolut keine Freude an Lautphysiologie hat, mag sich mit der Erfassung der Elemente begnügen, er wird dann darauf verzichten müssen, auf dem Gebiete der Lautlehre und zum Theil auch auf angrenzenden Gebieten etwas Selbständiges zu leisten, aber er wird wenigstens die Leistungen Anderer einigermassen verstehen und ihnen folgen können. Wer aber auch die Elemente der Lautphysiologie nicht kennt, der ist als Philolog — und auch als Lehrer (vgl. oben Nr. 1 am Schlusse — von vornherein dazu verurtheilt, die Rolle eines antediluvianischen, in der Jetztzeit sich fremdartig und seltsam ausnehmenden Wesens zu spielen.

Zur ersten Orientirung in der Lautphysiologie kann dienen das Studium des Aufsatzes von DEUTSCHBEIN Ueber die Resultate der Lautphysiologie mit Rücksicht auf unsere Schulen, in HERRIG's Archiv LXX, 39 und der Abhandlung von TRAUTMANN, »Lautliches« in Anglia I, 588 (vgl. damit III, 204 und IV, Anz. 56). Darnach wird das Studium von TECHMER's (mit schönen Illustrationen ausgestatteter) Abhandlung »Naturwissenschaftliche Analyse und Synthese der hörbaren Sprache« (Internationale Zeitschrift für allgemeine Sprachwissenschaft I, 69) sich als sehr förderlich erweisen [1]).

Für eingehendere Studien kommen namentlich folgende Werke in Betracht, welche sämtlich zugleich besonderen Bezug auf englische Lautlehre nehmen: BELL, Visible Speech, the Science of Universal Alphabetics, or self-interpreting Physiological Letters, for the Writing of All Languages in One Alphabet, L. 1867 (der Verf. sucht alle möglichen zur Hervorbringung von Lauten geeigneten Mund- [namentlich auch Zungen-]stellungen und die daraus sich ergebenden Laute zu bestimmen und jeden der letzteren durch ein seiner Mundentstellung entsprechendes Zeichen zum Ausdruck zu bringen. Besonders interessant ist BELL's Vokalsystem; dasselbe gründet sich auf die Stellung der Zunge zu und auf ihre Entfernung von dem harten oder weichen Gaumen, auf die mit der betreffenden Stellung

---

1) Das Gleiche gilt von G. H. v. MEYER's schönem Buche: Unsere Sprachwerkzeuge und ihre Verwendung zur Bildung der Sprachlaute (Bd. 42 der rühmlich bekannten »Internationalen wissenschaftl. Bibliothek«).

Kap. IV. § 16. Die Laute des Englischen.

verbundene Rundung oder Verengung der Mundöffnung und auf die grössere oder geringere Erweiterung des Kehlraumes [voice-channel]. Darnach ergeben sich nach der Zungenstellung: a) Back Vowels, d. h. gutturale Vocale, b) Front Vowels, d. h. palatale Vocale, c) Mixed Vowels, d. h. guttural-palatale Vocale, von denen allen ein jeder je nach der Entfernung der Zunge von dem Gaumen entweder hoch oder mittel oder niedrig und je nach der grösseren oder geringeren Erweiterung des Kehlraumes entweder eng oder weit ist [1]). — Ausser »Visible Spreech« hat BELL verfasst: The

---

[1]) Das BELL'sche Vocalsystem werde durch folgende (in etwas anderer Form von STORM a. a. O. p. 75 gegebene und von TRAUTMANN a. a. O. p. 69 wiederholte) Tabelle veranschaulicht:

### I. Gutturale Vocale.
#### a. Guttural hohe:
α) eng; Laut des gälischen *ao* in *laogh*.  
β) weit; der betreffende Laut kommt nicht vor.  
α') eng und gerundet; *u* in dtsch. *du*.  
β') weit und gerundet; *u* in engl. *full*.

#### b. Guttural mittlere:
α) eng; Laut des engl. *u* in *but*.  
β) weit; Laut des *a* in engl. *father*.  
α') eng und gerundet; Laut des *o* in dtsch. *so*.  
β') weit und gerundet; Laut des *o* in norddtsch. *Stock*.

#### c. Guttural niedrige:
α) eng; Laut des *u*, wie es gelegentlich im Schott. in *but* gesprochen wird.  
β) weit; Laut des *a*, wie es im Schott. in *father* und süddeutsch in *Vater* gesprochen wird.  
α') eng und gerundet; Laut des *aw* in engl. *saw*.  
β') weit und gerundet; Laut des *o* in engl. *not*.

### II. Palatale Vocale.
#### a. Palatal hohe:
α) eng; Laut des *i* in dtsch. *ihn*.  
β) weit; Laut des *i* in norddtsch. *Fisch*.  
α') eng und gerundet; Laut des *ü* in dtsch. *über*.  
β') weit und gerundet; Laut des *ü* in dtsch. *schützen*.

#### b. Palatal mittlere:
α) eng; Laut des *e* in dtsch. *See*.  
β) weit; Laut des *ä* in deutsch *Männer*.  
α') eng und gerundet; Laut des *ö* in dtsch. *schön*.  
β') weit und gerundet; Laut des *ö* in dtsch. *Völker*.

#### c. Palatal niedrige:
α) eng; Laut des *ai* in engl. *air*.  
β) weit; Laut des *a* in engl. *man*.  
α') eng und gerundet; Laut des *ö* in schwed. *för*.  
β') weit und gerundet; fehlt ein Beispiel für den entspr. Laut.

### III. Palatal-gutturale (Misch)-Vocale.
#### a. palatal-guttural hohe:
α) eng; Laut des *y* in russ. *syn*.  
β) weit; Laut des *e*, wie man ihn gelegentlich in engl. *pretty* hört.  
α') eng und gerundet; Laut des *u* in norweg. *hus*.  
β') weit und gerundet; Laut des *u* in norweg. *huska*.

Principles of Speech and Vocal Physiology, L. 1865¦; Elocutional Manual, L. 1860, 3. Ausg.: Sounds and [their Relations, L. 1882). — SWEET, A Handbook of Phonetics, including a Popular Exposition of the Principles of Spelling Reform, L. 1877 ,SWEET [vertritt und modificirt zugleich die Bell'schen Principien; von Wichtigkeit ist, dass SWEET auch mit dem Deutschen und den übrigen wichtigeren germanischen Sprachen vertraut ist und folglich auch auf diese Bezug nimmt bei Begründung seiner Lauttheorien).

— TRAUTMANN, Die Sprachlaute im Allgemeinen und die Laute des Englischen, Französischen und Deutschen im Besonderen, Leipzig 1884/86 (TRAUTMANN stellt in seinem reiflich dnrchdachten und geistvollen Werke eine originale Lauttheorie auf, welche zu der einseitig die Mundstellung berücksichtigenden Theorie der englischen Phonetiker in scharfem Gegensatze steht. TRAUTMANN begründet die Eintheilung der Laute im Wesentlichen auf den Klang, daneben aber auch die Entstehung berücksichtigend; als Basis des Vocalsystems nimmt TRAUTMANN die Tonhöhen der Vocale an und geht dabei von den geflüsterten Vocalen .aus. Da übrigens TRAUTMANN die von seiner Theorie abweichenden Ansichten Anderer ebenso eingehend wie objectiv darlegt und beurtheilt, so wird der Leser des Buches durchaus in die Lage gesetzt, sich über den Stand der betreffenden Fragen und über TRAUTMANN's Auffassung der letzteren ein eigenes Urtheil zu bilden. TRAUTMANN's eigenartige, von ihm selbst erfundene Terminologie, deren Hauptausdrücke [Giel etc.] gelegentlich bereits angeführt wurden, mag beim ersten Lesen stören und überhaupt nicht nach Jedermanns Geschmacke sein, indessen man findet sich doch bald in sie hinein und man wird, will man gerecht sein, urtheilen müssen, dass sie klug ersonnen und keine blosse Spielerei ist. Jedenfalls bildet TRAUTMANN's Werk ein Compendium der Phonetik, dessen Studium kein Neuphilolog sich entziehen darf). — VIETOR, Elemente der Phonetik und Orthoepie des Deutschen, Englischen und Französischen mit Rücksicht auf die Lehrpraxis, 2.A. Heilbronn 1887 (VIETOR's Buch wendet sich zunächst an Studierende und Lehrer, ist demgemäss möglichst allgemein verständlich gehalten und berücksichtigt in eingehender Weise die auf die Aussprache bezüglichen Fragen. In Bezug auf das Vocalsystem vertritt VIETOR Bell's Theorie, welche er jedoch mehrfach abändert). — SIEVERS, Grundzüge der Phonetik zur Einführung in das Studium der Lautlehre der indogermanischen Sprachen, 3. Ausg., Leipzig 1885 (dies, im Jahre 1876 zuerst erschienene, Buch ist bahnbrechend

---

b. palatal-guttural mittlere:

α) eng; Laut des *e* in dtsch. Gabe.
α') eng und gerundet; fehlt ein entspr. Laut.

β) weit; Laut des *e* in engl. eye.
β') weit und gerundet; Laut des *o* in frz. homme.

c. Palatal-guttural niedrige:

α) eng; Laut des *ir* in engl. bird.
α') eng und gerundet; fehlt ein Beispiel für den entspr. Laut.

β) weit; Laut des *o* in engl. how.
β') weit und gerundet; fehlt ein Beispiel für den entspr. Laut.

geworden für die Lautwissenschaft[1]). Allerdings ist das Studium desselben, seitdem TRAUTMANN's und VIETOR's Werke vorliegen, nicht mehr, wie früher, eine Nothwendigkeit für den Neuphilologen, immerhin aber ist Jedem und namentlich Dem, welcher etwas tiefer in lautphysiologische Dinge eindringen will, die ernste Beschäftigung mit SIEVERS' Werke dringend anzurathen).

Fast muss man sagen, dass in den eben gekennzeichneten fünf Werken für die Neuphilologen eine Ueberfülle an Hülfsmittteln zu lautphysiologi-Studien vorliegt. Zum Mindesten kann der Anfänger verlegen sein, zu welchem Buche er zuerst greifen soll. Vielleicht ist im Folgenden ein sachgemässer Rath ertheilt. Nachdem man die erste Orientirung in der oben S. 133 angegebenen Weise gewonnen hat, arbeite man vor Allem TRAUTMANN's Buch durch, da man aus demselben, wie schon oben bemerkt wurde, zugleich eine gute Uebersicht über die Lauttheorien der Engländer etc. gewinnt und dadurch der Nothwendigkeit eines Studiums der Schriften von BELL, SWEET u. A. zunächst enthoben wird; namentlich aber ist die Beschäftigung mit TRAUTMANN's Buch um desswillen erforderlich, weil TRAUTMANN's Theorie zu eigenartig, zu bedeutend und zu tief eingreifend in die neueste Entwickelung der Lautwissenschaft ist, als dass nicht auch schon der noch in jüngeren Semestern stehende Student allen Anlass hätte sich mit ihr bekannt zu machen. Das Studium der Schriften von BELL und SWEET dürfte man am besten wohl dann vornehmen, wenn man in späteren Semestern durch die Beschäftigung mit Alt- und Mittelenglisch genöthigt ist, mit ELLIS' grossem Werke über die Geschichte der englischen Aussprache (s. u.) vertraut zu werden. VIETOR's Buch ist namentlich den angehenden Lehrern zu empfehlen, welche sich vor die praktischen Fragen des Aussprachunterrichtes gestellt sehen. Ueber SIEVERS' Phonetik endlich wurde das Nöthige schon oben gesagt. — Wie man sich aber auch immer das Studium einrichten möge, jedenfalls vermeide man es, mehrere Werke (etwa das TRAUTMANN's und das VIETOR's) neben einander zu studieren, denn dadurch macht man sich ganz sicher verwirrt.

Von sonstigen auf Lautphysiologie bezüglichen Schriften seien hier noch folgende genannt: THAUSSING, das natürliche Lautsystem der menschl. Spr., Leipzig 1863[2]). — BRÜCKE, Grundzüge der Physiologie und Systematik der Sprachlaute, Wien 1856, 2. Ausg. 1876. — RUMPELT, Das natürliche System der Sprachlaute, Halle 1869. — TECHMER, Phonetik, Leipzig 1880.

Auch für die Lautphysiologie wichtig ist ELLIS' grosses Werk: On

---

[1] Gegen SIEVERS schrieb HOFFORY die lesenswerthe Streitschrift: Prof. Sievers und die Principien der Lautphysiologie, Berlin 1884. — Ueber die 2. Ausg. des SIEVERS'schen Buches schrieb TRAUTMANN (Anglia IV, Anz. 56) eine sehr eingehende und noch jetzt lesenswerthe Recension.

[1] Unter Bezugnahme auf THAUSSING hat MERLO (Miscellanea di Filologia e Linguistica. In Memoria di N. CAIX e U. A. CANELLO [Florenz 1886] p. 11 ff.) »eine neue, Vocal und Consonant nach dem Grade ihrer artikulatorischen Verwandtschaft anordnende Lautscala von der Art, wie sie THAUSSING sich dachte«, entworfen und auch sonst geistvolle Gedanken über lautliche Dinge ausgesprochen. Vgl. Ztschr. f. rom. Phil. XI, 267.

Early English Pronunciation with Especial Reference to Chaucer and Shakespeare, L. 1869, 4 Thle. (E. E. T. S. E. S. 2, 7, 14, 22. Von demselben Verf.: Essentials of Phonetics. L. 1848).

Von hervorragender Bedeutung auch für die Lautphysiologie ist das Werk des berühmten Physikers HELMHOLTZ, Die Lehre von den Tonempfindungen, 4. Ausg. Braunschweig 1877.

Eine eingehende kritische Besprechung der für den Anglisten in Betracht kommenden lautphysiologischen, bzw. phonetischen [Litteratur hat STORM a. a. O. p. 18 ff. gegeben.

Ausgeschlossen aus der obigen Uebersicht wurden alle Werke, welche — wie z. B. diejenigen MERKEL's —, so verdienstlich sie auch zur Zeit ihres Erscheinens gewesen sein mögen, jetzt doch für im Wesentlichen veraltet gelten müssen und deren Studium mithin nur noch ein geschichtliches Interesse besitzt; der Fachmann wird aus derartigen Büchern immerhin noch Manches lernen können, sei es auch nur mehr in negativer Richtung, der Anfänger aber bleibe ihnen lieber fern, um sich nicht zu verwirren.

Bücher und Schriften, welche man in obiger Aufzählung etwa vermissen sollte — wie z. B. WESTERN's Englische Lautlehre für Studierende und Lehrer, Heilbronn 1885 —, findet man in dem letzten Paragraphen dieses Kapitels verzeichnet.

§ 17. Bemerkungen über den germanischen Vocalismus[1]). 1. Ueber das Verhältniss des germanischen Vocalismus zu demjenigen der indogermanischen Grundsprache ist namentlich Folgendes zu bemerken:

a) Idg. â wird germ. durch ô vertreten, z. B. sskr. bhrâtar = ags. brôđor; wo also im Germ. â erscheint, ist es secundär[2]).

b) Idg. e (= sskr. a) wird im Gotischen durchweg zu i, in den übrigen german. Sprachen aber nur dann, α) wenn dem e ein complicirter Nasal, d. h. Nasal + Consonant nachfolgt, z. B. t ags. bindan (sskr. bhand, griech. πενθ in πενθ-σμα : πεῖσμα) neben helpan, aber got. hilpan; β) wenn die Nachsilbe ein *i* oder *j* enthält, z. B. ags. helpan, aber davon 3 P. Sg. Präs. Ind. hilpiđ, hilpđ.

Von anderen weniger bedeutsamen Abweichungen kann hier abgesehen werden; nur Folgendes sei noch bemerkt:

c) Einem lat. und griech. (offenen) o entspricht im German. häufig a, z. B. lat. octo, griech. ὀκτώ = got. ahtau, ags. eatha (ea durch Brechung aus a entstanden). Für das Urgerm. ist o anzusetzen.

d) Ursprüngliches ei ist im German. durch ii zu î geworden.

---

1) Die Litteraturangaben zu diesem und den folgenden Paragraphen sehe man im Schlussparagraphen des Kapitels. — Die Angaben über die german. und ags. Laute beruhen meist auf SIEVERS' Darstellung.

2) Im Gotischen und Ags. erscheint â gern als ê, bzw. âe.

2. Das germanische Vokalsystem stellt sich folgendermassen dar:

a) Gutturale Vocale: a, [â, s. oben Nr. 1 a], primäres o, secundäres aus a entstandenes o = got. a (s. oben Nr. 1 c), ô, u û.

b) Palatale Vocale: e, ê = westsächs. æ̂, primäres i, secundäres aus e entstandenes i (s. oben Nr. 1 b), primäres î, secundäres aus ei entstandenes î (s. oben Nr. 1 d).

c) Diphthonge: ai, au, (ei, s. oben Nr. 1 d), eu.

Mit dem germanischen Vocalsystem stimmt das westgermanische im Wesentlichen überein.

3. Die Einfachheit des (west)germanischen Vocalsystems erleidet erhebliche — allerdings in den einzelnen Sprachen dem Umfange nach verschiedene — Störungen durch die Wirkungen bestimmter Lautwandelungen, vermöge deren ein stammhafter Vocal der Verdrängung durch einen andern unterworfen ist.

Die wichtigsten dieser Lautwandelungen sind:

a) Der Ablaut. Unter »Ablaut« versteht man den Wechsel des Wurzelvokals innerhalb der zu einer Wurzel gehörigen Bildungen (Tempusbildung, Verbal- und Nominalableitung). Dieser Wechsel ist ein verschiedenartiger, indem bestimmte Vocale zu bestimmten »Ablautsreihen« zusammentreten.

Näheres über den Ablaut sehe man unten § 46, Nr. 3 b [1]).

b) Der Umlaut. Unter »Umlaut« versteht man den Wandel, welchen ein stammhafter (und also betonter [s. unten Nr. 4]) Vocal durch den Einfluss eines in der Nachsilbe stehenden Vocals erleidet [2]. Je nach der Beschaffenheit des Vocals der Nachsilbe unterscheidet man I-, A-, U- etc. Umlaut. Der I-Umlaut ist der häufigste und bedeutsamste.

Näheres über den Umlaut s. unten § 19.

---

1) Dem germanischen Ablaut (scheinbar) ähnliche Erscheinungen des Vocalwandels finden sich auch in andern idg. Sprachen (vgl. lat. căpio cēpi, věnio vēni; griech. λείπω, λέλοιπα ἔλιπον, τρέπω τέτροφα ἐτράπην τρόπος), indessen darf man sie doch nicht als Ablaut bezeichnen. Vollends verkehrt wäre es, wenn man dies in Bezug auf frz. je viens, je vins u. dgl. thun wollte.

2) Umlautartiger (namentlich durch Einfluss eines nachtonigen *i* veranlasster) Vocalwandel ist auch in anderen Sprachen sehr häufig, so namentlich im Romanischen, vgl. FÖRSTER in Ztschr. f. rom. Phil. III, 481. Lautphysiologisch ist der Umlaut nichts als eine theilweise Vorwegnahme des Nachtonvocals bei der Aussprache des vorsylbigen Hochtonvocals, also eine lautliche Prolepsis, ein Vorklingen, das auf einem Compromiss beruht. Wenn z. B. aus hochtonigem *u* durch Einfluss eines nachtonigen *i* ein *ü* wird (z. B. Natur, aber natürlich), so bedeutet das nichts anderes, als dass das *u* proleptisch ein I-Element in sich aufgenommen, sich mit *i* gemischt hat. Man kann den Vorgang auch als theilweise Vocalangleichung (Vocalassimilation) bezeichnen.

(Von Rückumlaut zu reden — d. h. anzunehmen, dass nach Wegfall eines nachtonigen i der durch dasselbe bewirkte Umlaut wieder rückgängig gemacht worden sei —, ist eine arge Verkehrtheit, weil in den betr. Fällen ein nachtoniges i (j) gar nicht vorhanden war, ein Umlaut also gar nicht eintreten konnte, folglich aber auch kein Rückumlaut. Und übrigens wäre der Vorgang des Rückumlautes auch schon an sich eine lautphysiologische Ungeheuerlichkeit].

c) Die Brechung. Unter »Brechung« versteht man den durch Einfluss ihm nachfolgender Consonanten bedingten Wandel eines stammhaften Vocals in einen Diphthongen. Näheres darüber s. unten § 19.

Von den drei erwähnten Lautwandelungen ist der Ablaut die älteste, der Umlaut die jüngste, während die Brechung eine zeitliche Mittelstellung einnimmt. Das Gotische kennt wohl den Ablaut (dessen Entstehung in vorgermanische Zeit zurückreicht) und die Brechung, aber noch nicht den Umlaut.

4. In den germanischen Sprachen trägt, soweit wir sie in litterarischen Denkmälern zurückzuverfolgen vermögen, bei mehrsilbigen Worten stets der Vocal der Stammsilbe (bezw. der Wurzelsilbe) den Worthochton. Das germanische Wortbetonungsgesetz lautet also: In mehrsilbigen Worten ist die Stammsilbe, bezw. die Wurzelsilbe hochbetont, die Flexions-, bezw. die Ableitungssilben sind entweder tieftonig (schwachtonig) oder nebentonig (mitteltonig). Vgl. oben § 16 S. 132.

Durch das Princip der Hochbetonung der Stamm-(Wurzel-) silbe unterscheiden die germanischen Sprachen sich scharf von den übrigen indogermanischen Sprachen, weil in diesen letzteren der Worthochton beweglich ist, und also auch die Flexions- und Ableitungssilben treffen kann und wirklich häufig trifft. (Im Griechischen und Lateinischen hat sich in der Wortbetonung das Dreisilbengesetz ausgebildet, vermöge dessen der Hochton nicht über die drittletzte Silbe zurücktreten kann, also vorwiegend Suffixsilben trifft. Von dem Lateinischen haben die romanischen Sprachen das Princip der Endbetonung ererbt und dasselbe durch häufigen Schwund nachtoniger vorletzten, bezw. letzten Silben noch gesteigert, vgl. frz. *cendre* mit lat. *cin[e]re[m]*, frz. *mur* mit lat. *mur[um]*).

Manches deutet jedoch darauf hin, dass im Urgermanischen der Worthochton ebenfalls beweglich war und flexivische Silben, bezw. Ableitungssilben treffen konnte [1].

---
[1] Vgl. unten § 21 Nr. 1 Anmerkung unter dem Texte sowie § 46 Nr. 3 a (Anm. u. d. T. und Nr. 3 b).

Es ist sehr begreiflich, dass das Princip der Hochbetonung des Vocals der Stamm-, bezw. der Wurzelsilbe sowohl für die lautliche Entwickelung eben dieses Vocals als auch namentlich für die lautliche Entwickelung der tieftonigen Vocale der übrigen Silben und für diejenige dieser letzteren überhaupt von tiefgreifender Wirkung sein musste: gegenüber der hochbetonten und gleichsam herrschenden Stamm-(Wurzel-)silbe des Wortes sinken die übrigen Silben desselben zu verhältnissmässiger Bedeutungslosigkeit herab, die Folge davon ist, dass sie (durch Schwächung ihres Vocales zu e) lautliche Verkümmerung erleiden, welche bis zu völligem Schwunde sich steigern kann. In dieser Thatsache ist der lautliche Grund für die weitreichende Zerstörung der germanischen Verbal- und Nominalflexion enthalten.

§ 18. **Der Consonantismus des Germanischen.**
1. Das Consonantensystem des Germanischen dürfte ursprünglich im Wesentlichen aus folgenden Bestandtheilen zusammengesetzt gewesen sein[1]):

a) Explosivae:
  α) stimmhafte: g (?), b, d } sogenannte Mediae;
  β) stimmtonlose: k, p, t } sogenannte Tenues.

Ueber die Berechtigung, diese Laute den Explosiven beizuzählen, vgl. TRAUTMANN S. 98, § 249. { ng, m, n, l, r } sogenannte Liquidae { n, m, l, r, j, w »sonore« Consonanten nach SIEVERS p. 50.

b) Spiranten oder Fricativae:
  α) stimmhafte: j, w, z
  β) stimmtonlose: ch (= ch in ach), f, þ, s } entsprechen den sog. Aspiraten des Lat. u. Griech.

---

1) Auf die zahlreichen und zum Theil sehr complicirten Einzelfragen, welche den germanischen Consonantismus betreffen, einzugehen, lag hier keine Veranlassung vor.

2. In Folge des von J. GRIMM entdeckten und von ihm als »Lautverschiebung« bezeichneten Consonantenwandels besteht in Bezug auf den Stand der sog. Mutae (Tenues, Mediae und [fälschlich sogenannte] Aspiraten) zwischen dem Germanischen einerseits und dem Sanscrit, dem Griechischen und dem Lateinischen andrerseits eine eigenartige durchgreifende Verschiedenheit, nämlich:

a) wo das Sanscrit, das Griechische und das Lateinische eine sogenannte Tenuis hat, tritt im Germanischen die sog. Aspirata (richtiger: Spirans) ein, also:

α) sscr. p, griech. π, lat. p = germ. f
β) » t, » τ, » t = » þ
γ) [ » ç], » χ, » k = » [ch =] h;

b) wo das Sscr., das Griech. und das Lat. eine sog. Aspirata hat, tritt im Germ. die sog. Media ein, also:

α) sscr. bh, griech. φ, lat. f = germ. b
β) » dh, » θ, [ » f͜ = » d
γ) » gh, » χ, » h = » g;

c) wo das Sscr., das Griech. und das Lat. eine sog. Media hat, tritt im Germ. die sog. Tenuis ein, also:

α) sscr. b, griech. β, lat. b = germ. p
β) » d, » δ, » d = » t
γ) [ » g͜], » γ, » g = » k.

Also: sscr. gr. lat. Tenuis = germ. Aspirata
» » » Aspirata = germ. Media
» » » Media = Tenuis.

Beispiele:

I. zu a α) sscr. páda
gr. πόδα } = got. fótus, ags. fót, neuengl. foot
lat. pedem

sscr. pitar
gr. πατήρ } = got. fadar, ags. fäder, neuengl. father
lat. pater

sscr. upari
gr. ὑπέρ } = got. ufar, ags. ofer, neuengl. over.
lat. super

II. zu a β) sscr. tu
gr. τύ, σύ } = got. þu, ags. dú, neuengl. thou
lat. tu

sscr. tri
gr. τρεῖς } = got. þreis, ags. þreó, neuengl. three
lat. tres

142  Kap. IV. § 18, 2. Die Laute des Englischen.

|  |  |  |  |
|---|---|---|---|
|  | sscr. bhrátar<br>lat. frater<br>gr. φρᾱτήρ | } | = got. bróþar, ags. bróđor, neuengl. brother. |
| III. zu a γ) | sscr. [çvan für]<br>kvan<br>gr. κύων<br>lat. canis | } | = got. hunds, ags. hund, neuengl. hound |
|  | sscr. [hárdi]<br>gr. καρδία<br>lat. cord- | } | = got. hairto, ags. heorte, neuengl. heart. |
| IV. zu b α) | sscr. bhar<br>gr. φέρω<br>lat. fero | } | = got. baira, ags. bere, neuengl. bear |
|  | sscr. bhrátar<br>gr. φρᾱτήρ<br>lat. frater | } | = got. bróþar, ags. bróđor, neuengl. brother |
|  | sscr. nabhas<br>gr. νέφος<br>(lat. nubes ??) | } | = neuhochd. Nebel. |
| V. zu b β) | sscr. [duhitar<br>für, dhughatar<br>gr. θυγάτηρ<br>(lat. fehlt) | } | = got. dauhtar, ags. dóhtor, neuengl. daughter |
|  | sscr. [dur für]<br>dhur<br>gr. θύρα<br>(lat. fores) | } | = got. daúr, ags. dor, neuengl. door. |
| VI. zu b γ) | sscr. [hansa für]<br>ghansa<br>gr. χήν<br>lat. [h]anser | } | = deutsch Gans, ags. gós, neuengl. goose |
|  | sscr. [g]hyas<br>gr. χθές<br>lat. heri | } | = got. gis (tradagis), ags. gistran, neuengl. yester day |
|  | sscr. fehlt<br>gr. χόρτος<br>lat. hortus | } | = got. gards, ags. gard, neuengl. yard. |
| VII. zu c α) | sscr. fehlt<br>gr. κάνναβις<br>lat. cannabis | } | = altn. hanpr (für das Got. und Ags. kann kein Beispiel beigebracht werden). |

Weitere Beispiele sind nicht zu erbringen.

| VIII. zu c β, | sscr. dant<br>gr. ὀ-δοντ-<br>lat. dent- | } | = got. tunþus, ags. tóđ, neuengl. tooth |

## Die Lautverschiebung.

sscr. *d*am'yami]  
gr. *d*άμ[νημι] } = got. *t*am'jan], ags. *t*am-, neuengl. *t*ame  
lat. *d*om[o]

sscr. *ad*[mi]  
gr. *ἔd*[ω] } = got. i*t*[an], ags. e*t*[an], neuengl. ea*t*.  
lat. e*d*[o]

IX. zu c γ) sscr. [*g*anas für]  
*g*anas  
gr. γέν[ος] } = got. *k*uni, ags. cynn, neuengl. *k*in  
lat. *g*en[us]

sscr. [*g*ânu für]  
*g*ânu  
gr. γόνυ } = got. *k*niu, ags. cnéow, neuengl. *k*nee  
lat. *g*enu

sscr. [*a*gra für]  
*a*gra  
gr. ἀγρός } = got. a*k*ras.  
lat. *a*ger

Im Hochdeutschen hat eine nochmalige Verschiebung der Mutae stattgefunden; so dass in ihm eine zweite — oder, wenn man den indogermanischen Lautstand als erste Stufe betrachtet —, eine dritte Stufe der Lautverschiebung erreicht worden ist. Es ist nämlich, ganz entsprechend der ersten Lautverschiebung, verschoben worden:

a) gemeingerm. Tenuis zur hochd. Aspirata, also:
  α) gemeingerm. p : hochd. ph (f.
  β) » t : » th (z, ʒ)
  γ) » k : » ch;

b) gemeingerm. Aspirata zur hochd. Media, also:
  [α) gemeingerm. ph (f) : hochd. b, in Wirklichkeit bleibt aber ph, bzw. f
  β) gemeingerm. þ : hochd. d
  γ) » (ch, h : hochd. g (vielfach aber beharrt h);

c) gemeingerman. Media zur hochd. Tenuis, also:
  α) gemeingerm. b : hochd. p
  β) » d : » t
  γ) » g : » k.

Beispiele:

zu a α) altnord. hanpr = hochd. Hanf  
zu a β) ags. tóð = hochd. Zahn  
zu a γ) got. *k*unni = ahd. *ch*unni  
[zu b α) ags. fót = hochd. Fuss]

zu b β) ags. *dú*, neuengl. *thou* = hochd. *du*
ags. *þæt*, neuengl. *that* = hochd. *das's)*
(bemerke hier, sowie bei *fót* : Fuß, auch den Wandel von *t* : β)
[zu b γ) ags. *heorte* = hochd. *Herz*]
got. au*gò* = ahd. au*ga*
zu c α) ags. *béom* = ahd. *pim* (nhd. *bin*)
zu c β) ags. *dóhtor* = hochd. *Tochter*
zu c γ) got. *gistra* = ahd. *këstar* (nhd. *gestern*)
got. *gards* = ahd. *kart.*

Der Gang der Gesammtlautverschiebung ist also folgender:
idg. Ten̦uis : germ. Aspirata : hochd. Media
» Media : » Tenuis : » Aspirata
» Aspirata : » Media : » Tenuis,

er bewegt sich also in einem Kreislaufe. (Praktisch ist es, den Gang der Lautverschiebung sich mittelst der voces memoriales *tam*, *mta*, *mat* einzuprägen, wo natürlich *t* = Tenuis, *a* = Aspirata, *m* = Media.)

Die Lautverschiebung ist, namentlich was ihre zweite (dritte) Stufe anlangt, keineswegs ein streng und ausnahmelos durchgeführter Consonantenwandel, immerhin aber sind die Fälle, welche sich ihr entziehen, zu gering an Zahl und von zu besonderer Art, als dass sie die Allgemeingültigkeit der Regel zu beeinträchtigen vermöchten. Indessen die Eintheilung der germanischen Sprachen nach Massgabe der Lautverschiebung vorzunehmen, ist schon deshalb unstatthaft oder doch mindestens unpraktisch, da die zweite der dabei sich ergebenden beiden Classen lediglich das Hochdeutsche umfassen würde. Wissenschaftlich ist nur die Scheidung zwischen Ostgermanisch und Westgermanisch berechtigt.

3. Im Auslaut duldet das Germanische nur die Consonanten r, s, d, t und n; das Westgermanische (also auch das Ags.) hat jedoch auch das s vom Auslaut ausgeschlossen.

§ 19. Der angelsächsische Vocalismus[1]). I. Die gemeingermanischen, bzw. die westgermanischen Vocale (vgl. § 17, Nr. 2) zeigen sich im Angelsächsischen in folgenden Gestaltungen[2]):

---

1) Es wird praktisch nützlich sein, wenn der Leser sich vor der Lectüre der ersten Abschnitte dieses Paragraphen zunächst einmal mit der unter Nr. IV gegebenen Uebersicht des ags. Vocalismus bekannt macht.

2) Die hier und in den folgenden Paragraphen über ags. Laute gemachten Angaben beziehen sich, wenn nichts anderes bemerkt ist, auf das Westsächsische.

## A. In (betonten) Stammsilben.

### 1. Kurzes a vgl. SIEVERS § 49—52).

a) Kurzes a bleibt erhalten, wenn es in ursprünglich offener Sylbe steht und in der Nachsylbe ein a, o oder u folgt, daher z. B. Nom. Sg. dæ͚, aber Plur. Nom. daȝas, Gen. daȝa, Dat. daȝum; Inf. faran, aber 2. P. Sg. Präs. Ind. færest. Vgl. auch b α), Satz 2.

b) Kurzes a wird:

α) Zu æ in ursprünglich geschlossener Sylbe[1]), z. B. dæȝ (aber Plur. daȝas, s. oben a!), næȝl, hræȝn. Folgt auf derartige Sylben ein (aus a, o, u) geschwächtes e, so findet sich noch a neben æ, z. B. Nom. Sg. sacu, Gen. sæce und sace.

β) Zu ea durch Brechung, Umlaut oder durch Einfluss eines vorausgehenden Palatals; vgl. unten II, 2 u, 4.

γ) Zu á vor gedecktem n, m und l, r z. B. lánd, wámb, áld, árn (wofür auch lónd, wómb etc.), sowie in einsilbigen auf Vocal oder einfachen Consonanten auslautenden Worten, z. B, hwá, swá, ác, mán (neben man, mān, mon, món). Vgl. SIEVERS § 121 u. 124.

δ) Zu offenem o vor Nasalen, z. B. lond, doch erhält sich daneben a, z. B. land, und wird später alleinherrschend.

(ε) Zu geschlossenem o in den proklit. Präpositionen of, ot, on (dagegen die Adverbien áf, át, ǫn), im zweiten Theile einiger Composita, z. B. twíefold, Grimbold, blaford; vgl. SIEVERS § 51].

ζ) Zu e durch I-Umlaut; vgl. unten II, 2.

### 2. Langes a (vgl. SIEVERS § 57 und oben § 17, I a und II b).

a) Langes a bleibt erhalten vor w, z. B. cláwu = Klaue, táwian = bereiten.

b) Langes a wird:

α) Zu langem o (vor Nasalen), z. B. móna = Mond, fón = got. fá[ha]n.

β) Zu [langem] ae, z. B. raed = Rath, slaepan = schlafen [das ae entspricht gothischem é][2]); ausserdem in stract = strata.

γ) Zu éa durch Einfluss eines vorausgehenden Palatals; vgl. unten II, 2.

### 3. Kurzes o (vgl. SIEVERS § 55).

a) Kurzes o bleibt meist erhalten.

b) Kurzes o wird:

α) Zu u vor Nasalen, z. B. cuman = kommen, munuc = monachus, ausserdem in einer Anzahl einzelner Worte, z. B. full = voll, fuȝol = Vogel, wulf = Wolf.

β) Zu e (œ) durch I-Umlaut; vgl. unten II, 3.

---

1) Im Kentischen tritt für æ ein e.
2) Im Kentischen tritt für ae ein é.

4. **Langes o** (vgl. SIEVERS § 60).

Langes o bleibt durchweg erhalten, einzige Ausnahme ist der Fall des I-Umlautes.

5. **Kurzes u** (vgl. SIEVERS § 56).

a) Kurzes u bleibt meist erhalten, z. B. sunu, burʒ, lust.

b) Kurzes u wird:

α) Zu ú vor ausfallendem Nasal, z. B. múđ = Mund.

β) Zu eo, io durch Einfluss eines vorausgehenden Palatals; vgl. unten II, 1.

γ) Zu y durch I-Umlaut, vgl. unten II, 3.

6. **Langes u** (vgl. SIEVERS § 61).

Langes u bleibt durchweg erhalten, einzige Ausnahme ist der Fall des I-Umlautes; vgl. unten II, 3.

7. **Kurzes e** (vgl. SIEVERS § 53).

a) Kurzes e bleibt meist erhalten, z. B. sprecan, beran, helfan, helm.

b) Kurzes e wird:

α) Zu i vor Nasalen, z. B. niman = ahd. nëman, ʒim = lat. gemma.

β) Zu é vor ausfallendem ʒ, z. B. rén für reʒn.

γ) Zu eo durch Brechung und durch U-Umlaut; vgl. unten II, 2.

δ) Zu ie durch Einfluss eines vorausgehenden Palatals; s. unten II, 1.

8. **Langes e** (vgl. SIEVERS § 58).

Langes e bleibt durchweg erhalten.

9. **Kurzes i** (vgl. SIEVERS § 54).

a) Kurzes i bleibt meist erhalten, namentlich vor Nasal + Consonant, z. B. bindan, und wenn die nachfolgende Sylbe ein i enthält, bzw. enthielt, z. B. hilpđ aus hilpiđ von helpan.

b) Kurzes i wird:

α) Zu í vor ausfallendem Nasal, z. B. fíf = fünf.

β) Zu eo durch Brechung und U-Umlaut; vgl. unten II.

10. **Langes i** (vgl. SIEVERS § 59).

Langes i bleibt durchweg erhalten, einzige und seltene Ausnahme ist der Fall der Brechung.

11. **ai** (vgl. SIEVERS § 62).

ai wird fast durchweg zu á, vgl. ags. stán, hátan mit got. stains, haitan.

12. **au** (vgl. SIEVERS § 63).

au wird durchweg zu éa[1], vgl. éage, éare mit goth. augô, ausô.

---

1) Ueber die Aussprache des éa vgl. unten S. 152 die Uebersicht über die ags. Vocale.

## B. In (neben-, bzw. schwachtonigen) Mittel- und Endsilben.

Die Gestaltungen, welche die germanischen Vocale in ags. Mittel- und Endsilben oder, was damit zusammenfällt, in Suffixsilben angenommen haben, werden am füglichsten erst bei Besprechung der Flexion angedeutet werden. Hier sei nur Folgendes bemerkt:

1. In derartigen schwachtonigen Silben können nur kurze, einfache und reine Vocale zur Verwendung kommen, also keine Längen, keine Diphthonge, keine getrübten bzw. umgelauteten Vocale. In nebentonigen Silben tritt vielfach Kürzung langer und Schwächung voller Vocale ein. Vgl. SIEVERS § 43.

2. i und u schwinden im Auslaut nach langer Wurzelsilbe, z. B. fét aus fóti, ᵹód aus ᵹódu (aus ᵹódô aus ᵹódâ'. Vgl. SIEVERS § 133 f.

3. Tieftoniger Vocal nach langer Stammsilbe wird synkopirt, falls er nicht durch Position geschützt ist, z. B. éd[e]les, enᵹ'e'les u. dgl., dagegen rodores, cotones u. dgl. mit erhaltenem tieftonigen Mittelvocal, weil die Stammsilbe kurz ist; vgl. SIEVERS § 144. Tieftoniges o in solchen Mittelsilben wird, wenn die folgende Silbe einen dunkeln Vocal enthält, gern in e geschwächt, z. B. roderas, roderum u. dgl. Vgl. SIEVERS § 129.

4. Zwischen auslautende Muta und Liquida (am häufigsten zwischen Muta und r) tritt gern ein Hülfsvocal (o, e) ein, z. B. fuᵹol neben fuᵹl (got. fugls', mádum neben (seltenem) máđm (got. maiþms). Der Auslaut Cons. + n bleibt nach kurzem Vocal meist erhalten, z. B. bräfn, stefn, reᵹn u. dgl. (dagegen tácen, waepen u. dgl.). Vgl. SIEVERS § 138 ff.

II, 1. Die ags. betonten Vocale zeigten eine grosse Empfänglichkeit für Beeinflussung durch ihre, sei es consonantische sei es vocalische Umgebung. Daraus ergeben sich erhebliche Störungen des ursprünglichen Vocalismus, namentlich durch Diphthongirung und Trübung, und der ags. Vocalismus erhält dadurch einen bewegten und unruhigen Charakter, wie er in solchem Grade in keiner anderen germanischen Sprache angetroffen wird:

a) Nasal bewirkt Uebergang:

α) eines vorangehenden german. a : offenes o, z. B. man : mon (neben mán, mån etc.);

β) eines vorangehenden german. â : ó, z. B. fá'ha'n : fón, há'ha'n : hón, westgerman. måna (aus germ. mêna) : móna;

γ) eines westgerman ë : i, z. B. nëman : niman;

δ) eines westgerman. o : u, z. B. coman : cuman.

Vgl. SIEVERS § 65 ff.

148　Kap. IV. § 19, II. Die Laute des Englischen.

b) Ein w hat folgenden Einfluss:

α) nach w wird eo oft zu o, z. B. worold neben weorold, im späteren Westsächsischen tritt für o aus eo gern u ein, z. B. swurd aus sword aus sweord. Im Northumbrischen wird nach w ein e, é und ae zu oe, z. B. tuoelf für westsächsisch twelf, huoer = westsächsisch hwaer;

β) nach w wird io, eo meist zu u, z. B. wiodu : wudu, sweotol : swutol; im Spätwestsächsischen tritt für u oft y ein, z. B. swytol;

γ) vor w werden a und e zu au und eu diphthongirt, welche Diphthonge sich wieder in éa und éo wandeln, z. B. fćawe = got. fawai, cnéowes von cnéo aus cneu = cnewo. Northumbrisch entspricht dem wests. éow häufig iw;

δ) vor w wird i zu iu = ío (meist umgelautet zu íe, í) diphthongirt, níewe, níwe = got. niujis, síwian = got. siujan.

Vgl. SIEVERS § 71 ff. und 156.

c) Die Palatallaute ʒ, c, sc (vgl. § 20) bewirken die Diphthongirung eines nachfolgenden a (ä) : ea, ae : éa, ë : ie, z. B. ʒaf, ʒäf : ʒeaf, ʒat, ʒät : ʒeat, caf : ceaf, castrum : ceaster, scal : sceal, ʒaefon : ʒéafon, scaeron : scéaron, ʒëfan : ʒiefan (ʒifan), ʒëlp : ʒielp. Palatales ʒ bewirkt ausserdem Diphthongirung eines nachfolgenden o (oft auch eines nachfolgenden u) zu eo, z. B. ʒoc : ʒeoc, ʒunʒ : ʒeonʒ. — Häufig findet sich auch nach sc für a ein ea und für o ein eo geschrieben (z. B. sceacan neben scacan, sceop neben scop), es ist aber zweifelhaft, ob hier Diphthongirung vorliegt oder ob nicht vielmehr e nur die palatale Aussprache des sc (= sch) andeuten soll; vgl. SIEVERS p. 33 Anm. 5.

Ueber den Einfluss der Palatale auf nachfolgende Vocale überhaupt vgl. SIEVERS § 74 f. und, was die dialectischen Erscheinungen anlangt, § 157. — Vgl. auch unten 3 d).

2. Brechung (vgl. oben § 17, 3 c). Durch Brechung ergeben sich im Angelsächsischen, bzw. im Westsächsischen folgende Diphthongirungen:

a) Ursprüngliches, d. h. (west)germanisches a wird vor gedecktem r, l und h sowie vor silbenauslautendem h diphthongirt in ea, z. B. arm : earm, fallan : feallan, ald : eald, naht : neaht, wahsjan : weahsan = weaxan, mahte : meahte. Vor gedecktem l unterbleibt die Brechung häufig (z. B. fallan), unstatthaft ist sie vor aus lj entstandenem ll, vor welchem a vielmehr in e umlauten muss, z. B. tel-jan : tel-lan.

b) Ursprüngliches, d. h. (west)germanisches ĕ wird vor gedecktem r[1]), vor lc und lh sowie vor gedecktem und silbenauslautendem h zu eo diphthongirt, z. B. erđe : eorđe, hërte : heorte, mëlcan : meolcan, fëlhan : feolhan, féolan, fëhtan : feohtan; ein vereinzelter Fall ist self : seolf (sielf, sylf). Vor

---

1) Wenn gedecktes r erst durch Umstellung (Metathesis) an diesen Platz gekommen ist, erzeugt es keine Brechung, z. B. fërsc (nicht feorsc, weil erst entstanden aus frësc).

h ist die Brechung des e meist durch sog. Palatalumlaut (s. unten 3, d)
verdrängt worden.

c) Ursprüngliches, d. h. (west)germanisches i wird vor gedecktem r
und h zu io, eo diphthongirt, z. B. Wiht : Wioht (Wight), es ist jedoch der
Brechungsdiphthong durch den sog. Palatal-Umlaut wieder verdrängt
worden¹).

Ueber die Brechungen vgl. SIEVERS § 77—84 und § 157.

3. Umlaut (vgl. SIEVERS, § 85 ff. u. oben § 17, 3 b).

a) Der I-Umlaut. Durch den I-Umlaut werden in Stammsilben
folgende Vocalwandelungen hervorgerufen (vgl. auch die am Schlusse der
nachstehenden Uebersicht gegebene kleine Tabelle):

α) Kurzes a (wird durch den Einfluss des in der folgenden Silbe stehenden [oder gestanden habenden] i, j) zu e, z. B. tal-jan : tellan
sat-jan : settan, hari : here, fram-jan : fremman, stranᵹ-ira : strenᵹra.
[Es lauten also das zu ä getrübte und das mit o wechselnde a in
gleicher Weise um.]
Statt des Umlauts-e findet man häufig, namentlich vor st und ft,
ä geschrieben.

β) Langes a (wird durch den Einfluss eines in der folgenden Silbe stehenden [oder gestanden habenden] i, j) zu ae, z. B. hál-ian : haelan,
án-ig : aenig.
Langes ae ist eines Umlautes nicht fähig.

γ) Kurzes e, ë (wird, und zwar schon in vorangelsächsischer Zeit, durch
Einfluss eines in der folgenden Silbe stehenden [oder gestanden ha-
benden] i, j) zu i, z. B. hëlpan, aber hilpđ aus hëlpiđ; reᵹn, aber
rinan aus riᵹnjan, reᵹnjan.
Umlaut des langen e (é) kommt nicht vor.

δ) Kurzes o (wird durch Einfluss eines in der folgenden Silbe stehenden [oder gestanden habenden] i, j)
entweder zu y, d. i. ü, wenn ags. o einem vorags. u entspricht
z. B. (guld, dafür) gold, davon (guld-in) gold-in = gylden, forht (für
furht), aber fyrhtu; mûnsteri[um] = mon'a'sterium : mynster;
oder (aber seltener) zu e, z. B. ofst-ian (von of[o]st) : efstan,
olium (= oleum) : ele.

ε) Langes o (wird durch Einfluss eines in der folgenden Silbe stehenden
[oder gestanden habenden] i, j) zu é, z. B. sók-ian : sécan (Prät. sóhte)
dóm-ian : déman, ᵹós[i] : ᵹés.

ζ) Kurzes u (wird durch Einfluss eines in der folgenden Silbe stehenden [oder gestanden habenden] i, j) zu y = ü, z. B. bur-[i]ᵹ : byrᵹ,
hungr-ian : hyngran, wull-in : wyllen.

η) Langes u (wird durch Einfluss eines in der folgenden Silbe stehenden [oder gestanden habenden] i, j) zu ý = ü, z. B. brúciđ : brýcđ
cúđ-ian : cýđan.

---

1) Durch den sog. Palatalumlaut wird nämlich eo vor gedecktem h
zu ie, später i, y, z. B. reoht : rieht, riht, ryht.

150  Kap. IV. § 19, III. Die Laute des Englischen.

*ϑ*) Die Diphthonge ea und éa werden (durch Einfluss eines in der folgenden Silbe stehenden [oder gestanden habenden] i, j) zu ie und íe (später zu i, í, y, ý, auch zu e, é) monophthongirt, z. B. eald-[i]ra : ieldra (ildra, yldra, eldra), weax-[i]ð : wiexð, ӡeast[i] : ӡiest, héah-ira : híehra, hýhra, ӡeléaf-ian : ӡclíefan, ӡclýfan.

*ι*) Die Diphthonge eo und éo werden (durch Einfluss eines in der folgenden Silbe stehenden [oder gestanden habenden] i, j) zu ie und íe (später zu i, í, y, ý, e, é monophthongirt), z. B. weorp-[i]ð : wierpð, wirpð, wyrpð, céos-[i]ð : cíesð, císð, cýsð. Ausserhalb des Strengwestsächsischen unterbleibt der Umlaut des eo, éo häufig.

**Uebersicht über die I-Umlaute:**

a (+ i) = e    ó (+ i) = é
á (+ i) = ǽ (lang!)    u (+ i) = y
[e (+ i) = i]    ú (+ i) = ý
{ o [aus u] (+ i) = y    ea, éa (+ i) = ie, íe
{ o [nicht aus u] (+ i) = e    eo, éo (+ i) = ie, íe

b) **Der U-Umlaut.** Durch den U-Umlaut können folgende Vocalwandelungen hervorgerufen werden:

*α*) a wird (durch den Einfluss eines in der folgenden Silbe stehenden u) zu ea, z. B. alu : ealu, jedoch sind nicht umgelautete Formen sehr üblich, ja vielfach die allein üblichen, so namentlich in der Flexion.

*β*) e wird (durch den Einfluss eines in der folgenden Silbe stehenden, sei es erhaltenen sei es zu o gewordenem u) zu eo, z. B. woruld, worold : weorold. Nicht umgelautete Formen sind indessen sehr häufig, ja vielfach die allein üblichen, so namentlich in der Flexion.

*γ*) i wird (durch den Einfluss eines in der folgenden Silbe stehenden u) zu io oder eo, z. B. silfur : siolfur, seolfur.

c) **Der O-Umlaut.** Durch den O-Umlaut können folgende Vocalwandelungen hervorgerufen werden:

*α*) ë wird (durch den Einfluss eines in der folgenden Silbe gestanden habenden, zu a gewordenen o) zu eo, z. B. sefa : seofa.

*β*) i wird (durch den Einfluss eines in der folgenden Silbe gestanden habenden, zu a gewordenen o) zu io, eo, z. B. (siððon) siððan : sioððan, seoððan.

Ueber den I-Umlaut vgl. Sievers § 88—100, über den U- und O-Umlaut ebenda § 103—109.

(d) Unter den Namen »Palatalumlaut« fasst Sievers § 101 u. 102 folgende mögliche Vocalwandelungen zusammen:

*α*) Brechungs-eo und -io vor gedecktem h wird zu ie, später i, y. z. B. reoht : riht, ryht, seox : six, syx.

*β*) ea und éa werden vor palatalen Lauten sowie vor h und hs (geschrieben x) zu e, é, z. B. seah : seh, weaxan : wexan, éaӡe : éӡe;

*γ*) ea und éa werden nach palatalen Lauten zu e, é, z. B. cealf : celf, ӡéar : ӡér, céas : cés).

Ob die unter b) c) d) bemerkten Vocalwandelungen wirklich, bezw. durchgängig auf Umlaut, d. h. auf Einfluss des nachfolgenden a, o, bezw. des nachfolgenden oder vorangehenden Palatalen beruhen, scheint nicht über allen Zweifel erhaben zu sein; namentlich dürfte man in dem Begriff »Palatalumlaut« wohl nur einen Nothbehelf zu erblicken haben.

III. Ueber den Ablaut vgl. den die Tempusbildung der sog. starken Verba behandelnden Paragraphen.

Obwohl durch den Ablaut keine nicht schon ausserdem vorhandene Vocale und Vocalverbindungen erzeugt werden, so trägt er doch wesentlich dazu bei, dem angelsächsischen Vocalismus Lebendigkeit und Beweglichkeit zu verleihen.

IV. Uebersicht des ags. Vocalbestandes:

A. Gutturale Vocale
(sämmtlich Mundraumvocale).

1. U-Laute: a) Kurzes u, = 1. westgerm. u, 2. westgerm. o (selten), 3. entstanden aus io und eo in wio, weo, S(IEVERS) § 29.

$u + i = y$
$ú + i = ý$
s. unten Nr. 8.

b) Langes u, = 1. germ. ú, 2. = u vor geschwundenem Nasal.

2. O-Laute: a) Kurzes geschlossenes o = westgerm. o, got. u, Sv. § 25.

$o + i = e$
$o + i = y$
$ó + i = é$.

b) Kurzes offenes o = german. a vor Nasalen, Sv. § 25.

c) Langes o = 1. germ. ó (wahrscheinlich geschlossen), 2. germ. é, 3. a vor Nasalen (a : off. o : ó) (ó in 2 u. 3 wahrscheinlich offen); Sv. § 25.

3. A-Laute: a) Kurzes a = germ. a; Sv. § 12.

$a + i = e$
$(å + i) = e$
$á + i = ae.$

b) Langes a = 1. german. ai, 2. german. é; SIEVERS § 13.

B. Palatale Vocale.

a) Reine Mundraumvocale.

4. E-Laute: a) Kurzes e (wahrscheinlich mit theils offenem theils geschlossenem Laute) = 1. germ. e, 2. durch Umlaut aus a, å (wahrscheinlich offen), 3. durch Umlaut aus o entstanden; Sv. § 21.

b) Langes e = 1. germ. é, 2. durch Umlaut aus ó, 3. durch pal. Umlaut aus ea; Sv. § 21.

5. I-Laute: a) Kurzes rein klingendes i (festes i) = 1. german. i, 2. german. ë; Sv. § 22 f.

Kap. IV. § 20, I. Die Laute des Englischen.

b) Kurzes unreines (nach y hin) klingendes i (unfestes i), entstanden aus ie, io; Sv. § 23.
c) Langes festes i = 1. germ. í, 2. durch Dehnung aus i entstanden; Sv. § 24.
d) Langes unfestes i, aus íe entstanden.
b) Getrübte Mundraumvocale.

6. Ä-Laute: a) Kurzes ä, aus a in geschlossener Silbe entstanden; Sv. § 14 f.
b) Langes ae = 1. germ. ê, 2. durch Umlaut aus á entstanden, 3. lat. á, 4. durch Dehnung aus a entstanden; Sv. § 16 f.
7. Ö-Laute: a) Kurzes ö } nur in nichtwestsächs. Texten, ent-
b) Langes oe } sprechen wests. e u. é; Sv. § 27.
8. Ü-Laute: a) Kurzes festes y, durch Umlaut aus u entstanden; Sv. § 31 f.
b) Kurzes unfestes y, mit unfestem kurzem i (s. oben 5 b) wechselnd; Sv. § 31 f.
c) Langes festes y, durch Umlaut aus ú entstanden; Sv. § 33.
d) Langes unfestes y, mit íe wechselnd; Sv. § 33.

C. Diphthonge.

9. Fallende Diphthonge, deren zweiter Bestandtheil a ist: a) Kurzes ea, entstanden 1. durch Brechung aus a, 2. durch U-Umlaut aus a, 3. durch Einwirkung eines vorangehenden Palatals aus a; vgl. oben II 1 c). Sv. § 36.

ea + i =
ie, i, y.

b) Langes éa (zu sprechen ëä, so dass also beide Vocale gelängt werden, folglich weder êa noch eá, vgl. Sv. § 34) = 1. germ. au, 2. entstanden durch Einwirkung eines Palatals auf nachfolgendes ae; vgl. oben II 1 c. Sv. § 37.

éa + i =
ie, í, ý.

10. Fallende Diphthonge, deren zweiter Bestandtheil o ist: a) Kurzes eo und io, entstanden 1. durch Brechung aus ë und i, 2. durch U- und O-Umlaut aus ë und i, 3. durch Einwirkung eines Palatals vor o u. u; Sv. § 39.

eo (io) + i =
ie, i, y.

b) Langes éo und ío (zu sprechen ëō, īō, vgl. oben éa) = 1. germ. eu, got. iu, 2. entstanden durch Einwirkung eines Palatals vor ó, 3. durch Contraction von e, i mit dunklerem Vocal; Sv. § 40.

éo (ío) + i =
íe, í, ý.

11. Fallende Diphthonge, deren zweiter Bestandtheil e ist: a) Kurzes ie, entstanden 1. durch I-Umlaut aus ea und eo, 2. durch O- und U-Umlaut aus i, 3. durch Einwirkung eines Palatals vor e, vgl. oben II 1 c; Sv. § 42.

Nur im älteren Westsächs., später ersetzt durch unfestes i, í, endlich durch y, ý.

b) Langes íe, entstanden durch I-Umlaut aus éa und éo; Sv. § 42.

Als charakteristisch für den angelsächsischen Vocalismus ergeben sich aus obiger Uebersicht namentlich folgende Züge:
1. Die Vertretung des german. ê durch ó. 2. Die Vertretung des german. au durch éa. 3. Die Vertretung des german. eu (got. iu) durch éo, ío. 4. Das Vorhandensein der getrübten Laute ä, ae, (ö), (oe), y (= ü), ý (= ü). 5. Die consequente Durchführung des Umlautes, in deren Folge die getrübten Laute zumeist hervorgerufen werden, ebenso auch die Diphthonge ie, íe. 6. Das Entstehen der Brechungslaute ea und eo. 7. Die in Umlaut, Brechung und Palatalisirung sich kundgebende Empfänglichkeit der Vocale für die Beeinflussung seitens ihrer vocalischen und consonantischen Umgebung, insbesondere der nachtonigen Vocale.

Verglichen mit dem neuenglischen ist der angelsächsische Vocalismus freilich noch einfach zu nennen, nichtsdestoweniger sind in ihm bereits deutlich die Ansätze zu der späteren vielformigen Entwickelung erkennbar. Wahrscheinlich würde dies in noch viel höherem Grade der Fall sein, wenn wir mit der Aussprache des Angelsächsischen bekannter wären, denn es ist von vornherein anzunehmen, dass das Angelsächsische weit mehr Vocalnuancen besass, als wir aus der Schrift oder auf irgend welche andere Weise zu erkennen vermögen.

§ 20. Der angelsächsische Consonantismus.
I. Uebersicht des angelsächsischen Consonantenbestandes:

A. Explosivae.

Sogenannte Tenues
a) stimmtonlose: labiales p = germ. p
dentales t = » t
geschrieben c, auch vor i, e, etc. {gutturales k = » k
palatales k, im German. wahrscheinlich noch nicht vorhanden.

Palatales k entwickelte sich aus gutturalem, wenn letzteres vor palatalem (primären oder umgelauteten) Vocale stand.

b) stimmtonhafte: labiales b = germ. b
Sogenannte Mediae {dentales d = » d
gutturales $_{\sigma}^{\delta}$ (= » g ?)
palatales $_{\sigma}^{\delta}$.

Palatales $_{\sigma}^{\delta}$ entwickelte sich aus gutturalem, wenn letzteres vor palatalem (primären oder umgelauteten) Vocale stand.

Kap. IV. § 20, II. Die Laute des Englischen.

b) stimmtonhafte:

Die sogenannten Liquidae.
- Linguales r (»wahrscheinlich mit stark zurückgebogener Zungenspitze gesprochen«; SIEVERS § 178) = 1. germ. r, 2. germ. z;
- linguales l } = germ. l;
- gutturales l [1])
- labiales m } = germ. m, n;
- dentales n
- gutturales n (vor gutturalem c, ʒ);
- palatales n (vor palatalem c, ʒ).

B. Fricativae oder Spiranten.

a) stimmtonlose:
- labiodentales f = germ. f
- interdentales đ [2]) = » þ
- dentales s = » s
- gutturales h = ch in *ach* } = germ. h.
- palatales h = ch in *ich*

b) stimmtonhafte:
- labiodentales v (geschrieben f) [3]) = got. b
- [interdentales đ ?] = germ. þ
- gutturales } (gutturales ʒ etwa wie *g* in Tag
- palatales } ð nach der Aussprache Vieler, palatales ʒ [vor a, o häufig ʒe geschrieben] = dtsch. j.).

C. Halbvocale.

w = engl. w,
j (geschrieben ʒ) = dem zweiten i in Lilie.

Noch übersichtlicher ist vielleicht folgende Tabelle der Explosivae und Fricativae:

| | A. Stimmlose Cons. | | | B. Stimmtonhafte Cons. | | |
|---|---|---|---|---|---|---|
| Labiale | Expl. p, | Fric. f¹ | | Liqu. m, Expl. b, | Fric. f² = v | |
| Dentale | » t, | » đ¹, s | | » n, » d, | » [đ² ?] | |
| Gutturale | » k¹, | » h¹ | | » n, | » ʒ¹, | » ʒ² |
| Palatale | » k², | » h² | | » n, | » ʒ², | » ʒ⁴ |

Die mit Ziffern bezeichneten Buchstaben dieser Tabelle haben etwa folgenden Lautwerth: f¹ = dtsch. f, f² = frz. v, đ¹ = neuengl. hartes th (in thing u. dgl.), đ² = neuengl. weiches th (in thou), k¹ = dtsch. k¹ in Karl, k² = dtsch. k in Kind, oder, noch besser, = neuengl. k in kind,

---

1) Nur ein guttural gesprochenes l konnte Brechung bewirken.
2) Für die stimmtonlose interdentale Spirans werden in ags. Hds. die Zeichen đ und þ unterschiedslos und principlos gebraucht, die besten Hdss. bevorzugen jedoch đ entschieden. Der in Deutschland übliche Brauch, anlautend þ, in- und auslautend đ zu setzen, ist ein rein willkürlicher und selbst verwerflicher, da er zu dem Wahne verleiten kann, dass þ einen andern Laut bezeichne als đ.
3) Diesen Lautwerth besitzt nur intervocalisches f. — In lat. Fremdworten wird v entweder durch u oder f wiedergegeben; vgl. SIEVERS § 194.

h¹ = dtsch. ch in ach, h² = dtsch ch in ich, ʒ¹ = dtsch. g in gab, ʒ² = dtsch. g in Gift, ʒ³ = dtsch. g in Tag, wie es von Vielen gesprochen wird, ʒ⁴ = dtsch. j.

Zu allen diesen Lauten tritt nun noch das Kehlkopfgeräusch hinzu, welches nur im Anlaut (vor Vocalen und vor r, l, n, w) erscheint und durch h bezeichnet wird. (Ein im In- oder Auslaut stehendes h ist gutturale oder palatale Fricativa, s. oben).

## II. Uebersicht über den Consonantenwandel und den Consonantenschwund.

1. **Consonantenangleichung.** a) Auslautendes (aus f + n entstandenes) mn = mm und mit Vereinfachung der Gemination m, z. B. (hräfn :) hrämn, hrämn : hräm, hrem. Sv. § 188, 1. — b) In der Combination: kurzer Vocal + Cons. (auch h, aber ausg. r) + j assimilirt sich j dem vorausgehenden Cons., z. B. sat- (mit Umlaut set-)jan : settan, rac- (mit Umlaut rec-)jan : recc(e)an, sceð- (mit Umlaut sceð-)jan : sceððan, lag- (mit Umlaut leg-, lec-) jan : lecʒean s. u., blah-jan : hlieh-han; ausgenommen sind nur f + j, welches bb ergiebt, z. B. haf- (mit Umlaut hef-) jan : hebban; nar- (mit Umlaut ner-) ian = nerian, neriʒan. (Anders fasst SIEVERS § 227 den Vorgang auf, wenn er sagt: »Alle einfachen Consonanten ausser r werden nach kurzem Vocal durch folgendes j in den westgerm. Sprachen geminirt. So entspricht dem got. saljan, skapjan, satjan, rakjan alts. sellian, skeppian, settian, rekkian, und ags. mit Wegfall des j nach § 177 sellan, scieppan, settan, recc(e)an«). — 2. **Consonantenvereinfachung.** Geminirte Consonanten werden im Wortauslaute, im Silbenauslaute und in der Composition oft vereinfacht, z. B. eall : eal, allre : ealre, eorl-lic : eorlic. In der Schrift wird jedoch die Gemination gern beibehalten. Vgl. SIEVERS § 231. — 3. **Consonantenumstellung.** a) r + Vocal wird häufig zu Vocal + r, z. B. hros : hors, frosc : forsc, brenan : beornan. SIEVERS § 179, 1. — b) Vor ht wird Vocal + r im Northumbrischen gern zu r + Vocal, z. B. fyrhtu : fryhtu. SIEVERS § 179, 2. — c) dl wird dialectisch nach betontem Vocal öfters zu ld umgestellt, z. B. sedl : seld. SIEVERS § 183, 2. — d) sl : ls in cyneʒísl : cyneʒils u. dgl. SIEVERS § 183, 2. — e) sm : ms in worsm, wyrsman : worms, wyrmsan. SIEVERS § 165. — f) cn, ʒn zuweilen : nc, nʒ, z. B. tácn : tanc, reʒn, renʒ. SIEVERS § 165. — g) sc und sp zuweilen : cs und ps, z. B. áscian : ácsian, áxian, ásp : áps. SIEVERS § 204, 3. — 4. **Consonantenverschiebung** (d. h. Wandel von Tenuis : Media, Explosiva : Spirans u. dgl.)[1]. a) Zuweilen pn : mn, z. B. waepn : waemn. SIEVERS § 189. — b) In- und auslautendes b : f, z. B. bafast von hab-, hóf von heb-. SIEVERS § 190. — c) Zuweilen ft : pt, z. B. scaeft : scaept. SIEVERS § 193, 1. — Sonst wird Labial + t regelmässig zu ft, z. B. ʒift von *geb-an, ʒesceaft von scieppan. SIEVERS § 232. — d) Auslautendes m : n, z. B. ðám : ðan (nur in der spä-

---

1) Unter diese Rubrik gehört auch der sog. grammatische Wechsel, aus praktischem Grunde wurde derselbe aber unter Nr. 8 besonders behandelt.

Kap. IV. § 21, 1—3. Die Laute des Englischen.

teren Sprache). SIEVERS § 187. — e) d vor und nach stimmtonlosen Lauten: t, z. B. bitst v. biddan, bintst v. bindan, scencde : scencte. SIEVERS § 198, 4. — f) lþ : ld, z. B. balþ : beald. SIEVERS § 201, 2. — g) st im älteren Westsächs. : sđ, z. B. hilpest : hilpesđ, dúst : dúsđ. SIEVERS § 196, 1. — h) sđ : st, z. B. cíesđ : cíest, hilpesđu : hilpest(u). SIEVERS § 201,6. — i) tl : đl (nur im Auslaut und nur im Northumbr.), z. B. setl : seđl. SIEVERS § 196, 2. — k) ȝȝ : cȝ (vor a und o oft cȝe, vor u cȝi geschrieben), z. B. seȝȝan : secȝean. SIEVERS § 216. — l) uȝ im sp*teren Westsächs. öfters : uw, z. B. suȝian : suwian. SIEVERS § 214, 8. — m) Aus- und inlautendes nȝ oft : nc, z. B. brinȝđ : brincđ, lenȝten : lencten. SIEVERS § 215, 1. — n) Guttural + t : ht, z. B. meaht v. maȝ-, hyht v. hycȝan; dementsprechend auch Labial + t : ft, s. oben c), und Dental + t : st, ss, z. B. hläđ-t : hläst, wit-te : wisse. SIEVERS § 232. — o) Auslautende Media wird in der Schrift zuweilen (in der Aussprache wohl oft) zur Tenuis verschoben, z. B. lamb : lamp. SIEVERS § 224. — 5. Palatalisirung. a) Die beginnende Palatalisirung eines tj vor Vocal zu tsch zeigt sich in der Schreibweise cȝ, cȝe, ce für tȝ, z. B. orcȝard, orcȝeard, orceard für ortȝeard, neuengl. orchard. SIEVERS § 196, 3. — b) Palatalisirung des sc zu sch vor a und o ist vielleicht in der Schreibung scea und sceo zu erblicken. SIEVERS § 76, 2. — 6. Vocalisirung. a) Auslautendes w nach kurzer Silbe : u, o, z. B. bearu, bearo aus barw[o]. SIEVERS § 174, 2. — b) iȝ oft : ii = i, z. B. aeniȝ : aenii = aeni, neuengl. any. Ebenso kann sich iȝe zu í vereinfachen, z. B. iȝel : íl. SIEVERS § 214, 4 u. 6. — 7. Schwund. a) w schwindet inlautend vor u und i, z. B. ćawu : ća, saiwi : sae; ebenfalls schwindet das w der Combinationen rw und lw in bestimmten Formen schwacher Verba, z. B. ȝieređ, ȝierede aus ȝarwis, ȝarwida. Endlich schwindet anlautendes w zuweilen im zweiten Gliede nominaler Composita, z. B. hláford aus hláfword, Hróđulf aus Hróđwulf. SIEVERS § 173 (namentlich auch Anm. 3 zu beachten). Nordischem Einfluss ist der bisweilen erfolgte Schwund eines anlautenden w (z. B. in ortȝeard = Würzgarten, Orrm = Wurm) zuzuschreiben. — b) j (sowie halbconsonantisches i) schwindet nach langer Silbe, z. B. ríkies : ríces, dómian : déman (der Umlaut e zeugt noch für das einstige Vorhandensein des i). SIEVERS § 177. Auch zwischen palatalem Vocal und d oder n stehendes ȝ schwindet häufig, z. B. säȝde : saede, máȝden : maeden. SIEVERS § 214, 3. — c) m, n schwinden vor f, đ und s unter Dehnung des vorausgehenden Vocals, z. B. munđ : múđ, sinđ : síđ, uns : ús, anđer : onđer : óđer. SIEVERS § 186, 1. — d) Inlautendes h schwindet unter Dehnung des Silbenvocals, z. B. féores von feorh, féolan für feolhan. SIEVERS § 218. Ebenso schwindet h zwischen Vocal und stimmhaftem Consonanten, z. B. đwahl : đwéal, híera von héah. SIEVERS § 222, 2. — e) In der Combination Consonant + d oder t + d schwindet das (zweite) d, z. B. send-de : sende, éht-de : éhte. SIEVERS § 198, 5. — [f) Germanisches z ist im Ags. auslautend stets geschwunden, vgl. z. B. mé mit got. mis, má mit got. mais, inlautend wurde es zu r, z. B. ćare = got. auső. SIEVERS § 162].

8. Grammatischer Wechsel. In Flexion und Wortbildung treten im Germanischen da, wo der vorhergehende Vocal in der ursprünglichen idg.

Betonung **nicht** hochbetont war (vgl. Verner in Kuhn's Ztschr. XXIII, 97), für die stimmtonlosen Spiranten s f þ h die entsprechenden stimmtonhaften z v ð ʒ ein.

Dieser sogenannte »grammatische Wechsel« zeigt sich im Ags. in folgenden Consonantenentsprechungen:

> s wird zu r (aus z), z. B. ʒlǽs, aber ʒlǽren, céosan, céas, aber curon, coren;
> ð wird zu d, z. B. cveðan, cvǽð, aber cvǽedon, cveden;
> h wird zu ʒ, z. B. sleá[ha]n, sliehst, sliehð, aber slóʒ, slóʒon;
> h wird zu w, z. B. séo[ha]n, siehst, siehð, aber sáwon, gesewen.

Wie aus den Beispielen sich ergiebt, hat der »grammatische Wechsel« besonders für die Flexion der starken Verba praktische Bedeutung (vgl. unten § 46, Nr. 3 b). Leider lassen die vorkommenden Fälle sich nicht unter eine praktisch brauchbare Regel zusammenfassen, sondern müssen einzeln gemerkt werden, da sie indessen nicht eben zahlreich sind, so ist ein merklicher Uebelstand darin nicht enthalten. Ueber den gr. W. vgl. SIEVERS § 233 f.

§ 21. **Die angelsächsische Wortbetonung und Aussprache.** 1. Das allgemein germanische Wortbetonungsgesetz [1]), wonach in mehrsilbigen Worten die Stamm-, bezw. die Wurzelsilbe den Hochton trägt (vgl. oben § 17, Nr. 4), besitzt für das Ags. unbedingte Geltung.

Es ist demnach — mit einer gleich zu bemerkenden Ausnahme — jedes angelsächsische Wort auf seiner Stamm-, bezw. Wurzelsilbe betont.

Proklitisch gebrauchte Worte (mit Nominibus verbundene Präpositionen) sind tonlos, weil sie mit dem folgenden Nomen eine Toneinheit bilden und in dieser die Stammsilbe des Nomens den Hochton trägt.

2. Wachsen zwei Nomina zu einem Compositum zusammen, so trägt die Stammsilbe des ersten den Hochton, diejenige des zweiten den Nebenton, z. B. wúldor-cýning, héah-sètl.

3. In Compositis, gebildet aus Partikel (Präposition, Adverb) + Verbum oder Partikel + Verbalsubstantiv, trägt häufig

---

1) Dem Urgermanischen war dies Gesetz noch fremd und Endungsbetonung gestattet. Nachwirkungen dieser Freiheit zeigen sich noch in der Flexion der germanischen Einzelsprachen, so namentlich in der Gestaltung des Wurzelvocals durch den sogenannten Ablaut; vgl. unten § 46 Nr. 3 a) Anm. unter dem Texte und Nr. 3 b).

158　Kap. IV. § 22, A. Die Laute des Englischen.

die Partikel den Worthochton, namentlich in den Compositis gebildet mit and, äfter, eft, ed, fore, forð, from, hider, in, mid, mis, niðer, ongean, or, up, ût, efne. Bestes Kriterium für die Erkenntniss des Hochtonstandes in Partikelcompositis ist die Beobachtung der Allitteration, denn da nur hochtonige Silben allitteriren dürfen, so folgt daraus, dass der allitterirende Bestandtheil eines Compositums immer auch der hochbetonte ist.
　　　　　　　　　　Vgl. die Angaben b. SCHIPPER, altengl. Metrik (Bonn 1881); p. 40 ff.

4. Welchen Gesammtklang die angelsächsische Sprache als gesprochene und gesungene Sprache gehabt haben mag, entzieht sich unserer sichern Kenntniss, da wir ein mehr als nur allgemeines Wissen von angelsächsischer Aussprache nicht besitzen. Noch weniger ist es wissenschaftlich erlaubt, ein ästhetisches Urtheil über den Klang des Angelsächsischen in apodiktischer Form auszusprechen. Ist es aber gestattet, eine subjective Ansicht zu äussern, so sei Folgendes bemerkt. Die Zahl der Vocale und Diphthonge verhält sich zu derjenigen der Consonanten ungefähr wie 5 : 8. Es ist das an sich ein für den Wohlklang einer Sprache, insoweit dieser auf richtiger Mischung der vocalischen mit den consonantischen Elementen beruht, sehr günstiges Verhältniss, dasselbe dürfte jedoch hinsichtlich des Wohlklanges ungünstig dadurch beeinflusst worden sein, dass einerseits mindestens zwei Drittel der Vocale schwachtonig waren und dass andrerseits die Vocalverbindungen éa, ea u. dgl., namentlich die langen, unmöglich schön geklungen haben können. Erwägt man ferner, dass auch gar manche zahlreich erscheinende Consonanten — so das gutturale h, das lispelnde ð, die Combination sc, falls sie nicht theilweise palatal (= sch) gesprochen wurde — keineswegs sonderlich musikalisch genannt werden können, so wird man wohl annehmen müssen, dass das Angelsächsisch nur sehr mässigen Wohlklang besessen habe. Der lautliche Gesammteindruck des Angelsächsischen mag dem ähnlich gewesen sein, welchen das friesische Platt noch heute macht [1]).

---

[1]) Ueberhaupt: man lernt für (Angelsächsisch und) Englisch gar viel, wenn man mit den Volksmundarten Frieslands, Westfalens, Holsteins etc. sich praktisch bekannt macht. Englisch ist eben auch nur Niederdeutsch.

Dem Studierenden wird es ganz nützlich sein, wenn er, unter Beobachtung alles dessen, was man über die Aussprache des Angelsächsischen sicher weiss, sich ab und zu einen angelsächsischen Text (vielleicht eins der kleineren Gedichte oder eine kürzere Episode aus dem Béowulf) laut vorliest, vielleicht auch einen solchen durch immer wiederholtes Vorlesen auswendig lernt.

§. 22. Der neuenglische Vocalbestand (im Wesentlichen [1]) nach den oben angegebenen Werken Vietor's und Western's).

A. Gutturale Vocallaute.

a) U-Laute.

1) Halbconsonatisches u, kann stimmtonhaft und stimmtonlos erzeugt werden (Vietor § 102);

geschrieben u, z. B. in *w*ater, *w*ood, *w*ell
» *wh*, » » *wh*at, *wh*ich
» u, » » equal

(die frühere stimmtonlose Aussprache des halbconsonantischen *u* in graphisch mit *wh* anlautenden Wörtern weicht mehr und mehr der stimmtonhaften).

2) Kurzes u (offen) (Vietor § 38, Western § 28);
geschrieben u, z. B. in p*u*t, f*u*ll, p*u*dding, c*u*ckoo, b*u*tcher
» o, » » w*o*man, w*o*lf, W*o*lsey
» oo, » » b*oo*k, f*oo*t, w*oo*d
» ou, » » c*ou*ld, sh*ou*ld, w*ou*ld.

3. Diphthongisches u (langes *ü* mit nachklingendem ganz kurzen tonlosen u, also *ûŭ*); (Vietor § 38, Western § 28);
geschrieben u (ausl. ue), z. B. in tr*u*th, tr*u*cid, tr*u*e
» ui, » » fr*ui*t, j*ui*ce
» o (oe), » » t*o*, can*oe*, wh*o*m, pr*o*ve, d*o*ing
» oo, » » t*oo*, p*oo*r, w*oo*ing
» ou, » » y*ou*, thr*ou*gh, y*ou*r
» eu, ew, » » y*eu*, rh*eu*matism
» œu, » » man*œu*vre.

Vor einigen Jahren studierte in Münster ein junger Engländer, der kein Wort deutsch verstand; derselbe liebte es, allein weite Spaziergänge zu unternehmen, und war auf diesen oft genug genöthigt, Landleute nach dem Wege oder andern Dingen zu fragen; er that dies auf englisch, und dennoch wurde sowohl er — wie er mir wenigstens versicherte — ganz leidlich verstanden als auch verstand er ebenso die in münsterländischem Platt gegebenen Antworten. In der That lassen sich in diesem Platt ganze Phrasen zusammenstellen, welche mit den entsprechenden englischen, wenigstens ungefähr, gleichlauten. Noch mehr soll das im Paderborner Platt der Fall sein; dasselbe soll auch das Spirans þ noch besitzen. Leider war es mir bis jetzt nicht möglich, mich darüber zu vergewissern. Die Spirans bezweifle ich freilich.

[1] Auch bezüglich der angeführten Beispiele.

[4. **Palatales diphthongisches u**, d. i. úŭ nach einem Consonanten, dem sich ein halbvocalisches j angefügt hat, z. B. due = djŭŭ;
geschrieben u, z. B. in mute, solitude, usage
» ue, » » avenue
» ui, » » nuisance
» eau, » » beauty
» eu, ieu, » » feud, adieu
» ew, iew, » » dew, view.]

b) **O-Laute** (VIETOR § 42, WESTERN § 29 ff.).

1. **Kurzes offenes o**, nach ŏ hinneigend;
geschrieben o, z. B. in not, honour, province
» ou, » » cough, lough, Gloucester
» ow, » » knowledge
» a, » » what, was, Warwick
» au, » » laurel.

2. **Langes offenes o** mit nachfolgendem (häufig aus r entstandenen) ə (VIETOR § 42, vgl. § 65, WESTERN § 30, vgl. § 24); über ə s. unter c);
geschrieben o, z. B. in shore = shōə, more, lore, soft, lost
» oa, » » board, broad
» oo, » » door, floor
» ou, » » court, source, pour
» a, » » war, water, all, bald
» au, » » law, draw
» oi, » » memoir.

3. **Diphthongisches o mit u-Element** (langes offenes ō mit nachklingendem ganz kurzen, tonlosen u, also óŭ) (VIETOR § 42, WESTERN § 33);
geschrieben o, z. B. in god, folk, most, only
» oa, » » oak, moan
» oo, » » brooch
» ou, » » though, soul, shoulder
» ow, » » blow, know, growth
» eo, » » yeoman
» ew, » » sew
» au, » » hautboy
» eau, » » bureau.

4. **Diphthongisches o mit i-Element** (offenes o mit nachklingendem ganz kurzen, tonlosen ĭ, also ŏĭ, bzw. ǫ̆ĭ, vgl. VIETOR § 42 am Schlusse und dazu Anmerkung 8 am Schlusse; WESTERN § 36 setzt oi dem deutschen eu in heute gleich);
geschrieben oi, z. B. in oil, moist
» oy, » » boy, royal
» uoy, » » buoy.

c) **Der ə-Laut** (VIETOR § 65 am Schlusse, WESTERN § 24). Der ə-Laut ist zu bezeichnen als blosser Stimmton, der für einen völlig ver-

Der neuenglische Vocalbestand. 161

dumpften gutturalen Vocal, bzw. für eine völlig verdumpfte r-haltige Silbe oder für ein einfaches r eintritt. Eine Anweisung, wie dieser dem Englischen ganz eigenthümliche Laut hervorzubringen sei, lässt sich nicht wohl geben. Nach WESTERN »thut man am besten vom unbetonten e in Gabe auszugehen, von welcher Lautstellung aus das ə durch Vergrösserung des Kieferwinkels getroffen wird«. Der eigentliche ə-Laut erscheint nur in tonlosen Silben, betont wird er zum ʋ-Laut.

Zum ə-Laut sind verdumpft:

tonloses *a*, z. B. in *a*bound, tr*a*duce, *a*dmirable, gi*a*nt
» *aa*, » » Can*aa*n, Is*aa*c
» *ai*, » » Brit*ai*n
» *ia*, » » carr*ia*ge, parl*ia*ment
» *o*, » » c*o*njecture, pr*o*klit. t*o*
» *u*, » » s*u*blime;

auslautendes *r*, z. B. in fa*r*, he*r*(e);
intervocalisches *r* nach langem Vocal oder Diphthong, z. B. in va*r*ious, mate*r*ial;
die auslautenden tonlosen r-haltigen Silben *er, re, ir, or, our, ur, ure, yr*(e), z. B. memb*er*, met*re*, elix*ir*, auth*or*, col*our*, sulph*ur*, nat*ure*, mart*yr*.

Besonders sei noch hervorgehoben die Verdumpfung des e, bzw. des o in den auslautenden tonlosen Silben *el, il, ible*, z. B. quarr*el*, dev*il*, horr*ible*, und *en, on*, z. B. sudd*en*, nati*on*.

d) Der ʋ-Laut (VIETOR § 65, WESTERN § 23). Der ʋ-Laut lässt sich bezeichnen als ein dumpfer, nach kurzem offenen a sich hinneigender Laut. Ueber seine Hervorbringung bemerkt WESTERN: »Man kann von dem deutschen unbetonten e in Gabe ausgehen, welchen Laut man zu halten suchen muss, ohne ihn zu ö oder e zu machen. Dann senke man die Vorderzunge, um die hintere Stellung zu gewinnen. Ferner muss man bei der Einübung dieses Lautes besonders darauf achten, dass er einen gewissen a-Charakter hat, und dass eine Aussprache von *but* wie b*a*t weit besser und verständlicher als etwa b*ö*t wäre.« Der ʋ-Laut ist kurz, wenn er aus einfachem Vocal, lang, wenn, er aus Vocal + r entstanden ist.

Zu ʋ ist verdumpft:

*u*, z. B. in s*u*ch, b*u*t, b*u*tter
*o*, » » s*o*n, c*o*me, l*o*ve, d*o*th, w*o*nder, c*ó*njure, h*o*ney, c*o*lour, g*o*vern, br*o*ther, n*o*thing, d*o*zen
*oe*, » » d*oe*s
*oo*, » » bl*oo*d, fl*oo*d
*ou*, » » en*ou*gh, y*ou*ng, t*ou*ch, c*ou*ntry, c*ou*rage, fl*ou*rish, d*ou*ble, c*ou*sin
*i + r*, » » b*ir*d, g*ir*l, f*ir*, b*ir*th, th*ir*st
*u + r*, » » ch*ur*ch, b*ur*n
*o + r*, » » w*or*ld, w*or*se, w*or*k, w*or*d
*ea + r*, » » *ear*th, *ear*l, l*ear*n, p*ear*l

(WESTERN fasst den aus Vocal + r verdumpften Laut als ə auf, was nicht für zutreffend erachtet werden kann).

Körting, Encyklopädie d. engl. Phil. 11

Kap. IV. § 22, B. Die Laute des Englischen.

c) A-Laute.
1. **Langes helles a** (VIETOR § 46, WESTERN § 22);
geschrieben *a*, z. B. in *art, are, marble, calm, calf, after, bath, past, ask, answer, dance, branch, demand, charade, drama*.

NB. Die Aussprache des a vor n, s, f als Mittellaut zwischen å und ä ist eine rein conventionelle und theoretische, vgl. WESTERN a. a. O.

2. **Diphthongisches a mit i-Element** (dem å sich näherndes helles a mit nachklingendem tonlosen ganz kurzen i) (VIETOR § 46, WESTERN § 34):

geschrieben *i*, z. B. in *lie, high, migrate, migration, Bible, leonine, realize, night, bind, mild, sign, Christ, choir*
» *y*, » » *fly, prophesy, tyrant*
» *ai*, » » *aisle*
» *ei*, » » *height, either, neither*
» *ay*, » » *ay (aye)* »ja«
» *ey*, » » *eye*
» *uy*, » » *buy*.

3. **Diphthongisches a mit u-Element** (dem å sich näherndes a mit nachfolgendem kurzen u-artigen Laut (VIETOR § 46 am Schlusse, WESTERN § 35):

geschrieben *ou*, z. B. in *out, thou, plough*
» *ow*, » » *now, owl*.

B. Palatale Vocallaute.

a) E-Laute.
1. **Kurzes ä**, Mittellaut zwischen *a* und kurzem offenen *e* mit Ueberwiegen des letzteren Elementes[1] (VIETOR § 50, WESTERN § 27);
geschrieben *a*, z. B. in *am, have, adder, malice, palace* u. s. w.
» *ai*, » » *plaid*.

2. **Langes ä** (VIETOR § 50, WESTERN § 26):
geschrieben *a*, z. B. in *care, Mary, scarce*
» *e*, » » *where, there*
» *e'e*, » » *e'er, ne'er* f. *never*
» *ea*, » » *swear, bear, tear*
» *ai*, » » *fair, hair*
» *ei*, » » *heir, their*.

Gewöhnlich wird jedoch in den betreffenden Worten statt des langen ä langes e (s. unten Nr. 4) gesprochen.

---

1) WESTERN bemerkt über diesen Laut: »dem Ohr klingt er zwischen ę und a, jedoch ist die Zunge gänzlich vorgeschoben, so dass man besser thut von ę als von a auszugehen. Der Laut hat denselben Kieferwinkel wie die A-Laute. Es zeigt sich im Englischen eine Tendenz, diesen Laut zu der mittleren Stellung (= ę) zu heben, was in der vulgären Sprache völlig durchgeführt ist.«

Der neuenglische Vocalbestand.

3. **Kurzes offenes e** (VIETOR § 50, WESTERN § 26.);
geschrieben e, z. B. in men, very, level, medal, ever
- " ee, " " Greenock, coffee
- " ea, " " dead, head, breakfast, dreamt, feather, pleasure etc.
- " ei, " " heifer, Leicester
- " ey, " " alley
- " eo, " " jeopardy, leopard
- " a, " " many, Pall Mall
- " æ, " " Ætna, Dædalus
- " ai, " " said, again
- " ay, " " says, Sunday
- " ie, " " friend
- " u, " " bury[1].

4. **Langes offenes e** (VIETOR § 59, WESTRRN § 26.);
Beispiele für die Schreibung s. unter Nr. 2.

5. **Diphthongisches e**, bestehend aus (namentlich in vulgärer Aussprache) nach ä sich neigendem e von wechselnder Quantität und einem nachklingenden ganz kurzen tonlosen ĭ (VIETOR § 50, WESTERN § 32.);
geschrieben a, z. B. in ape, female, strange, ancient, chamber, chaste
- " ea, " " break, great
- " ai, " " aid
- " ay, " " day
- " ei, " " vein
- " ey, " " grey
- " ao, " " gaol
- " au, " " gauge.

b. **I-Laute.**

1. **Halbconsonantisches i** (VIETOR § 80, namentlich S. 122 oben); geschrieben als tonloses i in Hiatusstellung, z. B. minion, y im Anlaute, z. B. yes; unbezeichnet bleibt das anlautenden Vocalen sich parasitisch anhängende j, wie z. B. in tune, due.

2. **Kurzes i** (VIETOB § 54, WESTERN § 25);
geschrieben i, z. B. in in, give, city etc.
- " ie, " " sieve, handkerchief
- " e, " " evént, depárt, repóse
- " ee, " " Greenwich
- " ei, " " fóreign, sóvereign
- " ai, " " cáptain (häufiger wohl cápten gespr.)
- " o, " " women
- " ui, " " build, biscuit
- " u, " " busy, minute
- " y, " " Plýmouth, Sydenham.

---

[1] Nach VIETOR p. 81 (vgl. p. 82 f.) soll auch das auslautende y in very — kurz e sein (nur vor Vocalen vielleicht eher ĭ), es dürfte dies y aber doch immer ein Mittellaut zwischen I und ĕ sein, das scheint auch WESTERN anzunehmen, indem er ĭ schreibt.

11*

Tonloses i in Auslautsilben (z. B. cit*y*, cit*ies*) neigt sich zu e hin, umgekehrt tonloses e in Auslautsilben (z. B. im Ausgange -ed des schwachen Part. Prät.) zu ĭ hin. Vgl. oben die Anm. zu dem Schlusse von B a) 3.

3. Langes i, nur vor ə aus r vorkommend (VIETOR § 54; fehlt bei WESTERN);

    geschrieben *e*,   z. B. in h*e*re = hīə
           *ea*,   »  » *ear* = īə.

4. Diphthongisches i, d. i. îĭ[1]) (VIETOR § 54, WESTERN § 25);
    geschrieben *i*,   z. B. in inval*i*d, ant*i*que, pol*i*ce, su*i*te
    »       *ie*,   »  » s*ie*ge, p*ie*ce, bel*ie*ve
    »       *e*,   »  » h*e*, w*e*, *e*ve
    »       *ea*,   »  » s*ea*, b*ea*st
    »       *ee*,   »  » fr*ee*, f*ee*l
    »       *ei*,   »  » rec*ei*ve, c*ei*l
    »       *eo*,   »  » p*eo*ple
    »       *ey*,   »  » k*ey*
    »       *ay*,   »  » qu*ay*
    »       *æ*,   »  » C*æ*sar.

Bemerkungen über den neuenglischen Vocalbestand werden in § 24 und § 27 gegeben werden.

§ 23. Uebersicht des neuenglischen Consonantenbestandes. (Im Wesentlichen nach VIETOR und WESTERN.)

A. Explosivae.
(VIETOR §§ 113, 109, 105; WESTERN § 40.)

a) Stimmtonlose:   labiales p, zuweilen ph geschrieben z. B. in di*ph*thong;

                          dentales t (alveolar), im Participialsuffix -e*d* geschrieben d, in *Th*ames und *Th*omas geschrieben Th.;

                          gutturales k ⎫ das palatale k hat sich in der
                          palatales k ⎭ gegenwärtigen Aussprache dem gutturalen fast ganz genähert; die Aussprache von z. B. kind als kyind ist veraltet und Cockney, vgl. VIETOR § 107 Anm. 3 am Schlusse.

                          Das jetzige engl. k darf daher als durchweg guttural bezeichnet werden.

---

1) WESTERN sagt über dieses i: »Das lange englische îĭ wird noch oft als identisch mit dem deutschen Laut in *fiel* betrachtet. Dies ist unrichtig; das englische îĭ ist kein homogener Laut. In seinem Anfang ist er ebenso weit als [sic!] das kurze i (= dtsch. *i* in f*i*nden); gegen das Ende aber wird die Zunge dem Gaumen mehr genähert, wodurch der Laut verengt wird.«

Geschrieben wird k gewöhnlich k oder c (vor a, o, u), seltener q (*q*ueen, *q*uaint), ch (namentlich in Fremdworten griechischen Ursprunges), qu in Fremdworten latein., bzw. franz. Ursprunges'.

b) Stimmtonhafte: labiales b, geschrieben b, in cu*p*board;
dentales d (alveolar);
gutturales g } die oben über k gemachte
palatales g } Bemerkung gilt auch bezüglich des g;
linguales r, erzeugt durch Hebung der Zungenspitze gegen die Alveolen der Oberzähne, aber ohne Schwirren der Zungenspitze, also »ungerolltes« r.
Auslautend vor Cons. und in gedeckter Stellung ist r zu ə verdumpft[1]), (VIETOR § 92, WESTERN § 42);
linguales l, erzeugt durch alveolaren Verschluss und Hebung der Hinterzunge (VIETOR § 96);
dentales n;
gutturales n (in fi*n*ger) u. dgl.;
(palatales n, als solches lässt sich bezeichnen das n, welchem halbconsonantisches Y nachfolgt, z. B. in mi*n*ion);
(bi)labiales m.

B. Fricativae.

a) Stimmtonlose: labiales f (geschrieben ph in griech. Wörtern; vereinzelt gh, z. B. drau*gh*t);
interdentales (richtiger postdentales) th (VIETOR § 88, WESTERN § 42);
lingual-dentales s;
dental-palatales sh.

b) Stimmtonhafte: labiales v (geschrieben *f* in o*f*, v in ne*p*hew, Ste*p*hen);
interdentales (richtiger postdentales. th (in *th*ou, *th*ine);
lingual-dentales s, z;
dental-palatales ž, geschrieben s (z. B. in plea*s*ure), si (z. B. in vi*s*ion);
palatales j (bleibt in der Schrift unbezeichnet z. B. humour = júmə).

---

[1] In Bezug auf den Auslaut lässt sich die Regel aufstellen:
ausl. Vocal + r vor Cons. = ə, z. B. bettə
ausl. Vocal + r vor Vocal = ər, z. B. bettər and bettə;
vgl. VIETOR S. 151.

C. Das Kehlkopfgeräusch h.

D). Zusammengesetzte Consonanten[1]).

1. Muta + halbconsonantisches ϊ (in der Schrift wird nur die Muta bezeichnet, z. B. due = djú).
2. Liquida + halbconsonantisches ϊ (in der Schrift wird nur die Liquida bezeichnet, z. B. mute = mjút).
3. t + š = sh, deutsch sch, gewöhnlich durch ch, tch, seltener durch t bezeichnet, z. B. church = tschɐtsch, witch = üitsch, nature = nèitschə.
4. d + ž = sh, dtsch. sch, gewöhnlich durch j, g, seltener durch d(i) d.e) bezeichnet, z. B. June = džûn, giant = džáϊənt, soldier = sóuldžə.

Bemerkungen über den neuenglischen Consonantenbestand werden in § 25 und § 27 gegeben werden.

§ 24. **Das Verhältniss des neuenglischen Vocalismus zu dem angelsächsischen (oder: Die Entwickelung der ags. Vocallaute zu den neuenglischen).**

I. Bei einem Vergleiche des angelsächsischen mit dem neuenglischen Vocalismus treten als besonders charakteristische Züge des letzteren im Verhältniss zu dem ersteren hervor:

1. Verschiedenartige neuenglische Vocale gehen auf einen ags. Vocal zurück; der letztere ist also verschiedenartiger Entwickelung fähig gewesen.
2. Die ags. Umlautsvocale ä, ae, (ö, oe], y, ý sind geschwunden. Der Umlaut selbst hat zu wirken aufgehört, und selbst die Spuren seines früheren Wirkens sind nur gering.
3. Die ags. Diphthonge sind völlig geschwunden. Die Brechung hat zu wirken aufgehört, und hat nur in der Schrift (in der Verbindung ea) eine Spur zurückgelassen.
4. Das Neuenglische besitzt die dem Ags. völlig unbekannten Laute u und ə, das Vorhandensein und häufige Vorkommen derselben verleiht dem Neuenglischen einen eigenartigen, vom Ags. ganz abweichenden Klang.
5. Die Vocale der schwachtonigen Silben sind meist entweder zu ə verdumpft oder zu (früh verstummten) e geschwächt.

II. Ein Vocal, in Sonderheit ein **hochtoniger** Vocal, ist in zweifacher Richtung — in Bezug auf seine Quantität und auf seine Qualität — entwickelungsfähig, d. h. er kann gelängt oder gekürzt, in seinem Klange dunkler oder heller oder getrübt werden [2]). Häufig tritt Wandel der Quantität und

---

1) tš und dž pflegen als Affricatae bezeichnet zu werden, ein wenig glücklicher Name.
2) Man gestatte hier die Anwendung der Ausdrücke »dunkel«, »hell«

Wandel der Qualität gleichzeitig ein (meist Längung mit Erhellung, Kürzung mit Verdunkelung). Während nun in anderen Sprachen die Vocalentwickelung vorwiegend in nur je einer Richtung hin sich bewegt, ist es dem Angelsächsisch-Englischen eigenthümlich, dass ein und derselbe Vocal nach verschiedenen Richtungen hin sich zu entwickeln, also z. B. in bestimmten Fällen helleren, in anderen dunkleren Klang anzunehmen vermag. Ebendaraus ergiebt sich die Vielheit der Laute, in denen ein angelsüchsischer Vocal im Neuenglischen reflectirt wird. Es versteht sich von selbst, dass die Verschiedenartigkeit der Entwickelung eines und desselben Vocals durch lautliche Verhältnisse bedingt wird: je nach der Beschaffenheit (Geschlossenheit oder Offenheit) der Silbe, in welcher er sich befindet, und je nach der Beschaffenheit der ihm nachfolgenden oder vorausgehenden Consonanten wird ein Vocal disponirt, diesen oder jenen Entwickelungsweg einzuschlagen; auch Analogiewirkungen mögen nicht ausgeschlossen sein. Wenn im Angelsüchsischen Silbenbeschaffenheit und Beschaffenheit der umgebenden Consonanten in höherem Masse, als in anderen Sprachen, auf die Entwickelung der Vocale einwirken, so bezeugt dies eben die eigenartige Empfindlichkeit — das Fremdwort »Sensibilität« ist hier fast bezeichnender — dieser angelsüchsischen Laute. Man möchte sagen, die angelsüchsischen Vocale seien Wassertropfen zu vergleichen, welche unter dem leisesten Hauche dahin oder dorthin fliessen und von jeder Substanz, mit welcher sie in Berührung kommen, eine gewisse Färbung annehmen.

Im Folgenden sei eine gedrängte und — wie es hier nicht anders sein kann — nur summarische Uebersicht der Gestal-

---

und »getrübt«, sie scheinen mir am bezeichnendsten zu sein; was ich damit meine, ergiebt folgendes Schema:

Ich weiss sehr wohl, dass dieses Schema höchst unvollkommen und mangelhaft ist, indessen für den vorliegenden Zweck scheint es mir praktisch zu sein. Selbstverständlich soll das Schema nur auf das Englische sich beziehen.

tungen gegeben, in denen die angelsächsischen Vocale im Neuenglischen sich darstellen [1]:

a) **Kurzes ags.** u wird meist zu o erhellt, welches entweder zu ǭ oder ŏŭ oder āŭ gelängt oder zu ɐ verdumpft wird; seltener ist Längung des ŭ (durch o, ou) zu ū, noch seltener (und vielleicht nur scheinbar Beharren des ŭ. In dem Suffix -ung verflüchtigt sich u : kurz i.

ŭ = ŭ, z. B. wudu : wood, wulf : wolf
ŭ = ūŭ, » stupjan : stoop, þurh : through
ŭ = ǭ, » duru : door
ŭ = ŏŭ, » sculdor : shoulder
ŭ = āŭ, » bunden : bound, pund : pound
ŭ = ɐ, » sunu : son = sɐn, lufjan : love = lɐve
ŭ = ï, » claensung : cleansing.

b) **Langes ags.** u hat sich meist in der Richtung nach o hin entwickelt, ist dann zu ɐ, ǝ geworden; besonders häufig ist die Verdumpfung zu ɐ, die ja auch bei ŭ sehr oft eingetreten ist. Selten ist Kürzung des ū zu ŭ; häufiger Längung zu ūŭ, āŭ.

ū = ɐ, z. B. dúfe : dove, húsbonda : husband, scúnjan : shun
ū = ǝ, » néahbúr : neighbour
ū = ūŭ, » brúcan : brook
ū = āŭ, » hús : house, múđ : mouth, súđ : south, tún : town, cú : cown
ū = ŭ, » cúđe : cou[l]d.

c) **Kurzes ags.** y (ŭ) ist in der Regel (in geschlossener Silbe) zu ĕ, ɐ, oder ǝ verdumpft; zuweilen ist es zu i erhellt, und dies i hat dann in einer Reihe von Worten Längung zu āï erfahren.

y = ĕ, z. B. yldra : elder, flycʒe : fledge
y = ɐ, » mycel : much, myrđrian : murder, mit Dehnung des ɐ: þyrstan : thirst, gyrdan : gird, cyrice : church.
y = ï, » cyssan : kiss, lytel : little
y = āï, » cynd : kind, bycʒan : buy.

d) **Langes ags.** y (ū) ist theils und meist zu i, ī erhellt und hat sich dann weiter zu āï entwickelt, theils aber ist es zu ūŭ verdunkelt.

ȳ = ï, z. B. fýst : fist, wýscan : wish
ȳ = ī, » hýran : hear
ȳ = ūŭ, » lýsan : loose
ȳ = īī, » lýfan : leave
ȳ = āï, » fýr : fire, brýd : bride, lýs : lice, hwý : why.

e) **Kurzes ags.** o ist theils als ǫ erhalten, theils zu ǭ und ŏŭ gelängt, theils zu ŭ verdunkelt, theils endlich zu ɐ verdumpft.

---

[1] Ausser den in der lautlichen Entwickelung begründeten Wandelungen der Vocale haben auch solche stattgefunden, welche lediglich auf analogischer Uebertragung beruhen; wenn z. B. ags. bǣr baeron (Prät. von beran) einem neuengl. bore gegenübersteht, so ist der Vocal des letzteren nicht etwa aus ǣ ae entstanden, sondern aus dem Particip (boren) übernommen.

Entwickelung der ags. Vocale im Englischen. 169

ŏ = ǫ̆, z. B. god : god, scoten : shot
ŏ = ọ̆, » toren : torn
ö = ōŭ, » gold : gold, brocen : broken
ŏ = ŭ, » wolde : would
ŏ = v, » word : word.

f) Langes ags. o ist meist zu ǭ gekürzt oder zu v verdumpft, nur vereinzelt ist es als ǭ erhalten (nur scheinbar ist ō zu ī geworden in bóce = beech, da letzteres Anbildung an das Adj. bécen (umgelautet aus bócen)).
ō = ǭ, z. B. ród : rod, blóstma : blossom
ō = v, » bróðor : brother, óðer : other, (ᵹe)dón : done
ō = ǭ, » ór : ore.

g) Kurzes ags. a¹) hat eine sehr vielartige Entwickelung gehabt, es ist nämlich α) verdunkelt zu ǫ̆, ǭ, ōŭ, ŭ; β) erhellt zu ę̆, ēĭ; γ) getrübt zu ă; δ) a + vocalisirtem ᵹ = ēĭ.

ă = ǫ̆, z. B. strang : strong, from : from (Wechsel von a und o vor Nasal schon im Ags.)
ă (besonders vor g und w) = ǭ, z. B. dragan : draw, strawa : straw, lagu : law
ă = ōŭ, z. B. camb : comb, swa : so
ă = ūŭ, » wamba : womb
ă = ę̆, » starjan : stare, waru : ware
ă = ēĭ, » apa : ape, macᵹian : make, haᵹ(o)l : hail
ă = ă, » man : man, habban : have (allerdings auch schon ags. män u. dgl., indessen hat sich ă nicht etwa erhalten, sondern ist zu a geworden und erst daraus ist durch abermalige Trübung wieder ă entstanden).

h) Langes ags. a ist theils zu e erhellt, theils zu o verdunkelt worden, sei es mit Bewahrung der Quantität (wo dann oft) ē zu ēĭ, ī und āĭ, ō zu ōŭ, ūŭ weiter entwickelt ist) oder mit Kürzung; öfters ist Kürzung und Trübung zu ă erfolgt.

ā = ǭ, z. B. mára : more
ā (besonders auslautend und inlautend vor w und g) = ōŭ, z. B. táh : toe, bláwan : blow, snáw : snow, ágen : own, sáwel : soul
ā = ǫ̆, z. B. hát : hot, cláð : cloth
ā = ūŭ, » twá ; two
ā = ŭ, » -hád : -hood
ā = ā, » áscian : ask
ā = ę̆, » ðára : their

---

1) Im Alt- und Mittelenglischen erscheint an Stelle von sowohl angelsächsischem wie romanischem a vor gedecktem Nasal häufig au, z. B. laund, aunswerd, chaumbre, Fraunce, neuenglisch noch vaunt, haunt u. dgl. Ueber den vielbestrittenen Lautwerth dieses au in der alten Sprache vgl. BEHRENS, Beiträge zur Geschichte der frz. Spr. in England, in Franz. Stud. V, 179. Ich möchte meinen, dass au = ǭ gewesen sei.

170  Kap. IV. § 24, II. Die Laute des Englischen.

= ëï, z. B. bát : bait, wág : weigh
ā = ī,   »  wác : weak, áðer : either
â = ę̄,  »  swát : sweat, ðám : them.

i) **Kurzes ags.** ă ist vielfach scheinbar erhalten (vgl. oben g am Schlusse), in Wirklichkeit jedoch ist es stets entweder zu ä oder zu ę̆ geworden und hat sich von dort aus entweder zu ā, ǭ, ǭ, ōū oder aber zu ę̄, ëï, ī weiter entwickelt; ă + ʒ ergab durch Vocalisirung ëï.

ă = ä̆,   z. B. glăd : glad, ăt : at
ă = ā,   »  făder : father, păð : path
ă = ǫ̆,   »  hwăt : hwat, wăs : was
ā = ōū,  »  cwăð : quoth
ă = ę̆,   »  äʒ : egg, läs : less
ă = ę̄,   »  făg e̍r : fair
ă = ëï,  »  grăf : grave, năʒel : nail, brăʒen : brain, dăʒ : day, măʒ : may.

k) **Langes ags.** ā hat Entwickelungswege zurückgelegt, welche denen des ă ganz analog sind, namentlich denen in der Richtung ę̄ hin.

ae = ä̆,  z. B. hlaeder : ládder, faeted : fat
ac = ę̄,  »  ðaer : there, haer : hair
ae = ëï,  »  graeg : grey, hnaegan : neigh
ae = ī,   »  slaepan : sleep, ael : eel, taecan : teach, aefnung : evening
ae = ę̆,  »  waet : wet, haelð : health, naefre : never
ae = v,   »  aerlíce : early
ae = ǭ,  »  ðrael : thrall
aew = j ū »  laeŵced : leŵd.

l) **Kurzes ags.** e bewegt sich in seiner Entwickelung entweder nach a oder, und meistens, nach ē hin; in geschlossener Silbe bleibt es oft erhalten; ĕ + ʒ ergiebt ëï.

ĕ = ę̆,  z. B. nett : net, steppan : step
ĕ = ä̆,  »  ðrescan : thrash, treppe : trap
ĕ = ǫ̆,  »  swerjan : swear, beran : bear
ĕ = ëï,  »  brecan : break, ðeʒen : thane, seʒel : sail, secʒan : say
ĕ = Y,   »  þencʒan : think, bremme : brim
ĕ = ī,   »  etan : eat, sceran : shear
ĕ = ä̆,  »  swelʒan : swallow
ĕ = ā,   »  teru : tear, hereberge : harbour.

m) **Langes ags.** e ist inder Regel zu ëï, ïï gelängt worden, seltener ist Kürzung zu ĕ, ä̆.

ē = ëï,  z. B. wéstan : waste, wréʒan : wray
ē = ïï,  »  grén : green, gés : geese, rédan : read, -léfan : -lieve
ē = ę̄,  »  blétsjan : bless, récan : reck
ē = ä̆,  »  brémel : bramble.

n) **Kurzes ags.** i ist theils erhalten, theils zu ïï, äï gelängt (so besonders vor l, n, m, c, h, ʒ, cʒ), theils zu ĕ verdunkelt; i + w ergiebt

Entwickelung der ags. Vocale im Englischen. 171

durch Vocalisirung des w zunächst in, dann íu, endlich íū, jū; i + g = ii, i
(im Auslaut nach ĕ hinneigend).

    ĭ = ĭ,   z. B. fĭsc : fĭsc, gĭfan : gĭve, bodĭg : bodу, twentĭg : twentу
    ĭ = ī,   » scĭld : shĭeld
    ĭ = āĭ,  » bĭndan : bĭnd, clĭmban : clĭmb, wĭld : wĭld, rĭht :
                right, lĭeᵹ : lĭe. nĭgon : nĭne
    ĭ = ĕ,   » wĭlcumᵹan : welcome
   iw = jū,  » nĭw : new, hĭu : hue.

o) Langes ags. i ist entweder (scheinbar) erhalten oder zu āĭ gedehnt oder zu ĭ gekürzt, das vereinzelt zu ŭ verdunkelt wurde.

    ī = ī,   z. B. frí : free, đrí : three
    ī = āĭ,  » wíf : wífe. wrítan : wríte, líht : light
    ī = ĭ,   » wísdóm : wisdom, stíf : stíff, wífmen : women
    ī = ŭ,   » wífman : woman.

p) Der ags. Diphthong éa ist entweder zu e oder (seltener) zu a monophthongirt worden; im ersteren Falle hat Entwickelung theils zu ēí, īí, āĭ, im letzteren theils zu ōŭ, theils zu ǭ stattgefunden, wenn ōŭ und ǭ nicht auf Anbildung (des Sg. Prät. an das Part. Prät.) beruhen; éa + w ergiebt (in Folge der Vocalisirung des w : u) jū, auch éa + h kann jū ergeben.

          éa = ēí, z. B. gréat : great
          éa = iĭ,  » ᵹéar : year, hléapan : leap, céace : cheek
éa (vor h, ᵹ) = āĭ,  » héah : high, éaᵹe : eye, déaᵹian : dye
          éa = ĕ,   » déađ : death, déaf : deaf
          éa = ōŭ,  » céas : chose, fréas : froze
          éa = ūŭ,  » léas : loose
          éa = ǭ,   » scéat : shot
   éaw (u. éah) = jū,  » féawe : few, héawan : hew, fléah : flew.

q) Der ags. aus Brechung entstandene Diphthong ea hat sich dem éa ziemlich analog entwickelt, nur ist bei ihm die Verdunkelung zu a- und o-Lauten häufiger eingetreten, ebenso Verdumpfung zu ǫ.

       ea = ā,   z. B. heard : hard, healf : half, hleahhan : laugh
       ea = ǭ,   » feallan : fall, seah : saw, feaht : fought, đeaht :
                  thought
       ea = ōŭ,  » teald : told, ceald : cold, healdan : hold
       ea = ę̄,   » dear : dare
       ea = ēí,  » geat : gate, eahta : eight
       ea = ī,   » beard : beard
       ea = āĭ,  » neaht : night, meaht : might
       ea = ĕ,   » meadu : meadow
       ea = ā,   » sceall : shall, fleax : flax
       ea = ʌ,   » pearl : pearl, earnjan : earn.

r) Der ags. Diphthong éo ist theils zu e theils zu o monophthongirt worden, wodurch eine doppelte Entwickelung theils nach erhellender theils nach verdunkelnder Richtung hin veranlasst wurde; selten stellt sich éo als ā dar.

172   Kap. IV. § 24, III. Die Laute des Englischen.

éo = ĕ,   z. B. bréost : breast, féond : fiend
éo = ῐ̄,   »   séoc : sick
éo = ῑ̄,   »   béo : bee, fréosan : freeze, cléofan : cleave
éo = āĭ,  »   léoht : light, fléoȝan : fly, léoȝan : lie, féol : file
éo = ŏŭ,  »   féower : four
éo = āŭ,  »   créodan : crowd
éo = ūŭ,  »   céosan : choose, tréowe : true
éow = jū, »   cnéow : knew, bréowan : brew, éow : you
éo = v,   »   ȝéonȝ : young
éo = ā,   »   déorling : darling, féorđing : farthing.

a) Der ags. aus Brechung entstandene Diphthong eo ist meist zu einem dunkeln Monophthong geworden, nur selten hat er sich durch i (ie) zu āĭ entwickelt; cow = jū, ū.

eo = ĕ,   z. B. seofon : seven
eo = v,   »   leornjan : learn, weorold : world, weorc : work
eow = ūŭ, »   bleom : blue
eow = jū, »   eow : ewe, speowjan : spew
eo = ῐ̄,   »   seoloc : silk
eo = ῑ̄,   »   feoh : fee
eo = āĭ,  »   feohtan : fight, beorht : bright.

III. Als Umkehrung der obigen Liste folge hier in kürzester Form eine Uebersicht über die Entsprechungen der neuenglischen Vocallaute im Ags.[1]):

1. Neuenglisches halbconsonantisches ŭ = ags. w und hw, z. B. water = wäter, what = hwāt.

2. Neuenglisches rein vocalisches kurzes u = ags. ŭ (wood von wudu), = ú (could v. cúđe), = o (would v. wolde), = ú (-hood v. -hád), = í (woman v. wífman).

3. Neuenglisches diphthongisches ŭŭ[2]) = ags. ú (brook v. brúcan), = u (stoop v. stupjan), = a (womb v. wamb), = ú (two v. twá), = éa (loose v. léas), = éo (choose v. céosan), = cow (blue v. bleow).

4. Neuenglisches diphthongisches ūŭ mit Vorschlag eines halbconsonantischen ĭ (j) = ags. éaw, éow, eow, iw, aew (few v. féawe, knew v. cnéow, ewe v. eow, new v. niwe, lewed v. laewed), = éah (flew v. fléah).

Ausserdem entsteht ῐ̄ŭŭ durch Anfügung eines parasitischen ῐ̄ (j) an silbenanlautende Muta und Liquida in romanischen Worten, z. B. mute, duke, duty u. dgl.[3]).

5. Neuenglisches kurzes ǫ = ags. o (god v. god), = ó (rod v. ród,

---

[1]) Es werde hier in Erinnerung gebracht, dass, wie im Vorhergehenden, so auch im Folgenden die ags. langen Vocale durch einen übergesetzten Acut gekennzeichnet werden, die kurzen dagegen unbezeichnet bleiben; nur ä ist = kurzem, ae = langem ae.
[2]) Ausserdem ŭŭ = frz. u, z. B. rude, cruel.
[3]) Ausserdem ῐ̄ūŭ = frz. anl. u, z. B. use; = frz. eau in beauty.

## Die neuenglischen Vocale im Ags. 173

= a (strong v. strang), = á (hot v. hát), = ā (what v. hwät), = ea (shot v. sceat)[1].

6. Neuenglisches langes ǫ = ags. ó (selten, ore v. or), = ö (torn v. toren), = u (door v. duru), = a (vor ᵹ u. w : draw v. draᵹan, straw v. strawa), = á (more v. mára), = ae (thrall v. ðraell), = ea (fall v. feallan)[2].

7. Neuenglisches diphthongisches ōŭ = ags. o (gold v. gold), = u (shoulder v. sculdor), = a (so v. swa), = ā (quoth v. cwäð), = á (toe v. táe, blow v. bláwan), = éa (chose v. céas), = ea (told v. teald), = éo (four v. féower)[3].

[8. Neuenglisches diphthongisches ǭɪ erscheint fast nur in romanischen Worten.]

9. Neuenglischer ə-Laut = ags. tonloser Vocal (orchard v. [w]ortᵹcard, neighbour v.'néahbúr); sonst entsteht der ə-Laut vorwiegend aus den vor- und nachtonigen Vocalen der romanischen Worte, da in engl. Worten ags. Ursprunges die Vocale der Suffixsilben zu e geschwächt sind, dieses aber, falls es nicht als Stützvocal dienen musste, meist abgefallen ist.

10. Neuenglischer u-Laut = ags. u (son aus sunu, love aus lufian), = ú (husband v. húsbonda), = y (church aus cyrice, thirst aus ðyrstan), = o (word aus word), = ó (brother aus bróðor), = éo (young aus ᵹéonᵹ), = eo (learn aus leornian), = ea (earn aus earnian)[4].

11. Neuenglisches ā = ags. á (ask aus áscian), = ā (father aus fäder), = ë (tear aus teru), = ea (hard aus heard), = éo (darling aus déorling)[5].

12. Neuenglisches diphthongisches a mit I-Element, also āɪ = ags. i (bind aus bindan), = ī (write aus wrítan), = y (kind aus cynd), = ý (lice aus lýs), = éo (light aus léoht), = eo (fight aus feohtan), = éa (high aus héah), = ea (might aus meaht)[6].

13. Neuenglisches diphthongisches a mit U-Element, also āŭ = ags. u (bound aus bunden), = ú (mouth aus múð)[7].

14. Neuenglisches kurzes ă = ags. a (ă) (man aus mǎn, man), = ae (ladder aus hlaedder), = ë (thrash aus ðërscan), = é (bramble aus brémel)[8].

15. Neuenglisches langes ę (langes ae) = ags. ă + ᵹ (fair aus fäᵹ(e)r), = ae (there aus ðaer), = ë (swear aus swerian), = a (stare aus starian), = á (their aus ðára), = ea (dare aus dear).

16. Neuenglisches kurzes ę = ags. e (net aus nett), = é (bless aus bléstian), = ā (less aus lǣs), = ae (health aus haelð), = ɪ (welcome aus

---

1) Ausserdem ǫ̆ = frz. o, z. B. moderate, proper.
2) Ausserdem ǭ = frz. o, z. B. torch; = frz. ou, z. B. source; = frz. a, z. B. vaunt, false; = frz. au, z. B. autumn.
3) Ausserdem ōŭ = frz. o, z. B. note, broock, glory.
4) Ausserdem ʊ = frz. ó, z. B. honour, = frz. u, z. B. punish, = frz. ou, z. B. govern, = frz. eu, z. B. flourish.
5) Ausserdem ā = frz. a, z. B. master, charge, aunt, = frz. e in clerk.
6) Ausserdem āɪ = frz. é, z. B. giant, = frz. è, z. B. friar, = frz. i, z. B. crime, vice.
7) Ausserdem āŭ = lt. ó, z. hour = hora, = frz. o z. B. counsel.
8) Ausserdem ă = frz. a, z. B. manner, matter, = frz. ai, z. B. vanquish, = frz. e in example.

Kap. IV. § 25, I. Die Laute des Englischen.

wilcumian, = ā (sweat aus swát), = éa (death aus déaď), = ea (meadow aus meadu), = éo (breast aus bréost), = eo (seven aus seofon)[1].

17. Neuenglisches diphthongisches ēī = ā + ʒ (nail aus næʒel), = ae + ʒ (grey aus ʒraeʒ), = a + ʒ (hail aus haʒol), = a (ape aus apa), = á (bait aus bát)[2].

18. Neuenglisches halbconsonantisches ī = ags. ʒ (young aus ʒéonʒ).

19. Neuenglisches rein vocalisches kurzes i ī) = ags. i (fish aus fisc), = í (wisdom aus wísdóm), = i + ʒ (body aus bodig), = y (kiss aus cyssan), = ý (fist aus fýst), = e (think aus ðencʒan), = u (-ing aus -ung)[3].

20. Neuenglisches langes i = ags. ý (hear aus hýran), = éa (ear aus éare).

21. Neuenglisches diphthongisches ii = ags. í (free aus frí), = é (green aus grén), = ae (sleep aus slaepan), = ý (lieve aus lýfan), = éa (year aus ʒéār), = ea (beard aus beard), = eo (fee aus feoh), = á (weak aus wác)[4].

IV. Zu obigen beiden Tabellen noch folgende Bemerkungen:

1. Die obigen Entsprechungen beziehen sich vorwiegend auf die hochtonigen Vocale; die nicht hochtonigen Vocale des Angelsächsischen haben fast durchweg Schwächung zu e erfahren, und dies e ist entweder geschwunden oder zu einem unklaren Mittellaute zwischen ĕ und ĭ geworden (z. B. in den Ausgängen -es, -ed) oder endlich es ist zu ə verdumpft (so häufig in dem Participialausgange -en).

2. Wie selbstverständlich, sind die angelsächsischen Vocallaute weder plötzlich noch auch unmittelbar in diejenigen Laute übergegangen, welche heute an ihrer Stelle stehen: es ist vielmehr der Vocalwandel nur allmählich erfolgt, und in vielen Fällen hat ein angelsächsischer Laut eine ganze Reihe von Phasen durchlaufen müssen, ehe er zu seinem(n) gegenwärtigen Leutwerthe(n) gelangt ist; wenigstens die der heutigen naheliegenden Lautstufen lassen sich häufig aus der den früheren Laut noch bewahrenden Schrift erkennen (so z. B. lässt das ee in green schliessen, dass man gréin sprach, ehe man zu grün gelangte). — Vgl. auch unten § 29.

3. In obigen Tabellen sind die neuenglischen Lautwerthe nach Massgabe der Schriftsprache aufgeführt worden. In der Umgangssprache sowie

---

[1] Ausserdem ĕ = frz. e z. B. sermon, measure, petty.
[2] Ausserdem ēī = frz. a, z. B. change, chamber, age, = frz. ay, z. B. pay v. payer aus pacare, = frz. ai, z. B. chain, chair, = frz. é, z. B. obey. = frz. ei, z. B. faint, paint; = frz. o in jail v. geôle.
[3] Ausserdem ĭ = frz. i, z. B. image, city, mirror, = frz. a im Suffixe -age, z. B. marriage, = frz. e in den Präfixen e-, de-, re-, se-, z. B. event, depose, return, sedate, = frz. é im Wortausgange -té, z. B. pity, city u. dgl., = frz. a in crimson (cramoisi).
[4] Ausserdem ii = frz. a, z. B. reason, jealous, = frz. ai, z. B. ease aus aise, = frz. e (alt ie), z. B. chief, = frz. ô, z. B. beef, people, = altfrz. ei (oi), z. B. receive, increase, = frz. ou in retrieve.

in den Dialecten entsprechen ihnen vielfach andere Laute. Es ist also, wenn man das Gesamtenglische ins Auge fasst, die Gestaltungsfähigkeit und Buntheit des Vocalismus eine noch weit grössere, als sie es schon im Schriftenglischen ist. Eine Darstellung aber des Gesammtvocalismus der heutigen Sprache unter Berücksichtigung seines Verhältnisses zu dem angelsächsischen zu geben, wird erst dann möglich sein, wenn die noch sehr im Argen liegende phonetische Durchforschung der Dialecte erheblich weiter vorgeschritten sein wird.

§ 26. **Das Verhältniss des neuenglischen Consonantismus zu dem angelsächsischen (oder: die Entwickelung der angelsächsischen consonantischen Laute zu den neuenglischen).** Die wesentlichsten Veränderungen, welche der angelsächsische Consonantismus in seiner Entwickelung zum neuenglischen erlitten hat, sind einerseits durch die Palatalisirung und andrerseits durch den sei es völligen, sei es nur unter bestimmten Bedingungen eingetretenen Schwund consonantischer Laute veranlasst worden. Der sonstige Consonantenwandel (Vocalisirung, Umstellung u. dgl.) ist nicht von erheblicher Bedeutung.

I. **Die Palatalisirung.** Die Palatalisirung, im Angelsächsischen nur in einzelnen und nicht einmal ganz sicheren Spuren auftretend (sca : scea = sha?, sco : sceo = sho?, vgl. Sievers a. a. O. § 76, 2, Anm. 5), hat in der weiteren Entwickelung der Sprache frühzeitig einen sehr bedeutenden Umfang angenommen und nicht nur Guttural- und Palatallaute, sondern auch Dentale und selbst Liquide ergriffen. Das Englische zeigt aber, verglichen mit anderen Sprachen, die Eigenart, dass die Palatalisirung nicht consequent durchgeführt worden ist, sondern dass sich der ursprüngliche gutturale etc. Consonant oft selbst da erhalten hat, wo man den Eintritt der palatalen Affection am ehesten erwarten sollte [1]). — Die wichtigsten Erscheinungen der Palatalisirung sind die folgenden:

1. *k (c) : ch.* a' im Anlaut vor palatalen Vocalen (ae, e, é, i, í, y, ý) sowie vor den e-haltigen Diphthongen, z. B. cíld : child, cése : cheese, cídau : chide, cippjan : chip, cyrice : church, céace : check, céosan : choose, ceaster : chester, ceafor : chafer etc. Ausnahmen sind zahlreich genug, z. B. cin$_g$ : king, céne : keen, cae$_g$ : key, cycene : kitchen; namentlich hat sich der Guttural vor aus Brechung entstandenem ea behauptet, z. B. cealf : calf, ceald : cold. Doppelformen sind vorhanden z. B. célan : keel u. chill, cernan :

---

[1]) Vgl. auch die Bemerkungen am Schlusse dieses Abschnitts.

kern u. churn. — Ueber anlautendes sc vgl. unten b η). — b) im In- und Auslaut (ags. Inlaut ist englisch häufig zum Auslaut geworden): α) einfaches c, z. B. tǣc : tatch, (pic : pitch], ríc : rich, sp[r]aec : speech (dagegen sp[r]ecan : speak), laec : leech, taec-an : teach, besécan : beseech (aber sécan : seek). Vermuthlich ist der dem c vorangehende palatale Vocal Anlass der Diphthongirung gewesen, denn nach gutturalem Vocal ist c erhalten z. B. bóc : book, wác : weak etc., ebenso nach Consonanten. — β) geminirtes c,bezw. c$_ʓ$, z. B. streccan : stretch, wrecca : wretch. — γ) c$_ʓ$, z. B. wǣc$_ʓ$an : watch, wicc$_ʓ$an : witch. — δ) -cc, z. B. cyrice : church, cycene : kitchen, sticc : stitch [cryce : crutch], birce : birch, wicce : witch. — ε) c in -nc, z. B. finc : finch, cwencan : quench. — ζ) in -lc (worin l verstummt), z. B. ael[i]c : each, hwýl[f]c : which, swál[f]c : such; ein ähnlicher, aber freilich vereinzelter Fall ist micel : much [1]). — η) sk hat in- und auslautend wie auch anlautend sh ergeben, z. B. scip : ship, scínan : shine, sceddan : shed, scolde : should, scúr : shower, scéoh : shy, scrincan : shrink, biscop : bishop, äsc : ash, fisc : fish, -isc : -ish [englisc : english, complicirt in frencisc : french]. Ausnahmen sind ziemlich zahlreich, namentlich vor gutturalem Vocale, doch auch solche vor palatalem fehlen keineswegs, z. B. scinn : skin, sciljan : skill, scep : skep, scéađjan : scath, sceljan : scale und shell, screpan : scrape, áscian : ask.

2. Dem angelsächsischen $\bar{o}$ entspricht neuenglisch in der Regel die Explosiva g; anlautendes $\bar{o}$ ist vor Vocalen, namentlich vor e-haltigen Diphthongen, häufig zu halbvocalischem I (y) verflüchtigt, z. B. $_ʓ$éar : year, $_ʓ$éong : young, $_ʓ$éoc : yoke, $_ʓ$eard : yard (neben garden), $_ʓ$ildan : yield, indessen ist Consequenz auch hier nicht zu finden, vgl. $_ʓ$ifan mit give, $_ʓ$eapan mit gape, $_ʓ$eat mit gate u. dgl. Palatalisirung zu dž hat nur auslautendes c$_ʓ$ erfahren, z. B. hryc$_ʓ$ : ridge, bryc$_ʓ$ : bridge, ec$_ʓ$ : edge: in den Verben auf -c$_ʓ$-an ist jedoch Vocalisirung eingetreten, z. B. secg$_ʓ$an : say.

Neuenglisches dž gründet sich vorwiegend auf romanisches g vor palatalem Vocal und auf j.

3. Aus Vocalisirung des e in den e-haltigen Diphthongen entwickelt sich der palatal anlautende Diphthong Iüü, vgl. oben § 24, III, 4.

Der gleiche Diphthong entsteht, indem anlautendnn üü und [h]üü ein I vorgeschlagen wird, z. B. university, humour.

4. Es besteht die Neigung, in der Combination Consonant + üü dem Consonanten ein parasitisches halbvocalisches I anzufügen, so dass sich z. B. aus düü tüü, müü ergiebt djüü, tjüü, mjüü (vgl. duke, solitude, mute, für andere Combinationen sind Beispiele etwa beauty, feud, monument view). Aus nachtonigem tjüü djüü entwickelt sich tš, dž, z. B. nature, creature, verdure; aus sjüü häufig šüü und šu, z. B. sure, sugar, censure, pleasure).

In der gegenwärtigen Umgangssprache der Gebildeten strebt man nach Einschränkung dieser Jotazirung, und namentlich gilt es als fein, nach r, l und s kein j mehr hören zu lassen, also zu sprechen z. B. rüüle (nicht

---

1) So haben Spanier und Engländer für den Begriff »viel« auf ganz verschiedenem Wege ein ungefähr gleichlautendes Wort erhalten (span. mucho = lat. multum).

rjüule, lüüte nicht ljüúte, süüte nicht sjüüte. Ob aber diese conventionelle Reaction dauernd Erfolg haben wird, ist doch sehr fraglich. Die Neigung der Gemeinsprache ist jedenfalls der Jotazirung günstig; tritt dieselbe doch sogar nach t͡ś und d͡ź auf z. B. Jew vulgär gesprochen = D͡źjüü.

5. α) Romanisches    t + i e  vor Vocal¹⁾ = ś oder t͡ś
   β)         »       d + i e    »    »   = d͡ź
   γ)         »       g + i e    »    »   = d͡ź
   δ)    » s c̓s = (x) od. ss + i e  »    »   = ś
   ε)         »         s c + i e   »    »   = ś,

z. B. α) courteous, duteous, piteous, righteous, nation, position, captious, partial
   β) soldier
   γ) religious, college, marriage, age
   δ) pension, Asia, nauseate, anxious, connexion
   ε) conscience, ocean, farinaceous.

Ueber t͡ś und d͡ź aus t und d vor üü vgl. oben No. 4.

Die weit um sich greifende Palatalisirung hat den Lautcharakter der englischen Sprache wesentlich geändert und namentlich dazu beigetragen, zwischen Angelsächsisch und Englisch eine lautliche Kluft zu graben, welche beide Sprachgestaltungen scharf von einander scheidet. Nichts jedoch wäre verkehrter, als die Palatalisirung im Englischen auf romanischen Einfluss zurückführen zu wollen. Ein Blick auf die Entwickelung der skandinavischen Sprachen, und wieder besonders des Schwedischen, kann lehren, dass innerhalb des Germanischen die Palatalisirung sehr wohl spontan entstehen konnte und dass es einer Uebertragung aus dem Romanischen nicht im Mindesten bedurfte. Und übrigens ist ja die Palatalisirung eine in allen indogermanischen Sprachen auftretende, nur bald in engerem, bald in weiterem Kreise sich bewegende Lautaffection, die man im Hinblick darauf, dass durch sie Consonanten zersetzt und zerquetscht werden, eine Lautkrankheit zu nennen versucht sein könnte, wenn man derartige bildliche Ausdrücke anwenden dürfte [2]).

Allerdings aber ist das Englische durch die Palatalisirung dem Romanischen lautlich näher gerückt, und ist ihm durch dieselbe die Aneignung romanischer Worte wesentlich erleichtert worden.

---

[1]. Der Vocal ist romanisch hochtonig, englisch nachtonig.
[2]. Man darf es nicht, weil sie zu falscher Auffassung verleiten können.

Kap. IV. § 26, 1 u. 2. Die Laute des Englischen.

Andrerseits ist durch das weite Umsichgreifen der Palatalisirung das Englische dem Deutschen, auch dem ihm sonst so nahe stehenden Niederdeutschen, unleugbar entfremdet worden. Die Palatalisirung innerhalb des Englischen bietet manche interessante Analogien und Parallelen zu der innerhalb des Slavischen, namentlich des Russischen, vollzogenen dar.

II. Der Consonantenschwund. Als Fälle des Consonantenschwundes sind namentlich folgende zu verzeichnen:

1. Gänzlich geschwunden ist die Spirans h, graphisch ist sie in- und auslautend als gh erhalten, z. B. eight, high. Vgl. auch unten Nr. III, 3 und 4.

Das Kehlkopfgeräusch h ist vor anlautendem Vocal erhalten (wird von der Vulgärsprache gern theils vernachlässigt theils an falsche Stelle gesetzt); vor anlautender Consonanz ist h geschwunden (auch wh aus hw ist zu einfachem halbconsonantischen ü geschwächt.

2. Gedecktes, bzw. gedeckt gewesenes l ist vielfach verstummt, zum Theil auch in der Schrift ausgefallen. z. B. shou[l]d, wou[l]d, ha[l]f, ca[l]f, fo[l]k; vgl. auch which, such, much, s. oben S. 176.

3. Auslautendes r ist zu ə, gedecktes r zu langem ɐ verdunkelt, z. B. hear = hīlə, bird = bɐd; auch intervocalisches r neigt zur Verdunkelung in ɔ, z. B. Mary = Māəi. Vgl. VIETOR, a. a. O. p. 96.

Vereinzelt und befremdlich ist der Ausfall des nachconsonantischen r in speak aus sprecan.

4. Anlautendes k vor n ist verstummt, z. B. [k]night.

5. Auslautendes b nach m ist verstummt, z. B. clim[b].

6. Auslautendes f in wīf ist geschwunden in dem Compositum wīfman = woman. Gedecktes f schwindet in heafod = head, hlaefdiʒe = lady.

III. Von sonstigem Consonantenwandel ist zu bemerken:

1. Auslautendes w ist zu u vocalisirt, bzw. mit dem vorausgehenden Vocal verschmolzen, vgl. few = fiūū mit féaw[e], know = nōŭ mit cnáw[an, s. oben § 24, II n) ff.

2. In den auslautenden Combinationen a + ʒ, ǣ + ʒ, ae + ʒ, i + ʒ ist ʒ zu i vocalisirt und mit dem vorausgehenden Vocal zu einem Diphthongen, bei -iʒ zu ii = i, verschmolzen, z. B. daʒ, dǣʒ : day, graeʒ : grey, bodiʒ : body. Ebenso im Inlaute, z. B. fǣʒ(e)r : fair, naʒ'(o)l : nail, haʒol : hail; vgl. auch Nr. 3. Desgleichen ist stammauslautendes c (ʒ) mit nachfolgendem ʒ in den schwachen Verben zu i vocalisirt und bildet mit dem vorausgehenden Vocal Diphthong, z. B. secʒ-an : say, lec-ʒan : lay.

3. Aus stammauslautendem h und ʒ (c) entwickelt sich nach l und r die Silbe -ow, z. B. burʒ : borough : burrow, sorʒ, sorh : sorrow, mearh, mearʒ : marrow, morʒ(en) : morrow, ebenso aus c-ʒ, z. B. borc-ʒan : borrow, fol-cʒan : follow. Analogiebildung ist hâl-[ig]ʒan : hallow.

4. Auslautendes h, hh, w stellt sich neuenglisch öfters als f dar (geschrieben gh), z. B. ʒeneahh(e) : enough, hleahhan : laugh, hréow (neben hréoh) : rough, troh (neben trog) : trough.

5. d ist öfters zur Spirans verschoben worden, z. B. fäder : father, módor : mother, weder : weather.

6. An Stelle von s erscheint öfters r, z. B. ísen : iron. Wo im Ags. grammatischer Wechsel zwischen r und s stattfand (z. B. céosan, céas, curon, coren), ist im Englischen r durch analogisches s verdrängt worden (z. B. choose, chose, chosen), erhalten ist r nur in forlorn.

7. Die Combinationen r + Vocal und Vocal + r haben nicht selten Umstellung erfahren, z. B. đurh + through, brid : bird, đrítig : thirty, đerscan : thrash; derartige Umstellungen waren schon innerhalb des Ags. beliebt.

IV. Wie bei den Vocalen, so sind, wie selbstverständlich, auch bei den Consonanten die angegebenen Wandelungen nur allmählich vor sich gegangen, und die betreffenden angelsächsischen Laute sind zum Theil durch mehrfache Entwickelungsstufen hindurch gegangen, bevor sie die heutigen Gestaltungen erreichten. Mehrfach giebt die etymologisirende Schreibung willkommene Andeutungen über die lautgeschichtlichen Vorgänge.

§ 26. Die Laute in französischen Lehnworten.

1. Für genaue Darstellung der Lautentwickelung in französischen Worten, welche während des Mittelalters in das Englische übertragen wurden, fehlt uns der erforderliche feste Ausgangspunkt, welcher nur in einer sicheren Kenntniss von der Beschaffenheit der damaligen französischen Laute bestehen könnte. Diese Kenntniss aber entbehren wir eben in Bezug auf das durch die normannische Eroberung nach England verpflanzte Französisch, vgl. oben S. 74. Wir sind daher auf Combinationen angewiesen, welche um so verwickelter und unsicherer sind, als einerseits immer mit der Möglichkeit gerechnet werden muss, dass verschiedene französische Ort- und Zeitdialecte in Betracht kommen, und als andererseits es nicht zweifelhaft sein kann, dass ein und derselbe französische Laut in den verschiedenen altenglischen Mundarten oft verschiedene Gestaltungen annahm. Dazu kommt die Schwierigkeit, aus der vielfach schwankenden und jedenfalls sehr unvollkommenen Schreibung Schlüsse auf die Lautwerthe zu ziehen.

2. Die von dem mittelalterlichen Englisch übernommenen französischen Worte waren endungsbetont und befanden sich

Kap. IV. §. 26, 3 u. 4. Die Laute des Englischen.

dadurch in scharfem Gegensatze zu den die Stammsilbe, d. h. meist die Anfangssilbe betonenden englischen Worten. In der weiteren Entwickelung der Sprache fügten sich die französischen Worte dem englischen Betonungsgesetze; dadurch wurden die bisher hochtonigen Silben meist tieftonig, eine der bisher tieftonigen aber hochtonig, vgl. natión mit nátion, couléur mit cólour. Diese Tonumwälzung musste eine Lautumwälzung nach sich ziehen: die tieftonig gewordenen Endungsvocale fielen der Verdunkelung und Verdumpfung, wenn nicht dem Schwunde, anheim, die hochtonig gewordenen Vocale der Anfangssilben dagegen wurden denjenigen Wandelungen unterworfen, welche durch Tonhochdruck veranlasst werden; auch die Consonanten wurden von dem Tonwechsel berührt, namentlich in nachtoniger Stellung, wenn sie dem zersetzenden Einflusse eines halbconsonantischen I (č) vor Vocal ausgesetzt waren, so wurde z. B. natión : nátion : néĭžən.

3. Ueber die Gestaltung der französischen Vocale im Neuenglischen [1] seien nachstehende ganz summarische Andeudeutungen gegeben:

α) Frz. hochtoniges oder hochtonig gewordenes a = neuengl. ā besonders vor r und s, z. B. master (vgl. aber mistress), mask, vast, charge, dance, aunt; = ǭ, z. B. falcon, vaunt (v. vanter), haunt (v. hanter), false; = ǎ, z. B. manner, matter, savage, travel (v. travail?); = ēĭ, z. B. chamber, change, chaste, face, grace; = ī, z. B. jealous, reason; = i, z. B. crimson v. cramoisi, image, courage u. dgl. — Ueber au aus a vgl. oben S. 175, Anm. unter dem Text. — a + e = ay (pay).

Nach- und vortoniges frz. a ist zu ə geschwächt, z. B. abound, admirable, gi'ant, so auch in cómrade = camerade.

β) Frz. hochtoniges ai = ēĭ, z. B. chain, chair; = ǎ, z. B. vanquish; = ę, z. B. vessel; = ī, z. B. ease (aus aise), peace; = i, z. B. captain; = ə, z. B. travail.

γ) Frz. hochtoniges, bezw. hochtonig gewordenes au = ǭ, z. B. author, autumn, pour; = ĭūū, z. B. beauty; = ē in chafe v. chauffer.

δ) Frz. hochtoniges, bezw. hochtonig gewordenes, dumpfes e = ę, z. B. sermon, measure, petty (= petit); = ĭ, z. B. chivaley, lizard, = a, z. B. clerk; = ǎ, z. B. manage (v. ménage), example; ę = ī, z. B. beast,

---

[1] Auf Alt- und Mittelenglisch einzugehen, ist hier unmöglich, da es ohne die Erörterung einer ganzen Reihe von Einzelfragen schlechterdings nicht geschehen kann. Es werde auf BEHRENS' schon öfters genannte treffliche Schrift (= Franz. Stud. V, Heft 2) und die sonstige einschlägige Litteratur verwiesen. Der Gegenstand ist übrigens noch bei weitem nicht erschöpft.

feast, repeat, reveal; é = ëi̯, z. B. obey; = ai̯, z. B. giant; ò = āi̯, z. B. friar.

Vortoniges e in den Präfixen e-, de-, re-, se- = i, z. B. event, depart, repose, sedate.

Hochtoniges -é = y (i̯), z. B. beauty, daty, pity, hochtoniges -éc = ey, z. B. journey v. journée. — Vortoniges anl. c ist vor s oft abgefallen, z. B. escuyer: squire, cscadron: squadron.

ci s. oi (-ein[c]t = ëi̯nt, z. B. faint, paint'.

ε) Frz. hochtoniges, bezw. hochtonig gewordenes i = i, z. B. fig, pity, city, image, deliver, mirror; = ī, z. B. chief; = äi̯, z. B. crime, vice, arrive, empire; cry (v. cri[er]), Verbalendung -ize = is[er].

ζ) Frz. hochtoniges, bezw. hochtonig gewordenes o = v, z. B. honour, coffin, copy, colour; = q̇, z. B. volume, proper, modeste, moderate; = q̄, z. B. torch, gorge, mortal; = āü, z. B. counsel; = ōü, z. B. note, brooch, glory; = üü, z. B, move, prove; = ëi̯ in jail v. geôle.

Vor- und nachtoniges o wird meist zu ə geschwächt, z. B. opinion, conjecture, author.

η) Frz. hochtoniges, bezw. hochtonig gewordenes ou = ŭ, z. B. butcher v. boucher', bullet (v. boule); = q̄, z. B. court, courteous, course, source; = v, z. B. govern, cover, colour, constable, comfort, money. cousin, cozen: = c in kerchief (v. couvrechief); = ī in retrieve (v. retrouv[er]).

Nachtoniges ou wird zu ə geschwächt, z. B. colour.

θ) Frz. hochtoniges, bezw. hochtonig gewordenes oi, wenn aus lat. ē, ī 'alt ei) = q̇i̯, z. B. royal, voice, point, join, employ, joy, choice; = ī in recieve, increase (v. reçois, encrois, wo oi — lat. ī, ē, also altfrz. = ei).

ι) Frz. hochtoniges, bezw. hochtonig gewordenes eu, œu '); = v, z. B. flourish; = ī z. B. beef, people.

Nachtonig gewordenes eu (aus ou) wird zu ə geschwächt, z. B. valour, colour.

κ) Frz. hochtoniges, bezw. hochtonig gewordenes u = üü, z. B. rude, cruel, sure; = ïüü, z. B. humour, use, duke; = ï, z. B. ribbon = ruban; = v, z. B. punish.

λ) Frz. hochtoniges ui = q̇i̯ in oil; = üü in June, July.

4. Bezüglich des Consonantismus, welcher weniger tief eingreifende Veränderungen erlitten hat, sei namentlich Folgendes bemerkt:

a) frz. ch vor a in chambre etc. behält den ihm im Altfrz. eigen gewesenen Lautwerth tš; nur selten scheint im Altenglischen cha = ša gewesen zu sein; neuengl. ch = neufrz. ch findet sich nur in Fremdworten. — c mit dem Lautwerthe k vor a (z. B. canon, candle, carry) deutet wohl stets auf directe Entlehnung aus dem Lateinischen: ein Schwanken der altfrz. Aussprache anzunehmen, ist kaum statthaft.

---

1) hour nicht = frz. heure, sondern = lat. hōra.

b) Frz. -rch = -rtš, z. B. perch, porch, ähnlich preach v. préch'er). Anbildung ist March f. Mars.

c) Frz. c vor e und i zuweilen = tš, z. B. cherry v. cérise, chisel = ciseau.

d) Frz. palatales g und j immer = dž.

e) Frz. palatales n und l verlieren die Palatalisirung, z. B. join, counsel.

f) Unorganischer Consonanteneinschub (namentlich von n und l) findet sich öfters, vgl. messenger mit messager, passenger mit passager, principle mit principe, myrtle mit myrte. Vgl. § 34, Nr. 5.

g) Die frz. Nasalvocale sind dem Englischen unbekannt, sie waren es auch dem Französischen zur Zeit, als dasselbe nach England verpflanzt wurde; es haben folglich n und m auch in englischen Worten französischen Ursprungs immer nur consonantischen Werth.

i) Das th in faith = foi, fei beruht wohl auf Anbildung an truth, vgl. GRÖBER in Ztschr. f. rom. Phil. XI, 285.

k) Ueber die Palatalisirung französischer Consonanten im Englischen s. oben § 26, I.

§ 27. Die Wortbetonung des Englischen (vgl. § 58, II a). 1. Das bereits im Angelsächsischen durchaus feststehende Gesetz der Betonung der Stammsilben hat bis auf die Gegenwart unbedingte Gültigkeit bewahrt. Vgl. oben § 17, Nr. 4.

2. Das einfache, d. h. das nicht zusammengesetzte englische Wort ist demnach stets auf seiner Stammsilbe betont [1]).

3. Ueber die Betonung der Composita im Neuenglischen ist Folgendes zu bemerken:

a) In Compositis, bestehend aus Subst. + Subst., trägt die Stammsilbe des ersten Substantivs den Hochton, z. B. dráwing-room. Ausgenommen mankínd »Menschengeschlecht«. Sonstige Ausnahmen haben keine allgemeinere Bedeutung [2]).

b) In Compositis, bestehend aus Adjectiv + Substantiv, trägt meist die Stammsilbe des Substantivs den Hochton, z. B. free-thínker, evil-dóer. Ausnahmen fehlen nicht, z. B. frée-school.

c) In Compositis, bestehend aus Subst. + Adj. oder Adj. + Adj. oder Numerale + Adj., trägt die Stammsilbe des ersten Bestandtheils den Hochton, z. B. lóve-sick, réd-hot, twó-handed.

d) In Compositis, bestehend aus Adjectiv + Particip, trägt meist die

---

1) Im Mittelenglischen durften im Reime die Suffixe -ere, -nesse, -esse, -este (Superlativsuffix), -ing (Verbalsubst.), -ere statt der Wurzelsilbe den Ton tragen, also z. B. daggére, gladnésse, hyéste, wrytíng, bodý. Vgl. TEN BRINK, Chaucer's Sprache und Verskunst, § 279.

2) Im Mittelenglischen durfte im Verse statt des ersten der zweite Bestandtheil eines Nominalcompositums hochbetont sein, manhóod, friendshípe, forhéed, upríght, sogar trewlý. Vgl. TEN BRINK a. a. O. § 279.

Stammsilbe des zweiten Bestandtheils den Hochton, z. B. good-condítioned, hard-heárted, evil-speáking. Ausgenommen ist z. B. kínd-hearted.

e) In Compositis, bestehend aus scheinbarem Possessivpron. + self, trägt der zweite Bestandtheil den Hochton, z. B. mysélf.

f) In Compositis, bestehend aus Präposition und Substantiv, trägt die Präpos. den Worthochton, z. B. fórenoon, únderwood, tróughticket.

g) In Compositis, bestehend aus Partikel (z. B. a-, be-, un-, mis-) + Subst., trägt die Stammsilbe des Substantivs den Hochton, z. B. belíef, mistáke, untrúth. Nur scheinbar ausgenommen sind míschief und míscreant, in denen mis = frz. mes = lat. minus ist.

h) In Compositis, bestehend aus Präpos. + Adj., trägt die Präpos. den Hochton, z. B. úpright. Ausnahmen sind vorhanden, namentlich sind die mit over zusammengesetzten Adjectiva auf dem zweiten Bestandtheile betont, z. B. overmódest.

i) In Compositis, bestehend aus Präpos. + Verb, trägt das Verb den Hochton [1], z. B. overtáke, understánd. (Daher unterscheiden sich gleichlautende Verbal- und Nominalcomposita meist durch den Accent, z. B. overflów »überfliessen«, aber óverflow »Ueberfluss«).

Das Verbalsubstantiv auf -ing und der substantivisch gebrauchte Infinitiv behalten die verbale Betonung bei, z. B. the understánding, the underválue. Die Präposition trägt jedoch einen Nebenton.

4. Die in das Englische übertretenden französischen Worte behielten zunächst die ihnen eigene Endungsbetonung bei (vgl. § 26, Nr. 2). Daraus ergab sich eine Zwiespältigkeit der Wortbetonung innerhalb der Sprache, welche dadurch noch gesteigert ward, dass — vielleicht durch Einwirkung der französischen Betonung — auch bei germanischen Worten die mittelenglische Rhythmik sich die Endungsbetonung gestattete, vgl. oben S. 182 die Anmerkungen unter dem Text.

5. Allmählich fügten die französischen Worte sich dem germanischen Betonungsgesetze, freilich nicht ohne langes Schwanken, das man noch bei Chaucer deutlich beobachten kann, der im Reime victórie, natúre, honóur, im Versinnern aber oft schon víctorie, náture, hónour betont; vgl. TEN BRINK a. a. O. § 284.

6. Indem die französischen (und überhaupt die romanischen) Worte der germanischen Betonung sich anpassten, wurde ihr Hochton zurückgeschoben; oft wurde hierbei die Stammsilbe erreicht, wie in náture, víctorie, oft oder vielmehr meist aber nicht, namentlich bei vielsilbigen Worten, z. B. famíliar, specífic, zu-

---

[1] Ueber Betonung solcher Verben im Ags. s. unten § 58, II a'.

weilen auch wurde der Hochton über die Stammsilbe hinaus auf ein Präfix geschoben, z. B. rémedy. Es hat sich somit eine Vielformigkeit der Betonung herausgebildet, in welcher es schwer ist, leitende Grundsätze zu erkennen.

7. Vielfach werden zweisilbige Verba romanischen Ursprungs auf der zweiten, die gleichlautenden Verbalsubstantiva aber auf der ersten Silbe betont, z. B. to condúct, aber cónduct. Auch sonst werden vielfach Homonyma, selbst wenn sie derselben Wortkategorie angehören, durch den Hochton unterschieden, z. B. présent (Adj. u. Subst.), aber to presént, désert (Adj. u. Subst.), aber to desért, mínute (Subst.), aber minúte (Adj.), cónjure »zaubern«, aber conjúre »beschwören«. Sprachgeschichtlich sind in solchen auf der ersten Silbe betonten Worten volksthümliche, in den auf der zweiten Silbe betonten gelehrte Worte zu erkennen.

8. Fremdworte romanischen Ursprungs bewahren die Endungsbetonung, z. B. refugée, dragóon, enginéer, paráde, gazétte, picturésque, morósc, acquiésce.

9. Gehen in einem romanischen Worte der Hochtonsilbe mehrere Silben voraus, so trägt die erste, bezw. auch die dritte derselben einen Nebenton, z. B. gèográphical, èlastícity, indivisibílity.

10. Das Princip der Betonung der Stammsilbe hat zerstörend auf die nachtonigen Silben eingewirkt und den Verfall der Flexion wesentlich befördert. In der Nominalcomposition ist durch das Tonübergewicht des ersten Bestandtheiles der zweite häufig lautlich beeinträchtigt, mitunter selbst seines Silbenwerthes beraubt worden, vgl. childhood (hood = húd) mit cíldhåd, orchard mit ortʒard, lord mit hlåfward; namentlich haben zusammengesetzte Eigennamen Schädigung ihres zweiten Bestandtheiles erfahren, indem z. B. -wich zu -itš (Greenwich, Woolwich), tůn, town zu ton (Northampton u. dgl.) geschwächt worden ist [1]). Auch der erste Bestandtheil des

---

[1] Hierher gehört auch die beliebte Kürzung des -ful zu fǝl, f'l, z. B. powerfǝl, powerf'l, die Vulgärsprache kürzt sogar z. B. dreadful zu dreffle, vgl. STORM a. a. O. p. 293. — Auf der Macht des Hochtones beruht es auch, dass shire isolirt shåiǝ, als zweites Glied von Compositis aber shic gesprochen wird; vgl. STORM. a. a. O. p. 110.

Compositums ist mitunter geschädigt worden, z. B. go[d]-spell, gossip aus godsip.

§ 28. **Die Aussprache des Englischen.** 1. Die sprüchwörtliche Schwierigkeit der neuenglischen Aussprache ist begründet in der eigenartigen Beschaffenheit gewisser Laute, namentlich des v, des ə, des ou, in der Unstätigkeit der Betonung der Worte romanischen Ursprungs und in dem zwischen den Lauten und ihrer schriftlichen Bezeichnung, bestehenden Missverhältnisse (vgl. § 30) [1]).

Der Ausländer vermag die Schwierigkeit der englischen Aussprache nur durch ernstliches Bemühen, aufmerksame Beobachtung und geduldige Uebung zu besiegen. Auf autodidaktischem Wege wird übrigens Niemand die englische Aussprache erlernen, selbst nicht durch das Studium an sich so trefflicher Werke, wie die von WESTERN, VIETOR, TRAUTMANN und SWEET es sind; des letzteren lehrreiches Büchlein »Gesprochenes Englisch« wird nicht sowohl Anfängern, als Denen von Nutzen sein, welche das, was sie in England selbst bezüglich der Aussprache beobachtet und gelernt haben, in der Rückerinnerung auffrischen und neu beleben wollen.

Wer etwa ohne tüchtigen englischen Schulunterricht oder sonstige Anweisung oder Gewöhnung genossen zu haben, das Studium der englischen Philologie beginnt, der sorge zunächst dafür, dass er von einem bewährten Lehrer in die englische Aussprache eingeführt werde. Er sorge dafür nicht bloss, weil Sicherheit in der Aussprache die unerlässliche Vorbedingung für die Erlangung der Sprechfertigkeit ist, sondern auch weil nur die praktische Kenntniss der Aussprache das wissenschaftliche Verständniss des lautlichen Baues und der lautlichen Entwickelung der englischen Sprache erschliesst. Es ist allenfalls möglich, englische Litteraturwerke zu verstehen, ohne

---

[1] Dazu kommt, dass das Englische mit einer von der deutschen ziemlich verschiedenen »Artikulationsbasis« Mundstellung gesprochen wird. VIETOR a. a. O. § 129 beschreibt dieselbe also: »Die englische Artikulationsweise unterscheidet sich von der deutschen im Allgemeinen durch Zurückziehen und Verbreitern der Zunge, Vorschieben des Unterkiefers und in Verbindung hiermit sehr geringe Betheiligung der Lippen an der Lautbildung; es gilt geradezu als Regel, die Lippen möglichst wenig zu bewegen. Die Folge dieser für die deutsche Auffassung trägen und unbestimmten Artikulation ist der Mangel an ‚engen' (geschlossenen) Vocalen und ‚engen' Consonanten.«

von englischer Aussprache eine Ahnung zu haben, aber wer die englische Sprache wirklich verstehen will, der muss unbedingt gründlich Bescheid wissen über die Art, wie sie ausgesprochen wird. Es gilt dies freilich für alle Sprachen, aber für das Englische doch in ganz besonderem Grade, weil das Lautbild des Englischen von der Schrift in unvollkommenster und verzerrtester Gestalt wiedergegeben wird.

Wer also etwa als früherer Schüler eines Gymnasiums Unterricht im Englischen nicht erhalten hat und sich gleichwohl dem Studium der englischen Philologie widmen will, der lasse es nicht dabei bewenden, sich aus Büchern eine ungefähre theoretische Vorstellung von der englischen Aussprache zu erwerben, sondern er nehme Unterricht bei einem tüchtigen Lehrer, der weder ein Gelehrter noch auch ein geborener Engländer zu sein braucht, wohl aber durch längeren Aufenthalt in England oder vielen Verkehr mit Engländern sich die volle Herrschaft über die praktische Anwendung der Sprache erworben haben muss; selbstverständlich ist dabei, dass man sich nur an einen gebildeten Mann wenden darf, der das Englisch der Gebildeten redet, nicht etwa an einen, der als Matrose oder Fabrikarbeiter die Sprache zu radebrechen lernte.

Mit dem praktischen Studium aber verbinde man das theoretische und verschaffe sich durch dasselbe klare Einsicht in die physiologische Erzeugung und Beschaffenheit der Laute. Praxis und Theorie müssen sich gegenseitig ergänzen und fördern.

2. Das innerhalb des Satzes stehende Wort unterliegt der Herrschaft des Satzaccentes, welcher wieder durch den begrifflichen Inhalt der Rede bestimmt wird. Vermöge des Satzaccentes sinken Formenwörter (Präpositionen, Modalverba u. dgl.) zu Prokliticis und Enkliticis herab, welche mit den ihnen begrifflich verbundenen Worten Lauteinheiten bilden. Auch sonst schliessen sich begrifflich zusammengehörige Worte zu Laut- und Toneinheiten aneinander. Der Satz zeigt also phonetisch eine wesentlich andere Gliederung, als in der die Worte von einander scheidenden und einem jeden den vollen Lautbestand belassenden Schrift. Es werde dies durch Anführung eines kleinen Abschnitts aus Sweet's Elementarbuch des ge-

sprochenen Englisch (S. 68 f.) in gewöhnlicher und in phonetischer Schrift [1]) veranschaulicht:

Menəsöü mʉtǎ wīlkəđən ǎnimlz | đətđeid nĕvər əvbīīn ëïbltədi fend-| đəmselvz ən kīīpđəmselvtə lǎïv, | ifđëï hǎdntfǎünd ǎüt häutəmëïk | tüülztə wəkwïđ ən wĕpənztə fǎïlt;wïđ. Munklzə klĕvərinofwïđđər | hǎndz, ənđëïl īïvn tëïkə stöün | təkrǎke nʉtwïđ, ifits töü | hǎəd fəđəmtə krǎk ïtwiđer | tīïđ, bʉtđëï kant mëïk tüülzlaik | mĕn, đëïkən öünlï jüüzđəm rĕdï mëïd.

Men are so much weaker than animals | that they would never have been able to defend | themselves and keep themselves alive, | if they had not found out how to make | tools to work with and weapons to fight | with. Monkeys are clever enough with their | hands, and they will even take a stone | to crack a nut with, if it is too | hard for them to crack it with their | teeth, but they cannot make tools like | men, they can only use them ready-made.

3. Als die beste Aussprache des Englischen gilt diejenige der gebildeten Londoner [2]), diese muss der Ausländer anzueignen sich bemühen. Freilich aber darf man nicht die Aussprache eines einzigen, sei es auch noch so gebildeten Individuums für unbedingt mustergültig und massgebend erachten, sondern es gilt, einen gewissen Durchschnitt zu ziehen, weil eben ein jeder Einzelne ein wenig anders spricht, als der Andere, ja auch eine und dieselbe Person je nach der Gelegenheit, bei welcher, und je nach dem Affecte, mit welchem sie redet, ganz unwillkürlich und unbewusst die Aussprache modificirt. In allen Sprachen ist, wenn auch innerhalb gewisser Grenzen, die Aussprache von Individuum zu Individuum schwankend, schwankend selbst bei einem und demselben Individuum je nach den Verhältnissen, unter denen dasselbe redet. Bezüglich des Englischen gilt dies aber in ganz besonderem Masse, da gewisse englische Laute, z. B. und namentlich ə

---

1) Für die letztere bediene ich mich nicht der SWEET'schen Zeichen, da für diese die Typen in der Druckerei nicht vorhanden sind, sondern verwende — wie dies schon in den vorhergehenden Paragraphen geschah — durchweg gewöhnliche lateinische Buchstaben, zum Theil in umgekehrter Stellung (ʋ, ə), zum Theil mit diakritischen Zeichen (tš, dž, ṅ = gutturales n, wie in finger).
2) Nicht unwichtig aber ist es, zu bemerken, dass in England wohl mehr, als in irgend einem anderen Lande, innerhalb der sogenannten höheren Gesellschaftskreise die Aussprache der Mode unterliegt und in Folge dessen, freilich immer nur in einzelnen Worten, einem verhältnissmässig plötzlichen, jedenfalls aber unorganischen Wechsel unterworfen ist. Vgl. STORM a. a. O. p. 127.

und v, eine, um so zu sagen, grosse Klangweite besitzen, d. h. bald nach diesem bald nach jenem Vocal hin zu klingen scheinen, chamäleonhaft in den verschiedensten Lautfarben schillern, kurz eine proteusartige oder molluskenhafte Lautbeschaffenheit besitzen, welche richtig nur durch an vielen Individuen angestellte Beobachtung erkannt werden kann. Das ɔ und ɐ wurden übrigens eben nur als Beispiele angeführt, mehr oder minder hat nahezu jeder englische Laut eine Proteusnatur und ist ein, wenigstens dem Anscheine nach, unfassbares Etwas, es gilt dies besonders von den diphthongischen Lauten eï (in great), äü (in house) u. dgl., bei deren Aussprache, namentlich im Kindermunde, man oft eine ganze tonleiterartige Folge vocalartiger Klänge herauszuhören glaubt. Um englisch gut auszusprechen, bedarf man einer gewissen, durch Uebung zu erwerbenden Unverfrorenheit, des Bewusstseins, dass man instinctiv das Richtige treffen werde, ein Bewusstsein, welches natürlich nur durch Uebung erlangt werden und das man sich nicht künstlich geben kann, Befangenheit und Aengstlichkeit sind das böseste Hinderniss richtiger Aussprache. Schliesslich ist es dem Anfänger besser, dass er hin und wieder einen fetten Pronouncing-Bock schiesst, als dass er vor lauter Ueberlegung und Sorge, Alles recht schön und correct zu sprechen, zu einem flotten, fliessenden Sprechen gar nicht kommt und im besten Falle eine affectirte und gespreizte Aussprache sich anquält, die für Jeden, der jemals ächtes Englisch gehört hat, eine höllische Ohrentortur ist. Ebendeshalb muss man sich auch so sehr vor bloss theoretischer Erlernung der Aussprache hüten. Die Lautphysiologie ist eine herrliche, ja dem Anglisten unentbehrliche Wissenschaft, aber nur durch sie zur englischen Aussprache vorzudringen, das ist ungereimt und unmöglich.

Englisch lernenden Ausländern liegt es nahe, in Zweifelsfällen Nationalengländer, wenn sie mit solchen bekannt sind, über die richtige Aussprache eines Lautes oder Wortes zu befragen. Die auf solche Weise erlangte Auskunft wird aber meist nur einen problematischen, wenn nicht geradezu negativen Werth besitzen, es sei denn, dass sie von einem Fachmanne, der weder Pedant noch Principienreiter ist, ertheilt wurde. Denn auch der gebildete Engländer besitzt — ebenso wenig wie der gebildete Deutsche, Franzose etc. — irgend welche Einsicht in die Phonetik seiner Muttersprache, falls er nicht diesbezügliche Studien betrieben hat; er spricht das Englische also nur instinctiv richtig aus, ohne sich irgendwie begründete Rechenschaft darüber geben zu können. Um Auskunft gefragt, wird er also entweder nur auf die Praxis sich berufen können, oder aber er wird eine Anweisung geben, welche höchstens vereinzelt einmal das Richtige trifft. Man stelle sich vor, dass ein gebildeter Deutscher, der aber nicht Germanist und nicht einmal Philolog von Fach ist, von einem Engländer gefragt werde, ob man z. B. das g in »Auge« als Explosiva oder Fricativa sprechen solle, und man wird leicht begreifen, dass der Gefragte zur Ertheilung einer zutreffenden Antwort gar nicht competent ist. Nicht anders aber steht es im umgekehrten Falle mit dem nicht philologisch geschulten Engländer.

4. Die Londoner Vulgärsprache (das Cockney-Englisch) weicht auch hinsichtlich der Aussprache von dem gesprochenen Schriftenglisch nicht unwesentlich ab. Diese Abweichungen haben auch wissenschaftliches Interesse, so z. B. die Steigerung von ëï zu ïï (great gesprochen griït), der Schwund des anlautenden h [1]), die Vertauschung des tl mit kl u. A. Man vgl. die sehr interessanten Angaben bei STORM a. a. O. p. 286 bis 298, auch bei BAUMANN, Londinismen etc. (s. oben S. 126) p. XC ist Einiges zu finden.

5. Die englische Aussprache ist selbstverständlich in den verschiedenen Perioden der Sprachgeschichte eine verschiedene gewesen. Die Aussprache der Gegenwart ist folglich von der Aussprache der Vergangenheit durch eine Kluft geschieden, welche an Breite immer zunimmt, je weiter die Vergangenheit zurückliegt. Schon die Zeitgenossen BYRON's sprachen ein wenig anders aus, als es jetzt üblich ist, noch mehr gilt dies von den Zeitgenossen FIELDING's, POPE's etc. Und etwa gar die Aussprache SHAKESPEARE's und seiner Zeitgenossen war eine von der heutigen wesentlich verschiedene, würde von den jetzt

---

[1]) Durch Einfluss der Schriftsprache wird dann die Vulgärsprache zur Setzung eines h an verkehrter Stelle verführt, so dass z. B. am mit ham und ham mit am durch einander geworfen wird, vgl. STORM a. a. O. p. 295.

lebenden Engländern wahrscheinlich gar nicht verstanden werden, stimmte sie doch vielfach mit der Schreibung überein, welche zwar jetzt noch beibehalten ist, längst aber anderen Lautwerth erhalten hat.

Für den Studierenden ist es von grösster Wichtigkeit, sich der zwischen den Aussprachen der Vergangenheit und derjenigen der Jetztzeit bestehenden Differenzen klar bewusst zu sein oder doch allermindestens vor dem in Laienkreisen sehr verbreiteten Wahne sich zu hüten, dass das Englische z. B. im Zeitalter der Königin Elisabeth oder in dem der Königin Anna gerade so geklungen habe, wie im Zeitalter der Königin Victoria. Dringend ist daher dem Anglisten das Studium der Geschichte der englischen Aussprache, welches ja zugleich ein Studium der englischen Lautgeschichte ist, anzurathen. ELLIS' grosses Werk On Early English Pronunciation (E. E. T. S. E. S. 2, 7, 14, 23) ist ja ein treffliches Hülfsmittel dafür, wenn auch freilich dem inhaltsreichen Buche etwas mehr Uebersichtlichkeit und Knappheit der Darstellung zu wünschen wäre. Es hat übrigens einen eigenen Reiz, sich die Aussprache z. B. Shakespeare's oder Chaucer's, so weit wie thunlich, zu reconstruiren und sich einzelne Stellen aus ihren Dichtungen in der muthmasslichen Aussprache des.16., bezw. des 14. Jahrhunderts laut vorzulesen. Sind wir auch unvermögend, die Aussprache einer bestimmten Vergangenheitvöllig getreu zu reproduciren, so können wir uns doch wenigstens ein ungefähres Bild davon entwerfen, und schon das gewährt Nutzen und zugleich auch Freude. Man wird bei derartigen Studien übrigens leicht beobachten können, dass das Englische der weiter zurückliegenden Perioden, etwa der Zeit Shakespeare's, in seinem Klange dem (Nieder-)Deutschen ungleich näher steht, als das Englische der Gegenwart, dass es viel markiger und volltönender, freilich aber auch rauher war, als die heutige Sprache.

6. Ob das Englisch, wie es gegenwärtig im Munde der Gebildeten erklingt, mit grösserem Rechte eine wohllautende oder eine misslautende Sprache zu nennen sei, das ist eine Frage, welche, wenn sie einmal aufgeworfen wird — dies aber zu thun, ist kaum Sache der Philologie, sondern nur der auf die Sprache angewandten Aesthetik —, jedenfalls bald in dem einen, bald in dem andern Sinne beantwortet werden dürfte,

ohne dass man Normen zur Entscheidung des Richtigen besässe. Jedenfalls aber ist der im deutschen Publikum weitverbreiteten Meinung, dass das Englische eine schlechtweg hässliche, an Froschgequak erinnernde Sprache sci, nachdrücklichst zu widersprechen. Man mag zugeben, dass das Conversationsenglisch (Colloquial English) nicht eben schön klingt, wenigstens nicht für ein deutsches Ohr, das an ein Reden auf anderer Articulationsbasis (vgl. oben S. 185, Anm.) gewöhnt ist. Indessen ist dabei doch zu bemerken, dass wohl überhaupt keine Sprache in der Conversation sonderlich schön, sondern dass in dieser Verwendung eine jede ziemlich hässlich klingt [1]), weil die Schnelligkeit, mit welcher dann die Lauterzeugung bewirkt wird, auch die an sich schön klingenden Laute nicht zur vollen Geltung gelangen lässt und weil die beim raschen Sprechen eintretende Silben- und Wortzusammenziehung vielfach zu massige und daher misstönende Lautcomplexe erzeugt. Jedenfalls aber ist in oratorischer und namentlich in rhythmischer Verwendung das Englische hohen Wohlklanges fähig. Wer das leugnen will, der mag es leugnen, über den Geschmack ist nun einmal nicht zu streiten. Ich denke aber, Viele werden mir beistimmen, wenn ich behaupte, dass es eine Ohrenweide ist, etwa einen Shakespeare'schen Monolog oder eine Episode etwa aus Moore's Lalla Rookh von einem guten Declamator vortragen zu hören.

§ 29. **Die Schreibung des Englischen.** 1. Vor Annahme des lateinischen Alphabetes bedienten sich die Angelsachsen, wie die Germanen überhaupt, der Runenschrift [2]). Erhalten sind in derselben nur wenige inschriftlich überlieferte Sprachdenkmale, von denen die Inschrift des Kreuzes von Ruthwell das bekannteste und das verhältnissmässig wichtigste ist. Die Kenntniss der Runen scheint sich jedoch über ihre

---

[1] Es ist im Obigen selbstverständlich nur eine subjective Meinung ausgesprochen, welche ich mir auf Grund des Eindrucks gebildet habe, den das Anhören fremdsprachlicher Unterhaltungen auf mich gemacht hat. Ich habe zufällig Gelegenheit gehabt, viele fremde Sprachen von Eingebornen sprechen zu hören.

[2] Dieselbe bestand aus 33 Zeichen; jedes derselben war nach einem Dinge benannt und bezeichnete den Laut, mit welchem der betr. Name anlautete, z. B. die Rune þ hiess þorn und war folglich das Zeichen für die dentale Spirans th. In KOCH's Gramm. I², 29 findet man ein Verzeichniss der Runen (abgedruckt aus ETTMÜLLER's ags. Lesebuche).

praktische Verwendung hinaus erhalten zu haben (Cynewulf's Bezugnahme auf Runen in der Elene, in der Juliane [und in den Räthseln]).

2. Wohl in Folge ihrer Bekehrung zum Christenthume und bald nach derselben nahmen die Angelsachsen die lateinische Schrift an (etwa im 7. Jahrhundert), fügten aber dem lateinischen Alphabete die Runenzeichen þ (daneben ð, vgl. oben S. 154) und ƿ hinzu, gaben auch einigen lateinischen Zeichen eine eigenartige Gestaltung, so formten sie z. B. g zu ᵹ um; das angelsächsisch-lateinische Alphabet nimmt in der mittelalterlichen Paläographie keine unbedeutende Stelle ein; charakteristisch für dasselbe ist die Langgerecktheit der Buchstaben. (Wer sich, ohne dass ihm angelsächsische Handschriften zugänglich sind, doch eine Anschauung von angelsächsischer Schrift verschaffen will, der nehme die von ZUPITZA herausgegebenen »Autotypes« des Beówulfsliedes [E. E. T. S. 77] zur Hand).

Im späteren Mittelalter wurden þ und ð durch th ersetzt, auch trat g wieder an Stelle von ᵹ, dagegen behauptete sich ƿ, wenn auch eine Umbildung erleidend, vermöge deren es dem u (v) nahe gebracht wurde [1]).

Das lateinische Alphabet ist in England herrschend geblieben bis zur Gegenwart, hat aber durch Einfluss der Renaissance die Umbildung aus der eckigen (gotischen) Form (Fractur) in die gerundete Form (Antiqua) erfahren, wie dies auch in den romanischen Ländern geschehen ist.

3. Der verhältnissmässig einfache Lautbestand des Angelsächsischen, dem v, ə, tš, dž noch fehlten, ermöglichte eine für gewöhnliche Zwecke ausreichend genaue Wiedergabe der Laute und Lautverbindungen durch die Schrift. Die angelsächsische Schreibung war phonetisch ungefähr ebenso vollkommen oder unvollkommen, wie die gegenwärtige deutsche nach der sog. Puttkamer'schen Reform, hatte aber vor der deutschen (und auch vor der neuenglischen) noch die Bezeichnung der Vocallänge durch Doppelsetzung des Vocals oder (später) durch Darübersetzung des Acutes voraus (aa, á = ā).

---

[1]) Die eigentliche Gestalt des ags. ƿ konnte, weil die betr. Type in der Druckerei fehlt, hier nicht vorgeführt werden, sie ähnelt dem þ.

4. Durch die Weiterentwickelung des angelsächsischen Lautsystems schwanden allmählich einige Laute (éa, éo, ea, eo etc.), grösser aber war die Zahl der neu entstehenden, so dass folglich eine Lautvermehrung eintrat. Eine Vermehrung der Schriftzeichen wurde nicht vorgenommen. Es mussten folglich die neu aufgekommenen Laute entweder durch Buchstabenverbindungen bezeichnet werden (so gh, ch), oder aber man brauchte für den neuen Laut den Buchstaben weiter, welcher zum Ausdrucke des Lautes diente, aus dem der neue Laut entstanden war (so verwandte man z. B. a und i auch zur Bezeichnung des daraus entstandenen ëï und äï).

Die Schriftsteller, welche des Neuangelsächsischen, des Altenglischen und des Mittelenglischen sich bedienten, beziehentlich die Abschreiber von in diesen Sprachgestaltungen abgefassten Werken, sahen sich vor eins der schwierigsten Probleme gestellt, vor das Problem, mittelst des lateinischen, buchstabenarmen Alphabetes die Laute einer lautreichen, in voller Lautentwickelung begriffenen, dialectisch gespaltenen und einer Schriftsprachform entbehrenden Sprache wiederzugeben. Gelöst hätte dies Problem nur werden können durch Schaffung einer Schriftsprache und eines nach phonetischen Grundsätzen erweiterten Alphabetes. Dazu aber war die Zeit noch nicht reif. So kam man über ein Schwanken und Tasten und damit über den orthographischen Wirrwarr nicht hinaus, der durch das Einwirken der französischen (in ihrer Art auch wieder schwankenden) Schreibung und ab und zu durch latinisirende Tendenzen noch gesteigert werden musste. Einzelne Versuche zur Besserung wurden zwar gemacht, aber eben mit unzureichenden Mitteln und jedenfalls ohne irgend welchen Erfolg. Anerkennung aber verdient namentlich des redlichen ORRM's Streben, der auf der Grenzscheide des 11. und 12. Jahrhunderts — also zu einer Zeit, in welcher wohl sonst Niemand an phonetische Dinge dachte — im fernen Northumberland sich mit genauer Lautbezeichnung abmühte.

Eine ähnliche orthographische Verwirrung, wie in England, herrschte nun freilich während des Mittelalters in allen germanischen und romanischen Ländern, indessen in England war sie doch besonders arg, schon wegen des Durcheinandergehens zweier Sprachen.

5. Das Aufkommen der nationalen Schriftsprache und die Einführung des Buchdrucks hatte zur Folge, dass allmählich wenigstens die dialectische Vielformigkeit der Schreibung beseitigt und dass, freilich zunächst nur in Druckwerken und auch in diesen nur ganz ungefähr, eine gewisse Gleichmässigkeit in der Orthographie hergestellt wurde, denn selbstverständlich bildeten sich in den Druckereien feste Normen für den Satz aus; freilich bestanden unter den einzelnen Druckstätten Verschiedenheiten genug, ja in den Erzeugnissen einer und derselben Druckstätte schwankte oft genug die Schreibung, indessen die Differenzen konnten und durften doch nicht sehr erheblich sein, schon aus geschäftlichen Gründen. So wurde allerdings eine Art orthographischer Reform vollzogen, deren Verlauf vornehmlich dem in derartigen Dingen sehr rührigen 16. Jahrhundert angehörte [1]. Die dadurch geschaffene Orthographie war gewiss herzlich unvollkommen, immerhin konnte sie für erträglich gelten, da der zwischen Laut und Schrift bestehende Widerspruch kein allzu schroffer war. Die Menschen des elisabethanischen Zeitalters konnten mit ihrer Orthographie wohl auskommen [2].

Aber die Aussprache wandelte sich im Laufe der Folgezeit, während die Orthographie im Wesentlichen auf dem im 16. Jahrhundert erreichten Standpunkte beharrte. So wurde die Kluft zwischen Schreibung und Aussprache immer breiter und breiter, der daraus sich ergebende Uebelstand immer grösser und grösser. Die Engländer der Jetztzeit schreiben im Grossen und Ganzen noch so, wie ihre Vorfahren vor drei Jahrhunderten, während sie doch vielfach ganz anders aussprechen, als diese. Die von Johnson um die Mitte des 18. Jahrhunderts vollzogene Regelung der Orthographie ist keine irgendwie durchgreifende gewesen.

6. Das Missverhältniss zwischen Schreibung und Aussprache hat in England einen Höhegrad erreicht, wie er wohl noch in keiner Sprache jemals erreicht ward. Für häufig vorkommende

---

[1] Mehrere orthographische Reformschriften werden unten § 30, III ;) Anm. u. d. T. genannt werden.
[2] Elze freilich spricht sich in seinem Grundriss p. 249, sehr abfällig über die Orthographie des 16. Jahrhunderts aus und nennt sie einen Rückschritt gegen die des 15. und 16.

Laute besitzt die Schrift keine Zeichen (so für ə und v), während längst verstummte Laute (z. B. die Spirans h = gh vor t) noch immer geschrieben werden; ein und dasselbe Schriftzeichen (z. B. a) muss oft zum Ausdruck einer ganzen Reihe von Lauten dienen, und umgekehrt wird ein und derselbe Laut (z. B. äĭ) oft bald durch dieses, bald durch jenes Zeichen wiedergegeben. Dazu kommen massenhafte Bizarrerien, so z. B. die Einschiebung eines analogischen l in could, die Grossschreibung des Personalpronomens I, die sich durch Uebertragung des handschriftlichen langgezogenen i (j) in den Druck erklärt. Der Engländer schreibt z. B. knight, knowledge, calves, anxious etc., spricht aber näĭt, nǫlĭdż, cävz, äṅshəs etc. Derartige Schreibungen sind wahrhafte Verzerrungen des Princips der historischen oder etymologischen Orthographie.

Aus dem angedeuteten Zustande entspringen die bedenklichsten Folgen. Das Erlernen des Schreibens und selbst des Lesens wird ungemein erschwert[1]. Selbst dem gebildeten Engländer ist, wenn er ein ihm noch unbekanntes Wort seiner Muttersprache (etwa einen Eigennamen), zum ersten Male geschrieben sieht, die Aussprache desselben häufig unklar. Aussprachewörterbücher (Pronouncing Dictionaries) — in andern Sprachgebieten nahezu unbekannte Erzeugnisse der Lexikographie — sind für die Engländer unentbehrliche Hülfsmittel geworden. Vereine haben sich gebildet, in denen die Uebung im Rechtschreiben als eine Art Sport betrieben wird. Unendlich viel Zeit und Arbeitskraft wird somit in England und nicht minder im sonstigen englischen Sprachgebiet an ein Ding verwendet, das anderwärts so ziemlich durch den Elementarunterricht abgethan wird. Allerdings auch in andern Culturländern besteht eine orthographische Frage, aber nirgends ist sie auch nur annähernd so brennend, so akut, wie in England. Es gehört das volle Mass von Geduld und conservativem Sinne,

---

[1] Es ist höchst interessant und lehrreich, englische ABC-Bücher und Kinderfibeln durchzusehen und darin zu beobachten, wie die pädagogische Praxis das Problem des Lesenlehrens zu lösen sucht. Aus eigener Kenntniss kann ich hierfür die Primers (Progressive Reader) in Collin's School Series (London, Wm. Collins, Sons and Co.; 3 Bändchen, kosten zusammen 5 d.) und Blackie's Comprehensive Reader (London, Blackie and Son; Primer I und II kosten zusammen 5½ d.) empfehlen. Die Büchelchen sind alle nett illustrirt.

welches der Engländer besitzt, dazu, um einen solchen Zustand noch immer zu ertragen.

7. An Reformplänen hat es nicht gefehlt. Eine ganze Reihe von phonetischen Alphabeten ist in Vorschlag gebracht worden, in weiteren Kreisen aber ist kein einziges in Aufnahme gekommen — begreiflich genug, denn ein phonetisches Alphabet, das nothwendigerweise eine Vielheit von Zeichen umfassen und daher die Buchstaben des lateinischen Alphabetes sei es durch Umkehrung, sei es durch Beigabe diakritischer Zeichen und Schnörkel vervielfältigen muss, ein solches Alphabet kann wohl den Bedürfnissen der Wissenschaft [1]), nicht aber denen des praktischen Lebens genügen. Eine praktisch brauchbare Schrift muss durchaus aus einer möglichst beschränkten Zahl möglichst einfacher, in einem Zuge zu schreibender und für den Druck leicht herstellbarer Buchstaben bestehen. Auch ist es für die gewöhnliche Praxis durchaus nicht erforderlich, dass für jeden Laut ein besonderes Zeichen vorhanden sei, es genügt die Bezeichnung der Hauptlauttypen. Gesetzt aber auch, die Einführung einer phonetischen Schrift wäre praktisch möglich, so würde doch zu ihr nicht geschritten werden dürfen, weil dadurch ein das nationale Leben auf's tiefste schädigender, gewaltsamer Bruch mit der Vergangenheit herbeigeführt werden würde: es wäre ja dann die gesammte bisherige Litteratur für die heranwachsende, nur phonetisch schreibende Generation in einer unverständlichen Schrift geschrieben, ein Uebelstand, dem durch Umdruck doch nur langsam und theilweise abgeholfen werden könnte; überdies würde die Annahme einer phonetischen Schrift eine Revolution und keine Reform bedeuten, und schon das genügt, um eine solche Massregel in das Reich der Chimären zu verweisen. Im Ernste ist auch gar nicht daran zu denken, dass die Engländer — das conservativste Volk der Welt — den salto mortale (es würde wirklich ein salto mortale sein!) von

---

[1] Nebenbei bemerkt, sind aber die von englischen Phonetikern geschaffenen Alphabete auch für die Wissenschaft nicht recht brauchbar, weil viel zu complicirt und schwerfällig. In Bezug auf Erfindung phonetischer Alphabete haben die unpraktischen Deutschen es den sonst so praktischen Engländern doch einmal zuvorgethan.

ihrer jetzigen ultra-etymologischen zur phonetischen Schreibung machen werden.

Die Verfasser von Pronouncing Dictionaries und Lehrbüchern haben zu dem Nothbehelf gegriffen, den einem Vocalzeichen zukommenden Lautwerth durch eine übergesetzte Ziffer anzudeuten (z. B. $\overset{1}{a}$ = ēĭ, $\overset{2}{a}$ = ä, $\overset{3}{a}$ = ǫ etc.), es ist das eine sehr unvollkommene Massregel, schon aus technischem Grunde, weil die übergesetzte kleine Ziffer im Drucke leicht unkenntlich wird, wenigstens für minder scharfe Augen; besser wäre jedenfalls, für $\overset{1}{a}$ geradezu ēĭ zu schreiben.

Die englische Orthographiefrage dürfte übrigens, wenn man von einer ersten Reform nicht allzuviel verlangt und auf streng phonetische Schreibung verzichtet, keineswegs unlösbar sein, es dürfte genügen 1. die Zeichen ə und ʋ einzuführen; 2. jeden sonstigen Vocallaut consequent durch einen Buchstaben oder eine Buchstabenverbindung zu bezeichnen, wobei die Quantität und der Hochton unberücksichtigt bleiben könnten, wie sie ja auch im Deutschen ohne merkbaren Nachtheil unberücksichtigt bleiben (also etwa w = halbconsonantisches ŭ, u = u und ūú, iu = jüü, o = ōŭ, oa = ǫ und ў̆, oi = ǫĭ, a = ä, ai = äĭ, au = äŭ, ä = a in hat u. dgl., e = ĕ und ē, y = halbcons. ĭ, i = ĭ, ī und ïĭ, y = nach ĕ hinneigendes ĭ) [1]); 3. die Palatallaute š, ž, tš, dž consequent durch sh, zh, ch, j auszudrücken; 4. verstummte Consonanten sowie stummes e durch einen übergesetzten Punkt zu kennzeichnen. — Eine derartige Schreibung würde von der jetzigen nicht allzu sehr sich entfernen und doch den dringendsten Bedürfnissen Rechnung tragen, überdies für den Druck keine neuen Typen ausser einigen überpunktirten Buchstaben erfordern.

8. Selbstverständlich ist das Missverhältniss der englischen Schreibung zur Aussprache eine wahre Calamität auch für alle Englisch lernenden Ausländer, da diese, wenigstens die Deutschen, gewöhnt sind, in einem Buchstaben den Vertreter eines mindestens im Allgemeinen feststehenden Lautwerthes, eines Hauptlauttypus zu erblicken. In den Lehrbüchern behilft man

---

[1] Statt oa liesse sich vielleicht besser nach schwedischer Weise å schreiben. — Dass y zwei Lautwerthe (= ĭ und = ĭ) haben würde, wäre kein Nachtheil, weil Verwechslungen gar nicht stattfinden könnten.

sich gewöhnlich mit Bezifferung der Vocale und Anwendung von diakritischen Zeichen oder Umschreibungen bei Consonanten; neuerdings wird auch phonetische Transscription empfohlen. Ob diese Massregeln pädagogisch empfehlenswerth und erfolgreich sind, mögen praktische Schulmänner entscheiden. Jedenfalls haben sie das eine, aber gewiss erhebliche Bedenken gegen sich, dass durch sie der Lernende genöthigt wird, von den meisten Worten ein doppeltes Gedächtnissbild sich einzuprägen, das eine in conventioneller, das andere in phonetischer Schreibung. Man sollte meinen, dass dadurch dem Gedächtnisse eine mühselige und leicht zu Verwirrung führende Doppelarbeit zugemuthet würde. Andrerseits freilich lässt sich, wenigstens beim Classenunterricht, ein anderer Weg kaum einschlagen, und es dürfte also das Verfahren als ein nothwendiges Uebel zu gelten haben. Nur sollte man, meine ich, wenigstens die Schüler nicht daran gewöhnen, die phonetische Schreibung neben der conventionellen in Uebersetzungsarbeiten und Präparationen zu brauchen, sondern nur conventionelle Schreibung von ihnen verlangen. Es sollte die phonetische Transscription eben nur als eine für das Lesenlernen nothwendige Krücke betrachtet werden, deren thunlichst baldige Hinwegnahme von vornherein in's Auge gefasst werden muss. Recht gründliche praktische Uebung ist, wie beim Sprechenlernen, so auch beim Schreibenlernen des Englischen die Hauptsache.

Anmerkung 1. Für die Praxis sind bezüglich der englischen Orthographie ausser der Wiedergabe der Laute namentlich noch zu beachten:

a) Die Silbenabtheilung; bezüglich dieser sind namentlich folgende Regeln aufzustellen: α) einfacher Consonant + stummes e kann nicht Silbe bilden, also auch von einer vorausgehenden Silbe nicht getrennt werden, folglich sind Worte wie z. B. rule überhaupt nicht theilbar, dagegen bilden Muta cum Liquida mit nachfolgendem stummen e eine graphische Silbe, z. B. tri-fle, peo-ple. β) Von zwei intervocalischen Consonanten gehört orthographisch der erste der ersten, der zweite der zweiten Silbe an, z. B. pub-lic, sig-nal, gar-den. Nur Muta cum Liquida + stummes e und Muta cum Liquida + beliebiger Vocal bilden für sich graphische Silbe und müssen folglich auf die neue Zeile hinüber genommen werden, z. B. peo-ple, pa-tron, pro-pri-e-ty. γ) Von drei intervocalischen Consonanten gehören die zwei ersten zur ersten, der dritte zur zweiten Silbe, z. B. sculp-ture, distinc-tion; jedoch sind Muta + r und s + l untrennbar, z. B. hun-dred, remem-brance, spin-ster. Die Combinationen ngl und nkl werden, falls nicht stummes e darauf folgt, abgetheilt ng-l, nk-l, z. B. eng-lish, rank-ling (dagegen ran-kle). δ) Zusammengesetzte Worte werden durchweg etymologisch nach ihren Bestandtheilen abgetheilt, z. B. mis-ad-venture. ε) Die Ableitungsilben -en, -er, -ard, -ing, -ent, -ant, -ance, -ence, -ize, -ise, -ish, -ous, -able werden bei der Silbenabtheilung vom Stamme getrennt, z. B. short-en, read-er, drunk-ard, read-ing, exist-ent, repent-ant, disturb-ance, exist-ence, general-ize, brown-ish, danger-ous, remark-able. Nur Muta cum Liquida ist untrennbar, z. B. esta-blish.

Unter obigen Abtheilungsregeln ist die unter ε) gegebene für Deutsche am wichtigsten, weil deutschem Brauche ganz widerstreitend.

b) Der Buchstabenwechsel zwischen Inlaut und Auslaut: α) Inlautende geminirte Consonanz wird im Auslaut vereinfacht, vgl. z. B. committed mit commit, begging mit beg, skillful mit full, withal mit all, crystallize mit crystal, marvellous mit marvel; nur ff und ss (im Suffix -ness etc.) wird auslautend geduldet. β) Auslautendes f wird inlautend zu v, z. B. calf : calves, vgl. auch the belief mit to believe; jedoch the life neben to live. γ) Auslautendes y wird inlautend vor mit Vocal (ausgenommen i) anlautenden Suffixen zu i, z. B. cry, aber cries, criest, cried u. dgl., dagegen wieder crying. Auslautendes i vor stummem e wird inlautend vor i zu y, z. B. tie, aber tying.

c) Wortkürzungen. Wortkürzungen durch Setzung der Anfangsbuchstaben oder sonstige Abbreviaturen sind im Englischen sehr beliebt, und ist es also, schon aus praktischem Grunde, nothwendig, mit ihnen vertraut zu sein.

d) Die Homonyma. Das Englische ist in Folge der Eigenart seiner Lautentwickelung, vermöge deren die wortunterscheidenden Suffixe vielfach geschwunden und nur die Wortstämme übrig geblieben sind, ungemein reich an Homonymen[1], welcher indessen wenigstens grösstentheils orthographisch unterschieden werden, man vgl. z. B. die Paare week und weak, wood und would, way und weigh, heart und hart, dear und deer, knew und new u. v. a. Die Deutlichkeit der Rede wird übrigens durch diese Homonymenfülle nicht geschädigt.

Anmerkung 2. Die in nordamerikanischen Druckereien angewandte Orthographie unterscheidet sich in Kleinigkeiten von der in England üblichen, namentlich pflegt sie nachtoniges ou als o zu schreiben, z. B. harbor für harbour.

Anmerkung 3. Wie in der Aussprache, so sind auch in der Schreibung Eigennamen, besonders Personennamen, meist stark und oft bis zur Unkenntlichkeit umgestaltet worden, namentlich in den Koseformen, als welche letztere vielfach kindersprachliche Formen eingetreten sind, in donen z. B. das für Kinder schwer sprechbare anlautende r durch b oder

---

[1] Zahlreiche Homonyme sind auch dadurch entstanden, dass neben ein germanisches Wort ein ihm zufällig ganz oder ungefähr gleichlautendes romanisches mit verschiedener Bedeutung trat, so entstanden z. B. die Paare coarse und corse (auch corpse kann man hierher ziehen), sight und site, fair (adj.) und fair = foire, liar und lyre, mean (= moyen) und mean (Verb).

Kap. IV. § 30. Die Laute des Englischen.

d ersetzt ist, z. B. Dick für Richard, Bob für Rob[ert] u. s. w. — Lateinische Länder- und Frauennamen auf -a bewahren das a in der Schrift und haben auch sonst ein recht antikes Aussehen (Asia, Persia u. dgl.), in der Aussprache aber werden sie schonungslos nach englischen Lautneigungen umgemodelt.

§ 30. Litteraturangaben (vgl. hierzu die Litteraturangaben zu § 2 und zu den einzelnen Abschnitten des § 7 und 8; die auf Lautphysiologie bezügliche Litteratur sehe man oben § 17).

I. Zur indogermanischen Lautlehre[1]). BRUGMAN, Grundriss der vergl. Gram. der idg. Sprachen. Bd. I. Lautlehre. Strassburg 1886. Siehe oben S. 11. — J. SCHMIDT, Zur Geschichte des idg. Vocalismus. Weimar 1871/75, 2 Bde. — F. DE SAUSSURE, Mémoire sur le systeme primitif des voyelles dans les langues indo-européennes. 2. A. Leipzig 1887. — F. MÜLLER in Bd. 3 seines Grundrisses. — HÜBSCHMANN, Das indogerman. Vocalsystem. Strassburg 1885. — MERLO, Ragione del permanere dell' A e del suo mutarsi in E (O, fin dall' età protoariano, in Estratto dai Rendiconti del R. Istituto Lombardo. Seria II. Vol. XX. Fasc. 15—16. Mailand 1887.

G. CURTIUS, Ueber die Spaltung des A-Lautes, in den Berichten über die Verhandlungen der sächs. Gesellsch. d. Wissensch. Philos.-hist. Cl. XVI (1864) p. 9, und: Zur Chronologie der indogerm. Sprachforschung, 2. Ausg. Leipzig 1873. — MAHLOW, Die langen Vocale a, e, o in den europäischen Sprachen, Berlin 1879. — J. SCHMIDT, Was beweist das e der europäischen Sprachen für die Annahme einer einheitlichen Grundsprache? in Ztschr. f. vgl. Sprachf. XXIII, 333, und: Zwei a-Laute und die Palatale, ebenda XXV. — Vgl. auch oben S. 11 f.

BOPP, Vocalismus oder sprachvergl. Kritiken über J. Grimms deutsche Gramm. und Graff's ahd. Sprachschatz mit Begründung einer neuen Theorie des Ablautes. Berlin 1836.

II. Zur allgemein germanischen Lautlehre. 1. Allgemeines: J. GRIMM's deutsche Grammatik s. oben. — *SCHERER, Zur Geschichte der deutschen Sprache. 2 Ausg. Berlin 1878?). — FÖRSTEMANN, Geschichte des deutschen Sprachstammes. Nordhausen 1874/75, 2 Bde. (das Werk des um die germanische Philologie hochverdienten Gelehrten ist von der Kritik ungünstig beurtheilt worden, nichtsdestoweniger ist es höchst lesenswerth, da es eine Fülle von Stoff und Anregung in sich schliesst).

2. Vocalismus. α) PAUL, Zur Geschichte des german. Vocalismus, in Paul's und Braune's Beiträgen VI, 1. — K. MÜLLENHOFF, Aelteste Beispiele des langen a im Deutschen, in Ztschr. f. dtsch. Alterth. VII, 528. — HOLTZMANN, Das lange a, in Germania IX, 179. — J. SCHMIDT, Die Vertreter von urspr. āv ōv in den germ. Spr., in Ztschr. f. vgl. Sprachf.

---

[1]) Die Angaben unter I u. II zum Theil nach v. BAHDER, Deutsche Philologie im Grundriss (Paderborn 1883), S. 65 f. u. 95 ff.
[2]) Es kommt besonders das dritte Kapitel (p. 31—59) des hochwichtigen Werkes in Betracht.

XXVI, 1. — SIEVERS, German. ôu, in Paul's u. Braune's Beitr. VI, 564, und: Zur Accent- und Lautlehre der germ. Spr.; 1. Das Tieftongesetz ausserhalb des Mhd., ebenda IV, 522; 2. Die Behandlung unbetonter Vocale, ebenda V, 63. — PAUL, Die Vocale der Flexions- und Ableitungssilben in den ältesten germ. Dialecten, in Paul's u. Braune's Beitr. IV, 315. — BRAMER, German. e. Theil I: Die lautgesetzliche Entwickelung des idg. ē in den ältesten germ. Spr. Halle 1885 (Leipziger Diss.). R. HEINZEL, Ueber die westgerman. Vocale, in: Geschichte der niederfränkischen Geschäftssprache (Paderborn 1874), S. 46. — KÖGEL, Ueber u und j im Westgermanischen, in Paul's und Braune's Beitr. IX, 523.

Höchst werthvolle Untersuchungen über den german. Vocalismus hat KLUGE gegeben in seinen grundlegenden Beiträgen zur Geschichte der germ. Conjugation (Quellen und Forschungen, Heft 32), Strassburg 1879.

β) Ablaut. Die wichtigeren Schriften über den Ablaut werden später bei Besprechung der starken Conjugation genannt werden, aber schon hier werde aufmerksam gemacht auf VERNER's classische Abhandlung »Zur Ablautsfrage«, in Ztschr. f. vgl. Sprachf. XXIII, 131.

γ) Umlaut. J. GRIMM, Ueber Umlaut und Brechung, in Ztschr. f. dtsch. Alterth. II, 268. — HOLTZMANN, Ueber den Umlaut. Zwei Abhandlungen. Karlsruhe 1843. — WAHLENBERG, Ueber die Einwirkung der Vocale auf Vocale: Umlaut, Brechung, Assimilation, Sigmaringen 1855. — UMLAUFT, Das Gebiet des Umlauts im Hochd. Wien 1870. — LEFFLER, Bidrag till läran om i-omljudet med särskild hänsyn till tiden för den germaniske språkenheten, in Tidskrift for Filologi og Pädagogik. Ny Räkke II, 1, 146, 231. — STOCKMANN, De vocalium et consonarum infectione per i litteram in lingua theotisca capita tria. Berlin 1877 Diss. — BRAUNE, Zur ahd. Lautlehre, in Paul's u. Braune's Beitr. IV, 54. — HÖFER, der Rückumlaut, in Germania XV, 50.

δ) Brechung. Die wichtigeren Schriften über die Brechung wurden bereits unter γ) genannt.

ε) Grammatischer Wechsel. BRAUNE, Ueber den gramm. Wechsel in der deutschen Verbalflexion, in Paul's u. Braune's Beitr. I, 513. — OSTHOFF, Zum gram. Wechsel der velaren k-Reihe, in Paul's u. Braune's Beitr. Bd. VIII, Heft 2.

3. Consonantismus. α) KLUGE, Die german. Consonantendehnung, in Paul's u. Braune's Beitr. IX, 2. — PAUL, Die westgerm. Consonantendehnung, in Paul's u. Braune's Beitr. VII, 104, — MÖLLER, Die Palatalreihe der idg. Grundsprache im Germ. Leipzig 1875. — KÖGEL, Ueber einige german. Dentalverbindungen, in Paul's u. Braune's Beitr. VII, 171. — FICK, German. Labiale aus Gutturalen, in Bezzenberger's Beitr. V. — BÖHLING, Schicksale und Wirkungen des w-Lautes in den idg. Spr. Hannover 1882. — PAUL, Ausfall des j vor i und des w vor u im Westgermanischen, in Paul's u. Braune's Beitr. VII, 160. — BECHTEL, German. zd, in Ztschr. f. dtsch. Alterth. XXI, 214 u. 416. — BÜHLER, Das got. zd, in Ztschr. f. vgl. Sprachf. VIII, 148. — TAMM, Auslautendes t im Germ., in Paul's u. Braune's Beitr. VI, 400.

β) **Lautverschiebung.** v. RAUMER, Die Aspiration und die Lautv., in: Gesammelte sprachwissenschaftl. Schriften, p. 1. — G. CURTIUS, Die Aspiraten der idg. Sprachen, in Ztschr. f. vgl. Sprachf. II, 321. — LOTTNER, Ausnahmen der ersten Lautv., in Ztschr. f. vgl. Sprachf. XI, 161. — GRASSMANN, Ueber die Aspiraten und ihr gleichzeitiges Vorhandensein im An- und Auslaute der Wurzeln, in Ztschr. f. vgl. Sprachf. XII, 81, vgl. ebenda 110. — DELBRÜCK, Die deutsche Lautv., in Ztschr. f. dtsch. Philol. I, 1 u. 133. — SCHERER, Zur Gesch. d. dtsch. Spr. Cap. 4, S. 90, und in der Ztschr. f. öster. Gymnas. 1870, p. 632. — PAUL, Zur Lautv., in Paul's u. Braune's Beitr. I, 147. — HEINZEL in seiner Gesch. d. niederfränk. Geschäftssprache. (Paderborn 1874), S. 115. — LE MARCHANT DOUSE, Grimm's Law. A Study, or hints towards an explanation of the so-called »Lautv.« London 1876. — WENKER, Ueber die Verschiebung des Stammsilbenauslauts im Germanischen. Bonn 1876. — VERNER, Eine Ausnahme der ersten Lautverschiebung, in Ztschr. f. vgl. Sprachf. XXIII, 97, vgl. dazu Paul in seinen u. Braune's Beitr. VI, 538. — KRÄUTER, Zur Lautv. Strassburg 1876.

III. **Zur englischen Lautlehre**[1]. α) Allgemeines: Die einschlägigen lautphysiologischen Werke von BELL, SWEET, SIEVERS, TRAUTMANN, VIETOR wurden bereits oben S. 133 genannt.

TRAUTMANN, Abriss der allgemeinen Lautlehre nebst gelegentlichen Bemerkungen über englische Laute, in Anglia I, 587. — KOCH (der Verf. der Gramm.), Linguistische Allotria. Laut-, Ablaut- u. Reimbildungen der engl. Spr. 2. Ausg. Kassel 1880. — SWEET, History of English Sounds. L. 1872. — MENZIES, Notes of the change made by four young children in pronouncing english words, in Transact. of the Philol. Soc. 1885/86, Part I, 168.

β) Vocalismus: GUTERSOHN, Beiträge zu einer phonetischen Vocallehre. Karlsruhe 1881/84, 2 Programme, vgl. Anglia VIII, Anz. 29. — TRAUTMANN, Zur Lehre von den Vocalen, in Anglia IV, Anz. p. 56. — TEN BRINK, Zum engl. Vocalismus, in Ztschr. f. dtsch. Alterth. XIX, 211 u. 240. — SARRAZIN, Ags. Quantitäten, in Paul's u. Braune's Beitr. IX, Heft 2 u. 3. SIEBS, Der Vocalismus der Stammsilben in der altfriesischen Spr., in Paul's u. Braune's Beitr., Bd. XI Heft 2. — TREITZ, De vocalibus neo-anglo-saxonicis commentatio. Marburg 1869 Universitätsschr. — NÖLLE, Ueber ags. und halbsächsischen Vocalismus. Höxter 1875 Progr. — SALLWÜRK, Bemerkungen über den Vocalismus der engl. Spr. Hechingen 1869 Progr. — HOLTHAUS, Beiträge zur Geschichte des engl. Voc., in Anglia VIII, 66 (Bonner Diss. 1885). — WELLS, L'ablaut en anglais, in Transact. of the American Philol. Associat. 1882. — FICK, Vocalverkürzung in engl. Wörtern german. Ursprungs, in Engl. Stud. VIII, 502. — WICKBERG, Notes on the Origin of the Early West-Saxon Vowel-System, in Lund's Universitets Årsskrift, Bd. 18. — TRAUTMANN, Die engl. ea u. eo, in Anglia I, 387. —

---

[1] Nicht besonders genannt werden im Obigen die schon früher angeführten Grammatiken von KOCH, MÄTZNER und FIEDLER, welche übrigens hinsichtlich der Lautlehre alle so ziemlich veraltet sind, aber wenigstens durch das darin niedergelegte Material noch Werth haben.

STRATMANN, ags. ea = got. au, in Engl. II, 316 u. 533; Notizen zur me. Lautlehre (a für e, o für eo, a für ea) in Engl. Stud. IV, 99 u. 269; ī nicht = ei im 14. Jahrh., in Engl. Stud. III, 14; der Umlaut von u, ebenda V, 369; ou, ó für ea, ebenda V, 371; ags. éa = got. au, ebenda II, 316. — SIEVERS, Altags. e und o, in Paul's u. Braune's Beitr. XI, Heft 3. — WELLS, Development of old english vowels ī, ȳ, ē etc., in Anglia VII, 203. — TEN BRINK, Beiträge zur engl. Lautlehre. I. Einleitendes. Altengl. g ($\frac{1}{5}$). Hêng und heht. II. éé und èè im Mittelengl. in Anglia I, 512, vgl. II, 177. — TEN BRINK, Das altengl. Suffix -ere, in Anglia V, 1. — STRATMANN, Altengl. -ere, -aere, -are, in Engl. Stud. III, 273. — SARRAZIN, Vocaldissimilation im Mittelengl., in Engl. Stud. VIII, 63. — SCHNEIDER, Ueber Aussprache der engl. Vocale im 13. Jahrh. und vordem, die Fortentwickelung derselben im 14. bis 18. Jahrh. bis zur endgültigen Feststellung ihrer Aussprache. Frankfurt a. M. 1878 Progr. der Wöhlerschule. — BALG, The i-Sound in English, in American Journal of Philology VI, 7.

SCHILLING, Principles and Rules of Accent in the English Language, chiefly in Modern English. Liegnitz 1885 Progr. — ELLIS, On Accent and Emphasis, in Transact. der Philol. Soc. 1873/74, p. 133. — SWEET, On Intonation in Spoken English, in Philol. Soc. Proceedings 1882/83, p. VIII. — KOCH, Der engl. Accent. Eisenach 1856 Progr. — SCHILLING, Principles and Rules of Accent in the Engl. Language, chiefly in Modern English. Liegnitz 1885 Prgr.

γ) Consonantismus: TANGER, Ueber die Natur der alt- und neuenglischen Consonanten, Halle 1878 Diss. — SCHMEISSER, Der neuengl. Consonantismus im Verhältniss zum neuhochdeutschen, Wiener-Neustadt 1882 Progr. — PLATT, Zum consonantischen Auslautgesetz (ags. Nom. von t-Stämmen), in Paul's u. Braune's Beitr. IX, 368. — STRATMANN, Ags. sc = nhd. sch für s, in Engl. Stud. II, 316. — E. FÖRSTER, Zur Gesch. der engl. Gaumenlaute[1], in Anglia VII, Anz. 43. — SWEET, History of g, in Philol. Soc. Proceedings 1882/83, p. VII. — TEN BRINK, Altengl. g ($\frac{1}{5}$), in Anglia I, 512 (vgl. oben Z. 7). — WILSON, An unwritten english guttural, in The Academy 23. 1. 84. — LEACH, The Letter H. Past, Present and Futur. With Rules to the H. London 1880. — SCOTT, p initial en gothique et en anglo-saxon, in Transact. of the American Philol. Associat. 1882. — HEUSER, Ueber die Aussprache des s im Engl. Nordhausen 1866 Prgr. — STRATMANN, sc (= nhd. sch) für s, in Engl. Stud. II, 316. — TRAUTMANN, Zur Geschichte der r-Laute in Deutschland, Frankreich und England, in Anglia III, 204 (vgl. damit den von TRAUTMANN auf dem Neuphilologentage zu Hannover 1896 gehaltenen Vortrag). — TRAUTMANN, Einiges über das nordhumbrische r, in Anglia III, 376. — STRATMANN, Das paragogische n im Englischen des 12. Jahrhunderts, Anglia IV, 107. — ZUPITZA, Mittelenglisch k für đ? in Anglia III, 375. — STRATMANN, k für đ, in Engl. Stud. III, 14; b für w, ebenda V, 371.

---

[1] Gelegentlich werde hier auf die gehaltvolle und anregende Diss. von LENZ »Zur Physiologie und Geschichte der Palatalen« (Bonn [gedruckt Gütersloh] 1887) aufmerksam gemacht.

Kap. IV. § 30. Die Laute des Englischen.

*d*) Die französ. Laute im Englischen: THOMMEREL, Sur la fusion de l'Anglo-Saxon et du Franco-Normand. Paris 1841. — J. PAYNE, The Norman Element in the spoken and written English etc., s. oben S. 79. — SCHEIBNER, Ueber die Herrschaft der frz. Spr. in England vom 11. bis 14. Jahrhundert. Annaberg 1880 Progr. (vgl. oben S. 73, Anm. u. d. T.). — FEYERABEND, In what manner did the french dialect influence the formation of the English Language? Elberfeld 1881 Progr. — EDGREN, Quelques observations sur l'élément roman de l'anglais, considéré dans ses rapports au français moderne. Lund 1883 (Universitets Årskrift, Bd. 29'. *BEHRENS, Beiträge zur Gesch. d. frz. Spr. in England. I. Zur Lautlehre der frz. Lehnwörter im Mittelengl. Heilbronn 1886 (KÖRTING und KOSCHWITZ, Französ. Stud. V, Heft 2). — STURMFELS, Ueber den altfranz. Vocalismus im Mittelengl., in Anglia VIII, 201. — Auch die oben unter β) genannte Abhandlung von HOLTHAUS berücksichtigt das frz. Element.

SKEAT, A rough List of English Words found in Anglo-French, in Transact. of the Philol. Soc. 1880/81, und: A Word List, illustrating the Correspondence of Modern English with Anglo-French Vowel-Sounds, in Transact. of the Philol. Soc. 1882/84, Part II, Appendix IV, 49.

[BARET, Etude s. la langue anglaise au XIV. siècle. Paris 1883, vgl. Literaturbl. f. germ. u. rom. Phil. 1883, Nr. 7, Sp. 286].

*e*) Der Lautstand in Sprachdenkmälern und Litteraturwerken[1]:

Aelteste Sprachdenkmäler. DIETER, Ueber Spr. u. Mundart der ältesten engl. Denkmäler (Epinaler etc. Glossen) I. Der Vocalismus. Göttingen 1885 Diss., vgl. E. St. X, 275. — Älfred. COOK, Vowel Length in King Alfred's Orosius, in American Journ. of Philol. V, 318. — Barbour. REGEL, An Inquiry into the Phonetic Peculiarities of Barbour's Bruce. Gera 1877. — Benedictinerregel. BÖDDEKER, Ueber die Spr. der Benedictinerregel. Ein Beitrag zur Kenntniss des nordhumbrischen Dialects (Anfang des 15. Jahrhunderts), in Engl. Stud. II, 60 und 344. — Chaucer. TEN BRINK, Ch.'s Sprache und Verskunst, Leipzig 1884. GESENIUS, De lingua Chauceri Dissertatio grammatica. Bonn 1847. ISBERG, Grammatical Studies of Ch.'s Language. Upsala 1872. — Chronicle. BEHM, The Language of the Later Part of the Peterborough Chr. Upsala (Gothenburg) 1884. — Dame Siriz. ELSNER, Untersuchungen zu dem me. Fabliau D. S. Berlin 1886. — Debate of the Body and the Soul. HEFSCH, Ueber Spr. u. Versbau des halbsächs. Gedichtes Debate etc. Halle 1885 Diss. — Editha. HEUSER, Die me. Legenden von St. Editha und Etheldreda. Eine Untersuchung über Sprache und Autorschaft. Erlangen

---

[1] Im Folgenden sind auch Schriften genannt worden, welche die Lautlehre nur nebensächlich und vorwiegend die Formenlehre behandeln. Nur auf Formenlehre bezügliche Schriften sehe man in § 45, auf Syntax bezügliche in § 54. Die Monographien rein litterargeschichtlichen Inhalts findet man unter den betr. Autoren verzeichnet in KÖRTING'S Grundriss der Gesch. der engl. Litt. (Münster 1887), falls sie auch auf Rhythmik und poetischen Sprachgebrauch sich beziehen, sind sie unten § 61 e) und f) aufgeführt.

1886 Diss. — **Evangelien.** REIMANN, Die Sprache der mittelkent. Evangelien. Berlin 1883 (vgl. DANKER, Laut- und Flexionslehre der mittelkent. Denkmäler. Strassburg 1879). — **Ferumbras.** KARSTENS, Zur Dialectbestimmung des Sir F. Kiel 1884 Diss. — **Gawain.** KNIGGE, Die Spr. von Sir Gawain and the Green Knight. Marburg 1885 Diss. (vgl. § 49, No. 3 c). — **Genesis.** HILMER, Ueber die Spr. der altengl. Story of Genesis and Exodus. Sondershausen 1876 Progr. — **Havelok.** HOFMANN, Ueber Sprache und Styl des altengl. Lai H. the Dane 1886 Diss. — **Homilien.** KRÜGER, Spr. u. Dialect der me. Homilien in der Hds. B. 14, 52 Trinity College, Cambridge. Göttinger Diss. Erlangen 1885. — **Horn.** CARO, Horn Child and Maiden Rimnild. Eine Untersuchung über den Inhalt, die Spr. und die Form des Gedichtes. Breslau 1886 (vollständig in Engl. Stud. XI). — **Ipomedon.** KIRSCHTEN, Ueberlieferg. u. Spr. der me. Romanze The Life of Ipomedon. Marburg 1866 Diss. — **Lanfal.** MÜNSTER, Untersuchungen zu Thomas Chestre's Lanfal. Kiel 1885. — **Laȝamon.** CALLENBERG, L. u. Orm in ihren Lautverhältnissen verglichen, Jena 1876 Diss. STRATMANN, āē bei L., in Engl. Stud. II, 116, und: Das paragogische n bei L., in Anglia III, 552. — **Mannyng.** HELLMERS, Ueber die Spr. Robert Mannyngs of Brunne, Göttingen 1885 Diss. — **Orrmulum.** SACHSE, Das unorganische e im O. Halle 1882 Diss. BLACKBURN, The Change of ð to t in the O., in American. Journ. of Philol. Nr. 9, p. 46. TRAUTMANN, Orrm's Doppelconsonanten, in Anglia VII, Anz. 94 und 208. EFFER, Einfache und doppelte Cons. im O., in Anglia VII, Anz. 166 (Bonner Diss.). — **Osbern Bokenam.** HOOFE, Lautuntersuchungen zu O. B.'s Legenden, in Engl. Stud. VIII, 209. — **Perle.** FICK, Zum me. Gedicht von der Perle. Kiel 1885 Diss. TEICHMANN, Die Verbalflexion in William Langley's Buche von Piers the Plowman. Aachen 1887 Progr. (WANDSCHNEIDER'S Schrift über die Verbalsyntax in derselben Dichtung wird im letzten Paragraphen des 7. Capitels angeführt werden). — **Predigtsammlung.** COHN, Die Spr. in der me. Predigtsammlung, Ms. Lambeth 487. Berlin 1880 Diss. — **Psalter.** ZEUNER, Die Spr. des kentischen Psalters. Halle 1881, vgl. SIEVERS im Litteraturbl. f. germ. u. rom. Phil. 1882, Nr. 12. WENDE, Ueberlieferung u. Spr. des me. Psalters. Breslau 1884 Diss. — **Rushworth Ms.** SVENSSON, Om språket i den förra (merciska) delen of Rushworthhandskriften I Ljudlära. Gothenburg 1883. — **Sachsenchronik a. Chronicle.** — **Seege of Troy.** ZIETSCH, Ueber Quelle u. Spr. des me. Gedichtes S. of Tr. Göttingen (?) 1883 Diss. — **Shakespeare.** LUMMERT, Die Orthographie in der ersten Folioausg. der Sh.'schen Dramen, Halle 1883 Diss. BROWNE, Notes on Sh.'s Pronunciation. Boston 1884 [1]). — **Sowdane of Babylone.** HAUSKNECHT, Ueber Spr. etc. im S. of B. Berlin 1879 Diss. — **York Plays.** KAMANN, Quelle und Sprache der Y. P., Leipzig 1887 Diss. — **William of Palerne.** SCHÜDDEKOPF, Spr. u.

---

[1]) ABBOT's Shakespearian Grammar, enthält keine Lautlehre. — CRAIK, The English of Sh., illustrated in a Philological Commentary of his Julius Caesar (L. 1859), ein sonst gutes Buch, kommt auch für Lautlehre nicht weiter in Betracht.

Dialect des me. Gedichtes W. of P. Erlangen 1886. — Wyclif. FISCHER, Ueber die Spr. John W.'s. Halle 1881 Diss.

Reiches Material, zum Theil auch gut verarbeitetes, für die englische Lautlehre und Lautgeschichte bieten die Einleitungen, welche von HAUSKNECHT, HORSTMANN, KÖLBING, MORRIS, SARRAZIN, SKEAT, SWEET, WISSMANN, ZUPITZA u. A. den Ausgaben angelsächsischer, alt- und mittelenglischer Texte beigegeben worden sind. In KÖRTING's Grundriss der engl. Litt. (Münster 1887) sind diese Ausgg. sämmtlich verzeichnet.

ζ) Geschichte der Aussprache [1]. *ELLIS, On Early English Pronunciation with especial reference to Chaucer and Shakespeare (E. E. T. S. E. S. 2, 7, 14, 13, zugleich auch in den Publicationen der Chaucer Society erschienen; hochbedeutendes, wenn auch freilich etwas schwerfälliges Werk, dessen Studium kein Studierender der engl. Philologie versäumen darf, allerdings aber erst in späteren Semestern damit beginnen kann, denn für Anfänger ist das Buch einfach unverständlich. — Gegen ELLIS schrieb WEYMOUTH, On Early English Pronunciation with especial reference to Chaucer, L. 1874 (die Lectüre dieser Schrift kann man sich ohne sonderlichen Nachtheil sparen, hat man aber Musse, so mag man sie nicht ohne Nutzen lesen). MARCH, Anglo-Saxon and Early English Pronunciation, in Engl. Stud. I, 312. — FISCHER, Zur Geschichte der Ausspr. des Engl., in Engl. Stud. IV, 288 (bezieht sich auf das Jahr 1616). — VIETOR, Die Ausspr. des Engl. nach deutsch.-engl. Gramm. vor 1750. Marburg 1886. Festschrift zu dem ersten Neuphilologentage 1886. — GRANT WHITE, Memorandum of English Pronunciation in the Elizabethan Era, in seiner Shakespeare-Ausg., Bd. 12, p. 438.

IV. Orthoëpie u. Orthographie; Spelling-Reform. α) Allgemeines: SWEET, Handbook of Phonetics, including a popular exposition of the principles of spelling reform, Oxford 1877, und: Sound Notation, in Transact. of the Philol. Soc. 1880/81, p. 171. — BÖHMER, Gemeinsame Transscription für Französ. u. Engl., in Ztschr. f. nfrz. Spr. u. Lit. VI, 1. — ELLIS, On the Improvement of English Spelling, in Transact. of the Philol. Soc. 1880/81, p. 269 (vgl. dazu Specimens of Improv. in Engl. Spelling on different principles bei SWEET, EVANS, FLEAY, JONES, ELLIS, ebenda p. 309, und: Partial Corrections of Engl. Spellings, approved by the Philological Society, L. 1881). — GLADSTONE, Spelling Reform from an educational point of view, 2. Ausg., L. 1879. — SACHS [2], Die gesprochenen

---

1) Vom 16. Jahrhundert ab bilden Grammatiken (sei es englische, sei es von Engländern verfasste französische) u. dgl. eine sehr werthvolle, wenn auch vorsichtig zu benutzende Quelle für die Geschichte der Aussprache, es seien genannt PALSGRAVE's frz. Gramm. (neue Ausg. von GÉNIN Paris 1851; das Original erschien L. 1530), SALESBURY's Anweisung zur Aussprache des Wallisischen, L. 1568, SMITH's Schrift »de recta et emendata linguae anglicae scriptione«. L. 1569, BULLOKAR's Book at large for the amendement of orthography for english speech, 1580; die Grammatiken von BEN JONSON (1640), WALLIS (1653) und COOPER (1685). Vgl. FIEDLER-KÖLBING I, 168.

2) Nicht der berühmte Lexikograph.

Laute der engl. Spr. und ihre Schriftzeichen. London 1882. — MIGAULT, Historische Skizzen über die Ursachen des Bunten und Wirren in der neuengl. Orthographie u. Orthoëpie, 5 Vorträge. Heilbronn 1876. — v. DALEN, Versuch über die orthographische Silbentheilung der engl. Spr. Erfurt 1852 Progr. — WETZEL, Die engl. Orthographie. Eine kurze Darstellung ihrer Entwickelung seit der Erfindung der Buchdruckerkunst. (wo?) 1886. Progr. *Berlin*

β) Lehrbücher: SALISBURY, Phonology and Orthoepy: elementar treatise on pronunciation for use of teachers and schools. L. 1879. — AYRES, The Orthoëpist. Pronouncing Manual containing about 3500 words. New York 1882. — EVANS, The Spelling Experimenter and Phonetic Investigator. L. 1882. — BEADNELL, Spelling and Ponctuation. A Manual for Authors, Students and Printers, L. 1880. — BREWER, Errors of Speech and of Spelling, L. 1877 (und öfters), 2 Bde., und: Rules for English Spelling, L. 1880 (und öfters). — GWYNNE, A Word to the Wise: hints on current improprieties of expression in writing and speaking, L. 1879. — BULLOCK, Comprehensive Manual of Spelling, L. 1880. — PITMAN, A Phonetic Shorthand and Pronouncing Dictionary of the Engl. Lang., L. 1878. — STEUERWALD, Lehrbuch der engl. Ausspr. nebst Vocabular mit besonderer Berücksichtigung der Ausspr. der Eigennamen. München 1883.

γ) Pronouncing Dictionaries (vgl. über dieselben die kritischen Bemerkungen von STORM a. a. O. p. 101). Die bedeutendsten Pronouncing Dictionaries sind die von WALKER (L. seit 1791), SMART (L. seit 1838), KNOWLES (L. seit 1835), COOLEY (L. seit 1862), STORMONTH-PHELP (Edinburgh u. L. seit 1874); auch WEBSTER's grosses Dictionary (New York seit 1828) giebt Aussprachebezeichnungen und ausserdem theoretische Erörterungen über die Aussprache.

Der Nutzen der Pronouncing Dictionaries ist kein übermässig grosser. Abgesehen davon, dass die in ihnen gebrauchten phonetischen Umschreibungen sehr unvollkommen sind, stehen sie vielfach — natürlich besonders in den älteren Ausgaben — auf einem veralteten Standpunkte und sind überdies nicht selten durch die subjectiven Schrullen und Pedanterieen ihrer Verfasser beeinflusst worden, immerhin aber haben sie ihren Werth, namentlich als Urkunden für die Entwickelung der Aussprache während des letzten Jahrhunderts.

V. Zum Unterricht in der Aussprache. Den englischen Schulunterricht, namentlich auch den Unterricht in der Aussprache, entsprechend den Fortschritten der Wissenschaft und der pädagogischen Methodik umzugestalten und mit dem noch vielfach herrschenden alten Schlendrian zu brechen, das ist gegenwärtig das Ziel sehr eifriger, mitunter wohl auch übereifriger Bestrebungen der neuphilologischen Lehrer. Der erste nachhaltige Anstoss zu dieser Bewegung wurde gegeben 'durch die »Der Sprachunterricht muss umkehren« betitelte Schrift, welche VIETOR (unter dem Pseudonym Quousque tandem) im Jahre 1878 erscheinen liess (2. Ausg. Heilbronn 1885). Seitdem sind die einschlägigen Fragen in zahlreichen Schriften erörtert worden, von denen als die wichtigsten hier genannt sein mögen: KLINGHARDT, Die Lautphysiologie in der Schule, in

Engl. Stud. VIII, 267, und: TECHMER's[1]) und SWEET's[2]) Vorschläge zur Reform des Unterrichts im Englischen, in Engl. Stud. X, 48. — VIETOR, Die wissenschaftl. Grammatik und der englische Unterricht, in Engl. Stud. III, 106. — SCHRÖER, Ueber den Unterricht in der Aussprache des Englischen mit einem Anhange zum Vergleiche der Transscriptionen bei Walker, Degenhardt, Gesenius, Gurcke, Plate, J. Schmidt, Sonnenberg, Victor, Sweet. Berlin 1884. — BIERBAUM, Die Reform des neusprachlichen Unterrichts. Kassel 1886, vgl. E. St. IX, 471. — RAMBEAU, Der frz. u. engl. Unterricht in der deutschen Schule mit bes. Berücksichtigung des Gymnas. Hamburg 1886, vgl. Engl. Stud. IX, 473. — SCHRÖER, Wissenschaft und Schule in ihrem Verhältniss zur prakt. Spracherlernung. Wien 1887. (Von demselben Verfasser erschien: Einleitung und Paradigmen zur Lehre von der Ausspr. und Wortbildung. Supplement zur engl. Schulgramm. Wien 1885, vgl. Engl. Stud. X, 320 und 529). — WALTER, Der Anfangsunterricht im Englischen auf lautlicher Grundlage. Kassel 1887 Progr. — JESPERSEN, Der neue Sprachunterricht, in Engl. Stud. X, 412.

Bei den gegenwärtigen deutschen Schulverhältnissen können sich alle auf Reform des engl. Unterrichts gerichteten Bestrebungen eigentlich nur auf die Realgymnasien beziehen, denn auf den Gymnasien wird ja entweder englischer Unterricht überhaupt nicht ertheilt, oder aber es ist demselben eine so knappe Zeit zugemessen, dass von einer methodischen Behandlung nicht viel die Rede sein kann.

Eine auf längere Zeit hinaus gültige Neubegründung der neusprachlichen Unterrichtsmethode wird nur durch die Reform des gesammten höheren Unterrichtswesens sich erreichen lassen.

# Fünftes Kapitel[3]).

## Die Worte des Englischen.

§. 31. Die Wortkategorien. 1. Das Englische besitzt dieselben Wortkategorien, wie alle andern indogermanischen Sprachen, soweit wir dieselben zurückzuverfolgen vermögen. Keine dieser Kategorien ist geschwunden, ebenso wenig ist irgend eine neue hinzugekommen, denn den Artikel darf man

---

1) In Internat. Ztschr. f. vergl. Sprachwissenschaft II, 141.
2) SWEET, Elementarbuch des gesprochenen Englisch, 2. Ausg. Leipzig 1886, und die beiden Abhandlungen: The Practical Study of Languages; Spelling Reform and the Practical Study of Languages.
3) Die zu diesem Kapitel gehörigen Litteraturangaben sehe man in dessen Schlussparagraphen (§ 37).

als eine solche nicht auffassen, da er nichts Anderes als ein in abgeschwächt deiktischer Bedeutung fungirendes Demonstrativpronomen (vgl. § 41, III a), bezw. die erste Cardinalzahl ist.

2. In Folge des in weitestem Umfange eingetretenen Schwundes der Ableitungs- und Flexionssilben, insbesondere der nachtonigen, sind die formalen Unterscheidungen zwischen den einzelnen Wortkategorien vielfach in Wegfall gekommen. Die Lautgestalt eines englischen Wortes bekundet in vielen Fällen nicht, welcher Kategorie dasselbe angehört, insbesondere sind Nomen und Verbum häufig gleichlautend, z. B. love, hate, haste etc. [1]). Namentlich gilt dies von den Worten germanischen Ursprungs. Zwischen romanischen Worten verschiedener Kategorien ist zwar auch oft genug Gleichlaut eingetreten (z. B. chant, change = chant u. chanter, change u. changer), indessen wird doch wenigstens durch den Accent die begriffliche Scheidung zum Ausdruck gebracht, z. B. présent u. present, vgl. oben § 28, Nr. 7.

Mit der, namentlich an germanischen Worten vorgenommenen, Kürzung hängt zusammen, dass das Englische eine starke Neigung zeigt; das Wort nur aus einer Silbe oder aus einer mehrlautigen + einer einlautigen (d. h. nur von silbenhafter Liquida gebildeten) Silbe bestehen zu lassen, z. B. tak[e], tak[e]n. Wirkliche, d. h. auch in der Aussprache und nicht bloss in der Schrift dreisilbige neuenglische Worte germanischen Ursprungs sind — abgesehen von Compositis — sehr selten (z. B. holiness), vier- und mehrsilbige dürften kaum zu finden sein. Romanische Worte von mehr als zwei oder doch von mehr als drei Silben verrathen sich schon durch diesen ihren Umfang als gelehrte Worte.

Der Schwund der Flexionssilben und die Neigung zur einsilbigen Wortgestalt verleiht dem Englischen den Anschein eines so zu sagen wurzelhaften Charakters, es scheint vielfach das englische Wort wieder Wurzelform angenommen zu haben. Selbstverständlich kann aber eben nur vom Scheinen die Rede sein.

---

[1]) Daraus ergab sich, dass überhaupt ein nominaler Lautcomplex auch verbale Function übernehmen kann, man denke z. B. an to free, to witness etc. etc.

Die vorwiegende Kürze der englischen Worte, soweit sie nicht gelehrte Worte sind, trägt wesentlich dazu bei, die Handhabung der Sprache leicht und bequem zu machen. Durch seine Wortkürze befindet sich das Englische in scharfem Gegensatze z. B. zu den slavischen Sprachen, in denen das Wort oft als Lautmasse erscheint und folglich nur mit einer gewissen Umständlichkeit gebraucht werden kann. Das Höchste freilich in der Bildung von Wortcolossen — der Begriff »Wort« ist freilich, genau genommen, hier nicht mehr angemessen — leisten die sogenannten agglutinirenden Sprachen (das Magyarische etc.).

§ 32. Der Wortschatz des Englischen. 1. Der uns in den angelsächsischen Sprach- und Litteraturdenkmälern überlieferte Wortschatz des Angelsächsischen ist ein höchst umfangreicher, zumal wenn man in Betracht zieht, dass der begriffliche Horizont des angelsächsischen Volkes, wie der aller frühmittelalterlichen Völker, doch nothwendigerweise ein verhältnissmässig eng begrenzter war. Der Reichthum des angelsächsischen Wortschatzes beruht allerdings auch nicht sowohl auf der Bezeichnung einer besonders grossen Anzahl von Begriffen und feiner Auseinanderhaltung derselben, als vielmehr auf der vielseitigen und verschiedenartigen Auffassung eines und desselben Begriffes. Es ist also der angelsächsische Wortschatz zum grossen Theile ein synonymischer, ein Umstand, der für die Entwickelung des poetischen Stiles von grosser Bedeutung geworden ist, ja demselben seinen eigenartigen Charakter verliehen hat, andrerseits aber freilich zum Theil erst durch die bewusste schöpferische Thätigkeit der Dichter zu dieser Bedeutung gelangt sein dürfte. Jedenfalls ist die ausgiebige Verwendung von Synonymen und, was damit zusammenhängt, von sog. Kenningar (ein terminus technicus) recht charakteristisch für die angelsächsische Dichtung.

2. Der angelsächsische Wortschatz ist, wie selbstverständlich, ein germanischer[1], indessen doch nicht ganz frei von fremder Beimischung, deren Einzelbestandtheile keltisch, latei-

---

[1] Interessant wäre es, zu untersuchen, wie der ags. Wortschatz sich bezüglich der Zahl und Art der in ihm bezeichneten Begriffe zu denen der nächstverwandten Schwestersprachen (Altsächsisch, Altnordisch, Altfriesisch) verhält.

nisch und skandinavisch (dänisch) sind [1]). Erheblich ist jedoch der Procentsatz dieser Fremdlinge nicht. Am wenigsten zahlreich sind die aus dem Keltischen übernommenen Worte, obwohl man gerade diese stark vertreten zu sehen erwarten sollte. Etwas zahlreicher sind die lateinischen Elemente, deren Eindringen namentlich durch die Bekehrung der Angelsachsen zum Christenthum gefördert wurde [2]). Am meisten aber dürfte das Skandinavische zur Mehrung des angelsächsischen Wortbestandes beigetragen haben, freilich bezüglich der verschiedenen Dialecte des Angelsächsischen in sehr verschiedenem Grade.

3. Wohl nur die kleinere Hälfte des angelsächsischen Wortschatzes dürfte, selbstverständlich in mehr oder weniger veränderter Lautgestalt, im Neuenglischen noch erhalten, die grössere dagegen geschwunden sein. Zu einem Theile beruht der Schwund auf dem eingetretenen Wechsel des Begriffskreises: zahlreiche, z. B. auf Kampf, Schifffahrt, Vergnügungen, Rechtsverhältnisse u. dgl. bezügliche Begriffe, welche den Angelsachsen ganz geläufig waren, sind den Engländern der Neuzeit in Folge der veränderten Culturverhältnisse längst völlig fremd geworden, sodass eben auch die zu deren Ausdrucke einst dienenden Worte abgestorben sind. Zu einem andern Theile erklärt sich der erfolgte Schwund angelsächsischer Worte geradezu aus der allzu grossen Fülle derselben, es mussten ja die massenhaft vorhandenen Synonymen einander, sozusagen, ersticken, zumal als nach dem Niedergange der angelsächsischen Dichtung ihre Verwendungssphäre wesentlich eingeschränkt worden war. Indessen am ärgsten wurde das Angelsächsische in seinem Wortbestande durch das eindringende Französisch geschädigt, vgl. Nr. 4.

Zur Veranschaulichung dessen, in welchem Umfange der Wortschatz des Angelsächsischen im Laufe der Sprachentwickelung verringert worden ist und wie die geschwundenen Worte

---

[1]) Vermuthlich sind auch schon vor der normannischen Eroberung einzelne französische Worte in die ags. Umgangssprache (die wir leider so wenig kennen!) eingedrungen.
[2]) Bemerkenswerth ist, dass Älfric mit Geschick und Glück den Versuch machte, die lateinischen termini technici der Grammatik durch angelsächsische zu ersetzen. Ein Verzeichniss dieser Ausdrücke hat KOCH im Anhang zu Bd. 2 seiner Grammatik gegeben.

212  Kap. V. § 32, 3  Die Worte des Englischen.

meist durch französische ersetzt worden sind, seien hier auf's Gerathewohl die ersten 25 der mit f und ebensoviele der mit r anlautenden Worte aus dem Glossar des SWEET'schen Anglo-Saxon Reader herausgegriffen und in ihrem Schicksale kurz charakterisirt:

*fadian*, v., ist geschwunden, als Ersatz ist das romanische *arrange*, *order* eingetreten. — *fand*, Prät. zu *findan*, verloren, ersetzt durch die Analogiebildung found — *fandian*, v., geschwunden, ersetzt durch das frz. *try, tempt — fangen*, part. v. *fón*, geschwunden, an Stelle von *fón* sind getreten germ. *grasp, take*, aber auch frz. *seize* (v. *saisir*) — *faran*, v., ist erhalten, hat aber in bestimmten Bedeutungen französ. Verba neben sich, z. B. *travel — faru* und *faer*, subst., als *fare*, erhalten, hat aber französ. Worte (*journey, passage*) neben sich — *fácen*, Subst., verloren, ersetzt durch frz. *treachery, crime — fácenfull*, verloren, ersetzt durch frz. *treacherous — fág*, adj., verloren, ersetzt durch frz. *coloured* und das gelehrte *variegated*, daneben auch *stained* v. *stain*, das vielleicht keltischen Ursprunges ist — *fäc*, subst., verloren, und ohne eigentlichen Ersatz geblieben, wird von SWEET durch das lat. *interval* wiedergegeben, auch mit *period of time* umschrieben — *fäder*, mit kleiner lautlicher Aenderung erhalten und ohne romanisches Seitenstück geblieben — *fäderenmaeg*, verloren, durch die halbroman. Umschreibung *paternal kinsman* ersetzt — *faedm*, subst., erhalten, doch nur in der Bedeutung »Faden« (auch als Massbestimmung), während die ursprüngliche, im neuengl. Verbum *fathom* noch bewahrte Bedeutung des Umfassens aufgegeben und dafür neben german. *grasp* das französische *embrace* eingetreten ist — *facdm-rím*, subst., verloren — *faegen*, adj., verloren, ersetzt durch *glad* — *faeger*, adj., erhalten als *fair*, daneben aber das in seinem ersten Bestandtheile französ. *beautiful* — *faegernis*, subst., erhalten als *fairness*, daneben das frz. *beauty* — *faer*, subst., s. *faru — faest*, adj., erhalten, daneben aber das rom. *firm, secure* — *fäste*, adv., erhalten, daneben aber roman. *firmly* — *füsten*, subst., verloren, ersetzt durch frz. *fortress* — *faestnis*, subst., erhalten, daneben aber roman. *firmness — füsten-bryce*, subst., als Compos. nicht vorhanden, aber wohl in seinen Bestandtheilen: *breach of fasting* — *füsten-geat*, subst., in seinem ersten Bestandtheile verloren, s. *faesten — faestlíce*, erhalten — *füstnian*, erhalten, daneben aber frz. *confirm, conclude* u. dgl. — *faestnung*, subst., verloren, zu ersetzen etwa durch das roman. *security — füt*, subst., »Gefäss«, verloren, ersetzt durch französ. *vessel* und roman. (wohl span.) *jar — faege*, adj., verloren und nur etwa durch die Umschreibung *doomed to death* zu ersetzen.

*Racente*, subst., verloren, statt dessen germ. *fetter* und frz. *chain — racu*, subst., verloren, statt dessen roman. *narrative — radost*, Superlativ zu *hrade*, dieses ist im Positiv verloren, erhalten im Comparativ (*rather*) — *ramm*, subst., erhalten — *rand*, subst., erhalten, jedoch in der Anwendung vielfach durch frz. *border* verdrängt — *rand-wíga* und *rand-wíggend*, subst., verloren — *rád*, Prät. v. *rídan*, erhalten — *rád*, subst., erhalten danebeu aber das frz. *expedition* — *gerád*, subst., verloren, als Ersatz dienen germ. *reckoning* und rom. *account* — *ráp*, subst., erhalten *(rope)* — *rárian*, v., verloren, ersetzt durch frz. *cry, lament* — *rúfnan*, v., verloren, dafür germ. *do* und roman. *perform* — *raed*, subst., ersetzt durch frz. advice, counsel, deliberation, design etc. — *raedan*, v., verloren und durch frz., bezw. roman. Verba ersetzt (z. B. advise, decree etc.) — *geraedan*, v., erhalten als *read* — *raedbora*, subst., verloren, dafür roman. councillor — *raede*, adv., erhalten als *ready* — *geraede*, subst., verloren, dafür *trappings* und frz. ornaments — *raedend*, subst., verloren, dafür das in seinem Stamme französ. *ruler* — *raedfüst*, adj., verloren, dafür *wise* — *raepling*, subst., verloren, dafür frz. *prisoner* — *raeran*, v., erhalten als *raise*.

Derartige Zusammenstellungen können sehr lehrreich sein, und vielleicht würde es sich lohnen, sie einmal in grossem Massstabe vorzunehmen, wobei denn freilich, sollte ein wissenschaftlich brauchbares Ergebniss erzielt werden, immer mit grosser Umsicht verfahren werden müsste, damit nicht etwa angelsächsische Worte als im Neuenglischen nicht mehr vorhanden bezeichnet würden, die in Wirklichkeit doch vorhanden sind, wenn auch in sehr eingeengter oder veränderter Bedeutung.

Interessante Beobachtungen über den Schwund angelsächsischer Worte im Neuenglischen und überhaupt über das bezüglich des Wortschatzes zwischen dem Angelsächsischen und dem Neuenglischen bestehende Verhältniss lassen sich auch machen, wenn man einen angelsächsischen Text und dessen neuenglische Uebersetzung einander gegenüberstellt und mit einander vergleicht. Im Folgenden seien nach EARLE, Anglo-Saxon Literature (L. 1884) einige kleine Texte gegeben [1]), wobei alle den angelsächsischen Worten etymologisch n i c h t entsprechenden neuenglischen Worte germanischen Ursprungs cursiv [2]), alle romanischen Worte aber, die an Stelle angelsächsischer gebraucht sind, gesperrt gedruckt werden sollen.

---

[1]) Man wird es verzeihen, dass ich den bei EARLE gegebenen angelsächsischen Text buchstäblich reproducire und nicht auf die besten Ausgaben, bezw. auf die Handschriften zurückgehe; es kommt hier ja nur auf die Worte, nicht auf die Laute an.
[2]) Die entsprechenden angelsächsischen Worte sind jedoch keineswegs alle geschwunden, sondern haben oft nur ihre Bedeutung geändert.

214    Kap. V. § 32, 3. Die Worte des Englischen.

### a) Aus dem Gedichte »Die Ruine«
(b. EARLE p. 142).

Glädmod and goldbeorht gleoma gefrätwed
*wlonc* and wingal *wig hyrstum* scan;
*seah* on sinc on sylfor on searo gimmas;
on *ead*, on *aeht*, on eorcan stan;
on das beorhtang burg bradan rices.
Stan hofu stodan; stream hate *wearp*
widan *wylme*, weal eal befeng
beorhtan bosme; daer da baðu waeron,
hat on *hreðre*; dät wäs *hyðelic!*

Joyous and goldbright gaudily jewelled
haughty and wine-hot shone in his harness;
looked on treasure, on silver, on gems of device;
on *wealth*, on *stores*, on precious stones;
on this bright borough of broad dominion.
There stood courts of stone! The stream hotly *rushed*
with eddy wide (wall all enclosed)
with bosom bright (there the baths were!)
hot in his nature! that was a *boon indeed*

### b) Aus dem Peterborough Chronicle
(b. EARLE p. 179).

Gif *hwa gewilniged to gewitane hu gedon* man he
wäs, *odde hwilcne* wurdscipe he häfde, odde hu
fela lande he wäre hlaford, donne wille we be him
awritan *swa swa* we hine *ageaton, ðe* han *onloco-*
*dan* and *oðre hwile* on *his hirede wunedon.* Se cyng
Willelm de we *embe* specad, wäs *swiðe* wis man
and *swiðe rice* and wurdfulle and strongere
donne aenig his foregengra waere.

If any one wishes to *know what manner* of man
he was, or *what* dignity he had, or how *many*
lands he was lord of; then will we write of him
*as* we apprehended him, *who* were *wont to behold*
him and *at one time* were resident on his court.
The king William about *whom* we speak, was a very
wise man, and very powerful and more dignified
and more authoritative than any one of his
predecessors was.

## c) Aus dem Friedensvertrage zwischen Älfred und den Dänen
(b. EARLE p. 157).

Þis is ðät frid, ðät Älfred cyning and Gydrum cyning and ealles Angel cynnes witan, and eal seo ðeod ðe on East Englum beoð, ealle ᵹeceweden habbað, and *mid* aðum ᵹefeostnod, for hy sylfe and for heora ᵹinᵹran, ᵹe for ᵹeborene, ᵹe for unᵹeborene, ðe Godes miltse *recce* odde ure. — *Ärest ymb* ure *landgemaera*: up on Temese and ðonne up on Ligan and andlang Ligan oð hire ae wylm, ðonne on ᵹerihte to Bedan forda, ðonne up on Usan oð Waetlinga straet. — Ðät is ðonne, ᵹif man ofslagen weorðe, ealle we laetað efen dyrne Englisene and Denisene, to VIII healfmarcum asodnes goldes, buton ðam *ceorle* ðe on gafol lande *sit*, and heora liesingum, ða syndan eac efen dyre, iᵹðer to cc scill.

This is the peace that king Alfred and king Guthrum and the counsellors of Angel-kin and all the people that are in East-Anglia, have all decreed and *with* oaths confirmed for *themselves* and for *their* children, *both* for the born and for the unborn, all *who* value God's favour or ours. — *First about* our land*boundaries*: up the Thames and then up the Lea, and *along* the Lea to her *source*, then *straight* to Bedford, then up the Ouse to Watling Street — Videlicet, if a person be slain, we all estimate of equal value, the Englishman and the Dane, at eight half-marks of pure gold, except the ceorl *who* resides on gafol-land, and their liesings, those also are equally-dear, either at two hundred shillings.

Für Anfänger dürfte es eine ganz nützliche Uebung sein, hin und wieder einen angelsächsischen Text (etwa eine Fytte aus der Elene) lexikalisch durchzuarbeiten, d. h. bei jedem vorkommenden Worte festzustellen, ob, bezw. in welcher Bedeutung es im Neuenglischen noch erhalten oder ob es geschwunden ist und welchen, sei es germanischen, sei es romanischen Ersatz es dann gefunden hat. Eine solche Arbeit ist nicht ganz so leicht, als es scheinen mag, jedoch sie ist auch nicht allzu schwer, jedenfalls aber, wenn richtig aufgefasst, interessant, da sie zum Nachdenken darüber anregt, warum wohl dies oder jenes angelsächsische Wort geschwunden sein mag, während dies oder jenes sich zu behaupten vermocht hat. Dass eine genaue Feststellung des Verhältnisses des ags. Wortschatzes zum neuenglischen, bezw. eine Darstellung der Schicksale des ersteren, grossen wissenschaftlichen Werth haben würde, braucht nicht erst gesagt zu werden. Ueberhaupt sei bemerkt, dass die Wortforschung in ihren verschiedenen Gebieten (Wortgeschichte, Bedeutungslehre, Etymologie, Synonymik) in der englischen wie auch in der romanischen Philologie eine verhältnissmässig noch wenig gepflegte Disciplin ist, durch deren thatkräftig betriebenen Anbau ein junger Philolog sich wohl noch Lorbeeren erwerben könnte. An Material fehlt es wahrlich nicht; welche Fülle desselben ist nicht schon in GREIN's, MÄTZNER's STRATMANN's, WEBSTER's u. A. Wörterbüchern sowie in den Glossaren der von der Early English Text Society veranstalteten Ausgaben enthalten!

4. Die Uebertragung des Französischen nach England hatte die Mischung des angelsächsischen Wortschatzes mit zahlreichen französischen Elementen zur Folge, welche angelsächsische Worte theils verdrängten, theils als Synonyma neben sie traten. In den durch die normannische Eroberung geschaffenen politischen und socialen Verhältnissen war es begründet, dass von dem französischen Einfluss namentlich diejenigen Begriffssphären berührt wurden, welche das Staats- u. Rechtsleben, das Kriegswesen, Künste und Wissenschaften und die feineren geselligen Beziehungen (Titelwesen u. dgl.) betreffen. Die Begriffskreise des Alltagslebens dagegen erhielten sich verhältnissmässig frei von französischer Beimischung. Das Gesagte durch Beispiele zu erläutern, erscheint überflüssig, da

die Sache leidlich bekannt und augenfällig genug ist und da darauf bezügliche Wortzusammenstellungen schon oft genug gemacht worden sind, so namentlich in sehr instructiver Weise in FIEDLER-KÖLBING's Gramm. I, 94.

Die nördlichen Mundarten bewahrten den germanischen Charakter reiner, als die südlichen, indessen wurde später das Schottische in Folge der politischen und socialen Beziehungen Schottland's zu Frankreich stark mit französischen Worten durchsetzt. Die Französirung des englischen Wortschatzes begann in weiterem Umfange erst geraume Zeit nach der normannischen Eroberung. In den neuangelsächsischen Litteraturwerken finden sich nur erst wenige französische Elemente. Es ist sehr interessant, das allmähliche Eindringen des Französischen bei der Lectüre altenglischer Texte zu beobachten. (Man vgl. die diesbezüglichen Bemerkungen MÄTZNER's in seinen altenglischen Sprachproben).

5. Die mit der Französirung begonnene Romanisirung des englischen Wortschatzes wurde durch den Einfluss der Renaissancebildung, namentlich im 16. Jahrhundert, noch erheblich ausgedehnt durch das Eindringen geradezu massenhafter, auf gelehrtem Wege übernommener lateinischer Worte, welche allerdings zum Theil über die Kreise der Wissenschaft nicht hinausgekommen, zu einem andern Theile aber doch auch volksthümlich geworden sind. So wurde der englische Wortschatz erfüllt mit Latinismen, und noch immer strömen ihm aus lateinischer Quelle neue Bestandtheile zu, ebenso, namentlich auf wissenschaftlichem und technischem Gebiete, solche aus griechischer Quelle. Derartige Zuflüsse haben ja auch in alle übrigen europäischen Cultursprachen breite Wege sich gebahnt.

6. Die Romanisirung des englischen Wortschatzes ist eine derartig umfangreiche und tief eingreifende, dass sie für das Neuenglische geradezu charakteristisch ist. Das Englische ist in seinem Wortbestande eine halbromanische Sprache geworden. Ein grosser Theil der gewöhnlichsten und geläufigsten Begriffe wird durch romanische Worte ausgedrückt. Man denke z. B. an die Titulaturen *Sir, master, mistress, miss*, an so gewöhnliche Verba wie *attend, arrive, depart, mention* etc. etc., an so gewöhnliche Nomina wie *adventure, comfort, message, content,*

*pleasant* etc. etc., an das Adverb *very* etc. etc.; besonders bedeutsam aber ist, dass sogar in das Bereich der Präpositionen und präpositionalen Verbindungen französische Elemente eingedrungen sind, z. B. during, concerning, in account of, während doch wohl in allen anderen Sprachen sich gerade dies als fremdem Einflusse unzugänglich erwiesen hat. Frei von französischer Beimischung sind wohl nur die Pronomina und — abgesehen von der Verdrängung des *ôðer* durch *second* — die Numeralia geblieben [1].

Die grosse Bedeutsamkeit des französischen, bezw. des romanischen Elementes im neuenglischen Wortschatze kann man sich am besten dadurch veranschaulichen, dass man eine beliebige Seite eines beliebigen neuenglischen Buches aufschlägt, sie aufmerksam durchliest, alle Worte romanischen Ursprungs unterstreicht und sodann ihr Procentverhältniss zu den Worten germanischer Herkunft berechnet. Das Ergebniss der Rechnung kann allerdings ein sehr verschiedenes sein, je nach dem Inhalte des betreffenden Textes und auch je nach der Eigenart des betreffenden Schriftstellers. Ein wissenschaftliches Buch z. B. enthält natürlich wegen der in ihm vorkommenden gelehrten Worte weit mehr romanische Elemente, als etwa eine harmlose Fabel; oder z. B. Bulwer, der die Handlung seiner Romane vorzugsweise in höheren Gesellschaftskreisen spielen lässt und neben dem Dichter den Gelehrten nie verleugnet, braucht romanische Worte in ungleich ausgiebigerer Weise, als etwa Dickens, der den Schauplatz seiner Erzählungen meist in das Volksleben verlegt. Es ist sehr interessant, die Wortmischung bei einzelnen Schriftstellern und in einzelnen Litteraturwerken zu beobachten, nur muss man sich hüten, aus den Einzelergebnissen etwa angestellter Untersuchungen sogleich weittragende Schlüsse zu ziehen, sondern man hat, bevor man Folgerungen sich gestattet, immer zuvor zu erwägen, für wen, unter welchen Verhältnissen und in welcher Absicht der Schriftsteller schrieb und wie nah oder wie fern seine Sprache der Sprache derjenigen seiner Zeitgenossen steht, welche auf dem gleichen Litteraturgebiete thätig waren. — —

---

[1] Unter den Conjunctionen dürfte nur because romanisch sein.

Aus einem an sich ganz bedeutungslosen Romane von
W. BLACK »Sabina Zembra« (Tauchnitz-Sammlung Nr. 2466 f.,
vol. I, 226) werde im Folgenden aufs Gerathewohl eine Seite
wiedergegeben mit Hervorhebung aller romanischen Worte
durch Cursivdruck. Es sei zuvor bemerkt, dass der Verfasser
Gelehrsamkeit nirgends affectirt, sie vermuthlich auch gar
nicht besitzt, und offenbar, übrigens auch mit ganz leidlichem
Geschick, darnach strebt, recht schlicht und gemeinverständ-
lich, wenn auch correct zu schreiben; zu berücksichtigen ist
auch, dass die betreffende Stelle zum Theil eine Landschafts-
schilderung enthält und folglich (weil die auf die betreffenden
Begriffskreise sich beziehenden Worte meist germanisch sind)
besondere Gelegenheit oder Versuchung zum Gebrauche romanischer Worte gar nicht darbot.

»It was a summer night at Brighton. The tall house-
*fronts* were gray and wan against the *crimson* and yellow
still lingering in the north-western heavens; but far away
over the sea, to the south-east, there dwelt a golden moon in
a sky of *pale rose-purple*; and the moonlight that fell on the
wide waters was soft and shimmering, until it gleamed sharp
and *vivid* where the rippels broke on the beach. Here and
there the stars of the gas*lamps* began to tell in the twilight.
There was a *faint murmur* of talking; young girls in white
summer *costumes* went by, with laughter and jest; there was
an open window, and somebody within a *brilliantly*-lit drawing-room was singing — in a *voice* not *very* loud, but still
*audible* to such of the *passers*-by as happened to *pause* and
listen — and old Siles*ion* air. It was about a lover, and a
broken ring, and the *sound* of a mill-wheel. Walter Lindsay
was among these *casual* listeners — for a *minute* or two; and
then he went on, with some *curious fancies* in his head. Not
that any young maiden had *deceived* him, or that he was
*particularly anxious* to find *rest* in the grave; for this is the
latter half of the nineteenth *century*, and he, as well as others,
know that Wether*ism* was now *considered ridiculous*. But
somehow London had become *intolerable* to him; and he could
not work; and — well, Brighton was the nearest *place* to get
away to, while one was *considering* further *plans*. It was a
little lonely, that is true; *especially* on these summer evenings,

when all the world seemed, as it were, to be *murmuring* in happiness.«

Dieser Abschnitt zählt ungefähr 290 Worte, darunter 35 romanischer Herkunft, nämlich: a) die Nomina: air, anxious, audible, brilliant[ly], casual, century, costumes, crimson, curious, especial[ly], faint, fancies, fronts, intolerable, lamp, minute, murmur, pale, particular[ly], passers, place, plans, purple, rest, ridiculous, rose, sound, vivid, voice, zusammen 29 (dazu kommt noch vielleicht das in seiner Etymologie nicht völlig klare jest; zwei nichtromanische Nomina, Silesian und Wertherism, haben überdies wenigstens romanische Suffixe) — b) die Verba: consider, deceive, murmur, pause, zusammen, da consider zweimal vorkommt, 5 — c) das Adverb very.

Etwas über ein Achtel sämmtlicher vorkommender Worte ist also romanisch. Die blossen Ziffern geben indessen keineswegs das richtige Verhältniss an, denn es ist sehr zu berücksichtigen, dass während nur ein romanisches Wort zweimal gebraucht ist, viele germanische (namentlich a, the, and, but) oft wiederholt sind. Man darf also die wiederholten Worte nur für je eins in Rechnung bringen. Thut man dies, so findet man etwa nur 130 germanische Worte, so dass nunmehr die romanischen Worte ungefähr ein Fünftel der Gesammtzahl betragen. Dabei ist, wie schon oben bemerkt, gar sehr zu berücksichtigen, dass der Inhalt der betreffenden Stelle wenig Veranlassung zur Verwendung romanischer Worte gewährte.

Von Wichtigkeit ist es, nicht bloss die Zahl, sondern auch die Beschaffenheit der vorkommenden romanischen Worte zu betrachten. Einige sind darunter, die wohl so ziemlich in alle modernen europäischen Sprachen übergegangen sind und als internationale Fremdworte angesehen werden können, das sind aber doch nur wenige, etwa air, brilliant, costume, especial, lamp, place, plan, rose, rest. Alle übrigen findet man ausserhalb des Romanischen wohl eben nur im Englischen wieder, und man beachte, dass darunter Worte sich befinden, welche so wichtige Begriffe, wie z. B. »Klang« und »Stimme« bezeichnen, wobei noch ins Gewicht fällt, dass neben mehreren der betreffenden romanischen Worte germanische Synonyme nicht vorhanden sind, also die bezüglichen Begriffe nur romanisch ausgedrückt werden können, so z. B. century, pale, ridiculous (ebenso die Farbenzeichnungen crimson, rose, purple, die auch z. B. im Deutschen nur romanisch ausgedrückt werden können).

7. Die romanischen Worte im Englischen, soweit sie wirklich volksthümlich geworden sind, haben sich durch Annahme germanischer Betonung dem Lautcharakter der englischen Sprache so gut angepasst, als dies eben möglich war, nichtsdestoweniger sind sie lautlich als Fremdlinge leicht zu erkennen. Dadurch und ausserdem durch das Vorhandensein zahlreicher, den lateinischen Wortumfang leidlich bewahrender »inkhorn terms« (wie *individuality* u. dgl.) gelangt die germanisch-romanische Zweitheiligkeit auch lautlich und, möchte man sagen, sinnlich zum Ausdruck. Aesthetisch gereicht dies der Sprache gewiss nicht zum Vortheil, denn sie muss dadurch das Gepräge einer gewissen Zwitterhaftigkeit erhalten, den Anblick eines schachbrettartigen Durcheinander von ursprünglich einander fremden und gleichsam nur durch einen geschichtlichen Zufall zusammengeworfenen Wortelementen darbieten. Wenn schon der Deutsche über die Schädigung des einheitlichen Charakters seiner Sprache durch zahlreiche romanische Lehn- und Fremdwörter klagen zu müssen glaubt, um wieviel berechtigter würde da die Klage des Engländers sein! Gleichwohl hört man in und aus England nicht leicht Seufzer, die den romanischen Bestandtheilen des Wortschatzes gelten, jedenfalls vernimmt man nie den Ruf, dass die romanischen Worte grundsätzlich zu streichen seien aus dem englischen Wörterbuche.

Und allerdings liegt für den Engländer die Sache auch anders, als z. B. für den Deutschen: für ihn sind romanische, in Sonderheit französische Worte nicht in dem Grade Fremdwörter, wie sie für den Deutschen es sind. Wenn der Engländer *creature* sagt, so ist das etwas wesentlich Verschiedenes, als wenn der Deutsche das Wort *Creatur* braucht. Denn erstlich hat sich im Englischen das fremde Wort den Lautneigungen der Sprache, in welche es übernommen ward, thunlichst gefügt, während es im Deutschen seine, dem Deutschen widerstrebende, fremde Lautgestalt bewahrt hat. Sodann aber, und das ist das Wichtigere, ist das englische Volk durch den Lauf seiner Geschichte mit den Romanen gleichsam in sprachliche

Blutsverwandtschaft oder doch in Verschwägerung eingetreten, jedenfalls — um ohne jedes, hier leicht irreführendes Bild zu reden — in engste sprachliche Berührung, was bei dem deutschen Volke bei weitem nicht in demselben Masse der Fall ist.

Mag immerhin die starke Mischung der germanischen mit romanischen Worten der englischen Sprache ein etwas buntscheckiges Aussehen verleihen, die Mischung selbst gereicht der Sprache und dem Volke doch zum grossen Vortheile. Indem der Engländer aus dem Wortschatze sowohl der Germanen wie auch der Romanen geschöpft hat, hat er seinem Wortschatze eine Vollständigkeit, eine Fülle und eine hochgesteigerte Fähigkeit zur Begriffsbezeichnung und -unterscheidung verliehen, wie sie in solchem Grade wohl in keiner andern Sprache zu finden sind. Der Engländer verfügt, wenigstens bezüglich vieler Begriffe und Begriffsschattirungen, über eine doppelte Wortgarnitur, während andere Völker meist nur je eine besitzen. Und zudem ist gerade vermöge der Zweitheiligkeit seines Wortschatzes das Englische besonders geeignet, als Weltsprache zu fungiren. Jedenfalls ist das Englische diejenige germanische Sprache, welche von den Romanen am leichtesten erlernt werden kann [1] und thatsächlich wohl auch am häufigsten erlernt wird, namentlich für Zwecke des internationalen Verkehrs.

8. Was sonst an ursprünglich fremden Elementen im neuenglischen Wortschatze vorhanden ist, das ist von verhältnissmässig geringer Bedeutung; am meisten Beachtung verdienen noch die italienischen Worte, die zur Zeit der Hochrenaissance in ziemlicher Masse nach England überführt wurden. Im Uebrigen genüge es, auf die nachstehende Tabelle zu verweisen.

Die verschiedenen Bestandtheile des englischen Wortschatzes lassen sich tabellarisch etwa folgendermassen veranschaulichen.

---

[1] Freilich nicht in Bezug auf die Aussprache, aber das ist ein Punkt von doch nur untergeordneter Bedeutung, da die Aussprache für das praktische Schreiben und Lesen nicht in Betracht kommt und da auch der schlecht Aussprechende sich doch immerhin noch verständlich machen kann.

## A. Germanische Bestandtheile.

a) **Angelsächsische** Bestandtheile; dieselben bilden den eigentlichen Grundstock des englischen Wortschatzes.

Theoretisch ist anzunehmen, dass innerhalb des angelsächsischen Wortbestandes sich englische, sächsische, jütische und friesische Elemente unterscheiden lassen; thatsächlich lässt sich jedoch eine derartige Scheidung nur in sehr beschränktem Masse durchführen, da weitaus die Mehrzahl der angelsächsischen Litteraturwerke uns in westsächsischer Mundart überliefert ist.

b) **Altnordische** Bestandtheile. Das Altnordische hat namentlich das Northumbrische lexikalisch beeinflusst (so zahlreiche altnordische Worte bei Orrm); indessen ist auch die in die Schriftsprache überkommene Zahl altn. Worte nicht ganz gering (z. B. bull, blunt, kid, kindle, meek, scald, sly, tiding. Koch, Gramm. I², 12), und bei genauer Durchmusterung des Sprachschatzes werden sich voraussichtlich noch mehrere auffinden lassen.

c) Aus neu-germanischen Sprachen (dem Neuhochdeutschen etc.) aufgenommene Fremdworte, so z. B. deutsch plunder, iceberg (der engl. Ausdruck würde ice-mountain sein), fatherland (für native country): bemerkenswerth ist, dass überhaupt mehrfach deutsche Composita im Englischen nachgebildet worden sind, z. B. word-building, one-sided, vielleicht auch upholsterer (= Aufpolsterer) [1] und life-guard. Vgl. TRENCH, English Past and Present p. 70 f.

## B. Nichtgermanische Bestandtheile.

a) **Keltische** Bestandtheile. Ob und in welchem Umfange bereits das Angelsächsische keltische Worte aufgenommen hat, ist eine noch offene Frage; jedenfalls aber scheinen derartige Entlehnungen selten gewesen zu sein, so sehr man auch das Gegentheil erwarten sollte. Das spätere Englisch hat sowohl aus dem Kymrischen als auch aus dem Gälischen eine kleine Anzahl von Worten aufgenommen, zum Theil nur, um specifisch-keltische Begriffe (wie z. B. plaid) zu bezeichnen. Gegen die von Dilettanten geübte Praxis, jedes englische Wort, dessen Herkunft nicht gleich auf den ersten Blick kenntlich ist, aus dem Keltischen herzuleiten, muss entschieden Einspruch erhoben werden. Lautliche Entsprechung eines englischen mit einem begriffsverwandten keltischen Worte berechtigt zunächst nur zu dem Schlusse, dass zwischen beiden Urverwandtschaft bestehe.

b) **Lateinische** Bestandtheile:

α) Lateinische Worte, welche unmittelbar von den Römern nach England übertragen wurden und sich dort erhielten; die Zahl solcher Worte ist gering, sie finden sich fast nur als zweite Bestandtheile von Compositis, z. B. -street = strata, -coln = colonia, -chester und -cester = castra; das Angelsächsische besass noch einige andere, wie camp, casere, mîl, pîn. Vgl. oben § 6, Nr. 2, S. 51 Anm. unter dem Text.

---

[1] Das Wort ist neuerdings Gegenstand lebhafter etymologischer Erörterungen gewesen, und doch dürfte die Sache so einfach sein.

β) Lateinische Worte, welche durch die Einführung des Christenthums nach England übertragen wurden. Die Zahl dieser Worte, welche, wie begreiflich, sich zumeist auf Kirche, Unterricht u. dgl. beziehen, ist ziemlich erheblich, z. B. ags. candol (candle), mäss (mess), tâfl = tabula, mése = mensa, stér = historia, biscop, engel, munuc, mynster etc. Vgl. SWEET, Transact. of the Philol. Soc. 1875/76, p. 545. — Auch durch die Uebertragung lateinischer Litteraturwerke in das Angelsächsische (durch König Älfred u. A.) dürfte manches lateinische Wort in England eingebürgert worden sein [1]). Andrerseits haben gerade die angelsächsischen Uebersetzer sich eifrig bemüht, für lateinische Ausdrücke entsprechende angelsächsische zu finden oder zu bilden. Älfric versuchte sogar die Umsetzung grammatischer Kunstausdrücke in das Angelsächsische, vgl. oben S. 211, Anm. 2.

γ) Lateinische Worte, welche in nachangelsächsischer Zeit, namentlich aber im 16. Jahrhundert (Zeit der Renaissance und des Humanismus) und späterhin auf gelehrtem Wege in das Englische übertragen wurden. Die Zahl dieser Worte ist eine sehr bedeutende; sie vornehmlich bilden jene ellenlangen Lautungeheuer (wie z. B. indistinctibility), welche dem englischen Sprachgeiste völlig zuwiderlaufen, die sich innerhalb des sonstigen englischen Wortschatzes schon wegen ihres gleichsam unsicheren Accentes monströs ausnehmen und an denen dennoch durch eine Ironie der Culturgeschichte die englische Sprache so reich ist.

So liegen im Englischen drei lateinische Wortschichten über einander, ganz abgesehen davon, dass ja auch die Worte französischen Ursprungs allermeist auf das Latein zurückgehen.

c) Romanische Bestandtheile [2]).

α) Französische Bestandtheile; diese, von denen bereits oben ausführlicher gehandelt worden ist, scheiden sich wieder in zwei Klassen:

1) aus dem Altfranzösischen [3]) übernommene Worte (diese sind wieder thunlichst je nach dem altfrz. Dialecte, aus welchem sie nach England hinüberkamen, zu sondern in solche normannischen, picardischen, francischen u. s. w. Ursprungs);

2) aus dem Neufranzösischen übernommene Worte; diese haben meist den Fremdwortcharakter beibehalten und sind schon dadurch kenntlich,

---

[1]) Die eingehende Untersuchung der lateinischen Worte im Angelsächsischen nach Laut und Bedeutung würde noch einen recht dankbaren Arbeitsstoff abgeben können.

[2]) Ein und dasselbe lateinische Wort ist nicht selten einmal unmittelbar aus dem Latein (als gelehrtes Wort) und ein anderes Mal durch die Vermittelung des Französischen in das Englische (als populaires Wort) eingeführt worden, so dass also Doppelformen (Doublets) mit differenziirter Bedeutung neben einander bestehen, vgl. z. B. feat = frz. fait mit fact = lat. factum, ancestre = frz. ancê's tre mit antecessor = lat. antecessor, jealous = frz. jaloux mit zealous — lat. (griech.) zelosus.

[3]) Manches altfrz. Wort, das im Frz. selbst unterging, ist im Englischen noch durchaus lebendig, z. B. acquaint = altfrz. acointer (=* adcognitare), remember = altfrz. remembrer (=* rememorare), aunte = ante (amita), wofür neufrz. tante. Vgl. auch ancient, tyrant.

dass sie die Endungsbetonung beibehalten haben oder doch Schwanken zwischen dieser und der Stammbetonung zeigen, z. B. búro und buró (geschrieben bureau) = bureau.

Französische Doublets finden sich öfters auch im Englischen wieder, z. B. fragile und frail (= frêle), fashion und faction (vgl. façon und faction), lesson und lection (vgl. leçon und lection), legal und loyal u. s. w.

Wie im Deutschen, so ist es auch im Englischen bisweilen geschehen, dass von einem und demselben germanischen Worte Doppelformen, die eine in germanischer, die andere in französischer Lautgestalt, neben einander bestehen, z. B. wise und guise, ward und guard.

β) Aus sonstigen romanischen Sprachen (Italienisch, Spanisch etc.) übernommene Fremdworte, z. B. ambuscade, barricade, crusade etc. etc. Durch Vermittelung des Spanischen etc. sind auch manche Worte amerikanischer und sonstiger transoceanischer Sprachen in das Englische eingeführt worden, z. B. chocolate, hurricane.

d) Griechische Bestandtheile.

α) Unmittelbar aus dem Griechischen auf gelehrtem Wege eingeführte Worte, z. B. photography [1]).

β) Durch Vermittelung des Lateins (namentlich des kirchlichen Lateins) eingeführte griechische Worte, z. B. church = κυριακή, bishop, monk etc. etc.

γ) Durch Vermittelung des Französischen eingeführte griechische Worte oder doch griechische Wortstämme, z. B. parle, parley, parlour, parliament v. parler = *parabolare v. παραβολή.

e) Aus slavischen, finnischen, indischen, ostasiatischen Sprachen entlehnte Worte. Die Zahl derartiger Worte ist im Englischen, wie übrigens auch in den übrigen modernen Cultursprachen, entsprechend der kosmopolitischen Entwickelung des Handelsverkehrs, ziemlich beträchtlich, da sie aber meist eben nur ausländische Producte, Stoffe u. dgl. bezeichnen, so sind sie als Kunstausdrücke zu betrachten und kommen für die Sprache als solche weiter nicht in Betracht.

Im Allgemeinen muss man sagen, dass das Englische für fremde Worte eine gute Verdauungsfähigkeit bewiesen und lautlich dieselben sich so gut angeglichen hat, als es sich irgend thun liess. Namentlich gilt dies auch in Bezug auf ausländische Eigennamen, welche häufig bis zur Unkenntlichkeit anglisirt oder — wenn man vom Standpunkte der fremden Sprache aus urtheilt — verballhornt worden sind [2]). Bekannt ist ja auch, mit welcher Unverfrorenheit die Engländer das Lateinische und Griechische ganz nach englischer Weise aus-

---

1) Manche haben sich arge Verstümmelung gefallen lassen müssen z. B. surgeon.
2) Vgl. auch unten § 34, No. 7.

sprechen. Neuerdings freilich hat eine Reaction begonnen, in Folge deren wenigstens manche sich bemühen, den fremden Sprachen und Worten thunlichst ihre Laute zu belassen. Ja, manchem Fremdworte, das auch in der Schrift bereits anglisirt war, ist seine ursprüngliche Schreibung zurückgegeben worden, so schreibt man z. B. jetzt wieder stimulus, exodus, skeleton, während man früher stimule, exode, skelet zu schreiben pflegte.

9. Die Zahl der Worte des Neuenglischen oder selbst auch nur der neuenglischen Schriftsprache anzugeben, ist einfach unmöglich, da kein Wörterbuch vollständig ist, noch sein kann, da der Wortbestand in beständigem Flusse begriffen ist und da endlich eine etwa vorzunehmende Zählung auf unüberwindbare äussere und, mehr noch, auf innere Schwierigkeiten stossen würde. Es würde z. B. kaum möglich sein, eine für den praktischen Zählungszweck brauchbare Definition des Begriffes »Wort« zu finden. Letzterer Umstand macht auch die öfters vorgenommenen Zählungen des Wortbestandes bei einem einzelnen Schriftsteller (z. B. Shakespeare) oder in einem einzelnen Litteraturwerke einigermassen illusorisch [1]).

§ 33. Form, Bedeutung und Bedeutungswandel der Worte des Englischen. 1. Die ursprünglich mehrsilbigen englischen Worte germanischer Herkunft haben in Folge der Schwächung, bezw. des Schwundes der nachtonigen Flexionssilben [2]) meist eine erhebliche Kürzung ihres Lautbestandes erfahren, in Folge deren sie, wenigstens in der Aussprache, vielfach auf eine Silbe oder auf eine mehrlautige + eine einlautige Silbe reducirt worden sind, z. B. secʒan : say, spariʒan : spar[e], cyning : king. Uebrigens ist bereits im Angelsächsischen der normale Umfang des nicht znsammengesetzten

---

1) HELWICH macht in Anglia VIII, Anz. p. 10 folgende die englische Wortzahl betreffenden Angaben:

| | | | | | |
|---|---|---|---|---|---|
| Johnson's | Wörterb. | ed. Todd enthält | 58 000 | Worte |
| " | " | " Latham " | 63 000 | " |
| Webster's | " | (ältere Ausg.) " | 70 000 | " |
| " | " | (neueste ") " | 118 000 | " |
| Worcester's | " | ( " " ) " | 116 000 | " |
| Ogilvie's | " | ( neue " ) " | 130 000 | " |
| Cassel's | " | | 150 000 | " |

2) Vortonige Präfixe (Präposition u. dgl.) haben sich behauptet, indessen besteht in der älteren Sprache und in der Vulgärsprache grosse Neigung zu ihrer Abwerfung, z. B. 'get f. beget', 'mong f. among u. dgl.

Wortes ein- oder zweisilbig. — Auch die in das Angelsächsische übernommenen lateinischen (und griechischen) Worte haben die gleiche Kürzung erfahren, z. B. monachus : munuc : monk, moneta : mynet : mint, monasterium : minster, kyriake : cyrice : church, coquina : cycene : kitchen.

2. Die auf volksthümlichem Wege übernommenen französischen Worte haben in Folge ihrer Anpassung an das germanische Betonungsgesetz ebenfalls Schwächung und Schwund der nachtonig gewordenen Endsilben [1]) erfahren, vgl. reason mit raisón, rul[e] mit regula, règle, favour = fáver mit faveur. Insbesondere haben französische Verba auf -er, -re und -oir ihre hochtonige Endung mit der tieftonigen germanischen -en vertauscht und sind durch den Schwund derselben auf ihre Stammsilbe reducirt worden, vgl. chang[e] mit changer, (an)noy mit (en)nuyer, defend mit défendre, (re)ceiv[e] mit (re)cevoir, mov[e] mit mouvoir [2]) ; [-ir = -ish b. Inf. z. B. establish].

3. Auf gelehrtem Wege übernommene lateinische und sonstige Worte haben ihre Lautgestalt meist annähernd behauptet, kennzeichnen sich aber ebendadurch als gelehrte Worte.

4. Ein innerer Zusammenhang zwischen den Lauten eines Wortes und dem durch dasselbe ausgedrückten Begriffe findet im Englischen nur bei einzelnen einen Schall, ein Geräusch, eine Thierstimme u. dgl. bezeichnenden Worten statt [3]). Die Zahlen derartiger Onomatopoieta ist im Englischen nicht eben gross. Nichtsdestoweniger ist es einzelnen englischen Dichtern gelungen, Lautmalerei in weitestem Umfange zu üben und schon durch den blossen Klang ihrer Verse ein anschauliches

---

1) Die vortonigen Silben französischer Worte haben sich meist behauptet, indessen in der älteren und in der Vulgärsprache werden auch sie häufig abgeworfen, z. B. 'noyance f. annoyance', 'cide f. decide', 'cital f. recital'. Bei Shakespeare und seinen Zeitgenossen sind derartige sowie die S. 226 in Anm. 2) erwähnten Kürzungen sehr häufig, vgl. ABBOTT, Shakesp. Gramm. p. 339 ff.

2) -ier : y, -fier : fy, -plier : ply, -iser : ize.

3) Zu beachten ist, dass derartige lautliche Wiedergaben von Naturgeräuschen und Thierstimmen (z. B. Sausen des Windes, Knistern des Feuers, Rieseln des Wassers, Bellen des Hundes, Krähen des Hahnes) immer nur subjectiv sind: ein und dasselbe Naturgeräusch oder ein und dieselbe Thierstimme wird von verschiedenen Völkern oft ganz verschieden aufgefasst und folglich auch mit ganz verschiedenen Lauten nachgeahmt.

und ergreifendes Bild bestimmter Situationen zu schaffen und den Hörer in die beabsichtigte Stimmung geradezu hineinzuzwingen. Es beruht das weniger auf dem Gebrauche zahlreicher schallnachahmender Worte — es giebt solcher eben verhältnissmässig nicht viele —, als vielmehr auf genialer Verwendung von Worten, welche, an sich gar nicht lautmalend, doch in ihrer Zusammenstellung durch Gleichklang ihrer Vocale oder sonstwie lautmalerisch wirken ; dazu kommt die nicht minder geniale Handhabung des Rhythmus. Meisterwerke lautmalender Gedichte sind z. B. Coleridge's »The Ancient Mariner« und »Christabel« u. A. Poe's »The Raven«.

5. Da der Hochton erhaltend auf die Stammsilbe der germanischen und oft auch der romanischen Worte eingewirkt hat [1]), so ist die Zurückführung der neuenglischen Worte auf ihr angelsächsisches oder französisches Etymon meist leicht zu bewerkstelligen. Ueber das Angelsächsische und Französische hinaus führt die Etymologie einerseits in das Gebiet der vergleichenden allgemein germanischen und weiterhin indogermanischen Sprachwissenschaft, andererseits in das der lateinischen Philologie und von da aus ebenfalls in die vergleichende Sprachwissenschaft. So gewährt die etymologische Forschung dem Anglisten den weitesten Spielraum, stellt ihm eine unmittelbare und eine mittelbare Aufgabe.

Mitunter ist die Herkunft eines Wortes durch die Geschäftigkeit der Volksetymologie verdunkelt worden, z. B. cowcumber f. cucumber, sparrowgrass f. asparagus, currants f. corinths; hierher gehört wohl auch goose-berry, das aus groseilles herausgebildet worden sein dürfte [2]).

Der unorganische Einschub eines n oder l in französischen Worten (z. B. messenger, principle, vgl. oben § 27, Nr. 3 f.)

---

1) Allerdings ist die Qualität des Vocals der Stammsilbe häufig geändert worden, aber die Stammsilbe als solche ist doch immer geblieben, während im Romanischen, namentlich im Französischen, die Stammsilbe oft bis zur Unkenntlichkeit und bis zum Verlust ihres Silbenwerthes verstümmelt worden ist, vgl. z. B. coucher mit col*l*ocare, jauger.mit *acqualificare, chauffer = *calefare f. calefacere.

2) Auch sonst haben Wortentstellungen stattgefunden, namentlich bei vielgebrauchten Worten, wodurch die Etymologie stark getrübt wurde, so z. B. bei luncheon, das aus noon-shun entstanden sein dürfte (vgl. TRENCH, English Past and Present, p. 127).

beruht wohl auf Angleichung der romanischen Wortausgänge an germanische.

6. Die Vulgärsprache gestattet sich die zuweilen gewaltsamsten Wortkürzungen durch Abwerfen der Ausgangssilben, z. B. biz f. business, pub f. public house, demi-rep f. demireputation (d. i. person of doubtful reputation), mob(b) f. mobile, incog f. incognito. Vgl. STORM a. a. O. p. 158 und 436.

7. Die der Kindersprache entnommenen Koseformen der gebräuchlichen Vornamen zeigen die wunderlichsten Kürzungen und Lautvertauschungen, z. B. Hodge aus Roger, Dick aus Richard, Kit aus Christopher, Kate aus Katherine, Ted, Ned und Teddy f. Edward etc., Loo f. Lewis u. dgl. Derartige Formen finden sich ja in der Kindersprache aller Völker, kommen aber da über die Kinderstube und das Familienzimmer nicht viel hinaus. Wenn in England solche Namensformen allgemein üblich geworden sind und theilweise ihren ursprünglichen Charakter als blosse Koseformen ganz abgelegt haben, so beruht dies wohl darauf, dass dem Englischen die Fähigkeit, Deminutiva von Personennamen zu bilden, ganz abgeht.

8. Die englischen Ortsnamen, soweit sie germanischen Ursprunges sind — denn viele sind keltischer Herkunft oder auch noch halblateinisch (so die auf -chester, -cester, -coln) —, sind meist durch Zusammensetzung, namentlich mit tún = town, -ton, -wich, -burg (borough) und -ham, gebildet.

9. Bedeutungswandel haben zahlreiche sowohl germanische wie französische Worte erfahren, z. B. cniht ist als ne. knight in seiner Bedeutung verengt worden (jetzt nur »Ritter«, angelsächsisch junger Mann, tapferer Mann, Held); dagegen hat kindly, eigentlich nur soviel wie »zu einem Geschlecht gehörig«, eine Erweiterung erfahren, indem es auch im moralischen Sinne (»gütig«) gebraucht wird (das Wort hatte eine ähnliche Bedeutungsentwickelung wie das deutsche »edel« oder, freilich nur ungefähr, wie lat. nobilis, wenn man im vulgären Deutsch von einem »nobeln« Charakter spricht; ein Analogon zu der Entwickelung von kindly ist gentle (= gentilis); [h]l[áf]ord aus hláfward, »Brotherr« ist zu einer Adelstitulatur geworden, ebenso ist es mit é[s]cuyer = esquire ergangen, wenigstens ähnlich mit hlaefdige = lady; gossip aus god sib hat seine eigentliche Bedeutung allerdings bewahrt, daneben aber eine

scheinbar ganz fernliegende (»Schwätzer, Klatscher, auch concret »Geschwätz«) angenommen, in welcher es auch verbal gebraucht wird, es hat also ein gleiches Schicksal gehabt, wie frz. commérage; ags. tún »Zaun, umzäunter Platz« ist in der Bedeutung bis zu Stadt gesteigert worden u. s. w. u. s. w. — Frz. contrée hat als country eine sehr erweiterte Bedeutungssphäre erhalten; journée hat als journey den ihm eigentlich zukommenden Zeitbegriff ganz mit dem der »Reise« vertauscht; couvre-chef »Kopftuch« ist als kerchief zu einem Tuche überhaupt geworden, wird aber fast nur im Compositum handkerchief gebraucht, welches seinerseits nicht mehr, wie ursprünglich »Handtuch« (towel), sondern »Schnupftuch« bedeutet. Und so liessen sich noch Beispiele in Fülle aufführen.

Andrerseits ist wohl zu beachten, dass zahlreiche englische Worte noch genau in derselben Bedeutung gebraucht werden, welche ihnen im Angelsächsischen, bezw. im Altfranzösischen eigen war, dass also neben der Fähigkeit des Wandels auch die des Beharrens der Bedeutung im englischen Wortschatze eine grosse gewesen ist [1].

Leider ist die Bedeutungsgeschichte der englischen Worte noch gar wenig untersucht und behandelt worden. Ein empfindlicher Mangel ist namentlich, dass in den Wörterbüchern zwischen den älteren und den gegenwärtig üblichen Gebrauchsweisen eines Wortes oft nicht genau, ja oft überhaupt nicht geschieden wird.

10. Wie jede Sprache und zumal jede Cultursprache, ist auch die englische reich an Synonymen, ja sie besitzt deren in besonderer Fülle, da neben das germanische Wort häufig ein sinnverwandtes romanisches getreten ist (z. B. country neben land, city neben town, soldier neben warrior, etc. etc.). Indessen auch schon das Angelsächsische besass einen staunenswerthen Reichthum an Synonymen, welchen die Poesie ebenso zu ihrem Vortheile wie zu ihrem Nachtheile ausbeutete.

---

[1] Ueber den Bedeutungswandel innerhalb des angelsächsischen Wortschatzes liesse noch manches Besondere sich sagen. Hier sei nur darauf hingewiesen, dass im Angelsächsischen gern der Theil für das Ganze, der Stoff statt des aus dem Stoffe Gefertigten gebraucht wird, so wenn statt »Schild« lind und rand gesagt wird. Ueberhaupt ist ja die angelsächsische Dichtung im metaphorischen Wortgebrauche sehr frei und kühn.

§. 34. Die Wortableitung im Englischen. 1. Ein Wort entsteht:

a) Wenn die Stammsilbe (Wurzelsilbe) selbst Trägerin eines Wortbegriffes wird und also in Wortfunction eintritt. In diesem Falle können die Flexionssuffixe unmittelbar an die Stammsilbe gefügt werden, z. B. co-m, dó-đ.

b) Wenn an die Stammsilbe ein deren Bedeutung irgendwie determinirendes Ableitungssuffix tritt.

2. Die Zahl der wortbildenden (oder wortableitenden) Suffixe ist im Indogermanischen eine sehr erhebliche. Die einzelnen Sprachsippen und Sprachen sind jedoch in der Verwendung des ursprünglich vorhandenen Suffixbestandes sehr verschiedene Wege gegangen.

Das Angelsächsische zeigt eine grosse Armuth an Suffixen, und in der weiteren Entwickelung der Sprache hat sich dieselbe noch gesteigert. In diesem Vorgange ist eine Wirkung der Stammsilbenbetonung zu erblicken, da durch diese letztere die Suffixe ausnahmslos der Nachtonigkeit anheimfielen und in Folge dessen allen aus derselben sich ergebenden Gefährdungen ihres Lautbestandes überliefert wurden.

Durch den in weitem Umfange eingetretenen Suffixschwund wurde die formale Scheidung der einzelnen Wort- und Flexionskategorien (z. B. der Declinationen) vielfach zerstört oder doch verdunkelt. In dem Schwund der Ableitungssuffixe ist auch der äussere Grund oder richtiger Anstoss zu dem Absterben der substantivischen Genusunterscheidung im Englischen zu erblicken.

Für den Suffixschwund haben theilweisen Ersatz gewährt:
a) Die Wortcomposition, indem vielfach die als zweite Compositionsbestandtheile fungirenden Nomina functionell zu Suffixen abgeschwächt wurden (z. B. hád). b) Die Verwendung romanischer Suffixe auch für germanische Wortstämme. — Bezüglich der Verbalableitung leistet mittelbaren Ersatz die Verwendungsfähigkeit der Substantiva und Nomina in verbaler Funktion, vgl. oben §. 32, Nr. 2.

3. Die wichtigsten der im Angelsächsischen noch lebendigen Ableitungsuffixe sind:

a) Für die Ableitung von Substantiven [1]:

---

[1] Unberücksichtigt blieben hier diejenigen Suffixe, mittelst deren die Declinationsthemata (o-Stämme u. a.) gebildet werden.

α) *-ere* (aus -arja) dient zur Ableitung von masc. Nominibus agentis, z. B. fisc-ere, hearp-ere, wrít-ere etc., angebildet ist auch cáscre (aus Caesar). Vgl. KLUGE, Nominale Stammbildungslehre der altgerm. Dialecte (Halle 1886), § 9.

β) *-ing* (aus -inga), erweitert -(i)*ling*, dient zur Angabe männlicher Personen, um deren Eigenschaften, Familienzugehörigkeit, Abstammung u. dgl. zu bezeichnen, wird auch in deminutivem Sinne gebraucht, z. B. cyn-ing, racp-ling, eigentlich der mit dem Stricke (raep = rope) Gefesselte, der Gefangene, dyr-ling, lyt-ling Kind, cnáp-ling, ʒeong-ling, Hréðl-ing Sohn des Hréðel (also Patronymikum) etc. etc. Vgl. KLUGE, § 22 bis 27 und 55.

γ) *-a[n]*, dient zur Bildung männlicher Nomina agentis, z. B. wig-a[n] Kämpfer, sceað-a[n] Feind. Vgl. KLUGE, § 15.

δ) *-estre* (aus -strijó, -astrjòn), dient zur Bildung weiblicher Nomina agentis, z. B. bǽc-estre, webb-estre, hearp-estre, sang-estre etc. Vergl. KLUGE, § 48.

ε) *-en* (aus -injó, -iní, dient zur Femininbildung, z. B. gyd-en Göttin, ðéow-en Magd, Dienerin. Vgl. KLUGE, § 39 ff.

ζ) *-ung, -ing* (aus -ungò, -ingò), dient zur Ableitung von femininen Abstractis aus schwachen Verbis, z. B. leorning, miltsung. Vergl. KLUGE, § 158 ff.

ι) *-od, -ad* (aus -òþu), dient zur Bildung masculiner Abstracta, z. B. hunt-oð Jagd, lang-oð Sehnsucht; das Suffix erscheint auch durch n- erweitert, z. B. hunt-noð. Vgl. KLUGE, § 133 ff.

ϑ) *-ness*, *-niss* (aus -inassu) dient zur Ableitung von Abstracten aus starken Verben [1] und aus Adjektiven, z. B. lýf-ness, éht-ness, ʒelíc-niss. Vgl. KLUGE, § 138 f.

ι) *-ð* (aus -iþó), dient zur Bildung nominaler Abstracta (Masc.) z. B. fyl-ð, trýw-ð (tréow-ð), díf-ð. Vgl. KLUGE, § 121 f.

x) *-ma, -m*, dient zur Bildung masculiner Concreta, z. B. blóst-ma, fǽð-m, bot-m etc. Vgl. KLUGE, § 68.

b) Für die Ableitung von Adjectiven:

α) *-en* (aus -inó), dient zur Ableitung von Adjectiva (namentlich stoffbezeichnenden) aus Subst., z. B. gyld-en, cyper-en, hǽs-len. Vgl. KLUGE, § 198 ff.

β) *-ig* (über die sehr complicirte Entwickelung dieses Suffixes, das mit lateinisch-griechischem -ico in Zusammenhang steht, vergl. KLUGE, § 202, dient zu Ableitung von Adj. aus Subst. und Adj., z. B. blód-ig, hál-ig.

γ) *-isc* (aus -i-sko), dient zur Bildung von Adj. aus Völkernamen, z. B. engl-isc, wiél-isc etc. Vgl. KLUGE, § 209 f.

δ) *-iht, -eht* (dunkeln Ursprunges), dient zur Bildung stoffbezeichnender Adj., z. B. staen-cht, haer-eht etc. Vgl. KLUGE, § 218.

---

1) Das Suffix tritt namentlich gern an Participien an, z. B. forgifennis, ácenned-nis.

ε) *-u-l, o-l* (aus -lo), dient zur Ableitung von Adj. aus Verbalwurzeln, z. B. flug-ol (v. fléon) flüchtig, swic-ol trügerisch (v. swícan) etc. Vergl. KLUGE, § 191 f.

c) für die Ableitung von Verben:

α) Für die Verbalableitung sind am wichtigsten diejenigen Suffixe, durch deren Anfügung der Eintritt des betr. Verbs in die schwache Conjugation bedingt wird. Vgl. unten Capitel 6 die die Conjugation behandelnden Paragraphen.

β) *-ettan*, dient zur Ableitung von Verben aus Adj., z. B. hál-ettan, líc-ettan, saer-ettan.

d) Für die Ableitung von Adverbien:

Das einzige zur Ableitung von Adv. dienende Suffix [1]) ist *-unga, -inga*, z. B. eall-unge gänzlich; das Suffix kann durch eintretendes l erweitert werden, z. B. grund-lunga gründlich. Vgl. KLUGE, § 159.

4. Die in dem vorangegangenen Abschnitte aufgeführten Suffixe stellen sich im Neuenglischen folgendermassen dar:

a α) Ags. -ere: neuengl. *-er*, dient zur Bildung von Nomina agentis, z. B. bak-er, rid-er, read-er.

a β) Ags. -ing, erweitert -ling: neuengl. *-ing, -ling*, dient zur Bildung von Subst. zur Angabe der Abstammung, Zugehörigkeit, zur Bildung von Menschen- und Thiernamen, endlich zur Deminutivbildung, z. B. k[in]-ing = king, hire-ling, dar-ling, young-ling, chick-ling, oak-ling.

a γ) Das ags. Suffix -a[n] ist abgestorben.

a δ) Ags. -estre: neuengl. *-ster*, nur in wenigen Subst. dient das Suffix noch zur Bildung weiblicher Nomina agentis (z. B. spinster), meist wird es zur Bezeichnung männlicher Personen, die eine Thätigkeit ausüben, gebraucht, z. B. web-ster, game-ster, song-ster; von derartigen Masculinen werden dann mittelst des romanischen Suffixes -ess wieder Feminina abgeleitet, z. B. song- str-ess.

a ε) Das ags. Suffix -en ist abgestorben.

a ζ) Ags. -ung, -ing: neuengl. *-ing*, dient zur Bildung von Verbalsubstantiven, z. B. bless-ing, end-ing, fight-ing, und ist überdies in die Function des Part. Präs. (Gerundiums) eingetreten.

a η) Das ags. Suffix -oð, -að ist abgestorben, ersetzt wird es durch -ing und -th.

a ϑ) Ags. *-ness, -niss*: neuengl. *-ness*, dient zur Ableitung von Abstracten aus Adj., z. B. blind-ness, old-ness etc. etc.; gern tritt das Suffix an bereits mit -less zusammengesetzte Adj. und erhebt dieselben zu Subst., z. B. life-less-ness, reck-less-ness.

a ι) Ags. -ð: neuengl. *-th, -t* dient zur Bildung nominaler Abstracta, z. B. tru-th, you-th, thef-t.

---

[1]) Der gewöhnliche Adverbialausgang -e ist nicht Ableitungs-, sondern Casussuffix, gehört also nicht hierher.

a x) Angelsächsisch -m[a] : neuenglisch -om, z. B. bloss-om, fath-om, bott-om.

b α) Ags. -en : neuengl. -en, -n, dient zur Ableitung von Adj., welche eine Zugehörigkeit, namentlich stofflicher Art, bezeichnen, z. B. gold-en, heath-en, ow-n (aus ág-en).

b β) Ags. -ig: neuengl. y, dient der Ableitung von Adj. aus Subst., z. B. blood-y, hol-y, guilt-y etc.; das Suffix ist sehr beliebt und wird zu einer Fülle von Neubildungen verwandt.

b γ) Angels. -isc : neuengl. -ish, -sh, dient zur Ableitung von die Abstammung bezeichnenden Adjectiva, z. B. engl-ish, wel-sh, french (aus frencisc).

b δ) Das ags. Suffix -iht, -eht ist abgestorben, ersetzt wird es durch -y = -ig.

b ε) Das ags. Suffix -al, -ol ist nahezu aufgegeben, vielleicht ist es erhalten in fickle = ficol.

c) Das verbale Suffix -ettan ist aufgegeben.

d) Von den Adverbialbildungen auf -linga hat sich wohl nur darkling erhalten.

5. Zur uneigentlichen Wortableitung (Ableitung durch Composition) dienen im Angelsächsischen, bezw. im Neuenglischen :

a) Zur Bildung von Substantiven die ursprünglichen Substantive: α) dóm, (»Stand, Würde«), neuengl. dom, dient zur Bildung von Abstracten aus Adj. und Subst., z. B. fréo-dóm, wís-dóm, neuengl. king-dom, free-dom; das Suffix ist im Neuengl. wenig beliebt und wird zu Neubildungen nur selten verwandt. Ueber ags. dóm vgl. KLUGE, § 165.

β) scipe (aus skapi [1] »Art, Weise«), neuengl. -ship, dient zur Bildung von Abstracten, meist aus persönlichen Subst., z. B. fréond-scipe = friendship, weord-scipe = worship. Vgl. KLUGE, § 166.

γ) hád (aus haid; »Stand, Charakter«), neuengl. -hood, dient zur Bildung von Abstracten aus Subst., z. B. cíld-hád = child-hood, maeden-hád = maidenhood. Vgl. KLUGE, § 164.

δ) raeden, neuenglisch abgestorben, dient im Ags. zur Bildung von Abstracten aus Subst., z. B. fréond-raeden, comp-raeden. Vgl. KLUGE, § 162.

ε) lác (zusammenhängend mit dem Verbum laecan), neuengl. (nur sehr selten) lock, dient zur Bildung von Abstracten aus Subst., z. B. réaf-lác, wed-lác = wed-lock. Vgl. KLUGE, § 161.

ζ) Altnord. leik, dient zur Bildung von Abstracten aus Adj. »Um 1200 drang dieses Suffix mit skandinavischen Lehnworten ins Englische und wurde hier productiv (Orrm allein verwendet etwa dreissig Bildungen auf leik); doch sind sie dem Neuenglischen fremd (nur knowledge, me. knowleiche?).« KLUGE, § 161.

---

[1] Mit scapi ist verwandt das seltene Suffix -sceaft, z. B. in meotodsceaft, vgl. KLUGE, § 167.

b) Zur Bildung von Adjectiven die ursprünglichen Nomina:

α) -líc (v. gemeingerm. líka »Körper«, Leib«), neuengl. -ly, dient zur Ableitung von Adj. aus Subst., z. B. corð-líc = earthly, gást-líc = ghost-ly. Vgl. KLUGE, § 237.

β) -sum (von gemeingerm. sama-), neuengl. -some, dient zur Ableitung von Adj. aus Subst. und Adj., z. B. lang-sum, sibb-sum, neuengl. tiresome u. dgl. Vgl. KLUGE, § 239.

γ) -cund (v. got. kunds, eigentl. »geboren, erzeugt«), schon ags. selten, neuenglisch nicht mehr vorhanden, z. B. corð-cund irdisch, heofon-cund himmlisch. Vgl. KLUGE, § 241.

δ) fäst, neuenglisch nicht mehr vorhanden, dient zur Bildung von Adj. aus Subst., z. B. húsfäst ein Haus habend', sóðfäst, árfäst. Vergl. KLUGE, § 242.

ε) baere (westgerman. bäri »tragend«', neuenglisch nicht mehr vorhanden, dient zur Ableitung von Adj. aus Subst., z. B. äppelbaere, léohtbaere. Vgl. KLUGE, § 243.

ζ) wende (aus wandi), neuenglisch nicht mehr vorhanden, dient zur Ableitung von Adj. aus Subst. und Adj., z. B. húl-wende heilsam, léofwende freundlich, etc. Vgl. KLUGE, § 245.

η) full = neuengl. full  
ϑ) léas = » less  
ι) feald = » fold  

Diese Bildungen bedürfen weiterer Bemerkungen nicht, sie sind im Neuenglischen noch voll lebendig.

Ueber heard = ard s. No. 6.

c) Das Verbum laecan verbindet sich mit Adjectiven (auch mit án) und Adverbien, z. B. ʒenéah-laecan nähern, gerihtlaecan berichtigen, ánlaecan vereinigen.

d) Die Bildung der Adverbien auf líce = ly wird in § 47 I, 6 behandelt werden.

6. Aus dem Niederländischen scheint das — dem Angelsächsischen noch fremde — nominale Deminutivsuffix -kin in das Englische überführt worden zu sein, wo es namentlich zur Ableitung von Personennamen gebraucht worden ist, z. B. Wil-kin, Per-kin u. dgl.

Die Verwendung des Adjectivs heard (-ard) als Suffix zur Bildung von einen, meist in malam partem verstandenen, Personenbegriff bezeichnenden Substantiven (z. B. drunk-ard, dizz-ard, slugg-ard u. dgl.) dürfte auf französischen Einfluss zurückzuführen sein.

7. Die schwachen Verben auf -ia-n, in denen dem Suffixe ein n, l oder r vorausging (z. B. cristenian, segel-ian, myrðr-ian etc.) haben den Anstoss zur Bildung und Verwendung der secundären Verbalableitungssuffixe -en, -le und -er gegeben.

Mittelst -en werden von Adjectiven und Substantiven causative Verba abgeleitet, z. B. mad (d)-en, sharp-en, fright-en, light-en.

Mittelst -le werden Deminutiva u. Frequentativa gebildet, z. B. drizz-le, dwind-le, babb-le, cack-le, gigg-le.

Die Verba auf -er bezeichnen eine in Intervallen vor sich gehende, ruckweise erfolgende Thätigkeit, z. B. shiver, quiver, glitter, flatter; oft aber auch haben sie schlechthinnige Bedeutung, z. B. better, hinder etc.

8. Mit den zahlreich in das Englische übernommenen französischen Worten sind selbstverständlich auch die an diesen Worten haftenden Wortableitungssuffixe in das Englische verpflanzt worden und haben sich dort zum grossen Theile als lebensfähig erwiesen, freilich nur nachdem sie eine durch die veränderten Tonverhältnisse bedingte lautliche Umwandelung haben ertragen müssen (z. Beisp. -té : -ty, -é und -ée : -ey, -agne : ain, -eux [altfrz. -ous] : -ous etc. etc.); häufig ist die Wandelung nur in der Aussprache vollzogen, während die Schrift ganz oder annähernd die [alt]französische Form bewahrt hat, so z. B. bei -age, -ain, -our etc. Analogische Suffixübertragung hat namentlich bei -y stattgefunden, denn z. B. -ary = -aire [statuary = statuaire], -ory = -oire [z. B. memory = mémoire], -mony = moine [patrimony = patrimoine], -ency, -ancy = -ence, -ance [opulency, infancy = opulence, enfance], endlich ist -y auch = -ie und -ère [jealousy, Italy = jalousie, Italie, misery = misère].) [1]

9. Indem französische, bezw. romanische Suffixe auch an germanische Wortstämme antreten können — wie umgekehrt germanische Suffixe auch an romanische Wortstämme (z. B. beauti-ful, probabily, wo freilich l einen doppelten Ursprung hat, weil eigentlich probable-ly) —, so wird dadurch die Dürftigkeit des ursprünglichen englischen Suffixbestandes einigermassen gehoben. Indessen doch eben nur einigermassen, denn empfindliche Lücken sind immer noch zu bemerken. So wird

---

[1] Einige frz. Wortausgänge haben dem Englischen so widerstrebt, dass sie völlig aufgegeben und durch andere ersetzt worden sind, so z. B. die Verbalausgänge -quer und -guer, -ger, z. B. für communiquer, naviguer, mitiger ist eingetreten communicate, navigate, mitigate; derartige Bildungen auf -ate sind auch sonst beliebt; ursprünglich lehnten sie sich wohl an die (endungsbetonten) Verbalsubstantiva auf -a-tion, -a-ture an.

namentlich vermisst die Fähigkeit zur durchgreifenden Bildung von Femininis zu den einen Stand, Amt, Verwandtschaft u. dgl. bezeichnenden Masculinen (wie im Deutschen zu Koch, Diener, Gevatter u. dgl. Köch-in, Diener-in, Gevatter-in u. dgl. gebildet wird); denn selten ist zur Bezeichnung des Feminins ein besonderes Wort vorhanden (wie queen neben king,) und auch die Anwendung des romanischen Suffixes -ess, das sich öfters mit -ster (s. oben Nr. 3 u. 4 *α δ*) verbindet (princ-ess, songstr-ess), vermag keinen Ersatz zu leisten, da es nur einen verhältnissmässig kleinen Anwendungskreis gefunden hat. So ist der Engländer, wenn er persönliche Femininbegriffe ausdrücken und wenn er Thiere weiblichen Geschlechts bezeichnen will, zu unbequemer und pedantischer Umschreibung mit male, female, man, maiden, woman u. dgl. genöthigt (vgl. unten § 39 Nr. 4 und 5, S. 266.) Freilich auch der Franzose befindet sich vielfach in der gleichen Lage.

Ein Mangel ist auch, dass das Englische Deminutive, Augmentative und Collective nur in sehr beschränktem Umfange zu bilden vermag.

Es ist somit um die Wortableitung im Englischen dürftig bestellt. Wenn nichtsdestoweniger das Englische den Sprachen, welche über einen reichen Suffixbestand verfügen, in Bezug auf Leichtigkeit und Zutreffendheit des Gedankenausdruckes keineswegs nachsteht, so ergiebt sich daraus eben, dass ein und dasselbe Ziel mit verschiedenen Mitteln erreicht werden kann. Was andere Sprachen durch Suffixe erreichen, erreicht das Englische, falls ihm Suffixe fehlen, wenigstens oft ebensogut auf andere Weise; wo z. B. andere Sprachen (etwa das Deutsche oder das Italienische) von Personennamen Deminutive bilden, da braucht das Englische Kindersprach-Formen, vgl. oben § 33, Nr. 7.

§ 35. **Die Wortzusammensetzung im Englischen.**
1. Wie alle germanischen Sprachen, so besitzt auch das Englische im ausgedehntesten Masse die Fähigkeit, Worte, welche eine Begriffseinheit bilden, auch zu einer Lauteinheit zu verbinden. Es ist jedoch zu bemerken, dass das somit hergestellte zusammengesetzte Wort lediglich durch den Begriff und durch den Hochton zu einem Ganzen zusammengefasst wird, während in anderen Sprachen (Sanskrit, Griechisch, Lateinisch) eine

noch engere Verbindung hergestellt zu werden pflegt (im Sanskrit wachsen die einzelnen Bestandtheile eines Compositums gleichsam aneinander, z. B. nilôtpala = nîla + utpala; im Lateinischen und Griechischen tritt der sog. Compositionsvocal ein, z. B. signi-fer). In Wirklichkeit ist also die englische Wortzusammensetzung mehr nur eine Wortzusammenschiebung und würde richtiger Juxtaposition als Composition zu nennen sein. Die durch solche Juxtaposition gebildeten englischen Wortcomplexe haben in ihrem Bestande etwas Schwankendes und Unbestimmtes an sich, da das Verhältniss ihrer einzelnen Theile zu einander oft eine engere und oft wieder eine weitere Auffassung gestattet. In der Schrift drückt sich dies durch die Unsicherheit der Schreibung aus, denn bald schreibt man die einzelnen Theile zusammen als ein Wort, (z. B. holiday), bald verbindet (oder auch trennt) man sie durch Bindestrich (z. B. drawing-room) oder endlich man lässt sie ganz unverbunden (z. B. summer evening). Es ist eben der Zusammenhang solcher Wortgebilde ein nur loser.

Die fast unbegrenzte Leichtigkeit der Wortcomposition ist für das Englische ebensowohl ein Vortheil als auch ein Nachtheil, denn wenn sie einerseits der Bequemlichkeit, Raschheit und Anschaulichkeit des Gedankenausdrucks sehr zu statten kommt, so beeinträchtigt sie doch andrerseits dessen Klarheit und Schärfe und leistet leicht einer gewissen Verschwommenheit und Zerfahrenheit der Anschauungen Vorschub. Es ist lehrreich, in dieser Beziehung Vergleiche anzustellen zwischen dem Englischen und dem, die Juxtaposition nur in beschränktem Masse sich gestattenden, Französischen.

Wie leicht begreiflich, übt die grosse Com- (bezw. Juxta) positionsfähigkeit des Englischen erheblichen Einfluss auf die Gestaltung der Syntax und Stylistik, namentlich auch der poetischen Stylistik, wie sich dies bereits, und zwar in besonderem Grade, an der angelsächsischen Dichtung beobachten lässt. Bemerkt sei hier auch, dass wegen seiner Compositionsfähigkeit das Englische (wie überhaupt das Germanische, auch das Slavische) zur wenigstens relativ genauen Wiedergabe der griechischen Litteraturwerke weit geeigneter ist, als das Romanische —, eine culturgeschichtlich und völkerpsychologisch wichtige Thatsache.

2. Besonders entwickelt ist im Englischen die Nominalcomposition. Sämmtliche von der Sanskritgrammatik aufgestellten Kategorien derselben lassen sich im Englischen, wenn auch in ungleichem Umfange, nachweisen, wie folgende kurze Uebersicht zeigen möge:

a) Dvandva oder Composita copulativa (Subst. + Subst. in appositionellem Verhältnisse), z. B. prince-consort, washer-woman, peacock. — b) Karmadhâraya oder Composita determinativa (Adj. + Subst., das letztere wird durch das erstere näher bestimmt), z. B. blackbird, holiday, gentleman. — c) Tatpurusha oder Composita objectiva (Subst. + Subst., das erste steht zu dem zweiten in einem syntaktischen Abhängigkeitsverhältniss, sei es in dem accusativischen oder genetivischen oder dativischen oder locativen oder instrumentalen), z. B. inn- keeper, goldfinder. deer-stealing, sunrise, Oxford (ags. Oxena ford), rope-dancer (who walks in a rope), country-gentleman (resident in the country), side-glance (glance from oder to the side), birth-right (right to which a person is intitled by birth), sword-fight (Gefecht mit dem Schwert). — d) Dvigu oder Composita collectiva (Numerale + Subst.), z. B. sixpence, fourscore. — e) Bahuvrihi oder Composita possessiva oder attributiva (Adj. + Subst. oder Subst. + Subst., das Ganze bildet einen zusammengesetzten neuen Begriff, welcher attributiv auf ein Subst. bezogen werden kann), z. B. block-head, d. h. einen Klotzkopf habender, dummer Mensch; hierher dürften auch Composita, wie one-eyed, one-sided u. dgl. zu ziehen sein[1]. — f) Avyayîbhâva oder Composita adverbialia (Adv. + Subst.), ungefähr, aber freilich nur ungefähr, gehören in diese Classe Composita wie evergreen, das Immergrün; genaue Entsprechungen für sanskritische Bildungen, wie atimâtram, abhimukham u. dgl., dürften dem Englischen fehlen.

Damit sind aber die Möglichkeiten der Nominalcomposition im Englischen noch nicht erschöpft, denn es lassen sich z. B. noch verbinden Adjectiv + Adjectiv, z. B. dark-brown, redhot, deaf-mute, Substantiv + Präposition + Substantiv, z. B. father-in-law, man-of-war.

Uneigentliche nominale Composita sind solche, deren einer Bestandtheil ein Genetiv ist, z. B. townsman, Fitzroy = fils [du] roi, Macdonald = Donaldson. (Vgl. auch unten § 39, 5c) am Schluss).

Durch die Macht des auf dem ersten Bestandtheile ruhenden Hochtons ist der zweite Bestandtheil eines Nominalcom-

---

1) Beliebt ist im Englischen die Bahuvrihibildung aus Subst. + Part. Prät., z. B. velvet-footed »sammtfüssig«.

positums zuweilen lautlich bis zur Unkenntlichkeit entstellt, ja mit dem ersten zu einer Silbe verschmolzen worden, z. B. orchard = [w]ortʒeard¹) Würzgarten, vineyard, lord aus hláfward, -ton aus town, -shîr statt shäîr etc. Auf diese Weise sind auch ursprüngliche Nomina, wie dóm, hád, full etc. zu scheinbaren Ableitungssuffixen herabgesunken, vgl. oben § 34, No. 5.

5. Aus dem Französischen hat das Englische mehrfach Nomiualcomposita übernommen, z. B. verjuice, safe-guard, auch solche nach französischem Muster gebildet, z. B. passtime.

Nominalcomposita können wieder zu Compositis zweiten, ja höheren Grades verbunden werden, z. B. Christmas-plumpudding, Gunpowder-treason-day; namentlich in terminis technicis wird mitunter Wort an Wort gereiht (Im. Schmidt in seiner Gramm. p. 230 führt z. B. an Corrupt Practices Prevention Act Amendement Bill.) Dem gewöhnlichen Sprachgebrauche sind jedoch, wie selbstverständlich, hierin gewisse Grenzen gesteckt, wie das ja auch im Deutschen der Fall ist.

3. Zusammensetzung eines Verbums mit einem Nomen oder Adverb ist selten, indessen kommen doch derartige Fälle vor, z. B. way-lay', par[t]take, whitewash, backbite u. dgl.

Beliebt sind Verbindungen eines Verbalstamms, der vom Sprachgefühl oft als Imperativ aufgefasst wird, mit einem Nomen oder Adverb, breakfast, draw-back, go-between, run-on (verse), pick-pocket, Shake[-]speare »Schüttelspeer«. Aus derartigen Verbindungen entstehen mitunter förmliche Satzcomposita, z. B. forget-me-not.

4. Präfixverbindung einer Partikel (Präposition, Adverb) sowohl mit dem Nomen als auch mit dem Verbum wird in weitestem Umfange geübt, und werden zu diesem Zwecke sowohl germanische wie romanische Partikeln verwandt; die Zusammensetzungen mit letzteren sind allerdings meist unmittelbar aus dem Französischen, bezw. aus dem Lateinischen übernommen. Eine Aufzählung der einzelnen Arten der Partikelzusammensetzung würde hier zwecklos sein.

---

1) Stratmann, Engl. Stud. III, 14, nimmt die Reihenfolge ortʒeard, ortceard, orceard, orchard an.

5. Wie in anderen Sprachen, so liebt auch im Englischen die Umgangs- und die Vulgärsprache die lautliche Zusammenziehung der sogenannten Hülfsverben (Modalverben u. dgl.) mit den ihnen vorangehenden oder nachfolgenden Personalpronominibus, z. B. I'm = I am, You're = You are, You'd = You had, šläï = shall I (vgl. SWEET, Elementarbuch etc. p. 92, Nr. 33) etc., wie überhaupt in der gesprochenen Sprache durch den Satzaccent verbundene Wortgruppen zu einheitlichen Lautcomplexen zusammengefasst zu werden pflegen [1]), ein Umstand, der dem, welcher das Englische nur buchmässig erlernt hat, das Verständniss des Gesprochenen anfangs so ungemein erschwert.

Auf derselben Neigung beruht die im Angelsächsischen so beliebte Zusammenziehung der Negation ne mit nachfolgendem Pronomen, Adverb oder Verb, z. B. näs = ne wäs, nást = ne wást, nát = ne wát, naenig = ne aenig etc. Im Neuenglischen sind von derartigen Verbindungen erhalten no = ne á, none = ne án, neither = ne either ne äghveder, naught, not = náht, ná wiht.

§ 36. Litteraturangaben. 1. Wörterbücher [2]). Das Ideal eines englischen Wörterbuches würde ein Wörterbuch sein, welches alle in der englischen Sprache und ihren Mundarten vorhandenen und jemals vorhanden gewesenen Worte verzeichnete und einem jeden Worte Bemerkungen über seine Laut- und Bedeutungsentwickelung, seine sonstigen Schicksale, seinen Gebrauchskreis, seine syntaktische Construction und Alles, was sonst etwa noch von Wichtigkeit sein kann, beifügte. Ein derartiges Wörterbuch aber giebt es nicht, wird und kann es auch niemals geben, weil die Zusammenfassung des ne. Wortschatzes unmöglich ist (vgl. oben § 33, Nr. 9), der Wortschatz der einzelnen Perioden der Vergangenheit (der angelsächsischen etc.) aber uns in den erhaltenen Litteraturwerken nur bruchstücksweise überliefert ist.

Immerhin jedoch wäre schon viel gewonnen, wenn für das Englische ein gleich vielseitiges und umfangreiches Wörterbuch vorhanden wäre, wie es für das Französische in dem von LITTRÉ vorliegt. Ein derartiges Werk ist nun auch wirklich unter J. H. A. MURRAY'S Leitung in der Ausführung begriffen, nämlich:

A New English Dictionary, founded namely on the materials

---

1) Es genügt, auch nur einen Abschnitt in SWEET's Elementarbuch anzusehen, um sich das zu veranschaulichen.

2) Wenigstens in einer Anmerkung seien hier erwähnt STRATMANN's Beiträge zu einem Wörterbuche der englischen Sprache. Bielefeld 1855/60, Schlussheft (oder vielmehr 7. und letzte) Lieferung, Krefeld 1868.

collected by the Philological Society, edited by JAMES H. A. MURRAY, Oxford, at the Clarendon Press (seit 1884)[1].

Die bis jetzt erschienenen Hefte aber, so relativ verdienstlich sie auch sind, entsprechen doch nicht ganz den berechtigten Erwartungen und halten den Vergleich mit LITTRÉ's Dictionnaire nicht aus. Man merkt dem vorliegenden Theile des Buches eben sehr deutlich an, dass die englische Philologie in England selbst noch eine sehr jugendliche Wissenschaft ist.

Abgesehen von MURRAY's Dictionary sind die vorhandenen englischen Wörterbücher einseitig, d. h. sie beziehen sich nur auf einzelne Sprachperioden oder auf einzelne Dialecte oder auf einzelne Schriftsteller, bezw. Litteraturwerke, oder aber nur auf Etymologie oder Synonymik oder Aussprache etc. Gemeinhin versteht man unter einem englischen Wörterbuche ein solches, welches ausschliesslich oder doch ganz vorwiegend nur die englische Schriftsprache berücksichtigt.

a. Angelsächsische, alt- und mittelenglische Wörterbücher s. oben S. 62 u. 81 [2].

b) Dialectwörterbücher und -glossare siehe oben Seite 199 ff., dort sind namentlich auch die das Schottische betreffenden Werke verzeichnet.

c) Wörterbücher der Schriftsprache (einschliesslich derjenigen, welche nebenbei auch die Dialecte, die Aussprache, die Etymologie etc. berücksichtigen. — Ueber MURRAY's Dict. s. oben.

Die englische Lexicographie beginnt — abgesehen von der Glossenlitteratur des Mittelalters [3], — im 16. Jahrhundert und wird im 17. eifrig fortgesetzt, um im 18. mit JOHNSON's Dictionary einen gewissen Abschluss zu finden.

Selbstverständlich haben diese ältesten Wörterbücher — so das von COOPER Thesaurus 1578), von FLORIO (A World of Words, a most copious

---

[1] Vgl. Anglia VII, Anz. 1 und VIII, Anz. 8, Deutsche Litteraturzeitung 1884, Nr. 19, S. 691, The Academy, vom 9. 2. und 8. 3. 1884. Engl. Stud. VIII, 120 u. IX, 466.

[2] Nachgetragen werde hier — aber nur der Vollständigkeit halber, nicht weil das Buch etwas taugte —: LE HÉRICHER, Glossaire étymologique anglo-normand, ou l'anglais ramené à la langue française. Paris 1885. M. 7.50.

[3] Die ältesten angelsächsischen, bezw. englischen Glossare liegen in folgenden Ausgaben vor: TH. WRIGHT, Anglo-Saxon and Old-English Vocabularies, 2. ed. revised by WÜLKER, L. 1884, vgl. E. St. VIII, 149. — The Epinal Glossary ed. by SWEET. L. 1884 (Facsimile-Ausg.). — Oldest English Texts ed. by SWEET. L. 1885. — Vgl. ausserdem die Angaben bei KÖRTING, Grundriss etc. § 68. — Sehr werthvolle Beiträge zum ältesten englischen Sprachschatze (Excerpte aus der Interlinearversion von Beda's liber scintillarum) hat auch KLUGE in Engl. Stud. IX, 35 gegeben. — Das älteste im Druck vorliegende englische Wörterbuch ist wohl: Catholicou Anglicum: An English-Latin Word-Book dated 1483 ed. etc. by HERRTAGE and WHEATLEY, in E. E. T. S. 1881, vgl. Literaturbl. f. germ. u. rom. Phil. 1883, Sp. 80 und Anglia V, Anz. 26.

Dictionary of the Italian and English Tongues 1568., COTGRAVE (A Dictionary of the French and English Tongues 1612) etc. — nur ein sprachgeschichtliches Interesse, dieses aber allerdings in hohem Grade. Wesentlich nur noch sprachgeschichtliches Interesse besitzt gegenwärtig auch des berühmten Sprachmeisters und Sprachtyrannen DR. SAMUEL JOHNSON Dictionary of the English Language (angekündigt 1747, zuerst erschienen 1755, 2 Bde.), welchem von den Zeitgenossen eine ähnliche Autorität zuerkannt wurde, wie in Frankreich dem Dictionnaire de l'Académie, und das auch jetzt noch hohen Ansehens sich erfreut, wie immer neu erscheinende Ausgaben (namentlich in der Bearbeitung von LATHAM) beweisen. Vergl. WHEATLEY, The Story of Johnson's Dictionary, in: The Antiquary XI, 11.

Die umfangreichsten, vollständigsten u. besten englischen (für Engländer in englischer Sprache verfassten) Wörterbücher sind die von WEBSTER (zuerst New York 1828), von WORCESTER (zuerst Boston 1846), von RICHARDSON (London 1844; besonders werthvoll durch die zahlreichen, chronologisch geordneten Citate, vgl. STORM a. a. O. p. 143), OGILVIE (Imperial Dictionary, L. bei Blackie and Son), HUNTER (The Encyclopaedic Dictionary, zuerst London 1879) und CASSEL (Encyclopaedic Dict., noch im Erscheinen begriffen). Alle diese Werke, von denen natürlich immer das spätere auf den früheren (namentlich auf Webster) beruht und über welche man STORM'S, p. 140 ff., kritische Bemerkungen vergleichen möge, bieten eine erstaunliche, mitunter verwirrende Fülle des vielseitigsten Inhalts dar und enthalten also schätzbares Material in Masse; die wissenschaftliche Bearbeitung desselben entspricht aber auch nicht entfernt den Anforderungen der philologischen Methode, namentlich sind die gegebenen Etymologien oft geradezu abenteuerlich und die Aussprachanweisungen bizarr. Der Hauptwerth aller dieser Bücher beruht auf den Begriffsbestimmungen und synonymischen Unterscheidungen, welche sie geben.

Die englisch-deutsche, bezw. deutsch-englische Lexicographie liegt noch sehr im Argen. Ein Parallelwerk zu SACHS-VILLATTE'S trefflichem frz. Wörterbuche wird von der Langenscheidt'schen Buchhandlung zwar seit langen Jahren vorbereitet, sein Erscheinen dürfte aber noch nicht so bald zu erwarten sein. Die relativ besten Werke sind die bekannten von THIEME, FLÜGEL [1], LUCAS, KÖHLER, von denen wohl ein jedes gewöhnlichen praktischen Bedürfnissen genügt. — Ein in seiner Art treffliches Hülfsmittel ist das »Notwörterbuch« von MURET (Berlin ohne Jahr [1884], Langenscheidt), über dessen dritten Theil »Land und Leute in England« noch unten in der Schlussnummer dieses §, S. 252 ein Wort gesagt werden soll.

Beiträge zur Lexikographie haben geliefert BÜCHMANN in Herrig's Archiv Bd. 21—24, THEILKUHL, ebenda LVI, 377, LIX, 393, PINEAS LI, 212,

---

[1] Vgl. dessen Aufsatz: Das englische Lexikon in Deutschland, in Herrig's Archiv XIII, 250,

244   Kap. V. § 36. Die Worte des Englischen.

SEITZ, ebenda LIV u. LX, SEITZ u. ERZGRÄBER, ebenda LX, 361, STOFFEL und TEN BRUGGENCATE, in Taalstudie IV, 3 u. 4.
Ein »Supplementary English Glossary« von DAVIES ist L. 1881 erschienen, vgl. The Athenaeum 1881 II, 558.
Ein ausgezeichnetes, Jedem, der sich mit Englisch beschäftigt, schlechterdings unentbehrliches Werk, zugleich eine Art von Reallexikon, ist \*HOPPE'S Englisch-deutsches Supplementlexikon, 2. Ausg., Berlin 1888 Langenscheidt).
Pronouncing Dictionaries s. oben S. 243 — Etymologische Wörterbücher, synonymische Wörterbücher, technische Wörterbücher, Reallexika s. unter den folgenden Nummern.

d) Wörterbücher zu einzelnen Schriftstellern. Abgesehen von den Glossaren zu angelsächsischen und altenglischen Texten und abgesehen von den einzelnen Schulausgaben beigefügten Vocabularien fehlt es noch gar sehr an Specialwörterbüchern. Der einzige Schriftsteller, für welchen in dieser Beziehung etwas wissenschaftlich Werthvolles vorliegt, ist Shakespeare; die wichtigsten einschlägigen Werke sind: DELIUS, Shakespeare-Lexikon. Bonn 1852. — \*A. SCHMIDT, Shakespeare-Lexikon. 2. Ausg. Berlin 1886 (hochbedeutendes Werk, obwohl mancher Besserung bedürftig und philologischen Anforderungen nicht voll entsprechend; eine Neubearbeitung nach streng philologischen Grundsätzen wäre sehr wünschenswerth). — NARES, A Glossary, or Collections of Words, Phrases, Names etc., which have been thought to require illustration in the works of English authors, particularly Shakespeare and his contemporaries. L. 1859 »eine gediegene Arbeit, entspricht aber nicht mehr den Anforderungen der Zeit«. STORM, p. 388). — MACKAY, New Light on some obscure Words and Phrases in the Works of Shakespeare. L. 1884.

Sonst ist eben auf diesem Gebiete nichts irgendwie Bedeutendes zu nennen [1], es giebt zwar Glossare z. B. zu Burns und zu Scott, aber diese verfolgen nur ganz praktische Zwecke.

Der Mangel an Specialwörterbüchern (ein solches fehlt z. B., meines Wissens wenigstens, sogar für die Bibelübersetzung) gereicht der englischen Philologie zu schwerem Nachtheile; es ist dringend zu wünschen, dass dem jetzt herrschenden Nothstande bald in ausgiebiger Weise abgeholfen und damit eine noch fehlende feste Grundlage für Wort- und Wortformenforschung, nicht minder für Untersuchungen über historische Syntax geschaffen werde. Vgl. über den Gegenstand auch KÖRTING, Encykl. d. rom. Phil. I, 199 f.

2. Fremdsprachliche Elemente im Englischen: DAVIES, A Comparison of Celtic Words found in Old English Literature and English

---

[1] Einigen Ersatz für die fehlenden Specialwörterbücher bieten die für einige Autoren vorhandenen »Concordances«, so die von FURNESS zu Shakespeare (»mit einem Worte mustergültig« ELZE, Grundriss etc., p. 289), von CLEVELAND zu Milton, L. 1867, von ABBOTT zu Pope L. 1875, von BRIGHTWELL zu Tennyson, L. 1869.

Dialects with Modern Celtic Forms, in: Archaeologia Cambrensis Nr. 47, p. 89 und die folgenden Nummern — Gaelic and English, or the Etymology of the Celtic and Teutonic Languages, in: The Scottish Celtic Review II, 115 — MACKAY, Gaelic Etymology of the Languages of Western Europe, especially of the English and Lowland Scotch and of their Slang, Cant and Colloquial Dialects. L. 1878 — Gaelic Lore and Modern Slang, in: Blackwood's Magazine 1878, II, 59.

SKEAT, A List of English Words, the etymology of which is illustrated by comparison with Icelandic. Prepared in the form of an appendix to Cleasby's and Vigfusson's Icelandic. English Dictionary. L. 1877. 2 sh. — SARRAZIN, Altnordisches im Beówulfsliede, in Paul's und Braune's Beitr. XI, Heft 3. — BRATE, Nordische Lehnworte im Orrmulum, in Paul's und Braune's Beitr., Bd. X, Heft 1 und 3.

LE HÉRICHER, Glossaire étymologique anglo-normand ou l'anglais ramené à la langue française. Paris 1865, vgl. oben S. 242, Anm. u. d. T. — BEHRENS' Schrift u. dgl. s. oben S. 79.

BELJAME, Quae e gallicis verbis in anglicam linguam Johannes Dryden introduxerit. Paris 1881.

BEHNSCH, Ueber das Verhältniss der deutschen und der romanischen Elemente in der englischen Sprache. Berlin 1844 Progr. — EHLERDINGS, The German and the Latin Elements in the Engl. Lang. Nauen 1879 Progr. — (GIESELER, Ueber die angelsächsischen Bestandtheile der englischen Sprache. [wo?] 1863 Progr.).

WITHWORTH, An Anglo-Indian Dictionary: A Glossary of Indian terms used in English, and of such English or non-indian terms as have obtained special meanings in India. L. 1885. M. 14.40.

STANFORD, Dictionary of Anglicised Foreign Words and Phrases, vgl. Transactions of the Philol. Soc. 1882/84 Part. 1, 7.

3. Wortgeschichte[1]. TRENCH, English Past and Present. L. 1855 und oft (das Buch besteht aus einer Reihe populärer, mitunter auch recht dilettantischer Vorträge, die sich ganz amüsant lesen lassen und ut denen man unter vieler Spreu auch manches Goldkörnchen findet. Es ist bezeichnend für den Stand der englischen Philologie in England, dass ein Buch wie das TRENCH'sche im Vergleich zu andern ähnlichen Werken immerhin auf einer gewissen wissenschaftlichen Höhe steht). Von demselben TRENCH ist verfasst eine ebenfalls popularisirende Schrift: On the Study of Words. 17th Ed. L. 1878. 5 sh. — WHITE, Words and their Uses. Past and Present. 6th ed. L. 1853. — TRENCH, A Select Glossary of Words used formerly in senses different from their present. 6th ed. L. 1879. — HERFORD, Old Words used in Miracle Plays, in: The Antiquary X, 135. — LUMBY, A Glossary of difficult, ambiguous, or obsolete Bible Words, illustrated from English writers contemporary with the Authorized Version. L. 1880, 8 d., vgl The Acad. XVIII, 331.

---

[1] Ueber die allgemein german. Sprachgeschichte vgl. FÖRSTEMANN, Geschichte des deutschen Sprachstammes, s. oben S. 200 Anm.

GRONHOUD, Doublets in English[1]), in: Taalstudie IV 3, V 4, V 6 und VI 1. — WARNKE, Ueber die neuengl. Zwillingswörter (Scheideformen). Coburg 1882 Progr., vgl. Literaturbl. für german. und roman. Phil. 1883, Sp. 264.

4. Etymologie. a) Etymolog. Einzelschriften: CONNOR, The Elements of English Etymology. L. 1882. — SWEET, Contributions to Old English Etymology and Phonology, in: The Academy 1879, I 197. — PALMER (A. SMYTHE), Leaves from a Word Hunter's Note Book, being some contributions to English Etymology. L. 1876, und: Folk Etymology: A Dictionary of Words Perverted in Form or Meaning by False Derivation or Mistaken Analogy, L. 1881, vgl. Literaturbl. f. germ. und rom. Phil. I, Sp. 33. — BARRET, On the Etymons of Musical Terms, in: Transact. of the Royal Society of Lit. 2. Series, Vol. IX, 355. — BROWNE, The Origin of Certain Technical Terms, chiefly those used in Engineering, vgl. The Acad. Nr. 606, S. 401, Nr. 609, S. 14. — ZUPITZA, English Etymology in 1881 and 1882, in: Transactions of the Cambridge Philolog. Society Vol. II, 243.

b) Volksetymologie: ANDRESEN, Ueber deutsche Volksetymologie. 3. Ausg. Heilbronn 1878 (dieses ebenso gelehrte wie anziehend geschriebene Büchlein, welches zu lesen Jedem grösstes Vergnügen machen und reichsten Nutzen bringen wird, enthält auch für englische Volksetymologie schätzbare Beiträge). — PALMER, Folk-Etymology. L. 1881, 21 sh., und: A Dictionary of Verbal Corruptions of Words Perverted in Form or Meaning by False Derivation or Mistaken Analogy. L. 1882. — WERSHOVEN Engl. Volksetymologie, in Herrig's Archiv LXIV, 476. — GOEDERS Zur Analogiebildung im Mittel- und Neuenglischen. Kiel 1885).

c) Etymologische Wörterbücher[2]): Die besten etymologischen Wörterbücher der englischen Sprache sind:

SKEAT, An Etymological Dictionary of the English Language. Arranged on an Historical Basis. Oxford (Clarendon Press) 1879/80, 2. ed. 1884, vgl. Anglia IV, Anz. 50, E. St. III, 356 und 505, The Acad. Nr. 642, p. 126, The Athenaeum vom 25. 10. 1884[3]);

und:

ED. MÜLLER, Etymolog. Wörterb. der engl. Spr. 2. Ausg. Cöthen 1878/79, M. 18, vgl. Anglia IV, Anz. 50, E. St. IV, 460.

[1]) Behandelt werden: ship skiff, boak beech, bank banch, kirk church, draught draft, queen quean, gate gaite etc.

2) Es ist selbstverständlich, dass auch für den englischen Philologen die auf die deutsche Etymologie bezüglichen Werke von Wichtigkeit sind, so vor allen GRIMM's Wörterbuch und KLUGE's ebenso handliches wie gediegenes etymologisches Wörterbuch der deutschen Sprache. 2. Ausgabe. Strassburg 1883. — Wer bis auf das Indogermanische zurückgehen will, muss FICK's Wörterbuch (freilich mit Vorsicht!) benutzen.

3) Auf SKEAT's Dict. beziehen sich nachstehende Schriften: WEDGWOOD, Contested Etymologies in the Dict. of the Rev. W. W. SKEAT, L. 1882. — POWELL, Observations on Some Celtic Etymologies with refe-

Beide sind vortrefflich, aber freilich der Vervollkommnung noch sehr wohl fähig. Die englische Philologie ist eben noch eine junge Wissenschaft, das empfindet man auch bei der Benutzung dieser, an sich hochverdienstlichen Bücher [1]).

Von älteren etymologischen Wörterbüchern verdient nur das von WEDGWOOD (2. ed. L. 1872) genannt zu werden, weil es viel werthvolles Material enthält, sonst ist es als phantastisch und veraltet zu bezeichnen.

Die Zahl der mehr nur praktischen Zwecken dienenden derartigen Werke ist Legion, es seien z. B. angeführt WARD and LOCK, Standard Etymol. Dict. of the Engl. Lang. L. 1880; WEBB, Manual of Etymology. Philadelphia 1879; STORMONTH, Etymol. and Pronouncing Dict. of the Engl. Lang. 5. ed. L. 1879 (7 sh. 6 d.).

d) Etymologien einzelner Worte u. dgl. [2]): Abacot. Ath. No. 2832 p. 157 — Ästel. Ac. 1881 p. 395 (ZUPITZA) — ‚Aiths-Bone', or ‚Edge-Bone', Ac. No. 549 p. 384 (SKEAT) — Amulet. Anglia VII Anz. 99 (TRAUTMANN) — Bad. Engl. Stud. VI 91 (SARRAZIN)[3]) Barewe, bare, bere Engl. Stud. VII 65 (BRINK) — Bend. Anglia IV 105 (KLUGE) — Beóhata. Engl. Stud. II 312 (Sweet) — Bewray. Ac. 15 April. 1881 — Bless. Angl. III 156 SWEET) — Blout. Engl. Stud. II 19 (STRATMANN) — Bummel-Kite. Ac· No. 635 p. 11, No. 636 p. 30, No. 637 p. 48 (BARDLEY) — Burlaw Court. Ath. 20. Aug. 1881, p. 239 (GOMME) — Burleymen. Ath. 1879 II p. 146, 367, 694 (GOMME), 176 (SKEAT), 305 (BECKE) — Burr. Anglia IV Anz. 50 (TRAUTMANN) — Bysig. Paul's u. Braune's Beitr. IX 193 (KLUGE) — Catch. Anglia III 376 (VARNHAGEN) u. IV Anz. 52 (TRAUTMANN) u. IV Anz. 412 (SKEAT) 414 (SCHRÖER) — Catcher. Anglia IV Anz. 53 (TRAUTMANN) — Chequers Tree. Ac. No. 569 p. 223 u. No. 570, p. 242 — Cleaca. Ac. No. 534 p. 86 (DAVIDSON) — Collop. Anglia IV Anz. 54 (TRAUTMANN) — Commodore. Ac. No. 568 p. 98 — Deal. Anglia IV Anz. 54 (TRAUTMANN) — Dear. Anglia VIII Anz. 144. (TRAUTMANN) — Decoy. Engl. Stud. X 81 (STOFFEL) — Derring-Do. Ac. 30 Apr. 1881 p. 320 (FURNIVALL) — Donkey. Ath. No. 2916 p. 348 (DIXON) — Dusk. Anglia IV Anz. 55 (TRAUTMANN) — ‚Earne' or ‚Erne' = to grieve. Ac. XIX 62 (SKEAT) — Fag. Anglia IV Anz. 56 (TRAUTMANN) — Farm. Ath. No. 2875 p. 746 — Feft. Ac. No. 610 p. 32 (SKEAT) u. Feft and Camp. Ac. 12. Jan. 1884 (SKEAT) — Fields and Closes. Ac. No. 599 p. 283, No. 600 p. 301, No. 601 p. 317,

---

rence to Prof. SKEAT's Etym. Dict., in The Acad. Nr. 627, p. 335. — MAYHEW, The Neo-Celtic Part in Prof. SKEAT's Dict., in The Acad. Nr. 531, p. 32.

1) Ueber SKEAT's Dictionary vgl. man auch die gehaltvolle, vielleicht aber etwas allzu scharfe, Recension von NICOL im Litteraturbl. f. germ. u. rom. Phil. 1880, Nr. 1, Sp. 17.

2) Im Folgenden wird The Academy mit Ac., The Athenaeum mit Ath. abgekürzt.

3) Vgl. auch E. St. VIII, 66 u. 424.

248   Kap. V. § 36. Die Worte des Englischen.

No. 602 p. 333 — Flue. Ath. No. 2955 (SKEAT) — Forest. Ac. 1878 I 442
NICOL u. LESLIE) — For-sake. American Journ. of Philol. No. 9 (GARNETT)
— Friar Tuck. Ac. No. 620 p. 205 (BRADLEY) — Fubbs. Ac. vom 20. Oct.
1883, ausserdem No. 595 p. 231, No. 597 p. 250, No. 598 p. 266 — Fudge.
Anglia IV 55 (TRAUTMANN) — ‚Furry Day' at Helstone. Ac. No. 616
p. 132 (SKEAT) — Gâ. Ac. No. 599 p. 285 u. No. 600 p. 302 — Garsec$_5$.
E. Stud. II 314 (SWEET) — Geðawenian. Paul's u. Braune's Beitr. VII 454
(COSIJN) — Good-bye. Anglia VIII Anz. 144 (TRAUTMANN) — Grep. Engl.
Stud. IX 505 (KLUGE) — Hag. Ac. No. 632 p. 424, No. 633 p. 440, No. 636
p. 32 ansserdem Ac. vom 7. Juli 1884 — Hive. Philol. Soc.'s Proceedings
1882/83, p. VI (SWEET) — Hnappian. Bezzenberger's Beitr. VII 94 (FICK)
— Hréð and Hréðgoðan. Taalkundige Bijdrage I 29 (KERN) — -ild. Engl.
Stud. II 29 (STRATMANN) — it. Philol. Soc.'s Proceedings 1882/83 (SWEET
— Jury-mast. Ac. vom 8. März 1884 (SKEAT) — Kestrel. Ac. No. 544 p.
262 (SKEAT) — Kill. Ac. 18. 77. II 220 (MORRIS) — Labarum. Ath. 1879
I 121 (E. SCOTT) — Light. Anglia VIII Anz. 145 (TRAUTMANN) — Loose.
Anglia VII Anz. 152 (ZUPITZA) — Low Sunday, or White Sunday. Ac.
No. 518 p. 250 (FRIEND) u. No. 520 p. 287 (BRITTEN) — Lug. Ac. No.
640 p. 97 (MAYHEW), No. 641 p. 111 (TAYLOR) No. 642 p. 126 (PEACOCK
and WARD), ausserdem die Nummer vom 23. Aug. 1884 (WARD) — Lurk.
Anglia IV Anz. 55 (TRAUTMANN) — Mellow. Anglia IV Anz. 56 (TRAUT-
MANN) — Merry. Engl. Stud. VIII 465 (ZUPITZA) — Nowein. Ac. 635 p. 11
(ZUPITZA) — Occlude. American Journal of Philol. III 464 (SHEPHERD) —
Oferðwingan. Anglia IV 105 (KLUGE) — Old Mother Hubbard. Ath. No.
2887 p. 2 48 (HALES) — Orchard. Engl. Stud. III 14 (STRATMANN) — Ose-
muud. The Antiquary VIII 153 u. IX 46 — Pail. Engl. Stud. X 180
(KLUGE) — Painim. Anglia IV Anz. 56 (TRAUTMANN) — Paradise. Ac. No.
512 p. 140 (SKEAT). A Fool's Paradise. Ath. No. 28 29 p. 67 — Pilgarlick.
Ac. No. 544 p. 259, No. 547 p. 312 — ‚Port' and ‚Port-Reeve'. Antiqua-
rian Magazine and Bibliographer IV 266, V 113, 247, 282, VI 23 — Rare
in the sense of underdone. Ac. XX 493 — Robin Hood. Ac. No. 593 p.
181, No. 596 p. 230, No. 597 p. 250, No. 605 p. 384 — Rollock or Rul-
lock. Ac. No. 585 p. 46 (SKEAT) — Saunter. Ac. No. 571 p. 259, No. 572
p. 276 — Shrew-Mouse. Ath. vom 29. März 1881, p. 396 — Sihan. Bezzenberger's Beitr. VII 270 (FICK) — Sixes and Sevens. The Antiquary IX 239
(WHEATLEY) — Spiwen, speowen. Engl. Stud. II 19 (STRATMANN) — Stark.
Anglia IV Anz. 56 (TRAUTMANN) — Stid. Bezzenberger's Beitr. VIII 164
(FICK) — Surround. Transact. of the Philol. Soc. 1862/84 p. 247 (SKEAT,
ebenda Proceedings p. XVI (MURRAY) — Sweot. Anglia IV 106 (KLUGE)
— Swinebeor$_5$. Ac. vom 25. Mai 1884, ausserdem No. 630 p. 387 — Tri-
anton and Antona. Ac. No. 573 p. 295, No. 576 p. 349, No. 584 p. 29 —
Upholsterer. Ac. 1877 I 490 (LITTLEDALE) u. I 514 (WEDGWOOD) — Uprist.
Ath. No. 2905 S. 638 u. No. 2907 p. 58 (MASON u. DIXON) — Wainscot.
Taalstudie IV 2 (VINCKERS) — Wicing. Philol. Soc. Proceeding 1862/83 p.
VI — Wi$_5$anborh. Ath. 1879 II 48 (DAVIDSON) — Wræeð. Paul's u. Braune's
Beitr. IX 195 — Wynbrowes. Ac. No. 508 p. 66 — Yet in Wordsworth.
Ath. No. 2934 (HALES).

5. **Onomatologie**[1]. RAMSAY, Romano-Celtic Names. Ac. No. 568 p. 206 — HRUSCHKA, Zur ags. Namenforschung. Prag 1884 Progr. — English and Norman Names, in The Academy 1878 II 221 (FREEMAN) — An Unpublished List of Some Early Territorial Names in England, in: The Journal of British Archaeological Assoc. XL Part 1 u. 2 p. 28. — COLE, On Scandinavian Place Names in the East Riding of Yorkshire (Vortrag in der Driffield Literary and Scientific Society, August 1878) — BROWNE, Distribution of Place Names in the Scottish Lowlands, in Transact. of the Philol. Soc. 1880/81, p. 322. — FREEMAN, The Antiquity of the Name Somersetshire, in Acad. XVII 458 — JOYCE, The Origin and History of Irish Names and Places. 5th. ed. Dublin 1883, 2 Bde., und: Irish Local Names explained. New Ed. Dublin 1883.
MORRIS, The Etymology of Local Names. L. 1857. — ECKARDT, Ueb. engl. Ortsnamen. Harburg 1871. Progr.
TEGG, Christian Surnames: Their Origin and Signification. L. 1883. — CHARNOCK, Praenomina, or, the Etymology of the Principal Christian Names of Great Britain and Ireland. New Ed. L. 1882 — CARTHEW, The Origin of Family, or Surnames (mit besonderer Rücksicht auf East Durham, Norfolk'. Norwich 1883 (?) — What shall we name it? A Dictionary of Baptismal Names for Children, containing upwards of 2000 names with their meanings etc. L. 1885 — FERGUSON, Surnames as a Science. L. 1883, vgl. Athenaeum No. 2906 (7. 9. 83) p. 9 — LOWER, English Surnames. An Essay on Family Nomenclature ,Historical, Etymological and Humorous. 3d Ed. L. 1858, 2 Bde. — LOWER, Patronymica Britannica. A Dictionary of the Family Names of the United Kingdom. L. 1860 — BARDSLEY, English Surnames, their Sources and Signification. 2d Ed. L. 1875.

Pflanzennamen: FOURNIER, Noms des plantes en anglo-saxon, in: Journ. des Savants, Juni 1881 — EARLE, English Plant Names from the 10th to the 15th century. L. 1880 — MILLER, A Dictionary of English Names of Plants applied in England and among English-speaking People to Cultivated and Wild Plants. L. 1884 — SMITH, Dictionary of Popular Names of Plants which furnish the natural and acquired wants of man in all matters domestic and general economy, their history, products and use. London 1881 (?) — FRIEND, Popular Flower Names, in The Acad. vom 28. Oct. 1882. No. 547 p. 315 (pug-in-a-primmel), und: Devonshire Plant Names, in: Publ. der Dialect Soc. 1883, vgl. LiteraturbL f. germ. u. rom. Phil. 1683 Sp. 244.

Fischnamen: HOUGHTON, Popular Names of Fishes, in Acad. No. 545 p. 279.

6. **Wortbildung und Wortzusammensetzung:** Da die auf Wortbildung bezüglichen Schriften meist zugleich für die Flexionslehre in Betracht kommen, so seien hier nur die folgenden genannt, (während andere

---

[1] Für Personennamen ist mittelbar auch für das Englische wichtig: FÖRSTEMANN, Altdeutsches Namenbuch Bd. 1 (Personennamen) Nordhausen 1854, Bd. 2 (Ortsnamen ebenda 1857/59, 2. Ausg. 1872.

Kap. V. § 36. Die Worte des Englischen.

im Schlussparagraphen des nächsten Capitels angeführt werden sollen)
KLUGE, Nominal-Stammbildungslehre der altgerm. Dialecte. Halle 1886. —
v. BAHDER. Die Verbalabstracta der german. Sprachen ihrer Bildung nach
dargestellt. Halle 1880 — HALL, On the English Adjectives in -able, wit he-
special reference to Reliable. L. 1877, vgl. Engl. Stud. I 503 — WARNKE,
On the Formation of English Words by Means of Ablaut. Halle 1878. —
GOEDERS, Zur Analogiebildung im Mittel- u. Neuengl. Kiel 1884 Progr. —
SCHRAUER, Kleine Beiträge zur altengl. Gramm. Berlin 1886 Diss. p. 35
(Adj. auf -ol, Femininum auf -estre, Verba auf -et[t]an etc.)
REGEL, de syllabae a ad formanda adverbia substantivis vel adjec-
tivis in lingua anglica praefixae origine et natura. Gotha 1855 Progr. —
LINDNER, Ueber das Präfix a im Englischen. Jena 1874 Habilitationsschr.
— HALDEMAN, Affixes in their Origin and Application, exhibiting the
Etymological Structure of English Words. Philadelphia 1884.
JUSTI, Ueb. d. Zusammensetzung der Nomina in den idg. Spr. Göt-
tingen 1861 — TOBLER, Ueb. die Wortzusammensetzung nebst einem An-
hange über die verstärkende Zusammensetzung. Berlin 1868 — KREMER,
Behandlung der ersten Compositionsglieder im germanischen Nominal-
compositum, in Paul's u. Braune's Beitr. VIII Heft 3. — OSTHOFF, das
Verbum in der Nominalcomposition im Deutschen, Griech., Slav. u. Roman.
Jena 1877.
SWEET, Disguised Compounds in Old English. Anglia III 151. —
STORCH Ags. Nominalcomposita. 1886. Diss. (Jena?).
VARNHAGEN, An Inquiry into the Origin and different Meanings of
the English Particle »but«. Rostock 1878 Diss.

7. Synonymik. Das wohl immer noch beste englische Werk über
engl. Synonymik ist: CRABBE, English Synonymes explained in Alphabe-
tical Order, zuletzt L. 1885 erschienen (im wesentlichen eine deutsche Be-
arbeitung des Buches ist: LEHMANN, Synonymisches Wörterbuch der engl.
Spr. Berlin 1860). Sonstige engl. Werke über Synonymik sind z. B. SMITH,
Synonyms Discriminated. A Dict. of Syn. Words in the Engl. Lang. L.
1882 — NORMAN, English Synonyms with Etymologies and Examples.
Wien 1883 — FENBY, Dict. of Engl. Syn. Liverpool 1878 — TAYLOR,
English Synonyms. New Ed. 1876 — FALLOWS, A Complete Handbook of
Synonyms and Antonyms. Chicago 1883.
Von deutschen Werken ist das verhältnissmässig beste [1]: KLÖPPER,
Englische Synonymik. Grössere Ausg. f. Lehrer u. Studierende. Rostock
1880. (Kleinere Ausg. f. Schüler. Rostock 1878.) — DRESER, Engl. Syno-
nymik. Wolfenbüttel 1879.
LÜTGENAU, Zur engl. Synonymik, in Herrig's Archiv LXXII 415.
ABEL, Die englischen Verba des Befehls. Berlin 1878 (vortreffliche
Einzelschrift, welche als Muster für ähnliche Arbeiten dienen kann.'
SCHEMANN, Die Synonyma im Beówulfsliede. I Die Nomina. Münster
1882 Diss.

---

[1] Doch verdient auch DRESER's Buch Lob, vgl. Engl. Stud. III, 400.

7. **Phraseologie, Citatensammlungen u. dgl.** ROGET, Thesaurus of Words and Phrases, classified and arranged so as to facilitate the expression of ideas and assist in literary composition. L. 1879 (reichhaltiges und brauchbares Werk, aber nur von denen, welche bereits einigermassen mit der Sprache vertraut sind, auszunutzen) — SAINTE-CLAIRE, PASQUET und HÖLSCHER, A Dictionary of English, French and German Idioms, Figurative Expressions, Proverbial Sayings. Berlin 1879 (empfehlenswerth, vgl. STORM a. a. O. p. 196; leider ist das Buch ziemlich theuer) — KLÖPPER, Englische Phraseologie f. höhere Schulen u. Studierende. Münster 1883, M. 2,50, vgl. Literaturbl. f. germ. u. rom. Phil. 1883 No. 5. Sp. 179 — LOEWE, Deutsch-engl. Phraseologie in systematischer Ordnung nebst einem Systematical Vocubulary. 2. Ausg. Berlin 1877, M. 2,50. (»Leider entspricht dieses Buch nicht den Erwartungen«. STORM a. a. O. p. 188,. Derselbe Verf. schrieb: Ueb. die Phraseologie der engl. Spr. Bernburg 1877 Progr. — WADDY, The English Echo. Praktische Anleitung zum Englischsprechen, Leipzig (Violet), in immer neuen Auflagen erscheinend, M. 1,50 (von STORM p 181 sehr gelobt) — BUSCH u. SKELTON, Handbuch der engl. Umgangssprache. Leipzig (Violet), M. 3. »Auch dies ist ein gutes Buch«. STORM, p. 185) — BOYLE, Idiomatisches Englisch f. Deutsche. Eine Sammlung der gebräuchlichsten Redensarten u. Anglicismen Berlin, 1878, 1,20 M. Vgl. Engl. Stud. III 389 — PLÖTZ, English Vocabulary. Berlin 1878 u. öftera. 2,25 M. (ganz brauchbar, obwohl nicht in dem Masse wie das französ. Vocabulaire systématique) — HIEBSLAC, Englische Sprachschnitzer. Gebrauch lächerlicher, anstössiger, oft unanständiger Worte und Redensarten von Seiten englisch sprechender Deutscher. Ein humoristischer Vortrag gehalten im Londoner deutschen Athenaeum. Mit einem Anange über deutsche Familiennamen in England, Verhaltungsregeln in englischer Gesellschaft, Titel, Anrede, Briefadresse. 2. Ausgabe. Strassburg 1885, 2 M.

FALLOWS, Handbook of Briticisms, Americanisms, Colloquial and Provincial Words and Phrases. Chicago 1883 — BREWER, Dictionary of Phrase and Fable, giving the Derivation, Source or Origin of 20,000 Common Phrases, Allusions and Words, that have a tale to tell. New Ed. L. 1877 7 sh. 6 d. — BARTLETT, Familiar Quotations: An Attempt to trace to their Source Passages and Phrases in common use. New Ed. L. 1877, 3 sh. 6 d. — FRISWELL, Familiar Words. An Index Verborum, or Quotation Handbook. L. 1880 — WEBSTER, Dictionary of Quotations. A Book of Ready Reference for all Familiar Words and Phrases in the Engl. Lang. New Ed. L. 1880. —

HALLIWELL, A Dictionary of Archaic and Provincial Words. 7th Ed. L. 1872.

8. **Fachwörterbücher u. dgl.** a) **Rechtskunde:** COX, The Institutions of English Government. L. 1863 — SH. AMOS, A Primer of the English Constitution and Government. 2d Ed. L. 1873 — The Cabinet Lawyer, a Popular Digest of the Laws of England etc. A Dictionary of Law Terms etc. London, Longmans, 8 sh., (empfehlenswerth, vgl. STORM S. 202) — SWEET (Charles), A Dictionary of English Law. L. 1882, vgl.

The Athenaeum No. 2855 p. 77 — WARD and LOCK'S Popular Law Dictionary, forming a Concise Compendium of the Common and Statute Law of England and Wales etc. L. 1884 — STIMSON, Glossary of Technical Terms, Phrases and Maxims of the Common Law. Boston 1881 — b) Philosophie: GARDEN, Dictionary of English Philosophical Terms. L. 1878 — c) Geschichte u. Geographie: Text-Book of Historical and Geographical Terms and Definitions. Manchester 1860 — d) Naturwissenschaften u. Medicin: WERSHOVEN, Naturwissenschaftlich-technisches Wörterbuch. Die Ausdrücke der Physik, Meteorologie, Mechanik etc. Berlin 1884 f. — BARNES, A German-English Dictionary of Words and Terms used in Medicine and its Cognate Sciences. L. 1881. — HARRIS, A Dictionary of Medical Terminology. Philadelphia 1877 — LONGLEY, Students Pocket Medical Lexicon. Philadelphia 1879 — e) Musik: NIECKS, A Concise Dictionary of Musical Terms. L. 1884 — f) Kunst: MOLLETT, An Illustrated Dictionary of Words used in Art und Archaeology. L. 1885 — g) Technologie: WERSHOVEN s. oben — EGER, Technological Dictionary in the English and German Languages. Braunschweig 1885, 2 Bde. — TOLHAUSEN, Technical Dictionary in the English, German and French Languages, containing about 76000 technical terms and locutions employed in arts, trade and industry in general. Leipzig (Tauchnitz) 1885 — VIVANT, Dictionnaire technique anglais-français: marine, chemins de fer, metallurgie, mines. Paris 1885 — g) Schifffahrt u. Handel: RUSSELL, Sailor's Language: A Collection of Sea-Terms and their definitions. L. 1884 — M' CULLOCH, A Dictionary Practical, Theoretical and Historical of Commerce and Commercial Navigation. L. 1880 — SCHOLL, Phraseological Dictionary of Commercial Correspondence, English, German, French and Spanish. Paris 1884 — SIMMONDS, The Commercial Dictionary of Trade Products, Manufacturing and Technical Terms. New. Ed. L. 1883.

9. Reallexika. Während die classische Philologie in Pauly's Realencyklopädie ein treffliches Hülfsmittel für Realienkunde (Geschichte, Geographie, Staats- u. Privatalterthümer etc.) und überdies eine ziemliche Zahl einschlägiger guter Specialwerke, ja sogar ein Schulzwecken dienendes Reallexicon (das LÜBKER'sche) besitzt, herrscht auf dem Gebiete der neueren, also auch der englischen, Philologie ein sehr empfindlicher Mangel, welcher namentlich in Bezug auf die Textinterpretation sich sehr nachtheilig fühlbar macht. Gerade die Eigenart der Verhältnisse des englischen Staats- und Privatlebens bringt es mit sich, dass dem Ausländer bei der Lecture englischer Litteraturwerke sowohl älterer wie neuerer und neuester Zeit vieles Sachliche unklar bleibt, wofern er nicht durch längeren Aufenthalt in England Land und Leute gründlich kennen gelernt hat.

Ueber die englischen Verhältnisse der Gegenwart findet man wenigstens einige Auskunft in HOPPE's gediegenem Supplementlexicon (2. Ausg. Berlin 1888), welches Realien in ausgedehntem Umfange berücksichtigt, und in dem von NEUBERT bearbeiteten 3. und 4. Theile (Land und Leute in England, bezw. in Nordamerika) des MURET'schen »Notwörterbuches« (Berlin 1884/86. Langenscheidt).

Ueber die mittelalterliche Cultur Englands kann man sich aus folgenden Werken unterrichten (vgl. ELZE, Grundriss etc. p. 178):
BOUTELL, A Manual of British Archaelogy. L. 1858 sehr reichhaltig, aber systemlos, doch ist das Buch wohl nicht so übel, wie ELZE meint — THRUPP, The Anglo-Saxon Home. A History of the Domestic Institutions and Customs of England. From the Fifth to the Eleventh Century. L. 1862 — WRIGHT, The Homes of Other Days. A History of Domestic Manners and Sentiments in England from the Earlist knowen Period to Modern Times. L. 1871.

Die besten englischen Conversationslexika sind: Die Encyclopaedia Britannia — The English Encyclopaedia — Chambers's Encyclopaedia. Leider sind alle diese Werke theuer und wenigstens für deutsche Studenten unerschwingbar; selbst auf den öffentlichen Bibliotheken Deutschlands glänzen sie meist durch Abwesenheit.

Den Studierenden der englischen Philologie ist dringend zu rathen, über sachliche Schwierigkeiten, welche ihnen bei der Lectüre aufstossen, nicht leichtfertig hinwegzulesen, sondern sich ernstlich um Aufklärung zu bemühen. Als Philolog muss man stets das volle und allseitige Verständniss eines Textes erstreben und darf die daraus sich ergebende Arbeit nicht scheuen, auch durch etwaigen Misserfolg von weiteren Versuchen sich nicht abschrecken lassen.

Sehr wünschenswerth wäre es, wenn einmal zu den Werken der bedeutenderen Schriftsteller — zunächst würde an Chaucer, Shakespeare, W. Scott, Byron zu denken sein — Reallexica verfasst würden, in denen man über die bei ihnen vorkommenden wichtigeren Realien Auskunft fände und in denen zugleich eine Uebersicht über die in ihren Dichtungen auftretenden Personen unter Beifügung einer kurzen Charakteristik u. dgl. gegeben würde. Für Scott ist ein Buch, welches diesen Wunsch wenigstens zum Theil erfüllt, bereits vorhanden: ROGERS, The Waverley Dictionary. An Alphabetical Arrangement of all the Characters in W. SCOTT'S Waverley Novels, with a Descriptive Analysis of each Character. Chicago 1878).

Nachtrag zu Nr. 5: *TANGER, Wörterbuch der englischen Eigennamen. Berlin 1888.

---

## Sechstes Kapitel.[1])

### Die Wortformen und Wortformumschreibungen des Englischen.

§ 37. **Allgemeines.** 1. Die indogermanischen Sprachen besitzen einen synthetischen Formenbau. Die Eigenart desselben besteht darin, dass Wurzelsilben, welche einem Personen-,

---

1) Die zu diesem Kapitel gehörigen Litteraturangaben sehe man in dessen Schlussparagraphen (§ 47).

Sach- oder Thätigkeitsbegriffe zum Ausdruck dienen (sogenannte Stoffwurzeln), durch antretende Suffixe[1]) nach irgend welcher Begriffsbeziehung hin näher bestimmt werden und mit diesen Suffixen zu einer lautlichen Einheit sich verbinden, wobei der Vocal des Suffixes den Vocal der Wurzelsilbe beeinflussen kann. Nimmt man z. B. die lateinische Wurzelsilbe rĕg, so entstehen durch Verbindung derselben mit gewissen Suffixen Nominalformen (reg-s, reg-is, reg-es etc.) und durch die Verbindung mit gewissen anderen Suffixen Verbalformen (z. B. reg-[u]nt, reg-si.)[2]).

2. Der synthetische Formenbau würde vollendet sein, wenn alle Begriffsbeziehungen, durch welche ein Personen-, Sachoder Thätigkeitsbegriff näher bestimmt werden kann, und ebenso alle begrifflichen Beziehungen, in welche er zu anderen Begriffen treten kann, durch Suffixe zum Ausdruck gelangten. Wenn dies in einer Sprache geschähe, so würde in derselben die Syntax in der Formenlehre enthalten sein. Eine vollkommen synthetische Sprache giebt es aber nicht, sondern alle sog. synthetischen Sprachen sind nur relativ synthetisch, d. h. es gelangen in ihnen die möglichen Begriffsbestimmungen und Begriffsbeziehungen nur zu einem Theile durch Suffixe zum Ausdruck, während sie zu einem anderen Theile durch Formworte (Präpositionen, sog. Hülfs- oder Modalverba) oder auch durch die Wortstellung ausgedrückt werden müssen. (Man denke z. B. daran, dass im Lateinischen die Bewegung nach einem Orte hin in der Regel nur durch eine Präposition oder z. B. die reciproke Handlung [»einander«] nur mit Hülfe von Pronominibus ausgedrückt werden kann).

3. Die indogermanische Ursprache ist auf dem Wege der synthetischen Formenbildung verhältnissmässig weit vorgeschritten und hat sich also einen relativ bedeutenden Wortformenbestand ausgebildet. Die aus der idg. Ursprache sich

---

1) Diese Suffixe sind entweder sogenannte Formwurzeln, d. h. zum Ausdruck von Verhältnissen des Raumes und der Zeit dienende Wurzelsilben, oder aber zu formaler Bedeutung abgeschwächte ursprüngliche Stoffwurzeln und selbst Worte.

2) Das obige Beispiel ist nicht ganz genau und zutreffend, veranschaulicht aber wohl genügend das, was veranschaulicht werden soll, und darauf allein kam es hier an.

entwickelnden, bezw. von ihr sich abzweigenden Einzelsprachen haben diesen Formenbestand ererbt, keine aber hat ihn vollständig bewahrt, sondern eine jede hat einen grösseren oder geringeren Theil desselben aufgegeben, also sich einer mehr oder minder bedeutenden Zahl von Wortformen entäussert. Da nun aber mit den aufgegebenen Wortformen nicht zugleich auch die durch diese ausgedrückten Begriffsbestimmungen und -beziehungen aufgegeben, sondern vielmehr beibehalten wurden, so mussten dieselben nunmehr durch Anwendung von Formworten zum Ausdruck gelangen, also auf analytischem statt auf synthetischem Wege.

4. Die grammatische Entwickelung der indogermanischen Sprachen verläuft demnach, wenigstens bis jetzt, auf der Bahn von der Synthesis zur Analysis. Worin dies begründet sein mag, ist eine hier nicht näher zu erörternde sprachphilosophische Frage, deren Beantwortung wohl darauf hinauslaufen würde, dass das allgemeine Naturgesetz, nach welchem jeder Organismus, wenn er einen gewissen Höhepunkt der Ausbildung erreicht, der allmählichen Zersetzung anheimfällt, eben auch für den Formenorganismus der Sprache Gültigkeit besitzt.

Es sind aber die idg. Sprachen auf dem Wege von der Synthesis zur Analysis in sehr verschiedenem Masse und mit sehr verschiedener Schnelligkeit vorgerückt, so dass von den noch gegenwärtig lebenden idg. Sprachen einzelne verhältnissmässig noch sehr synthetisch sind, während wieder andere schon einen verhältnissmässig hohen Grad analytischer Umbildung erreicht haben. Am weitesten vorgeschritten sind in der Analysis der Formen die germanischen Sprachen. Welche Ursachen dies bewirkt haben mögen, muss hier unerörtert bleiben, entzieht sich wohl auch gegenwärtig überhaupt noch wirklicher wissenschaftlicher Erörterung. Vermuthen lässt sich, dass das im Germanischen zur Herrschaft gelangende Gesetz der Hochbetonung der Stammsilbe den Formenschwund veranlasste oder doch förderte, da die tieftonig gewordenen Suffixsilben durch die Wucht der hochtonigen Stammsilbe in ihrem Lautbestande geschwächt wurden. Indessen kann darin unmöglich der einzige Grund erblickt werden, da auch ausserhalb des Germanischen in Sprachen, welche entweder (wie die slavischen) die Beweglichkeit des Hochtons sich bewahrt oder aber (wie das Lateinische, beziehungsweise das Romanische) das Endungbetonungsgesetz ausgebildet haben, ein sehr erheblicher Formenschwund stattgefunden hat. Die letzte Ursache ist gewiss oder vielmehr selbstverständlich eine psychologische. Bemerkenswerth ist übrigens, dass der Formenschwund in der verbalen Flexion früher zu beginnen und raschere Fortschritte zu machen scheint, als in der nominalen. Im Slavischen steht noch gegenwärtig eine fast üppige Declination gegenüber einer, wenigstens in Bezug auf Tempus- und Modusbildung, sehr dürftigen Conjugation. Aehnlich verhält es sich ja auch im Neuhochdeutschen, denn wenn auch da von einer üppigen Declination nicht mehr gesprochen werden kann, so ist sie doch immerhin noch leidlich gut ausgestattet. Im Romanischen allerdings zeigt das Verbum einen volleren Formenbestand als das Nomen, indessen ist das wohl nur die Schuld der lautlichen Verhältnisse, welche das Zusammenfallen der einzelnen Casus begünstigten.

5. Das Gotische — diejenige der germanischen Sprachen, welche unter allen die verhältnissmässig älteste Gestaltung zeigt — ist noch sehr synthetisch im Vergleich etwa zu Althochdeutsch und doch schon sehr analytisch im Vergleich etwa zu (Schrift-)Lateinisch. Das Angelsächsische zeigt, verglichen mit dem Gotischen, schon einen sehr beträchtlichen Fortschritt auf dem Wege zur Analysis, immerhin aber besitzt es doch noch einen verhältnissmässig so ansehnlichen Formenbestand, dass es als eine synthetische Sprache betrachtet werden darf. In der weiteren Entwickelung des (Alt-)Angelsächsischen zum Neuangelsächsischen, Alt-, Mittel- und Neuenglischen aber ist jener Formenbestand immer mehr und mehr verringert, sind die synthetischen Wortformen immer mehr und mehr durch Formworte, also durch analytische Wortformumschreibungen verdrängt worden. Die ganze Sprachgeschichte des Englischen ist in Hinsicht auf die Flexion nichts weiter, als ein stetiges Vorrücken zur Analysis, ein immer fortgesetztes Aufgeben von Wortformen gegen Wortformumschreibungen. Das Endergebniss dieser Entwickelung ist bekannt: das Neuenglische ist der Wortformen nahezu völlig entkleidet worden, ist fast an den Endpunkt der in analytischer Richtung hin sich vollziehenden

Bewegung, d. h. bei der völligen Analysis, angelangt. Vgl. oben § 5, Nr. 5.

§ 36. **Bemerkungen über Wortstamm, Genus, Numerus und Casus.** 1. Die Wurzel kann für sich allein Trägerin eines Nominalbegriffes sein. In diesem Falle treten alle den Nominalbegriff näher bestimmenden Suffixe unmittelbar an die Wurzel (z. B. griech. φλέβ-ες, lat. reg-es). Die Wurzel kann aber auch, indem sie in die Function eines Nomens eintritt, durch ein ihr angefügtes Suffix (in Bezug auf ihre specifische Bedeutung) näher bestimmt werden. Wenn dies geschieht, so entsteht aus Wurzel + Suffix der nominale Wortstamm.

Im Germanischen werden alle in die Function eines substantivischen Nomens eintretenden Wurzeln zu Wortstämmen erweitert, folglich treten alle einen substantivischen, bezw. adjectivischen Begriff näher bestimmenden Suffixe (Numerus- und Casussuffixe) an den Wortstamm, nicht an die Wurzel an.

2. Eine geschlechtliche Scheidung der nominalen (Wurzeln und) Wortstämme fand im Indogermanischen ursprünglich nicht statt, sie bildete sich aber später aus, indem — abgesehen von der aus dem natürlichen Geschlechte lebender Wesen sich ergebenden Auffassung — mit bestimmten Suffixen gebildete oder umgebildete Wortstämme als männlich, andere wieder als weiblich, noch andere als geschlechtslos aufgefasst wurden. Spuren der einstigen Ungeschlechtigkeit des Nomens haben sich jedoch in allen idg. Sprachen erhalten.

3. In Bezug auf die Zahlauffassung des Nominalbegriffes unterscheidet das Indogermanische die Einzahl, die Zweizahl und die schlechthinnige Mehrzahl (Singular, Dual, Plural). Die Bildung der Zweizahl ist jedoch von allen indogermanischen Sprachen, welche eine längere Entwickelung durchmessen haben, allmählich aufgegeben oder doch nur in einzelnen Resten beibehalten worden.

4. Das Indogermanische unterscheidet ursprünglich folgende sieben Casus [1]:

---

[1] Vgl. F. MÜLLER, Grundriss der Sprachwissenschaft, Bd. III, 2. Abth., 2 Hälfte, 2. Lief. (Wien 1887), p. 529.

1) Casus des Subjects (Nominativ)
2) „    „   Objects (Accusativ)
3) „    „   der Beziehung, der näheren Bestimmung des Substantivs [1] (Genetiv)

} logisch-grammatische Casus

4) Casus der Bewegung zu etwas hin (Dativ)
5) Casus der Bewegung von etwas weg (Ablativ) [2]
6) Casus der Existenz innerhalb einer Sache (Locativ)
7) Casus des Zusammenseins mit etwas, sowohl im Zustande (Social) als auch in der Thätigkeit (Instrumental)

} local-temporale Casus

Nominativ und Accusativ (unter Umständen auch der Genetiv) dienen zur Angabe einerseits des Ausgangs- und andrerseits des Endpunktes der Satzhandlung (des Prädicats), die local-temporalen Casus dagegen zur näheren (adverbialen) Bestimmung der Satzhandlung; der Genetiv dient zur näheren (attributiven) Bestimmung eines Nominalbegriffs.

Der als An- oder Ausruf gebrauchte Wortstamm (Vocativ) ist kein Casus.

Sämmtliche sieben Casus sind nur im Sanskrit und im Altbaktrischen (Send) erhalten; die übrigen indogermanischen sprachen haben — zum Theil in Folge lautlichen Zusammenfalls ursprünglich verschiedener Casusformen — einen oder mehrere Casus aufgegeben. Ein aufgegebener Casus wird in seiner Function entweder durch einen, bezw. durch mehrere der erhaltenen Casus vertreten, oder aber er muss auf präpositionalem Wege umschrieben werden. Es kann auch geschehen, dass ein Casus formal zwar sich erhält, wenigstens bei gewissen Wortkategorien, aber in seiner Functionsbedeutung so abgeschwächt wird, dass er zu einem Adverb oder zu einem blossen Verhältnissworte erstarrt.

Im Germanischen sind erhalten der Nominativ, der Accu-

---

[1] So drückt sich MÜLLER aus, nicht eben glücklich, wie mir scheint, doch behalte ich den Ausdruck bei, weil man doch wohl versteht, was er besagen soll.
[2] Auch diese Ausdrücke wörtlich nach MÜLLER, obwohl sie ebenfalls nicht ganz schön sind (namentlich das von etwas), aber es kommt hier ja nur auf die Sache an.

sativ, der Genetiv, der Dativ und, wenigstens in Resten, der Instrumental; der Ablativ lebt theilweise in erstarrter Form mit adverbialer Function fort (vgl. unten §. 46).

5. Hinsichtlich der Casusbildung scheiden sich die indogermanischen Nominalstämme in zwei Classen, von denen die eine durch die substantivischen und adjectivischen, die andere durch die pronominalen Stämme gebildet wird. Darnach ergeben sich zwei Hauptdeclinationen: a) die substantivisch-adjectivische, b) die pronominale.

Im Germanischen (und Litauisch-Slavischen) wird die Declination des Adjectivs von der pronominalen beeinflusst, bzw. mit dieser gemischt, so dass thatsächlich eine Dreitheilung der Declination entsteht.

6. Die substantivisch-adjectivische Declination ist ursprünglich eine einheitliche, d. h. alle Wortstämme werden mit Hülfe derselben Suffixe flectirt.

Die ursprüngliche Form der Suffixe für die logisch-grammatischen Casus des Singulars und Plurals — der Dual darf hier ausser Betracht bleiben — scheint folgende gewesen zu sein (vgl. Müller a. a. O. p. 530):

Nominativ. Sg. -s[a] — Pl. -[s]as
Accusativ. Sg. -m — Pl. -ms, (ns)
Genetiv. Sg. -as (u. -sja) — Pl. -äm.

Weniger klar sind die ursprünglichen Suffixformen für die local-temporalen Casus zu erkennen, da hier frühzeitig starke Entstellungen einerseits und Vertauschungen andrerseits stattgefunden zu haben scheinen. Näher einzugehen auf die betr. sehr verwickelten Einzelfragen ist für den Zweck dieses Buches nicht erforderlich [1]).

Indem die ursprünglich eine Form eines jeden Casussuffixes je nach den Lautneigungen einer Einzelsprache entweder beharrte oder aber (und öfters) lautlich sich änderte,

---

[1] Wer da wissen will, wie vielverschlungen, aber auch wie interessant die Geschichte der Casussuffixe ist, wie sie auf das engste mit der Verbalflexion und der Adverbialbildung zusammenhängt und wie sie zurückführt zu den Uranfängen des indogermanischen Sprachlebens und zu den letzten Fragen der Sprachwissenschaft, namentlich auch der Sprachphilosophie, der lese die genialen Ausführungen Scherer's in Kap. 8 seines Buches »Zur Geschichte der deutschen Sprache«.

erhielt jede Einzelsprache mehr oder weniger ihr eigenthümliche Suffixformen für die in ihr bewahrten Casus; und indem wieder innerhalb einer Einzelsprache die Suffixformen sich lautlich oder auch zum Behufe der Genusunterscheidung differenziirten und bald in dieser, bald in jener Gestalt mit dieser oder jener Kategorie von Wortstämmen sich verbanden, entstand die einzelsprachliche Mehrheit der Declinationen substantivisch-adjectivischer Wortstämme.

§. 39. **Die Declination der Substantiva im Englischen**[1]). 1. Das Angelsächsische besitzt fünf Casus: Nominativ, Accusativ, Genetiv, Dativ, Instrumental, der letztere ist jedoch im Absterben begriffen. Jedem Casus ist, wofern die Bedeutung des Substantivs nicht entgegensteht, eine Singular- und eine Pluralform eigen. Die Geschlechtsunterscheidung der Substantiva ist eben so ausgebildet, wie in den verwandten Sprachen.

2. Die Zahl der wortstammbildenden Suffixe ist im Angelsächsischen, wie überhaupt im Germanischen, eine sehr geringe; es sind die folgenden:

a) vocalisch auslautende
-o  a) masc. u. neutr., -á fem.,  i       u
-jo (ja)    »    »     »    -já  »  masc., fem.
-wo (wa)    »    »     »    -wá  »  u. neutr.

b) consonantisch auslautende
-n masc., fem., neutr.
-r masc., fem.
-nd masc., fem.
-os, -es neutr.

Die Declination der vocalisch auslautenden Wortstämme wird nach J. GRIMM als die **starke**, diejenige der mit -n auslautenden Wortstämme als die **schwache** bezeichnet, Bezeichnungen, welche zwar eine innere Berechtigung nicht haben, aber ohne Nachtheil beibehalten werden können. — Innerhalb der vocalischen (starken) Decl. bilden die auf -o (-jo, -wo),

---

[1] Ich habe in diesem Paragraphen mit Absicht die von SIEVERS aufgestellten Paradigmen auch meinerseits gebraucht, da ich voraussetze, dass die Leser meines Buches nach SIEVERS' Gramm. das Angelsächsische betreiben und dass es ihnen folglich angenehm sein würde, die SIEVERS'schen Paradigmen bei mir wiederzufinden.

Die ags. Declination der Subst. 261

die auf -â (-jâ, wâ), die auf -i und die auf -u auslautenden Wortstämme je eine Unterdeclination; ebenso bilden die auf -r. -nd und -os (-es) ausgehenden Wortstämme je eine besondere Declinationsclasse.

Die vocalisch auslautenden stammbildenden Suffixe sind in der Casusbildung vielfach theils geschwächt, theils mit dem vocalischen Anlaut des Casussuffixes verschmolzen worden, theils endlich abgefallen; die ursprüngliche Gestalt des Suffixes ist demnach nur selten noch erhalten.

Uebertritte von Wortstämmen aus einer Declinationsclasse in die andere haben häufig stattgefunden; namentlich die -o und (in minderem Maasse) die i-Classe haben eine anziehende Kraft auf ihnen ursprünglich nicht angehörige Stämme ausgeübt.

Welcher Classe ein angelsächsisches Substantiv ursprünglich zugehört, ist demnach häufig schwer erkennbar und nur durch Vergleichung mit den verwandten Sprachen zu ermitteln.

3. Uebersicht über die angelsächsische Substantivdeclination:

A. Declination der vocalisch auslautenden Wortstämme (vocalische oder starke Decl.).

a) Die O-Declination[1] (entspricht der griech. und lat. O-Decl. [sog. 2. Decl.], umfasst Masculina und Neutra).

α) Reine O-Stämme (vgl. SIEVERS, § 238 bis 245., z. B.

Masc. Sg. Nom. u. Acc. dóm[2]    Gen. dómes    Dat. dóme    Instr. dóme
Pl.   »    »   »  dómas    »  dóma    »  dómum    »  —
Neutr. Sg. »  »  »  word    »  wordes    »  worde    »  worde
Pl.   »    »   »  word    »  worda    »  wordum    »  —

β -jo-Stämme (vgl. SIEVERS, § 246 bis 248), z. B.
Masc. Sg. Nom. u. Acc. here    Gen. her[i]ǧes Dat. her[i]ǧe Instr. her[i]ǧe
Pl.   »   »   »  her[i]ǧ[e]as »  her[i]ǧ[e]a »  her[i]ǧum »  —
Neutr. Sg. »  »  »  ríce    »  ríces    »  ríce    »  ríce
Pl.   »  -  »  ríc[i]u    »  ríc[e]a    »  ríc[i]um    »  —

γ -wo-Stämme (vgl. SIEVERS, § 249 u. 250), z. B.
Masc. Sg. Nom. u. Acc. bear[w]o,-u G. bearwes Dat. bearwe Instr. bearwe
Pl.   »   »   »  bearwas    »  bearwa    »  bearwum    »  —
Neutr. Sg. »  »  »  scarw(-o)   »  searwes   »  searwe   »  searwe
Pl.   »   »   »  scar[w]o,-u » searwa    .»  searwum    »  —

---

1) Wird sonst im Germanischen (so im Gotischen, vgl. BRAUNE's Gramm. § 79) als A-Decl. bezeichnet, weil o zu a geworden, vgl. SIEVERS § 235 Anm.
2) Der Wegfall des Nominativsuffixes -s ist charakteristisch für die westgermanischen Sprachen.

262  Kap. VI. §. 39, 3. Die Wortformen des Englischen.

b) Die Á-Declination (entspricht der griech. u. lat. A-Decl. [sog. 1. Decl.] umfasst nur Feminina).

α) Reine á-Stämme (vgl. Sievers, § 252 bis 255), z. B.

mit kurzer Wurzelsilbe:
Sg. Nom. ʒiefu, (-o) Gen. ʒiefe   Dat. ʒiefe   Acc. ʒiefe   Instr. ʒiefe
Pl.  »   ʒiefa, (-c)  »  ʒiefa, (-ena)  »  ʒiefum  »  ʒiefa, (-e)  »  —

mit langer Wurzelsilbe:
Sg. Nom. ár   Gen. áre   Dat. áre   Acc. áre   Instr. áre
Pl.  »  ára, (-e)  »  ára, (-ena)  »  árum  »  ára, (-e)  »  —

β) -já-Stämme (vgl. Sievers, § 256 bis 259), z. B.
Sg. Nom. ʒierd   Gen. ʒierde   Dat. ʒierde   Acc. ʒierde   Instr. ʒierde
Pl.  »  ʒierda, (-e)  »  ʒierda  »  ʒierdum  »  ʒierda, (-e)  »  —

γ) -wá-Stämme (vgl. Sievers, § 259 u. 260), z. B.
Sg. Nom. tréow   Gen. tréowe   Dat. tréowe   Acc. tréowe   Instr. tréowe
Pl.  »  tréowa, (-e) »  tréowa   »   tréowum  »  tréowa, (-e)  »  —)
Sg.  »  maed   »   maed[w]e   »   maed[w]e  »  maed'w'e  »  maed'w'e
Pl.  »  maed'w]a,'c'»   maed[w]a   »  maed'w]um »  maed[w]a,(c)  »  —

c) Die I-Declination, umfasst Masculina; Feminina und Neutra. es ist jedoch eine Anzahl ursprünglicher Neutra zum Masculinum übergetreten (vgl. Sievers, § 261 bis 269).

Kennzeichnend für die I-Declination ist der durch das Suffix hervorgerufene Umlaut des Vocals der Stammsilbe, z. B. sal-, aber sele f. sel-i.

α) Masculina und Neutra, z. B.

mit kurzer Wurzelsilbe:
Masc. Sg. Nom. u. Acc. sele   Gen. seles   Dat. sele   Instr. sele
Pl.  »  »  »  sele, (-as)  »  sela  »  selum  »  —
Neutr. Sg.  »  »  »  spere  »  speres  »  spere  »  spere
Pl.  »  »  »  speru  »  spera  »  sperum  »  —

mit langer Wurzelsilbe:
Masc. Sg.  »  »  »  wyrm [1]) Gen. wyrmes   Dat. wyrme   »   wyrme
Pl.  »  »  »  wyrmas [2])  »  wyrma   »  wyrmum  »  —

Ursprüngliche Neutra mit langer Wurzelsilbe fehlen; es sind jedoch aus andern Declinationsclassen Neutra und zu Neutris gewordene Feminina mit langer Wurzelsilbe in die I-Decl. insofern übergetreten, als sie I-Umlaut zeigen und im Nom. u. Acc. Sg. consonantisch auslauten, z. B. hael, ʒehyrd u. dgl. (vgl. Sievers, § 267).

Anmerkung. I-Umlaut im Dativ Instr. Sg. und im Nom. Acc. Pl. zeigen auch die nicht zur I-Decl. gehörigen Masculina:
  fót (got. fotus)   Dat. Sg. fét   Instr. Sg. fét   Nom. Acc. Pl. fét
  tóđ (got. tunþus)  »   »  téđ   »   »  téđ   »   »   »  téđ
  man[n] (got. manna)  »  »  men[n]  »   »   —   »   »   »  men[n]

---

[1] wyrm aus wurm-i-[s].
[2] aber Enʒle, Seaxe u. dgl., auch leode, ylde.

Die ags. Declination der Subst. 263

β) **Feminina**. Die Feminina der I-Decl. mit **kurzer Stammsilbe** sind in die â-Decl. übergetreten und flectiren nach ʒiefu.

mit langer Stammsilbe:
Sg. Nom. bén    Gen. béne   Dat. béne   Acc. bén    Instr. béne
Pl. » béne¹), (-a) » béna » bénum » béne¹), (-a) » —

Anmerkung. I-Umlaut im Dativ Sg. u. Nom. Acc. Pl. zeigen auch die nicht zur I-Decl. gehörigen Feminina hnutu, studu, studu, bóc, ác, ʒát, ʒós, byrh u. a., z. B.

Sg. Nom. hnutu   Gen. hnute   Dat. hnyte   Acc. hnutu
Pl. » hnyte » hnuta » hnutum » hnyte
Sg. » bóc » bóce (u. béc) » béc » bóc
Pl. » béc » bóca » bócum » béc

c) Die **U-Declination**, umfasst Masculina und einige wenige Feminina.

α) **Masculina** (vgl. SIEVERS, § 270 bis 273), z. B.

mit kurzer Wurzelsilbe:
Sg. Nom. u. Acc. sunu, (-o, -a) Gen. suna Dat. suna, (-u, -o) Instr. suna
Pl. » » » suna, (-u, -o) » suna » sunum » —

mit langer Wurzelsilbe:
Sg. » » » feld    Gen. felda, -es Dat. felda, -e » felda, -e,
Pl. » » » felda, -as » felda » feldum » —

β) **Feminina** (vgl. SIEVERS, § 274), z. B.
Sg. Nom. Acc. hond   Gen. honda   Dat. honda   Instr. honda
Pl. » » honda » honda » hondum » —

B. **Declination der consonantisch auslautenden Wortstämme.**

a) Declination der auf -n auslautenden Wortstämme (schwache Declination).

α) **Masculina** (vgl. SIEVERS, § 277), z. B.
Sg. Nom. ʒuma   Gen. ʒuman   Dat. ʒuman   Acc. ʒuman   Instr. ʒuman
Pl. » ʒuman » ʒumena » ʒumum » ʒuman » —

β) **Feminina** (vgl. SIEVERS, § 278), z. B.
Sg. Nom. tunʒe   Gen. tunʒan   Dat. tunʒan   Acc. tunʒan   Instr. tunʒan
Pl. » tunʒan » tunʒena » tunʒum » tunʒan » —

γ) **Neutra** (vgl. SIEVERS, § 279), z. B.
Sg. Nom. éaʒe   Gen. éaʒan   Dat. éaʒan   Acc. éaʒe   Instr. éaʒan
Pl. » éaʒan » éaʒena » éaʒum » éaʒan » —

b) Declination der auf -r auslautenden Stämme (vgl. SIEVERS, § 285), z. B.

Masc. Sg. Nom. fäder   Gen. fäder, fäd[e]res Dat. fäder   Acc. fäder
Pl. » fäd[e]ras » fäd[e]ra » fäd[e]rum » fäd[e]ras
Fem. Sg. » módor » módor » méder » módor
Pl. » módru, -a » módra » módrum » módru, -a

---

¹) aus beni.

c) Declination der auf -nd auslautenden (substantivirten Participial-)Stämme (vgl. SIEVERS, § 286 f.), z. B.
Masc. Sg. Nom. fréond Gen. fréondes Dat. fréonde Acc. fréond Instr. fréonde
u. fríend
Pl. » fréond u. » fréonda » fréondum » fréond u. » —
friend friend

d) Declination der auf -os, -es auslautenden neutralen Wortstämme (vgl. SIEVERS, § 288 bis 290) [1]), z. B.
Sg. Nom. u. Acc. lomb Gen. lombes Dat. lombe
Pl. » » » lombru » lombra » lombrum

Die Trennung der Casussuffixe von dem Wortstamme ist in den obigen Paradigmen (wie überhaupt) nicht durchführbar, da vielfach Casussuffix und Wortstammsuffix sich nicht mehr scheiden lassen. Fasst man aber die Suffixbestandtheile der Casusformen im Gegensatz zur Stammsilbe als »Endungen« zusammen, so dass man also z. B. dóm-es, dóm-e abtheilt, so erhält man folgende Casusendungen:

Nominativ Sg. Keine Endung bei den reinen o-St. (z. B. dóm, bei den â-St. mit langer Wurzelsilbe (ár), bei den weibl. i-St. mit langer Wurzelsilbe (bén), bei den o-St. mit langer Wurzelsilbe (ueld, hond), [bei den r-St. (fäder. modor), bei den nd-Stämmen (fréond)] [2], bei den as-Stämmen (lamb) — Endung -e bei den jo-St. (here) — Endung -u (-o) bei den wo-St. (bearu, -o), bei den â-St. mit kurzer Wurzelsilbe (ʒiefu, -o) und bei den u-St. mit kurzer Wurzelsilbe (sunu, -o, duru). — Endung -an bei den n-St.

Nominativ Pl. Endung -as bei den o-St. (dómas); bei den -jo und -wo-St. -ʒas, -was, z. B. her[i]ʒ(e)as, bearwas), [bei den masculinen r-St.], bei den zur o-Decl. übergetretenen masculinen i-St. mit langer Wurzelsilbe (vyrmas) — Endung -a, -e bei den -â- und -jâ-St. (ʒiefa, -e, sibba, -e); bei den -wâ-St. -[w]a, -[w]e, (z. B. maedwe) — Endung -e, -a bei den masculinen und femininen i-St., soweit die ersteren nicht zur o-Decl. übergetreten (wine, daneben winas, béne), zugleich mit Umlaut bei hnutu, stuđu, hnitu, (hnyte) — Endung -u bei den neutralen ,i-St. (speru), [bei den -os, -es-St. (lombru, cealfru). — Endung -a neben -u bei den u-St. (suna, -u, honda; felda, daneben feldas), [bei den weibl. r-St. (dohtru, -a)] — Endung -an bei den n-St. (ʒuman, tunʒan, éaʒan) — Keine Endung und Umlaut des Wurzelvocals bei bóc: béc, ʒós: ʒés etc., fót: fét, tóđ: téđ, man: men.

Genetiv Sg. Endung -es bei den o-St. (dómes; bei den -jo u. wo-St. -ʒes u. wes, z. B. her[i]ʒes, beadwes, bei den masculinen u. neutralen

---

[1] In zahlreichen Substantiven beharrt das Suffix -os als -or, -er (z. B. salor, hríđer), dieselben sind zur O-Decl. übergetreten. Vgl. SIEVERS, § 289.
[2] Die -r- und -nd-Stämme gehören eigentlich nicht hierher, da -der, -dor, -nd Ableitungssuffixe sind.

-St. (wines, speres, wyrmes), (bei den nd- u. -os-, -es-St., z. B. (fréondes, lombes, cealfes)], [neben endungsloser Form bei den männlichen r-St (fäderes neben fäder)] — Endung -e bei den -á-, -wà- u. -jà-St. und bei den weibl. -i-St. (ʒiefe, sibbe, ʒierde, béne) — Endung -a bei den u-St. (sunə. felda, dura) — Endung -an b. d. n-St. (ʒuman, tunʒan, éaʒan) — Keine Endung u. Umlaut des Stammvocals bei bóc: béc (daneben bóce), (daneben ʒát: ʒét ʒáte) u. dgl.

Genetiv Pl. Die allgemeine Endung ist -a (-ʒa, -wa bei den -jo-, -wo- u. -wà-St., -ena bei den n-St.).

Dativ Sing. Die durchaus vorherrschende Endung ist -e; -a neben -u, -o haben die u-St. (suna, -u, -o, dura, -u, felda, daneben aber felde); die n-St. gehen auf -an aus (ʒuman, tunʒan, éaʒan). — Keine Endung und, wenn möglich, Umlaut des Stammvocals bei den -r- u. -nd-St., doch haben die letzteren auch -e (bréðer, dehter, fréond neben fréonde), ebenfalls keine Endung und Umlaut des Stammvocals bei fót: fét, bóc: béc und dergleichen.

Dativ Pl. Die durchgehende Endung ist -am (bei den -jo-', -wou. -wà-St. -ʒam, -wam).

Accusativ Sg. Der Acc. Sg. ist gleich dem Nom. bei den o-, jo-, wo-St., b. den i-St., bei den u-St., bei den -r-. -nd-, -os-, -es-St. sowie bei fót, bóc u. dgl. — Auf -e geht der Acc. Sg. aus, während der Nom. endungslos ist, bei den -á-, -wà- u. -jà-St. u. bei den weibl. -i-St. mit langer Wurzelsilbe. — -an haben, während der Nom. das n verloren hat, die n-St.

Accusativ Pl. Der Accus. Pl. ist durchweg dem Nom. gleich.

Instr. Sg. Der Instr. Sg. geht, wo er überhaupt vorkommt, durchweg auf -e aus, nur die u-St. haben a.

Instr. Pl. Der Instr. Pl. ist geschwunden.

(Der Vocativ ist immer dem Nom. gleich).

4. Zu diesen Uebersichten folgende Bemerkungen: Die Vielzahl und Mannigfaltigkeit der angelsächsischen Casusendungen ist weit mehr scheinbar als wirklich, da viele Endungen auf nur wenig umfangreiche Declinationsclassen sich erstrecken; eine weite Ausdehnung haben nur die Endungen -es (Gen. Sg.), -e (Dat. Sg.), -as (Nom. u. Acc. Pl.), -a (Gen. Pl.), -um (Dat. Pl.), welche zum Theil analogisch verbreitet worden sind und denen offenbar die Tendenz innewohnt, die alleinherrschenden für die betr. Casus zu werden, was ja bei dem Gen. u. Dat. Pl. thatsächlich geschehen ist. Damit war eine Ausgleichung der verschiedenen Declinationsweisen, die Herstellung nur einer Declination angebahnt. Mehrere Umstände drängten indessen zu einer noch weiter gehenden Entwickelung, zu einem Abschleifen der Declinationsendungen,

das meist zu völligem Schwunde führen sollte. Das Gefühl für die Bedeutung der Declination war sichtlich schon im Angelsächsischen sehr abgeschwächt. Darauf deutet das in so weitem Umfange statthabende lautliche Zusammenfallen der syntaktisch wichtigsten Casus, des Nom. u. Accus., namentlich aber die im Sg. völlige Flexionslosigkeit der so zahlreichen n-Stämme, ferner die Abschwächung so vieler Endungen zu einem tonlosen Vocale (-a, -u, -o, -e), welcher, besonders nach langer Wurzelsilbe, nothwendig dem Schwunde verfallen musste. Lautlich vollkräftig waren nur die Ausgänge -es, -as, -ena, -um, von denen die beiden letzteren aber, weil den Lautneigungen der Sprache widersprechend, sich als nicht lebensfähig erwiesen. So war die Auflösung der Declination bereits im Angelsächsischen vorbereitet. Schon das Neuangelsächsische zeigt starke Zerrüttung in der Casusbildung, namentlich auch Vermischung zwischen starker und schwacher Declination.

Eigenthümlich ist dem Englischen, dass mit dem Verfalle der Declination auch die grammatische Genusunterscheidung mehr und mehr erlischt, d. h. dass alle im Angelsächsischen als männlich oder weiblich aufgefasste Substantive, soweit sie nicht persönliche oder persönlich gedachte Wesen bezeichnen, geschlechtslos werden. Das Englische tritt dadurch in scharfen Gegensatz einerseits zu den übrigen germanischen, andrerseits zu den romanischen Sprachen, und namentlich das Letztere muss auffällig erscheinen, da ja im Romanischen die Declination in noch weiterem Umfange aufgelöst worden ist, als im Englischen. Die Erklärung des Vorganges ist schwierig. Zum Theil mag man sie in dem Verluste der zur Unterscheidung des grammatischen Geschlechtes dienenden Suffixe (-a etc.) suchen[1]. Indessen kann das die eigentliche Ursache nicht gewesen sein, so sehr es auch den Vorgang befördert oder beschleunigt haben mag. Andrerseits kann man an mittelbaren Einfluss des Französischen denken und glauben, dass durch das Eindringen massenhafter französischer Substantiva, deren Genus meist von dem der entsprechenden angelsächsischen ab-

---

[1] Im Romanischen sind in Folge der Endungsbetonung diese Suffixe in weitem Umfange erhalten, und das mag dem Beharren der Genusunterscheidung günstig gewesen sein.

wich, eine Unsicherheit in der Genusunterscheidung einriss, die zur Beseitigung dieser lästig und unbequem gewordenen grammatischen Kategorie führen musste. So wenig aber auch französische Einwirkung völlig zu leugnen sein dürfte — denn sie bekundet sich ja, wenigstens vermuthlich, in der Geschlechtsverschiebung von sun (im Ags. Fem.)[1]) und moon (im Ags. Masc.) —, so darf sie doch nicht überschätzt, nicht für die einzige Ursache gehalten werden. Der letzte Grund ist gewiss ein psychologischer, er dürfte bestehen in dem Ermatten jener Kraft der Phantasie, welche ebensowohl zur Schaffung wie zur Aufrechterhaltung der grammatischen Genusunterscheidung erfordert wird, wenn auch die Thätigkeit der Phantasie dabei eine nur unbewusste ist. Es ist in dem Schwunde der Genusunterscheidung ein Zeichen der geistigen Erschöpfung und des intellectuellen Niederganges zu erblicken, · welche nach der Regierung des grossen Alfred in der angelsächsischen Geschichte und Litteratur so augenfällig zu Tage treten und aus denen allein die dänische wie die normannische Eroberung erklärt werden kann. Der Schwund der Suffixe und französischer Einfluss mögen dann mitgewirkt haben.

Im Neuenglischen sind als Endergebniss der im Vorhergehenden angedeuteten Entwickelung folgende Reste der Declination erhalten:

a) die jedes Casussuffixes entbehrende Grundform des Substantivs fungirt durchweg als Nominativ und Accusativ, wie dies schon im Angelsächsischen bei den Stämmen auf -o und anderen der Fall war; eben diese Grundform wird mit Präpositionen verbunden, ist also die bei Casusumschreibungen einzig anwendbare (vgl. unten No. 6). Vgl. auch unten d.

b) Zur Bildung des Plurals tritt an die Grundform des Substantivs das Suffix -'e's = -as, welches ursprünglich nur den o-Stämmen zukommt, von diesen aber analogisch auf alle übrigen, wenige Ausnahmen abgerechnet, übertragen ist. Die volle Form des Suffixes erscheint nur nach auslautendem s, ss, sh, ch (z. B. class-es, fish-es, church-es) und, aber nur in der Schrift, nach auslautendem f (welches vor -es zu v sich verschiebt, wenn f aus ursprünglicher Muta entstanden ist), z. B. thief »Dieb«: thieves, loaf »Leib«: loares etc., dazu treten life, knife, wife (Leb-en, Kneip—e, Weib), deren stummes e uuorganisch ist.

In einzelnen Substantiven wird s stimmtonlos geschrieben -ce, so die: dice (neben dies), penny: pence (neben pennies).

---

1) Doch steht im Angelsächsischen ein Masc. sunna neben dem Fem. sunne.

Rein graphisch ist der Wandel von y im Singular zu ie im Plural, z. B. fly : flies.

Von den schwach gebildeten Pluralen hat sich nur ox:) oxen er halten; Analogiebildungen sind brethren, doch nur in der Bedeutung »Glaubensbrüder« und children (ags. selten cildru, nach Analogie der os-Stämme, für cild); die ältere neuengl. Sprache kannte noch mehrere, jetzt verschollene schwache Plurale, z. B. eyen.

Von angelsächsischen suffixlosen umlautenden Pluralen sind erhalten: man : men (auch in Compositis, also z. B. women = wíf men , foot : feet. tooth : teeth, mouse : mice (ags. mýs), louse : lice (ags. lýs .

Die Pluralbildung der Substantiva französischen Ursprungs stimmt, da sie ebenfalls mittelst des Suffixes -s (= lat. -as, -os, -es) erfolgt, mit der englischen überein. — Gelehrte lateinische und sonstige fremde Worte werden vielfach in ihrer ursprünglichen Pluralform gebraucht.

c) Zur Bildung des Genetivs Singularis tritt an die Grundform des Substantivs das Suffix 's, entstanden aus -es, welches ursprünglich nur dem Gen. Sg. der o-Stämme und der sich ihnen analogisch anschliessenden Stämme zukommt. In der weiteren Entwickelung der Sprache ist dies - e s nicht nur auf alle Substantiva Sg., auch auf die ursprünglich weiblichen, übertragen, sondern es ist sogar auch dem nominativ-accusativischen Pluralsuffix -s die Function des genetivischen 's beigelegt worden, so dass fathers = patres und = patrum sein kann. In der Schrift wird die Zweideutigkeit der Form dadurch aufgehoben, dass der als Genetiv fungierenden Pluralform ein Apostroph nachgesetzt wird, also fathers = patres, aber fathers'[1] = patrum. Dieser nachgesetzte Apostroph dient zugleich zur Unterscheidung der als Genetiv fungierenden Pluralform von dem ihr gleichlautenden Genetiv Singularis, in welchem dem Suffix -s der Apostroph vorgesetzt wird, also fathers' = patrum, aber father's = patris.

Der syntaktische Gebrauch des Genetivs auf 's, bezw. des Pseudogenetivs auf s' ist bekanntlich auf die possessive Function persönlicher Begriffe beschränkt, wobei der Genetiv dem durch ihn näher bestimmten Substantive voranstehen muss (my father's house, dagegen nur the house of my father). Es will das nichts Anderes besagen, als dass dieser (sogenannte »sächsische«) Genetiv mit dem durch ihn näher bestimmten Substantive zu einem Compositum verschmilzt, wie sich denn derartige Verbindungen im Deutschen häufig durch ein Compositum, dessen erster Bestandtheil ein Genetiv ist, wiedergeben lassen (my father's house = mein Vaterhaus . Die Beschaffenheit derartiger Verbindungen ist am deutlichsten daraus zu erkennen, dass, wenn der sächsische Genitiv selbst wieder durch ein mit of verbundenes Substantiv oder durch eine Apposition näher bestimmt wird, nicht er, sondern dies Substantiv das Genetivsuffix annimmt (»the queen o

---

[1] Ebenfalls der Apostroph wird zur Andeutung der Genetivfunction gebraucht bei auf -es (mit lautendem e) ausgehenden Substantiven, z. B. Moses'.

England's palace« und dgl., während logisch es heissen müsste »the queen's of England palace«). Klarer kann der Uebergang einer syntaktischen Construction in ein Compositum sich nicht bekunden. Bemerkenswerth ist hierfür auch, dass von zwei verbundenen »sächsischen« Genetiven nur der zweite das Casussuffix erhält (»my mother and father's carriage«).

Der sächsische Genetiv wird auch von Substantiven nichtgermanischer Herkunft gebildet.

d) Der durch Verlust seines Suffixes -e der Grundform des Substantivs lautlich gleich gewordene Dativ Sing. fungirt nach bestimmten Verben (give, lend, make etc.) noch als indirectes persönliches Object im Falle, dass zugleich auch ein directes sachliches Object vorhanden ist[1]. Nach Analogie des Singulars wird auch die nominativ-accusativische Grundform des Plurals in dieser Weise gebraucht.

e) Mehrfach sind substantivische Casus zu Adverbien erstarrt und als solche im Neuenglischen erhalten[2], z. B. home = ags. Accus. hám, ever, never = ags. Dat. Instr. aefre, naefre, needs = ags. Gen. néades etc. Im Altenglischen und Angelsächsischen sind derartige Casusadverbien sehr zahlreich, nur freilich ist oft schwer zu entscheiden, ob der Casus noch als Casus fungirt oder bereits zu einem Adverb sich verhärtet hat. Dasselbe gilt übrigens auch von manchen neuenglischen Gebrauchsweisen. Wenn z. B. Koch (Gr. I 2 315) in dem Satze »they cry day and night unto him« die Substantiva day und night als Casusadverbien ansieht, so lässt sich dem mit gutem Grunde widersprechen und behaupten, dass hier noch wirkliche Accusative vorliegen.

Auch mit Präpositionen (namentlich mit on, das in diesem Falle neuenglisch als a- sich darstellt) verbundene und allgemach verwachsene Casus sind häufig zu Adverbien erstarrt, z. B. away = ags. on wég, to-day = ags. tó dǽge; die Verbindungen mit a = on sind im Neuengl. besonders beliebt z. B. asleep, ashore, afoot etc.

6. Wo der organische Genetiv und Dativ nicht anwendbar sind — und das ist ja durchaus der häufigste Fall —, da treten die Casusumschreibungen mittelst der Ortspräpositionen of und to, verbunden mit der nominativ-accusativischen Grundform des Substantivs, ein. Diese Umschreibung hat an sich nichts Auffälliges, entspricht sie doch ganz der im Romanischen üblichen, mittelst de und a(d) bewerkstelligten. Bemerkenswerth aber ist die Wahl der Präpositionen of = deutsch »ab«, to = deutsch »zu«, da andere germanische Sprachen zu dem gleichen Zwecke zum Theil andere verwenden. Z. B. das

---

[1] Von einem »verkürzten« Dativ zu sprechen hat nur dann Sinn, wenn man unter der Verkürzung den Schwund des Dativsuffixes, nicht aber den vermeintlichen Wegfall der Casuspräposition to versteht.

[2] Vgl. auch unten § 47, I, 3.

Schwedische braucht af und till für den Gen., at und för für den Dativ, das Dänische af für den Gen., til für den Dativ, das Niederländische van für den Gen , aan für den Dativ, ebenso dienen im Hochdeutschen »von« und »an« zur Casusumschreibung).

7. Die grammatische Genusunterscheidung ist im Neuenglischen (ausser bei persönlichen und persönlich gedachten Begriffen) fast völlig aufgegeben. Erhalten ist sie nur bei moon und sun, wo aber das angelsächsische Genus vertauscht worden ist, vielleicht in Angleichung an das französische *la* lune und *le* soleil (doch auch im Angelsächsischen steht ein Masc. sunna neben dem Fem. sunne). Das angelsächsische Neutr. scip ist zum Feminin geworden.

Ueberhaupt ist die Gleichgültigkeit des Englischen gegen die Geschlechtsunterscheidung, selbst gegen die natürliche, bemerkenswerth. So sind Thiernamen in der Regel geschlechtslos (neutral); bei ihnen sowohl wie selbst auch bei Personbegriffen ist die Möglichkeit einer Femininbildung sehr beschränkt, so dass, wenn die Hervorhebung des Geschlechtes nothwendig ist, schwerfällige Zusammensetzung (mit male und female, he und she, man und woman u. s. w.) angewandt werden muss. Vgl. oben No. 4 und § 34 No. 9.

§ 40. Die Declination der Pronomina. I. Vorbemerkung.

a) Die Pronomina sind Formwörter, da sie einen Substanzbegriff nicht bezeichnen, sondern auf einen solchen nur hindeuten. Gerade aber wegen dieser Function sind sie die vielgebrauchtesten Bestandtheile des ganzen Wortschatzes, insbesondere gilt dies von den Personalpronominibus, deren Anwendung dem Redenden die stete Wiederholung des Substantivs erspart, welches logisches (keineswegs immer zugleich grammatisches) Subject der Rede ist. Häufigkeit des Gebrauches kann ebensowohl erhaltend als auch abschleifend auf das betreffende Wort einwirken. Bei den Pronominibus ist vielfach das Erstere geschehen; es finden sich in Folge dessen auch noch in den gegenwärtigen Sprachen auf dem Gebiete der Pronominalflexion, und namentlich wieder auf dem der personalpronominalen, einzelne sehr alterthümliche Formen, deren Bestand in frühe Zeiten des indogermanischen Sprachlebens zurückreicht und welche in ihrer eigenartigen archaischen Erscheinung inmitten eines längst zu jüngerer Gestaltung vorgeschrittenen Wortschatzes sich ähnlich ausnehmen, wie Gesteine einer Urzeit, welche vereinzelt hineinragen in die geologischen Gebilde der jüngeren Perioden. Fast möchte man sagen, dass die Pronominalformen vielfach einen fossilen Eindruck machen. Zum Theil beruht dies freilich auch darauf, dass die

Casusbildung der Pronomina mehrfach Suffixe verwendet, welche der substantivischen Declination fremd sind und schon um deswillen den Eindruck des Absonderlichen machen.

b) Von den im Lateinischen und Deutschen, um nur diese Sprachen zu nennen, vorhandenen Kategorien der Pronomina fehlen dem Angelsächsischen das Reflexivum, das Possessivum und das Relativum. — Der Mangel oder vielmehr der Verlust des Reflexivs im Angelsächsischen ist höchst auffällig, da sonst alle germanischen Sprachen das altindogermanische Reflexiv bewahrt haben (gotisch seina, sis, sik) [1]. Das Possessiv hat sich in den germanischen Einzelsprachen überall erst aus den Genetiven der Personalia entwickelt. Das Relativ ist, entsprechend seiner syntaktischen Function, welche nur bei der Fähigkeit der Sprache zu hypotaktischer Satzfügung Verwendung finden kann, in allen indogermanischen Sprachen eine secundäre Bildung [2] oder vielmehr eine Erweiterung der Function bestimmter Demonstrativ-, bzw. Interrogativpronomina.

II. Die Personalpronomina.

a) Das Pronomen der ersten Person [3] (SIEVERS, § 332).
Ags. Sg. Nom. *ic*  Gen. min  Dat. *mé*  Acc. mec, *mé*
 [Du.  »  wit  »  uncer  »  unc  »  uncit
 Pl.  »  *wé*  »  úser, urc  »  *ús*  »  úsic, *ús*.
Neuengl. Sg. Nom. I [4]  (Dat.- u.) Accus. me
 Pl.  »  we  »  »  »  us.

Aufgegeben wurde also der Dual (u. zwar schon im Altengl.); die Genetive Sg. sind in die Function des Possessivs eingetreten (vgl. unten e); die Dativ-Accusativformen fungiren als Dative nur in dem § 39 Nr. 5 d) genannten Falle.

b) Das Pronomen der zweiten Person SIEVERS, (§ 332).
Ags. Sg. Nom. *du*  Gen. ðin  Dat. *dé*  Acc. dec, *dé*
 [Du.  »  $it  »  incer  »  inc  »  incit, inc]
 Pl.  »  $e  »  éower  »  *éoc*  »  éowic, *éoc*
Neuengl. Sg. Nom. thou  (Dat. u.) Accus. thee
 Pl.  »  (ye)  »  »  »  you.

Der Nom. Pl. ye ist veraltet u. vulgär; in der gegenwärtigen Schriftsprache ist der Dativ-Accus. auch in die Function des Nominativs eingetreten. Im Uebrigen gelten bezügl. des Pronomens der zweiten Person die oben bezüglich des der ersten Person gemachten Bemerkungen.

---

1) Doch fehlt im Altsächsischen der Genetiv des Reflexivs.
2) Der Stamm *ja* allerdings scheint im Altnordischen als Relativ fungirt zu haben, aber seine ursprüngliche Function war doch gewiss die demonstrative. Vgl. SCHERER, Zur Geschichte der deutschen Sprache [2] p. 507 ff.
3) Hier und im Folgenden wird durch cursiven Druck angedeutet, dass die betr. Formen im Neuenglischen noch nicht vorhanden sind.
4) Die Schreibung mit Majuskel ist einfach aus dem Gebrauche des langen i (j) in mittelalterlichen Handschriften und Uebertragung dieses Zeichens auf den Druck zu erklären.

c) **Die Pronomina der dritten Person** (SIEVERS, § 334).
   α) **Das Masculinum und das Neutrum Sg.**
      Ags. Nom. hé, hit Gen. his Dat. him Acc. hine, it
      Neuengl. » he (Dativ-)Accus. him.
   β) **Das Femininum Sg.**
      Ags. Nom. Acc. héo, híc Gen. hí(e)re Dat. hí(e)re
      Neuengl. » she Dativ-Accus. her.
   γ) **Der Plural aller drei Genera.**
      Ags. Nom. u. Accus. híe, héo, hí Gen. hiera Dat. him
      Neuengl. Nom. they Dativ-Accus. them.

Wie das Paradigma zeigt, sind die ursprünglichen angelsächsischen Formen für den Plural sowie für den Nom. Sg. Fem. geschwunden; als Ersatz sind eingetreten die entsprechenden Formen des Demonstrativs sé séo ðät, die Dative him und hi(e)re haben die Accusativfunction übernommen, die Dativfunction dagegen nur in dem § 39, No. 5 d) angegebenen Falle bewahrt.

Zur Umschreibung des Genetivs und Dativs der Personalien dient die Verbindung von of und to mit der (Dativ-Accusativform me etc.; von it kann nur der umschriebene Dativ gebildet werden, während bei den übrigen Pronominibus die Dativ-Accusativform in dem § 39, Nr. 5 d) angegebenen Falle noch als Dativ fungiren kann.

III. **Die Demonstrativpronomina** (SIEVERS, § 337 f.).
   a) **Einfaches Demonstrativ.**
Ags. Masc u. Neutr. Sg. Nom. sé, ðät Gen. ðäs Dat. ðaem Acc. ðone, ðät Instr. ðý
      Fem. " » séo » u. » ðaere » ða » —
Plural für alle drei Genera Nom. Acc. ðá, Gen. ðára, ðaera, Dat. ðaem, ðam
Neuengl. Masc. u. Neutr. Sg. Nom. u. Acc. the that (Instrum. the)
      Fem. Nom. Sg. she
      Plural Nom. they u. tho-se (Gen. their) Dativ-Accus. them.

Die Schicksale, bezw. die Bedeutungswechsel der erhalten gebliebenen Formen sind mannigfach, nämlich die folgenden:

α) Der Nom. Sg. Masc. sé ist in seiner Bedeutung zum bestimmten Artikel herabgesunken und fungirt als solcher für Nom. und Acc. beider Numeri und aller Genera. Der artikelhafte Gebrauch des Pronomens beginnt schon im Angelsächsischen, die Abschwächung und der Schwund der Casusflexion bis zum Uebrigbleiben von sé = th allein hebt ebenfalls schon früh an. — β) Das Neutrum ðät = that ist demonstrativ geblieben und fungirt als solches für alle drei Geschlechter; ausserdem hat ðät relative Function übernommen. — γ) Der Nom. Sg. Fem séo = she ist zum Personalpronomen abgeschwächt worden, s. oben Nr. II c). — δ) Der Nom. Plur. ðá = they ist zum Personalpronomen abgeschwächt worden,

Die Demonstrativa und Interrogativa. 273

s. oben Nr. II c); mit Anfügung eines analogischen -s ðá + s = those, wo das e rein graphisch) fungirt er als Plural zu dem demonstrativen that ¹) — e) Der Gen. Pl. ðára, ðaera = their hat die Function des Possessivs Plur. der 3 Pers. übernommen. — ζ) Der Dativ ðaem, ðám = them ist zum Personalpron. abgeschwächt worden, s. oben Nr. II c), vgl. aber auch Anm. 1) u. d. T.

Die Bedeutungsentwickelung von sé séo ðät ist zu vergleichen mit der von lat. ille im Romanischen.

b) Zusammengesetztes Demonstrativ, entstanden durch Anfügung der Partikel sc an die Casusformen des einfachen Demonstrativs SIEVERS, § 338).

| | Gen. | Dat. | Acc. | Instr. |
|---|---|---|---|---|
| Ags. Masc. u. Neutr. Sg. Nom. ðés, ðis | ðis's'es | ði os sum | ði o sne, ðis | ðýs |
| Fem. » » ðéos | ðisse | ðisse | ðás | — |
| Plural für alle G. » ðds | ðissa | ði os sum | ðds | |

Neuengl. Sg. Nom. u. Acc. für alle drei Genera this ²)
Pl. » » » » » » » these ².

Die Entwickelung des angelsächsischen Pronomens im Englischen ergiebt sich aus dem Paradigma. Der Nominativ und Accusativ ðés ðis ist in this zusammengefallen und hat auch die Function des Feminins übernommen. Vom Plural ist nur der Nominativ-Accusativ ðás = these erhalten.

IV. Die Interrogativpronomina.

a) Das einfache (substantivische) Interrogativ, nur Masc. und Neutr. (SIEVERS, § 341).

| | Gen. | Dat. | Acc. | Instr. |
|---|---|---|---|---|
| Ags. Nom. hwd, hwät | hwäs | hwaem, hwám | hwone, hwät | hwý |
| Neuengl. » who, what | whose | — | whom | — |

Mit Ausnahme des Accus., in dessen Function der Dativ unter Aufgabe seiner eigenen eingetreten ist, sind also alle Formen erhalten, der Instr. hwý als Fragpartikel why.

b) Zusammengesetzte Interrogativa (SIEVERS, § 342).
α) ags. hwäðer (Ableitung von hwa) = neuengl. whether.
β) » hwilc (aus hwá + líc) = neuengl. which.

Das Correlat zu hwilc = which ist swilc (aus swá + líc) = such; über lc = ch s. oben § 26, I, 16.

Beide, bezw. alle drei Pronomina haben adjectivische Flexion.

---

¹) In der Vulgärsprache wird gern them für those gebraucht, vgl. STORM a. a. O. p. 277.
²) In der Vulgärsprache fügt man zu this, these gern here, zu that gern 'ere = there; that fungirt überdies in der Vulgärsprache auch adverbial im Sinne von so. Vgl. STORM a. a. O. p. 277.

V. **Indefinita** (Sievers, § 343 ff.). Die wichtigeren Indefinita sind:

| | | | | | |
|---|---|---|---|---|---|
| einer | = | ags. án | neuengl. | one | |
| irgend einer | = | ǽni͞ᵹ | " | any | |
| " " | = | " sum | " | some | |
| man | = | " man | " | — | |
| mancher | = | " mani͞ᵹ | " | many (Pl.) | |
| jeder | = | " ǽlc [1] | " | each | |
| einer von beiden | = | " áhwæðer | " | — | |
| jeder von beiden | = | " { ᵹehwæðer | " | — | |
| | | " { æᵹhwæðer | " | — | |
| anderer | = | " óðer | " | other | |
| etwas | = | " wiht (Subst.) u. áwiht | " | aught | |
| keiner | = | " nán | " | none, no | |
| nicht irgend einer | = | " nænig | " | — | |
| keiner von beiden | = | " náhwæðer | " | neither | |
| nichts | = | " náviht, náht | " | nought | |

(werden im Ags. adjectivisch flectirt, sind im Neuengl. flexionslos.)

Verallgemeinernde Pronomina werden im Angelsächsischen auf mehrfache Weise, z. B. durch Verbindung der Interrogativa mit swá gebildet. Im Neuenglischen werden die Interrogativa durch Verbindung mit so ever zu verallgemeinernden Pronominibus (whosoever, whatsoever).

Für die einfachen Indefinita besitzt das Neuenglische zum Theil Zusammensetzungen mit body und thing (somebody, anybody, nobody, something, anything).

VI. **Ersatz des Reflexivpronomens.**

Das Reflexivpronomen besass im Indogermanischen ursprünglich für alle drei Personen Geltung (so noch im Slavischen, wo man z. B. »ich schlage sich« für »ich schlage mich« sagt). Im Germanischen ist das Reflexiv auf die Beziehung zur dritten Person eingeschränkt worden (so auch im Lateinischen), während für 1. und 2. Person die Personalpronomina auch im reflexiven Sinne gebraucht werden. Letzterer Brauch ist nun im Angelsächsischen auch auf die 3. Person ausgedehnt worden. Schon im Angelsächsischen wird aber den reflexiv gebrauchten Personalpronominibus gern das adjectivische silf, self hinzugefügt (z. B. ic silfa, ðurh me selfne,

---

[1] Compositum aefre + aelc, neuags. aeverelc, altengl. everilk, everech, neuengl. every.

fram me selfum, we selve etc.)¹). Im Neuenglischen wird self (Plural selves) in Bezug auf die dritte Person mit dem Dativ-Accusativ verbunden: himself, herself, itself, themselves: in Bezug auf die erste und zweite Person mit dem (aus dem Genetiv entstandenen) Possessiv: myself, ourselves, thyself, yourselves. Im Altenglischen gehen beide Bildungsweisen durch einander, es finden sich zum Beispiel ebensowohl we, us self (also self ohne Pluralsuffix) als auch theirselves. indessen überwiegen doch schon die heutigen Verbindungen.

Die Verbindung mit dem Personalpronomen ist einfach zu erklären: es hat eben die beliebte Verschiebung des Dat.-Accus. him, her, them in die Nominativfunction stattgefunden, wie ja auch z. B. you für ye eingetreten ist; die Verschiebung begreift sich um so leichter, als das Reflexiv ja vorwiegend Objectivfunction hat. Schwierig dagegen ist die Verbindung mit dem Possessiv zu erklären, vielleicht aber genügt Folgendes. Auszugehen ist von mé self, dé self; indem das é von mé und dé in i überging, fielen mé = mi und dé = di lautlich zusammen mit den praktisch als Possessiva gebrauchten Genetiven mí[n] und dí[n]. Der lautliche Zusammenfall veranlasste eine begriffliche Verschiebung: man fasste das mit self verbundene mi und di als Possessiv auf und folglich self als Substantiv, dies aber gab den Anstoss, um einerseits nach Analogie von miself, diself auch ourselves, yourselves zu bilden und andrerseits mi und di zu my, thy werden zu lassen. In den auf die 3. Person bezüglichen Formen dagegen behauptete sich das Personalpronomen, aber nach Analogie von ourselves wurde auch in themselves das self mit dem Pluralsuffix versehen.

## VII. Ersatz des Possessivpronomens.

Wie in den übrigen germanischen Sprachen, sind auch im Angelsächsischen die Genetive der Personalia (mín, dín, úre, éower, his, hire, [daera] = neuengl. mine, my, thine, thy, our, your, his, her, [their]) als Ersatz für das fehlende Pos-

---

1) Mit dem Nom. Sg. verbunden flectirt silf schwach, neben den andern Casus stark.

sessiv eingetreten und sind völlig zu Adjectiven geworden [1]). Mín und dín verkürzten sich proklitisch, zunächst aber nur vor consonantischem Anlaut zu mi my, di thy, die vollen Formen min und thin (mit graphischem e mine und thine) wurden mehr und mehr auf den absoluten Gebrauch beschränkt. Neben our, your, her und their entwickelten sich für den absoluten Gebrauch im Mittelenglischen ours, yours, hers, theirs. Das s dieser Formen kann nur das Genetivsuffix sein, so dass hier der eigenthümliche Fall vorliegt, dass ein ursprünglicher Genetiv nochmals als Genetiv gekennzeichnet wird [2]).

Das Possessivpronomen für das Neutr. Sg. war, wie selbstverständlich, ursprünglich his; erst in der zweiten Hälfte des 16. Jahrhunderts wird it, mit Genetivsuffix it's its, gebraucht. Das Aufkommen dieser Form lässt sich z. B. in Shakespeare's Dramen verfolgen, vgl. die intcressanten statistischen Belege bei Koch, Gramm. II², 249.

VIII. Ersatz des Relativpronomens.

Das Angelsächsische besitzt noch kein Relativum, doch können das einfache Demonstrativ sé séo ðät und die Demonstrativpartikel ðé, sei es allein, sei es verbunden mit dem Demonstrativ (sé ðé, séo ðé, ðät ðé, , relative Function übernehmen (vgl. SIEVERS, § 340).

In der weiteren Entwickelung der Sprache sind das Demonstrativum that sowie die Interrogativa who, what [3]) und which in die relative Function eingetreten, wie Aehnliches, bezw. Gleiches auch im Deutschen geschehen ist. Vgl. unten

---

[1] Vgl. lat. il loru[m] : ital. loro, frz. leur[s]. — Wichtig aber ist, zu bemerken, dass die germanischen Genetive Pl. der Personalia ursprünglich aus den Possessivis gebildet waren: got. unsara, ags. úser, úre entspricht griech. ἡμέτερο, lat. nostro. Vgl. SCHERER, Zur Gesch. d. deutschen Spr.² p. 378. Es hat also ein Kreislauf stattgefunden: das Possessiv wird zum Genetiv, dieser wieder zum Possessiv.

[2] Es sind ours, yours etc. aufzufassen als Analogiebildungen zu dem sächsischen Genetiv nach of, zum Beispiel an acquaintance of hers ist ganz dieselbe Ausdrucksweise wie an acquaintance of my sister's (acquaintances); folgerichtig sollte man schreiben her's; dass es nicht geschieht, hat vielleicht darin seinen Grund, dass hers etc. pluralisch aufgefasst wird.

[3] What (wot) fungirt in der Vulgärsprache als allgemeines Relativ, vgl. STORM, p. 278.

§ 54, 4. Auch das Adverb as (aus also) wird, in der Vulgärsprache, zur relativen Verbindung gebraucht. Vgl. Storm, p. 279.

Völlig durchgedrungen ist jedoch die Anwendung der Pseudo-Relativa auch im Neuenglischen noch nicht, es kann vielmehr in bestimmten Fällen ein Attributivsatz, welcher in anderen Sprachen mit dem durch ihn näher bestimmten Nomen relativisch verbunden wird, diesem letzteren asyndetisch nachgefügt werden (zum Beispiel: to live in hearts we leave behind, is not to die; charity, like the sun, brightens every object it shines upon. Vgl. Immanuel Schmidt, Gramm. § 295).

§ 41. Die Declination der Adjectiva. 1. Die Wortstammbildung und Declination der Adjectiva sind in den indogermanischen Sprachen ursprünglich dieselben, wie die der Substantiva. In den germanischen Sprachen sind jedoch die Adjectiva, wenn sie prädicativ oder aber attributiv ohne Artikel gebraucht werden, in einzelnen Casus zur pronominalen Declination übergetreten [1]). Dies ist also auch im Angelsächsischen geschehen.

2. Die Adjectivstämme des Angelsächsischen lauten sämmtlich vocalisch aus, und zwar sind die o-Stämme bei weitem überwiegend geworden, da die allermeisten ursprünglichen i- und u-Stämme zu ihnen übergetreten sind und nur kärgliche Reste der ihnen (den i- und u-St.) eigenthümlichen Flexion sich erhalten haben. Die angelsächsischen Adjectiva folgen also in ihren nicht pronominal flectirten Casus der substantivischen O-Declination, d. i. der ersten Abtheilung der starken Declination; zugleich aber können die allermeisten Adjectiva auch nach Analogie der substantivischen n-Stämme, also schwach, flectirt werden.

3. Die angelsächsischen Adjectiva sind somit sowohl der

---

[1) Ansätze zum Uebertritt der Adjectiva zur pronominalen Declination finden sich auch in andern indogermanischen Sprachen, vgl. z. B. lat. solus, a, um, Gen. solius, Dat. soli mit ille, Gen. illius, Dat. illi. — Sehr interessante Analogien zur Pronominaldeclination der Adj. im German. weist das (Litu-)Slavische auf. Es ist das einer der ziemlich zahlreichen Puncte, in denen sich Germanisch und Slavisch eng berühren und um deren willen es so wünschenswerth ist, dass der Germanist auch um das Slavische sich kümmere.

starken als auch der schwachen Flexion fähig. Ob sie der
ersteren oder der letzteren folgen, wird durch syntaktische
Gründe bestimmt: stark wird das Adjectiv flectirt, wenn es
prädicativ und attributiv ohne Artikel gebraucht ist, schwach,
wenn es mit dem bestimmten Artikel verbunden ist.

4. Uebersicht über die angelsächsische Adjectivdeclination.

A. Starke Declination[1]).

a) Reine o-Stämme (SIEVERS, § 293). Die cursiv gedruckten Formen
sind pronominal.

α) Adjectiva mit langer Wurzelsilbe:

| | | | | |
|---|---|---|---|---|
| Sg. Masc. Neutr. | Nom. ᵹód Gen. ᵹódes Dat. ᵹódum | | Acc. ᵹódne / » ᵹód | |
| Fem. | » ᵹód » ᵹódre » ᵹódre | | » ᵹóde | |
| Pl. Masc. Neutr. Fem. | Nom. u. Acc. ᵹóde / » » » ᵹód / » » » ᵹóda, -e | Gen. ᵹódra Dat. ᵹódum | | |

β) Adjectiva mit kurzer Wurzelsilbe:

| | | | | |
|---|---|---|---|---|
| Sg. Masc. Neutr. | Nom. hwǽt Gen. hwates Dat. hwatum | | Acc. hwǽtne / » hwǽt | Instr. hwate |
| Fem. | » hwatu, -o » hwǽtre » hwǽtre | | » hwate | » — |
| Pl. Masc. Neutr. Fem. | Nom. u. Acc. hwate / » » » hwatu, -o / » » » hwata, -e | Gen. hwǽtra | Dat. hwatum | |
| | | | » hwǽtra | » hwatum |

γ) Mehrsilbige Adjectiva:

| | | | | |
|---|---|---|---|---|
| Sg. Masc. Neutr. | Nom. háliᵹ Gen. hálᵹes Dativ hálᵹum | | Acc. háliᵹne / háliᵹ | |
| Fem. | » hálᵹu, -o » háliᵹre » háliᵹre | | » hálᵹe | |
| Pl. Masc. Neutr. Fem. | » hálᵹe \ / » háliᵹu / » hálᵹa, -e | » háliᵹra | » hálᵹum | Accus. wie Nom. |

b) jo-Stämme (SIEVERS, § 297 bis 299).

| | | | | |
|---|---|---|---|---|
| Sg. Masc. Neutr. | Nom. ᵹréne Gen. ᵹrénes Dat. ᵹrénum | | Acc. ᵹrénna / ᵹréne | |
| Fem. | » ᵹrénu, -o » ᵹrénre » ᵹrénre | | » ᵹréne | |
| Pl. Masc. Neutr. Fem. | » ᵹréne » ᵹrénra » ᵹrénum / » ᵹrénu, -o » ᵹrénra » ᵹrénum / » ᵹréna, -e » ᵹrénra | | | Accus. wie Nom. |

---

[1]) Die Paradigmata nach SIEVERS aus dem oben S. 260, Anm. u. d. T. angegebenen Grunde.

Die Decl. der Adj. im Ags.

c) wo-Stämme (SIEVERS, § 300 f.).

| | | | | | |
|---|---|---|---|---|---|
| Sg. Masc. Neutr. } | Nom. ᵹearu | Gen. ᵹearwes | Dat. ᵹearwum | Acc. | {*ᵹearone* / ᵹearu} |
| Fem. | » ᵹearu, -o | » *ᵹearore* | » *ᵹearore* | » | ᵹearwe |
| Pl.Masc. u. Neutr., Nom. Accus. | *ᵹearwe*, ᵹearu | Gen. *ᵹearora* | Dat. ᵹearwum | | |
| Fem. » » | » » ᵹearwa | » *ᵹearora* | » ᵹearwum | | |

B. Schwache Declination (SIEVERS, § 304).

| | | | | |
|---|---|---|---|---|
| Sg. Masc. Nom. ᵹóda | Gen. ᵹódan | Dat. ᵹódan | Acc. ᵹódan |
| Neutr. » ᵹóde | » ᵹódan | » ᵹódan | » ᵹóde |
| Fem. » ᵹóde | » ᵹódan | » ᵹódan | » ᵹódan |
| Pl. | | | |
| für alle drei Genera » ᵹódan | » ᵹódra,(-ena) | » ᵹódum | » ᵹódan |

5. Die ags. Doppelflexion des Adjectivs verfiel sehr früh, schon im Neuags. zeigt sie sich arg zerstört. Am längsten, bis in das Mittelenglische hinein, erhielten sich der schwache Nom. Sg. und der Nom.-Acc. Plur. auf -e. Im Neuenglischen ist die Adjectivflexion völlig geschwunden, selbst das Pluralsuffix erhalten nur zu Substantiven gewordene (keineswegs aber die gelegentlich auch substantivisch gebrauchten) Adjectiva. So ist also das Adjectiv im Neuenglischen flexionslos oder, was dasselbe besagt, einformig.

Der Grund des völligen Schwundes der Adjectivdeclination ist wohl in dem vorwiegend attributiven Gebrauche des Adjectivs zu suchen. Wird das mit einem flectirten (oder von einer Casuspräposition begleiteten) Substantiv verbundene Adjectiv selbst wieder flectirt, so wird dasselbe Numerus-, bezw. Casuszeichen zweimal gesetzt (z. B. bon*i* puer*i* »die gut*en* Knab*en*«), während logisch eine einmalige Setzung genügt, da ja Adj. + Subst einen Begriffcomplex, eine Art von Compositum oder vielmehr Juxtapositum bilden. Auch im Deutschen bleibt ja in Compositis, bestehend aus Adj. + Subst., das Adj. unflectirt (z. B. des Schnellläufers, die Schnellläufer, den Schnellläufern). Es wird eben im Englischen das attributive Subst. als eng gehörig zu seinem Subst. aufgefasst, bildet mit diesem in ähnlicher Weise eine grammatische Einheit, wie der attributive sächsische Genetiv mit dem durch ihn determinirten Substantiv. Befördert musste der Schwund der Adjectivflexion werden durch das Erlöschen der grammatischen Geschlechtsunterscheidung. Die Flexionslosigkeit des prädicativen Adjectivs aber hat sich ja auch im Deutschen herausgebildet.

280 Kap. VI. § 42, 1—4. Die Wortformen des Englischen.

6. Die aus dem Französischen und Lateinischen übernommenen Adjectiva haben sich des Feminin- und des Pluralsuffixes ebenfalls entäussert, also sich den angelsächsischen angeglichen. Im Mittelenglischen finden sich noch vereinzelt Pluralformen.

§ 42. Die Steigerung der Adjectiva. 1. Der Comparativ des Adjectivs wird im Angelsächsischen gebildet durch Antritt des Suffixes -[i]ra = got. -iza (= lat. -io, griech. -ιον, sanskr. -jańs) [1]) an den Positiv (ohne vocalischen Wortstammauslaut) der Adjectiva, z. B. earm : earm-ra, ȝläd : ȝläd-ra, ȝearo : ȝearo-ra. Bei einzelnen Adjectiven ist der durch das einstige i des Suffixes bewirkte Umlaut noch erhalten, z. B. eald : ield-ra, ȝéonȝ : ȝinȝ-ra, héah : híerra. (SIEVERS, § 307).
Die Comparative flectiren wie die schwach declinirten Adjectiva. (SIEVERS, § 305).

2. Zur Bildung des Superlativs verfügt das Angelsächsische über zwei Suffixe: -is-ta (= griech. -ιστο) und -ma, von denen das erstere das weit gewöhnlichere und zur Steigerung des Adjectivs das allein übliche ist.

a) Das Suffix -is-ta hat angelsächsisch die Form -ost (-ust, -ast, -est angenommen und tritt in dieser an den Positiv (ohne vocalischen Wortstammauslaut) der Adjectiva (z. B. heard : heard-ost, hwät : hwat-ost, strenȝe : strenȝ-est. Bei einzelnen Adjectiven ist der durch das einstige i des Suffixes bewirkte Umlaut noch erhalten, z. B. eald : ieldest, ȝéonȝ : ȝinȝ-est, héah : híehsta, hýhsta (SIEVERS, § 309 bis 311).

b) Das Suffix -ma dient nur zur Bildung des Superlativ von Raumu. Zeitadverbien, meist wird ihm noch das Suffix -est angefügt, so dass das Doppelsuffix -mest entsteht, welches dann wieder volksetymologisch mit dem Superlativ maest (deutsch »meist«, vgl. unten Nr. 3) identificirt wird und dessen Form annimmt. Die Bildungen mit -ma, bzw. mit m[a] + est = mest nebst den dazu gehörigen adverbialen Positiven und Comparativen sind folgende:

| Adverb | fore | Comp. | furđra | Sup. | forma u. fyrmest |
|---|---|---|---|---|---|
| » | äfter | » | äfterra | » | äftemest |
| » | [hind | » | hindra] | » | hindema |
| » | mid | » | — | » | midmest |
| » | inne | » | innerra | » | innemest |

---

[1]) Ein anderes Comparativsuffix -tara (= griech. τερο) erscheint im Ags., wie im Lateinischen (z. B. al-ter, in-ter), nur in Pronominal- und Adverbialbildungen, z. B. ó-đer, hwä-đer, fur-đra = neuenglisch other, whether, further und farther.

## Die Steigerung der Adjectiva.

| Adverb | úte | Comp. | úterra¹) | Sup. | útemest¹) |
|---|---|---|---|---|---|
| » | ufan | » | uferra | » | ufemest |
| » | niðan | » | niðerra | » | niðemest |
| » | lāt | » | lātra | » | lātemest |
| » | síð | » | síðra | » | síðemest |

Auch die Namen der Himmelsgegenden werden in dieser Weise gesteigert, z. B. éast : éasterra : éastmest. (SIEVERS, § 314).

3. Zu folgenden Comparativen und Superlativen fehlen schon im Angelsächsischen die Positivformen, dieselben werden aber der Bedeutung nach meist durch andersstämmige Adjectiva ersetzt (SIELERS, § 312).

| (Pos. | ȝód) | Comp. | bettra | Sup. | bet(e)st(a) |
|---|---|---|---|---|---|
| ( » | yfel) | » | wiersa | » | wier(re)st(a) |
| ( » | micel) | » | mára | » | maest(a) |
| ( » | lýtel) | » | laessa | » | laest(a) |
| ( » | —) | » | sélra, sélla | » | sélest(a) |

Zu folgenden Comparativen und Superlativen sind nur adverbiale Positive vorhanden (SIEVERS, § 313):

| (Pos. | feor) | Comp. | fierra | Sup. | fierrest(a) |
|---|---|---|---|---|---|
| ( » | néah) | » | néarra | » | niehst(a) |
| ( » | aer) | » | aerra | » | aerest(a) |
| ( » | fore | » | (furðra) | » | fyrst(a) |

Hierher gehören auch die oben Nr. 2 b) genannten Superlative nebst den dazu gehörigen Comparativen.

Die Superlative folgen in der Regel der schwachen Adjectivflexion; die flexionslose Form auf -est, -ost fungirt als Nom. u. Acc. Sg. Neutr.

4. In der weiteren Entwickelung der Sprache ist die organische Steigerung im Wesentlichen auf ein- und zweisilbige Adjectiva beschränkt worden. Das Comparativsuffix -ra hat die Form -er angenommen durch Abfall des a und Vorfügung eines e, welches als Hülfsvocal zur Vermeidung sonst sich ergebender schwieriger Consonantengruppen aufzufassen ist (heard : heardra : heardr : hearder), in einzelnen Fällen, namentlich bei französischen Adjectiven, als Stützvocal bereits vorhanden war und dann selbstverständlich nicht Suffix-, sondern Wortbestandtheil ist (z. B. noble-r). Das Superlativsuffix zeigt die schon im Ags. übliche Form -est.

Der Umlaut ist nur noch in old : elder : eldest (neben older, oldest) bewahrt.

Die angelsächsischen Superlative auf -ma + est = mest

---

1) Auch ýterra, ýtemest, ýferra, ýfemest.

haben auf volksetymologischem Wege den Ausgang -most erhalten und haben zahlreiche Analogiebildungen hervorgerufen (furthermost, lowermost u. dgl.) — Zu forma, das als Positiv aufgefasst wurde, ist der Comp. former neugebildet worden.

Von den mehrstämmigen Steigerungsformen sind erhalten:

Positiv good)  Comp. better  Sup. best
» evil)  » worse  » worst
» much)  » more  » most
» little)  » less  » least

Dazu die Steigerungsformen mit adverbialem Positiv:

Positiv far)  Comp. farther u. further  Sup. farthest und furthest
» nigh = néah  » nearer  » nearest u. next (= néahst).

Doppelformen des Comp. und Sup. zeigt late (ags. lät), Comp. later und latter, Sup. latest und last (aus la'te'st).

Wo Doppelbildungen des Comp. u. Sup. vorhanden sind, ist Bedeutungsdifferenz der beiden Formen eingetreten (so z. B. zwischen elder und older, eldest und oldest).

5. Bei denjenigen Adjectiven, welche die Fähigkeit zu organischer Steigerung verloren haben — und das sind weitaus die meisten, nämlich alle mehr als zweisilbigen und ausserdem ein grosser Theil auch der zweisilbigen —, wird der Comparativ durch das Quantitätsadverb more »mehr«, der Superlativ durch das Quantitätsadverb most »meist« umschrieben. Die Umschreibung des Comparativs mit more (= ags. má-ra) entspricht etymologisch der im Romanischen üblichen mit magis = span. mas, grammatisch auch der mit plus = frz. plus, ital. più. Sehr bemerkenswerth aber ist, dass zur Superlativumschreibung im Englischen das superlativische Adverb most gebraucht wird, während im Romanischen der Superlativ nur ein durch den best. Artikel determinirter Comparativ ist (the most noble entspricht dem lat. ille *maxime* nobilis, während z. B. span. el mas noble gleich ist lateinischem ille *magis* nobilis). Schon diese wichtige, weil auf verschiedener logischen Auffassung beruhende, Differenz zwischen Englisch und Romanisch macht die — auch aus anderen Gründen von vornherein haltlose — Annahme unmöglich, dass die analytische Steigerung des Englischen eine Nachahmung der des Französischen sei. Der in weitem Umfange eingetretene Untergang der organischen Steigerung erklärt sich vielmehr aus dem von der Synthesis nach der Analysis hinstrebenden Entwickelungsgange der angelsächsisch-englischen Sprache und des Germanischen überhaupt.

6. Die Adjectiva nichtgermanischen (französischen, lateinischen etc.) Ursprunges haben die englische Steigerung angenommen; so haben denn französische Adjectiva, die im Französischen selbst zu organischer Steigerung unfähig waren, theilweise wieder Comparativ- und Superlativsuffix angenommen, so dass also an den romanischen Wortstamm ein germanisches Suffix tritt (noble-r, noble-st), eine hybride Bildung, die beredtes Zeugniss ablegt von der eigenartigen Geschichte der englischen Sprache.

§. 43. Die Declination der Numeralia (SIEVERS, § 324 bis 325).

I. Die ags., bezw. die neuenglischen Cardinalzahlen sind folgende:
1. án-one. 2. twá (s. unten) — two. 3 ðréo (s. unten) -three. 4. féower — four. 5. fíf — five. 6. siex, six — six. 7. seofon — seven. 8. eahta — eight. 9. ni₃on — nine. 10. tíen, týn — ten.
11. endlufan, endleofan — eleven. 12. twelf — twelve.
13. ðréoténe, -týne — thirteen. 14 bis 19 féower-, fíf- etc. -téne, týne — fourteen, fifteen etc.
20. twenti₃ — twenty. 30. ðríti₃ — thirty. 40. féowerti₃ — forty. 50. fífti₃ — fifty. 60. siexti₃ — sixty.
70. hundseofonti₃ — seventy. 80. hundeahtati₃ — eigthy. 90. hundni₃onti₃ — ninety. 100. hundteonti₃, hund, hundred — hundred. 110. hundendleofanti₃ — hundred and ten. 120. hundtwelfti₃ — hundred and twenty.
130. hund and ðríti₃ — hundred and thirty, u. s. w.
200. tú hund — two hundred, u. s. w.
1000. ðúsend — thousand. 2000. tú ðúsendu — two thousand.

Ueber die Declination der Cardinalia ist Folgendes zu bemerken:
a) án flectirt als starkes Adjectiv (jedoch Acc. Sg. M. ánne).
b) Die Declination von twá u. ðréo ist folgende [1]):

|  | | Genet. | Dat. | |
|---|---|---|---|---|
| Nom. | Masc. twé₃en ðri | M. | M. | twaem, twám |
| u. | Neutr. tú, twá ðréo | N. } twe₃(e,a twe- | N. } | — ðrím, ðrim |
| Accus. | Fem. twá ðréo | F. } ₃ra — ðréora | F. } | |

c) Die Zahlen von 4 bis 19 können einen Nom.-Accus. auf -e, einen Genetiv auf -a, einen Dativ auf -um bilden (z. B. fíf: Nom.-Acc. fífe, Gen. fífa, Dat. fífum), im attributiven Gebrauche sind sie jedoch meist indeclinabel.

d) Die mit ti₃ gebildeten Zahlen sind ursprünglich neutrale Substantiva Sg. u. bilden als solche den Genetiv auf -₃es (z. B. fífti₃es): gewöhnlicher haben sie jedoch pluralische Flexion (z. B. fífti₃ra, fífti₃um). Schon im Ags. beginnen aber diese Zahlen indeclinabel zu werden.

---
1) Wie twé₃en flectirt auch bé₃en »beide«.

c) hund ist gewöhnlich indeclinabel, doch finden sich Dativformen, singularisch hunde, pluralisch hundum.
f) Von hundred wird der Plural hundredu gebildet.
g) đúsend bildet den Genetiv đúsendes u. den Plur. Nom.-Acc. đúsendu neben đúsend, Gen. đúsenda (neben đúsendra), Dat. đúsendum.
Schon im Ags. besteht eine starke Neigung, die Cardinalia von 4 ab als Indeclinabilia zu brauchen; in der weiteren Entwickelung der Sprache ist diese Neigung völlig durchgedrungen, und auch die drei ersten Cardinalia haben sich ihr gefügt. Die neuenglischen Cardinalia sind indeclinabel, ausgenommen in rein substantivischem Gebrauche (z. B. on all fours »auf allen Vieren«, a volume in twelves »ein Band in Duodezformat«, many hundreds, many thousands, hundreds of men u. dgl.).
Das aus dem Romanischen übernommene Zahlsubst. million erhält, wenn pluralisch verstanden, auch als Zahlwort meist das Pluralzeichen (five millions).
II. Die ags., bezw. die neuenglischen Ordinalia sind folgende:
1. forma (neben formesta), fyrmesta, fyresta, aeresta — first. 2. óđer und æfterra — (other), second. 3. đridda — third. 4. féo we'rđa — fourth. 5. fífta — fifth. 6. siexta, sixta — sixth. 7. seofođa — seventh. 8. eahtođa — eighth 9. ni₅ođa — ninth. 10. téođa — tenth. 11. endleofeđa, endlefta, ellefta — eleventh. 12. twelfta — twelfth. 13. đreoteo₅eđa oder đréotéođa — thirteenth u. s. w. 20. twentio₅ođa twentieth etc.
Zu hund, hundred und đusend fehlen die Ord. (neuenglisch jedoch hundredth, thousandth).

Die üblichste Form der ersten Ordinalzahl (fyr[m]est[a] = first) ist Superlativ zu dem Adverb fore (s. oben § 42 No. 2b), oder ist ein mittelst des Comparativsuffixes -tara gebildetes Pronominaladjectiv, welches übrigens in der Anwendung als Numerale durch das französische second verdrängt worden ist, während im Französischen selbst second nur kümmerlich neben der Analogiebildung deuxième sich hat behaupten können. — Die übrigen Ordinalzahlen sind von den entsprechenden Cardinalzahlen abgeleitet und zwar, wie es scheint, mittelst des Suffixes -ta, welches sonst, verbunden mit -ma (also -tama), zur Superlativbildung dient (z. B. uber-rimus aus uber-timus, uber-ta-ma, vgl. F. MÜLLER, a. a. O. III 562). Im Einzelnen aber ist bezüglich der Bildung, bezw. der Entstehung sowohl der Ordinal- als auch der Cardinalzahlen noch gar Vieles dunkel und räthselhaft, wie überhaupt die Zahlworte einen der schwierigsten Theile der indogermanischen Wortforschung bilden.

Im Ags. folgen die Ordinalia der schwachen Adjectivdeclination (ausgenommen das starkflectirende pronominale óđer):

in der weiteren Sprachentwickelung sind die Ordinalia, wie die Adjectiva, flexionslos geworden.

§ 44. **Bemerkungen über die Verbalflexion im Allgemeinen.** 1. Jede indogermanische Verbalform muss in ihrer ursprünglichen Gestalt aus mindestens zwei Theilen bestehen, der Wurzel und einem Personalsuffixe; die Wurzel enthält den Begriff der Handlung in sich, das Personalsuffix deutet die handelnde Person an.

2. Die Wurzel ist ursprünglich indifferent, d. h. sie hat weder nominale noch verbale Eigenschaft, trägt weder einen Substanzbegriff noch den Begriff einer Handlung in sich, sondern nur einen, sozusagen, neutralen, zwischen Nomen und Verbum schwankenden, weder aus klarer Auffassung hervorgegangenen noch eine solche gestattenden Begriff. Gerade aber durch diese Indifferenz wird eine Wurzel befähigt, Trägerin ebensowohl eines Nominal- wie eines Verbalbegriffes zu werden, ebensowohl zum Nomen als auch zum Verbum sich zu entwickeln (vgl. oben § 36 No. 1).

3. Wenn eine Wurzel zur Trägerin eines Verbalbegriffes und also zu einem Verbalstamme wird, so kann sie dabei:

a) entweder lautlich unverändert bleiben, bezw. nur solche Lautwandelungen erleiden, welche auf Schwächung u. dgl. beruhen, also mehr nur physiologischer Art sind und mit dem begrifflichen Inhalte der Wurzel gar nichts zu schaffen haben,

b) oder aber lautliche Aenderungen erfahren, welche zu ihrem begrifflichen Inhalte Bezug haben oder doch ursprünglich hatten und also, so zu sagen, psychologischer Art sind. Diese Aenderung kann bestehen: α) in dem Wandel des Wurzelvokals, β) in der Doppelsetzung (Reduplication) der Wurzel, γ) in der Einfügung eines Consonanten in die Wurzel, δ) in dem Antritte eines Suffixes an die Wurzel. Es können zwei der angegebenen Aenderungen gleichzeitig eintreten.

Die also vorgenommene Aenderung kann entweder eine gänzliche oder aber, was das Häufigere ist, eine nur theilweise sein, d. h. sie kann sich entweder auf alle von der Wurzel überhaupt ableitbaren Verbalformen oder aber, und das ist das Häufigere, nur auf einzelne Kategorien derselben erstrecken. Im ersteren Falle fungirt die abgeänderte Wurzel als Verbalstamm, im letzteren nur als Tempusstamm, Modusstamm oder auch nur als Stamm für die Bildung einzelner Personen bestimmter Tempora oder Modi.

Einige Beispiele mögen das Gesagte erläutern:

Zu a). Die Wurzel as (»sein«) verbindet sich im Sscr. in einer Reihe von Formen unmittelbar mit den Personalendungen, z. B. **as-mi** ich bin, **a͜s͜-si** du bist, **as-ti** er ist, **ās-ma** wir waren. Ebenso im Lateinischen, nur dass hier, was ein rein lautlicher Vorgang, a zu e gewandelt und dies e in mehreren Formen abgefallen ist, z. B. es-t, es-se, [e]s-[u]m, [e]s-(u]nt etc. Vgl. auch ags. co͜s͜-m, ear-t, is, s-(i)nd. — Die Wurzel bhar wird im Lateinischen, den Lautneigungen desselben entprechend, zu fer, davon fer-s, fer-t, fer-re.

Zu b). Die Wurzel dik erleidet im lat. Präsensstamme Dehnung: dic-o (vgl. griech. δείκ-νυ-μι, wo die Wurzel zugleich Vocaldehnung und Erweiterung durch ein Suffix erfahren hat). — Die Wurzel smard = lat. mord wird im lat. Perfectstamme reduplicirt: mo[rd]-mord-i, im Präsensstamme wird sie durch antretendes Suffix erweitert: mord-e-o. — Die Wurzel bhíd = lat. fíd wird im lat. Präsensstamm durch Eintritt eines Nasals verstärkt: find-o, aber Perf. fíd-i. — Die Wurzel pâ wird im lat. Präsensstamme durch Antritt eines Suffixes erweitert pa-sc-o.

4. a) Jede zur Trägerin eines Verbalbegriffes gewordene Wurzel dient zum Ausdruck einer Thätigkeit, einer Handlung. In der idg. Formenbildung des Verbums wird entweder das Subject, von welchem, oder das Subject, an welchem, oder das Subject, von und an welchem die durch die Wurzel ausgedrückte Handlung vollzogen wird, zum grammatischen Ausdrucke gebracht.

Daraus ergeben sich die grammatischen Genera des idg. Verbums: Activum (ich schlage), Passivum (ich werde geschlagen), Medium (ich schlage mich).

b) Die Vollziehung einer Handlung erfolgt entweder in der Gegenwart oder sie ist erfolgt in der Vergangenheit oder sie wird erfolgen in der Zukunft.

Daraus ergeben sich die grammatischen Hauptzeiten: Präsens, Präteritum, Futurum.

c) In Bezug auf ihren Verlauf kann eine Handlung sehr verschieden aufgefasst werden (als eintretend, dauernd, in der Entwickelung begriffen, intensiv von statten gehend, sich wiederholend etc. etc.). Im Indogermanischen werden insbesondere drei Auffassungen des Handlungsverlaufes zum grammatischen Ausdruck gebracht, die Handlung wird aufgefasst entweder als eintretend oder als dauernd oder als abgeschlossen. Indem nun wieder sowohl die als eintretend als auch die als dauernd oder als abgeschlossen aufgefasste Handlung entweder in der Gegenwart oder in der Vergangenheit oder in der Zukunft zum Vollzuge gelangt oder gelangte oder gelangen wird, so ergeben sich drei Reihen grammatischer Tempora, deren jede wieder aus drei Temporibus (Präs., Prät., Fut.) besteht. Jede dieser Reihen zeigt eine charakteristische Gestaltung der Wurzel, also einen eigenartigen Verbalstamm, welcher nun der Bildung der betr. je drei Einzeltempora zu Grunde liegt. Die je drei zu einem solchen Verbalstamme gehörigen Tempora bilden eine grammatische Einheit, welche als »Tempusstamm« bezeichnet zu werden pflegt. Die drei Tempusstämme sind:

α) Der Tempusstamm der eintretenden Handlung (Momentanstamm, gewöhnlich Aoriststamm genannt). Charakteristisch ist diesem Tempusstamme, dass seine Formen durch Antritt der betr. Suffixe an die unverstärkte Wurzel gebildet werden. (Ausnahmen sind vorhanden).

β) Der Tempusstamm der dauernden Handlung (Durativstamm, gewöhnlich Präsensstamm genannt). Charakteristisch ist diesem Tempusstamm, dass seine Formen durch Antritt der betr. Suffixe an die irgenwie (s. oben No. 3 b) verstärkte oder erweiterte Wurzel gebildet werden. (Ausnahmen sind vorhanden).

γ) Der Tempusstamm der abgeschlossenen Handlung (Absolutivstamm, gewöhnlich Perfectstamm genannt). Charakteristisch ist diesem Tempusstamme, dass seine Formen durch Antritt der betr. Suffixe an die doppelgesetzte (reduplicirte) Wurzel gebildet werden[1]).

Da (theoretisch) jeder Tempusstamm drei Tempora umfasst, so ergiebt sich, dass die Conjugation des idg. Verbums (theoretisch) neun Tempora in sich begreift (drei Präsentia, drei Präterita, drei Futura).

d) In Bezug auf ihre Thatsächlichkeit wird im Indogermanischen die Handlung aufgefasst als entweder in der Wirklichkeit oder als nur in der Vorstellung vollzogen, also entweder als real oder als ideal. Die ideale Auffassung der Handlung kann entweder eine schlechthinnige sein oder aber sie kann dadurch näher bestimmt und eingeengt werden, dass die Verwirklichung der bloss vorgestellten Handlung gewünscht oder gefordert wird.

Daraus ergeben sich die grammatischen Moduskategorien:

α) der Modus der Wirklichkeit oder der Realität (Indicativ);

---

1) »Das idg. Präterito-Präsens vaida »ich weiss« ist das einzig sichere Beispiel eines unreduplicirten Perfects der idg. Grundsprache.« KLUGE, Beitr. zur Geschichte der german. Conjug. (Strassburg 1879. Qu. u. F. XXXII) p. 47.

Kap. VI. § 44, 4 u. 5. Die Wortformen des Englischen.

$\beta$ der Modus der Vorgestelltheit oder der Idealität, und zwar:

$\beta^1$ der Modus der schlechthin nur vorgestellten oder idealen Handlung Conjunctiv;

$\beta^2$ der Modus der nur vorgestellten oder idealen Handlung, deren Verwirklichung gewünscht wird (Optativ);

$\beta^3$ der Modus der nur vorgestellten oder idealen Handlung, deren Verwirklichung gefordert wird (Imperativ).

Jede zeitlich bestimmte Handlung muss zugleich auch modal bestimmt sein, d. h. jedes grammatische Tempus muss zugleich ein Modus sein. Theoretisch gestattet jedes Tempus sämmtliche vier Modalauffassungen. Es folgt daraus, dass, wenn jede Modalauffassung an jedem der neun Tempora vollzogen würde und zum lautlichen Ausdrucke gelangte, sechsunddreissig verschiedene Modaltempora vorhanden sein würden.

e) Das Subject, von welchem eine Handlung vollzogen wird, kann nur entweder die sprechende oder die angesprochene oder die besprochene Person (im letzteren Falle auch Sache) sein. Daraus ergeben sich die grammatischen Kategorien der drei Personen.

Das Subject kann Einheitssubject oder Mehrheitssubject sein, d. h. eine Handlung kann entweder von nur einer oder gleichzeitig von mehreren Personen vollzogen werden: im letzteren Falle kann die Zahl der handelnden Personen von zwei ab bis in das Unendliche steigen, grammatisch aber gelangen im Idg. nur die schlechthinnige Mehrheit und die Zweiheit des Subjects zum Ausdruck.

Daraus ergeben sich für jede der drei Personen je drei Numeri: Singular, Dual, Plural, also (theoretisch) für jede der drei Personen des Verbums je drei Formen, in Summa 9 Formen. Theoretisch würden mithin, da drei Genera und freilich nur theoretisch) 36 Modaltempora vorhanden sind (s. oben d), $36 \times 3 \times 9 = 972$ Verbalformen gebildet werden können, eine Zahl, welche, rein logisch betrachtet, höchstens durch den (an sich aber gar nicht nothwendigen) Wegfall der ersten Personen des Imperativs eine Einschränkung erfahren könnte.

Die zum grammatischen Ausdruck der handelnden Person(en) in den verschiedenen Numeris dienenden Suffixe (Personalendungen) sind vermuthlich identisch mit den entsprechenden personalen Pronominalstämmen oder stehen doch zu diesen in nahen Beziehungen[1]).

f) Zu jedem der neun Tempora kann theoretisch je ein Verbalsubstantiv und ein Verbaladjectiv gebildet werden. Daraus ergeben sich die grammatischen Kategorien des Infinitivs und des Particips.

Zählt man diese theoretisch möglichen 18 Verbalnomina zu den theoretisch möglichen 972 persönlichen Verbalformen hinzu, so ergiebt sich als Gesammtzahl der theoretisch möglichen Formen des idg. Verbums 990, wobei die Casus der Verbalnomina nicht einmal eingerechnet worden sind.

5. Aus dem obigen ergiebt sich, dass theoretisch der Rahmen der Verbalflexion im Indogermanischen ein sehr weit gespannter ist. Praktisch ist nun allerdings dieser weite Rahmen weder in der idg. Grundsprache noch auch in irgend einer Einzelsprache ausgefüllt worden, d. h. weder in der ersteren noch in einer der letzteren sind alle theoretisch möglichen Formen jemals wirklich gebildet worden. Die Theorie ist vielmehr überall nur zum numerisch kleineren Theile verwirklicht worden. Es konnte ja schon nicht anders geschehen, weil vielfach die Bedeutung der Wurzel nur eine sehr beschränkte Durchconjugirung (z. B. nur die Bildung des Activs oder nur die Bildung der 3. Pers. Sing.) gestattete. Auch würde ja, wäre die theoretisch mögliche Formenmasse zu einer Realität geworden, alles vernünftige Denken durch sie erstickt worden sein.

Welchen Umfang die Verbalflexion in der idg. Grundsprache erreicht hat, kann hier nicht erörtert werden. Jedenfalls aber war der Formenbestand des idg. Verbums ein sehr ansehnlicher und erstreckte sich über alle wichtigeren der hier in Betracht kommenden Kategorien. Namentlich war die Unterscheidung der drei Tempusstämme (s. oben 4 c) voll ausgebildet

---

[1] F. MÜLLER, Grundriss etc. III, 597, hält es für »zweifellos«, dass die Personalendungen »nichts Anderes als abgekürzte Pronominalstämme« seien. Das ist aber doch wohl zu viel behauptet. In Wirklichkeit dürfte die schwierige Frage nach dem Ursprunge der Personalendungen eine noch offene sein. SAYCE hat neuerdings (in TECHMER'S Ztschr. f. vgl. Sprachwissenschaft I, 222) den nominalen Ursprung nachzuweisen versucht; was er vorbringt, ist scharfsinnig und geistvoll, überzeugt dürfte er aber gleichwohl Niemand haben.

und jeder der drei Tempusstämme umfasste wenigstens ein Präsens und ein Präteritum, während das Futurum fehlte.

6. So vererbte die idg. Grundsprache einen reichen Formenschatz auf die Einzelsprachen. Mit diesem Gute hat eine jede in verschiedener Weise gewirthschaftet, voll bewahrt aber hat ihn keine einzige, denn überall ward die Formenfülle als eine Last empfunden, deren man sich wenigstens theilweise zu entäussern strebte. Im weitesten Umfange haben sich das Germanische und das Slavische entlastet, während das Griechische und (freilich mehr nur scheinbar als wirklich) das Latein — um nur von diesen zu reden — sich einen verhältnissmässig grossen Bestand retteten, freilich nur, um ihn in ihrer Weiterentwicklung zum Neugriechischen, bezw. zu dem Romanischen doch zu einem erheblichen Theile zu verlieren.

Von dem Formenschwunde sind namentlich betroffen worden unter den Generibus das Passiv und das Medium, bezw. das Medio-Passiv, unter den Tempusstämmen der Aoriststamm (dessen Präsens schon sehr früh aufgegeben worden sein muss), unter den Modis der Conjunctiv, der vielfach durch den Optativ verdrängt wurde, sowie der Imperativ, unter den Numeris der Dual. Mehrfach sind an Stelle von Formen des Verbum finitum Verbalnomina eingetreten (so ist z. B. im Lat. die 2. P. Pl. Präs. Ind. Pass. ersetzt durch den Plur. Masc. des Part. Präs. Pass.: legimini = griech. λεγόμενοι).

Die verlorenen Formenkategorien wurden zum Theil in ihrer Function durch andere, ihnen begrifflich verwandte ersetzt (so z. B. in einzelnen Sprachen der Conjunctiv durch den Optativ, z. B. lat. amēm = am-a-i-m, vgl. griech. τιμ-ά-οι-μι). Meist aber traten für die aufgegebenen synthetischen Formen analytische Wortformumschreibungen ein, grösstentheils mittelst sogenannter Hülfs-, bezw. Modalverben gebildet; mehrfach verwuchsen dieselben wieder zu pseudo-synthetischen Formen (so entstand z. B. das germanische schwache Präteritum; das romanische, aus Inf. + habeo gebildete, Futurum).

§ 45. Die Conjugation im Englischen. 1. Der Formenbestand. Das ags. Verbum hat folgenden Formenbestand (vgl. SIEVERS, § 350):

a) Ein Genus, das Aktiv. Von dem Medio-Passiv ist nur die einzige Form hátte = got. haitada erhalten, vgl. SIEVERS, § 350 u. 367 Anm.

b) Zwei Tempora, ein Präsens und ein Präteritum. Seinem Ursprunge nach ist das erstere Präsens des Verbalstammes der dauernden Handlung, das letztere (in sog. starker Bildung) das Präsens des Verbalstamms der abgeschlossenen Handlung, das erstere entspricht also dem lateinisch-griechischen Präsens, das letztere dem lat.-griech. Perfectum präsens.

Von der Wurzel dha ist wahrscheinlich das Präteritum des Aoriststammes in dem zweiten Bestandtheile des sog. schwachen Präteritums erhalten, vgl. KLUGE, Beitr. zur Gesch. der germ. Conj. (Strassburg 1879), Qu. u. F. XXXII), p. 107.[1]

c) Drei Modi, den Indicativ, den Optativ (der die Function des Conjunctivs übernommen hat) und den Imperativ, der letztere ist auf das Präsens beschränkt.

d) Zwei Numeri, den Singular und den Plural.

e) Ein Verbalsubstantiv, den Infinitiv Präs., von welchem aber nur ein Dativ gebildet werden kann (bindan: bindanne), der übrigens nur in der Verbindung mit der Präposition tó vorkommt.

f) Zwei Verbaladjectiva, ein Particip Präsentis und ein Particip Präteriti (mit passiver Bedeutung). Das Part. Präs. wird sowohl stark nach Analogie der adjectivischen jo-Stämme als auch schwach declinirt; über die Declination der substantivirten Participien Präs. s. oben § 39, No. 3 Bc). Das Part. Prät. folgt ebenfalls sowohl der starken wie der schwachen adjectivischen Declination (SIEVERS, § 305 f.). — [Eine rein künstliche Form, weil Nachbildung des latein. Gerundivs, ist das nur spät und vereinzelt vorkommende Part. Fut. Pass. z. B. tó dónde = faciendus, vgl. SIEVERS, § 350 Anm.].

In der weiteren Entwickelung der Sprache ist der im Ags. vorhandene Formenbestand verblieben, nur das Part. Präs. ist geschwunden und durch das Verbalsubstantiv auf -ing (= deutsch -ung) ersetzt worden. So besitzt denn auch das Neuenglische noch dieselben Verbalformen wie das Angelsächsische, aber dennoch besteht zwischen diesem und jenem ein tiefgreifender Unterschied. Erstlich fallen im Neuengl. vielfach in Folge der Schwächung und des Schwundes der Endungen die im Ags. noch gesonderten Formen lautlich zusammen; die grosse Mehrzahl der neuengl. Verben (die sog. schwachen Verba, in der praktischen Grammatik »regelmässige« Verba genannt) besitzt sogar nur fünf Formen, in denen die Endung lautbar erhalten worden ist, z. B. lovest, loves, loved, lovedst, loving[2]), in allen

---

[1] Ueber die schwierige Frage, ob auch in eode ein Aorist erhalten ist (= sanskr. áyâm von der Wurzel yā), vgl. KLUGE a. a. O. p. 124 ff. u. TEN BRINK in Ztschr. f. dtsch. Alterth. XXIII, 65.

[2] Dabei ist noch in Betracht zu ziehen, dass die 2. P. Sg. fast völlig durch die 2. P. Pl. ausser Gebrauch gesetzt worden ist, wodurch sich die Zahl der Endungen innerhalb der Umgangssprache um eine verringert.

übrigen Formen ist, indem die Endung geschwunden oder zu stummem e herabgesunken ist, nur der Verbalstamm übrig geblieben. Nicht anders steht es, abgesehen vom Ablaute, mit den sog. starken Verben. So macht das neuengl. Verbum in der grossen Mehrzahl seiner Formen einen scheinbar wurzelhaften Eindruck. Dazu kommt aber noch etwas Anderes. Das Neuenglische neigt nämlich dazu, die einfachen Formen des Verbum finitum durch Umschreibung mit do zu ersetzen. In der Frage und in der Verneinung ist diese analytische Ausdrucksweise sogar auch für die Schriftsprache schon durchaus Regel geworden (do I love? I do not love), die Umgangs- und die Volkssprache braucht sie auch bereits in der affirmativen Rede. Es ist also auf dem verbalen Gebiete der Uebergang von der Synthesis zur Analysis schon nahezu völlig durchgeführt.

2. **Bildung und Flexion des Präsens.**

a) Die 1. P. Sg. Präs. Ind. Act. (des Durativ- oder Präsensstammes) geht im Indogermanischen entweder auf -â (-ô) oder auf -m[i] aus, z. B. lego, aber s[u]-m, griech. λέγ-ω aber ἐσ-μί. Darnach theilt man die gesammten idg. Verba ein in eine â-Conjugation und eine mi-Conjugation. Nur bei Verben auf -mi kann die unerweiterte Wurzel als Verbalstamm fungiren (z. B. as-mi), indessen geschieht dies doch nur verhältnissmässig selten; die meisten mi-Verba und alle â-Verba erweitern zur Präsensbildung die Wurzel durch (Reduplication oder aber, und das ist das bei weitem Häufigere, durch) ein angefügtes oder (seltener) eingefügtes Suffix, bilden also einen besondern präsentischen Verbalstamm. Die Zahl der zur präsentialen Wurzelerweiterung gebrauchten Suffixe ist eine ziemlich beträchtliche, so dass, zumal da auch Reduplication der Wurzel möglich ist, der Präsensstamm in sehr verschiedenartigen Formen sich darstellen kann) man denke z. B. an griechische Präsensformen, wie δί-δο-μεν, μαν-θ-άν-ο-μεν, δάμ-να-μεν, δάκ-ν-ο-μεν, βό-σκ-ομεν, βάλ-j-ο-μεν = βάλ-λομεν, φέρ-ο-μεν).[1]

---

[1] Eine schöne Uebersicht über die indog. Präsensstammbildung hat KLUGE a. a. O. p. 141 f. gegeben: sie sei hier in abgekürzter tabellarischer Form und mit Weglassung der für unsern Zweck nicht erforderlichen diakritischen Vocalbezeichnung wiederholt:
1. Wurzel = Präsensstamm, nur bei mi-Verben, z. B. √ai = i : áimi, áiti, imás.
2. Reduplicirte Wurzel = Präsensstamm, z. B. â-Conj. √kas : káksâ — mi-Conj. √par : pipármi.
3. Wurzel + n = Präsensstamm, z. B. â-Conj. √dank : danknâ, mi-Conj. √pau (pu) : punámi.
4. Wurzel + nu = Präsensstamm, z. B. â-Conj. √ri : rinvâ — mi-Conj. √sau (su), · sunáu-mi, Pl. sunumás.

Die Conjugation im Englischen. 293

Zu diesen Präsensstammbildungen, welche man als primäre bezeichnen darf, tritt nun noch eine weitere secundäre hinzu, welche zur Ableitung von Verben aus Nominalstämmen oder aus primären Verbalstämmen gebraucht wird, ihr Typus ist: Wurzel + aja.

Aus der entweder primären oder secundären Beschaffenheit des Präsensstammes ergeben sich Verschiedenheiten der Flexion, welche zur Aufstellung zweier Präsensconjugationen berechtigen, von denen die eine die primären, die andere die secundären Stämme umfasst; die erstere pflegt seit J. GRIMM die starke, die letztere die schwache Conjugation genannt zu werden, Namen, die eine innere Berechtigung nicht besitzen, aber doch ohne Nachtheil beibehalten werden können. (Der Unterschied zwischen starker und schwacher Conjugation lässt sich gut am Lateinischen veranschaulichen: Die Verba der sog. dritten Conjugation sind starke, die der sog. ersten, zweiten und vierten Conjugation schwache Verba, vgl. rego mit am-a-o = amo, doc-e-o, aud-i-o; regi-s mit am-ā-s, doc-ē-s, aud-ī-s; regi-t mit am-ā-t, doc-ē-t, aud-ī-t, régi-mus mit am-á-mus, doc-é-mus, aud-í-mus etc.). Die Differenz zwischen starker und schwacher Präsensflexion hat vielfach über den Präsensstamm hinaus und in die Flexion des Perfectstammes hineingegriffen, so dass also die Unterscheidung zwischen starker und schwacher Conjugation eine allgemeinere Bedeutung besitzt.

b) Im Germanischen ist von den verschiedenen primären Präsensstammbildungsweisen die Erweiterung der Wurzel durch angefügtes a (bhar + a = griech. φέρω, lat. fero) die herrschende geworden und hat alle übrigen verdrängt oder verdunkelt (vgl. KLUGE a. a. O. p. 142). Es hat aber der thematische Vocal a vielfach Schwächung zu e oder Verdunkelung zu o, u erfahren und fungirt in der Formenbildung thatsächlich meist nur als sog. Bindevocal.

Das secundäre Präsensstammbildungssuffix -aja hat sich im Germanischen lautlich in drei verschiedene Formen gespalten: ia = ja, aj = ai, aa = ō (vgl. SCHERER, zur Gesch. d. dtsch. Spr.¹) p. 205; SIEVERS, § 398, setzt ōjo = ō an. Aus der Verschiedenheit des Suffixes ergeben sich wieder Verschiedenheiten der Flexion, so dass also drei Klassen der schwachen Conjugation vorhanden sind.

Die Bezeichnungen »starke« und »schwache« Conjugation werden in der germanischen Grammatik oft auch, und sogar vorzugsweise, auf das (dem Perfectstamme angehörige) Präteritum bezogen[1]. Dazu berechtigt, abgesehen von praktischen Gründen, namentlich der Umstand, dass das Präsensstammbildungssuffix in der Regel auch auf das Präteritum (oder doch auf den Plural) desselben übertragen worden ist, wie weiter unten No. 3c) dar-

---

5. Wurzel mit eingefügtem n = Präsensstamm, z. B. ā-Conj. √ stat : stantā — mi-Conj. √ raudh (ruhd) : runádhmi, Pl. rundhmás.
6. Wurzel + sk = Präsensstamm, nur ā-Conj., z. B. √ gam : gamskā.
7. Wurzel + i = Präsensstamm, nur ā-Conj., z. B. √ varg : vargiā.
8. Wurzel + a = Präsensstamm, nur ā-Conj., z. B. √ bhar : bhúrā, Pl. bháramas. — (√ taud : tudā́).

1) Aehnliches geschieht auch in der romanischen Grammatik.

294    Kap. VI. § 45. Die Wortformen des Englischen.

zulegen sein wird. »Starke« Präterita sind solche, welche mittelst der Reduplication oder des Ablautes gebildet werden, »schwache« Präterita sind solche, welche durch Anfügung der Silbe -de sei es an den (durch -ja, -ö, -ai) erweiterten oder unerweiterten Verbalstamm gebildet werden.

Ein starkes Verbum ist also ein Verbum, welches sein Präsens mittelst des primären Suffixes a und sein Präteritum mittelst der Reduplication oder des Ablautes bildet. — Den starken Verben werden auch die wenigen Verben beigezählt, deren Präsens aus der unerweiterten Wurzel gebildet wird (béom etc.), sowie diejenigen, welche zwar das Präsens schwach, das Präteritum aber stark bilden (z. B. biddan = bidjan, Präteritum bád etc.).

Ein schwaches Verbum ist ein Verbum, welches sein Präsens mittelst eines der aus -aja entstandenen secundären Suffixe -ja, -ö oder -ai und sein Präteritum durch Anfügung der Silbe -de an den sei es erweiterten, sei es unerweiterten Stamm bildet. Eine Anzahl von Verben biddan, sittan etc. bilden nur das Präsens schwach.

Bei einzelnen starken Verbis — es sind die sogenannten Präteritopräsentia — hat das ursprüngliche (natürlich stark gebildete) Präteritum Präsensbedeutung angenommen und wird in seiner präteritalen Function durch ein neugebildetes schwaches Präteritum ersetzt (so ist z. B. das deutsche »kann« ursprünglich das stark gebildete Präteritum eines Verbums. dessen Inf. Präs., wenn erhalten, »kinnen« lauten würde [vgl. sang, singen], da nun »kann« die Präteritalbedeutung aufgab — oder vielmehr nicht annahm, denn das Präteritum des German. ist ja ursprünglich das Präsens des Perfectstammes — und die Präsentialbedeutung übernahm, so wurde die Bildung eines neuen Prät. erforderlich und ward dieselbe nach Analogie der schwachen Verba vollzogen, also »ich konnte«, ganz ebenso im Ags. altes starkes Prät., der Bedeutung nach Präs., cann, neues schwaches Prät. cúðe, neuengl. can und cou'l'd).

Die Scheidung zwischen starker und schwacher Conjugation ist noch im Neuenglischen erhalten, besitzt aber nur noch für das Präteritum Bedeutung, da im Präsens die Suffixvocale geschwunden oder doch zu stummem e herabgesunken sind. Die schwache Conjugation hat ihr Gebiet auf Kosten der starken erweitert, indem zu ihr zahlreiche ursprünglich starke Verba übergetreten sind.

Die Präteritopräsentia haben sich zum grossen Theile behauptet.

c) Aus dem Obigen ergiebt sich, dass der Präsensstamm im Angelsächsischen entweder aus der unerweiterten Wurzel besteht oder aber die Form Wurzel + a oder endlich die Form Wurzel + aja (= ia oder ô oder ai) besitzt.

Die einzigen Wurzeln, welche unerweitert im Ags. und noch im Neuenglischen als Verbalstamm fungiren und an welche folglich die Personalsuffixe unmittelbar antreten, sind bhu und as; von ihnen werden zum Theil die Formen des Verbum substantivum gebildet, wie dies auch in den übrigen idg. Sprachen geschieht (z. B. es-se, fu-i; griech. ἐσ-μί, ἔ-φυ-ν); im Ags. und Engl. wird ein anderer Theil der Formen des Verbum subst. von der Wurzel vas abgeleitet (vgl. deutsch ge-wesen, was = war), so dass also dieses Verbum in seinem Formenbestande dreifachen Ursprung zeigt.[1] Die mit bhu und as gebildeten Formen sind, wie schon bemerkt, ohne thematischen Vocal gebildet oder, wie man sich gewöhnlich (aber unrichtig) ausdrückt, bindevocallos. — Wenigstens scheinbar (in einzelnen Formen auch wirklich) ohne themat. Vocal flectiren auch die Verba dón[2] und ʓán[3]).

Die (den sog. starken Verben eigene) Wurzelerweiterung durch den thematischen Vocal a betrifft im Ags. noch eine sehr erhebliche Anzahl von Verben, in der weiteren Entwickelung der Sprache sind viele derselben geschwunden und andere sind zur schwachen Conjugation übergetreten.

Die Wurzelerweiterung mittelst des denominativen Suffixes aja = ja, ô und ai ist schon im Ags. über einen weiten Bereich ausgedehnt, derselbe ist aber im Verlaufe der Sprachentwickelung noch erheblich vergrössert worden, indem einerseits zahlreiche starke Verba in ihn übergetreten, andrerseits aber fast alle aus dem Französischen und sonstigen Fremdsprachen übernommenen Verba in ihn eingetreten sind.

Vom Standpunkte der praktischen Spracherlernung aus betrachtet, erscheint die schwache Conjugation als die regelmässige, die starke als die

---

[1] Die vollständige Flexion des Verbum subst. ist im Angelsächsischen folgende:

Präs. Ind. { Sg. 1. *eom* — ne *am*, 2. *eart* — ne *art*, 3. *is* — ne *is*, Pl. 1. 2. 3. *earun* u. *sind(on)* — ne *are* — 1. béom, 2. bis, bist, 3. bið. Pl. 1. 2. 3. béoð.

„ Opt. { Sg. 1. 2. 3. *sie*, *sío*, *séo*, *si*, *siʓ*, *sý*, Pl. 1. 2. 3. *sien*, *sin*, *sýn*. 1. 2. 3. béo, Pl. 1. 2. 3. béon — ne Sg. u. Pl. be.

„ { Imp. Sg. béo, Pl. béon — ne be
      „    „  wes,  „  wesað.

„ Inf. { béon — ne. be   Part. { béonde — ne being
        { wesan                 { wesende

Prät. Ind. { Sg. 1. wǽs — ne was, 2. waere — (ne wast), 3. wǽs — ne was. Pl. 1. 2. 3. waeron — ne were.

„ Opt. { Sg. 1. 2. 3. waere — ne 1. were (2. wert), 3. were, Pl. 1. 2. 3. waeren — ne were.

Die cursiv gedruckten Formen gehören zur Wurzel as, die zu den Wurzeln bhu und vas gehörigen sind leicht an ihrem Anlaute erkenntlich.

[2] Das Verbum dón flectirt wie folgt (SIEVERS, § 429):
Präs. Ind. Sg. 1. dó(m) — ne do, 2. dést — ne dost, doest, 3. déð — ne does. Pl. 1. 2. 3. dóð — ne do.
„ Opt. Sg. 1. 2. 3. dó — ne do. Pl. 1. 2. 3. dón — ne do.
„ Imp. Sg. 2. dó — ne do. Pl. 1. dón, 2. dóð — do.
» Inf. dón — ne do. Part. dónde — (ne doing)
Prät. Ind. Sg. 1. u. 3. dyde — ne did, 2. dydest — ne didst. Pl. 1. 2. 3. dydon — ne dyd.

[3] Das Verbum ʓán (neben ʓanʓan) flectirt wie folgt (SIEVERS, § 430):
Präs. Ind. Sg. 1. ʓá — ne go, 2. ʓaest — ne goest, 3. ʓaeð — ne goes. Pl. 1. 2. 3. ʓáð — ne go.
» Conj. Sg. 1. 3. 3. ʓá — ne go. Pl. 1. 2. 3. ʓá — ne go.
» Imp. Sg. 2. ʓá — ne go. Pl. ʓáð — ne go.
» Inf. ʓán — ne go. Part. ʓánde — (ne going).
Das der Bedeutung, nicht der Form nach zu ʓán gehörige Präteritum ist eode (vgl. oben S. 291, Anm. unter dem Text), daneben ʓeonʓ.
Neuenglisch ist für eode eingetreten went (von ags. wendan).

296   Kap. VI. § 45. Die Wortformen des Englischen.

unregelmässige, ja die starken Verba erscheinen als vereinzelte Anomala inmitten der unübersehbaren Masse der schwachen Verben.

d) Personalendungen zeigen im Ags. innerhalb des Präsens Indicativi nur die 2. Sg. (-s, -st), die 3. Sg. (-đ) und die Personen des Plurals (-đ), in welchem die Endung der 3. Person (ursprünglich -nti) auch auf die 1. und 2. übertragen worden ist; vereinzelt ist nd noch erhalten, (sind, s. oben S. 295 Anm.¹) u. d. T.). Möglich auch, dass die Endung (der 3. Person) des Plurals Angleichung an die der 3. Sg. erfahren hat. — Im Optativ Sg. sind die Personalendungen geschwunden, die Personen des Plurals gehen sämmtlich auf -n aus. Der ursprüngliche Modusvocal des Optativs (i) ist nicht mehr erkennbar. — Die 2. P. Sg. Imperativi ist im Indogerm. von jeher endunglos und ist es im Ags. geblieben. Die 1 Pl. geht auf -n, die 2. auf -đ aus. — Der Inf. hat die Endung -n. — Das Particip wird mittelst des Suffixes -nd gebildet.

Das Schema der Personalendungen des Präsens ist also folgendes:
Indicativ Sg. 1.  —  (ursprünglich -mi¹) u. -â)
          2.  —  s (später -st = -s + đ'u')?, ursprünglich -si)
          3.  —  đ (ursprünglich -ti)
      Pl. 1.  —  đ } aus der 3. Pers. übertragen.
          2.  —  đ } (urspr. 1. -mas? 2. -tas?)
          3.  —  đ (ursprünglich -nti)
Optativ Sg. 1. —
          2. —
          3. —
      Pl. 1. — n } aus der 3. Pers. übertragen.
          2. — n }
          3. — n
Imperativ Sg. 2. —
      Pl. 1. — n
          2. — đ
[Infinit. — n
  Part.  — nd]

In der weiteren Entwickelung der Sprache fiel das Endungs -n überall ab, dadurch wurde auch der vorausgehende (aus a, bezw. aus aja = ia, o, ai entstandene) Vocal dem Schwunde überliefert, wenn er nicht vorausgehender complicirter Consonanz als Stützvocal dienen musste. — Auch die Endung -đ des Plur. Ind. schwand, was für den vorausgehenden Vocal ebenfalls verhängnissvoll wurde.²) — Behauptet haben sich nur die Endungen -st für die 2. Sg. Ind. und -đ in der 3. Sg. Ind., die letztere, noch im

---
1) Vgl. oben Nr. 2 a). — Im Ags. ist -m[i] noch erhalten in béom, éom und dóm, s. oben Anm. 1) u. 2) unter dem Texte auf S. 295.
2) Schon im Ags. verloren die 1. und 2. Pl. Ind. ihr -đ vor nachfolgendem Personalpronomen, z. B. wē, ȝē bindeđ, aber binde wē, ȝē SIEVERS, § 360, 2). — Ueber die Pluralausgänge in den altenglischen Dialecten, in denen neben -th (südlich) und -s (nördlich) auch -n (mittelländisch), jedenfalls in Anbildung an den Pl. Opt., erscheint, vgl. oben S. 109.

Die Conjugation im Englischen. 297

früheren Neuenglisch -th (z. B. he loveth), ist später zu -s geworden (he loves).[1]

In der 2. und 3. P. Sg. Ind. der starken Verba findet im Ags. I-Umlaut statt[2], wenn der Wurzelvocal dessen fähig ist (z. B. 1. helpe, aber 2. hilpest und 3. hilpeð). Am weitesten durchgedrungen ist der I-Umlaut im Westsächsischen, während das Kentische stark schwankt und das Northumbrische ihn kaum kennt (vgl. SIEVERS, § 371). In der weiteren Entwickelung der Sprache wurde der Umlaut aufgegeben.

Es seien schliesslich einige Paradigmata der Präsensflexion gegeben[3], wobei der Vollständigkeit wegen auch zugleich das Präteritum beigefügt werden möge, obwohl dessen Formenbildung erst im nächsten Abschnitte besprochen werden wird.

A. Starke Verba (SIEVERS § 367).
a) ohne Umlaut, z. B. Präsensstamm bind + a.
Präs. Ind. Sg. 1. binde — ne bind, 2. bind(e)st — ne bindst, 3. bindeð — ne bindeth, binds. Pl. bindað und binde, s. oben S. 296
Anm. — ne bind.
» Opt. Sg. binde — ne bind. Pl. binden — ne bind.
» Imp. Sg. 2. bind — ne bind. Pl. 1. bindan, 2. bindað — ne bind.
» Inf. bindan — ne bind. Part. bindende — (ne binding).
Prät. Ind. Sg. 1. bond — ne bound, 2. bunde — (ne boundst), 3. bond — ne bound. Pl. bundon — ne bound.
» Part. bunden — ne bound.
b) mit Umlaut, z. B. Präsensstamm help + a.
Präs. Ind. Sg. 1. helpe — ne help, 2. hilp(e)st — ne helpst, 3. hilp'e,ð — ne helps. Pl. helpað — ne help.
» Opt. Sg. helpe — ne help. Pl. helpen — ne help.
» Imp. Sg. 2. help — ne help. Pl. 1. helpan, 2. helpað — ne help.
» Inf. helpan — ne help. Part. helpende — (ne helping).
Prät. Ind. Sg. 1. healp — (ne holp), 2. hulpe, 3. healp. Pl. hulpon.
» Opt. Sg. hulpe. Pl. hulpen.
» Part. holpen — (ne helpen).

B. Schwache Verba[4].
a) Verba der -ja (-jo) Classe (SIEVERS, § 409 f.).
α) Die Wurzelsilbe ist ursprünglich kurz und lautet auf r aus, das

---

1) Im nördlichen Dialect des Altenglischen wird die Endung -s von der dritten (und zweiten) auf die erste Person übertragen (I hopes, s. oben S. 110), bekanntlich ist dies auch in der neuenglischen Vulgärsprache sehr beliebt.
2) Der I-Umlaut beruht hier auf Angleichung an die schwache Conjugation: der thematische Vocal e und æ wirkte, als wenn er aus ja (jo) entstanden wäre.
3) Nach SIEVERS, aus dem oben S. 260 angegebenen Grunde.
4) Als »schwache« Verba gelten alle diejenigen Verba, welche das Präteritum mittelst des scheinbaren Suffixes -de bilden, also auch diejenigen, welche, wie tellan, sellan etc. das Suffix -de an den unerweiterten Stamm fügen. Vgl. oben S. 294.

298 Kap. VI. § 45. Die Wortformen des Englischen.

j (i) erhält sich in einem Theile des Präs., schwindet im Prät., z. B. Präsensstamm nas, nar (vgl. deutsch Nahr-ung) + 'a'ja, mit I-Umlaut ner-ja, (ner-jo', nere. — β) Die Wurzelsilbe ist ursprünglich kurz und lautet nicht auf r aus, das j assimilirt sich im Präs. dem auslautenden Consonanten, im Prät. schwindet j, z. B. Präsensstamm fram + 'a'ja, mit I-Umlaut frem-ja, frem-jo, mit Assimilation des j an das m fremma (fremmo), fremme. — γ) Die Wurzelsilbe ist ursprünglich lang, das j schwindet im Präs. und Prät., nachdem es I-Umlaut bewirkt hat, z. B. Präsensstamm dóm + 'a'ja, mit I-Umlaut démja, (démjo), démje, mit Schwund des j déme [1]).

α) Präs. Ind. Sg. 1. nerie, 2. neres't', 3. neređ. Pl. neriađ.
» Opt. Sg. nerie. Pl. nerien.
» Imp. Sg. 2. nere. Pl. 1. nerian. Pl. 2. neriađ.
» Inf. nerian. Part. neriende.
Prät. Ind. Sg. 1. nerede, 2. neredes't', 3. nerede. Pl. neredon.
» Opt. Sg. nerede. Pl. nereden.
» Part. nered.
β) Präs. Ind. Sg. 1. fremme, 2. fremes't', 3. fremeđ. Pl. fremmađ.
» Opt. Sg, fremme. Pl. fremmen.
» Imp. Sg. 2. freme. Pl. 1. fremman, 2. fremmađ.
» Inf. fremman. Part. fremmende.
Prät. Ind. Sg. 1. fremede, 2. fremedes't', 3. fremede. Pl. fremedon.
» Opt. Sg. fremede. Pl. fremeden.
» Part. fremed.
γ) Präs. Ind. Sg. 1. déme. 2. dém'e's't', 3. dém'e'đ. Pl, démađ.
» Opt. Sg. déme. Pl. démen.
» Imp. Sg. 2. dém. Pl. 1. déman, 2. démad.
» Inf. déman. Part. démende.
Prät. Ind. Sg. 1. démde, 2. démdes't), 3. démde. Pl. démdon.
» Opt. Sg. démde. Pl. démden.
» Part. démed.

b) Verba der ó-Classe (SIEVERS, § 411 ff.), z. B. Präsensstamm sealf + aja, daraus einerseits (sei es durch sealf-aa oder durch sealf-ója) sealf-ó, andrerseits sealf-ja; der Stamm sealf-ja dient zur Bildung des Präsens, der Stamm sealf-ó zur Bildung des Präteriti.

Präs. Ind. Sg. 1. sealfie, 2. sealfast, 3. sealfađ. Pl. sealfiađ.
» Opt. Sg. sealfie. Pl. sealfien.
» Imp. Sg. 2. sealfa. Pl. 1. sealfian, 2. sealfiađ.
» Inf. sealfian. Part. sealfiende.
Prät. Ind. Sg. 1. sealfode, 2. sealfodest, 3. sealfode. Pl. sealfodon.
» Opt. Sg. sealfode. Pl. sealfoden.
» Part. (sealfod), sealfad.

c) Verba der ai-Classe (SIEVERS, § 415 f.). Die ursprünglich zur

---

[1]) Aus dem Präsensstamm kau + 'a'ja ergiebt sich cíe-jan, wo sich j zu ᵹ verhärtet und, als wäre es Stammauslaut, in der ganzen Flexion beibehalten wird (Prät. Ind. cíeᵹe, Inf. cíeᵹan, Prät. Ind. cíeᵹde).

Die Conjugaiion im Englischen. 299

ai-Classe gehörigen Verba folgen im Präsens 'mit Ausnahme der 2. u. 3. P. Sg. Präs. Ind. und der 2. Sg. Imperat., welche Formen nach Analogie der ò-Verba gebildet sind) der Conjugation der ja-Verba. Im Prät. treten die Endungen an den un erweiterten Stamm. Z. B. Präsensstamm hab + aj'a), daraus eigentlich hab-ai (vgl. got. hab-ai-s, hab-ai-ma, hab-ai-da etc.); für habai aber tritt im Präs. ein habja, dessen j sich (mit Ausnahme der 2. u. 3. Sg. Ind. u. 2. Sg. Imp. Präs.) dem auslautenden b des Stammes assimilirt, also habja : habba : habbe; in der 2. und 3. Sg. Ind. u. 2. Sg. Imp. Präs. wird hab-ai verdrängt durch hab-a, mit Wandel des intervocalischen b : f, haf-a.

Präs. Ind. Sg. 1. häbbe (vgl. fremme), 2. hafast (vgl. sealfast),
3. hafað (vgl. sealfað). Pl. habbað vgl. fremmað).
» Opt. Sg. häbbe (vgl. fremme). Pl. häbben (vgl. fremmen).
» Imp. Sg. 2. hafa (vgl. sealfa). Pl. 2. habbað und häbbað
vgl. fremmað,.
» Inf. habban (vgl. fremman). Part. häbbende (vgl. fremmende).
Prät. Ind. } haefde, flectirt wie démde.
» Opt.
» Part. ȝe-häfd.

Im Neuenglischen besteht keinerlei Unterschied mehr zwischen der Präsensflexion der ursprünglich starken und der ursprünglich schwachen Verba, sondern die Flexion ist für alle Verba die gleiche, z. B.

Inf. give = ags. ȝifan (stark)
» love = ags. lufian (schwach, ò-Classe).
Präs. Ind. Sg. 1. I give = ags. ȝife, 2. thou givest = ags. ȝifes.t),
3. he gives = ags. ȝifeð.
» » 1. I love = ags. lufie, 2. thou lovest = ags. lufas.t),
3. he loves = ags. lufað.
» » Pl. we, you, they give = ags. ȝifað.
» » » » » » love = » lufiað.
» Opt. Sg. I, thou, he give = ags. ȝife. — Pl. we, you, they
give = ags. ȝifen.
» » » I, thou, he love = ags. lufie. — Pl. we, you, they
love = ags. lufien.
» Imp. Sg. give = ags. ȝif. Pl. give = ags. ȝifað.
» » » love = ags. lufa. Pl. love = ags. lufiað.
» Part. fehlt (ags. ȝifende, lufiende).
» sog. Gerundium (Verbalsubstantiv auf -ing) giving, loving.

Die einzige Verschiedenheit, welche in der Präsensbildung der neuenglischen Verba noch besteht, ist, dass die einen (z. B. give, love) den vocalischen Auslaut des Stammes noch als stummes e erhalten, die andern z. B. fly, find) ihn aufgegeben haben.

3. Bildung und Flexion des Präteritums. Das germanische Präteritum ist seinem Ursprunge nach das Präsens des Perfectstammes (d. h. des Tempusstammes der abgeschlossenen Handlung), entspricht also dem lateinischen und

griechischen Perfect. Das charakteristische Zeichen des Perfectstammes ist die Reduplication, d. h. die ursprünglich wirklich, später nur theilweise oder, so zu sagen, andeutungsweise vollzogene Doppelsetzung der Wurzel, vgl. griech. ὄπ-ωπ-α, ὄλ-ωλ-α, γέ-γραφ-α, lat. mo-mord-i, ke-kin-i, te-tig-i.

Im Gotischen ist die Reduplication bei etwa 20 Verben noch vollständig erhalten [1].

Im Angelsächsischen ist die Reduplication als solche völlig geschwunden; selbst die Spuren ihres einstigen Daseins sind nur geringfügig. Eine consonantische Spur früherer Reduplication bewahren einige Verba darin, dass der anlautende Consonant im Innern der Silbe nochmals erscheint; die betr. Präterita sind: heht (got. haíhait) von hátan, reord (got. raíroþ) von raedan, leolc (got. laílaik) von lácan, dreord von draedan, leort (got. laílót) von laetan [2]). Ueblicher als diese Formen mit verstümmelter Reduplication sind solche mit Vocalwechsel (hét statt heht u. dgl.). Vgl. SIEVERS, § 394. Im Neuenglischen ist als einzige consonantische Spur der Reduplication das Prät. hight = ags. heht übrig geblieben.

Eine vocalische Spur der früher vorhanden gewesenen Reduplication bewahren nicht ganz wenige Verba darin, dass der Wurzelvocal im Ind. u. Opt. Prät. (aber nicht im Part. Prät.) ein anderer ist, als im Präsens, ein Wechsel, der öfters aus Verschmelzen des Vocals der Reduplications- mit dem der Stammsilbe nach Ausfall des oder der trennenden Consonanten erklärt worden ist (z. B. fenȝ aus fé[f]ang, sowie lat. cēpi vielleicht aus ce[c]ap-i), welche Erklärung freilich nicht eben grosse Wahrscheinlichkeit für sich hat. Weit mehr befriedigt SCHERER's Erklärung, wenn er (Zur Gesch. d. dtsch. Spr.[2] p. 279) sagt: »Es kann keinem Zweifel unterliegen, dass

---

[1] Es sind folgende (vgl. BRAUNE, Got. Gramm. § 169 ff.): haldan : haíhald, falþan : faífalþ, staldan : staístald, fáhan : faífah, háhan : haíha, slêpan : saíslêp und saízlêp, aikan : aíaik, fraisan : faífrais, haitan : haíhait, laikan : laílaik, maitan : maímait, skaidan : skaískaid, hvópan : hvaíhvóp, aukan : aíauk. — Dazu noch Verba, welche mit der Reduplication auch den Wurzelvocal verändern: létan : laílót (ebenso flékan : faíflók, grétan : gaígrót, tékan : taítók, rédan : raíroþ), saian : saísó (ebenso vaian : vaívó, laian : laíló). — Das aí der Reduplicationssilbe bezeichnet übrigens keineswegs einen Diphthong, sondern wie SCHERER nachgewiesen hat, einen kurzen e-Laut (vgl. BRAUNE, § 20).

[2] Wirkliche Reduplication ist erhalten in di-de von dón.

hélt zu erklären ist aus héhalt, mit Unterdrückung des unbetonten Wurzelvocals hchlt, mit Ausfall des zweiten h und Ersatzdehnung des vorausgehenden Vocals hélt. Es muss aber die Frage nach dem Entstehen dieses Vocalwechsels wohl noch als eine offene betrachtet werden.

Diejenigen Verba, welche in dem Vocalwechsel noch die Spur der früheren Reduplication bewahren, werden als **reduplicirende** Verba bezeichnet.

Alle übrigen Verba weisen **keine** Spur der Reduplication mehr auf [1]).

Die nicht-reduplicirenden Verba bilden das Präteritum entweder mittelst des **Ablautes** (s. unten b) oder aber mittelst der Anfügung des scheinbaren Suffixes -de (s. unten c) an den sei es unerweiterten, sci es durch -aja = ja, ô erweiterten Präsensstamm.

Die Präteritalbildung mittelst des Ablautes ist den **starken** Verben eigen, soweit dieselben nicht reduplicirende Verba sind. Dazu treten eine Anzahl Verben, welche ihr Präsens schwach nach der ja-Classe bilden, z. B. sittan, hebban etc.

Die Präteritalbildung mittelst des scheinbaren Suffixes -de ist den schwachen Verben eigen, einschliesslich derjenigen, welche zwar im Präsens, aber nicht im Präteritum die Stammerweiterung annehmen (z. B. tellan, sécean, deneean etc.).

Da der Perfectstamm, dessen Präsens das ags. Präteritum seiner Herkunft nach ist, ursprünglich eben nur in der doppelgesetzten Wurzel bestand, also die Wurzel nicht durch Anfügung eines thematischen Vocales erweitert wurde, so traten die Personalsuffixe unmittelbar an den Stamm an (z. B. lat. stetisti, griech. γέγραφα-ς).

Im Präteritum der ags. starken Verben hat sich von den Personalendungen nur die für die 3. P. Pl. erhalten (-n), welche auch auf die 1. und 2. übertragen worden ist und im Ind. mittelst eines analogischen Vocals, der hier wirklicher

---

1) Es ist aber nichtsdestoweniger anzunehmen, dass ursprünglich — freilich in vorgermanischer Zeit — alle Wurzeln im Perfectstamme reduplicirt wurden. Die von BEZZENBERGER (in seinen Beiträgen II, 159) aufgestellte Behauptung, dass den ablautenden Verben keine Präteritalreduplication zukomme, kann zwar auf den ersten Blick recht glaublich erscheinen, ist aber nichtsdestoweniger erweistich falsch, vgl. KLUGE, a. a. O. p. 47 ff.

Bindevocal ist, an den Stamm gefügt wird. Die 1. und 3. P. Sg. Ind. sind endungslos, die 2. P. Sg. Ind. ist durch die entsprechende des Optativs verdrängt worden. Der Optativ lautet auf -e (Pl. e-n) aus, in welchem e der Modusvocal i zu erkennen ist.

Das mittelst -de gebildete (schwache) Präteritum weicht von dem starken hinsichtlich der Personalendungen nur dadurch ab, dass die 2. P. Sg. Ind. nach Analogie des Präsens die Endung -s(t) angenommen hat; in der weiteren Entwickelung der Sprache wurde diese Endung auch auf das starke Präteritum übertragen, daher neuenglisch thou boundst. Die Pluralendung -n schwand im Präteritum ebenso, wie dies in andern Formen (z. B. im Inf.) geschah, und mit ihr schwand auch der ihr vorausgehende Vocal, also bundon, bunde : bound.

Das Particip Prät geht bei den starken Verben auf -n, bei den schwachen auf -d aus. Es sind diese Endungen Kürzungen der idg. Suffixe -na und -ta. (Das Suffix -na wird auch im Sanskrit und Slavischen, das Suffix -ta ebenfalls im Sanskrit und Slavischen, namentlich aber im Lateinischen zur Participialbildung verwandt, z. B. plē-tus (daneben als Adjectiv plē-nus). Im Neuenglischen ist das Suffix -n vielfach geschwunden.

Die Paradigmen der Präteritalbildung s. oben S. 297 ff.

a) **Die Bildung des Präteritums der reduplicirenden Verben**[1]. Die reduplicirenden Verba zerfallen je nach der Art des in ihnen sich vollziehenden Vocalwechsels in zwei Classen, nämlich:

α) Der Wurzelvocal ist im Präsens und im Part. Prät. a;e, oder á oder ae, im Präteritum Ind. u. Opt. e oder é; hierher gehören namentlich Verba, deren Wurzel auf einfachen Consonant oder aber auf n + ;Consonant auslautet, z. B.

| Inf. Präs. | Prät. | Part. P. |
|---|---|---|
| slaepon — ne sleep (schw.)[2] | slép, -on | slaepen |
| laetan — ne let (schw.) | lét, -on | laeten |
| ;on;draedan — ne dread (schw.) | ;on;dréd, -on | — |

---

1) Für das Verständniss der Entwickelung des germanischen starken Perfects ;Präteritums) ist es wichtig zu wissen, dass im Urgermanischen im Dual und Plur. Ind. die Personalendungen (-vá, -thás, -má, -tá, -únt), im Optativ der Moduscharakter -já und im Particip das Suffix a-ná hoehbetont waren, die Wuzelsilbe aber nur im Ind. Prät. (und im Präsensstamme , vgl. SCHERER, a. a. O. p. 220.

2) slaepan bildete schon im Altnorthumbrischen schwaches Prät.

Die Conjugation im Englischen. 303

| Inf. Präs. | Prät. | Part. P. |
|---|---|---|
| fón (= got. fáhan) 1) (fehlt ne) | fenᵹ, féng, -on | fangen |
| hón (= got. háhan) 1; — ne hang | henᵹ, héng, -on | hangen |
| lácan (fehlt neuenglisch) | léc (leolc), -on | lácen |
| scádan ( »         » ) | scéd, -on | scáden |

β) Der Wurzelvocal ist im Präs. u. im Part. Prät. a (durch Brechung ea, von Nasal o) oder á oder ó oder éa (aus au), im Prät. Ind. und Opt. eoχoder éo; hierher gehören namentlich Verba, deren Wurzel auslautet auf einfachen Consonanten (besonders w) oder auf n oder l + Cons., z. B.

| Inf. Präs. | Prät. | Part. Prät. |
|---|---|---|
| feallan — ne fall | féoll, -on — ne fell | feallen, ne fallen |
| weallan (fehlt im Ne.) | wéoll, -on | weallen |
| wealdan — ne wield | wéold, -on | wealden |
| healdan — ne held | héold, -on — ne held | healden, ne holden, held |
| hléapan — ne leap | hléop, -on | hléapen |
| héawan — ne hew | héow, -on | héawen |
| bláwan — ne blow | bléow, -on — ne blew | bláwen, ne blown |
| cnáwan — know | cnéow, -on — ne knew | cnáwen, ne known |
| sáwan — ne sow | séow, -on — ne sew | sáwen, ne sown |
| ᵹrówan — ne grow | ᵹréow, -on — ne grew | ᵹrówen, ne grown |
| ᵹanᵹan (ᵹán) 1) — ne go ᵹeonᵹ | | ᵹanᵹen |

u. s. w. u. s. w (SIEVERS, § 393 bis 397).

Die Gesammtzahl der reduplicirenden Verba dürfte sich im Angelsächsischen auf 50 bis 55 belaufen 3); davon sind in der weiteren Entwickelung der Sprache nicht wenige verloren gegangen, z. B. lácan, fón, weallan, -blonᵹan, bonnan etc.; andere sind zur schwachen Conjugation übergetreten, so z. B. laetan, slaepan, waepan etc. Verhältnissmässig also nur wenige sind der starken Conjugation treu geblieben, am treuesten die Verba auf -áwan = -ow und -ówan = -ow. Das Part. Prät. ist öfters dem Ind. Prät. angeglichen worden, so z. B. held für holden, welches letztere nur als Adjectiv sich behauptet hat. — Eine treffliche Uebersicht über die Schicksale der reduplicirenden Verba findet man bei KOCH, Gramm. I² 240.

b) Die Bildung des Präteritums der ablautenden Verba. Unter »Ablaut« versteht man den regelmässigen Wechsel des Vocals der Wurzelsilbe innerhalb der starken Verbalflexion 4). Der Ablaut ist an sich

---

1) Das á in fáhan, háhan steht für an, vgl. SIEVERS, § 67.
2) s. oben S. 295, Anm. 3) unter dem Texte.
3) Anfängern fällt es oft schwer, die reduplicirenden Verba im Angelsächsischen von den ablautenden zu unterscheiden. Das sicherste Kennzeichen ist eben für die reduplicirenden Verben die Gleichheit des Vocals einerseits im Präs. und Part. Prät., andrerseits in den beiden Numeris Ind. und Opt. Prät. Wer Angelsächsisch treibt, sollte übrigens die Mühe nicht scheuen, die ja gar nicht zahlreichen reduplicirenden Verben auswendig zu lernen.
4) Ablaut findet auch in der Wortableitung statt, soweit dabei starke Verbalstämme in Betracht kommen (z. B. im Deutschen graben grub, Grab, Gruft).

ursprünglich ein rein lautlicher Vorgang, veranlasst durch die wechselnde Stelle und die verschiedene (sei es exspiratorische, sei es chromatische, Beschaffenheit des Worthochtons innerhalb der Conjugation[1]). Die germanischen Sprachen haben aber diesen ursprünglich rein lautphysiologischen Vocalwechsel zu einem flexivischen Mittel erhoben und ihm dadurch psychologische Bedeutung verliehen. Ansatzweise und sporadisch ist Aehnliches allerdings auch in andern indogermanischen Sprachen geschehen (man denke z. B. an den Vocalwechsel in der Conj. von τρέφω und τρέπω im Griechischen) an die Quantitätverschiedenheit zwischen lateinischen Präsentien und Perfecten, wie věnio : vēni[2], die systematische und dauernde Verwendung aber des Wurzelvocalwechsels für Zwecke der Conjugation ist eine höchst beachtenswerthe Eigenthümlichkeit des Germanischen.

Die ablautenden Verba können höchstens einen vierfachen Wechsel des Wurzelvocals zeigen; indem nun die einen Formen diesen, andere jenen Vocal besitzen, bilden sich vier Ablautsgebiete, von denen das erste alle Formen des Präsens, das zweite die 1. und 3. P. Sg. Prät. Ind., das dritte den Plur. Prät. Ind., den ganzen Optativ und die (aus dem Optativ in den Ind. übertragene) 2. P. Sg. Prät. Ind., das vierte endlich nur das Part. Prät. umfasst. Es werde dies an der Conjugation von béodan veranschaulicht:

Erstes Ablautsgebiet (Präsensgebiet) mit dem Vocal éo: Präs. Ind. Sg. 1. béode, 2. béodest, 3. béodeđ, Pl. béodađ; Opt. Sg. béode, Pl. béoden; Imp. Sg. 2. béod, Pl. 1. béodan, 2. béodađ; Inf. béodan; Part. béodende.

Zweites Ablautsgebiet (erstes Präteritalgebiet) mit dem Vocal éa: Prät. Ind. Sg. 1. und 3. béad.

Drittes Ablautsgebiet (zweites Präteritalgebiet) mit dem Vocal u: Prät. Ind. Sg. 2. bude, Pl. 1., 2. und 3. budon; Opt. Sg. bude, Pl. buden.

Viertes Ablautsgebiet (Participialgebiet) mit dem Vocal o: Part. Prät. boden.

Die Zahl der Ablautsgebiete verringert sich selbstverständlich, wenn, was namentlich im Neuenglischen häufig ist, ein Vocal über zwei oder drei Gebiete sich erstreckt.

Nach der Beschaffenheit der bei dem Ablaute der einzelnen Verba gebrauchten Vocale unterscheidet man sechs »Ablautsreihen«, es sind ursprünglich die folgenden (vgl. SIEVERS, § 361)[3].

1) i | ai | i | i    2) eu | au | u | u
3) ë, i | a | u | u, o   4) ë, i | a | ê | u, o
5) ë, i | a | ê | ë    6) a | ô | ô | a

---

1) »Der Ablaut beruht auf Steigerung, Schwund und Färbung des Wurzelvocals nach Massgabe des Accentes«, SCHERER, Zur Gesch. d. dtsch. Spr.[2], p. 220. Die bedeutendste und wirklich grundlegende Untersuchung über den Ablaut ist von VERNER (in Ztschr. f. vgl. Sprachf. XXIII, 131) geführt worden; kein Germanist und also auch kein Anglist darf sie ungelesen lassen.
2) Nichts aber hat mit dem Ablaut zu schaffen der Vocalwechsel im französ. viens, vins, venir u. dgl.
3) SCHERER, Zur Gesch. der deutschen Spr.[2], p. 230 ff. stellt (nach

## Die Ablautsreihen.

Diese Reihen haben nun in den Einzelsprachen aus mannigfachen Ursachen lautlicher und nichtlautlicher Art (z. B. auch durch Angleichung eines Verbs an ein begriffsverwandtes) mehr oder weniger erhebliche Abänderungen erlitten, besonders aber im Ags.-Engl., wie dies bei der Eigenart des ags.-engl. Vocalismus (vgl. oben § 24, II) ja sehr begreiflich ist. Es stellen sich im Angelsächsischen die sechs Ablautsreihen folgendermaassen dar:

Erste Ablautsreihe (I-Classe) (SIEVERS, § 382)[1]):
í | á | i | i = got. ei | ái | i | i, z. B.[2])

| | | | | | | | |
|---|---|---|---|---|---|---|---|
| ʒrípan | ʒráp | ʒripon | ʒripen | = got. greipa | graip | gripum | gripans |
| stíʒan | stáʒ | stiʒon | stiʒen | = got. steiga | staig | stigum | stigans |
| *snídan | snád | snidon | sniden | = got. sneiþa | snaiþ | sniþum | sniþans. |

Zweite Ablautsreihe (U-Reihe) (SIEVERS, § 384 f.):
éo | éa | u | o = got. iu | au | u | u, z. B.[3])

| | | | | | | | |
|---|---|---|---|---|---|---|---|
| *céosan | céas | curon | coren | = got. kiusa | kaus | kusum | kusans |
| ʒéotan | ʒéat | ʒuton | ʒoten | = got. giuta | gaut | gutum | gutans |
| léoʒan | léaʒ | luʒon | loʒen | — got. liuga | laug | lugun | lugans. |

Zu dieser Classe gehören auch die Verba mit ú im Präsens, z. B.
lúcan | léac | lucon | locen = got. lúka | lauk | lukum | lukans.

---

MÜLLENHOFF, Paradigmata zur dtsch. Gramm.) folgende Eintheilung für das Altgermanische auf:

I. Die A-Classe (mit dem Wurzelvocale a)
  I.ª geban | gab | gebum | gebans
  I.b neman | nam | nemum | nomans
  I.c bendan | band | bondum | bondans

II. Die I-Classe (mit dem Wurzelvocale i)
  steigan | staig | stigum | stigans

III. Die U-Classe (mit dem Wurzelvocale u)
  beugan | baug | bugum | bugans

IV. Die O-Classe (mit dem Vocal ó aus a im Prät.)
  IV.ª hafjan | hóf | hóbum | habans
  IV.b standan | stóth | stódum | standans
  IV.c tékan | taitok | taitókum | tékans
  IV.d sdjan | sesd |

Diese Uebersicht kann zugleich zeigen, dass der Vocal des Präsens keineswegs zugleich der Wurzelvocal des Verbs ist, wie Anfänger zu glauben geneigt sein können; vielmehr ist gerade der Vocal des Präsens sowie der des Prät. Sg., weil sie schon ursprünglich hochbetont waren, leichter Wandelungen unterworfen gewesen, als der Vocal des ursprünglich endungsbetonten Prät. Plur. u. Part. Prät., z. B. die Wurzel stigh ergab zunächst:

stéigha- | stestáigh-a | stestigh-má | stigh-ná,
dann staiga-n | staig | stigum | stigans.

---

1) In den Verben, denen ein Sternchen vorgesetzt ist, findet sog. grammatischer Wechsel statt (s. oben § 20, Nr. 8).

2) Zur ersten Ablautsreihe gehören auch die Präteritopräsentia: 1. wát = ne wot, schw. Prät. wiste = ne wist, wisse. Inf. witan [Part. Prät. ʒewiss]. — 2. áʒ, schw. Prät. áhte = ne ought. Part. Prät. áʒen — ne own. (SIEVERS, § 420).

3) Zur zweiten Ablautsreihe gehört auch das (im Neuenglischen verlorene) Präteritopräs. déaʒ, Pl. duʒon, schw. Prät. dohte, Inf. duʒan.

Kap. VI. § 45, 3. Die Wortformen des Englischen.

Dritte Ablautsreihe (A-Reihe), got. i | a | u | u, zerfällt in drei Abtheilungen [1].

### Erste Abtheilung (A-Classe Ic).
(SIEVERS, § 386).

i | o (a) | u | u, hierher gehören die Verba, deren Wurzel auf n + Cons. auslautet, z. B.

|  | bindan | bond (band) | bundon | bunden |
|---|---|---|---|---|
| = got. | binda | band | bundum | bundans |
|  | findan | fond (fand) | fundon | funden |
| = got. | finþa | fanþ | funþum | funþans |
|  | spinnan | spon (span) | spunnon | spunnen |
| = got. | spinna | span | spunnum | spunnans. |

### Zweite Abtheilung (A-Classe Ic).
(SIEVERS, § 387).

e | ea (a) | u | o, hierher gehören die Verba, deren Wurzel auf l + Cons. auslautet z. B.

|  | helpan | healp (halp) | hulpon | holpen |
|---|---|---|---|---|
| = got. | hilpa | halp | hulpum | hulpans |
|  | sweltan | swealt (swalt) | swulton | swolten |
| = got. | swilta | swalt | swultum | swultans. |

### Dritte Abtheilung (A-Classe Ic).
(SIEVERS, § 388).

eo | ea | u | o, hierher gehören die Verba, deren Wurzel auf r oder h + Cons. auslautet (das r und h bewirken Brechung), z. B.

|  | weorpan | wearp | wurpon | worpen |
|---|---|---|---|---|
| = got. | vairpa | varp | vaúrpum | vaúrpans |
|  | *weorðan | wearð | wurdon | worden |
| = got. | vairþan | varþ | vaúrþum | vaúrþans |

### Vierte Ablautsreihe (A-Classe Ib). (SIEVERS, § 390).

e | ä | ae | o = got. i (ai) | a | é | ú (aú), z. B. [2]:

|  | beran | bär | baeron | boren |
|---|---|---|---|---|
| = got. | baira | bar | bérum | baúrans |
|  | brecan | bräc | braecon | brocen |
| = got. | brika | brak | brékum | brukans |
|  | (niman) | nóm | nómon | numen) |
| = got. nima | nam | némum | numans. |

---

[1] Zur dritten Ablautsreihe gehören auch die Präteritopräsentia: 1. on, an, Pl. unnon, schw. Prät. úðe, Inf. unnan. — 2. con(n), can(n), Pl. cunnon, schw. Prät. cúðe, ne. cou(l)d, Inf. cunnan. — 3. ðearf, Pl. ðurfon, schw. Prät. ðorfte, Inf. ðurfan. — 4. dear, ne. dare, Pl. durron, Prät. dorste, ne. durst, (Inf. durran).

[2] Zur vierten Ablautsreihe gehören auch die Präteritopräsentia: 1. sceal, ne. shall, Pl. scalon, schw. Prät. sc(e)olde, ne. should, Inf. sculan. — 2. mon, man (dialectisch noch als mann, man erhalten), Pl. munon, schw. Prät. munde, Inf. munan.

## Die Ablautsreihen.

**Fünfte Ablautsreihe (A-Classe Ia).** (SIEVERS, §. 391).

e | ä | ae | e = got. i | a | é | i, z. B.¹):

|   | metan | mät | maeton | meten |
|---|---|---|---|---|
| = got. | mita | mat | métum | mitans |
|   | (ǥe)nesan | näs | naeson | nesen |
| = got. | (ga)nisa | nas | nesum | nisans |
|   | ǥiefan | ǥeaf | ǥéafon | ǥiefen |
| = got. | giba | gab | gébum | gibans |

**Sechste Ablautsreihe (O-Classe).** (SIEVERS, § 392).

a | ó | ó | a = got. a | ó | ó | a, z. B.²,:

|   | faran | fór | fóron | faren |
|---|---|---|---|---|
| = got. | fara | fór | fórum | farans |
|   | ǥrafan | ǥróf | ǥrófon | ǥrafen |
| = got. | graba | gróf | gróbum | grabans |
|   | alan | ól | ólon | alen |
| = got. | ala | ól ' | ólum | alans. |

Im Laufe der weiteren Sprachentwickelung sind zahlreiche ablautende Verba völlig geschwunden³), wohl ebenso viele sind zur schwachen Conjugation übergetreten. Das Ergebniss dieser Wandelungen, welche sich übrigens, wie selbstverständlich, nur allmählich vollzogen, ist geworden, dass die Zahl der ablautenden (und überhaupt der starken) Verba im Neuenglischen eine verhältnissmässig nur sehr geringe ist, denn sie dürfte sich — auch alle nur vereinzelt vorkommenden starken Formen mit eingerechnet — in der heutigen Schriftsprache (in den Dialecten steht es etwas anders) nicht viel über 120 belaufen⁴), während im Angelsächsischen die starken

---

1) Zur fünften Ablautsreihe gehören auch die Präteritopräsentia: 1. mäǥ, ne. may, Pl. maǥon, schw. Prät. meahte, mihte, ne. might, (Inf. maǥan?. — 2. ǥeneah, Pl. -nuǥon, schw. Prät. benohte, Inf. nuǥan.

2) Zur sechsten Ablautsclasse gehört auch das Präteritopräsens: mót, Pl. móton, schw. Prät. móste, ne. must (mit Präsensbdtg.), Inf. mótan (?).

3) Es würde sehr interessant sein, den massenhaften Schwund der ablautenden (und überhaupt der starken) Verba im Einzelnen zu verfolgen, wobei zugleich die Dialecte zu berücksichtigen wären, die oft in der Schriftsprache verlorenes Wortgut bewahrten. Interessant ist es auch zu beobachten, in welchem weiten Umfange gerade die verlorenen starken Verba durch solche französischen Ursprungs ersetzt oder vielmehr wohl verdrängt worden sind, ein Vorgang, der nicht zufällig sein konnte: die Fremdverba siegten am leichtesten über solche germanische Verben, deren Formenbildung mit einer gewissen Schwierigkeit verbunden war. — Eine genauere Untersuchung dürfte wohl auch Folgendes ergeben: bis in das 17., ja bis in das 18. und selbst bis in den Anfang des 19. Jahrhunderts hin erhielten sich, auch schriftsprachlich, jetzt verlorene starke Formen noch vielfach in wenigstens gelegentlichem Gebrauche, es ist also die jetzige Beschränkung der starken Conjugation von verhältnissmässig jungem Datum und darf vielleicht zu einem Theile auf die nach vermeintlicher grammatischer Regelmässigkeit strebende Sprachmeisterei der Grammatiker, zu einem andern Theile auf die jeder Nivellirung günstige Geistesrichtung der Neuzeit überhaupt zurückgeführt werden.

4) Das in der FIEDLER-KÖLBING'schen Grammatik I, p. 299 gegebene

Verba nach ungefährer Schätzung ein Drittel des gesammten Verbalbestandes ausmachten. Die ablautenden Verba, welche überhaupt sich erhalten haben und der starken Flexion treu geblieben sind, haben erstlich in Folge der rein lautlichen Fortentwickelung der einzelnen Ablautsvocale, sodann aber auch in Folge analogischer Formenübertragungen und -angleichungen vielfache Veränderungen ihrer Formengestaltung erlitten. Namentlich sind zwei Vorgänge hervorzuheben: 1. Das Präteritum hat (abgesehen vom Particip) durchweg nur e i n e n Vocal, indem entweder der Vocal des Singulars auch auf den Plural oder der Vocal des Plurals auch auf den Singular oder endlich der Vocal des Particips auf die finiten Formen des Präteritums übertragen worden ist. Wenn z. B. das Prät. zu shine (= ags. scínan) shone lautet, so lebt in dem o dieser Form das á des ags. scán fort und hat das i des Plurals verdrängt; ebenso verhält es sich mit zahlreichen anderen Verben der I-Classe. Wenn dagegen bite, chide, slide = ags. bítan, cídan, slídan (I-Classe) das Prät. bit, chid, slid bilden, so ist der Vocal des Plurals (biton, cidon, slidon) auch im Singular herrschend geworden. In gleicher Weise sind z. B. clanᵹ, slanᵹ slang durch clung(on), slung(on) u. slunk(on) verdrängt worden, während dagegen begun(non), drunc(on) etc. vor den Singularen began, drank etc. haben weichen müssen; mitunter bestehen Doppelformen neben einander, so z. B. sung (freilich im Aussterben begriffen) neben sang. Die Präterita bound, found u. dgl. gehen auf die ags. Plurale bundon, fundon etc. zurück, dagegen z. B. ran auf den ags. Singular. Sehr häufig ist die Uebertragung des Vocals aus dem Particip in den Ind. und Opt., so z. B. bei zahreichen Verba der vierten Ablautsreihe, z. B. broke f. ags. bræc, braecon (Part. brocen), bore f. ags. bär, baeron, boren, ebenso stole f. stäl, tore f. tär, spoke f. sp'r'äc, quoth f. cwäð etc. — 2. Die Endung -en des Part. Prät.[1]) ist sehr häufig geschwunden, z. B. shot, bound, found, won, abode, shone, come etc. etc.; vielfach stehen Formen mit und solche ohne -en neben einander, z. B. struck u. stricken, slid u. slidden, trod u. trodden; oft auch ist neben die starke Bildung auf -en eine schwache auf -ed getreten, namentlich dann, wenn das Verbum im Uebrigen bereits in die schwache Conjugation übergegangen ist, z. B. swelled neben swollen, swoln, melted neben molten, baked neben baken, graved neben graven, mowed neben mown etc., das Part. ist also in solchem Falle der letzte Ueberrest der starken Flexion.

Das im Altags. bei starken Participien und überhaupt bei starken Verben nur sporadisch erscheinende (bei schwachen Participien dagegen oft gebrauchte) Präfix ᵹe- aus ga- (z. B. in ᵹenesen) wird späterhin häufiger, verflüchtigt sich aber zu i (meist y geschrieben) und schwindet schon im

---

Verzeichniss der starken Verba zählt 169 auf, darunter befinden sich aber viele jetzt völlig veraltete oder nur in Mundarten übliche.

1) Die Schreibungen done und gone für do-'(e)n, go-'(e)n haben keinerlei etymologische Bedeutung; das angefügte e soll nur die (bei done seitdem wieder geschwundene) Länge des o andeuten, ganz so wie dies in shone etc. der Fall ist.

Die Bildung des schwachen Präteritums. 309

älteren Neuenglisch fast völlig; auch zur Zeit seiner grössten Verbreitung pflegte es vorwiegend schwachen Participien vorgefügt zu werden. Indessen auch die verhältnissmässig seltene Anwendung des y bei starken Participien trug dazu bei, den Abfall des Suffixes -en zu fördern, da dasselbe, nachdem das Particip bereits durch ein Präfix gekennzeichnet worden, entbehrlich scheinen konnte.

c) Die Bildung des (schwachen oder zusammengesetzten) Präteritums mittelst des scheinbaren Suffixes -de [1]. Mittelst des scheinbaren Suffixes -de bilden im Ags. folgende Verba ihr Präteritum: 1. Die schwachen Verba (einschliesslich tellan, cwellan, sellan etc., obwohl sie im Prät. unerweiterten Stamm haben; dagegen ausschliesslich der Verba, welche zwar im Präs. den Stamm durch -ja erweitern, aber gleichwohl Ablaut haben, wie z. B. biddan, sittan). — 2. Das Verbum dón (freilich nur scheinbar, vgl. Anm. 1) u. d. T.). — 3. Ganz vereinzelt steht das Präteritum eode, s. oben S. 291, Anm. 1.

Die schwachen Verba der ja- und der ó-Classe (die ersteren mit den gleich zu nennenden Ausnahmen tellan etc.) übertragen den Ableitungsvocal aus dem Präsens in das Präteritum, z. B. nere-de [2] sealfo-de.

An den unerweiterten Stamm tritt das scheinbare Suffix -de 1. bei den Verben der ai-Classe, z. B. häf-de; 2. bei dem Verbum dón, dide; 3. bei mehreren zur ja-Cl. gehörigen Verben, z. B. cwellan, dwellan, sellan, stellan, cweccean, dreccean, leccean, reccean, streccean, ðeccean, weccean. Der Wurzelvocal dieser Verben ist a; im Präsens ist derselbe durch I-Umlaut in e gewandelt (tal-ja : telja, mit Assimilation des j an l tella-n; vgl. deutsch »Zahl«, aber »zählen«), im Präteritum dagegen ist er erhalten, da eben das Suffix -ja nicht angefügt wurde und folglich auch I-Umlaut nicht eintreten konnte, also tal-de, daraus durch Brechung des a vor l tealde (und hieraus durch Weiterentwickelung des ea das neuenglische told, dessen o also mit dem Ablaute nicht das Mindeste zu schaffen hat). Hier von »Rückumlaut« zu sprechen, ist sinnlos, denn da Umlaut in diesen Prä-

---

1) Das Präteritum auf -de ist in Wirklichkeit eine zusammengesetzte Form, deren erster Bestandtheil der Accus. eines Verbalnomens, der zweite der Aorist der Wurzel dha ist, z. B. got. fullida = full-ïda = follám édôm füllte = machte voll, got. maúrþrida = mórþram édôm machte einen Mord, mordete (so nach KLUGE, a. a. O. p. 112 ff., wo auch die hier wiederholten Beispiele nebst anderen zu finden sind). Die von BEEGEMANN aufgestellte Hypothese, wonach das schwache Prät. mit dem Part. Prät. identisch sein soll, hat auf den ersten Blick etwas sehr Bestechendes für sich und konnte überdies (was von B. nicht gethan worden ist) durch Hinweis auf das entschieden participiale Perfect des Slavischen auf -lú gestützt werden (vgl. F. MÜLLER, Grundriss etc. III, 641), nichtsdestoweniger ist B.'s Theorie unbedingt zu verwerfen und ihre Unhaltbarkeit über jeden Zweifel erhaben, vgl. KLUGE, a. a. O. p. 109 ff. Lesenswerth aber bleiben deshalb B.'s Schriften, deren Titel in § 47 genannt werden, doch, nur sind sie nicht gerade Anfängern zu empfehlen. — dide ist das reduplicirte Perfect der Wurzel dhâ, vgl. KLUGE, a. a. O. p. 103 ff.

2) Auch dém-de aus déme-de und die andern mit langer Wurzelsilbe gehören hierher, wie der Umlaut beweist, ebenso die Stämme auf d, t (cýð-de, lette u. dgl.).

310  Kap. VI. § 45, 3 u. 4. Die Wortformen des Englischen.

teritis nie eingetreten ist und nie eintreten konnte, so war auch eine Rückgängigmachung des Umlautes selbstverständlich unmöglich, ganz abgesehen davon, dass überhaupt schon die Annahme eines solchen Vorganges im Widerspruch steht mit den sprachlichen Entwickelungsgesetzen. — Hieran schliessen sich Verba, wie taeccan taehte ӡetaeht, rec(c ean róhte, sécean sóhte ӡesóht, ðencean ðóhte ӡeðóht, ðyncean ðúhte ӡeðúht, wyrcean worhte ӡeworht, brinӡan bróhte ӡebróht. Der Vocalwechsel sowie der Eintritt von t für d im Präteritum dieser Verba beruht auf rein lautlichen Gründen und hat mit der Flexion nichts zu schaffen. Vgl. S. 311 γ).

Die Flexion des Prät. auf -de beschränkt sich darauf, dass die 2. P. Sg. Ind. die Endung -s(t) und dass der Plural die Endung -n erfüllt (neredest, neredon, nereden); beide Endungen sind aus dem Präsens übertragen.

Sämmtliche Verba, welche den Ind. und Opt. Prät. auf -de bilden, bilden das Part. Prät. mittelst des Suffixes -d aus -ta (nere-d, teal-d, ӡebroht, sealfa-d, häf-d); gern wird diesem Particip das Präfix ӡe (später y) vorgefügt, s. oben S. 308 unten.

Die Bildung des schwachen Präteritums ist im Wesentlichen durch alle Perioden der Sprachgeschichte bis auf die Gegenwart die gleiche geblieben. In Bezug auf das Neuenglische ist nur etwa Folgendes zu bemerken:

α) Das auslautende e von -de ist durchweg abgefallen, mit ihm die Pluralendung -n. So sind Sing. und Plur. Prät. sowie Part. Prät. durchweg in Bezug auf die Endung gleichlautend geworden.

β) Die Ausstossung des Ableitungsvocals war schon im Angelsächsischen bei Verben, deren Stamm auf Liquida, auf Sibilans oder auf Labial auslautete, mehr oder weniger üblich (z. B. fyl-de, wén-de, raes-de, lix-te, ríp-te, dyp(p)-te, ӡclíf-de, laer-de etc.), bei den Stämmen auf -d und -t war sie sogar Regel und es wurde dann d-d zu d vereinfacht, d-t aber zu tt assimilirt (z. B. send-(d)e, mét-te, wend-[d]e etc.). In der weiteren Entwickelung der Sprache ist der Ableitungsvocal fast durchweg geschwunden, ausser wo er als Hülfsvocal zur Auseinanderhaltung von Consonantenhäufungen dient (z. B. asked); in der Schrift bleibt er jedoch da erhalten, wo er auch im Infinitiv erhalten ist, z. B. loved, ebenso bei Stämmen auf -sh, -ss, -t, soweit letztere überhaupt -ed annehmen; nach t und d wird e auch noch als l gesprochen, z. B. started = starltd, ended = endid, sonst ist e, wenigstens in der gewöhnlichen Aussprache, stumm (z. B. washed = washt, dressed = drest), wenn es auch im Verse noch Silbengeltung haben kann. Nach Ausfall des Ableitungsvocals wird d zu t verschoben (also z. B. dressed gesprochen drest), in der Schrift tritt t nur dann ein, wenn e auch nicht mehr geschrieben wird (z. B. fel-t, los-t, kep-t), doch giebt es mancherlei Ausnahmen, so bleibt d z. B. nach r (hear-d); Stämme, die auf einfaches e auslauten, haben das d des Suffixes aufgegeben (z. B. hid(e] : hid = ags. hýdde), dagegengen haben die Stämme auf -nd, -ld, -rd, im Prät. -t (z. B. bend : bent = ags. bende, geld : gelt [= ags. ӡyl-de ?], gird : girt = ags. ӡyrde). Die Stämme auf t mit (neuenglisch) kurzem Vocal haben meist -ed aufgegeben, lauten also im Präs. und Prät. gleich (z. B.

spit, split, let, ebenso burst, thrust etc.). Doppelformen sind nicht selten, z. B. dreamed und dreamt, leaned und (seltener) leant, leaped und (seltener) leapt. — Für auslautendes y, ay wird im Prät. ie, ai geschrieben (z. B. try : tried, say : said, pay : paid; das i ist also in german. Verben auf ay das letzte Zeichen für den einstigen Stammauslaut $c_{\check{3}}$, $\check{3}$, denn say = sec$_{\check{3}}$(e)an, said = sä$_{\check{3}}$de; paid ist analogische Schreibung, aber doch vertritt i ein einstiges g, c, denn pay = frz. pay[er] = pag[are], pac[are] von pac-em).

γ) Ags. langes e und y im Prät. hat, weil es, nachdem das e von -de geschwunden war, in eine auf mehrfache Consonanten ausgehende Silbe zu stehen kam, Kürzung erfahren, z. B, blédd(e) : bled, laedd[e] : led, hýdd[e] : hid, hýrdd[e] : heard; dasselbe gilt von ursprünglich starken Verben, z. B. slép : slept, hléop ; le(a)pd. Die Kürzung wird zuweilen auch auf den Vocal des Präsens übertragen, z. B. spraedan : spread, waetan : wet, swaetan : swet; sonst unterscheidet sich das Präs. meist gerade durch die Länge seines Vocals von dem Präteritum, vgl. z. B. feel mit felt, read mit re(a)d, meet mit met, shoe mit shod, shoot mit shot, flee mit fled, auch say mit said. Es ist das ein Vocalwechsel, welcher sich mit dem Ablaute der starken Verba vergleichen lässt, denn, wie dieser, ist er ein ursprünglich rein lautlicher Vorgang, der aber flexivische Bedeutung erhalten hat.

d) Abgesehen von dem eben besprochenen Wechsel von Länge und Kürze, besteht Vocalverschiedenheit zwischen Präsens und Präteritum 1. bei den Verben tell = tellan aus tal-ja-n : told = teal-de, sell = sellan aus sal-ja-n : sold = seal-de; das ō des Prät. hat sich aus ags. ea entwickelt, welches seinerseits wieder durch Brechung aus a entstand; von »Rückumlaut« zu reden, ist unwissenschaftlich, vgl. oben S. 310. 2. Bei den Verben seek = sécean : sought = sóhte, teach = taecean : taught = taehte, buy = byc$_{\check{3}}$ean : bought = bohte, work = wyrcean : wrought = worhte, think = ðencean : thougt = ðóhte, bring = brin$_{\check{3}}$an : brought = bróhte. Hier beruht der Vocalwechsel auf Einwirkung der im Stammauslaute stehenden gutturalen Spirans h. Analogiebildung ist caught zu dem (etymologisch noch immer dunkeln) catch.

ε) Ags. mac[o]de ist mit Verlust des stammauslautenden c zu made geworden.

4. Die Verbalformumschreibungen Der Bestand an synthetischen Verbalformen, welchen das Germanische (und also auch das Angelsächsische) sich bewahrt hat, ist ein sehr dürftiger, weil nur ein Präsens und ein Präteritum Activi umfassender. Dieser geringe Formenbestand musste, um den Anforderungen des logischen Gedankenausdruckes genügen zu können, schon im Angelsächsischen durch mehrfache umschreibende Verbindungen (Hülfs-, bezw. Modalverb + Part. oder Inf.) ergänzt werden. Andere derartiger Verbindungen sind dann im Laufe der weiteren Sprachentwickelung üblich

geworden, und es verfügt in Folge dessen die heutige Sprache über einen verhältnissmässig reichen Schatz von Verbalformumschreibungen, ein Besitz, der sie in Stand setzt, alle wichtigeren verbalen Begriffskategorien, welche die indogermanische Auffassung verbaler Verhältnisse überhaupt kennt, zum formalen Ausdrucke zu bringen.

a) Genusumschreibung. Das Angelsächsisch-Englische ersetzt das Passiv durch Verbindung des Verbums des Seins oder des Werdens mit dem von vornherein ja passive Bedeutung besitzenden Part. Prät. Es ist dies derselbe Weg, den auch das Deutsche und das Niederländische eingeschlagen haben, während das Skandinavische (und zwar schon das Altnordische) durch die Verbindung der Activformen mit dem Reflexivum sich ein Mediopassiv gebildet hat, welches als eine sehr werthvolle Bereicherung der Sprache bezeichnet werden muss [1]).

Im Angelsächsischen werden béon und weorðan zur Passivumschreibung gebraucht; im weiteren Verlaufe der Sprachgeschichte tritt aber woorðan mehr und mehr zurück, und ist in das Neuenglische gar nicht mehr übernommen worden. So wurde be alleinherrschend. Der Grund, weshalb weorðan in der Concurrenz mit be unterlag, während es doch auf dem deutschen Continente sich siegreich behauptete, ist schwer abzusehen. An Einfluss des Französischen, das nur être zur Passivbildung verwendet, ist wohl nicht zu denken. Eher ist darauf hinzuweisen, dass die Anwendung von »sein« zum Ausdruck des Passivs naheliegender und logischer sein dürfte, als die von »werden«.

Der Medialbegriff wird durch Verbindung des Activs mit den (durch self verstärkten) Personalpronominibus ausgedrückt.

b) Tempusumschreibung. α) Das Indogermanische besitzt ursprünglich kein Futurum. Es ist dasselbe ja das entbehrlichste Tempus, da im gewöhnlichen Leben der Redende das Zukünftige als bereits gegenwärtig aufzufassen u. folglich für dessen Ausdruck des Präsens zu verwenden pflegt. Als aber im Indogermanischen das Bedürfniss nach einer grammatischen Form zur Bezeichnung der zukünftigen Handlung empfunden wurde, genügte man demselben durch Zusammensetzung der Wurzel mit dem Verbum substantivum, welches das Stammbildungssuffix -ja annahm, z. B. griech. φευξοῦμαι aus φευξέομαι für φευξίομαι (vgl. F. MÜLLER, Grundriss etc. III, 630 f.). Das Germanische hat ebensowenig, wie das Lateinische, diese Bildungsweise bewahrt. Während im Latein das fehlende Futurum entweder durch den Optativ ersetzt wurde (z. B. audiam, audies) oder aber durch Verbindung der Wurzel bha mit dem Präsensstamm neu gebildet wurde (z. B. ama-bo, vgl. F. MÜLLER, a. a. O. p. 638), trat im Germanischen Umschreibung ein, doch gingen dabei die Einzelsprachen zum Theil

---

[1] Freilich können nur Präsens und Präteritum so gebildet werden, in den übrigen Zeiten muss Umschreibung eintreten, welche in den modernen skandinav. Sprachen umständlich genug ist, z. B. schwedisch jag har blifvit kallad (neben jag har kallads) »ich bin gerufen worden«.

verschiedene Wege. Im Deutschen wurde der Futurbegriff rein zeitlich aufgefasst und mit »werden« umschrieben. In den übrigen Sprachen, auch im Angelsächsischen, trat modale Auffassung ein, die ja, da die zukünftige Handlung eine nur erst vorgestellte ist, ihr gutes Recht besitzt. So wurde das Modalverb »sollen« zur Futurumschreibung gebraucht, es ist folglich das auf diese Art gebildete Futur eigentlich ein Modus. Neben sceal trat schon im Angelsächsischen das ebenfalls modale wille ein [1]). Der Brauch, dass die 1. P. mit shall, die 2. und 3. mit will gebildet werden, hat erst im späteren Neuenglisch (nach Shakespeare) eine gewisse, aber keineswegs sonderlich grosse, Festigkeit erlangt. Neben das Präsens-Futurum shall (will) + Inf. tritt ein Präteritum-Futurum should (would) + Inf., der sogenannte Conditional.

Die englische Futurbildung ist logisch nahezu dieselbe, wie die romanische, welche ebenfalls auf modaler Anschauung beruht [2]). Daraus ergiebt sich auch der Parallelismus in der syntaktischen Anwendung des sog. Conditionals im Englischen und z. B. im Französischen. Vgl. auch unten § 52, Nr. 2.

Die unmittelbar bevorstehende Zukunft (das sog. Futurum instans) gelangt zum Ausdruck durch die Verbindung to be + going + to + Inf. (z. B. I am going to write = je vais écrire).

β. Das germanische, bezw. das ags. Präteritum ist seinem Ursprunge nach ein Perfectum präsens, ist aber in seinem syntaktischen Gebrauche zum Tempus der schlechthinnigen Vergangenheit geworden. Zum Ausdruck des Perfectum präsens wird die Verbindung have (bei Verben der Bewegung und des Zustandes, doch be selbst wieder ausgenommen, be) + Part. Prät. gebraucht. Auch bezüglich dieser Umschreibung besteht Uebereinstimmung zwischen dem Germanischen und dem Romanischen.

Neben das zusammengesetzte Perfectum präsens sind ein ihm ganz analog gebildetes Perfectum präteritum (Plusquamperfectum) sowie ein Perfectum futurum (Futurum exactum) getreten.

Zu häufigerer Verwendung und wirklich syntaktischem Leben sind die zusammengesetzten Zeiten der Vergangenheit (und besonders wieder das Plusquamperfectum u. Futurum exactum), namentlich aber die dazu gehörigen Infinitive und Participien, erst im Neuenglischen gelangt, und offenbar dürfte Einwirkung, bezw. Nachbildung des Lateins dabei thätig und einflussreich gewesen sein (vgl. unten § 48).

Noch energischer, als durch das zusammengesetzte Perf. (Plusqpf., Fut. exact.), wird die zur Vollendung gelangte und abgeschlossene Hand-

---

[1]) wille ist eigentlich Optativ, der aber Indicativbedeutung angenommen hat; das Verbum flectirt, wie folgt:
    Präs. Ind. Sg. 1. wille, 2. wilt, 3. wille; Pl. willað
    » Opt. Sg. wille, Pl. willen
    » Inf. willan (Part. wellende)
    Prät. Ind. wolde, Opt wolde.
Neuenglisch: Präs. will, Prät. would.
[2]) Vgl. KÖRTING, Encycl. d. rom. Phil. II., 253.

lung ausgedrückt durch die Verbindung I have (had, shall, should, have) done + Verbalsubstantiv auf -ing ausgedrückt, z. B. I have done writing »ich bin mit dem Schreiben fertig«. Eine gleich prägnante Ausdrucksweise für das Perfectum präsens dürfte in keiner andern indogermanischen Sprache zu finden sein; übrigens ist sie wohl auch im Englischen noch verhältnissmässig jung.

γ) Das germanische Präsens, also auch das ags., bezw. das englische Präs. ist seinem Ursprunge nach das Präsens des Stammes der dauernden Handlung, hat aber diese prägnante Bedeutung aufgegeben und dient zur Bezeichnung der schlechthinnigen Gegenwart, ja oft nur der Handlung schlechthin ohne Bezugnahme auf ihre Zeitsphäre. Zum Ausdruck der dauernden Handlung wird die Verbindung be + Verbalsubstantiv (I am writing) gebraucht [1]); analog diesem Präsens wird auch ein Präteritum und ein Perfect der dauernden Handlung gebildet (I was writing, I have been writing).

Selbst das schlechthinnige Präsens wird, namentlich in der Vulgärsprache, gern durch die Verbindung von I do + Inf. umschrieben; für die fragende und verneinende Rede ist dies sogar Regel geworden.

c) Modusumschreibung. Zum Ausdruck der nur vorgestellten (idealen) Handlung ist im Angelsächsischen nur ein synthetischer Modus (der ursprüngliche Optativ) vorhanden, und auch dieser ist in seiner Formenbildung arg verkümmert, unterscheidet sich wenig von dem Indicativ und ist folglich zu einer ausgedehnten syntaktischen Verwendung nicht geeignet. Dieser Mangel hat sich in der weiteren Entwickelung der Sprache noch gesteigert, indem der Opt. Präs. jede Endung verlor, der Opt. Prät. aber mit dem Ind. zusammengefallen ist (ausgenommen die einzige Form were). Das Englische besitzt also thatsächlich nahezu keinen synthetischen Modus der vorgestellten Handlung. Dieser Mangel wird, was das Begriffliche anlangt, reichlich ersetzt durch Verbindungen der Modalverben shall, will, may, let mit dem Infinitiv (vgl. unten die Schlussbemerkung des §). Ein näheres Eingehen auf die begriffliche Function jeder einzelnen dieser analytischen Modalausdrucksweisen würde hier zu weit führen.

[d) Den Verbalformumschreibungen darf man auch die im Englischen wegen des häufigen Schwundes oder der lautlichen Abschwächung der Personalsuffixe nothwendig gewordene Hinzufügung der Personalpronomina zu den Formen des Verbum finitum beizählen, ebenso die, freilich stereotypisch gebrauchte und deshalb beinahe zur Bedeutungslosigkeit herabgesunkene, Verbindung des Infinitivs mit to).

Schlussbemerkung. Durch die Bildung und Anwendung der im Obigen angedeuteten Verbalform-Umschreibungen hat das Englische nicht nur die Verluste an synthetischen Verbalformen, die es erlitten hat, vollauf ersetzt, sondern sogar auch die Fähigkeit gewonnen, mehrere Tempus-

---

[1]) Schon dem Angelsächsischen ist die Umschreibung des Präs. (und Prät.) durch wesan + Part. Präs. geläufig, selbst ohne dass der Begriff der Dauer hervorgehoben wird.

und Modusnuancen auszudrücken, für welche die synthetischen urverwandten Sprachen gleichwerthige Formen nicht besitzen. Selbst dem Griechischen, das bekanntlich — allerdings nicht völlig auf synthetischem Wege, sondern nur mit Zuhülfenahme einer Partikel (ἄν) — sich durch die Feinheit im Ausdruck der Tempus- und Modusunterschiede auszeichnet, dürfte das Englische noch überlegen sein, namentlich im Ausdrucke modaler Verhältnisse. Wenn also das Englische auf analytischem Wege im Ausdrucke verbaler Begriffskategorien Höheres leistet, als in synthetischen Sprachen indogermanischen Stammes geleistet wird, so ist damit doch ein nicht zu unterschätzender Nachtheil verbunden. Dadurch nämlich, dass im Englischen Tempus- u. Modusverhältnisse, sobald es über das Allgemeine und Schlechthinnige hinausgeht, nicht durch Formen, sondern nur durch Wortverbindungen ausgedrückt werden können, wobei die Einsilbigkeit der Hülfs- und Modalverben gar sehr zu berücksichtigen ist, erhält der englische Satzbau in, wenn man so sagen darf, sprachästhetischer Beziehung ein unschönes Gepräge, das Gepräge des Zerstückeltseins, des Bestehens aus lauter kleinen, nur äusserlich an einander gereihten Theilchen, für welche das innerlich verbindende Band nur durch die Zusammenfassung des Satzgesammtinhaltes gefunden wird. Es tritt diese Schwäche allerdings beim Sprechen und Sprechenhören nicht eben sehr merkbar und noch weniger störend hervor, weil da das begrifflich zusammengehörige durch den Satzaccent zu einer Lauteinheit zusammengefasst wird. Man wird sich der englischen Eigenart erst bewusst beim ruhigen Lesen, weil man da genöthigt ist, die räumlich von einander getrennten Worte, aus denen eine Verbalform-Umschreibung sich zusammensetzt, begrifflich zu verbinden, das Getrennte als Einheit aufzufassen, die grammatische Analysis logisch wieder zur Synthesis zurückzuführen. Das erfordert eine Gedankenarbeit, von deren Vorhandensein der geborene Engländer wahrscheinlich nicht einmal etwas ahnt, die aber dennoch auch von ihm vollzogen werden muss. Vielleicht steht damit etwas Anderes im Zusammenhange. Jede Sprache besitzt bekanntlich einen Bestand stereotyper Phrasen, die man als Redeformeln bezeichnen möchte, weil sie weniger zum Ausdrucke, als zur blossen Andeutung eines Gedankens dienen. Es scheint nun, als ob dieser Phrasenbestand im Englischen grösser sei, als in den mehr synthetischen Sprachen, und dies dürfte ebendaraus zu erklären sein, dass das Englische wegen seiner analytischen Structur solcher fertiger Phrasen, die der Rede als Stützpunkte dienen, besonders bedarf. Aehnliches ist auch in Bezug auf die romanischen Sprachen zu bemerken.

Die Formen der englischen Verben, namentlich soweit die letzteren germanischen Ursprunges sind, bestehen meist, wenigstens in der Aussprache, aus nur einer Silbe. Dadurch erhalten sie ein wurzelhaftes Aussehen, ja man darf geradezu sagen, dass das englische Verbum sich der Wurzel wieder genähert habe, zumal da so oft derselbe Lautcomplex sowohl als Verbum wie auch als Nomen fungiren kann. So ist äusserlich das Indogermanische im Englischen wieder beinahe auf seinen Ausgangspunkt zurückgekehrt, hat den Kreislauf seiner Entwickelung nahezu vollendet. Aber eben nur äusserlich, denn in Wirklichkeit steht es doch ganz anders. Die ganze geistige Errungenschaft des Indogermanischen an feinen Unterscheidungen in der Auffassung räumlicher, zeitlicher und modaler Verhältnisse hat das Englische sich bewahrt und besitzt zu deren sprachlichem Ausdrucke reiche Mittel. So vereinigt das Englische die Fülle des begrifflichen Inhaltes der synthetischen Sprachen mit jener Leichtigkeit des Gedankenausdruckes, welche den von dem schweren Flexionsapparat entcntlasteten analytischen Sprachen eigen ist.

§ 46. Die einformigen Wortclassen. I. Die Adverbien.

1· Wurzelhafte Adv. [1]. Zeit- u. Ortsadverbien, z. B. äft, big, bí (ne by), of, on, tó, up, út, hind etc.; davon Weiterbildungen durch Suffixe, z. B. äfter, hinder, over, ufor, äftan, hindan, ufan etc. Der Ursprung der Grundformen (äft etc.) liegt weit jenseits der germanischen Zeit; vermuthlich sind sie theils erstarrte Casusformen, theils Pronominalstämme, theils beides zugleich. Die Ableitungen auf -er sind wahrscheinlich comparativischer Art, die Ableitungen auf -an Casusbildungen. Die Grundformen und die Ableitungen auf -er sind grossentheils noch im Neuenglischen erhalten; die Bildungen auf -an dagegen sind aufgegeben (ausgenommen often). Durch Verschmelzung der beiden wurzelhaften Adverbien be + út(an) entstand but, dessen ursprünglich locale Bedeutung in der conjunctionalen Verwendung zwar verdunkelt, aber doch noch fühlbar ist; die Gebrauchsentwickelung des merkwürdigen Wortes lässt sich vergleichen mit der des latein. sĕt (sēd), welches ja ebenfalls von ursprünglich localer Bedeutung aus (vgl. sē-cedere u. dgl.) zur Function einer adversativen Conjunction gelangt ist. — 2. Pronominaladverbien, d. h. von dem Demonstrativ- oder dem Interrogativstamme abgeleitete Adverbien: ðaer = there, ðon = then und than (zu then das nach Analogie von once etc. gebildete thence), ðider = thither, ðus = thus, hwon(nan, -ne) = when (dazu whence, vgl. thence), hwaer = where, hwider = whither; auch die Instrumentale thý = the und hwý = why mögen hier genannt werden, wenn sie auch formal zu Classe 3 gehören [2]. — 3. Casusadverbien, d. h. zu Adverbien erstarrte, sei es einfache, sei es mit Präpositionen verbundene Casus, z. B. néades = needs, elles = else, hám = home, die Namen der Himmelsgegenden éast etc. (davon auch die Ableitungen éaston etc.), ánes = once (darnach analogisch twice = ags. twigges und thrice = ags. þriga und þriwa), forsóð = forsooth, ádúne = adown, tó dæᵹ = to-day etc. Vgl. auch oben § 39, Nr. 5 e) [3]. — 4. Zusammengesetzte Adverbien.

---

1) Der Ausdruck »wurzelhaft« ist hier allerdings nicht voll berechtigt, ich gebrauche ihn auch nur, weil ich einen besseren nicht weiss (»primär« mag ich nicht sagen, und überdies würde auch das nicht ganz richtig sein).

2) In diese Classe gehören auch here, hence, hither, die sich an den Stamm des Masc. des Pron. der 3. Person anlehnen; so = ags. swa von dem Demonstrativstamme sa (und ᵹeond = neuengl. yon, yond (yonder) von dem im Englischen sonst aufgegebenen Stamme ja).

3) Erstarrte Casus (Genetive) sind vermuthlich auch die Adverbien

Ausser den in Nr. 3 erwähnten, mit Präpositionen gebildeten Casusadverbien, (unter denen die mit a- = on, z. B. asleep, ashone etc. die zahlreichsten sind), giebt es noch einige andere adverbiale Composita, z. B. yore = ags. ᵹéo ǽr, ago aus a- und dem Particip gone, yes und ᵹea + sí (3. Sg. Präs. Opt. v. béon, also yes eigentlich: ja, es sei), ná = ne + á¹); eine seltsame Bildung ist perhaps aus romanischem per (vgl. perchance) und dem germanischen Wortstamme happ, der das Genetivzeichen angenommen hat. — 5. Mittelst des Suffixes -unga, -inga (-lunga, -linga, vgl. das deutsche -lings) von Substantiven und Adjectiven abgeleitete Adverbien, z. B. bǽclinga rücklings, allunga gänzlich, grundlinga gründlich, néadunga nothwendig, ánunga einzeln. Neuenglisch erscheint -linga als -ling, -long (letzteres vielleicht volksetymologische Anbildung an das Adjectiv long), z. B. darkling, sideling und sidelong, headlong. Vermuthlich sind diese Adverbien auf -(l)inga ursprünglich Genetive Pl. zu mit dem Suffix -ling (s. oben § 35, Nr. 3 α β) gebildeten Substantiven. — 6. Die von Adjectiven abgeleiteten oder richtiger die zu Adjectiven gehörigen Adverbien gehen im Angels. auf -e aus, sind also gleichlautend mit dem schwachen Nom.-Accus. des Neutrums Sg., jedoch darf man schwerlich einen adverbialen Gebrauch des Neutrums annehmen, wie er etwa im französischen parler haut vorliegt. Es sind vielmehr die Adverbien auf -e erstarrte Ablative Sg. Neutr., entsprechen also in ihrer Bildung völlig den lateinischen Adverbien auf -e der adjectivischen O-Stämme (bene entstanden aus *bono-d). In der weiteren Sprachentwickelung schwand das auslautende -e, und die Adverbien wurden folglich den entsprechenden, ebenfalls suffixlos gewordenen Adjectiven gleichlautend. Derartige Adverbien sind in der heutigen Sprache noch in ziemlicher Zahl vorhanden, z. B. clean = ags. clæne, deep = déope, fair = fǽgere etc. Schon im Angelsächsischen aber trat neben die einfachen Adverbien die Zusammensetzung: suffixloses Adjectiv + líce (letzteres wieder das Adverb zu dem Adj. [ᵹe]líc = deutsch »gleich«, z. B. bald-líce, beorht-líce etc. Diese Bildung ist dann die vorherrschende geworden, so dass líce, woraus nach Abfall des e líc, [lij], ly entstand, thatsächlich als Ableitungssuffix fungirt, also neuenglisch z. B. boldly, brightly etc.; namentlich dient ly auch zur Ableitung der Adverbien von Adjectiven französischen, bezw. lateinischen Ursprunges, z. B. verily, duly, nobly, possibly.

Die Steigerung der Adverbien ist derjenigen der Adjectiva ganz analog.

## II. Die Präpositionen²).

Die ags. Präpositionen sind nichts weiter als präpositional gebrauchte Adverbien des Raumes,

---

auf -a (z. B. fela, ᵹéara, ᵹeostra) und die auf -(l)inga, über die letzteren vgl. Nr. 5.

1) Auch not = ne + á + wiht kann man hierher ziehen. — Adverbiale Composita sind selbstverständlich alle Adverbien auf -ward und -wards.

2) Im Ags. besteht, wie in anderen noch verhältnissmässig synthetischen Sprachen, eine ausgebildete Casusrection der Präpositionen, welche späterhin in Folge des fast gänzlichen Schwundes der Casusendungen aufgegeben werden musste.

welche ihrer Bildung nach entweder scheinbar wurzelhaft (s. oben I, 1) oder aber erstarrte Casus sind; zu den ersteren gehören z. B. fram, in, mid, ód, tó, wid etc., zu den letzteren z. B. til (= deutsch »Ziel«; in das Ags. scheint til erst aus dem Nordischen eingeführt worden zu sein), gemang, vielleicht auch gegn, gén. Die Präpositionen der ersten Kategorie zeigen sich zum Theil urverwandt mit lat. und griech. Präpositionen der entsprechenden Bedeutung, so in = lat. in, mid = griech. μετά; manche freilich sind bezüglich ihres Ursprunges recht dunkel, so z. B. with. — Das Adverb and = deutsch »ant-« (urverwandt mit griech. ἀντι-, lat. ante?) fungirt nur in Zusammensetzungen präpositional (z. B. andswarian = answer) und ist überhaupt als Einzelwort in adverbialer Function verloren; on wird in Compositis zu å, z. B. åhón.

Die präpositionalen Adverbien des Ags. sind im Englischen meist erhalten, doch sind mid, ód, ymbe verloren; neben of ist die Form off getreten; ags. sid hat analogische Umbildung in die genetivische Form since erfahren.

Zusammensetzungen präpositionaler Adverbien sind im Ags. häufig und beliebt, z. B. be + út(an), s. oben I, 1, and + lang, be + hindan etc.; angeschlossen kann hier auch werden be + twéonum (zusammenhängend mit twá »zwei«). Manche dieser Bildungen sind erhalten, z. B. but (wird freilich den Präpositionen nicht beigezählt, jedoch ist man sehr wohl berechtigt, es zu thun), behind, between, without, against = on + gegn (mit genetivischem -s, bezw. superlativischem -st) etc. (upon dagegen ist wohl nicht = up + on, sondern = uppan); neu hinzugetreten ist das im Ags. adjectivische toward(s). Auch mehrfache Zusammensetzung ist häufig, z. B. about = å + be + út(an), above = å + be + úf(an).

Zu dem beträchtlichen Bestande von einfachen und zusammengesetzten Präpositionaladverbien treten zahlreiche präpositionale Verbindungen von Präpositionen und Substantiven, z. B. by way of, for the sake of, instead of, on this side of, on the other side of u. dgl.

Auch einzelne Verbalsubstantiva auf -ing werden präpositional gebraucht, z. B. notwithstanding.

Sehr bemerkenswerth ist das Vorhandensein zahlreicher mit französischen Substantiven gebildeter Präpositionalien, z. B.

because of, by reason of, by virtue of, in spite of, on account of etc., sowie die Bildung präpositional gebrauchter Verbalsubstantiva auf -ing von romanischen Stämmen, z. B. concerning, during, saving etc. Das Dasein solcher Bildungen, zumal da wenigstens ein Theil derselben durchaus üblich und keineswegs auf den höheren Stil beschränkt ist, beweist recht deutlich, welch tiefe Wurzeln das Französische im englischen Sprachboden geschlagen hat.

III. Die Conjunctionen. Als Conjunctionen fungiren im Ags. vorwiegend die aus Pronominalstämmen abgeleiteten Adverbien, wie z. B. đon(ne), đá, đý, hwon(ne), hý, hú, hwäder etc.; den weitesten Gebrauchskreis aber besitzt (ganz entsprechend dem volkslateinisch-romanischen Relativ quod) das neutrale Demonstrativ đät [1]). Dazu treten einige andere Adverbien, z. B. and, bezw. zu Adverbien erstarrte Casus, z. B. éac (eigentlich Subst. »Vermehrung«), hwílum etc. Von conjunctional gebrauchten Adverbialcompositis sind namentlich zu nennen swaswá, ealswá, ná dý läs.

Wohl verbalen Ursprunges, nämlich von ʒifan abzuleiten, ist das conditionale [ʒ]if.

Die ags. Conjunctionaladverbien haben sich meist erhalten, allerdings zum Theil lautlich stark verändert, vgl. z. B. as mit ealswá (Mittelstufe ist also), lest mit de läs đe, if mit ʒif ‚durch ʒif, iif, vgl. das Präfix ʒe : y); veraltet ist eke = deutsch auch. that = đät hat seinen weiten Gebrauchskreis behauptet; eine sehr weite Anwendungssphäre hat rather = hrađor gewonnen, freilich mehr als eigentliches Adverb, denn als Conjunction.

Die einzige Conjunction romanischen Ursprungs ist because.

Bemerkenswerth ist, dass als rein copulative Conjunction

---

[1] Die als Conjunctionen fungirenden Demonstrativadverbien verbinden sich gern mit dem relativischen đe, z. B. đonne đe, đá đe etc. und erhalten erst dadurch eigentlich conjunctionale Kraft; in weitem Umfange wird die Satzverbindung durch das mit Präpositionen verbundene Demonstrativ und nachfolgendes đe oder đät hergestellt, z. B. for đam đe, aer đam đe, tó đam đät etc. (es entsprechen solche Verbindungen ganz den romanischen, wie parce que, ital. a[c]-ciò-cchè u. dgl., und wie im Romanischen, so ist auch im Englischen späterhin das Demonstrativ in solchen Verbindungen vielfach unterdrückt worden). — Ob die Conjunction óđer = other mit dem Pronomen, bezw. Numerale identisch ist, bleibe dahingestellt; denkbar und selbst wahrscheinlich ist es allerdings.

320   Kap. VI. § 46 u. 47. Die Wortformen des Englischen.

im Englischen and = deutsch und, niederländisch end fungirt, während die skandinavischen Sprachen og, och = deutsch auch brauchen.

IV. Die Interjectionen. Interjectionen besitzt das Ags. nur wenige; zum Theil sind es reine Schallworte, z. B. lá, wá, éalá, zum Theil als Ausrufe gebrauchte Adverbien und Pronomina, z. B. hú, hwät. Im weiteren Verlaufe der Sprachgeschichte sind hierzu einige französische Ausrufe, z. B. alas und fy, namentlich aber eine Anzahl interjectional gebrauchter Substantiva getreten, zum Theil in wunderlicher, im Streben nach Euphemismus begründeter Verstümmelung, z. B. zounds = God's wounds, egad = by God, marry = by Mary (?).

[V. Zu den einformigen Wortclassen gehören im Neuenglischen auch die entweder nur im Plural oder nur im Singular gebrauchten Substantiva, falls ein sog. sächsischer Genetiv zu ihnen nicht gebildet werden kann, die Adjectiva und die Ordinalzahlen].

§ 47. Litteraturangaben.

1. Zur allgemein indogermanischen Formenlehre. Der angelsächsische, bezw. der englische Formenbau lässt sich, wie der germanische überhaupt, nur dann verstehen, wenn man ihn mit dem der urverwandten idg. Sprachen vergleicht und die ags. Formen auf die idg. Grundform zurückführt. Es muss also der Anglist sich vertraut machen mit der vergleichenden Grammatik der indogermanischen Sprachen. Leider fehlt es, da BRUGMAN's Grammatik (s. oben) vorläufig bis zur Behandlung der Formenlehre noch nicht vorgeschritten ist, zur Zeit an Hülfsmitteln, welche bedingungslos und sonder Vorbehalt empfohlen werden dürften. Begründet wurde die vergleichende Grammatik der idg. Spr. bekanntlich durch F. BOPP, dessen berühmtes, oben S. 11 genanntes Werk vor nunmehr bereits länger als fünfzig Jahren zu erscheinen begann und also, zumal da die späteren Ausgaben nicht wesentlich verändert wurden und da der Verfasser seit nun auch schon zwanzig Jahren nicht mehr unter den Lebenden weilt, von der fortschreitenden Wissenschaft in vielen Dingen überholt worden ist. Aehnliches gilt von SCHLEICHER's Compendium, das ebenfalls schon oben S. 11 genannt wurde. Gewiss kann der Studierende aus BOPP's und SCHLEICHER's Werken noch Vieles lernen, und geschichtlichen Werth werden diese genialen Schöpfungen deutscher Forschung stets bewahren, aber sie stehen doch eben nicht auf dem gegenwärtigen Standpunkte der Wissenschaft, welcher ja, namentlich Dank dem Scharfsinne und der eifrigen Thätigkeit der »Jung-Grammatiker« ein wesentlich anderer ist, als er noch vor zwanzig Jahren es war. Auf dem Gebiete weniger Wissenschaften hat sich während der letzten Jahrzehnte eine so tief eingreifende Umwälzung der Anschauungen und der Methode vollzogen, wie

dem hier in Rede stehenden. Und so ist es denn gekommen, dass zwar Vieles, was in BOPP's uud SCHLEICHER's Werken zu lesen ist, noch als richtig anerkannt wird, aber doch auch Vieles gegenwärtig für unbewiesen oder unbeweisbar gelten muss. Man arbeitet eben gegenwärtig nach zum Theil anderen Grundsätzen, jedenfalls aber mit Zugrundelegung eines ungleich reicheren Materials und mit Hülfe einer längeren und also auch reiferen Erfahrung.

F. MÜLLER's Grundriss (s. oben S. 10) behandelt die gesammte Sprachwissenschaft, und folglich konnte in ihm der indogermanischen Laut- und Formenlehre ein verhältnissmässig nur beschränkter Raum gewährt werden, und musste der Verfasser sich auf die Darstellung der Hauptthatsachen beschränken. Dazu kommt, dass der Verfasser einen Standpunkt der Auffassung einnimmt, welcher wohl von den meisten seiner Mitforscher nicht getheilt wird. Jedenfalls ist das an sich treffliche Werk MÜLLER's nicht geeignet, Anfängern als Lehrbuch zu dienen, schon weil es zu Vieles voraussetzt. Schon Vorgeschrittnere dagegen werden, auch wenn sie den Standpunkt des Verfassers nicht theilen, reiche Anregung aus ihm empfangen.

Bei dieser Sachlage kann den Studierenden nur der Rath ertheilt werden, sich durch den Besuch geeigneter Vorlesungen mit den Elementen der vergleichenden indogermanischen Grammatik vertraut zu machen. Das aber sollte Niemand versäumen, zumal da auf jeder Universität Gelegenheit dazu geboten ist. Freilich ist zu bemerken, dass zum vollen Verständniss einer derartigen Vorlesung eine elementare Kenntniss des Sanskrit erforderlich ist, der Studierende muss dieselbe sich eben erwerben, was ihm übrigens bei ernstem Bemühen in verhältnissmässig kurzer Zeit gelingen wird, besonders wenn er Anleitung dazu von Seiten eines Lehrers erhält. Vgl. übrigens oben S. 15.

Dem, welcher Griechisch versteht, ist sehr zu empfehlen, sich mit G. CURTIUS' inhaltsreichen sprachwissenschaftlichen Schriften (Griechische Schulgrammatik nebst den dazu gehörigen »Erläuterungen«; Das griechische Verbum; Zur Chronologie der indogermanischen Sprachforschung; Ueber die Spaltung des A-Lautes; Grundzüge der griechischen Etymologie) vertraut zu machen, aber auch wer als früherer Realgymnasiast griechische Kenntnisse nicht besitzt, sollte sich aus CURTIUS' Gramm. wenigstens einen theoretischen Ueberblick über die Hauptthatsachen der griechischen Formenbildung zu erwerben suchen. Für ein etwaiges eingehenderes Studium wird G. MEYER's griechische Grammatik (Leipzig 1880) treffliche Dienste leisten.

2. Zur allgemein germanischen Formenlehre. J. GRIMM, Deutsche Grammatik (s. oben S. 23), Buch 2 des ersten Theiles — SCHERER, Zur Geschichte der deutschen Sprache. 2. Ausg. Berl. 1878 (hochwichtiges, grundlegendes Buch, dessen Studium für jeden Germanisten, also auch für jeden Anglisten durchaus unerlässlich ist, nur freilich ist es ein Studium, das mit Erfolg erst vorgenommen werden kann, wenn man die nöthigen Vorkenntnisse in der vergleichenden Grammatik und im Sanskrit sich er-

worben hat. Gerade SCHERER's Buch, durch welches die Germanistik unendlich gefördert, ja in eine neue Periode eingeführt worden ist, lehrt recht deutlich, wie unentbehrlich dem Germanisten zur erfolgreichen Behandlung der Probleme seiner Fachwissenschaft die Vertrautheit mit der vergleichenden Grammatik ist. Das Gleiche gilt von KLUGE's genialer Untersuchung über die germanische Conjugation. Nur bei Befolgung der von SCHERER und KLUGE so meisterhaft gehandhabten, streng exacten Methode sind weitere Fortschritte in der Erkenntniss des germanischen Sprachbaues zu erwarten.

a) Zur Nominalflexion[1]. α) Die Declination der Substantiva. SCHERER, a. a. O. p. 546 — JACOBI, Untersuchungen über die Bildung der Nomina in den german. Sprachen. Heft 1, Breslau 1876 — SCHLÜTER, Die mit dem Suffix ja gebildeten deutschen Nomina. Göttingen 1875 — ZIMMER, Die Nominalsuffixe a und â in den germ. Spr. Strassburg 1875, Qu. u. F. 13 — SIEVERS, Das Nominalsuffix -tra, P.'s u. B.'s Btr. V, 519 — DELBRÜCK, Die Decl. der Subst. im Germanischen, besonders im Gotischen, in Ztschr. f. dtsche Phil. II, 381 — LUNDGREN, Om substantivens stammar i de forngermanska språken. Upsala 1878 Diss. — DIETRICH, Historia declinationis theotiscae primariae. Marburg 1859 — OSTHOFF, Zur Frage des Ursprungs der german. n-Decl., Paul's und Braune's Beitr. III, 1 u. 197 — KELLE, Vergl. Gramm. der german. Sp., Bd. I (Nomen). Prag 1863 — OSTHOFF, Der got. Nom. Sg. der männl. ja-Stämme, in Ztschr. f. vgl. Sprachforschung XXIII, 89; und: Der Genetiv Pluralis im Germanischen, in: OSTHOFF und BRUGMAN, Morphologische Untersuchungen I, 232 — PAUL, Der Ablativ im Germanischen, in PAUL's und BRAUNE's Beitr. II, 339.

β) Zur Declination der Adjectiva. LEO MEYER, Ueber die Flexion der Adjectiva im Deutschen, Berlin 1863, und: Zur Lehre von der deutschen Adjectivflexion, in Ztschr. f. dtsche Philog. IX, 1 — OSTHOFF, Zur Geschichte des schwachen deutschen Adjectivs, in: Forschungen im Gebiete der idg. nominalen Stammzusammensetzung, Theil 2. Jena 1876 — BERNHARDT, Ueber die Flexion der Adjectiva im Gotischen. Erfurt 1877.

WEIHRICH, De gradibus comparationis linguarum sanskritae, graecae, latinae, gothicae. Giessen 1869.

γ) Pronomina. SCHERER, a. a. O. p. 333 und 490 — BUGGE, Die Formen der geschlechtslosen persönlichen Pronomina in den germanischen Sprachen, in Ztschr. f. vgl. Sprachf. IV, 241 — BRONISCH, Das neutrale Possessivpronomen bei Shakespeare. Göttingen (?) Diss. — J. GRIMM, »Wer«, in Ztschr. f. dtsch. Alterth. VII, 448 — HÖFER, Das Pronomen »Dieser«, in Germania 15, p. 70.

---

[1] Ueber das grammat. Genus vgl.: F. MÜLLER, Das grammat. Geschlecht, in: Sitzungsberichte der Wiener Acad. d. Wissensch. Philos.-hist. Cl. XXXIII, 373 — STEINTHAL, Die Genera des Nomen, in: KUHN und SCHLEICHER, Beiträge I, 292, vgl. III, 92 — OSWALD, Das grammat. Geschlecht u. seine sprachliche Bedeutung. Paderborn 1866 — STERN, Ueber das persönliche Geschlecht unpers. Subst. bei Shakespeare Dresden 1881 Prgr.

*f*) **Zahlwörter.** SCHERER, a. a. O. p. 576 — BOPP, Ueber die Zahlwörter im Sanskrit, Griech., Lat., Litt., Got. und Altslavischen, in den Abhandlungen der Berliner Acad. d. Wissenschaften 1833, p. 163 — RUMPELT, Die deutschen Zahlwörter sprachvergleichend dargestellt. Breslau 1864 Prgr. — SCHLEICHER, Das Zahlwort im Letto-Slavischen und Deutschen. Petersburg 1866 — HOLTZMANN, Ueber das deutsche Duodecimalsystem, in Germania I, 217 — J. GRIMM, Ueber die zusammengesetzten Zahlen, in Germania I, 18.

b) **Zur Verbalflexion.** SCHERER, a. a. O., p. 212 — KLUGE, Beiträge zur Geschichte der germanischen Conjugation (Quellen und Forschungen XXXII) Strassburg 1879 (vgl. oben S. 322).

POTT, Doppelung (Reduplication, Gemination). Lemgo und Detmold 1862 — PAULI, Das Präteritum reduplicatum der idg. Sprachen und der deutsche Ablaut, in Ztschr. f. vgl. Sprachf. XII, 50 — J. SCHMIDT, Ueber die redupl. Präterita, in seinem Buche über den idg. Vocalismus II, 428 — SCHERER, Die redupl. Präterita, in Ztschr. f. österreich. Gymnas. XXIV, 295 und Ztschr. f. dtsch. Alterth. XIX, 154 u. 390 — POKORNY, Ueber die redupl. Präterita der germanischen Sprachen und ihre Umwandlung in ablautende. Landskrone 1874 Progr. — SIEVERS, Die reduplicirten Präterita, in Paul's und Braune's Beitr. I, 504 — GREIN, Ablaut, Reduplication und secundäre Wurzeln der starken Verba im Deutschen etc. Göttingen 1872 — MÜLLENHOFF, Angebliche Aoriste und Perfecta auf r im Altnord. und Hochdeutschen, in Ztschr. f. dtsch. Alterth. XII, 397.

BRAUNE, Ueber den grammat. Wechsel in der deutschen Verbalflexion, in Paul's und Braune's Beitr. I, 513.

JACOBI, Der Ablaut, in: Beiträge zur deutschen Grammatik, Berlin 1843 — HOLTZMANN, Ueber den Ablaut. Karlsruhe 1844 — LEXER, Der Ablaut in der deutschen Sprache. Wien 1856 Progr. — PETERSEN, Vom Ablaut mit besonderer Rücksicht auf den Ablaut des starken Zeitworts im Altgerman. Lund 1877 — BEZZENBERGER, Ueber die A-Reihe der got. Sprache. Göttingen 1874 — VERNER, Zur Ablautsfrage, in Ztschr. f. vgl. Sprachforschung XXIII, 131 (hochwichtige Schrift).

WACKERNAGEL, Ueber Conjugation und Wortbildung durch Ablaut im Deutschen, Griech. u. Lat., in den Jahrbb. f. Philol. u. Pädag. 1831, p. 17 — AMELUNG, Die Bildung der Tempusstämme durch Vocalsteigerung im Deutschen. Berlin 1871.

PAULI, Ueber die deutschen Präteritopräsentia. Stettin 1860.

MÖLLER, Zur Conjugation: kunþa und das t-Präteritum, in Paul's und Braune's Beitr. VII, 457.

WICKBERG, Ueber den Ursprung der schwachen Präteritalbildung in den german. Spr. Lund 1877.

BEGEMANN, Das schwache Präteritum der germanischen Sprachen, Berlin 1873, und: Zur Bedeutung des schw. Prät.'s der germ. Spr. Berlin 1874 (vgl. oben S. 309) — AMELUNG, Die Perfecta der schw. Conjug., in Ztschr. f. dtsch. Alterth. XXI, 229 — PAUL, Zur Bildung des schw. Prät. u. Part., in Paul's und Braune's Beitr. VII, 136 — SIEVERS, Zur Flexion der schw. Verba, in Paul's und Braune's Beitr. VIII, 90 — KÖGEL, Die schwachen Verba zweiter und dritter Classe, in Paul's und Braune's Beitr. IX, Heft 3. BECH, Der umgelautete Conjunctivus Prät. der rückumlautenden Zeitwörter, in Germania XV, 128. J. SCHMIDT, Die germanische Flexion des Verbum substantivum etc., in Ztschr. f. vgl. Sprachf. XXV.

c) Partikeln. BEZZENBERGER, Untersuchungen über die got. Adverbien und Partikeln. Halle 1873 — SCHWAHN, Die got. Adjectiv-Adverbien. Bonn 1873 Diss. — OSTHOFF, Die got. Adverbien auf -o u. -ba, in Ztschr. f. vgl. Sprachf. XXIII, 90 — NABER, Gotische Präpositionen. Detmold 1879 Progr.

3. Zur englischen Formenlehre. a) Allgemeines. Ueber die ags. Grammatiken vgl. oben S. 61, über die altenglischen Grammatiken vgl. oben S. 81 und über die neuenglischen sowie über die gesammtenglischen Grammatiken vgl. oben S. 89. Hier sei nur bemerkt, dass bezüglich der Formenlehre die KOCH'sche Gramm. die entschieden beste ist, allerdings weit mehr wegen des in ihr aufgehäuften Materials als wegen dessen Verarbeitung, welche jetzigen Anforderungen nicht entspricht. — In FIEDLER-KÖLBING'S Grammatik ist mit Geschick und Glück der Versuch gemacht worden, eine allgemein verständliche wissenschaftliche Darstellung der Formenlehre auf geschichtlicher Grundlage zu geben, indessen wird bei einer Neubearbeitung doch Manches zu streichen, hinzuzufügen und zu ändern sein; in seiner gegenwärtigen Gestalt ist das Buch nicht so vollkommen, wie es zu wünschen wäre und wie es in einer neuen Ausgabe sicher werden wird.

b) Zur Nominalflexion[1]. SIEVERS, Miscellen zur ags. Grammatik, in Paul's und Braune's Beitr. IX, 2) — LOTH, Beiträge zur Geschichte der engl. Sprachformen. Ruhrort 1873 Progr. — PLATT, Zur Kenntniss der ags. Geschlechter, in Anglia VI, 171 — SIEVERS, Der ags. Instrumental, in Paul's und Braune's Beitr. VIII, 324 — PLATT, Zur altengl. Decl., Engl. Stud. VI, 149 — STRATMANN, Nom. u. Accus. Plur. des Masc., in Engl. Stud. III, 15, vgl. V, 371 (Str. giebt Beispiele für den »Grundsatz« des Altenglischen, das -s im Nom. u. Acc. Pl. der Masc. zu bewahren) — PLATT, Ortsnamen der bóc-Decl., in Anglia VI, 174 — PLATT, Ags. feminine wá-Stämme, in Anglia VI, 176 — PLATT, Ags. Femininbildung auf -icʒe, in Anglia VI, 177 — PLATT, Ags. -u im Feminin der n-Decl., in Anglia VI, 175 — STRATMANN, Notizen über die Decl. der nominalen i- u. ja-Stämme, in Engl. Stud. V, 371 — STRATMANN, Das paragogische e neutraler a-Stämme im Mittelenglischen, Engl. Stud. IV, 289, vgl. ZUPITZA, Ztschr. f. dtsch. Alterth. II, 11 — STRATMANN, Ags. dohtor, in Engl. Stud. III, 473 — PLATT, Ein ags. Dualis, in Anglia VI, 175 — COSIJN, De taalformen van Älfred's Pastoral, in Taalkundige Bijdragen, 2. delen, p. 115 —

---

[1] BEHNSCH, Das bildliche Geschlecht der englischen Hauptwörter. Breslau 1861 Progr.

WITTE, Pluralbildung im Neuags., in Jahrb. f. rom. u. engl. Spr. u. Lit. XV, 312 — TEN BRUGGENCATE, On the Plural of Substantives in English, in Taalstudie VI, 88 u. 154. STRATMANN, Ueber die bestimmte (schwache) Form der Adjectiva im Altenglischen, in Engl. Stud. III, 272 — BRÜCK, Die Consonantendoppelung in den mittelengl. Comparativen und Superlativen. Leipzig 1886 — SATTLER, Older, oldest, elder, eldest, in Engl. Stud. VI, 27 — EYCKMANN, Older, elder, oldest, eldest, in Taalstudie IV. 279 — KLUGE, Vermeintlicher Comparativ weor (im Andreas 1661', in Anglia IV, 106 — KLUGE, Form des Comparativs lässa, in Anglia IV, 105 — WITTE, Ueber das neuags. Pronomen, in Engl. Stud. II, 121 — LINDNER, Zur Formenlehre des Pronomen relativum im Englischen, im Jahrbuch für roman. und engl. Spr. und Lit. XV, 221. Sonstige Schriften über das Rel. s. § 55.

c) Zur Verbalflexion. EWERS, Classification of Verbs, in Taalstudie VI, 102 — HJORT, Om det engelska Conjugationssystem. Med et Tillang om Forholdet imellem Dansk og Engelsk. Soro 1845 — DRESSEL, Die engl. Conjugation. Wolfenbüttel 1860 Progr. — HARRISON, List of strong Verbs in Beówulf, in American Journ. of Philol. IV, 4 — MURRAY, Old English Verbs in -cʒan and their Subsequent History, in Transact. of the Philol. Society 1882/84, p. 249 — STRATMANN, Ueber die Ausstossung des Ableitungsvocales im schwachen Prät., in Engl. Stud. V, 372 — PLATT, Ags. fetian, feccan, in Anglia VI, 176 — STRATMANN, Ags. funde, purde als Prät. Ind., in Engl. Stud. III, 472 — TEN BRINK, eode, in Ztschr. f. dtsch. Alterth. XXIII, 65 — KLUGE, a. a. O. p. 124, vgl. oben S. 291, Anm. unter dem Texte — SCHWAHN, Conjugation in Sir Gawayn and the Green Knight und die sog. Early English Alliterative Poems. Strassburg 1885 Progr. — TEICHMANN, Die Verbalflexion in William Langley's Buche von Piers the Plowman. Aachen 1887 Progr.

d) Partikeln. BECKMANN, Die doppelformigen engl. Adjectiv-Adverbien, in Herrig's Archiv LXIV, 1 — VARNHAGEN, An Inquiry into the Origin and Different Meanings of the English Particle »but«. Rostock 1876 Diss.

Aus dem Obigen könnte man zu folgern geneigt sein, dass die englische Formenlehre noch keine sonderlich vielseitige Bearbeitung erfahren habe. Dieser Schluss würde indessen nicht ganz der Thatsächlichkeit entsprechen. Erstlich ist zu berücksichtigen, dass bei dem engen Zusammenhange, in welchem gerade die englische Formenlehre einerseits mit der Lautlehre und andrerseits mit der Syntax steht, die auf diese Disciplinen bezüglichen Schriften zu einem grossen Theile auch Fragen der Formenlehre behandeln. Sodann aber ist zu berücksichtigen, dass in den Einleitungen zu den Ausgaben alt- und mittelenglischer Texte vielfach Uebersichten über die in denselben vorkommenden Formen gegeben sind. Die Formenlehre der Sprache Shakespeare's hat in ABBOTT's und DEUTSCHBEIN's Grammatiken (s. oben S. 92), Einzelnes auch in TYCHO MOMMSEN's Ausg. von Romeo and Juliet, eingehende Bearbeitung gefunden.

## Siebentes Kapitel [1].

### Bemerkungen über die Syntax des Englischen.

**§ 48. Allgemeines. 1.** Die Syntax des Englischen trägt, soweit sie den Bau des Satzes betrifft, vorwiegend einen (aus der Auflösung des synthetischen Formenbaues sich ergebenden) analytischen Charakter, d. h. die Verbindung der Worte zum Satze erfolgt vorwiegend nicht durch Suffixe, sondern durch blosse Aneinanderreihung der Worte, indem die zwischen ihnen bestehenden Begriffsbeziehungen entweder ohne grammatischen Ausdruck bleiben (so die Beziehung des Attributs zu dem von ihm bestimmten Substantiv) oder aber durch die Wortstellung oder durch die Anwendung von Präpositionen und Hülfs- und Modalverben zum Ausdruck gebracht werden. In Bezug auf die Satzverbindung dagegen ist wenigstens das Neuenglische einer sogar recht weitgehenden Synthese fähig, indem es die Constructionen des Nominativs und Accusativs mit dem Infinitiv in einem Umfange verwendet oder doch verwenden kann, wie dies im Lateinischen der Fall ist, und indem es Participialconstructionen in reichlichem Maasse braucht. So zeigt die englische Syntax eine eigenartige Verbindung von zwei einander wenigstens scheinbar entgegengesetzten Tendenzen. Indessen — abgesehen davon, dass die Neigung zu synthetischer Satzverbindung oder vielmehr Satzverschlingung zu einem Theile auf Nachahmung des Lateins beruhen mag (s. Nr. 2) —, lassen sich doch die beiden scheinbar auseinanderlaufenden Entwickelungswege des Satzbaues auf einen gemeinsamen Ausgangspunkt zurückführen: es ist derselbe zu finden in dem der Sprache innewohnenden Streben nach möglichst einfachem und bündigem Gedankenausdrucke; in diesem Streben wählt die Sprache bald diesen, bald jenen Weg, der gerade zum Ziele führt, sie entledigt sich fast völlig der Flexion, weil sie dieselbe als ein Erschwerniss empfindet, und braucht

---

[1] Die zu diesem Capitel gehörigen Literaturangaben sehe man in dem Schlussparagraphen desselben § 55.

statt ihrer leicht zu handhabende Formwörter und stereotypische Wortverbindungen, aber andrerseits verleibt sie, wenn möglich, den Nebensatz in participialer oder infinitivischer Form dem Hauptsatze ein und bildet auf diese Weise mitunter kühne und selbst, wenn logisch zerlegt, unlogische Satzcomposita, darauf vertrauend, dass der praktische Verstand den Begriffsinhalt dieser Bildungen richtig erfassen werde. Man darf die englische Syntax als eine in hervorragendem Sinne praktische bezeichnen. Darin ist eingeschlossen, dass einerseits der englische Satz- und Periodenbau sich für den Gedankenausdruck als sehr bequem und schmiegsam erweist, dass es aber andrerseits grosser Kunst bedarf, um ihm eine den (sprach)ästhetischen Anforderungen genügende Form zu geben. Es ist leicht, sich im Englischen verständlich zu machen, und zwar selbst auch mit Beobachtung der grammatischen Correctheit, es ist aber schwer, ungemein schwer, das Englische so zu sprechen und zu schreiben, dass es nicht bloss verständlich, sondern auch stilistisch schön ist, wozu namentlich die Herstellung eines gewissen Gleichgewichtes zwischen der analytischen Wortverbindung und der synthetischen Satzverbindung erfordert wird. Aehnlich verhält es sich freilich auch z. B. im Deutschen und im Französischen, aber doch nicht in demselben Maasse. Die grossen Stilisten unter den englischen Prosaikern, wie z. B. Macaulay oder Bulwer, haben künstlerisch mehr geleistet, als die ihnen sonst etwa vergleichbaren deutschen und französischen Historiker und Novellisten. Es ist daher auch voll begreiflich, dass die englische Litteratur — verglichen etwa mit der französischen oder italienischen oder spanischen — so wenige wirklich grosse Meister stilistischer Kunst aufweist, so reich sie auch sonst an hochbedeutenden Persönlichkeiten und genialen Hervorbringungen ist.

Die Masse der englischen Prosaisten schreibt klar und verständlich, aber auch höchst schmucklos und nüchtern, oft ermüdend durch den gleichmässigen Tonfall des Satzbaues und die immerwährende Wiederholung derselben Redeformeln. Wenige nur verstanden und verstehen es, so zu schreiben, dass die Rede, einem architektonischen Kunstwerke vergleichbar, sich aus harmonisch an und in einander sich fügenden Theilen zusammensetzt und ästhetischen Genuss zu gewähren vermag.

In dem ausgesprochenen Urtheile soll nicht im Mindesten ein Tadel für die englische Sprache enthalten sein, weit eher ein Lob. Die Sprache ist bestimmt, Trägerin des Gedankenausdruckes zu sein, und genügt dieser ihrer Bestimmung am besten, wenn sie die Fähigkeit zu möglichst leichter und verständlicher Wort- und Satzverbindung besitzt; welche ästhetische Wirkung die also hergestellte Rede hervorbringt oder nicht hervorbringt, das ist eine Frage von verhältnissmässig nur nebensächlicher Bedeutung. Das Englische leistet nun in Bezug auf Leichtigkeit und Verständlichkeit des Gedankenausdruckes so ziemlich Alles, was geleistet werden kann, und erweist sich folglich in Bezug auf die eigentliche — man könnte vielleicht auch behaupten, die einzige — Bestimmung der Sprache als nahezu vollkommen. Aber gerade deshalb ist es ästhetisch minder beanlagt, als manche andere, für den Gedankenausdruck weniger vollkommen eingerichtete Sprache, denn das praktisch Nützliche und das Schöne sind zwar keineswegs unvereinbar, aber es besteht doch häufig das Eine ohne das Andere und kann sehr wohl bestehen, zum Mindesten aber, und das eben ist beim Englischen der Fall, ist das praktisch Nützliche nicht ohne Weiteres zugleich auch schön, sondern es bedarf erst der Bearbeitung durch Künstlerhand, um schön gestaltet zu werden. Und das genügt wohl bei einer Sprache. Freilich kann eine Sprache auch, um so zu sagen, von Natur schön sein, jedoch nur auf Kosten ihrer praktischen Brauchbarkeit und Bewegungsleichtigkeit, denn natürliche Sprachschönheit ist nicht zu denken ohne Formenfülle, diese aber ist ein Erschwerniss des praktischen Zwecken dienenden Sprechens.

2. Die feinere Ausbildung der Syntax, namentlich des Periodenbaues, hat sich in allen Cultursprachen auf dem Gebiete der Prosalitteratur vollzogen, denn die rhythmischer Form sich bedienende Dichtung ist eben schon durch den Rhythmus an reicherer syntaktischer Entfaltung verhindert und derselben auch gar nicht benöthigt. So auch im Englischen. Nun aber hat die englische Prosa die ersten Schritte auf der Bahn ihres Daseins an der Hand des Lateins unternommen. Der zeitlich erste Prosaiker Englands ist ja König Älfred, und bekanntlich besteht das, was er, sei es persönlich selbst geschrieben

hat, sei es durch die Hand Anderer hat schreiben lassen, fast lediglich in Uebersetzungen aus dem Lateinischen. Auch die spätere Prosalitteratur der Angelsachsen (die Werke Älfric's, Wulfstan's) lehnt sich, wenigstens mittelbar, vielfach an das Latein an, indem sie lateinische Texte homiletisch behandelt, aus lateinischen Commentaren schöpft u. dgl. Diese Beziehungen zwischen Latein und Angelsächsich mussten die syntaktische Beeinflussung des letzteren durch das erstere zur nothwendigen Folge haben. Leider fehlt es noch gar sehr an Einzeluntersuchungen über die ags. Prosasyntax, aber es lässt wohl von vornherein sich behaupten, dass das Gesammtergebniss solcher Arbeiten in dem Nachweise bestehen würde, dass das Angelsächsische syntaktisch Vieles vom Latein übernommen hat, natürlich innerhalb der durch die verhältnissmässig bedeutende Verschiedenheit des beiderseitigen Sprachbaues gezogenen Grenzen, welche die Nachahmung zahlreicher lateinischer Constructionen (dies Wort hier im weiteren Sinne gebraucht) von selbst verbot.

Nachdem in der Zeit, welche von der normannischen Eroberung bis etwa zur Mitte des 14. Jahrhunderts sich erstreckt, die englische Prosa ein nur kümmerliches Dasein in asketischen Tractaten und gelegentlichen Uebersetzungen lateinischer und französischer Originale gefristet hatte [1]), erhob sie sich allgemach wieder zu einem frischeren Leben. Als dies geschah, stand die europäische Culturwelt im Begriffe, aus dem Mittelalter in die Zeit des Humanismus und der Renaissance einzutreten. England wurde früh von der neuen Geistesströmung wenigstens gestreift — Chaucer ist der erste Vertreter der Renaissance auf litterarischem Gebiete —; zur vollen Entfaltung gelangte die aus Italien übertragene neue Bildung jenseits des Kanals erst um und nach der Mitte des 16. Jahrhunderts, in dem elisabethanischen Zeitalter. Nun hat freilich in England die Renaissance auf Sprache und Litteratur nicht einen derartig scharf einschneidenden und zu einem Bruche mit der nationalen Vergangenheit führenden Einfluss

---

1) Der Ausdruck »kümmerliches Dasein« kann hart erscheinen, wenn man sich dessen erinnert, dass der betreffende Zeitraum immerhin so stattliche Leistungen der Prosaschreibung wie die Ancren Riwle, Dan Michel's Ayenbite of Inwyt und Richard Rolle's Tractate hervorgebracht hat, aber für die lange Zeit ist das doch nur Weniges.

ausgeübt, wie dies in Frankreich geschehen ist, aber bedeutend genug ist ihr Einfluss doch auch in England gewesen. Namentlich auf die Sprache. In Bezug auf den Wortschatz ist das bekannt genug, da die Sache gar zu offen vor Augen liegt, die seit dem 16. Jahrhundert massenhaft eingedrungenen lateinischen Fremdworte gar zu nachdrücklich an die Ursache ihres Eindringens mahnen. Hinsichtlich der Syntax verhält es sich allem Vermuthen nach nicht viel anders, als wie mit dem Wortschatze: wie dieser, hat gewiss auch jene eine nachhaltige Latinisirung erfahren. Es ist sehr zu beklagen, dass eine historische Syntax des Englischen noch nicht geschrieben, ja noch nicht einmal hinreichendes Material dafür gesammelt worden ist [1]. Wäre es geschehen, so würde gewiss unwiderleglich nachzuweisen sein, dass im 16. Jahrhundert eine syntaktische Revolution sich vollzog, welche eine Latinisirung der Satzconstructionen namentlich da zur Folge hatte, wo dadurch das Streben der Sprache nach möglichster Kürze, nach praktischer Handlichkeit des Ausdruckes gefördert ward.

Wie es sich damit aber auch im Einzelnen verhalten möge, unleugbar ist, dass der Verlauf der angelsächsisch-englischen Culturentwickelung eine syntaktische Annäherung des Englischen an das Latein bewirkt hat. Für die Neuzeit ist dabei namentlich auch zu berücksichtigen, dass wohl nirgends das Schulstudium der alten Sprachen mit solcher Nachdrücklichkeit betrieben wurde und noch wird, wie in England; bekanntlich ist noch gegenwärtig der englische Gymnasialunterricht ein ganz vorwiegend humanistischer. Das kann nicht ohne Einfluss bleiben auf die Sprache, und in Sonderheit auf Syntax und Stil. Wer in seiner Jugend eifrig die Lectüre lateinischer und griechischer Autoren betrieben und Uebersetzungen aus den und in die alten Sprachen in Masse gefertigt hat, der wird unwillkürlich Einiges von der syntaktischen und stylistischen Eigenart des Lateins (und, aber in weit geringerem Maasse, des Griechischen) in seine Mutter-

---

[1] Was KOCH in dieser Beziehung gethan hat, ist hoch verdienstlich, aber weder enthält der 2. Bd. seiner Grammatik mehr als eine blosse Skizze der historischen Syntax, noch auch ist die Methode, nach welcher er gearbeitet, unbedingt zu loben. Das Schönste an KOCH's zweitem Bande ist die herrliche Einleitung, ein wahres Meisterwerk der Sprachgeschichtsschreibung.

sprache übertragen. Es ist dies ja auch am Deutschen deutlich genug wahrzunehmen. Während aber im Deutschen die syntaktischen Latinismen (u. Gräcismen) sich vielfach schleppend und pedantisch ausnehmen, wie z. B. die Anwendung zusammengesetzter Participien und des Pseudo-Gerundivs (»das zu erbauende Haus« u. dgl.), ist im Englischen die Sache weit erträglicher, dank der lautlichen Kürze der Verbalformen (man vgl. z. B. das englische Pseudo-Passiv mit dem deutschen: I've been lov[e]'d mit »ich bin geliebt worden«, also dort drei gegen hier sechs Silben), dank auch dem Nichtvorhandensein einer so ungefügen Wortzusammenleimung, wie das deutsche Pseudo-Gerundiv es ist.

3. Die nahen Beziehungen, in welche das Englische zu dem Französischen getreten ist, haben auch die Prosasyntax beeinflusst. Nicht freilich im Mittelalter. Denn damals war die französische Prosa, weil selbst noch ungefüge und naiv unbeholfen, nicht in der Lage, auf eine anderssprachliche Prosa einzuwirken. Aber in der Neuzeit, namentlich als vom Ausgang des 17. Jahrhunderts ab im Zeitalter der Königin Anna der französische Pseudoclassicismus auch in England festen Fuss fasste, wenn schon er nicht die absolute Herrschaft erlangte. Der Einfluss des Neufranzösischen auf die englische Syntax war ein günstiger: er wirkte vereinfachend, ordnend, klärend; etwas von der logischen Durchsichtigkeit, welche den neufranzösischen Satzbau so auszeichnet, wurde auf den englischen übertragen; von den Franzosen lernten die Engländer die Kunst des flüssigen und geschmackvollen Prosastiles, entwöhnten sich der umständlichen Schreibweise, welche die Prosa noch des 16. und selbst des 17. Jahrhunderts kennzeichnet, wenn auch keineswegs verkannt werden soll, dass auch schon zu den Zeiten Shakespeare's und Milton's einzelne Schriftsteller einen wenigstens verhältnissmässig gewandten und anmuthigen Prosastil beherrschten; so besitzen wir namentlich aus der elisabethanischen Zeit einige Prosatractate in dialogischer Form, die auch stilistisch einen recht gefälligen Eindruck machen, als die nicht unwürdigen Vorläufer ·der modernen Essays betrachtet werden dürfen [1].

---

[1] Ich denke hier namentlich an einen in den Publicationen der New Shakespeare Society herausgegebeten ‚früher von Einigen, freilich sehr mit

Das Deutsche hat nur bei einigen wenigen Autoren der neuesten Zeit einen Einfluss auf den Stil — auf die Syntax, würde zu viel gesagt sein — ausgeübt, so namentlich auf Carlyle, der nur leider in Jean Paul nicht eben den mustergültigsten deutschen Stilisten zur Nachahmung sich erkor.

§ 49. Der syntaktische Gebrauch der Wortkategorien. 1. Zu den in den indogermanischen Sprachen allgemein vorhandenen Wortkategorien ist im Englischen (wie überhaupt im Germanischen und im Romanischen) als eine wenigstens scheinbar neue der Artikel getreten, der in Wirklichkeit ja nur ein bedeutungsgeschwächtes Demonstrativ, bezw. Numerale ist. Es ist von Interesse, das allmähliche Umsichgreifen namentlich des bestimmten Artikels in der Sprachgeschichte zu verfolgen. Schon innerhalb des Angelsächsischen lässt sich das wahrnehmen, wobei von Wichtigkeit ist, dass in der Prosa der Artikel raschere Fortschritte macht, als in der Poesie. Völlig durchgedrungen ist die Anwendung des Artikels auch in der heutigen Sprache noch nicht, vielmehr entziehen sich ihr noch ansehnliche Classen von Substantiven (so die Personennamen, die Ländernamen, die Collective, die Abstracte etc., wobei freilich manche Einschränkungen stattfinden).

2. Innerhalb der einzelnen Wortkategorien sind verschiedene Neuschöpfungen vollzogen worden, so die des Possessivpronomens aus dem Genetiv der Personalia (s. oben S. 275), des Relativpronomens aus dem Demonstrativ und Interrogativ (vgl. oben S. 276), der zusammengesetzten Tempora, der verschiedenen Umschreibungen zum Ausdruck der dauernden, der abgeschlossenen etc. Handlung (vgl. oben S. 310).

3. Die bemerkenswertheste, weil für die Syntax folgenreichste, Neuerung ist die grosse Erweiterung der Anwendungssphäre des Verbalsubstantivs auf -ing, indem dasselbe neben seiner ursprünglichen Bedeutung einerseits (etwa seit dem 14. Jahrhundert) in die Function des declinirten Infinitivs eingetreten und also syntaktisch zum Gerundium geworden ist und andrerseits das Participium Präsentis verdrängt hat. Der Besitz einer so vielseitig verwendbaren und dabei in ihrer

Unrecht, Shakespeare selbst beigelegten) Dialog, der in höchst gediegener und interessanter Weise die volkswirthschaftlichen Verhältnisse der elisabethanischen Zeit bespricht.

Bildung so überaus einfachen Form gereicht der englischen Sprache zum ungemeinen Vortheile, indem sie ihr das Mittel zu einer Kürze und Bündigkeit des Ausdruckes gewährt, um welches andere Sprachen sie beneiden können. Das Französische besitzt allerdings auch eine Form, welche zugleich Particip Präs. und (mit Flexionsfähigkeit) Verbaladjectiv ist, aber die gerundiale Verwendbarkeit derselben ist auf die Verbindung mit der Präpos. en und die Bezugnahme auf das Satzsubject beschränkt, also sehr eng im Vergleich mit der des englischen. Wesentlich erhöht wird die praktische Brauchbarkeit des Verbalsubstantivs auf -ing noch dadurch, dass es mit dem Part. Prät. und mit been + Part. Prät. verbunden werden, also perfectische und passive Bedeutung annehmen kann.

Dass das Verbalsubstantiv auf -ing als Gerundium fungirt, hat nichts Auffälliges an sich [1]; befremdlich ist dagegen, dass es an Stelle des Part. Prät. getreten ist. Diese Verschiebung beginnt bereits im Neuangelsächsischen und geht vom Süden aus, nur langsam nach Norden vordringend, wo noch Orrm ausschliesslich das alte Particip braucht. Die Erklärung des Vorganges ist schwierig. Möglich, dass die Masculina auf -(l)ing (vgl. oben § 34, Nr. 3 a β) die Brücke bildeten, auf welcher die Abstracte auf -ing zu ihrer Bedeutungserweiterung vorschritten. Die Annahme, dass -ende durch lautliche Entwickelung zu -ing geworden sei, ist natürlich ausgeschlossen.

4. Verschiebungen aus einer Wortkategorie in die andere sind sonst selten, abgesehen von dem präpositionalen und conjunctionalen Gebrauche der Adverbien. Das Bemerkenswertheste ist die schon öfters hervorgehobene Möglichkeit, denselben Lautcomplex in verbalem und nominalem Sinne zu brauchen. — Ueber die Substantivirung des Adjectivs 1. § 50 Nr. 6.

§ 50. Der syntaktische Gebrauch der Wortformen und Wortformumschreibungen [2]. 1. Die suffixlose Form

---

[1] Die Annahme, dass das Verbalsubstantiv die Fähigkeit zu gerundialer Anwendung nur in Folge seines Eintrittes in die participiale Function erhalten habe (wie z. B. TH. MÜLLER, Ags. Gramm. p. 249 behauptet), ist durchaus unnöthig.

[2] Dieser Paragraph wird durch den folgenden ergänzt. — Die in diesem und den folgenden Paragraphen gelegentlich gegebenen ne-Beispiele sind meist der trefflichen Grammatik J. SCHMIDT's entnommen.

des Nomens fungirt als Nominativ und Accusativ; besondere Formen für den Subjects- und den Objectscasus besitzen nur die Personalia (doch ist im Pl. von thou der Nom. ʒe durch den Accus. you verdrängt worden) und das Interrogativ who; die neuenglischen Accusative him, her, them, whom sind im Ags. Dative, es hat also eine ähnliche seltsame und ungewöhnliche Casusverschiebung stattgefunden, wie sie (freilich in etwas anderer Weise) lat. cui und dessen Anbildungen *illui, *istui im Romanischen erfahren haben.

2. Der organische Genetiv auf -s (über dessen Bildung oben S. 268 gehandelt wurde) kann im Neuenglischen nur noch im possessiven Sinne und in Bezug auf persönliche Begriffe sowie auf Zeit- und Massbestimmungen verwandt werden; seine Stellung ist vor dem näher bestimmten Substantiv. Ueber die Auslassung dieses Substantiv's vgl. unten § 51. — Die Genetivumschreibungen erfolgen durch die Präposition of.

3. Die Anwendung des organischen (aber suffixlos gewordenen) Dativs ist zum Ausdruck des indirecten und persönlichen Objects nur nach gewissen Verben noch möglich, vgl. oben S. 269. Vielleicht ist der ursprüngliche (aber suffixlos gewordene) Dativ auch in dem Falle noch erhalten, dass ein ursprünglich intransitives Verb späterhin, zuweilen eben wohl nur scheinbar, transitiv wurde: der seines Suffixes beraubte Dativ fiel in der Form mit dem Nominativ-Accusativ zusammen (bei den Personalpronominibus trat geradezu [ausgenommen us u. you] der Dativ in die Accusativfunction über, ebenso bei whom), dadurch aber wurde das Verb äusserlich transitiv. Vgl. auch unten Nr. 15. — Die Dativumschreibung erfolgt durch die Präpos. to.

4. Der im Ags. einen weiten Anwendungskreis besitzende Instrumental, bezw. instrumentale Dativ, ist in der weiteren Sprachentwickelung bis auf die zu Adverbien erstarrten Pronominalformen the = dý und why = hwý völlig geschwunden und muss in seiner Function durch Präpositionen ersetzt werden.

5. Der Plural wird im Neuenglischen in weiter Ausdehnung verwandt, so namentlich von Abstracten in Bezug auf mehrere Personen (z. B. in the hopes of enriching themselves neben in the hope etc., cowards die many times before their

deaths). Bemerkenswerth ist auch die grosse Anzahl der Pluralia tantum.

6. Die Adjectiva sind der Substantivirung sowohl im persönlichen wie im neutralen Sinne fähig (the poor die Armen, the good das Gute), jedoch erhalten das Pluralsuffix nur solche, welche völlig als Substantiva aufgefasst werden (the savages und dgl.). Das substantivirte Adjectiv persönlicher Bedeutung muss im Neuenglischen das Numerale one zu sich nehmen (the good one der Gute, the good ones die Guten), wie überhaupt das nicht von einem Substantive gefolgte Adjectiv in der jetzigen Sprache — im älteren Neuenglisch noch nicht durchweg — mit one verbunden zu werden pflegt (z. B. the plot of the piece was quite a new one). Nur in collectivischem Sinne kann das Adjectiv isolirt stehen (the poor die Armen, als Gesammtheit aufgefasst). Das neutrale Adjectiv ist der Annahme einer attributiven Bestimmung mit of unfähig (man kann also z. B. nicht sagen the difficult of the problem, sondern nur the difficulty etc.).

7. Weder der organische noch der mit more umschriebene Comparativ kann zur Vergleichung zweier Attribute desselben Subjects dienen, es muss in solchem Falle rather zu dem Positiv hinzutreten, z. B. banquets delicate rather than abundant.

Der organische Superlativ hat nur relative, der mit most umschriebene dagegen sowohl relative wie absolute Bedeutung.

8. Der Singular des Pronomens der 2. Person ist fast völlig, selbst in Anwendung auf Thiere, durch den Pleural verdrängt worden. — Ueber die Hinzufügung der Personalpronomina zu den Formen des Verbum finitum vgl. unten Nr. 20 und § 52, 1. — Als unbestimmtes Personale fungirt das Numerale one.

9. Die Anwendung der Reflexivbildungen myself etc. (vgl. § 40, VI) ist noch nicht völlig durchgedrungen, sondern es kann in bestimmten Fällen das Personalpronomen noch reflexiv gebraucht werden, z. B. he had no change about him.

10. Die Anwendung des Possessivs ist eine sehr ausgedehnte und überschreitet erheblich die Grenzen des Selbstverständlichen, so z. B. wenn das Possessiv bei Angabe von Körpertheilen und dgl. gebraucht wird (z. B. he has his heart in his mouth). Es ist das ein gewisser familiärer Zug in der Sprache, wie

denn auch das Possessiv häufig da steht, wo in anderen Sprachen der sog. Dativus familiaris des Personals angewandt wird (z. B. that never entered my head »das ist mir nie in den Kopf gekommen«). Andrerseits erspart das so gebrauchte Possessiv vielfach das umständliche Reflexiv und ermöglicht eine kurze Ausdrucksweise (z. B. I have cut my finger »ich habe mich in den Finger geschnitten«).

Die genetivischen Neubildungen hers, ours etc. sind nach Analogie des partitiv gebrauchten sog. sächsischen Genetivs entstanden (z. B. an acquaintance of hers = one of her acquaintances, zu vergleichen mit an acquaintance of my sister's = an acquaintance of my sister's acquaintances), werden aber auch prädicativ gebraucht; die 1. und 2. P. Sg. und die 3. P. Masc. Sg. entbehren solcher Bildungen; die beiden ersteren verwenden jedoch die (im attributiven Gebrauche zu my, thy gekürzten) ursprünglichen Formen mine und thine in gleicher Weise[1]). Ueber die Neubildung its vgl. oben S. 276.

11. Von den beiden Demonstrativen weist this auf das Nähere, that auf das Entferntere hin.

12. Who ist substantivisches und persönliches, which partitives und adjectivisches Interrogativ. Das eigentlich neutrale und substantivische what wird auch adjectivisch in Bezug auf Personen und Dinge gebraucht.

13. Ein wirkliches Relativ fehlt, aber bereits im Angelsächsischen übernehmen das Demonstrativpron. séo und die demonstrative Partikel de auch relativische Function, und das Interrogativ hat später die gleiche Gebrauchserweiterung erfahren (vgl. oben § 40, VIII), so dass die Sprache einen ausreichenden Bestand thatsächlich relativischer Pronomina besitzt (that ist allgemeines Relativ, what verallgemeinert und ist sowohl substantivischen wie adjectivischen Gebrauches fähig; who bezieht sich nur auf Personen, which nur auf Dinge, Thiere und Collectivbegriffe). Völlig durchgedrungen ist indessen die Anwendung der relativisch gebrauchten Demonstrativ- und Interrogativpronomina auch in der heutigen Sprache noch nicht. Vgl. unten § 54.

---

1) Vgl. über diese sehr interessanten Dinge BECKMANN in Engl. Stud. VIII, 452; die von ihm vertretene Auffassung weicht von der oben gegebenen mehrfach wesentlich ab.

14. Beim Verbum ist vor Allem auffällig, dass im Neuenglischen Activformen auch passivisch fungiren (z. B. no meat eats so sweet as that for which we do not pay; this book reads well etc.; selbst das Verbalsubstantiv auf -ing erscheint bisweilen in passivem Sinne, z. B. a new edition of that lampoon was preparing for the press). Damit hängt die, vom logischen Standpunkte aus betrachtet, ungeheuerliche Erscheinung zusammen, dass das persönliche indirecte Object als Subject aufgefasst und dennoch die passive Form des Prädicats beibehalten werden kann (You were refused a favour = a favour was refused [to] you; I was told that u. dgl.). Derartige Constructionen, welche dem lat. Nominativ und Infinitiv sich vergleichen lassen, ihn aber an Kühnheit noch übertreffen, sind, wie gesagt, logische Ungeheuerlichkeiten, nichtsdestoweniger sind sie praktisch ungemein brauchbar, weil sie die Kürze und Prägnanz des Ausdruckes fördern. Vgl. auch unten § 51, Nr. 6. — Die analytische Umschreibung des Passivs mittelst des Verbum subst. + Part. Prät. war schon im Angelsächsischen sehr beliebt und ist es noch gegenwärtig, zumal da ihre Verwendbarkeit durch die Kürze der Formen von be begünstigt wird [1]). So ist im Allgemeinen das Englische im grammatischen Ausdrucke des Passivs doch genauer, als andere analytische Sprachen, und namentlich verwendet es, trotz seiner sonstigen Gleichgültigkeit gegen die verbale Genusdifferenz, nicht den Infinitiv Activi in passivem Sinne (z. B. what conscience dictates to be done...; he caused the money to be paid; he ordered the ringleaders to be shot u. dgl., während z. B. im Deutschen und im Französischen der Inf. Activi gebraucht werden würde) [2]). Die Genauigkeit im Ausdrucke des passiven Infinitivbegriffs ist geradezu ein eigenartiger Charakterzug des Neuenglischen, welcher vielleicht auf Einwirkung des Lateins beruht.

15. Ebenso wie zwischen Activum und Passivum die begriffliche Scheidung abgeschwächt worden ist (abgesehen vom Ausdrucke des Infinitivs), ist auch die Scheidung zwischen

---

1) Nur die unpersönliche Anwendung des Passivs wird gemieden, vgl. Nr. 16.
2) Nur in kurzen formelhaften Phrasen kann der Inf. Act. in passivem Sinne stehen, z. B. furnished apartements to ‚be‘ let.

Intransitivis und Transitivis ins Schwanken gerathen. Nicht nur, dass ursprüngliche Intransitiva transitiv geworden sind und umgekehrt, sondern es wird häufig ein und dasselbe Verbum bald in dem einen, bald in dem andern Sinne gebraucht. Zum Theil erklärt sich das aus dem lautlichen Zusammenfalle ursprünglich verschiedener Verba (namentlich eines starken mit dem vom gleichen Stamme abgeleiteten schwachen), zum Theil aber beruht es doch wohl auf einem Erschlaffen der früheren Unterscheidungsfähigkeit. Es ist sehr bemerkenswerth, dass auch die romanischen Sprachen sich gegen die Differenz zwischen intransitiv und transitiv ziemlich gleichgültig verhalten und namentlich leicht und gern eigentliche Intransitiva auch transitiv, namentlich in causativem Sinne, verwenden, und gerade der causativische Gebrauch ist auch im Englischen beliebt. Vgl. auch oben Nr. 3.

Hervorzuheben ist auch die Erscheinung, dass Intransitiva durch Zusammensetzung mit einer Präposition oder durch Verbindung mit einem Adverb, bezw. Adverbiale transitiv werden, z. B. live, aber live out some one, stare at a person, aber stare a person in the face u. dgl.

16. Gegen den unpersönlichen Gebrauch des Verbs besitzt das Englische eine gewisse Abneigung. Im Passiv ist er ganz unmöglich (»es wird getanzt« = there is dancing), im Activ aber wendet der Engländer die persönliche Construction stets an, sobald nur ein persönliches Subject eintreten kann (also z. B. I am hungry »es hungert mich«), wäre das auch nur in passiver Construction möglich (z. B. you are pleased neben it pleases you).

Nicht betroffen von dem Widerwillen gegen den unpersönlichen Ausdruck wird der Gebrauch von it als formales Subject, vgl. § 52, Nr. 3.

17. Das Präsens und das Präteritum, die einzigen noch synthetischen Tempora der Sprache, dienen im Englischen und dienten von jeher zum Ausdruck der schlechthinnigen Gegenwart, bezw. Vergangenheit. Das Futurum sowie die feineren Abstufungen in der Auffassung der Gegenwart und Vergangenheit müssen durch analytische Umschreibungen zum Ausdrucke gebracht werden, in deren Bildung die neuere Sprache eine grosse schöpferische Kraft bekundet hat, vgl. oben § 45, Nr. 4 b).

Die Futurumschreibung war bereits dem Angelsächsischen bekannt, ebenso der Ausdruck der dauernden Handlung durch die Verbindung des Verbs subst. mit dem Part. Präs.

18. In der Anwendung des Conjunctivs verfährt das Ags. im Allgemeinen mit grosser Genauigkeit, indem es ihn da, wo eine nur vorgestellte Handlung ausgesagt wird, auch wirklich anwendet (so in Hauptsätzen zum Ausdruck der Aufforderung, des Wunsches und der unter Voraussetzung einer irrealen Bedingung als eintretend gedachten Handlung; in Subjectsätzen abhängig von modalen Ausdrücken; in den Objectsätzen abhängig von Verben des Wollens u. dgl.; in den Objectsätzen der indirecten Rede, doch nur wenn der Redende die Mittelbarkeit der Aussage ausdrücklich hervorheben will; in auf die Zukunft bezüglichen Temporalsätzen, doch nicht ohne Ausnahme; in Bedingungssätzen der Irrealität; in Concessiv- und Finalsätzen; in sonstigen Nebensätzen, namentlich auch in Relativsätzen, wenn die Handlung mit Nachdruck als eine nur vorgestellte bezeichnet werden soll). Die Anwendung des Conjunctivs hat im Ags. ungefähr denselben Umfang, wie in der neufranzösischen Schriftsprache.

Der fast durchgängige lautliche Zusammenfall des Conjunctivs (namentlich Präteriti) [1]) mit dem Indicativ hat theils die Umschreibung desselben durch Modalverba (shall, will, may) theils die Verdrängung des Conjunctivs durch den Indicativ zur Folge gehabt. Das Letztere ist verhältnissmässig nur selten geschehen. Der wichtigste hierher gehörige Fall ist der durchgehende Gebrauch des Ind. in der indirecten Rede, doch ist zu beachten, dass in der von einem Tempus der Vergangenheit abhängigen und auf die Zukunft bezüglichen Rede das mit dem Modalverb shall, bezw. will gebildete Impf. Fut. (Conditional) gebraucht wird, also eine Bildung, welche begrifflich dem Conjunctiv gleichwerthig ist. Die in den gewöhnlichen Grammatiken oft behauptete Anwendung des Ind. statt des Conj. im Vordersatze der hypothetischen Periode der Irrealität ist in Wirklichkeit nicht vorhanden: der scheinbare Indicativ ist der dem Ind. gleichlautende Conjunctiv, wie ja

---

[1] Syntaktisch ist der Ausdruck »Conjunctiv«statthaft; seiner Bildung nach freilich ist der Modus ein Optativ.

aus dem Gebrauche des Singulars were (und nicht was) zur Genüge hervorgeht.

19. Der Imperativ besitzt nur für die 2. Person eine Form, und auch diese wird gern der Nachdrücklichkeit wegen mit do umschrieben (do tell me für tell me). Die 3. P. Sg. u. Pl. und die 1. P. Pl. werden durch das Modalverb let ausgedrückt.

20. Hinzufügung des Personalpronomens zu den Formen des Verbum finitum, selbst zum Imperativ, ist von jeher gewöhnlich und im Neuenglisch durchgehende Regel, wie das ja durch den fast völligen Schwund der Personalendungen erfordert wird. Indessen haben sich doch einige formelhafte Ausdrücke erhalten, in denen das Pronomen nicht gebraucht wird (prithee = I pray thee, thank you, [I] would to God); in der Frage und auch sonst genügt oft die 2. P. des Verbs ohne Pronomen, z. B. what canst tell?, doch ist das mehr ein Archaismus, als wirklich lebendiger Gebrauch. Vergl. unten § 51, 2.

21. Die Anwendung des Infinitivs ist seit dem Danebentreten des Verbalsubstantivs auf -ing (Gerundium) eine beschränktere geworden, indessen ist sie auch jetzt noch eine recht ausgedehnte, zumal da das Gerundium nur facultativ, nicht obligatorisch für den Infinitiv eintritt. In der neueren Sprache erscheint der Inf. meist in Verbindung mit der Präposition to, so dass die gewöhnliche Grammatik dieselbe als die nothwendige Begleiterin des Infinitivs auffasst. Der blosse Infinitiv ist nur anwendbar nach Modalverben (shall, will, can, may, must, dare, ned, auch do kann, weil zur Umschreibung dienend, hierher gezogen werden; ought hat to nach sich), nach den Verben der unmittelbaren sinnlichen Wahrnehmung (see, hear, feel), nach einigen Verben des Veranlassens (make, bid, have), nach I had better, I had rather und ähnlichen Wendungen, endlich absolut in Ausrufen und Fragen (z. B. why not adopt milder measures?).

Das Ags. besass eine dativische, auf -ne ausgehende Form des Infinitivs, welche in Verbindung mit tó ungefähr wie das lat. mit ad verbundene Gerundium gebraucht wurde. In der weiteren Entwickelung der Sprache ging diese Form früh verloren.

Die neuere Sprache kann den mit not verbundenen Inf. Passivi ungefähr im Sinne des latein. negirten Part. Fut. Passivi brauchen, z. B. signs not to be mistaken, an ecstasy not to be described; indessen wiegt in der englischen Construction mehr der Begriff der Möglichkeit, in der Lateinischen mehr der der Nothwendigkeit vor.

22. Ueber das Verbalsubstantiv auf -ing vergl. oben § 49, Nr. 3.

23. Das Part. Prät. fungirt in passiver Bedeutung in Verbindung mit be und attributiv bei Substantiven, in activer Bedeutung in Verbindung mit have.

24. Die Verneinung des Verbs erfolgt durch not, ebenso die des mit dem unbestimmten Artikel verbundenen Substantivs; sonst wird das Subst. durch no verneint.

§ 51. Der grammatische Ausdruck der Satztheile.

1. Die nothwendigen Satztheile sind das Subject, das Prädicat, und, wenn das letztere transitiv ist, das (directe) Object; die möglichen Satztheile sind die näheren Bestimmungen der im Satze stehenden Substantiva (Apposition, Attribut und attributive Bestimmung) und die näheren Bestimmungen der im Satze stehenden Verben (Adverb, adverbiale Bestimmung).

An sich ist logisch erforderlich, dass jeder Satztheil durch ein Wort oder eine Wortverbindung zum grammatischen Ausdrucke gelange, indessen kommen doch Ausnahmen vor.

2. Unbezeichnet bleibt das Subject im Falle der Nichtsetzung des Personalpronomens, vgl. oben § 50, Nr. 20. Im Ags. ist die Nichtsetzung des unpersönlichen it Regel, falls das Verbum ein Object bei sich hat, z. B. me langed, me dynced; Reste dieses Gebrauches sind im Neuenglischen noch die Ausdrücke methinks, methought, sonst wird das unpersönliche Subject stets gesetzt. — Unbezeichnet bleibt das Subject des Infinitivs, wenn es identisch ist mit dem Subject desselben oder des übergeordneten Satzes (z. B. I do not know what to make of him) [1]).

Auslassung des Prädicats ist nur möglich, wenn dasselbe das Verbum substantivum ist, und auch da nur in Sprüch-

---

[1] Ausgelassen wird das Subject auch in den zu Interjectionen abgeschwächten Sätzen (God) bless me! (God) confound it!

wörtern (z. B. no rose without thorns); häufiger ist, namentlich in der Poesie, die Auslassung der Copula bei vorangestelltem Prädicat (z. B. happy the man who . . .).

Nichtsetzung des Objects ist üblich in dem Relativsatze, welcher dem durch ihn näher bestimmten Substantiv unmittelbar nachfolgt.

Nicht gesetzt zu werden pflegt das durch einen sächsischen Genetiv näher bestimmte Substantiv, wenn es in partitivem Sinne steht (z. B. an acquaintance of my sister's, vgl. oben § 50, Nr. 10 und § 40, Nr. VII) oder wenn es eine Ortsangabe enthält (z. B. at Saint Paul's).

Nicht gesetzt pflegt zu werden das mit einer Präposition verbundene Relativ (z. B. the labour we delight in, physics pain).

3. Das als Subject fungirende Substantiv steht in der Nominativ-Accusativform.

Der als Subject fungirende Infinitiv hat to vor sich; häufig ist er nur logisches Subject, während als grammatisches das unpersönliche it gebraucht ist. Eine sehr beliebte Construction ist die mit there is, there are; in Wirklichkeit liegt nur Inversion des Subjects vor, denn z. B. there are more things in heaven and earth etc. ist nichts Anderes, als more things are in heaven and earth etc., nur dass bei ersterer Ausdrucksweise der Satz mit einem deiktischen, auf das nachfolgende Subject hinweisenden localen Adverb eröffnet wird. Mit dem franz. il y a lässt sich there is (are) wohl stilistisch, nicht aber syntaktisch vergleichen.

4. Das als Object fungirende Substantivum steht in der Nominativ-Accusativform.

Der als Object fungirende Infinitiv hat to vor sich, ausser in Abhängigkeit von den in § 50, Nr. 21 genannten Verben.

Im Ags. werden ausser dem Accusativ auch der Genetiv, Dativ und Instrumental mit dem Verbum verbunden (vergl. TH. MÜLLER, a. a. O. p. 238 ff.). Der Genetiv zur Angabe des (ursächlichen) Objects nach den Verben des Affectes (sich freuen, sich betrüben etc.) und der Affectäusserungen (tadeln, danken u. dgl.), des Sicherinnerns und Vergessens, des Achthabens und Wartens, des Beschuldigens und Anklagens, des Anfüllens und Verschenseins, des Beraubens und Entbehrens, des Berührens, Fassens und Versuchens, des Erwerbens, Gewinnens und Gewährens. Der Dativ zur Angabe des Objects bei den Verben des Herrschens und Lenkens; zur Angabe des indirecten Objects nach den Verben des Nützens und Schadens, des Gefallens und Missfallens, des Gehorchens und Dienens, des Folgens und Helfens etc. Der Instrumental in Concurrenz mit dem Genetiv zur Angabe des Objects bei den Verben des Affects, des Füllens, des Beraubens u. dgl.; ausserdem kann der Instr., ähnlich wie der lat. Ablativ, zur Angabe des Mittels, der Art und Weise, des Zeitpunktes und selbst auch in localem Sinne (zur Angabe von Körpertheilen) gebraucht werden.

Entsprechend den genannten Verben werden die ihnen bedeutungsverwandten Adjectiva construirt.

Die Casusrection besitzt folglich im Ags. einen Umfang, welcher — abgesehen von dem im Ags. fehlenden Ablativ, der aber durch den (freilich auch schon im Schwinden begriffenen) Instrumental ungefähr ersetzt wird — dem im Lateinischen vorhandenen gleichkommen dürfte.

Das Schwinden der Casusendungen hatte den Schwund auch der Casusrection zur nothwendigen Folge. An Stelle der Casus traten Präpositionen verbunden mit der Nominativ-Accusativform. Daraus ergiebt sich, dass die Lehre von der Bedeutung und Anwendung der Präpositionen im Englischen eine besondere Wichtigkeit hat: sie besitzt für die analytische Sprache dieselbe Wichtigkeit, wie die Casuslehre für eine synthetische. Leider aber ist die Gebrauchslehre der englischen Präpositionen in der Weise, wie die wissenschaftliche und historische Syntax es fordert, noch gar nicht behandelt worden. Das betreffende Capitel bei Koch ist eins der schwächsten in seinem Buche, was die Gedanken anbelangt.

5. Das als indirectes Object fungirende Substantiv nimmt die Casuspräpostion to vor sich, ausgenommen in den Fällen, in denen noch die Anwendung des organischen (aber suffixlos gewordenen) Dativs möglich ist, vgl. oben § 39, Nr. 5 d). Das Personalpronomen tritt als indirectes Object in seine Dativ-Accusativform und bedarf des Zutrittes von to nicht, verschmäht denselben aber auch nicht.

6. In Folge der Schwächung, welche die Unterscheidung zwischen Activ und Passiv erfahren hat (vgl. oben § 50, Nr. 14),

ist es möglich und üblich geworden, dass statt activischer Constructionen passive eintreten, deren Subjecte logisch das indirecte Object oder die präpositionale Ergänzung des Verbums sind. So entstehen Constructionen, welche, logisch betrachtet, geradezu monströs genannt werden müssen, während sie, vom praktischen Gesichtspunkte aus beurtheilt, höchste Anerkennung verdienen, weil eine ungemeine Kürze und, wie man hinzufügen möchte, auch eine grosse Nachdrücklichkeit der Rede gestattend. Nur eben in formal logischer oder, was auf dasselbe hinauskommt, in formal grammatischer Hinsicht ist das Verfahren ungeheuerlich, schon weil dadurch Satztheile geschaffen werden, für welche im herkömmlichen grammatischen System weder ein Raum noch ein Name vorhanden ist. Wenn man z. B. sagt You were refused a favour oder he is taken notice of für a favour was refused (to) you und we take notice of him, so schwebt in diesen Passivsätzen einerseits das indirecte, andrerseits das directe Object des Activsatzes grammatisch, so zu sagen, in der Luft, denn selbstverständlich kann von dem passiven Verbum kein Object abhängen; höchstens lassen sich favour und notice als Accusative der inneren Beziehung bezeichnen, wenn man nicht vorzieht, sie »Passivobjecte« oder »logische Objecte« zu nennen. In Folge dieser eigenartigen Constructionen kann das Englische auch von intransitiven Verben ein passives Particip bilden, man denke an die bekannten Verse aus dem Hamlet: »There are more things in heaven and earth, Horatio, than are dreamt of in your philosophy«.

Es würde von höchstem, namentlich auch sprachphilosophischem Interesse sein, die Beschaffenheit, das Aufkommen und die Ausdehnung der Passivconstructionen einmal eingehender zu untersuchen. Vermuthlich bestehen hinsichtlich der Häufigkeit ihres Gebrauches zwischen Schriftsprache und Umgangssprache und innerhalb der ersteren zwischen den einzelnen Schriftstellern erhebliche Abweichungen. Was ihr Aufkommen anbelangt, so dürfte zu bezweifeln sein, ob sie über das 16. Jahrhundert zurückreichen, ich wenigstens erinnere mich nicht, ein älteres Beispiel gefunden zu haben [1]).

---

1) Die Constructionen, vermöge deren ein indirectes Object oder ein mit einer Präposition verbundenes Nomen Subject eines passiven Prädicats

7. Das verbale Prädicat wird entweder durch eine sei es einfache, sei es zusammengesetzte Form des Verbum finitum oder durch den Infinitiv gebildet. Letzteres ist nur der Fall in den Constructionen des Accusativs und des Nominativs cum infinitivo und im subjectlosen indirecten Fragesatze (I do not know what do make of him, vgl. oben Nr. 2).

8. Da die Sprache nur je ein synthetisches Tempus für den Ausdruck der schlechthin gegenwärtigen und der schlechthin vergangenen Handlung, aber kein solches zum Ausdruck der zukünftigen Handlung besitzt, so bleibt die letztere entweder zeitlich unbezeichnet, indem das Präsens als Futurum fungirt, oder aber sie wird durch die Modalverba shall u. will wenigstens dadurch zum Ausdruck gebracht, dass sie als eine nur erst vorgestellte und folglich, weil weder bereits gegenwärtig noch vergangen, noch bevorstehende bezeichnet wird. Das englische Futurum ist also kein Tempus, sondern ein Modus, welcher logisch Tempusbedeutung in sich einschliesst. Die Umschreibung mit shall ist die gewöhnlichere, namentlich in der Frage und da wieder besonders in der zweiten Person. Für die affirmative Rede hat sich die Regel ausgebildet, dass shall für die erste, will für die zweite und dritte Person gebraucht wird [1]). Vielfach aber bleibt es dem subjectiven Ermessen überlassen, ob man shall oder will anwendet, und je nachdem das Eine oder das Andere geschieht, erhält die Aussage eine verschiedene Färbung.

9. Da das Präteritum die schlechthinnige Vergangenheit bezeichnet, so müssen die Tempora der abgeschlossenen Handlung durch Umschreibung ausgedrückt werden. Zur Umschreibung dient be bei den Verben des Zustandes (jedoch nur I have been) und des Werdens; sonst wird have gebraucht. Bei den Verben der Bewegung kann sowohl have als auch be angewandt werden, je nachdem mehr die Handlung oder der durch die-

---

werden, beruhen auf demselben grammatischen Princip, kraft dessen der Nom. c. inf. geschaffen worden ist und sind gleichsam als eine Ausdehnung dieser Construction zu betrachten. Möglich, dass der Nom. cum inf. — zu dessen Einbürgerung wohl das Latein den Anstoss gab, wenn auch die Construction an sich dem englischen Sprachgeiste sympathisch sein musste — den Ausgangspunkt für das Entstehen der Sätze mit Passivobject gebildet hat.

1) Doch kann will auch in der ersten Person stehen, die Handlung wird damit als eine unmittelbar zu vollziehende bezeichnet.

selbe herbeigeführte Zustand hervorgehoben werden soll (z. B. You have come too late, but you are come).

10. Da der Conjunctiv (Optativ) durch Verlust seiner Endungen und fast völligen lautlichen Zusammenfall mit dem Indicativ zum Ausdruck der bloss vorgestellten (gewünschten etc.) Handlung nur in sehr beschränktem Maasse noch geeignet geblieben ist, so werden zum Ausdruck derselben meist Modalverba gebraucht: may zum Ausdruck des Wunsches und der Möglichkeit (daher auch in Final- und Concessivsätzen, denn mit der Absicht verbindet sich der Wunsch nach ihrer Erreichung, und die Einräumung ist nichts Anderes als das Zugeständniss der Möglichkeit); can zum Ausdruck der Fähigkeit und Fertigkeit (also Modalverb nur im allgemeinsten Sinne); ought zum Ausdruck der Verpflichtung mit der Voraussetzung, dass derselben nicht genügt wird; must zum Ausdruck der Nothwendigkeit [1]; shall zum Ausdruck der geforderten Handlung [2] und der bedingten Handlung, deren Eintritt erwartet wird; will zum Ausdruck der gewollten Handlung und im Prät. zum Ausdruck einer Handlung, für deren Eintritt die Erfüllung einer als nicht realisirbar angenommenen Bedingung vorausgesetzt wird (im Nachsatze der hypothetischen Periode der Nichtwirklichkeit [Irrealität]).

12. Das von einem transitiven Verbum (für etwas halten, zu etwas machen u. dgl.) abhängige prädicative Substantiv tritt in die Nominativ-Accusativform; nur einige (take, mistake, choose, acknowledge) gestatten die Anwendung der Präposition for, noch andere (consider, regard, hold und wieder acknowledge) die Anwendung des vergleichenden Adverbs as.

13. Das verbale Prädicat muss im gleichen Numerus stehen wie sein Subject; nur mit Collectivis wird das Prädicat im Plural verbunden, wenn diese als eine Vielheit von Einzelwesen oder Dingen und nicht als eine aus solchen bestehende Gesammtheit aufgefasst werden. Im Ags. überwog der Gebrauch des Sing. (nach fela waren beide Numeri üblich).

---

[1] Ebenfalls zum Ausdruck der Nothwendigkeit dient have mit folgendem Inf., z. B. I have to obey.
[2] In der ersten Person treten für shall, weil in dieser Form die Bedeutung des Verbs in Folge seiner Verwendung zum Ausdruck des Futurs sich abgeschwächt hat, andere Ausdrücke ein.

Zwei begrifflich zusammengehörige Subjecte nehmen das Prädicat im Singular zu sich.

Auf Attraction beruht die im Ags. vorkommende Setzung eines Prädicats im Singular in auf den Gen. Plur. dára, der selbst wieder von einem Singular abhängig ist, bezüglichen Relativsätzen, vgl. Th. Müller a. a. O. p. 253.

### § 52. Die Wortstellung im Englischen. 1. Im Ags.

herrrscht hinsichtlich der Hauptsatztheile das für das Germanische überhaupt gültige Wortstellungsgesetz:

a) Der aussagende Hauptsatz beginnt entweder mit dem Subject oder mit der näheren Bestimmung des Verbums (Object, Adverb, adverbiale Bestimmung). Im ersteren Falle findet die sogenannte logische Wortstellung statt (Subject, Prädicat, Object, adv. Best.); im letzteren Falle folgt auf das den Satz eröffnende Object, bezw. Adverbiale zunächt das Prädicat, dann das Subject.

b) Der fragende Hauptsatz beginnt mit dem Prädicat, dem das Subject folgt; besteht das Prädicat aus Hülfsverb + Part. oder Inf., so tritt das Subject zwischen das erstere und das (den) letztere(n).

c) Im uneingeleiteten, d. h. mit dem Hauptsatze nicht durch Conjunction oder Relativ- oder Interrogativpron. (oder -adverb) verbundenen Nebensatze ist die Wortstellung dieselbe wie im Hauptsatze.

d) Im eingeleiteten, d. h. mit dem Hauptsatze durch eine Conjunction oder ein Relativ- oder Interrogativpron. (oder -adverb) verbundenen Nebensatze pflegt das Prädicat an den Schluss des Satzes zu treten.

e) Besteht das Prädicat aus Hülfsverb + Part. oder Inf., so pflegt das Object zwischen das erstere und das (den) letztere(n) zu treten.

f) Das einfache adjectivische Attribut tritt vor, die attributivische Bestimmung hinter das Nomen.

Es sind dies dieselben Regeln, welche noch für das Neuhochdeutsche Gültigkeit besitzen.

2. Das angelsächsische Wortstellungsgesetz ist im Wesentlichen gültig geblieben bis auf den heutigen Tag, nur ist Folgendes zu bemerken:

a) Die Voranstellung des Objects ist selten geworden [1].

b) Die Voranstellung der adverbialen Bestimmung ist nicht mehr so häufig wie in der alten Sprache. Nach einem vorangestellten, mit einer Präposition verbundenen Substantiv ist Inversion nicht erforderlich. Vgl. auch Nr. 4.

---

[1] Doch kann folgender sehr häufig vorkommender Fall hierher gezogen werden. Wenn ein Verbum mit nachfolgender Präposition zu einem Begriffe verschmilzt (z. B. laugh at = deride', so wird das davon abhängige Object gern an die Spitze des Satzes gestellt, z. B. this interest he was the first to laugh at, ähnlich your going I have no objection (= object)to. Ursprünglich freilich ist das vorangestellte Subst. von der Präpos. abhängig; die ganze Construction beruht auf Prolepsis.

Aus diesen beiden Bemerkungen ergiebt sich, dass — abgesehen vom fragenden Hauptsatze, nach dessen Analogie auch der Ausrufesatz construirt werden kann, aber nicht muss — die logische Wortfolge die vorherrschende geworden ist.

c) Besteht das Prädicat aus Hülfsverb + Part. oder Inf., so tritt das Object in der Regel hinter das (den) letztere(n). — Nur das von einem Infinitiv, der selbst wieder das Object eines modalen have ist (vgl. die Anmerkung unter dem Texte zu a), abhängige Object wird diesem vorangestellt, als wenn es Object zu have wäre, z. B. I have a name to redeem, vgl. französisch j'ai qlq. ch. à faire).

d) Das Englische neigt dazu, die Präposition, mittelst welcher ein Substantiv oder Pronomen in Abhängigkeit zu einem Verbum gesetzt wird, als begrifflich zu dem Verbum gehörig zu betrachten, selbst auch dann, wenn das betr. Nomen vorangeht. Daraus ergiebt sich, dass im Falle der Voranstellung des Nomens die Präposition nicht vor dieses, sondern hinter das Verbum gesetzt wird. Es geschieht dies: 1. in Fragesätzen, z. B. Whom do you associate with? neben with whom do you associate? Tell me whom you live with. — 2. In Relativsätzen, sei es, dass das Relativ gesetzt oder nicht gesetzt wird, z. B. the subject (which) he paid most attention to. — 3. Im Falle der Voranstellung des ursprünglich von der Präposition abhängigen, aber logisch zum directen Object gewordenen Substantivs, z. B. logic I make no account of statt I make no account of logic.

Diese Verschiebung in der Auffassung des syntaktischen Verhältnisses der Präposition und der daraus sich ergebende Stellungswechsel der letzteren ist für das Englische höchst charakteristisch und psychologisch interessant. Niederdeutsche Mundarten, z. B. die münsterländische, weisen allerdings Aehnliches auf, aber nicht in so consequenter Durchführung und weiter Ausdehnung.

3. Das Subject und die adverbiale Bestimmung können mittelst des deiktischen »it is« hervorgehoben werden; der Satz wird dadurch zur Periode erweitert, in welcher der ursprünglich einzige Satz formal zum (entweder uneingeleiteten oder mit that eingeleiteten) Nebensatze herabsinkt, während der vorangestellte Satztheil mit dem grammatischen unpersönlichen Subject und der Copula zum formalen Hauptsatze wird, z. B. rest acquires its true relish only from preceding labours: it is only from preceding labours [that] rest acquires its true relish. Diese Zerdehnung entspricht ganz der im Französischen so beliebten mit c'est .... que und beruht wohl auf Nachbildung derselben.

4. Einem Satze vorangehende absolute Participialconstructionen üben auf dessen Wortstellung keinerlei Einfluss aus.

5. Die neuenglische Wortstellung zeigt, im Ganzen betrachtet, eine sehr glückliche Mischung von Gebundenheit und Freiheit. Die logische Wortstellung ist allerdings die normale, aber Inversionen des Subjects und Voranstellung des Objects und des Adverbs, bezw. des Adverbials an die Spitze des Satzes sind gestattet, so dass also Einförmigkeit des Satzbaues vermieden und zu Gunsten des rhetorischen Satzaccentes von der logischen Aufeinanderfolge der Worte abgewichen werden kann, eine Möglichkeit, welche z. B. im Französischen bei weitem nicht in dem gleichen Umfange vorhanden ist. Die verhältnissmässige Beweglichkeit der Wortstellung gewährt dem Schriftsteller ein treffliches Mittel zur Belebung des Stiles und Anpassung der Rede an den Affect, von dem sie getragen wird.

§ 53. Die Satzverbindung im Englischen. 1. Die Satzverbindung kann parataktisch oder hypotaktisch sein. Bei der ersteren wird das etwaige logische Abhängigkeitsverhältniss des einen Satzes zu dem andern nicht zum grammatischen Ausdruck gebracht, sondern der logische Nebensatz wird dem logischen Hauptsatze einfach angereiht, ohne dass sein Verhältniss zu dem letzteren irgend wie angedeutet würde. Bei hypotaktischer Verbindung dagegen wird das zwischen zwei, bezw. mehreren Sätzen bestehende logische Verhältniss auch grammatisch ausgedrückt.

Die parataktische Satzverbindung ist, verglichen mit der hypotaktischen, die logisch ungenauere, aber die praktisch einfachere und leichtere. Die Hypotaxe setzt eine weit grössere Uebung und Schärfung des logischen Denkens voraus, als die Parataxe. Es ist demnach ganz naturgemäss, dass in jeder sich normal entwickelnden Sprache nur langsam und allmählich von dem vorwiegenden Gebrauche der Parataxe zur häufigeren Anwendung der Hypotaxe vorgeschritten wird. Ebenso naturgemäss oder, was hier dasselbe besagt, psychologisch begründet ist es, dass auch bei hoher Sprach- und Culturentwickelung die Hypotaxe nie in dem an sich möglichen vollen Umfange zur Anwendung gelangt [1]), sondern dass, besonders

---

1) Dabei ist namentlich auch eine Thatsache noch zu berücksichtigen. Bei dem Uebergange von der Parataxe zur Hypotaxe gelangt die Sprache zunächst in ein Zwischenstadium, in welchem sie die umständliche Verbindung des Hauptsatzes mit dem Nebensatze mittelst doppelter De-

in der familiären Rede, die Parataxe noch oft gebraucht wird, wo logisch die Hypotaxe stattzufinden hätte.

2. Das Englische hat sich im Laufe seiner langen Entwickelungsgeschichte die Fähigkeit zu einer verhältnissmässig sehr ausgebildeten hypotaktischen Satzverbindung erworben. Dass diese freilich, in Folge des analytischen Baues der Sprache, nicht, wie z. B. im Griechischen, durch Verbalformen (Gebrauch des Conjunctivs und Optativs in abhängigen Sätzen), sondern ganz vorwiegend nur durch Verbalformumschreibungen (mit Modalverben) vollzogen werden kann, ist syntaktisch gleichgültig, weil, wenn auch das Mittel verschieden, die Wirkung doch dieselbe ist. Häufig genug aber wendet auch die Schriftsprache die Parataxe statt der Hypotaxe an. So wird der Objectsatz der indirecten Rede gern ohne Conjunction an den Hauptsatz angeschoben (vgl. unten Nr. 4), und auch durch die Form des Nebensatzprädicates (s. Nr. 3) wird die Abhängigkeit dieses Nebensatzes nur dann angedeutet, wenn das Prädicat des Hauptsatzes im Präteritum oder im Plusquamperfect steht [1]). Der eigenartigste Fall aber des Gebrauches der Parataxe statt der Hypotaxe ist der, dass ein Attributivsatz, welcher logisch durch das Relativpronomen mit seinem Substantiv verbunden werden müsste, in bestimmten Fällen dem letzteren in der Form eines Hauptsatzes folgen kann (z. B. the labour we delight in, physics pain'.

3. Die Hypotaxe wird am häufigsten durch die Form des Prädicats im Nebensatze zum Ausdruck gebracht: indem die Handlung, welche durch das Prädicat des Nebensatzes ausgesagt wird, vom Standpunkte des Hauptsatzes aus betrachtet als eine nur vorgestellte erscheint, wird zu ihrem Ausdrucke

---

monstrativa (vgl. angels. áfter đám đǣt, for đám đǣt u. dgl. KOCH, Gr.² II, p. 467 ff.) liebt. Bei weiterer Entwickelung vereinfacht die Sprache diese unbeholfene Doppelung, ja gestattet sich gern wieder häufige asyndetische Anreihung. Darin ist es begründet, dass im Ags. nur selten, im Neuenglischen dagegen oft ein Objectsatz ohne einleitendes that steht.

[1] In diesem Falle steht das Prädicat des Nebensatzes entweder im Präteritum oder im Plusquamperfectum oder im Imperfectum Futuri Conditional , je nachdem die im Nebensatze ausgesagte Handlung als der im Hauptsatze ausgesagten gleichzeitig oder vorausgegangen oder nachfolgend aufgefasst wird. Diese logisch geradezu nothwendige Construction ist bekanntlich auch im Französischen üblich; auch das Deutsche braucht dieselben Tempora, aber im Conjunctiv.

der Conjunctiv (Optativ) oder aber, und zwar weit häufiger, ein denselben ersetzendes Modalverb gebraucht.

Nicht auf modalem, sondern auf temporalem Wege wird das Abhängigkeitsverhältniss des Nebensatzes zum Hauptsatze grammatisch ausgedrückt in der von einem Präteritum oder Plusquamperfectum abhängigen indirecten Rede (vgl. oben Nr. 2). Logisch ist dies freilich eine unzulängliche Ausdrucksweise, da die in der indirecten Rede ausgesagte Handlung eine nur vorgestellte ist und folglich für sie der Conjunctiv erfordert wird. In dem Gebrauche des Indicativs ist also der logische Fehler eingeschlossen, dass das nur Vorgestellte als wirklich aufgefasst wird, also derselbe Fehler, welcher begangen wird, wenn man das Präsens statt des Futurs braucht.

In uneingeleiteten Bedingungssätzen der Irrealität und in Concessivsätzen kann das Abhängigkeitsverhältniss durch die Wortstellung (Inversion des Subjects) zum Ausdruck gelangen. Es wird dann also der Inhalt des Nebensatzes als ein Ausruf aufgefasst; im Ausrufe aber ist, da er sich logisch mit der Frage berührt, die Inversion zulässig [1]).

Die engste Satzverbindung findet innerhalb der hypothetischen Periode statt, da in dieser eine Wechselbeziehung zwischen der Form des Hauptsatz- und der des Nebensatzprädicats besteht. Die verschiedenen Formen der hypothetischen Periode seien an folgendem Beispiele veranschaulicht:

A. Hypothetische Periode der Realität (Wirklichkeit): If he *is* found guilty, he *will* be punished.

B. Hypothetische Periode der Potentialität (Möglichkeit):

a) Die Erfüllung der Bedingung wird erwartet: if he *shall* be f. g., he *will* be p.

b) Die Erfüllung der Bedingung wird als möglich hingestellt: if he *should* be f. g., he *would* be p.

C. Hypothetische Periode der Irrealität (Nichtwirklichkeit): if he *were* f. g., he *would* be p.

In der Fähigkeit, den verschiedenen Formen der hypothetischen Periode einen grammatisch angemessenen Ausdruck

---

[1] Im Bedingungssatze tritt bei Inversion statt des einfachen Präteritums die Umschreibung mit did + Inf. ein 'z. B. did not hope prolong the duration of life, it would be short indeed. Derartige Bedingungssätze als Ausrufe zu fassen, mag bedenklich erscheinen, man erwäge aber, dass Inversion nur in solchen Bedingungssätzen eintritt, die aus einem Affecte heraus gesprochen werden.

zu geben, bekundet sich recht deutlich, dass das Englische trotz seines analytischen Baues den synthetischen Sprachen syntaktisch vollkommen ebenbürtig, ja theilweise überlegen ist.

4. Ein Nebensatz wird seinem Hauptsatze entweder asyndetisch angereiht, in welchem Falle sein Abhängigkeitsverhältniss eben nur durch die Form des Prädicats bezeichnet werden kann, aber nicht bezeichnet werden muss (vgl. oben Nr. 2 u. 3) —, oder er wird mit dem Hauptsatze äusserlich verbunden. Die Verbindung kann geschehen a) durch eine Conjunction, b) durch ein interrogatives Pronomen oder Adverb, c) durch ein relatives Pronomen oder Adverb.

Die asyndetische Anreihung ist im Englischen sehr beliebt, namentlich bei Objectsätzen, ja die neuere Sprache braucht sie häufiger, als die ältere, besonders als die angelsächsische, vgl. oben Nr. 1 Anm. unter dem Text.

Die zur Satzverbindung häufigst gebrauchte Conjunction ist that, deren Function ursprünglich nichts weiter ist, als Rückdeutung auf den logisch ja vorausgehenden Hauptsatz, also ganz derjenigen des romanischen quod entspricht. Im Angelsächsischen pflegte das den Nebensatz einleitende dät durch ein Demonstrativ im Hauptsatze gestützt zu werden (for dám dät u. dgl.), ganz wie dem romanischen quod so häufig ein Demonstrativ im Hauptsatze vorausgeht oder doch vorausging (z. B. parce que, pour[ce] que u. dgl.). Es ist dies eine sehr unbeholfene Art der Satzverbindung, und man möchte sie fast ein hypotaktisches Stammeln nennen. Sehr begreiflich also, dass sie bei der weiteren Entwickelung der Sprache allgemach vereinfacht und durch Unterdrückung des Demonstrativs im Hauptsatze ihrer Umständlichkeit entkleidet wurde; das den Nebensatz einleitende that wurde dadurch zu einem, so zu sagen, blossen syntaktischen Zeichen.

Die interrogative Verbindung ist, wie selbstverständlich, ursprünglich nur anwendbar bei Anfügung indirecter Fragesätze an den Hauptsatz.

Die relative Verbindung fehlte dem Angelsächsischen gänzlich; statt ihrer wurde demonstrative Verbindung gebraucht (vgl. oben § 40, Nr. VIII). In der weiteren Entwickelung der Sprache haben die Interrogativa who, what und which auch relative Function übernommen, so dass sie von der praktischen

Grammatik als Relativa betrachtet werden. Daneben wird auch das Demonstrativ that noch relativisch verwendet. Den gleichen oder doch einen ähnlichen Verlauf hat die Entwickelung der Relativpronomina nicht nur in allen germanischen, sondern überhaupt in allen indogermanischen Sprachen genommen. Ueberall sind sie — wenn man hier von »Bildung« überhaupt sprechen darf, da es sich ja nur um eine syntaktische Function, nicht um eine grammatische Form handelt — nur secundäre Bildungen, beruhend in der Uebertragung relativer Function auf ursprünglich nur als Demonstrativa (Determinativa) oder Interrogativa fungirende Pronomina. Die relative Satzverbindung wird der Sprache immer erst dann Bedürfniss, wenn letztere das Werkzeug eines schon geübteren logischen Denkens geworden ist. Dem entstehenden Bedürfnisse aber wird eben dadurch genügt, dass schon vorhandene Pronomina auch zur syntaktischen Rückdeutung benutzt werden. Die Fähigkeit der Demonstrativa zu solchem Gebrauche bedarf keiner Erklärung. Auffällig dagegen kann die relative Verwendung der Interrogativa erscheinen, doch ist auch hier der psychologische Grund wohl zu erkennen: der Fragesatz und der Relativsatz berühren sich darin, dass sie einen Nominalbegriff individualisiren. Wenn gesagt wird: »Welches Buch hast Du gelesen?« oder: »Ich weiss, welches Buch Du gelesen hast« oder: »Das Buch, welches Du gelesen hast, . . . . «, so wird in allen drei Sätzen auf ein bestimmtes einzelnes Buch innerhalb der Gesammtheit der Bücher Bezug genommen, wenn auch in verschiedener Weise. Die logische Brücke, welche vom Fragesatze (und zwar zunächst von dem indirecten) zu dem Relativsatze führt, mag etwas versteckt liegen, aber sie ist vorhanden und auch zu erkennen.

Bekanntlich ist es im Englischen beliebt, Attributivsätze in bestimmten Fällen (wenn das Relativ als Object oder als mit Präposition verbundene adverbiale Bestimmung fungiren würde) ohne relative Einleitung dem Hauptsatze anzureihen. Die gleiche Möglichkeit ist auch in andern Sprachen, z. B. in den skandinavischen und im ältesten Romanisch vorhanden. Sie als eine »Auslassung« des Relativpronomens zu bezeichnen, ist nur logisch, nicht aber grammatisch und sprachgeschichtlich richtig. Von den letzteren Gesichtspunkten aus betrachtet, erscheint die Nichtsetzung des Relativs vielmehr als ein Fall der Anwendung der Parataxe statt der Hypotaxe. Der uneingeleitete Relativsatz ist eben diejenige Form des Relativsatzes, welche die einzig mögliche war, ehe Demonstrativa und Interrogativa relative Function übernommen hatten. Wenn diese, wie man sagen möchte, archaische Satzform im Englischen und anderwärts noch in der Gegenwart fortlebt, obwohl längst die Nothwendigkeit ihrer Anwendung geschwunden ist, so beruht das wohl auf ihrer praktischen Brauchbarkeit. Daraus mag es sich auch erklären, dass der uneingeleitete Relativ- oder, richtiger, Attributivsatz im Angelsächsischen und Altenglischen verhältnissmässig selten, im Neuenglischen dagegen häufig ist: die neuere Sprache ist eben praktischer, als die alte, und macht daher ausgedehnteren Gebrauch, als diese, von jedem Mittel zur Vereinfachung des Gedankenausdruckes: dazu kommt, dass das geübtere Denken der Neuzeit die logische Lücke, welche zwischen dem nichteingeleiteten Relativsatze und dem Hauptsatze klafft, leichter zu überbrücken vermag, als dies vordem geschehen mochte.

5. Jeder Nebensatz steht zu seinem Hauptsatze in dem Verhältnisse eines Satztheiles (Subjectsatz, Objectsatz, Adverbialsatz, Attributivsatz[1])), bildet einen mittelbaren Bestandtheil des Hauptsatzes. Damit aber ist die Möglichkeit gegeben, den Nebensatz mittelst infinitivischer, verbalsubstantivischer und participialer Constructionen in den Hauptsatz einzubeziehen, ihn zu einem unmittelbaren Bestandtheile des Hauptsatzes zu machen. Die Verwirklichung dieser Möglichkeit setzt aber einerseits das Vorhandensein einer Anzahl geeigneter Wortformen oder Wortformumschreibungen mit infinitivischer etc. Function voraus, andrerseits ein geübtes Denken, welches zur Auffassung und inneren Verbindung einer umfangreicheren Begriffsreihe befähigt ist. Beiden Anforderungen, namentlich aber der letzteren, genügt nur eine schon vorgeschrittenere Sprache, welche einer bereits höheren Cultur zum Organe dient. So entwickelt sich überall die Fähigkeit zur Satzsynthese

---

1) Nur ein Prädicatsatz ist unmöglich, weil das Prädicat (abgesehen von dem als Copula fungirenden Verbum substantivum) nicht fehlen darf. Das Subject ist logisch freilich ebenso unentbehrlich, aber es kann grammatisch durch das neutrale Personale vertreten werden.

nur sehr allmählich. Auch im Englischen ist es nicht anders geschehen. Das Angelsächsische macht von der Satzsynthese, welche man hinsichtlich ihrer praktischen Wirkung als Satzkürzung bezeichnen kann, einen nur sehr eingeschränkten Gebrauch, indem es nur den einfachen Infinitiv, wenn dessen Subject mit dem des Prädikates zusammenfällt, in weiterem Umfange an Stelle eines Nebensatzes anwendet; selbst das einfache Particip braucht das Ags. verhältnissmässig nur selten in satzkürzender Weise; ebenso finden auch absolute Casusconstructionen (mit dem instrumentalen Dativ) zur Vertretung von Temporal- und Causalsätzen nicht eben häufig statt. Auch das Alt- und Mittelenglische schreiten in Anwendung der Satzsynthese nicht erheblich weiter. Erst das Neuenglische hat dieses so wirksame Mittel zur Herstellung eines logisch fest gegliederten, stilistisch schönen und zugleich durch Kürze des Ausdruckes sich praktisch auszeichnenden Periodenbaues in vollem Umfange zu beherrschen gelernt, allerdings, wie wenigstens höchst wahrscheinlich, nur dadurch, dass es im Zeitalter des Humanismus bei dem Latein in die Schule ging und nach dessen Anleitung sich syntaktisch bildete; späterhin mag in gleicher Richtung auch französischer Einfluss wirksam gewesen sein.

Die Mittel, deren das Neuenglische zur Satzkürzung sich bedient, sind die Anwendung des mit to verbundenen Infinitivs, des Inf. cum Accus., des Inf. cum Nom., des Verbalsubstantivs und namentlich der absoluten Participialconstructionen, in welchen letzteren das Subject in den Nominativ tritt, eine an sich höchst auffällige Erscheinung, die aber doch wohl sich einfach erklärt: ein formaler Nominativ kann nur bei den Personalpronominibus erscheinen, und bei diesen beruht er gewiss auf einer missverständlichen Analogiebildung an die Substantive, deren Nominativ-Accusativform als Nominativ aufgefasst wurde, während sie richtiger als Accusativ, beziehentlich als suffixloser Casus obliquus überhaupt hätte aufgefasst werden sollen.

Der synthetische Periodenbau des Neuenglischen bildet eine Art Gegengewicht zu seinem analytischen Satzbau: während der einzelne Satz bei längerer Ausdehnung sich zusammensetzt aus lauter kleinen, vielfach sogar nur einsilbigen Theilchen, baut die Periode sich auf nicht nur aus aneinandergereihten Einzelsätzen — was Eintönigkeit des Stiles zur nothwendigen Folge haben müsste —, sondern auch aus in die Einzelsätze eingefügten oder ihnen vorgefügten satzvertretenden Wortverbindungen. Man möchte die letzteren mit grossen Quadern vergleichen, welche, eingefügt in einen sonst aus Klein- und Bruchsteinen aufgeführten Bau, demselben festen Halt und architektonische Gliederung, unter Umständen auch ein monumentales Aussehen verleihen.

Die Neigung des Englischen zur Synthese im Periodenbau steht nur scheinbar im Widerspruche mit dem analytischen Charakter seines Formenbaues: die Auflösung der synthetischen Formen und die synthetische Satzverbindung beruhen beide auf dem Streben nach logisch möglichst klarer und leicht zu handhabender Rede. Synthetische Formen sind ein Erschwerniss der Rede; der analytische, d. h. sich mit Satzaneinanderreihung begnügende Periodenbau macht die Rede schleppend, langathmig, eintönig. Nur nach wenigstens theilweiser Auflösung der synthetischen Formen und bei wenigstens theilweiser Anwendung der Synthese im Periodenbau ist Leichtigkeit und Anmuth der Rede möglich. Analyse und Synthese streben also, die eine auf diesem, die andere auf jenem Gebiete demselben Ziele zu.

Die Synthese des Periodenbaues ist, wenn richtig gehandhabt, ein Mittel von vorzüglichster stilistischer Wirkung. Aber jedes an sich noch so gute Mittel kann gemissbraucht werden. So auch die Satzsynthese, und zwar erleidet gerade sie sehr häufig dies Schicksal. Denn unter den Millionen von Individuen, welche die Sprache handhaben, befinden sich immer nur verhältnissmässig Wenige, welche dies mit einer gewissen Feinfühligkeit zu thun und vor Allem in Anwendung bestimmter Redeformen Mass zu halten verstehen. Die grosse Masse nicht etwa bloss der Redenden, sondern auch der Schreibenden, ja selbst der für die Oeffentlichkeit Schreibenden spielt mit plumper Hand auf dem zartbesaiteten Sprachinstrument und ist ganz zufrieden, wenn nur die hervorgebrachten Redetöne, gleichviel ob schön sie oder unschön klingen, dem praktischen Bedürfnisse des Gedankenaustausches genügen. Der mit der Satzsynthese getriebene Missbrauch und Uebergebrauch, wie man ihn namentlich bei den Novellisten gewöhnlichen Schlages beobachten kann, verunziert die Rede, mitunter verdunkelt er sie auch.

§ 54. **Der Stil im Englischen.** 1. Ueber den »Stil« in einer Sprache schlechtweg und im Allgemeinen zu reden, ist ein Unding, weil es Unmögliches thun zu wollen heisst. Denn der »Stil« ist ja je nach den verschiedenen Sprachperioden, Litteraturgattungen (oder, richtiger, Redegattungen), namentlich aber je nach den verschiedenen Individuen, welche die betr. Sprache reden, und je nach dem Affecte, in welchem sie reden, unendlicher Abänderungen und Abstufungen fähig. Noch Anderes, vielleicht noch Wichtigeres, erhöht, wenn möglich, die Unmöglichkeit. So würde, wollte man ernstlich vom »Stile« in einer Sprache reden, eine Definition des Begriffes vorauszuschicken sein, und die Lösung dieser Aufgabe dürfte sich als recht schwierig erweisen. Denn wenn man auch etwa sagen mag, unter »Stil« sei die Gesammtgestaltung der Rede hinsichtlich ihrer ästhetischen Wirkung zu verstehen, so würde damit nicht sonderlich viel gewonnen sein, weil dann wieder der Begriff »ästhetisch« in Bezug auf die Sprache einer Erklärung bedürftig wäre. Doch es soll hier auf derartige Fragen gar nicht eingegangen werden, es seien nur einige den Stil betreffende, ganz aphoristische Bemerkungen gewagt.

2. Der Stil der angelsächsischen Poesie hat mit allen den grammatischen Schwierigkeiten zu ringen, welche eine flexionsarme und logisch noch gering durchgebildete, zum Ausdruck feinerer Begriffsunterscheidungen syntaktischer Art nur erst wenig fähige Sprache dem Versuche einer künstlerischen Durchbildung der Rede entgegenstellt. Und so ist denn der Stil der angelsächsischen Dichtung in syntaktischer Beziehung einfach ungefüge, bekundet ein mühseliges und wenig erfolgreiches Kämpfen des Dichters mit einer Sprache, die sich seinen, übrigens auch noch recht ungeübten, Händen nicht zu fügen vermag, deren natürliche Starrheit noch nicht durch das fortgesetzte Bemühen Vieler zu wenigstens einiger Biegsamkeit erweicht worden ist. Die Erzählung in der angelsächsischen Dichtung schreitet, grammatisch betrachtet, unebenmässig fort, bald in kurzen Sätzen, bald in langen Satzreihen, die Vorwärtsbewegung erfolgt, so zu sagen, stoss- und ruckweise, was

übrigens nicht bloss von der Form, sondern auch vom Inhalte gilt, denn den Mängeln der Rede entsprechen Mängel der Composition. Unvermögend, der Rede syntaktische Anmuth und Formengliederung zu verleihen, greifen die Dichter nach anderem Schmuck, indem sie in üppiger Fülle die Massen des reichen Wortschatzes und die Möglichkeit einer ausgedehnten Wortbildungs- und Wortzusammensetzungsfähigkeit ausbeuten. So starrt die poetische Rede von Synonymis und von mehrfache Begriffe zugleich andeutenden Compositis. Dazu die Menge der Metaphern, der sog. Kenningar und ähnlicher Redefiguren. Endlich der auch für den Stil bedeutsame Zwang der Allitteration, in Folge dessen drei- oder doch zweimal im Verse der gleiche Anlaut widerkehren muss. Alles das giebt der poetischen Rede der Angelsachsen einen ganz eigen- und fremdartigen Charakter, der einer gewissen rauhen Pracht nicht entbehrt, aber, zumal auf den Neuling, verwirrend und selbst abstossend wirkt. Selbstverständlich finden erhebliche Abstufungen des Stiles statt, sowohl zwischen den einzelnen Dichtungswerken, namentlich denen verschiedener Verfasser, als auch zwischen den einzelnen Bestandtheilen eines und desselben Gedichtes.

Zu berücksichtigen ist übrigens, dass die uns überlieferten Bearbeitungen angelsächsischer Poesie das Werk einer verhältnissmässig späten Zeit sind, die allem Anscheine nach in Künstelei und in einer, mitunter sentimentalen, Affectation sich gefiel, eine Art von Rococostil anstrebte, ohne doch von einer vorausgegangenen Periode wirklich künstlerisches Vermögen ererbt zu haben. Wären uns die Volkslieder, aus denen in langsamer und vom Geschick wenig begünstigter Entwickelung das uns erhaltene, ästhetisch höchst fragwürdige Conglomerat, »Béowulfslied« genannt, hervorgegangen ist, wären uns Cädmon's Dichtungen erhalten —, wahrscheinlich würden wir in ihnen einer zwar harten und ungelenken, aber doch wenigstens einfachen und natürlichen Sprache begegnen.

Der angelsächsische Prosastil hat sich am Lateinischen gebildet, wobei freilich zu bemerken, dass die von Älfred unmittelbar oder mittelbar übersetzten lat. Texte (Orosius, Beda, Gregor etc.) nicht eben Meisterwerke stilistischer Kunst sind. Bei längerer Blüthe der Litteratur und bei Bewahrung dessen, was damals in der Sprache an synthetischen Formen noch vorhanden war, wäre die angelsächsische Prosa gewiss einer feinen stilistischen Ausbildung fähig gewesen, thatsächlich aber ist sie nicht über bescheidene Anfänge hinausgekommen.

3. In der neuangelsächsischen und altenglischen Zeit waren weder für den Stil der Poesie noch für den der Prosa die Bedingungen des Gedeihens und der höheren Ausbildung vorhanden. Nichtsdestoweniger ist ein Fortschritt unverkennbar. Die dichterische Sprache wird einfacher, natürlicher, entlastet sich des Synonymenschwalls und Metaphernschwulstes, gewinnt mehr und mehr die Fähigkeit zu anmuthig vorschreitender Erzählung und anschaulicher Schilderung. In einzelnen Dichtungen — so z. B. in der vom Sir Gawayn und the grene Knight — wird auch stilistisch bereits sehr Achtbares geleistet. Ebenso gewinnt die Prosa, so unbeholfen sie immerhin noch bleibt, doch sichtlich an Bildsamkeit und zeigt Ansätze zu individueller Färbung.

Sodann in dem Eingange des mittelenglischen Zeitraumes förderten Langley und Chaucer die stilistische Entwickelung mächtig, freilich in sehr verschiedener Weise und fast nur auf dichterischem Gebiete, übrigens auch keineswegs immer heilbringende Bahnen einschlagend. Aber schon die damals beginnende Bildung einer nationalen Schriftsprache war vom günstigsten Einflusse auf die weitere Entwickelung des Stils.

4. In der neuenglischen Zeit hat der Stil gar manche schwere, aus den allgemeinen Litteratur- und Culturverhältnissen entspringende Krankheit durchzumachen gehabt. Man könnte diese Krankheiten nach den Sprachen, aus denen sie in das Englische übertragen wurden, bezeichnen als: die lateinische Seuche (im elisabethanischen Zeitalter), die italienisch-spanische Seuche (ebenfalls im elisabethanischen Zeitalter), die hebräische Seuche (Nachbildung des alttestamentlichen Stiles bei den Puritanern), die französische Seuche (im sog. Zeitalter der Königin Anna).

Die weitaus schlimmste dieser Seuchen war die italienisch-spanische, denn aus ihr ging jener abscheuliche Euphuismus hervor, welcher mit dem spanischen Gongorismus, dem italienischen Marinismus und dem französischen »style précieux« in Geziertheit und Gespreiztheit, in der Häufung von Antithesen und in der Spielerei mit Concetti nur allzu erfolgreich gewetteifert, in Geschmacklosigkeit das Möglichste und sogar das scheinbar Unmögliche geleistet hat. Schade, dass selbst die classischen Bühnendichtungen der elisabethanischen Zeit mehr oder weniger mit dem widerlichen euphuistischen Aussatze behaftet sind.

Alle die angedeuteten Krankheiten aber hat der englische Stil glücklich überstanden, zwar nicht ganz ohne unliebsame Nachwehen, andrerseits jedoch auch nicht ohne Gewinn. Denn man vergesse nicht, dass durch jede dieser Krankheiten ein an sich berechtigtes Princip in die englische Stilbildung hineingebracht wurde, welches, wenn seine anfänglich geschmacklos übertriebene Anwendung auf das richtige Mass zurückgeführt wurde, sich als eine Bereicherung stilistischer Kunstmittel erweisen musste. Das Latein brachte die Anweisung zum synthetischen Periodenbau, das Italienisch-Spanische das Streben nach geistvoller und zierlicher Ausschmückung der Rede, das Hebräische oder, wie vielleicht besser zu sagen, das Biblische das Streben nach malerischer Einfachheit des Ausdruckes, das Französische endlich das Verständniss für logische Ordnung und Durchsichtigkeit des Satzbaues.

Zur Gesundheit und festen Durchbildung gelangte der neuenglische Stil, insbesondere der der Prosa, in der ersten Hälfte des 18. Jahrhunderts, dank der hohen sprachkünstlerischen Begabung eines Swift, Addison, Steele und Fielding, denen sich später noch Goldsmith anreihte. Auf dem also geschaffenen Boden haben dann Andere weiter gearbeitet mit gleichgrosser Begabung und gleichgrossem Erfolge. In unserem Jahrhunderte vor Allen Macaulay und Bulwer. Als Endergebniss dieser regen und in gewissem Sinne schöpferischen Thätigkeit besitzt das heutige Englisch die volle Befähigung zu einem auch hohen Kunstanforderungen genügenden Prosastile. Das Gleiche gilt auch von dem Stile der Dichtung, der übrigens bereits im 16. Jahrhundert ausgebildet worden war und nur noch der Entlastung von euphuistischen Auswüchsen bedurfte.

Wenn also das Neuenglische die Befähigung zu classischer Stilbildung gewonnen hat, so folgt daraus doch selbstverständlich keineswegs, dass diese Befähigung in allen Litteraturwerken und sogar in der Umgangssprache sich bethätigen müsse. Das ist in keiner Sprache der Fall, im Englischen aber noch weniger, als in mancher andern Sprache, weil eben im Englischen, wie schon öfters angedeutet wurde, die Stilbildung mit besonders grossen Schwierigkeiten zu kämpfen hat. Nur geborne Meister der Sprache vermögen stilistisch Bedeutendes zu leisten. Die Durchschnittsschriftsteller schreiben correct und klar, aber ohne Kunst. Die Umgangssprache verzichtet auf stilistischen Schmuck und lässt sich genügen an praktischer Brauchbarkeit, sehr im Gegensatze zu manchen anderen Sprachen, die auch im Alltagsleben ein festlich schönes, aber praktisch unbequemes Gewand tragen.

5. Die Schwierigkeit des englischen Stiles empfindet Niemand mehr, als der Ausländer, der englisch zu schreiben unternimmt. Fast nie ist seinem Bemühen voller Erfolg beschieden. Der Studierende der englischen Philologie, welcher selbstverständlich sich wenigstens einige Fertigkeit auch im stilistischen Gebrauche der Sprache erwerben soll, hat demnach allen Anlass, diesem Theile seines Studium von vornherein ernste Aufmerksamkeit zu schenken und Alles zu thun, was ihn irgend fördern kann. Beste Mittel sind aufmerksames Lesen stilistisch guter Bücher und stetig fortgesetzte Schreibübungen, welche letzteren, wenn die Correctur von Seiten eines stilkundigen Lehrers fehlt, besonders in Rückübersetzungen zu bestehen haben; bei der Vergleichung der letzteren mit dem Originale suche man sich bei vorkommenden Abweichungen thunlichst Rechenschaft darüber zu geben, warum wohl die im Originale gebrauchten Redewendungen und Constructionen die besseren und zutreffenderen sind. Bei freien englischen Arbeiten (namentlich bei der Prüfungsarbeit) mache man sich ja nicht etwa zunächst ein deutsches Concept, um dasselbe dann zu übersetzen, sondern man schreibe auch den ersten Entwurf gleich englisch nieder, lasse ihn dann einige Zeit liegen und gehe erst darnach an die stilistische Verbesserung und Durcharbeitung; erforderlichen Falls wiederhole man dies Verfahren mehrere Male und gehe an die Reinschrift erst, wenn man das volle Bewusstsein hat, sein Bestes gethan zu haben, Besseres also nicht leisten zu können.

Man vernachlässige beim Schreiben die vermeintlichen Kleinigkeiten nicht, so die Wortabkürzungen, den Gebrauch grosser Buchstaben in Büchertiteln u. dgl., die Silbenabtheilung u. s. w. Vor Allem aber achte man auf richtige englische Interpunction (Komma vor »and«, wenn durch »and« an mehrere ohne Verbindung neben einander gestellte Worte noch ein Wort angereiht wird; Komma vor »or«, wenn die durch »or« verbundenen Begriffe einander ausschliessen¹); Komma vor und nach einem dem ersten durch »and« angefügten zweiten Prädicate; Komma vor dem Prädicate in Sätzen ohne Copula, z. B. to err is human; to forgive, divine. Komma nach adverbialen Bestimmungen u. dgl., welche dem Subjecte vorausgehen. Kein Komma vor mit »that« eingeleiteten oder uneingeleiteten Object- und Subjectsätzen und vor einschränkenden Relativsätzen [aber Komma nach denselben, ausser wenn sie ganz kurz sind], ebenso kein Komma zwischen he who u. dgl. Semikolon zwischen zwei Parallelsätzen, z. B. to err is human; to forgive divine. Keine Interpunction meist vor Temporal- und Causalsätzen und vor indirecten Fragesätzen. Das An- und Abführungszeichen ist nicht unten, sondern oben zu setzen, z. B. "Indeed, we have" they replied). Als Philolog und überhaupt als ordentlicher Mensch muss man auch in Kleinigkeiten genau sein; ein Pedant wird man um desswillen keineswegs, ein Pedant ist nur, wer über dem Kleinen das Grosse vergisst.

§ 55. Litteraturangaben. Vorbemerkung. Eine wissenschaftlichen Ansprüchen genügende Darstellung der englischen Syntax fehlt vollständig. Koch, im zweiten Bande seiner Grammatik, giebt sehr werthvolle Materialiensammlungen, aber es fehlen ihm durchaus leitende Gesichtspunkte höherer Art und zusammenfassende Gedanken, kurz man vermisst bei ihm ein System. Umgekehrt verhält es sich bei Mätzner: dieser hat viel zu viel System, und zwar ein grundverkehrtes, ganz verwirrtes und verwirrendes Schachtelsystem, überdies aber häuft und wirft er das Material an Beispielen unmethodisch durcheinander, ohne alle Rücksichten auf die verschiedenen Litteraturgattungen und Schriftstellerindividualitäten²). — Die Syntax in der Fiedler-Sachs'schen Grammatik

---

1) Bei durch or verbundenen Doppeltiteln von Dramen etc. setzt man gern sowohl vor als auch nach or Komma, z. B.: The New Inn, or, the Light Heart.
2) Der Wahrheit die Ehre! Darum wurde obiges Urtheil ausge-

ist ein wohlgemeinter und fleissiger Versuch, aber auch nichts mehr.

a) **Allgemeines**[1]. SWEET, Words, Logic and Grammar, in Transact. of the Philol. Soc. 1875/76, II, 470 — VIEWEGER, Ueber den Werth der grammatischen Beziehungsfunction im Englischen. Danzig 1985 — PETRY, Die wichtigsten Eigenthümlichkeiten der englischen Syntax mit Berücksichtigung des französischen Sprachgebrauchs. 2. Ausg. Remscheid 1879, vgl. Engl. Stud. IV, 142 und Anglia VIII, Anz. 31 — BRINKMANN, Syntax des Französ. und Englischen in vergleichender Darstellung. Braunschweig 1884 f., 2 Bde. (unmethodisches Buch, hat nur als Materialiensammlung Werth) — SCHNEIDER, On Some Important Parts of the English Syntax with Regard to the French Language. Segeberg 1876 Progr. — OWEN, L'influence de la syntaxe latine dans les évangiles anglo-saxons, in Transact. of the American Philol. Assoc. 1882.

b) **Zur Syntax einzelner Sprachperioden, Litteraturwerke und Schriftsteller**: Von der ags. Syntax in ihrer Gesammtheit hat TH. MÜLLER in seiner Grammatik eine in ihrer Art meisterhafte Skizze entworfen. Eine vollständigere Behandlung der ags. Syntax fehlt leider noch. — NADER, Zur Syntax des Béowulfsliedes. Brünn 1880 Progr. (vgl. auch unten c) — SCHÜRMANN, Darstellung der Syntax in Cynewulfs Elene. Münster 1883 Diss. — FLAMME, Syntax der Blickling Homilies. Bonn 1885 Diss. — GROPP, On the Language of the Proverbs of Alfred. Halle 1879 — MOHRBUTTER, Darstellung der Syntax in den vier ächten Predigten des ags. Bischofs Wulfstan. Münster 1885 Diss. — EINENKEL, Streifzüge durch die mittelenglische Syntax mit besonderer Berücksichtigung Chaucer's. Münster 1887 — ABBOTT, A Shakespearian Grammar. New Ed. L. 1876 — BOHNE, Bemerkungen zur Grammatik Spenser's. Geestemünde 1884 Progr. — GÜNTHER, Spenser's syntaktische Eigenthümlichkeiten, in Herrig's Archiv LV, 17 — O. WAGNER, On Spenser's Use of Archaisms. Halle 1879 — HERFORD, Spenser's Use of *in*, in The Academy vom 28. October 1881 — KRUMMACHER, Notizen über den Sprachgebrauch Carlyle's, in: Englische

---

sprochen. Jeder Neuphilolog aber wird — mag er immerhin MÄTZNER'S englische Syntax für verfehlt und veraltet halten — aufrichtigste Bewunderung und Dankbarkeit dem Manne zollen, der so Vieles und Bedeutendes für die englische wie für die französische Philologie geleistet hat. Wenn MÄTZNER's englische Syntax heute den Eindruck eines verfehlten Buches macht, so ist dies namentlich darin begründet, dass seit dessen erstem Erscheinen bereits ein Vierteljahrhundert verflossen ist, eine Zeit, innerhalb deren die Philologie und insbesondere auch die Syntax eine derartige Umgestaltung bezüglich ihrer Methode erfahren hat, dass nothwendigerweise eine weite Kluft zwischen dem Jetzt und dem Damals sich aufgethan hat und dass fast Alles, was jenseits derselben liegt, jetzt nur geschichtliches Interesse beanspruchen kann.

1) Ein Muster der wissenschaftlichen Behandlung der Syntax einer germanischen Sprache sind ERDMANN's Untersuchungen über die Syntax der Sprache Otfrid's. Halle 1874/76. Nicht das Gleiche lässt sich von dem 1885 erschienenen ersten Bande einer Syntax der deutschen Sprache von demselben Verfasser sagen.

Stud. VI, 352, und: Sprache und Stil in Carlyle's Friedrich II., in Engl. Stud. XI, 67.

c) Zur Syntax des Nomens. α) Der Artikel. BERNHARDT, Der Artikel im Gotischen. Erfurt 1874 Progr. — HÜLLWECK, Ueber den Gebrauch des Artikels in den Werken Alfred's u. G. Berlin 1887 Diss. — TEN BRUGGENCATE, The Use of the Definite Article, in Taalstudie VI, 22 — v. TSCHISCHWITZ, Articuli determinativi anglici historia. Halle 1867. Universitätsschr. — GOTTSCHALK, Ueber den Gebrauch des Artikels in Milton's Paradise Lost. Halle 1883 Diss.

β) Zur Casuslehre: HÜBSCHMANN, Zur Casuslehre. München 1875 — DELBRÜCK, Ablativ, Localis, Instrumentalis im Altindischen, Lateinischen, Griechischen und Deutschen. Ein Beitrag zur vergleichenden Syntax der idg. Sprachen. Leipzig 1867 — HOLZWEISSIG, Wahrheit und Irrthum der localistischen Casustheorie. Leipzig 1877 — BERNHARDT, Zur gotischen Casuslehre, in: Beiträge zur deutschen Philologie, Halle 1880, p. 71 — RÜCKERT, Die got. absoluten Nominativ- und Accusativconstructionen, in: Germania XI, 415 — TOBLER, Ueber die scheinbare Verwechslung zwischen Nominativ und Accusativ, in: Ztschr. f. dtsche Phil. IV, 375 — SCHRADER, Ueber den syntaktischen Gebrauch des Genetivs in der got. Spr. Göttingen 1875 Diss. — BERNHARDT, Ueber den Genetivus partitivus nach transitiven Verben im Got., in: Ztschr. f. dtsche. Philol. II, 292 — KÖHLER, Ueber den syntaktischen Gebrauch des Dativs im Gotischen. Dresden 1864 (Göttinger Diss.) und in PFEIFFER's Germania XI, 261, XII, 63 — PIPER, Ueb. den Gebrauch des Dativs im Ulfilas, Heliand und Otfrid. Altona 1874 Progr. — PRATJE, Dativ und Instrumentalis im Heliand unter Berücksichtigung der Ergebnisse der vergl. Sprachforschung syntaktisch dargestellt. Göttingen 1880 — MOLLER, Ueber den Instrumentalis im Heliand und das homerische Suffix φι. Danzig 1874 Progr.

BÜTTNER, Ueber die Concurrenz der beiden Genetivformen im Englischen. Königsberg i. Pr. 1873 Progr. — BECKMANN, Ueber die attributive Construction eines sächsischen Genetivs oder subst. Possessivpronomens mit of, in Engl. Stud. VIII, 412 — NADER, Der Genetiv im Béowulf. Brünn 1882 Progr. (auch als Sonderdruck erschienen) — NADER, Dativ und Instrumental im Béowulf. Wien 1882/83 Progr., vgl. Engl. Stud. VII, 365 — HOLTBUER, Der syntaktische Gebrauch des Genetivs im Andreas, Gudlac, Phönix, dem heil. Kreuz u. Höllenfahrt, in Anglia VIII, 1 — RÖSSGER, Ueb. d. syntaktischen Gebrauch des Genetivs in Cynewulf's Elenc, Crist und Juliane, in Anglia VIII, 338 — HOFER, Der syntakt. Gebrauch des Dativs und Instrumentals in den Cädmon beigelegten Dichtungen, in Anglia VII, 355 — KRESS, Ueber den Gebrauch des Instrumentals in der ags. Poesie. Marburg 1864 — VOGES, Der reflexive Dativ im Englischen, in Anglia VI, 317 — KÜSTER, Das Object im Englischen mit Hinblick auf die deutsche Sprache. Danzig 1860 Progr. — WEGENER, Vom Gebrauche des Accusativs im Englischen. Königsberg i. Pr. 1852 Progr. — ZUPITZA, Der Accus. qualitatis im Englischen, in Anglia VII, 156.

γ) Zur Syntax der Pronomina. BEHAGHEL, Vertauschung vom

Genetiv, Dativ u. Accus. beim persönlichen Pronomen, in: Germania XXIV, 24 — BEHRMANN, Die Pronomina personalia und ihr Gebrauch im Heliand. Marburg 1880 Diss. BÖTHKE, Der Gebrauch der Pronomina im Englischen. Thorn 1868 Progr. — BOCK, Die Syntax der Pronomina und Numeralia in König Älfred's Orosius. Göttingen 1887 Diss. — GUMMERE, On the English Dativ-Nominative of the Personal Pron., in American Journ. of Philol. IV, 3 — BAHRS, Ueber den Gebrauch der Anrede-Pronomina im Altenglischen. Vegesack 1886 Progr. — PENNING, A History of the Reflective Pronouns in the English Language. Leipzig 1875 Diss. — BREITKREUZ, Ein Beitrag zur Geschichte der Possessivpronomina in der engl. Spr. Göttingen 1882 Diss. — DEMME, On Latham's View of the Demonstrative Pronoun. Berlin 1875 Progr.

WINDISCH, Untersuchungen über den Ursprung des Relativpronomens in den indogerman. Sprachen, in CURTIUS' Studien zur griech. und latein. Grammatik, Bd. II (Leipzig 1869), p. 201 (hochbedeutende Arbeit, welcher jeder Germanist und also auch jeder Anglist ein aufmerksames Studium widmen sollte) — L. TOBLER, Ueber Auslassung und Vertretung des Pron. relat., in: Germania XVII, 257 — KÖLBING, Untersuchungen über den Ausfall des Relativpronomens in den german. Sprachen. Strassburg 1872, und: Zur Entstehung der Relativsätze in den german. Sprachen, in: Germania XXI, 28 — ECKARDT, Ueber die Syntax des got. Relativpronomens. Halle 1875 Diss. — LOHMANN, Ueber die Auslassung des englischen Relativpronomens, in Anglia III, 115, vgl. dazu SATTLER in Anglia III, 373 — KLINGHARDT, þe und die relative Satzverbindung im Ags., in: Beiträge zur deutschen Philologie. Halle 1880 — SCHRADER, Das altengl. Relativpron. mit besonderer Berücksichtigung der Sprache Chaucer's. Kiel 1880 Diss. — FLEPPE, Der elliptische Relativsatz im Englischen, in Herrig's Archiv LX, 65 — NOACK, Eine Geschichte der relativen Pronomina in der engl. Sprache. Göttingen 1882 Diss. — SCHMIDT, On the Use of the Relative Pronouns in the English Language. Memel 1862 Progr.

SATTLER, Something, somewhat, in Engl. Stud. VI, 460.

d) Zur Syntax des Verbums: BURKHARDT, Der Gebrauch des Conjunctivs bei Ulfilas. Grimma 1872 Diss. — A. KÖHLER, Der syntaktische Gebrauch des Optativs im Got., in: Germanistische Studien, herausg. von BARTSCH, I, 77 — SCHIRMER, Ueber den syntahtischen Gebrauch des Optativus im Got. Marburg 1874 Diss. — BERNHARDT, Der got. Optativ, in: Ztschr. für deutsche Philol. VIII, 1.

HOTZ, On the Use of the Subjunctive Mood in Anglo-Saxon and its Further History in Old Englisch. Zürich 1882 Diss., vgl. Litteraturbl. f. germ. u. rom. Phil. 1883, Sp. 61 — FLEISCHHAUER, Ueber den Gebrauch des Conjunctivs in Älfred's altenglischer Uebersetzung von Gregor's Cura Pastoralis. Göttingen 1885 Diss. — HENNICKE, Der Conjunctiv im Altengl. und seine Umschreibung durch modale Hülfsverba. Göttingen 1878 Diss. — KASTEN, An Inquiry into the Use of the Subjunctive Mood in the English of the Elizabethan Period. Rostock 1874 Diss. — BANDOW, Der Conjunctiv in der neuenglischen Prosa. Berlin 1869 Progr.

Kap. VII. § 55. Die Syntax des Englischen.

KUJACK, On the Use of the Auxiliary Verbs in Old English. Lauenburg 1876 Progr. — BIARD, shall et will et les grammairiens anglais, in: Revue de l'enseignement des langues vivantes, 2. année, p. 65 — OHLSSON, Bruket of the engelska hjelpverben »shall« och »will« för den studerende ungdomen. Göteborg 1884, vgl. Litteraturbl. f. germ. u. rom. Phil. 1884, Spr. 449 — LÖWENHJELM, Om bruket af de engelska hjelpverben »shall« och »will«, in Paedagogisk Tidskrift 1883, Heft 10, vgl. HERRIG's Archiv LXXII, 227 — STOFFEL, »shall« and »will«, in Taalstudie II, 4, II, 351, III, 161, IV, 31 — STOFFEL, »should« and »would«, in Taalstudie V, 32, 62 und 230 — ZUPITZA, Zur Lehre vom neuenglischen Conditional, in Anglia VII, Anz. 149 — BRUGGENCATE, The Use of »can« and »may«, in Taalstudie III, 2.

LINDEMANN, An Illustrative of the Use of the English Periphrastical Conjugation, which is formed by means of the auxiliary verb »to be« joined to the participle present. Lemgo 1869 Progr.

ROHDE, Das Hülfszeitwort to do bei Shakespeare. Jena 1872 Diss.

BECKMANN, Ueber das reflexive Verb im Englischen, nebst einem Verzeichniss Macaulay'scher Constructionen, in Herrig's Archiv LIX, 205.

WILHELM, De infinitivi linguarum sanscritae, bactricae, persicae, graecae, oscae, umbricae, latinae, goticae forma et usu. Eisenach 1873 — JOLLY, Geschichte des Infinitivs im Indogermanischen. München 1873 — A. KÖHLER, Der syntaktische Gebrauch des Infinitivs im Gotischen, in: Germania XII, 421 — W. KÖHLER, Der syntaktische Gebrauch des Infinitivs und der Participien im Béowulfslied. Münster 1886 Diss.

JOLLY, Zur Lehre vom Particip, in: Sprachwissenschaftliche Abhandlungen, hervorgegangen aus Curtius' grammat. Gesellschaft (Leipzig 1874), p. 71 — GERING, Ueber den syntaktischen Gebrauch der Participia im Gotischen, in: Ztschr. f. deutsche Phil. V, 294 und 393 — LÜCKE, Absolute Participia im Got. und ihr Verhältniss zum griech. Original. Göttingen gedruckt Magdeburg) 1876 — ZETHRAUS, Om anrändanet of Participium i. Engelskan. Upsala 1880 Diss. — HALL, On the English Perfect Participle used infinitivally, in American Journ. of Philology 1882, Nr. 11 — REIFFERSCHEID, Lexikalisch-syntaktische Untersuchungen über die Partikel ge-, in Ztschr. für deutsche Philol., Ergänzungsband (1874), p. 319.

ERDMANN, Essay on the History and Modern Use of the Verbal Forms on -ing in the English Language. Part I Old Anglo-Saxon Period. Upsala 1871 Diss. — RUSTEBERG, Historical Development of the Gerund in the English Language. Leipzig 1874 Diss. — BLUME, Ueber den Ursprung u. die Entwickelung des Gerundiums im Englischen. Bremen 1880 (Jenenser Diss.) — RATHS, Bemerkungen über den Gebrauch der englischen Participien auf -ing. Rastenburg 1859.

WOHLFAHRT, Die Syntax des Verbs in Älfric's Uebers. des Heptateuch und des Buches Hiob. München 1885 Diss. — WANDSCHNEIDER, Zur Syntax des Verbs in Langley's Vision etc. Leipzig 1887 Diss. — KELLNER, Zur Syntax des englischen Verbums mit besonderer Berücksichtigung Shakespeare's. Wien 1884.

e) **Zur Bedeutung und zum Gebrauche der Adverbien, Adverbialen und Präpositionen:** SATTLER, Die adverbialen Zeitverhältnisse, durch Beispiele erläutert. Halle 1876, vgl. Engl. Stud. I, 502. Derselbe Gelehrte hat unter dem Titel: »Beiträge zur Präpositionslehre im Neuenglischen« in der Anglia eine lange Reihe höchst werthvoller Beobachtungen und Bemerkungen über den Gebrauch der Präpositionen erscheinen lassen (I, 102 to expect from, to expect of; 270 a visit to; 263 welcome to; II, 73 in, at, on = auf; 92 to part from, to part with; 260 born of; III, 68 to be at home, to be home; IV, 168 an audience of; 169 in ... circumstances; 172 different to; 173 in the distance; 293 free from, free of; 298 by the help, with the help; 303 with a vengeance; V, 383 to die of, to die from; 396 the key of, the key to; 399 kind of him, kind in him; 405 in a loud voice, with a 'loud' voice; VIII 85 to borrow, to buy of, from; IX, 225 at, in; X, 168 ride, drive = fahren); ausserdem: »unter der Regieruug« = in the reign, in Herrig's Archiv LV, 165 [1]) — HOBURG, Die Präpositionen in der engl. Sprache. Frankfurt a. M. 1877 Progr. — FÜLDNER, Wie sind die deutschen Präpositionen englisch wiederzugeben? Neustrelitz 1572 Progr. — HAMANN, Ueber den Gebrauch der Präposition with. Potsdam 1865 Progr. — WENDT, Die Behandlung der engl. Präpositionen auf der Realschule, in Engl. Stud. IV, 100, V, 379, VI, 216.

VARNHAGEN, An Inquiry into the Origin and Different Meanings of the English Particle but. Rostock 1870 Diss.

EY, either und neither, in Herrig's Archiv LXIX, 125.

f) **Zur Wortstellung:** RIES, Die Stellung von Subject und Prädicatsverbum im Heliand. Strassburg 1880 (Quellen und Forschungen XLI) — ISAAC, Ueber engl. Wortstellung, in Herrig's Archiv LXVII, 213 — VERRON, The Construction, or Arrangement of Words and Sentences in the Present English Language. Münster 1876, 1878, 1879, 3 Programme, vgl. Engl. Stud. IV, 184 — KADE, Von der Umstellung der Satzglieder in der engl. Sprache. Dresden-Neustadt 1847 — BRAUSING, Zur Umstellung der Präpositionen im Englischen, in Herrig's Archiv LXXIII, 469 — HALL, On the Separation, by a word or words, of *to* and the Infinitive Mood, in American Journ. of Philol. Nr. 9, p. 17.

SPEKKER, Ueber die Kongruenz des Subjects und des Prädicats bei Shakespeare 1881 (wo?).

g) **Zur Satzverbindung:** BEHAGHEL, Asyndetische Parataxe, in: Germania XXIV, 169 — JOLLY, Ueber die einfachste Form der Hypotaxis im Indogerm., in Curtius' Studien VI, 215 — BEHAGHEL, Die Zeitfolge der abhängigen Rede im Deutschen. Paderborn 1878 — ERZGRÄBER, Ueber den Modus im engl. Nebensatze. Güstrow 1881, vgl. Litteraturbl. f. germ. u. rom. Phil. 1883, Sp. 300 — STOFFEL, Der Accus. cum inf. mit for im

---

[1]) Gelegentlich seien hier noch folgende Miscellen SATTLER's angeführt: my own, of my own, in Engl. Stud. II, 1; the first of January, the first Jan., ebenda II, 390; two inches and a half, two and a half inches, ebenda II, 364; to pay (make) a visit, make my compliments, make (take) a journey, ebenda VIII, 33 und 201.

Engl., in Herrigs Archiv LXII, 209 — KRICKAU, Der Accus. mit dem Inf. in der engl. Sprache, besonders im Zeitalter der Elisabeth. Göttingen 1877 Diss.

h) **Stilistik.** Ein wissenschaftliches Lehrbuch der englischen Stilistik fehlt. Praktische Hülfsmittel sind oben § 36, Nr. 7 (S. 251) genannt worden. WILCKE's Anleitung zum engl. Aufsatze (Berlin 1881) enthält fast nur Allgemeinheiten.

Ueber den Euphuismus vgl. oben S. 92.

Einzeluntersuchungen über den Stil und die Poetik einzelner Litteraturwerke sind bis jetzt fast nur in Bezug auf angelsächsische und altenglische Dichtungen geführt worden, sie werden im Schlussparagraphen des nächsten Kapitels genannt werden.

## Achtes Kapitel[1].

### Die Rhythmik des Englischen.

§ 56. **Allgemeines.** 1. Der englische Versbau beruht auf dem Worthochtone (von Trautmann »Treff« genannt), d. h. auf dem Wechsel zwischen hoch- oder schwertonigen (»treffigen«) und tief- oder leichttonigen (mindertonigen, »untreffigen«) Silben. Das Princip der englischen Rhythmik ist also das accentuirende, nicht das quantitirende[2]. Daher ist es unstatthaft, im Englischen von »Versfüssen« zu sprechen, denn unter »Versfuss« versteht man die Verbindung von Silben verschiedener Quantität. Derartige Verbindungen aber besitzen für die englische Rhythmik keine unmittelbare Bedeutung, sondern eine solche kommt nur den Verbindungen

---

1) Die zu diesem Kapitel gehörigen Litteraturangaben sehe man in dessen Schlussparagraphen (§ 61).

2) Sehr richtig bemerkt ELZE, Grundriss, p. 362: »Es kann keinem Zweifel unterliegen, dass das Aufgeben der Quantität und der Uebergang zur accentuirenden Metrik auf gleicher Stufe steht wie die Beseitigung der Flexionen und die Zerrüttung des objectiven Stils; gleich dieser ist es ein Fortschritt in der Befreiung und Vergeistigung der Sprache, denn während die Quantität etwas so zu sagen Körperliches ist, so hat der Accent einen durchaus geistigen Charakter. Das Formale der Sprache geht unter, das Geistige und Freie trägt den Sieg davon. So stehen die Grundlagen der englischen Metrik in vollkommenem Einklange mit denen der Grammatik und Stilistik, was offenbar ein nicht von der Hand zu weisendes Argument für dasjenige metrische System ist, das die Quantität am unbedingtesten ausschliesst und das accentuirende System am folgerichtigsten durchführt.«

einer Hebung mit einer oder mehreren Senkungen zu. Als Name für diese Verbindungen empfiehlt sich der Ausdruck »Tonfuss«, im Einzelnen kann man wieder »Tonjamben«, »Tontrochäen« etc. unterscheiden.

Das accentuirende Princip der Rhythmik ist nicht nur im Englischen, sondern auch in allen übrigen germanischen, sowie in den romanischen Sprachen das allein herrschende. Versuche, quantitirende Verse zu bauen, sind in diesen Sprachen wohl gemacht worden, haben Erfolg aber nur dann gehabt, wenn als Längen nur zugleich hochtonige, als Kürzen nur zugleich tieftonige Silben gebraucht wurden[1]. Die so gebildeten Verse sind also doch accentuirende und dürfen hinsichtlich ihres Baues den entsprechenden lateinischen und griechischen nicht gleichgestellt werden. Die englischen Hexameter, welche z. B. von Longfellow gebraucht wurden, sind in Wirklichkeit Tonhexameter[2]).

2. Das accentuirende Princip ist in der englischen Rhythmik von Anfang an bis auf die Gegenwart das einzig übliche geblieben. Nichtsdestoweniger besteht zwischen dem Versbau des Altenglischen (Angelsächsischen) und dem des Neuenglischen ein tiefgreifender Unterschied. Im Altenglischen ist das Verhältniss zwischen Hebung und Senkung ein, wenigstens verhältnissmässig, unbestimmtes, d. h. es ist zwar die Zahl der Hebungen in dem Verse und in der Vershälfte bestimmt, aber die Zahl der denselben vorangehenden oder nachfolgenden oder zwischen sie tretenden Senkungen ist keine feste, sondern schwankt innerhalb ziemlich weiter Grenzen. Daraus folgt, dass auch die Silbenzahl des altenglischen Verses eine unbestimmte ist, dass auf einander folgende Verse ungleichen Umfang haben können (und meist auch haben). Im Neuenglischen

---

[1] Im Französischen sind quantitirende Verse auch dann misslungen, oder vielmehr im Französischen ist das quantitirende Princip, selbst wenn es mit dem accentuirenden verbunden wird, undurchführbar. Es beruht dies auf der verhältnissmässigen Bedeutungslosigkeit der Silbenquantität im Französischen. Etwas anders verhält es sich in Bezug auf die übrigen romanischen Sprachen, namentlich die italienische und die spanische.

[2] Solche Verse können aber ganz melodisch klingen, wie etwa folgender Mustertonhexameter:
In the he|xámeter | rises ‖ the | foúntain's | sílvery | cólumn =
In dem Hex|ámeter | steigt ‖ des | Springquells | flüssige | Säule.
Nach TRAUTMANN sollen Hexameter bereits in den Towneley Mysteries sich finden.

dagegen ist das Verhältniss zwischen Hebung und Senkung ein bestimmtes, d. h. Hebung und Senkung wechseln innerhalb des Verses in gleichmässiger Folge. Daraus ergiebt sich, dass auch die Silbenzahl des neuenglischen Verses eine bestimmte ist. Der altenglische (angelsächsische) Vers ist ungleichtaktig, der neuenglische gleichtaktig. Im altenglischen Verse werden nur die Hebungen gezählt, im neuenglischen die Silben.

Die Verdrängung des ungleichtaktigen durch den gleichtaktigen Vers kann nicht auf französischen Einfluss zurückgeführt werden[1]), denn der französische Vers war bereits im Mittelalter und ist noch heute ungleichtaktig, hätte also nur die Bewahrung der altenglischen Structur fördern können. Die Silbenzahl des Verses war im Französischen allerdings von jeher bestimmt, aber das ist im Verhältniss zu seiner Ungleichtaktigkeit von nur untergeordneter Bedeutung.

Der Grund des zuerst im Orrmulum und im Poema morale vollzogenen Ueberganges von der Ungleichtaktigkeit zur Gleichtaktigkeit ist einerseits in den Betonungsverhältnissen der Sprache, andrerseits in einer den Germanen späterer Zeit eigen gewordenen Vorliebe für den gleichmässigen Fluss der rhythmischen Rede zu suchen. Der Rhythmus des ungleichtaktigen Verses setzt für seine Erfassung ein feinhöriges Ohr voraus, der Rhythmus des gleichtaktigen Verses dagegen ist auch dem, um so zu sagen, rhythmisch schwerhörigen Ohre erfassbar, eben in Folge seiner gleichförmigen, immer in denselben Takten vorschreitenden Bewegung. Nun aber hat bei Culturvölkern das Steigen der Cultur eine Abnahme der rhythmischen Feinhörigkeit zur nothwendigen Folge, da mit der immer weiteren Verbreitung der Fertigkeit des Lesens der mündliche Vortrag (Gesang, Recitation) von Dichtungen immer mehr abkommt, damit aber auch die Gelegenheit zur Uebung und Ausbildung des Gehörs für rhythmische Rede mehr und mehr schwindet. In Folge dessen müssen in Zeiten, in denen man vorwiegend nur noch Dichtungen liest, aber nicht mehr anhört, stärkere und, so zu sagen, gröbere rhythmische Mittel angewandt werden,

---

[1] Eher könnte man an den Einfluss der gleichtaktigen lat. Hymnendichtung denken.

als in Zeiten, in denen das umgekehrte Verhältniss bestand, nothwendig war; das stumpf gewordene Ohr bedarf eben stärkeren rhythmischen Reizes. Da nun ganz sicherlich Gleichtaktigkeit des Verses, weil bei ihr eben dasselbe rhythmische Motiv (etwa: Senkung + Hebung) immer wiederkehrt, sich weit nachdrücklicher dem Ohre aufdrängt, als Ungleichtaktigkeit, so war es nur natürlich, dass die erstere mehr und mehr der letzteren wich [1]). Aus gleichem Grunde wich ja im Französischen die Assonanz dem Vollreime.

3. Aufeinanderfolgende Verse wurden im Altenglischen (Angelsächsischen) rhythmisch nicht mit einander verbunden, sondern rhythmische Bindung fand nur zwischen den beiden Hälften eines und desselben Verses statt. Das Mittel der Bindung war der Stabreim (die Allitteration), d. h. der gleiche Anlaut derjenigen Worte im Verse, »denen ihr grammatischer Werth und zugleich der Zusammenhang der Rede einen stärkeren Accent verleiht« (SCHIPPER, p. 47), also der den Satzhochton tragenden Worte.

Ungefähr seit Ausgang des 12. Jahrhunderts begann der bis dahin nur mehr gelegentlich (z. B. in Cynewulfs Elene V. 1237 ff., im sog. Reimliede) gebrauchte Vollendreim die Allitteration mehr und mehr zu verdrängen, bis er im 15. Jahrhundert nahezu die Alleinherrschaft erlangte. Dieser Vorgang dürfte ebenso zu erklären sein, wie es oben bezüglich des Uebergangs von der Ungleichtaktigkeit zur Gleichtaktigkeit geschah. Auch der Vollreim ist ein stärkeres und, so zu sagen, gröberes rhythmisches Mittel als die Allitteration, und folglich wurde seine Anwendung beliebt, als die Allitteration dem stumpf gewordenen Ohre nicht mehr genügte. Indessen mag französischer Einfluss das Emporkommen des Reimes befördert haben.

---

[1]) Wenn im Französischen nicht das Gleiche geschah, so erklärt sich das einfach daraus, dass die Wortbetonung des Französischen die gleichtaktige rhythmische Rede zur Unmöglichkeit macht. Der französische Vers musste ungleichtaktig bleiben. Das Gefühl für den ungleichtaktigen Versrhythmus aber hat der Franzose ebenso völlig verloren, wie der Engländer oder der Deutsche. Daher bedarf der Franzose so unbedingt des Reimes, denn ohne Reim erscheint ihm die ungleichtaktige rhythmische Rede als Prosa, weil er eben kein Gehör mehr für sie besitzt. Besässe das Französische die Fähigkeit zu rhythmisch gleichtaktiger Rede, so würde es auch Blankverse bilden können und des Reimverses sich jedenfalls ebenso, wie das Englische es gethan hat, in weitem Umfange entäussern.

Um Mitte des 16. Jahrhunderts wurde die Herrschaft des Reimes beschränkt durch das Aufkommen und die rasch eintretende Beliebtheit der rhythmisch nicht gebundenen (also reimlosen und folglich gleichsam blossen und blanken) fünfmal gehobenen tonjambischen Verse. Gewöhnlich wird dieser tonjambische Blankvers — von denen, welche von altem Schlendrian nicht lassen, ganz verkehrterweise noch immer »fünffüssiger Jambus« genannt — als eine Nachahmung des italienischen verso bianco endecasillabo betrachtet. Geschichtlich genommen mag das richtig sein, obwohl es auch da nicht über jeden Zweifel erhaben ist. Keinesfalls aber darf man ausser Acht lassen, dass, nachdem die Gleichtaktigkeit des Versbaues durchgedrungen war, der Reim entbehrlich wurde und dass folglich die theilweise Verzichtleistung auf seine Anwendung nahezu selbstverständlich war, zumal die Dichtung der Neuzeit überhaupt die Richtung verfolgt, die rhythmische Form mehr und mehr fallen zu lassen und sich also formal der Prosa zu nähern. Die Rede in Blankversen ist ein ähnliches Mittelding zwischen rhythmischer Rede und Prosarede, wie im Französischen die Rede in romantischen Alexandrinern: die Blankversrede wird nur durch ihre tonjambische Gleichtaktigkeit von der Prosa unterschieden; die Rede in romantischen Alexandrinern im Wesentlichen nur noch durch den Reim, namentlich dann, wenn die einzelnen Verse syntaktisch eng verkettet sind. Die Neigung der modernen Dichtung zum Uebergange in die Prosaform — eine Neigung welche auf dem Gebiete der Epik oder, was hier nahezu dasselbe besagt, der Novellistik ihr Ziel ja nahezu völlig erreicht hat — ist darin begründet, dass der vielleicht und stark nervös erregte moderne Mensch sowohl der rechten Fähigkeit als auch der rechten Ruhe entbehrt, welche zum Verständnisse rhythmischer Rede und zur Freude an derselben erfordert werden. Dazu kommt, dass Musik und Dichtung sich wenigstens in soweit getrennt haben, dass die letztere von der ersteren unabhängig sein kann und meist auch unabhängig ist. Endlich ist in Betracht zu ziehen, dass die weit verbreitete Kenntniss und Uebung der Instrumentalmusik, namentlich des Klavierspielens, das rhythmische Interesse von der Sprache ab- und auf die Tonkunst hingelenkt hat.

4. Dem Angelsächsischen war die Bindung aufeinanderfolgender Verse zur Strophe unbekannt [1]). Strophische Bindung kommt vielmehr erst zugleich mit der Anwendung des Vollreimes in Aufnahme. Durch den Vollreim werden ja mindestens zwei Verse rhythmisch gebunden. Französischer Einfluss ist der Ausbreitung strophischer Bildungen gewiss förderlich gewesen. Unter den Strophenbildungen wurden besonders solche mit Schweifreim (rime couée) volksthümlich. — Von ausländischen Strophenformen hat nur das Sonett sich dauernd einzubürgern vermocht, freilich nur in der Kunstpoesie und auch da nur mit einer durch die Reimarmuth der Sprache bedingten Abänderung [2]). Die verschiedenen »Stanzen« sind nur gelegentlich von Kunstepikern gebraucht worden, so die siebenzeilige von Chaucer, die achtzeilige (Ottava rima, bestehend aus fünfmal gehobenen tonjambischen Versen) von Byron im Don Juan, die neunzeilige (bestehend aus 8 fünfmal gehobenen tonjambischen Versen und einem ebenfalls tonjambischen, sechsmal gehobenen Vers [Alexandriner] mit der Reimstellung ababbcbcc) von Spenser und Byron.

5. Man darf wohl behaupten, dass die neuenglische Rhythmik allen Gattungen der Dichtung geeignete Mittel zu wirksamem rhythmischen Ausdrucke darbietet, so dass in dieser Beziehung das Englische keiner anderen Sprache nachsteht, selbst nicht den klangreichen romanischen. Dass ihm die Fähigkeit zu künstlichen Reimspielereien fehlt, ist ein Vorzug, nicht eine Schwäche zu nennen.

§ 57. Die (alt)angelsächsische Langzeile. I. Die einzige Versform, über welche das (Alt-)Angelsächsische verfügt, ist die Langzeile. Für den Bau derselben lassen sich folgende Hauptregeln aufstellen:

1. Die Langzeile zerfällt in zwei, durch die Cäsur geschiedene Theile (Kurzzeilen, Halbverse, Hemistiche). — 2. Jeder Halbvers hat zwei Hebungen, deren jede nur je eine Silbe treffen kann. Die ganze Langzeile hat folglich vier Hebungen. — 3. Jeder Halbvers muss mindestens eine Sen-

---

[1] MÖLLER hat allerdings in seinem geistvollen und gelehrten Buche »Das altenglische Volksepos in seiner ursprünglichen strophischen Form« (Kiel 1883) nachzuweisen gesucht, dass das altags. Epos strophisch gegliedert gewesen sei, indessen kann der Beweis nicht für erbracht gelten.

[2] Der zweite Stollen (das zweite Quartett) hat gewöhnlich andere Reime, als der (das) erste.

kung haben, welche entweder der ersten Hebung vorausgehen oder dieser oder der zweiten nachfolgen kann (also entweder Senkung [Auftakt] + Hebung + Hebung, oder Hebung + Senkung + Hebung, oder Hebung + Hebung + Senkung). Es kann jedoch der Halbvers auch zwei und selbst drei Senkungen haben (also entweder Senkung [Auftakt] + Hebung + Senkung + Hebung, oder Hebung + Senkung + Hebung + Senkung, oder Senkung [Auftakt] + Hebung + Hebung + Senkung, oder Senkung [Auftakt] + Hebung + Senkung + Hebung + Senkung)[1]. — 4. Die Senkungen (und der Auftakt) können mehrsilbig sein. Hieraus und aus dem unter Nr. 3 Gesagten ergiebt sich erstlich, dass der Halbvers (die Kurzzeile) und folglich auch die Langzeile grosser Vielformigkeit fähig ist, und sodann dass der Umfang des Halbverses und folglich auch der der Langzeile sich innerhalb ziemlich weiter Grenzen bewegt. Im Minimum zählt die Kurzzeile 3, die Langzeile also 6 Silben; ein Maximum ist theoretisch nicht anzugeben, praktisch dürfte der Umfang der Langzeile selten über 10 bis 11 und über 15 Silben überhaupt nicht hinauskommen. So besitzt die ags. Langzeile, ähnlich dem von 12 bis 17 Silben zählenden antiken Hexameter, eine grosse Beweglichkeit und Dehnbarkeit[2]. Sache dichterischer Kunst war es, einerseits das rhythmische Verhältniss der einzelnen Verstheile zu einander harmonisch zu gestalten, andrerseits zwischen der jemaligen Form der Langzeile und dem in letzterer ausgesprochenen Gedanken eine angemessene Beziehung herzustellen, endlich auch die Worte je nach ihrer Satzbetonung und grammatischen Eigenschaft in richtiger Weise auf die einzelnen Verstheile zu vertheilen. — 5. Die beiden Halbverse sind durch die Allitteration, d. h. durch den gleichen Anlaut der (drei) höchstbetonten Silben rhythmisch mit einander gebunden. Nur in der Hebung stehende Silben sind allitterationsfähig. Die Worte, denen die Allitterationssilben angehören, heissen »Stäbe«. — 6. Die normale Vertheilung der Stäbe in der Langzeile ist, dass die beiden Hebungen (Stollen) des ersten Halbverses mit einer Hebung (Hauptstab) des zweiten Halbverses allitteriren. Häufig indessen hat auch der erste Halbvers nur einen Stab. Mitunter sind beide Halbverse durch

---

1) Die einen Halbvers beginnende(n) tieftonige(n) Silbe(n) heisst (heissen) besser »Auftakt«, als Senkung, weil man, genau genommen, von einer Senkung nur nach vorausgegangener Hebung sprechen kann.
2) Nach SIEVERS (in Paul's und Braune's Beiträgen X, 222) haben die zweiten Halbzeilen im Béowulf folgende fünf rhythmische Grundtypen:

A. $\bot \times | \bot \times$
B. $\times \bot | \times \bot$   (durch $\bot$ wird die Hebung,
C. $\times \bot | \bot \times$   durch $\times$ die Senkung, bzw.
D. $\bot | \bot \times \times$   der Auftakt angezeigt)
E. $\bot \times \times | \bot$

Diese Typen kehren auch in den ersten Halbzeilen häufig wieder, können aber auch eine Steigerung erfahren: a) »bei dem Typus A durch Einschiebung natürlicher Nebenaccente in die Senkung bei doppelter Allitteration«; b) »bei den Typen D und E durch Vermehrung des normalen Maasses 1 + 3, resp. 3 + 1 auf 2 + 3, resp. 3 + 2, ebenfalls im Allgemeinen nur bei doppelter Allitteration«; c) »bei allen drei Typen A, D, E durch häufigere Auftaktbildung«.

Die altags. Langzeile.

zwei verschiedene Stabreime verbunden, es allitteriren dann je zwei Hebungen mit einander (so z. B. im ersten Verse des Béowulfsliedes: Hwǽt! we Gárdéna | in ʒeárdagum).

II. Im Anschluss hieran noch folgende Bemerkungen:

a) Nach dem germanischen Wortbetonungsgesetz kann nur die Stammsilbe Trägerin des Worthochtons sein, folglich aber kann auch nur sie in Hebung stehen und allitteriren. In Nominalcompositis sind entweder die Stammsilben beider Bestandtheile oder ist nur die Stammsilbe des ersten Bestandtheils (d. h. also die den Hochton des Gesammtwortes tragende Silbe) hebungsfähig, also z. B. wúldorcýning und wúldorcýning, heáhsétl und héasètl. Allitterationsfähig ist jedoch in der Regel nur die erste Stammsilbe, indessen finden sich Ausnahmen, so z. B. gleich im ersten Verse des Béowulfliedes, s. oben Z. 3.

Adverbialcomposita, bestehend aus Präposition mit einem nominalen Casus, sind auf der Stammsilbe des Nomens hochbetont, und nur diese ist hebungsfähig, z. B. tónſhte, onmíddum etc.

In Compositis, bestehend aus Partikel + Verbum (oder Verbalsubstantiv), sind hebungs- und allitterationsfähig die Partikeln and, æfter, eft, ed, fore, forð, from, hider, in, hin, mid, mis, niđer, ongean, or, up, út, efne, z. B. ándsware, ǽfter-weard —; hebungs- und allitterationsunfähig sind: á, ʒe, for, geond, óđ, z. B. áhón, ʒefohten —, schwankend verhält es sich mit den Partikeln æt, an, bi, big, bi, be, of, ofer, on, tó, under, đurh, wið, wiđer, ymb. Vgl. Koch, I², 156 und darnach Schipper, p. 42.

b) Dass der Halbvers nur zwei — und nicht, wie nach Lachmann's Theorie der Fall sein würde, vier — Hebungen habe, darf jetzt als feststehende und wohl auch als allgemein anerkannte Thatsache gelten ¹). Den augenfälligsten Beweis dafür geben wohl die (von Schipper, p. 47 citirten) halb angelsächsischen und halb lateinischen Langzeilen am Schlusse des »Phönix«, bei denen ja bezüglich der lateinischen Betonung ein Zweifel nicht obwalten kann; es seien diese Verse hier mitgetheilt:

   háfađ us álýfed | lúcis aúctor,
   đǽt we mótun hér | meréri
   góddaedum beʒiétan | gaúdia in caélo,
   đaér we mótun | máxima régna
   sécan and ʒesíttan | sédibus áltis
   lifʒan in lísse | lúcis et pácis,
   úʒan eárdinga | álmae laetítiae,
   brúcan blaéddaga | blándum et mítem
   ʒescón sígora freán | sine fíne
   and him lóf sinʒan | laúde perénni
   eadʒe mid énʒlum. | A'lleluia!

¹) Elze allerdings spricht in seinem Grundriss, p. 242, noch von der »achtmal gehobenen« Langzeile.

Kap. VIII. § 57 u. 58. Die Rhythmik des Englischen.

c) Ein anlautender Consonant darf nur mit demselben Consonanten alliteriren. Die Verbindungen st, sk (sc), sp können nur mit sich selbst alliteriren, also st nur mit st, sk nur mit sk, sp nur mit sp, eine Thatsache, welche auch lautgeschichtlich und grammatisch von Interesse ist. Jeder Vocal kann mit jedem andern Vocal alliteriren.

III. **Der Bau der ags.** Langzeile werde an den folgenden Eingangsversen des »Phönix« veranschaulicht, wobei jedem Verse sein Schema nachgesetzt werden soll ($\underline{\bot}$ bedeutet nicht alliterirende Hebung, $\underline{\angle}$ alliterirende Hebung, $\underline{\frown}$ in Senkung stehende Silbe; durch senkrechten Strich werden der Auftakt von der ersten Hebung und die erste Senkung von der zweiten Hebung getrennt, senkrechter Doppelstrich deutet die Cäsur an):

Hábbe ic ₃efrugnen, ðätte is feor heonan,
$\smile \frown \frown \frown | \smile \frown \mathbb{I} \frown \frown \frown | \smile \smile \frown$
éastdaelum on, aeðelast londa, $\smile \angle \frown \frown \mathbb{I} \smile \frown \frown | \angle \frown$
firum ₃efraeᵹe. Nis se foldan scéat $\smile \frown \frown | \smile \frown \mathbb{I} \frown \frown | \smile \frown | \angle$
ofer middan₃eard mongum ₃eféře $\frown \frown | \smile \frown | \angle \mathbb{I} \smile \frown \frown | \frown \frown$
fold-á₃endra, ac he áfyrred is, $\smile \angle \frown \frown \mathbb{I} \smile \frown \frown \frown | \smile \frown \frown$
ðurh meotudes meaht, mán-fremmendum. $\frown | \smile \frown \frown | \smile \mathbb{I} \smile \frown \frown \frown$
Wlitig is se wong eall, wynnum ₃eblissad,
$\smile \frown \frown \frown | \smile \frown \mathbb{I} \smile \frown \frown | \angle \frown$
mid ðám fac₃restum foldan stencum. $\angle \frown | \smile \frown \frown \mathbb{I} \smile \frown | \angle \frown$
Aenlíc is ðät i₃lond, aeðele se wyrhta,
$\smile \frown \frown \frown | \smile \frown \mathbb{I} \smile \frown \frown \frown | \angle \frown$
módi₃, meahtum spédi₃, se ðá moldan ₃esette.
$\smile \frown | \smile \frown \frown \mathbb{I} \frown \frown | \smile \frown \frown | \angle \frown$

IV. Der ags. Vers ist in Folge der Alliteration, der Ungleichtaktigkeit und der schwankenden Silbenzahl in seinem Baue grundverschieden von dem neuenglischen und neuhochdeutschen Verse. Der Studierende muss sich dies recht zum Bewusstsein zu bringen und sich die richtige Einsicht in die Eigenart der ags. Langzeile zu erwerben suchen. Erreichen kann er das freilich nur, wenn er die Mühe nicht scheut, die ersten poetischen Texte, welche er liest, rhythmisch zu analysiren, wozu obiges Schema ja einige Anleitung geben kann.

Dem Anfänger kann es scheinen, als ob der ags. Vers ein rohes, vielfach willkürliches und misstönendes rhythmisches Gebilde sei. Aber eben nur dem, der noch nicht eingedrungen ist in das Wesen des ags. Versbaues, kann das so scheinen. Der Kundige dagegen wird urtheilen, dass die ags. Langzeile eine der kunstvollsten Schöpfungen ist, welche die Rhythmik je hervorgebracht hat, ein Vers, welcher den Vergleich mit dem Hexameter nicht zu scheuen hat.

Der Klang der Langzeile muss ein ganz eigenartiger und der rhythmische Gesammteindruck einer ags. Dichtung ein gewaltiger gewesen sein. Es ist für uns moderne Menschen, die wir der Allitteration und Ungleichtaktigkeit völlig entfremdet und an Vollreim oder Reimlosigkeit gewöhnt sind, nicht eben leicht, uns die Wirkung des ags. Rhythmus zu vergegenwärtigen, aber versuchen müssen wir es, und einigermassen wenigstens kann der Versuch wohl auch gelingen. Man gewöhne sich zunächst im Deutschen an den Klang allitterirender Verse und suche deren eigenartige Schönheit zu erfassen. Lautes Vorlesen ausgewählter Abschnitte aus Jordan's »Nibelungen« dürfte das beste Mittel dazu sein.

V. Die kunstgerechte Anwendung der Langzeile setzt eine so bedeutende geistige Kraft und eine so hochentwickelte rhythmische Feinfühligkeit voraus, dass nothwendigerweise mit dem früh eintretenden Verfalle des ags. Volksthums auch der Versbau rasch verfiel. Wenn aber die künstlerisch gebaute Langzeile einer der schönsten Verse ist, die je erklungen sind, so ist die verwahrloste Langzeile der spätangelsächsischen Zeit eines der jammervollsten rhythmischen Monstra, die je existirt haben, ein wahres Zerrbild ihrer selbst, eine misshandelte Prosazeile.

§ 58. Der Otfrid'sche Vers. I. Nach Trautmann's Annahme, welche er in der Anglia II 153 näher begründet hat, ist der von Laʒamon im Brut[1]) gebrauchte Vers derselbe wie der von Otfrid[2]) in seinem Krist angewandte. Für den Bau dieses Verses gelten namentlich folgende Regeln:

1. Der Vers hat vier Hebungen, von denen die letzte zugleich auch die letzte Silbe ist, vgl. jedoch Nr. 7.

2. Wortton und Versaccent fallen in der Regel zusammen, vgl. jedoch Nr. 6.

3. Der Vers beginnt gern mit einem einsilbigen Auftakt und hat nach jeder der drei ersten Hebungen je eine einsilbige Senkung, so dass also der Rhythmus des Verses in diesem Falle ein rein tonjambischer ist, z. B.:

   (Otfr.) er sélbo ríhte mír tház uuórt

   (Laʒ.) ða cóm him tó an hénde cníht.

---

1) Vgl. Körting, Grundriss der Geschichte der engl. Litt. § 81.
2) Otfrid's (oder, wie Scherer schreibt, Otfried's) von Weissenburg Evangeliengedicht erschien 870, vgl. Scherer, Geschichte der deutschen Litteratur[2] p. 49.

4. Eine oder mehrere Senkungen dürfen fehlen, z. B.:
 (Otfr.) uuas únflúhtig drátó ⎫ (fehlt die 2.
 (Laʒ.) and A'rđúr đe kéné ⎭ u. 4. Senkung)
5. Die Senkung kann zweisilbig sein, z. B.:
 (Otfr.) Lázarus ér uuas fro éin
 (Laʒ.) A'rđur ís đe kénneste món.
6. Schliesst der Vers mit einem zweisilbigen Worte, dessen erste Silbe (die Stammsilbe) lang und hochtonig ist, so bildet die (ursprünglich, wie selbstverständlich, tonlose) zweite Silbe die vierte Hebung, es folgen also dann die 3. und 4. Hebung unmittelbar auf einander, z. B.:
 (Otfr.) mánagfáltu uuúntár
  ioh sínu zeíchán in uuár
 (Laʒ.) đá đis fólc isómned wés
  of féole cúnne lóndés.
7. Schliesst der Vers mit einem zweisilbigen Worte, dessen erste Silbe betont und kurz ist, so kann die zweite Silbe nicht als Hebung fungiren, z. B.: (Otfr.) nist thér in hímilríche quéme
 (Laʒ.) đe uáder wéop a đéne súne.
8. Schliesst der Vers auf ein dreisilbiges Wort, dessen erste Silbe kurz ist, so bildet die erste Silbe desselben die dritte, die dritte Silbe aber die vierte Hebung, z. B.:
 (Otfr.) tház bigónd er rédinón
 (Laʒ.) and đér he wólde gáderé.
9. Schliesst der Vers auf ein dreisilbiges Wort, dessen erste und zweite Silbe lang sind, so bildet ;bei Otfrid immer, bei Laʒ. bisweilen) jede der drei Silben eine Hebung, z. B.:
 (Otfr.) fárent uuállónté
 (Laʒ.) dómes wáldéndé
10. Wie im Versschlusse (vgl. oben Nr. 6), so kann auch im Versinnern eine tieftonige Silbe, welche einer hochtonigen und langen Silbe nachfolgt, als Hebung fungiren, z. B·:
 (Otfr.) uuórtó ioh uuérkés
 (Laʒ.) đurhcóstnéd mid wépnén.

Aus obigen Regeln ergeben sich namentlich zwei wichtige Thatsachen: a) der Otfrid-Laʒamon'sche Vers gestattet in ziemlich weitem Umfange tieftonigen Silben als Hebungen zu fungiren, vgl. Nr. 6, 9 und 10. Daraus folgt natürlich, dass in solchen Fällen die Wortbetonung im Verse der Wortbetonung in der gewöhnlichen Rede widerstreitet. b) Der genannte Vers gestattet und zeigt häufig gleichtaktigen, bezw. tonjambischen Rhythmus.

Die Uebereinstimmung des Verses Laʒamon's mit dem Otfrid's erklärte TRAUTMANN anfangs (Anglia II 170) daraus, dass sowohl Otfrid als auch Laʒamon unabhängig von einander den dimeter jambicus acatalectus der lat. Hymnendichtung nachgeahmt habe; später hat er (Anglia VII Anz. 215) die Ansicht ausgesprochen, dass der Vers zu Älfric's Zeit unmittelbar aus Deutschland entlehnt worden sei.

II. Nachdem TRAUTMANN in Laȝamon's Brut den Otfridschen Vers erkannt hatte, haben späterhin er und ausser ihm namentlich EINENKEL denselben Vers auch in einer ganzen Reihe anderer neuangelsächsischer und altenglischer Gedichte wiedergefunden, so namentlich in Älfric's Liber Judicum, in der Depositio S. Cuthberti und Depositio S. Martini[1]), in einigen Gedichten der Sachsenchronik, in der neuags. Margareta-, Juliana- und Katharinalegende, in Hali Meidenhad und anderen neuags. asketischen Schriften, im King Horn etc. Neuerdings hat MENTHEL (Anglia VIII Anz. 70 ff.) auch die Langzeile des Orrmulum erklärt als entstanden aus der Verbindung zweier Otfrid'scher Verse, in deren zweitem das Schlusswort, weil aus langer und hochtoniger + kurzer und tieftoniger Silbe bestehend (vgl. oben I 6), zwei Hebungen trägt[2]).

III. Lebhaften Widerspruch gegen TRAUTMANN's, EINENKEL's und MENTHEL's Theorie vom Otfrid'schen Verse hat SCHIPPER in seiner Altengl. Metrik und in verschiedenen Zeitschriftartikeln (s. unten die Litteraturangaben) erhoben. Nach ihm ist die Grundform des Laȝamon'schen Verses »die allitterirende Langzeile, die in vielen Fällen mehr oder weniger genau den alten Regeln entsprechend gebaut ist und so noch die beiden durch den Stabreim verbundenen Halbverse als einen einheitlichen, allitterirenden Langvers darstellt, in andern Fällen aber durch Auftreten des Endreimes in den Schlussworten der beiden Halbverse, also in dem Versschluss und der dadurch ebenso scharf markirten Cäsur, die Auflösung der alten Langzeile zu einem kurzen Verspaar veranschaulicht, welchem der Stabreim öfters gänzlich fehlt, oder welchem er, wo er neben einem ihn

---

[1] Nach TRAUTMANN (Anglia VII, Anz. 214) und EINENKEL (These seiner Bonn 1881 vertheidigten Diss.) war Älfric überhaupt der erste Engländer, der in Otfrid'schen Versen dichtete (Älfric's Lebenszeit fällt vermuthlich zwischen die Jahre 955 und 1020 oder 1025).

[2] Wenn ich in meinem Grundrisse der Gesch. der engl. Lit. § 7?, Nr. 6 (S. 76) gesagt, MENTHEL nehme für die Langzeile Orrm's Ursprung aus dem lat. Septenar an, so beruht das auf einem Versehen, welches hiermit berichtigt werden möge.

übertönenden Endreime auftritt, nur noch zum Schmucke dient«.
(Altengl. Metr. § 68.) Auch den Vers des King Horn hält
SCHIPPER für entstanden aus der aufgelösten allitterirenden
Langzeile. (Altengl. Metrik § 87 ff.).

Der Kampf für und wider Otfrid in England ist noch nicht
beendet. Von beiden Parteien sind gute Gründe für ihre Anschauungen beigebracht worden, aber für abgeschlossen kann
weder die eine, noch die andere Beweisführung gelten. Wie
der Streit aber auch einst entschieden werden möge, schon
jetzt hat er der englischen Philologie den Segen gebracht, den
jede ernste wissenschaftliche Fehde mit sich bringt: er hat zu
eindringenden Untersuchungen Anlass gegeben, welche nicht
bloss für die Rhythmik, sondern auch für die Grammatik und
Litteraturgeschichte ergiebig gewesen sind und voraussichtlich
noch weiter es sein werden.

§ 59. Die allitterirende Langzeile im 14. Jahrhundert (vgl. ROSENTHAL in Anglia I 414). I. In allitterirenden Langzeilen sind, abgesehen von weniger wichtigen
Poemen, namentlich die folgenden durch ihren gedankenreichen Inhalt und die ihnen sich offenbarende poetische Kunst
bedeutsamen Dichtungen des 14. Jahrhunderts abgefasst worden:
Langland's (oder Langley's) Vision of William concerning Piers
the Plowman (vgl. KÖRTING, Grundriss d. Gesch. d. engl. Lit.
§ 143), Sir Gawayn und the Green Knight (ebenda § 105),
William of Palerne (ebenda § 91) und Joseph of Arimathie
(ebenda § 108).

Die, sei es wirklich oder nur scheinbar erfolgte, Neubelebung des Gebrauches der Langzeile im 14. Jahrhundert
ist jedenfalls eine höchst bemerkenswerthe Thatsache. Sehr
zu beachten ist dabei, dass es gerade die innerlich gehaltvollsten Dichtungen der damaligen Zeit sind, in denen jener
Vers wieder erscheint. Es nöthigt das zu der Annahme, dass
die betreffenden Dichter ihn mit vollem Bewusstsein und in
der klaren Erkenntniss, dass gerade er zum rhythmischen Ausdrucke ihrer Gedanken am besten sich eigne, gewählt haben.
Um desswillen aber braucht er nicht eine Neuschöpfung im
vollen Sinne des Wortes, d. h. eine auf so zu sagen gelehrtem
Wege vollzogene Neugestaltung der altags. Langzeile zu sein.
Ein derartiges archaisirendes Zurückgreifen auf eine alte Form

wäre für das 14. Jahrhundert ein gar zu befremdlicher Vorgang, so geläufig er auch der Neuzeit ist. Eher ist anzunehmen, dass die alte allitterirende Langzeile, wenn auch in etwas veränderter Gestalt und vielleicht auch nur in einzelnen Landschaften, in der volksthümlichen, nicht zur Niederschrift gelangten Dichtung gleichsam unterirdisch weiter gelebt hatte und nun im 14. Jahrhundert von einzelnen bedeutenden Dichtern wieder aufgegriffen und auf's Neue in die Litteratur eingeführt wurde. Jedenfalls war ihr Wiedereintritt in die Kunstdichtung ein Gewinn für die letztere, und es ist sehr zu bedauern — wenn es freilich andrerseits auch sehr erklärlich ist —, dass dieser Gewinn kein bleibender war.

II. Die Hauptgesetze des Baues der neuen allitterirenden Langzeile sind nach ROSENTHAL a. a. O. folgende:

1. Der Vers wird durch die Cäsur in zwei Halbzeilen (Halbverse) getheilt.
2. Jede Halbzeile hat zwei Haupt- und zwei Nebenhebungen, der ganze Vers besitzt demnach acht Hebungen.
3. Zwischen je zwei Hebungen kann eine Senkung stehen, dieselbe kann aber auch fehlen.
4. Die Senkung ist fast durchweg nur einsilbig, abgesehen von dem Auftakte, der ein- oder zwei- oder dreisilbig sein (andrerseits aber auch fehlen) kann.
5. Die beiden Halbverse sind durch die Allitteration rhythmisch mit einander gebunden. Als Norm gilt, dass der erste Halbvers zwei Stäbe, der zweite einen Stab habe, indessen ist einerseits Häufung der Stäbe sehr gewöhnlich, andrerseits Weglassung eines Stabes (selbst des dritten, also des im zweiten Halbverse einzigen) nicht eben selten.

III. Die Aufstellungen ROSENTHAL's sind nicht ohne Bedenken, namentlich was die Zahl der Hebungen und die Einsilbigkeit der Senkungen anbetrifft. Richtiger dürfte es sein, nur je zwei Hebungen im Halbverse und die Möglichkeit mehrsilbiger Senkungen anzunehmen.

Als Beispiele für die spätere allitterirende Langzeile seien die Eingangsverse aus dem Prolog des Piers the Plowman nach SKEAT's Scansion angeführt:

In a sómer séson ∥ whan sóft was the sónnë,
I shópe me in shróudës ∥ as I a shép wérë,
In hábite as an héremite ∥ unhóly of wórkës,
Went wýde in this wórld ∥ wóndrës to hérë.
Ac on a Máy mórnynge ∥ on Málverne húllës
Me byfél a férly ∥ of fáiry me thóu3te;

I was wéry forwándred ‖ and wént me to réstë
Under a bródë bánkë ‖ bi a bórnes sídë,
And as I láy and lénëd ‖ and lóked in þe wáteres,
I slómbred in a slépyng ‖ it swéyned so mérye.

§ 60. **Der neuenglische Versbau**[1]). 1. Die heute noch gültigen Grundsätze des englischen Versbaues haben sich im Wesentlichen während des 16. Jahrhunderts ausgebildet, welche Zeit auf rhythmischem Gebiete sehr thätig war und namentlich auch der Theorie der Rhythmik ihre Aufmerksamkeit widmete (Abfassung der metrischen Tractate Gascoigne's und Anderer).

2. Die Anwendung der rhythmischen Redeform hat in England, wie überhaupt in den europäischen Culturländern, in der Neuzeit, verglichen mit der Sitte des Mittelalters, erhebliche Einschränkungen erfahren. Insbesondere ist hervorzuheben, dass die epische Dichtung der Neuzeit sich meist der Prosa bedient. Ausnahmen, und darunter recht nennenswerthe — z. B. Milton's Paradise Lost, Pope's Lockenraub, Walter Scott's Epyllien, Tennyson's epische Dichtungen u. s. w. —, haben allerdings stattgefunden, aber sie bestärken schliesslich doch nur die Regel. Namentlich für den Roman und die Novelle wird seit dem 16. Jahrhundert fast nur noch die Prosa gebraucht. Vergl. oben S. 372.

3. Der neuenglische Vers ist durchaus **accentuirend** gebaut, wie schon der (angelsächsische und) altenglische es war. Verse nach quantitirendem Principe zu bauen, ist im Englischen unmöglich. Auch die sog. Hexameter z. B. Longfellow's (in der »Evangeline« etc.) sind in Wirklichkeit accentuirende Verse (Tonhexameter), mag auch der Dichter sich bemüht haben, die Quantität zu berücksichtigen und rhythmisch zu verwerthen. Vergl. oben S. 369.

---

[1] Ich hatte ursprünglich beabsichtigt, in je einem besonderen Paragraphen das Wichtigste über Chaucer's und Shakespeare's Versbau zu sagen. Schliesslich aber habe ich davon Abstand genommen in Erwägung dessen, dass derartige Bemerkungen vielleicht dem einen oder andern Studierenden Anlass geben könnten, zu wähnen, er könne sich daran genügen lassen und brauche die Einzelschriften über Chaucer's und Shakespeare's Rhythmik gar nicht erst vorzunehmen. So verderblichem Wahne glaubte ich am besten durch Unterdrückung der beiden betr. Paragraphen vorbeugen zu können, mag auch dadurch immerhin eine an sich zu rügende Lücke entstehen.

4. Die Hebungen müssen im neuenglischen Verse mit Senkungen wechseln. Unterdrückung der Senkung findet nur ausnahmsweise im Blankverse statt. Der übliche Rhythmus des Verses ist der tonjambische ($\smile \perp \smile \perp$ etc.), darnach der tontrochäische ($\perp \smile \perp \smile$ etc.); tonanapästischer und tondactylischer Rhythmus sind selten, weil die Tonverhältnisse der Sprache seine Anwendung nur in beschränktem Maasse gestatten. Mit einander zu einer Dichtung verbundene Verse haben fast ausnahmslos den gleichen Rhythmus, wenn auch nicht immer den gleichen Umfang.

5. Die Silbenzahl des Verses ist bestimmt. Längere als zehnsilbige Verse sind wenig üblich.

Jede gesprochene Silbe besitzt rhythmische Geltung, wird also mitgezählt. Nur geschriebene, aber nicht gesprochene Silben zählen nicht mit. Da die Aussprache der früheren Zeiten vielfach verschieden war, so folgt daraus, dass mehrfach heute stumme, früher aber noch lautende Silben in älteren Dichtungen noch ihren Silbenwerth besitzen und also mitgesprochen und mitgezählt werden müssen. Namentlich gilt dies von dem Präteritalausgang -ed, den aber auch heutige Dichter noch zuweilen da als Silbe brauchen, wo er in Prosa keine Silbe mehr bildet.

Abstossung (Elision) des auslautenden Vocals vor anlautendem Vocal ist namentlich bei den Prokliticis the und to üblich.

Ausstossung inlautender tonloser Vocale ist sehr häufig.

Abstossung anlautender tonloser Silben ist, namentlich in der älteren Poesie, gestattet ('cause f. because u. dgl.).

Hiatus ist nicht beliebt, wird aber auch nicht streng vermieden.

6. Die Allitteration findet nur noch gelegentliche Verwendung, meist nur in feststehenden Wortverbindungen oder zu klangmalerischen Zwecken; die eigentlich rhythmische Bedeutung als Mittel zur Verbindung zweier zusammengehöriger Halbverse hat sie völlig verloren.

7. Zu einer Dichtung verbundene Verse können entweder durch den Reim mit einander rhythmisch gebunden werden oder aber ohne jede rhythmische Verbindung bleiben. Verse der letzteren Art heissen »Blankverse«, ein aus dem Italienischen entlehnter Ausdruck.

8. Der Reim ist, wie selbstverständlich, für das Ohr, nicht für das Auge bestimmt. Daraus folgt, dass einerseits zwar verschieden geschriebene, aber gleich lautende Silben mit einander reimen, andrerseits aber zwar gleich geschriebene, aber verschieden lautende Silben nicht mit einander reimen können. Die Reinheit des Reimes wird von den Dichtern oft vernachlässigt.

Die in der Aussprache eingetretenen Veränderungen machen es erklärlich, dass die von älteren Dichtungen, z. B. von Shakespeare, gebrauchten Reime nach heutiger Aussprache oft keine Reime mehr sind. Für den Studierenden ergiebt sich daraus die Pflicht, mit der Aussprache der älteren Zeit sich bekannt zu machen. Und andrerseits ist gerade die Beobachtung des Reimes ein treffliches Mittel, um sich über die frühere Aussprache, namentlich die der Vocale, klar zu werden.

Die Arten des Reimes nach Beschaffenheit und Stellung sind dieselben, wie in anderen Sprachen (reiner, unreiner Reim u. dgl.; stumpfer und klingender oder männlicher und weiblicher Reim; gepaarter und gekreuzter Reim).

9. Der üblichste Vers ist der fünfmal gehobene, tonjambische Zehnsilbner. Er kann gereimt und reimlos gebraucht werden. In letzterer Gestalt wandte ihn zuerst der Earl of Surrey († 1547) in seiner Uebersetzung des 2. und 4. Buches der Aeneide an. Die erste in Blankversen geschriebene Tragödie war der »Gorboduc« (oder »Ferrex and Porrex«) von Norton und Sackville (1561). Zum volksthümlichen Vers des Drama's aber wurde der zehnsilbige tonjambische Blankvers erst durch Marlowe's »Tamburlaine« (verfasst vor 1587, zuerst gedruckt 1590).

Der Blankvers ist der übliche Vers der höheren Dichtung geworden, vgl. Nr. 11.

10. Kunstvoll gegliederte Strophenbildungen werden wenig gebraucht, was sich zum Theil schon aus der Reimarmuth der Sprache erklärt. Die verhältnissmässig noch häufigste Verwendung finden das Sonett, die Spenserstanze und die Ottava Rima, vgl. § 56 Nr. 4.

11. In Folge dessen, dass die höhere Dichtung, namentlich das Drama, vorwiegend des Blankverses sich bedient, hat die rhythmische Form derselben sich der Prosa genähert. Denn der Blankvers ist, wie man mit einem anscheinenden Wider-

spruche sagen möchte, nichts weiter als scandirte Prosa, zumal dann, wenn die einzelnen Verse syntaktisch mit einander eng verkettet sind, so dass die Rede ohne rhythmische Pause von Vers zu Vers hinübergreift. So ist in der Blankversdichtung die rhythmische Form soweit beschränkt worden, als überhaupt es möglich ist — noch ein Schritt weiter, und die Prosa würde erreicht sein. Es hat sich eben auf rhythmischem Gebiete Aehnliches vollzogen, wie auf grammatischem. Die Auflösung der Flexion und die Auflösung oder, wie hier besser zu sagen sein wird, die Abschwächung der rhythmischen Structur sind ganz parallele Entwickelungen, welche in den gleichen psychischen Ursachen begründet sind und dem gleichen Ziele zustreben, dem Ziele der Befreiung der Rede von Formenzwang, der Erleichterung und Vergeistigung des Gedankenausdrucks. Der Weg von der kunstvoll gebauten Langzeile zu dem kunstlosen Blankverse bedeutet allerdings einen rhythmischen Niedergang, und vom künstlerischen Standpunkte aus möchte man beklagen, dass dieser Weg begangen wurde. Aber, allgemein betrachtet, war es doch der einzig richtige und durch die Culturentwickelung vorgezeichnete Weg, und auch andere Cultursprachen haben ihn begangen. Auch das will berücksichtigt sein, dass bei Loslösung der Dichtkunst von der Musik die rhythmische Form ihre festeste Stütze verliert, ja bis zu einem gewissen Grade sogar das Daseinsrecht. Die Trennung der Dichtkunst aber von der Musik ist die natürliche Folge der Verbreitung der Lesefertigkeit.

12. Wenn hinsichtlich der rhythmischen Form eine Annäherung der englischen Dichtung an die Prosarede stattgefunden hat, so ist darin doch keineswegs eingeschlossen, dass zwischen Dichtung und Prosa überhaupt keine Formenschranke mehr bestehe. Eine solche ist vielmehr vorhanden in dem Stile. Die englische Dichtersprache ist stilistisch, namentlich in Bezug auf Wortgebrauch, eine wesentlich andere, als die Prosarede, erhebt sich durch Eigenart und Würde weit über die letztere. In wenigen Sprachen ist die Rede der Poesie von der Rede der Prosa durch einen so weiten Abstand getrennt, wie im Englischen, und zwar nicht nur dann, wenn die Dichtung sich der rhythmischen, sondern auch wenn sie sich der unrhythmischen Form bedient, im letzteren Falle

freilich in minderem Masse. Es besteht in dieser Beziehung ein scharfer Gegensatz zwischen Englisch und Französisch, Aehnlichkeit dagegen zwischen Englisch und Italienisch. Ja, man darf sagen, dass hinsichtlich der Ausbildung des poetischen Stiles das Englische sich mit dem Griechischen vergleichen lässt. Es giebt Leute, welche, vielleicht nicht mit Unrecht, die gewöhnliche, praktischen Zwecken dienende englische Prosa unschön finden, ihr Mangel an Wohlklang nachsagen, Lebendigkeit und Beweglichkeit an ihr vermissen. Kein Kundiger aber wird solche Klagen über die poetische englische Rede erheben, sondern wird bewundernd anerkennen, dass sie in Schönheit des Ausdruckes und selbst in Wohlklang das Höchste leistet, was eine Sprache zu leisten vermag. Nur freilich ist zu beherzigen, dass das Leistungsvermögen einer jeden Sprache beschränkt und immer nur nach bestimmten Richtungen hin besonders entwickelt, nach anderen dagegen nur wenig oder gar nicht entwickelt ist. Man darf also nicht fordern, dass das Englische alles überhaupt Mögliche leiste —, es ist ja schon durch den analytischen Bau der Sprache von vornherein die Anwendung gewisser Kunstmittel ausgeschlossen, deren synthetische Sprachen sich bedienen, während andrerseits Kunstmittel verfügbar sind, deren synthetische Sprachen entbehren. Die Schönheit kann eben immer nur eine individuale sein.

§ 61. Litteraturangaben. Ein wissenschaftlichen Ansprüchen gerecht werdendes Lehrbuch der englischen Rhythmik ist nicht vorhanden, das SCHIPPER'sche (s. unten) behandelt vorläufig nur die Entwickelung der Rhythmik bis auf Lindesay, also bis zum Beginn des 16. Jahrhunderts.

a) Allgemeines[1]). GUEST, A History of English Rhythms. L. 1838, New Ed. edited by SKEAT, L. 1882 (der Text des Buches ist in der 2. Ausg. im Wesentlichen derselbe, wie in der 1., ist also nicht den jetzigen wissenschaftlichen Anforderungen entsprechend umgearbeitet worden. Das von

---

[1]) Von älteren Schriften über Rhythmik (Metrik) seien hier als besonders wichtig genannt: GASCOIGNE, Certayne Notes of Instruction concerning the Making of Verse or Ryme in English 1575; WEBBE, Discourse of English Poetrie 1586; PUTTENHAM, Art of English Poesie 1589; SIDNEY, Apologie for Poetrie 1595 (diese vier Schriften sämmtlich in ARBER's Reprints neu erschienen). MITFORD, An Inquiry into the Principles of Harmony in Language and of the Mechanism of Verse Modern and Ancient, 2. Ed. L. 1804.

SCHIPPER a. a. O. p. 2 und von MAYOR in den Transact. of the Philol. Soc. 1873/74, p. 624, über das Buch ausgesprochene Urtheil bleibt demnach in Kraft. GUEST's Werk ist, namentlich vom Standpunkte heutiger Anschauungen aus betrachtet, gründlich verfehlt, weil es von irrigen Principien ausgeht [1]. Nichtsdestoweniger ist das Buch wegen des in ihm zusammengebrachten Materials und der zuweilen geistvollen Bearbeitung desselben höchst werthvoll und kann bei einem eingehenderen Studium der Rhythmik nicht entbehrt werden) — SCHIPPER, Englische Metrik. Erster Theil: Altenglische Metrik. Bonn 1881 (bedeutendes Werk, so heftig es auch in Bezug auf einige seiner Kapitel angegriffen worden ist), vgl. Anglia V, Anz. 30, Literaturbl. f. rom. u. germ. Phil. III, 133. Ueber die in Betreff des sog. Otfrid'schen Verses zwischen TRAUTMANN, EINENKEL u. MENTHEL einerseits und SCHIPPER andrerseits bestehende Meinungsverschiedenheit, vgl. oben § 58 — MAYOR, Dr. Guest und Dr. Abbott on English Metre, in Transact. of the Philol. Soc., L. 1873/74, p. 624; English Metre, ebenda 1875/76 II, 397, App. 449 (vgl. ELLIS, ebenda 435 und 456 und 1577/79, p. 257); und: Chapters on English Metre. L. 1886 (wichtige Schriften) — GOMME, Rhythmical Laws, in: The Antiquary VIII, 12 u. 164 — WITCOMB, On the Structure of English Verse. Paris 1884, vgl. Literaturbl. f. germ. u. rom. Phil. 1885, Sp. 39 — HOOD, Practical Guide to English Versification. New Ed. L. 1877 (2 sh. 6 d.) — LANIER, The Science of English Verse. New York 1880 ("a work planned to be at once a popular treatise for the general reader and a manual for the academic student". Vgl. ELZE, Grundriss, p. 354).

b) Schriften zur ags. Rhythmik. SCHUBERT, De Anglo-Saxonum re metrica. Berlin 1870 (der Verf. tritt für Lachmann's Vierhebungstheorie ein)[2], — VETTER, Zum Muspilli und zur altgerman. Alliterationspoesie. Wien 1872 (gegen Lachmann) — RIEGER, Die alt- u. ags. Verskunst, in Ztschr. f. dtsche Philol. Bd. VII, auch in Sonderdruck erschienen (treffliche Arbeit) — SIEVERS, Zur Rhythmik des german. Alliterationsverses, in Paul's u. Braune's Beitr. X, 209 u. 451 (hochbedeutende, ebenso geniale wie gelehrte Untersuchung, deren eingehendes Studium jedem Germanisten, also auch jedem Anglisten, unerlässlich ist) — SARRAZIN, Ags. Quantitäten, in Paul's und Braune's Beitr. IX, Heft 2 u. 3 — LUICK, Ueber den Versbau des ags. Gedichtes Judith, in Paul's u. Braune's Beitr. XI, Heft 3. LOCH, De alliteratione, Halle 1876 Diss.[3].

---

[1] »GUEST macht die älteste Form englischer Poesie, nämlich die alliterirende Langzeile oder vielmehr die rhythmische Section derselben, wie er sich ausdrückt, zur Basis auch der späteren, unter ganz anderen Einflüssen sich entwickelnden englischen Verskunst und zieht aus dieser Voraussetzung dann natürlich ganz falsche Schlüsse.« SCHIPPER a. a. O. p. 2.

[2] Vgl. LACHMANN, Ueber das Hildebrandslied, in: Abh. d. Berl. Akad. d. Wissensch. 1833 — MÜLLENHOFF, De carmine Wessofontani et de versu ac stropharum usu apud Germanos antiquissimos. Berlin 1861.

[3] Ueber die Alliteration im Neuenglischen, vgl. ZEUNER, Die Allitt. b. neuengl. Dichtern, Halle 1880 Diss. — SEITZ, Zur Allitt. im Neuengl. Itzehoe 1883/84 Progr., vgl. Literaturbl. f. germ. u. rom. Phil. 1883, Sp. 193.

c) **Zur alt- und mittelenglischen Rhythmik**[1]. Besondere Werke über das Gesammtgebiet der alt- u. mittelenglischen Rhythmik sind nicht vorhanden, dagegen sind Einzelfragen derselben mehrfach sehr eingehend behandelt worden (man sehe den nächsten Abschnitt). In den Ausgaben alt- und mittelenglischer Texte sind häufig einleitende mehr oder weniger ausführliche Bemerkungen, bezw. Untersuchungen auch über die Rhythmik des betr, Litteraturwerkes zu finden.

d) **Schriften über einzelne Versarten:**

α) Der sog. Otfrid'sche Vers. TRAUTMANN, Ueber Laȝamon's Vers, in Anglia II, 153; Zur alt- und mittelenglischen Verslehre, in Anglia V, Anz. 111 (nimmt Bezug auf SCHIPPER's ebenda, p. 88, erschienenen Aufsatz »Zur altengl. Wortbetonung« sowie auf desselben englische Metrik, welche zwei Jahre nach Tr.'s Abhandlung über Laȝ.'s Vers erschienen war; SCHIPPER seinerseits antwortete mit »Metrischen Randglossen« in Engl. Stud. IX, 164); TRAUTMANN, Otfrid etc., in Anglia VII, Anz. 211. Metrische Antglossen[2], in Anglia VIII. Anz. 246 (Antwort auf SCHIPPER's Randglossen in Engl. Stud. IX, 184, SCHIPPER entgegnete dann abermals in Engl. Stud. X, 192) — EINENKEL, Ueber die Verfasser einiger neuags. Schriften. Leipzig 1881 (Bonner Diss.); Ueber den Verf. der neuags. Legende von Katharina, in Anglia V, 91; Recension von Schipper's Metrik in Anglia V, Anz. 30 u. 139; Ausg. der Katharinenlegende in E. E. T. S. Nr. 60; Der Sermo Lugi ad Anglos, ein Gedicht, in Anglia VII, Anz. 200; Zu Schipper's metrischen Randglossen, in Engl. Stud. IX, 368 — MENTHEL, Zur Geschichte des Otfrid'schen Verses im Englischen, in Anglia VIII, Anz. 49 — WISSMANN, Recension der Schipperschen Metrik im Litteraturbl. f. germ. u. rom. Phil. 1882, Sp. 133; Zur mittelengl. Wortbetonung, in Anglia V, 466 (betrifft den Otfrid-Streit nur mittelbar) — SCHIPPER, Altengl. Metrik, s. oben; Zur Zweihebungstheorie der allitterirenden Langzeile, in Engl. Stud. V. 488 Entgegnung auf WISSMANN's Recension); Zur altengl. Wortbetonung, in Anglia V, Anz. 88 (Entgegnung auf den ersten Theil von Einenkel's Recension); Metrische Randglossen, in Engl. Stud. IX, 164 und X, 192.

β) Die allitterirende Langzeile späterer Zeit: SKEAT, An Essay on Allitterative Poetry, extracted from Vol. III of Bishop Percy's Folio Ms. London 1867/68 — ROSENTHAL, Die allitt. engl. Langzeile im 14. Jahrh., in Anglia I, 414.

γ) Der Blankvers[3]. SCHRÖER, Ueber die Anfänge des Blank-

---

[1] Ueber anglo-normannische Rhythmik vgl. namentlich SUCHIER in Anglia II, 215 und dessen Einleitung zu seiner Ausg. der Vie de St. Auban. SUCHIER's Aufstellungen haben lebhaften Widerspruch gefunden, doch kann auf die betr. Controverse hier nicht eingegangen werden. Vgl. besonders ROSE, Ueber Jordan Fantosme's Metrik, in Roman. Stud. V, 301.

[2] Ant-glossen gebildet nach Analogie von Antwort.

[3] Eine höchst ausführliche und genaue, aber freilich auch ganz unmethodische und erschreckend gedankenöde Uebersicht über den Bau des Blankverses bei Shakespeare hat ABBOTT in seiner Shakespearian Grammar gegeben.

verses in England, in Anglia IV, 1 — WAGNER, The English Dramatic Blank Verse before Marlowe. Theil I, Osterode 1881 Progr.

δ) Der Hexameter· CAYLAY, Remarks and Experiments on English Hexameters, in den Transact. of the Philol. Soc. 1862/63, Part. I, 67. — ELZE, Der englische Hexameter. Dessau 1867 Progr.

e) Ueber Versbau und Poetik in einzelnen ags., alt- und mittelenglischen Dichtungen: HOFFMANN, Die Reimformeln im Westgermanischen. Freiburg i. B. 1885 Diss. — HEINZEL, Ueber den Stil der altgerman. Poesie, in Quellen und Forschungen X — BODE, Die Kenningar in der ags. Dichtung. Leipzig und Darmstadt 1886 (bedeutende Arbeit), vgl. Literaturbl. f. germ. u. rom. Phil. 1887, Sp. 10 — MERBOT, Aesthetische Studien zur ags. Poesie, Breslau 1883, vgl. Anglia VI, Anz. p. 100 — MERBACH, Das Meer in der Dichtung der Angelsachsen, Breslau 1884, Diss. (ebenso, wie die von MERBOT, eine gute Arbeit) — BANNING, Die epischen Formeln im Béowulf, I. Die verbalen Synonyma. Marburg 1886 Diss. — HOFFMANN, Der bildliche Ausdruck im Béowulf und in der Edda, in Engl. Stud. VI, 163 — SCHEMANN, Die Synonyma im Béowulfsliede mit Rücksicht auf Composition und Poetik des Gedichtes. Münster 1882 Diss. — ZIEGLER, Der poet. Sprachgebrauch in den sog. Cädmon'schen Dichtungen. Münster 1883 Diss. — JANSEN, Beiträge zur Synonymik und Poetik der allgemein als ächt anerkannten Dichtungen Cynewulf's. Münster 1883 Diss. — LUICK, Ueber den Versbau des ags. Gedichtes Judith, in Paul's und Braune's Beitr. XI, Heft 3 — BÖRSCH, Ueber Metrik u. Poetik der altengl. Dichtung the Owl and the Nightingale. Münster 1883 Diss. — SCHMIRGEL, Stil und Sprache des mittelengl. Epos Sir Bewes of Hamtoun. Leipzig (?) 1886 — WISSMANN, King Horn, Untersuchungen zur mittelenglischen Sprach- und Culturgeschichte. Strassburg 1876 (Quellen und Forschungen XVI) — CARO, Horn Child and Maiden Rimnild, Eine Untersuchung über den Inhalt, die Sprache und die Form des Gedichtes, Breslau 1886 Diss. — HOFMANN, Ueber Sprache und Stil des altengl. Lai Havelok þe Dane. 1886 Diss. — SCHLÜTER, Ueber die Sprache und Metrik der mittelenglischen weltlichen und geistlichen Lieder des Ms. Harl. 2253, in Herrig's Archiv LXXI, 153 und 357.

f) Schriften über den Versbau einzelner neuenglischer Dichter[1]: TEN BRINK, Chaucer's Sprache und Verskunst. Leipzig 1884 — TYRWHITT, On the Versification of Chaucer, in der Einleitung zu seiner Chaucer-Ausg. — COOTE, Chaucer's Ten Syllable Verse, in The Antiquary VIII, 5 — LINDNER, The Allitteration in Chaucer's Canterbury Tales. Rostock 1876 Diss. — SCHIPPER, De Marlovii versu. Bonn 1867 — Ueber Shakespeare's Versbau hat am eingehendsten ABBOTT in seiner Shakespearian Grammar gehandelt. Ausserdem sind von besonderer Wichtigkeit TYCHO MOMMSEN's auf Grund sorgsamster Beobachtung gegebenen Bemerkungen in den Prolegomenis zu seiner Ausgabe von Romeo und Juliet (Oldenburg 1859). Ausserdem seien hier genannt: HILGERS, Der dramat. Vers Sh.'s.

---

[1] In Bezug auf die Rhythmik darf wohl auch Chaucer als neuenglischer Dichter gelten.

Aachen 1848/69, 2 Progre., und: Sind nicht in Sh. noch manche Verse wiederherzustellen, welche alle Ausgaben des Dichters als Prosa geben? Aachen 1852 Progr. — BROWNE, Notes an Sh.'s Versification with an Appendix on the Verse Tests. Boston 1884 — HICKEY, On the Use of Trochaic Pentameter by Shakespeare and Others, in The Academy XIX, 346 — BRINKER, Die Poetik Shakespeare's in den Römerdramen. Münster 1884 Diss. Auf die sonstige ziemlich umfängliche Litteratur über die Shakespeare-Rhythmik und namentlich über die Verwerthung der sog. Verse Tests für die Chronologie der Shakespeare-Dramen kann hier nicht näher eingegangen, sondern es muss bezüglich ihrer auf die Shakespeare-Bibliographien verwiesen werden; es werde nur bemerkt, dass die Arbeiten FURNIVALL's, INGRAM's, FLEAY's u. A. meist in den Publicationen der New Shakespeare Society erschienen sind — FURNIVALL, Fletcher's and Shakespeare's Triple Endings, in The Academy XVIII, 27 — WILKE, Metrische Untersuchungen zu Ben Jonson. Halle 1885 Diss. — v. SCHOLTEN, Metrische Untersuchungen zu John Marston's Trauerspielen. Halle 1886 Diss. — BARTLING, Rhymes of English Poets of the 19. century. Rostock 1873 Diss.

g) Zur Geschichte der Rhythmik: LENTZNER, Ueber das Sonett und seine Gestaltung in der englischen Dichtung bis Milton. Halle 1886 (Leipziger Diss.) — FEHSE, Henry Howard, Earl of Surrey. Ein Beitrag zur Geschichte des Petrarchismus in England. Chemnitz 1883 Progr. — QUOSSEK, Sidney's Defence of Poesy und die Poetik des Aristoteles. Krefeld 1884 Progr., vgl. Literaturbl. f. germ. u. rom. Philol. 1881, Sp. 182 — ALSCHER, Sir Thomas Wyatt und seine Stellung in der Entwickelungsgeschichte der englischen Litteratur und Verskunst. Wien 1886 (bedeutende Arbeit) — BRUNSWICK, Wordsworth's Theorie der poetischen Kunst. Halle 1884 Diss.

h) Reimwörterbücher: LONGMUIR, Rhythmical Index to the English Language. L. 1877 — WALKER, Rhyming Dictionary of the English Language. New Ed. by LONGMUIR (with a chapter explaining the use of the Dictionary in deciphering errors in telegrams!), L. 1878 — BARNUM, A Vocabulary of English Rhymes. New York u. L. 1877.

# Neuntes Kapitel.

## Bemerkungen
## über die Geschichte der englischen Litteratur.

Vorbemerkung. Der Verfasser des vorliegenden Buches hat kürzlich einen »Grundriss der Geschichte der englischen Litteratur von ihren Anfängen bis zur Gegenwart« veröffentlicht (Münster i. W. 1887,

H. Schöningh). Man wird es um desswillen gewiss gerechtfertigt finden, dass er im Folgenden auf einige wenige Bemerkungen über die englische Litteraturgeschichte sich beschränkt, im Uebrigen aber auf sein oben genanntes Buch verweist [1]).

§ 62. Der Umfang der englischen Litteratur.

1. Die englische Litteratur umfasst drei Einzellitteraturen: die nationalenglische, die schottische und die nordamerikanische [2]). Von diesen ist die nationalenglische die bedeutendste, die beiden andern sind nur als Abzweigungen derselben zu betrachten.

2. Unter schottischer Litteratur versteht man nur diejenige Litteratur, welche vom 14. bis zum 16. Jahrhundert in dem noch selbständigen Königreiche Schottland aufblühte, von nationalschottischen Ideen erfüllt war und des schottischen Dialektes sich bediente. Ihr erster hervorragender Vertreter ist Barbour (Verf. des Bruce), ihre letzten Lyndesay u. Knox. Vgl. Nichol, A Sketch of Scottish Poetry etc. (Vorwort zu Hall's Ausg. des »Monarche« von Lyndesay, E. E. T. S. Nr. 11) und Schipper, William Dunbar, Berlin 1884, p. 5.

Die späteren aus Schottland stammenden Schriftsteller und Dichter (z. B. Burns, W. Scott, Carlyle) müssen als zur nationalenglischen Litteratur gehörig betrachtet werden, da das specifisch schottische Element in ihren Werken eine verhältnissmässig geringe Bedeutung besitzt und da sie vorwiegend die englische Schriftsprache brauchen, wenn auch mit, zuweilen erheblicher, dialektischer Beimischung.

3. Die nordamerikanische Litteratur ist zu höherer Be-

---

1) Hauptgrund zu diesem Verfahren ist dem Verfasser die ihm dem Verleger des Grundrisses gegenüber obliegende ebensowohl rechtliche wie moralische Verpflichtung, kein Buch, welches dem Grundriss irgendwie Concurrenz zu machen geeignet wäre, in einem andern Verlage erscheinen zu lassen. Ursprünglich war der Grundriss bestimmt, ein Theil der Encyklopädie zu werden, äussere Verhältnisse verhinderten zu des Verfassers Bedauern die Ausführung dieses Planes.

2) Dagegen hat man keinen Anlass, etwa auch von einer irischen und australischen Litteratur zu sprechen. Die aus Irland stammenden englischen Schriftsteller und Dichter (z. B. Swift, Moore) gehören der englischen Nationallitteratur an. Australien aber (und Neuseeland) sind, wie sehr erklärlich, bis jetzt höchstens auf dem Gebiete der Journalistik litterarisch fruchtbar gewesen. Die Zeit aber wird sicherlich bald kommen, wo auch eine australische Litteratur aufblühen wird.

deutung erst seit der Begründung des vereinigten Staatenbundes gelangt, ist also nur wenig über ein Jahrhundert alt. Nichtsdestoweniger sind die Summe und der innere Werth ihrer Hervorbringungen bereits sehr ansehnlich, und wenn sie auch im Wesentlichen auf den von der europäischen Geistesentwickelung vorgezeichneten Bahnen gewandelt ist [1]), so fehlt es ihr doch keineswegs an individuellen und originellen Zügen, welche im Laufe der Zeit wohl noch schärfer hervortreten werden.

Charakteristisch für die amerikanische Dichtung ist die Neigung einerseits zur Romantik, andrerseits zum Humor, eine Doppelneigung, welche scheinbar in seltsamem Gegensatze steht zu dem realistischen Zuge des amerikanischen Lebens, aber gerade aus diesem sich erklären lässt. Je mehr das praktische Leben einseitig der Pflege der materiellen Interessen sich zuwendet, desto lebhafter macht sich das Bedürfniss nach geistiger Ausspannung und Auffrischung im romantischen Phantasiespiele geltend. Daraus auch begreift es sich ja, dass der religiöse Mysticismus in Amerika so üppige und so wunderliche Blüthen treibt. Andrerseits regt die Nüchternheit eines vorwiegend materiellen Interessen dienstbaren Daseins den, welcher Höheres kennt und begehrt, zu humoristischer Betrachtung der Menschen und Verhältnisse an.

Innerhalb der ästhetischer Redeform sich bedienenden Prosalitteratur Nordamerika's nimmt die Geschichtsschreibung die hervorragendste Stellung ein. Auch dies ist eine scheinbar seltsame und doch wohl erklärliche Erscheinung. In die Vergangenheit flüchtet am liebsten, wer in der Gegenwart volle Befriedigung nicht findet. Ebenso versetzt sich, wenigstens geistig, gern in das Ausland, wer in der Heimath sich nicht voll behaglich fühlt. Darum zieht es den Amerikaner, der höhere Bildung und idealen Sinn besitzt, so nach Europa's alten Culturländern hin, darum aber auch in die Zeiten der Vergangenheit.

4. Die nationalenglische Litteratur schliesst, wie selbstverständlich, die angelsächsische in sich ein. Dadurch erhält

---

[1] Es ist von Wichtigkeit, zu bemerken, dass wohl alle bedeutenderen amerikanischen Dichter und Schriftsteller sich lange Jahre in Europa, namentlich in England und in Deutschland, aufgehalten haben.

sie einen nach dem frühen Mittelalter sich ausdehnenden zeitlichen Umfang, welcher denjenigen der übrigen germanischen Litteraturen sowie den der romanischen weit übertrifft [1]. Das verleiht der ags. Litteratur einen besonderen Werth und ein besonderes Interesse. Durch die ags. Dichtung schauen wir am weitesten in das altgermanische vorchristliche Geistesleben hinein [2], wenn auch freilich das, was wir schauen, leider nur eine eng begrenzte und trübe Bildfläche ist.

§ 63. **Die Hülfsmittel für das Studium der englischen Littteratur** [3]. 1. Ein Lehrbuch der englischen Litteraturgeschichte, welches für das wissenschaftliche Studium empfohlen werden könnte, fehlt leider noch immer. Die vorhandenen Werke leiden sämmtlich, wenn auch in verschiedenem Maasse, an so erheblichen Mängeln, dass sie nur in sehr bedingtem Sinne als brauchbar bezeichnet werden dürfen. Am ehesten mag der Studierende noch SHAW's und CRAIK's Litteraturgeschichten benutzen, obwohl auch sie namentlich für die ältere Zeit und hinsichtlich der abgegebenen ästhetischen Urtheile sehr Vieles zu wünschen übrig lassen. Wenn also ein den berechtigten wissenschaftlichen Ansprüchen genügendes Werk über die englische Gesammtlitteraturgeschichte vermisst wird, so entschädigt dafür einigermaassen das Vorhandensein trefflicher Werke über einzelne Perioden und Gebiete derselben. Namentlich sind da für die ältere Zeit WARTON's und TEN BRINK's Litteraturgeschichten zu nennen, die erstere werthvoll als reichhaltige Materialiensammlung, die letztere (in ihrem bis jetzt einzigen ersten Bande bis auf Wiclif reichend) ausgezeichnet durch Gründlichkeit des Inhaltes und geschmackvolle Darstellung.

---

[1] Die Angelsachsen haben am frühesten unter allen germanischen Völkern mit der Litteratur und Wissenschaft des römischen Alterthums sich befreundet, gelehrte Schulen errichtet und wissenschaftliche Studien gepflegt. Man erwäge, dass um 700 — also zu einer Zeit, wo in Deutschland und vollends in Skandinavien an Wissenschaft und Litteratur noch nicht zu denken war — ein Beda und ein Aldhelm wirkten. Zu Karl's d. G. Zeit waren Angelsachsen die Lehrer der Deutschen.

[2] Die altnordische Litteratur reicht nicht so weit zurück, wie die angelsächsische, wenn sie auch freilich grösseren Umfang besitzt und reicheres Material darbietet, als diese.

[3] Alle näheren bibliographischen Angaben sehe man in KÖRTING's Grundriss.

Weil also der Studierende nicht die Möglichkeit besitzt, sich über die englische Gesammtlitteraturgeschichte aus einem Lehrbuche in ausreichender Weise unterrichten zu können, so ist ihm um so dringender anzurathen, den Besuch der einschlägigen Vorlesungen, besonders solcher über neuere Litteratur, nicht zu versäumen. Bei der Ausarbeitung der Collegienhefte nehme er eins der besseren Compendien zu Hülfe, um sich vor etwaigen Irrthümern in der Schreibung von Eigennamen und Büchertiteln, in Jahreszahlen u. dgl. zu sichern. Der von dem Verfasser der Encyklopädie herausgegebene Grundriss ist besonders diesem Zwecke zu dienen bestimmt; ob er sich freilich dazu eignet, muss erst die Erfahrung lehren.

2. Für eingehendere Einzelstudien dürften besonders folgende Bücher zu empfehlen sein:

a) Für die angelsächsische Zeit WÜLKER, Grundriss zur Geschichte der ags. Litt., TEN BRINK's Litteraturgeschichte und der 3. Band von EBERT's Allgem. Geschichte der Litt. des Mittelalters.

b) Für die alt- und mittelengl. Zeit TEN BRINK's Litteraturgeschichte.

c) Für CHAUCER fehlt leider ein umfassenderes Werk, indessen findet man in HERTZBERG's Uebers. der Canterbury Tales das Nöthigste leidlich beisammen, nur freilich sind dort, weil das Buch schon 1870 erschienen ist, die Ergebnisse der neuesten Forschungen noch nicht verwerthet.

d) Für SHAKESPEARE die Biographien von ELZE und von KOCH, namentlich die letztere, welche, ein Meisterwerk in ihrer Art, zugleich eine Uebersicht über die Gesammtlitteratur des elisabethanischen Zeitalters gibt [1].

e) Für MILTON das Werk von STERN.

f) Für DRYDEN, POPE und ADDISON das schöne Buch von BELJAME, Le public et les hommes de lettres en Angleterre au 18. siècle.

g) Für die Litteratur des ausgehenden 17. und des 18. Jahrhunderts das bekannte Buch von HETTNER.

h) Für die Litteratur des 19. Jahrhunderts fehlt es an einem brauchbaren Buche (das unlängst erschienene von BLEIBTREU hat nur den Werth eines Lückenbüssers). Dagegen sind mehrere gute Biographien zu nennen: für Scott u. für Byron die von ELZE, für Coleridge die von BRANDL.

Recht nachdrücklich werde noch auf die inhaltreichen litterargeschichtlichen Essays von MACAULAY u. THACKERAY aufmerksam gemacht [2] sie geben freilich wenig Thatsachen, aber um so mehr anregende Gedanken und weite Gesichtspunkte.

3. Am besten wird die Litteraturgeschichte dadurch be-

---

[1] Eine umfassende Geschichte des englischen Drama's von den Anfängen bis einschliesslich zum Zeitalter der Königin Anna ist von WARD geschrieben worden.

[2] In der Tauchnitz-Sammlung erschienen.

trieben, dass man in angemessener Auswahl sich durch eigene
Lectüre mit den bedeutendsten Schriftstellern und Litteraturwerken bekannt macht. Selbstverständlich sind nun freilich,
namentlich während der beschränkten Zeit des akademischen
Studiums, auch dem eifrigsten Bemühen in dieser Beziehung
enge Grenzen gesteckt. Von dem Vielen, was man lesen
sollte, kann man immer nur verhältnissmässig Weniges lesen.
Aber bei vernünftiger Ausnutzung der Zeit lässt sich doch
Einiges thun, und es ist dabei ja in Betracht zu ziehen, dass
die Lectüre von Dichtungswerken, namentlich solchen der
neueren Zeit, bei denen die Sprache keine oder doch nur
geringe Schwierigkeit macht, vielmehr ein Genuss als eine
Arbeit ist und also sehr wohl auch in Erholungsstunden vorgenommen werden kann.

Die Benutzung von Chrestomathien hat, theoretisch betrachtet, gewiss grosse Bedenken gegen sich, praktisch aber
ist sie doch nicht zu umgehen. Und so wird der Studierende
zu einem Theile sich begnügen müssen, gewisse Litteraturwerke, ja ganze Litteraturperioden oder -gebiete, wenigstens
zunächst, aus Chrestomathien kennen zu lernen. Werden die
betr. Bücher gut ausgewählt, so ist der Schaden mindestens
nicht allzu gross. Man nehme für das Angelsächsische Sweet's
Anglo-Saxon Reader, für das Alt- und Mittelenglische Mätzner's Altengl. Sprachproben (diese, nebenbei bemerkt, ein Buch,
das jeder Studierende der englischen Philologie besitzen sollte),
für das Neuenglische Herrig's British Classical Authors, ein
freilich nicht eben vollkommenes, aber doch praktisch brauchbares Buch. — Eine Art Chrestomathie der so bedeutsamen
dramatischen Litteratur des elisabethanischen Zeitalters ist
Bodenstedt's Sammlung: Shakespeares Zeitgenossen und ihre
Werke in Charakteristiken und Uebersetzungen.

§ 64. Eintheilung der englischen Litteraturgeschichte. 1. Die in der zweiten Hälfte des 14. Jahrhunderts erfolgte Ausbildung der nationalen Schriftsprache
scheidet die englische Litteraturgeschichte in zwei grosse Zeit-
räume, deren ersten man kurz als den mittelalterlichen, den
zweiten als den neuzeitlichen bezeichnen kann. Mit der üblichen Chronologie, wonach das Mittelalter sich bis zur Ent-
deckung Amerika's erstreckt, stimmt das freilich nicht überein,

es ist aber zu bemerken, dass cultur- und litterargeschichtlich das Mittelalter der westeuropäischen Völker mit dem Aufkommen der Renaissancebildung abschliesst. So auch in England.

2. Der mittelalterliche Zeitraum lässt sich ungezwungen in zwei Perioden zerlegen, die angelsächsische und die altenglische, deren Grenzscheide zeitlich durch die Mitte des 13. Jahrhunderts, sprachlich durch die nahezu vollendete Zerstörung der alten Flexionsformen und durch die Aufnahme französischer Elemente in den Wortschatz gekennzeichnet wird. Die angelsächsische Periode theilt sich in die altangelsächsische und in die neuangelsächsische Zeit. Eine scharfe Abgrenzung ist freilich nicht möglich, denn durch die normannische Eroberung wird dieselbe eigentlich nicht gegeben. Der Verfall der Flexion, die Lockerung des Versbaues, das Aufkommen des sog. Otfrid'schen Rhythmus, das völlige Erlahmen des dichterischen Schaffungsvermögens, das Ueberwuchern einer lehrhaft breiten theologischen, bzw. asketischen Litteratur — alle diese für die neuags. Litteratur bezeichnenden Erscheinungen sind bereits um die Wende des Jahrtausends wahrnehmbar. — Die altags. Zeit zerfällt, theoretisch betrachtet, in zwei Epochen, die der Dialectdichtung und die der westsächsischen Schriftsprache. Praktisch ist jedoch diese Unterscheidung nahezu bedeutungslos, da mit geringfügigen Ausnahmen sämmtliche ags. Litteraturwerke uns nur in westsächsischer oder doch in einer dieser nahestehenden Sprachform überliefert sind.

3. Der neuzeitliche Zeitraum wird eröffnet von einer nach üblicher Rechnung noch zum Mittelalter gehörigen, bis zum Beginn des 16. Jahrhunderts sich erstreckenden Uebergangsperiode, die mittelenglische Zeit. Von da ab lassen sich nach den einander ablösenden Geistesströmungen folgende Perioden unterscheiden:

Die Periode der Renaissance und der Reformation, etwa vom Beginne des 16. bis etwa zum Ende des ersten Viertels des 17. Jahrhunderts.

Die Periode des Puritanismus, etwa vom Beginne des zweiten Viertels des 17. Jahrhunderts bis zur Wiedereinsetzung der Stuarts (1660).

Die Periode des Pseudoclassicismus, von der Wiedereinsetzung der Stuarts (1660) bis etwa zum Beginne der vierziger Jahre des 18. Jahrhunderts (1744 stirbt Pope). Die Periode der sog. Rückkehr zur Natur[1]), etwa vom Beginne der vierziger Jahre bis etwa zum Ende des 18. Jahrhunderts (Auftreten Walter Scott's). Die Periode der Romantik, etwa vom Ende des 18. Jahrhunderts bis etwa zum Ausgange der zwanziger Jahre des 19. Jahrhunderts (1824 stirbt Byron, 1829 erstes Auftreten Tennyson's). Die Periode des Neuclassicismus und des Realismus, etwa vom Ausgange der zwanziger Jahre des 19. Jahrhunderts bis zur Gegenwart.

§ 65. Die Entwickelung der englischen Litteratur. 1. Bemerkenswerth, weil charakteristisch für die englische Litteratur, ist zunächst, dass dieselbe den Einwirkungen anderer Litteraturen oder, was hier auf dasselbe hinauskommt, ausländischen Einflüssen gegenüber stets eine verhältnissmässig grosse Widerstandskraft bewiesen hat. Freilich eben nur eine verhältnissmässig grosse, keine unbedingte Widerstandskraft, indessen doch eine grössere, als manches andere Culturvolk besessen hat. Jedenfalls hat die englische Litteratur nie eine wirkliche Entnationalisirung erlitten, sondern auch dann, wenn sie unter fremdem Einflusse stand, den innersten Kern ihres nationalen Wesens sich zu erhalten gewusst. Namentlich sind zwei Thatsachen hervorzuheben. Erstlich, dass die Einwirkung der Renaissance in England nicht, wie in Frankreich, einen litterarischen Bruch mit der Vergangenheit herbeigeführt hat. Sodann — was freilich, genau genommen, in dem Ersten mit eingeschlossen ist —, dass der aus Frankreich über den Canal gedrungene Pseudoclassicismus auf englischem Boden nur für kurze Zeit eine, noch dazu sehr eingeschränkte, Herrschaft zu erlangen vermocht hat. So hat die englische Litteratur innerhalb der internationalen Culturströmungen immer — hierin der spanischen vergleichbar, mit der sie aber auch sonst in

---

1) Ein höchst ungeeigneter, aber (namentlich durch HETTNER's Buch) üblich gewordener Ausdruck. Besser würde man die betr. Periode als die vorromantische bezeichnen, auch »Sturm- und Drangperiode« wäre ein passender, nur freilich zu unbestimmter Name.

mancher wichtigen Hinsicht sich vergleichen lässt — eine rühmliche Selbständigkeit behauptet. Nur eine wesentliche und doch auch wieder unwesentliche Ausnahme ist vielleicht zuzugestehen. Es will scheinen, als ob die älteste angelsächsische Litteratur sehr nachhaltig durch die skandinavische (dänische) beeinflusst, ja durch diese geradezu verdrängt worden sei. Manches deutet darauf hin, so namentlich der offenbar dänische Ursprung der Béowulfsage. Indessen es will im Grunde nicht viel besagen, wenn es sich wirklich so verhalten sollte. Dänen und Angelsachsen waren einander so stammverwandt, dass sic als Angehörige desselben Volkes betrachtet werden dürfen. Eine etwa erfolgte Danisirung der ags. Litteratur war also keine Entnationalisirung.

Abgesehen von dem zu vermuthenden, aber nicht sicher nachzuweisenden skandinavischen Einflusse haben namentlich die lateinische und die französische Litteratur auf die Entwickelung der englischen eingewirkt. Die lateinische, wenigstens die classisch-lateinische indessen mehr nur formal, in sprachlicher (lexikalischer und syntaktischer) Beziehung, ausserdem in der Uebermittelung der antiken Mythologie und in der Einbürgerung der Allegorie; bei dem letzteren Vorgange wirkten allerdings auch andere Factoren mit. Nachbildungen classisch-lateinischer Werke, wie z. B. der anderwärts oft abgeklatschten Aeneide, haben verhältnissmässtg nur selten stattgefunden; litterarische, d. h. hier litterargeschichtliche Bedeutung besitzt von derartigen Nachahmungen wohl nur der dem Seneca abgeborgte »Gorboduc«. Weit öfter sind spätlateinische, bezw. christlich-lateinische Werke Gegenstand der Nachbildung gewesen, indessen hat dies Abhängigkeitsverhältniss weit mehr für das kirchliche und wissenschaftliche Leben, als für die Litteratur im engeren Sinne des Wortes Bedeutung gehabt, diese ist nur insofern davon berührt worden, als das Eindringen der Allegorie dadurch gefördert worden sein mag.

Die französische Litteratur ist zweimal in leitender Stellung und beeinflussender Weise mit der englischen in nahe Berührung getreten: zuerst im späteren Mittelalter, sodann in dem, sehr mit Unrecht, nach der Königin Anna benannten Zeitalter. Beide Male hat die Berührung nachhaltige Spuren hinterlassen, aber doch auch nur mehr sprachlicher und ausserdem rhythmischer, als eigentlich litterarischer Art. Alles in Allem genommen dürfte der englische Einfluss auf die Entwickelung der französsischen Litteratur weit bedeutender gewesen sein, als umgekehrt, zumal in der Neuzeit, wo ja wiederholt Frankreich die fruchtbringendsten geistigen Anregungen von jenseits des Kanals empfangen hat.

Italienischer Einfluss hat auf Chaucer mächtig eingewirkt, freilich keineswegs durchweg günstig. Sodann ist im elisabethanischen Zeitalter England von Italien mit einer Fülle romantischer Dichtungsstoffe beschenkt, aber auch zum künstelnden und verkünstelnden Spiele mit Reimen, Worten und Gedanken, zum Anlegen eines für eine germanische Litteratur am allerwenigsten passenden Rococoschmuckes verleitet worden.

Eine verhängnissvolle Gabe hat Spanien der englischen Litteratur in dem geschmacklosen euphuistischen Stile übermittelt. Ein Glück, dass die Beschenkte dieses Nessuskleid bald abstreifte. Nicht unerwähnt bleibe aber, dass Spanien auch manche erspriessliche litterarische Anregung nach England hat hinüberströmen lassen. So ist z. B. Butler's »Hudibras« aus dem Don Quijote heraus geboren.

Die litterarischen Beziehungen zu Deutschland sind alt und mehrfach, aber durch weite Zwischenräume von einander getrennt. Die westsächsische Genesis ist zu einem Theile die Nachahmung, wenn nicht geradezu die Uebersetzung, eines altsächsischen Originals. Nach TRAUTMANN's und seiner Schüler Annahme wanderte Otfrid's viermalgehobener Kurzvers nach England hinüber und erlangte dort eine Jahrhunderte dauernde Volksthümlichkeit. Im elisabethanischen Zeitalter wird die Faustsage über den Kanal getragen, um von Marlowe's Hand zum ersten Male ein dramatisches Kleid zu erhalten. Am Ausgang des 18. Jahrhunderts empfängt Walter Scott aus der deutschen Litteratur romantische Anregung. Zur selben Zeit pilgern Wordsworth und Coleridge nach Deutschland und bringen, namentlich der letztere, von dort manche neue Anschauung heimwärts. —

2. Ein sehr hervortretender Charakterzug der englischen Litteratur ist seit mindestens dem 14. Jahrhundert die Nei-

gung zu gesundem Realismus. Dieselbe zeigt sich zuerst in den Towneley Mysteries und namentlich in Chaucer's Canterbury Tales, in einzelnen Spuren wohl gelegentlich auch schon früher. Wenn man will, mag man berechtigt sein, auch schon die Kleinmalerei in den (angeblich?) Cynewulf'schen Räthseln realistisch zu nennen. Sonst aber dürfte der Realismus der angelsächsischen Dichtung fremd sein, er verträgt sich auch kaum mit der stoss- und ruckweise vorschreitenden, einem Schattenrisse, nicht einem Gemälde vergleichbaren Erzählung, wie wir sie im Béowulf und anderen Dichtungen finden. Es scheint, als sei die Neigung zu realistischer Auffassung und Darstellung erst in nachangelsächsischer Zeit aufgekommen. Für diese Annahme spricht auch die, gleich noch weiter hervorzuhebende, Thatsache, dass die Angelsachsen — abgesehen von einer einzigen und auch nur, so zu sagen, halben Ausnahme (»Der Seefahrer«) — sich von der dramatischen Dichtung fern hielten, während doch gerade diese später so üppig und herrlich emporgeblüht ist. Es würde sich wohl lohnen, den Anfängen des Realismus in der englischen Litteratur einmal aufmerksam nachzuspüren.

Die Neigung zum Realismus hat nicht verfehlen können, bestimmend auf den Entwickelungsgang der englischen Litteratur einzuwirken. Denn selbstverständlich mussten diejenigen Litteraturgattungen der eifrigsten Pflege und grössten Beliebtsich erfreuen, in denen die Realistik im weitesten Umfange und am wirksamsten zur Geltung kommen kann. Das aber sind entschieden das Epos und das Drama; das erstere, weil es Gelegenheit zu realistischer Schilderung giebt, das letztere, weil es die Möglichkeit zu concreter realistischer Darstellung bietet. So würde sich die hervorragende Entwickelung erklären, welche diese beiden Gattungen in England gefunden haben. Kaum wird man dagegen einwenden dürfen, dass, wenn dem so wäre, der traurige Marasmus, an welchem das englische Drama seit nun schon so lange leidet, höchst befremdlich erscheinen müsse. Denn für diese Erscheinung sind wohl ausreichende Erklärungsgründe zu finden: die natürliche Erschöpfung, welche auf jedem Gebiete einer überreichen Production nachfolgt, und die zeitweilige Herrschaft des Puritanismus, welche dem alten Theater ein geradezu gewaltsames

Ende bereitete. Eher könnte man gegen die Annahme eines inneren Zusammenhanges zwischen der Neigung zum Realismus und der Blüthe des Drama's geltend machen, dass die Entwickelung des Lustspiels sehr erheblich hinter derjenigen des Trauerspiels zurückblieb. Darf man doch behaupten, dass selbst Shakespeare als Lustspieldichter mit Molière sich nicht vergleichen lässt, um von Aristophanes gar nicht zu reden. Nach Shakespeare ist Molière wohl von Wycherley und Anderen geschickt nachgeahmt, aber doch auch nicht entfernt erreicht worden. Der einzige Molière ebenbürtige englische Lustspieldichter ist Sheridan. Indessen, wenn es auch scheinen mag, dass der Realismus im Lustspiele die reichste Gelegenheit zur Entfaltung finde, so ist das doch eben nur Schein, weil das Lustspiel seinem Wesen nach zur Uebertreibung, zur Carricatur, hinneigt und folglich von der realistischen Auffassung sich entfernt.

Für die epische Dichtung ist zweifelsohne der Realismus das belebende und erhaltende Element geworden, namentlich nachdem sie vom fünfzehnten Jahrhundert ab die rhythmische Form mit der Prosarede zu vertauschen sich gewöhnt hatte. Der neuenglische Roman wurzelt durch und durch im Realismus; darauf beruht seine Bedeutung, darauf seine, wie es scheint, unerschöpfliche Lebenskraft, vermöge deren er sich immer wieder verjüngt und den veränderten Culturverhältnissen anpasst.

Ein gesunder Realismus, der ein ganz ander Ding ist als der Naturalismus, liebt den Humor zu seinem Begleiter zu haben, und so erscheinen denn auch in der englischen Litteratur beide häufig, wennschon keineswegs immer vereint, mitunter freilich einander störend, öfters aber einander stützend und zu grösserer Wirksamkeit verhelfend. Auch der Humor scheint eine Eigenschaft zu sein, welche die englische Litteratur sich erst in nachangelsächsischer Zeit gewonnen hat. Mindestens ist bei den Angelsachsen wenig von ihm zu spüren, höchstens in der Räthselpoesie wird man seiner gewahr.

3. Ein Zug schwermüthiger Auffassung der Welt und des Lebens geht durch die angelsächsische Dichtung. Man wird seiner besonders in der Lyrik inne. Er hat dann weiter gelebt in der englischen Litteratur bis auf den heutigen Tag und

zwar, wie begreiflich, vorwiegend in der Lyrik. Zuweilen hat er zu krankhafter Empfindsamkeit und Sentimentalität sich gesteigert, so namentlich in der modernen Dichtung zur Zeit der Thränenfreudigkeit der Young'schen Nachtgedanken, der Gray'schen Kirchhofselegie und des Macpherson'schen Ossian, doch auch später noch manches Mal. In der Periode des Byronismus ist er eine natürliche Verbindung eingegangen mit dem weltschmerzlichen Scepticismus.

Jener elegische Zug hat dazu beigetragen, der englischen Poesie einen ernsten Charakter zu verleihen, sie zu bewahren vor zu häufigen Ausgelassenheiten des Humors. Freilich ist dazu ein Anderes, das gleich angedeutet werden soll, wirksamer gewesen.

4. Seit der Bekehrung der Angelsachsen zum Christenthume, trat ihre Dichtung in innige Verbindung mit den Lehren und Ideen des christlichen Glaubens. Fast möchte man diese Verbindung eine zu innige nennen, weil sie die nationale Götter- und Heldensage ertödtet, das volksthümliche Heldengedicht entweder zerstört oder durch ungehörige Einflechtung christlicher Gedanken verunstaltet hat (so im Béowulf). Auch in ihrer nächsten Weiterentwickelung verharrte die englische Litteratur in enger Fühlung mit christlichem Geiste, liess von ihm sich tragen, von ihm sich durchdringen. Es ist aber bemerkenswerth, dass (im Gegensatze zu Frankreich) in England eine der durch die katholische Kirche vertretenen Auffassung und Bethätigung des Glaubens widerstrebende, dem späteren Puritanismus vorausgreifende Geistesströmung früh sich geltend machte. So im Piers the Plowman. Die Renaissance und die Reformation lockerten das Verhältniss zwischen Dichtung und Glauben, mehr noch that es der im 17. Jahrhundert emporkommende Deismus. Die anglikanische Kirche besass und besitzt die Kraft nicht, der Litteratur Bahnen anzuweisen, noch weniger vermochte es das puritanische Sectenthum. Milton und Bunyan sind wunderbare Ausnahmen. So löste sich seit dem 16. Jahrhundert die Litteratur mehr und mehr, wenn nicht vom Glauben, so doch von der Kirche. Schon Shakespeare nimmt eine ausserkirchliche Stellung ein, so dass es für seine Würdigung gleichgültig ist, ob er als Katholik oder (wie wahrscheinlich) als

Protestant getauft wurde. Andrerseits hat aber doch der Unglaube nur selten offenen Ausdruck gefunden in der Litteratur, noch seltener die Glaubensfeindlichkeit. Swift steht so ziemlich vereinzelt da. Um so häufiger hat, besonders in der Poesie dieses Jahrhunderts, der Scepticismus in, zuweilen ergreifenden und herzerschütternden, Klagelauten sich ausgesprochen, ein Scepticismus, der nach dem verlornen Glauben sich zurücksehnt und selbst den Atheismus wieder zum Glauben gestalten möchte (Byron, Shelley). Ist aber das Band zerrissen, welches die Litteratur mit dem Glauben vereinte, der sittliche Ernst ist der Dichtung verblieben, zur Frivolität hat sie sich nur vorübergehend, im Ausgang des 17. Jahrhunderts, erniedrigt. Dieser sittliche Ernst, der englischen Litteratur schönster Schmuck (ausgenommen da, wo er zur Pruderie verzerrt wird), verleiht ihr Würde und Lebensfähigkeit und schafft, dass auch in Zeiten, welche der Dichtung nicht günstig sind, die Litteratur doch vor dem Versinken in Plattheit bewahrt bleibt und den Realismus nicht zum Naturalismus steigert. Der sittliche Ernst aber ist die kostbare Errungenschaft der englischen Litteratur auf dem Wege durch eine ebenso leidenals thatenreiche Geschichte, welche, um durchlebt und glücklich überdauert zu werden, die Anspannung der sittlichen Kräfte erheischte.

# ANHANG.

## Systematisches Verzeichniss

der in der »Anglia« (Bd. I bis X, 2) und in den »Englischen Studien« (Bd. I bis XI, 1) erschienenen Abhandlungen, Recensionen und Miscellen.

### I. Allgemeines

(Bibliographie — Mittheilungen aus Bibliotheken [1]) — Encyklopädien — Zur allgem. Sprachwissenschaft).

Bibliographie: Jahresbericht über die Erscheinungen auf dem Gebiete der german. Philologie. 3. Jahrg. Berlin 1882. A V, Anz. 144; 4. Jahrg. Leipzig 1883. E VII, 152 (KÖLBING) — The Bibliographer, a Journal devoted to Book-Lore. A V, Anz. 66 (Ankündigung).

CASSEL'S Library of English Literature, selected, edited and arranged by H. MORLEY. L. 1876/81. A IV, Anz. 117 (TOULMIN SMITH).

Catalogue of Books in the Library of the British Museum printed in England, Scotland and Ireland and of Books in English printed abroad to the year 1640. L. 1884, 3 Bde. A VII, Anz. 105 (L. TOULMIN SMITH) — WARD, Catalogue of Romances in the Departement of Manuscripts in the British Museum Vol. I, L. 1883, A VII, Anz. 105 (TOULMIN SMITH), VIII, Anz. 163 (WÜLKER) — RAYNAUD, Catalogue des mss. anglais de la Bibliothèque nationale. Paris 1884, E VIII 192 (KÖLBING).

WÜLKER, Aus engl. Bibliotheken (Salisbury, London, Exeter), A II, 354 — KÖLBING, Das Ms. 25 der Bibliothek des Marquis of Bath. E X, 203 — THOMPSON, Scraps from middle-english mss. E I, 214.

The Gentleman's Magazine Library: being a classified Collection of the chief contents of the Gentleman's Magazine from 1731 to 1868. Ed. by GOMME. Vol. II: Dialect, Proverbs and Word-Lore. L. 1884, A VII, Anz. 108 (TOULMIN SMITH) — The Antiquary's Library. A V, Anz. 67 (Ankündigung).

Englische Studien. Bd. I 1, A I, 373 [2] (WÜLKER), Bd. I, 2 u. 3 und Bd. II 1, A III, 163 (WÜLKER), Bd. II 2, A III, 583 (WÜLKER), Bd. III, A IV, Anz. 80 (WÜLKER) — Anglia, Bd. I, Heft 1 und 2, E II, 264 (KÖLBING).

---

[1] Mittheilungen, welche auf eine bestimmte Hds. (z. B. das Auchinleck-Ms.) sich beziehen, sehe man unten unter XXII.
[2] Vgl. E I, 541.

Encyklopädien: SCHMITZ, Encyklopädie des philologischen Studiums der neueren Sprachen etc. 2. Ausg. Leipzig 1875/77. E II, 223 (VIETOR), vgl. E IV, 513 (KÖLBING). — STORM, Englische Philologie Bd. I (Deutsche Uebers.). Heilbronn 1881. A IV, 128 (TRAUTMANN), vgl. E V, 398 (REGEL) und E V, 256 und 459 (THUM). [KÖRTING, Encyklopädie und Methodologie der romanischen Philologie. Heilbronn 1884/86. E X, 465 (TRAUTMANN)].

Zur allgem. Sprachwissenschaft: ABEL, Sprachwissenschaftl. Abhandlungen. Leipzig 1885. E VIII, 192 (KÖLBING). Internationale Zeitschr. für allgemeine Sprachwissenschaft, herausg. v. TECHMER. Leipzig 1884, Bd. I, Heft 1 u. 2. E IX, 108 (KLINGHARDT); Bd. II, Heft 1 u. 2, Leipzig 1885. E X, 295.

## II. Zur Geschichte der englischen Philologie.

(Nekrologe).

L. Botkine. A V, 501 (WÜLKER) — Henry Bradshaw. E X, 211 (BREUL) — Georg Friedrich Felix Eberty. E VIII, 207 (KÖLBING) — Ludwig Ettmüller. A I, 553 (WÜLKER) — Eduard Fiedler. A I, 563 Anm. (SACHS) — Hermann Freiherr von Friesen. E VI, 293 (KOPPEL) — Christian Michael Grein. A I, 349 (vgl. dazu über Gr.'s Nachlass A I, 556) (WÜLKER) u. E I, 536 (STENGEL) — Wilhelm Adolf Boguslav Hertzberg. E III, 401 (SATTLER) u. A V, 283 (ROHDE) — Clement Mansfield Ingelby. A IX, 613 (LENTZNER) — Karl Körner. E VII, 215 (KÖLBING) — Ludwig Lemcke. E IX. 496 (MANGOLD) — Heinrich Leo. E II, 264 (HEYNE); A III, 158 (WÜLKER) — Eduard Müller. A IV, 421 (DEUTSCHBEIN) u. E V, 268 (KÖLBING) — August Rhode. E XI, 214 (PRÖSCHOLDT) — Al. Schmidt. E XI, 364 (LENTZNER) — John Small. E XI, 177 (MC. NEILL) — Heinrich Franz Stratmann. E VIII, 414 (KÖLBING) u. A VII, Anz. 216 (TRAUTMANN) — Julius Ullmann. E VIII, 207 (KÖLBING) — Hermann Ulrici. E VIII, 206 (KÖLBING) — Wilhelm Wagner. E IV, 158 (FELS) — Theodor Wissmann. A VII, 507 (WÜLKER) u. VII, 383 (KÖLBING) — Thomas Wright. A II, 497 (WÜLKER) — Oskar Zielke. E IX, 199 (KÖLBING).

## III. Zur Sprachgeschichte.

MARCH, Is there an Anglo-Saxon Language? E I, 367 — GREIN, Ist die Bezeichnung »Angelsächsische Sprache« wirklich unberechtigt? A I, 1.
LOUNSBURY, History of the English Language. New York 1879. A III, 581 (TRAUTMANN) — TURNER, Die engl. Sprache. Eine kurze Geschichte der engl. Sprache etc. Marburg o. J. (1884). A VII, Anz. 136 (WÜLKER).
SCHEIBNER, Ueber die Herrschaft der frz. Spr. in England in der Zeit vom 11. bis zum 14. Jahrh. Annaberg 1880 Progr. 459, E IV, 187 (LIND-

NER — BARET, Étude sur la langue anglaise au XIV. siècle. Paris 1883.
E VIII, 146 (KÖLBING).
EHLERDING, German and Latin Elements in the English Language.
Nauen 1877 Progr. 90, E III, 195 (KÖLBING).
GUDRA, Das Neufrz. im Wortbilde des Engl. Wien 1880 Progr. der
Realsch. auf der Landstrasse. E V. 235 (ZVĚŘINA).

VIETOR, Die älteste deutsch-englische und englisch-deutsche Grammatik. E X, 361.
Ueber die Geschichte der engl. Aussprache vgl. unten VII.

## IV. Dialektisches.

KLINGHARDT, Dialect und Nationalsprache. E X, 371.
HILMER, Zur altnordhumbrischen Laut- und Flexionslehre. Goslar
1880 Progr. E IV, 185 (KÖLBING) — DANKER, Die Laut- und Flexionslehre der mittelkentischen Denkmäler. Strassburg 1879 Diss. E V 172
(BRENNER).
HIERTHES, Wörterbuch des schottischen Dialectes in den Werken von
Walter Scott und Burns. Augsburg 1882. A VI, Anz. 73 (MORSBACH), vgl.
E VI, 114 (KLINGHARDT), 474 (HIERTHES) u. 476 (KLINGHARDT).
LIENEMANN, Eigenthümlichkeiten des Englischen der Vereinigten
Staaten nebst wenig bekannten Amerikanismen. Zittau 1886 Progr. E X,
498 (SCHÖNBACH) — LENTZNER, Australisches Englisch. E XI, 173.
HARRISON, Negro-English, A VII, 232.

## V. Wissenschaftliche Grammatiken.

Angelsächsische Grammatiken: KÖRNER, Einleitung in das
Studium des Angelsächsischen. 1. Theil: Ags. Formenlehre. Heilbronn
1878. E II, 229 (KÖLBING); 2. Theil (Texte). Heilbronn 1880. A IV, Anz.
20 (ZERNIAL) — GREIN, Kurzgefasste ags. Gramm. Kassel 1880. E IV, 458
(BRENNER) — MÜLLER, Ags. Gramm., herausg. von HILMER. Göttingen
1883, E VII, 146 (KÖLBING) — SIEVERS, Ags. Grammatik. Halle 1882.
A V, 81 (KLUGE), 2. Ausg. Halle 1886. E XI, 148 (NADER) — SIEVERS,
Ags. Gramm., in das Engl. übers. von COOK. Boston 1885, E IX, 152
(KÖLBING) — PLATT, Nachträge zu S.'s Ags. Gr. E VI, 290 — COSIJN,
Altwestsächs. Grammatik. Erste Hälfte. Haag 1883. E VII, 490 (BRENNER)
und A VII, Anz. 148 (TRAUTMANN), 2. Hälfte. Haag 1886. E XI, 151
(NADER) — COSIJN, Kurzgefasste altwestsächs. Gramm. Theil I: Die Vocale der Stammsilben. Leiden 1881. E VII, 490 (BRENNER).
Mittelenglisch: STRATMANN, Mittelengl. Grammatik. Köln 1885.
E IX, 106 (KÖLBING).
Gesammtgrammatiken: FIEDLER, Wissenschaftl. Gramm. der
engl. Spr. Bd. I. 2. Aufl. besorgt von KÖLBING, Leipzig 1877. A I. 562

(Sachs), E II, 227 (Lindner) — Mätzner, Englische Gramm. 3. Aufl.
Theil I. Berlin 1880. E IV, 514 (Kölbing). — Toulmin Smith, A Manual of the English Grammar and Language
for Self-help. L. u. New York. E X, 482 (Vietor).

Eisenlohr, Beiträge zur histor. Gramm. der engl. Spr. Durlach 1882
Progr. 546. E VII, 381 (Sarrazin), vgl. VIII, 423 (Eisenlohr).

## VI. Zur Schulgrammatik.

Allen und Voigt, Unterrichtsbriefe für das Selbststudium der engl.
Spr. Leipzig 1882. E VII, 160 (Willenberg) — Backhaus, Vorschule
der engl. Sprache. Hannover 1886. E X, 161 (Rambeau) — Bandow,
Lehrb. der engl. Spr. Th. I. Elementarb. 7. Aufl. Elberfeld 1881. E V,
426 (Willenberg) — Baumgartner, Lehrgang der engl. Spr. Zürich 1884,85,
zwei Theile. E IX, 137 (J. Koch) — Berger, Lehrb. der engl. Spr. für
den Handels- und Gewerbestand. 5. Auflage. Wien 1884. E VIII, 173
(Wohlfahrt) — Bischoff, System. Gramm. der engl. Spr. Berlin 1879.
E V, 191 (Wendt) — Boyle und Brehme, Lehrb. der engl. Spr. Theil I:
Laut- u. Wortlehre. Petersburg 1881. E V, 441 (Willenberg) — Collins,
Lehrb. der engl. Spr. Stuttgart 1881. E V, 434 (Deutschbein) — Degenhardt, Naturgemässer Lehrgang zur schnellen und gründlichen Erlernung
der engl. Spr. Elementarcursus. 28. Aufl. Bremen 1877. A I, 582 (Trautmann). Zweiter Cursus: Schulgramm. Br. 1877, 7. Aufl. A I, 582 (Trautmann). A complete school-grammar of the English Lang. 2. Ed. Br. 1876.
A I, 582 (Trautmann) — Deutschbein, Theoretisch-praktischer Lehrgang
der engl. Spr. Vierte Ausg. Cöthen 1878. A III, 204 (Trautmann), E II, 522
(Bertram, 5. Ausg. 1880. E IV, 148 (Willenberg), 6. Ausg. 1881. E V,
197 (Willenberg), 8. Ausg. 1884. E VIII, 371 (Willenberg), 9. Ausg.
1886. E X, 316 (Rambeau) — Deutschbein, Schlüssel zu D.'s theoret.-
prakt. Lehrgang der engl. Sprache. Cöthen 1884, 2. Ausg. E VIII, 486
(Willenberg) — Fölsing-Koch, Elementarbuch der engl. Spr. Berlin
1885, 22. Ausgabe. E VIII, 483 (Fernow), und: Lehrbuch der engl. Sprache.
Berlin 1885/87. E X, 453 (Wendt) — Gesenius, Lehrbuch der engl. Spr.
Halle 1877/78. A I, 582 (Trautmann), vgl. E V, 427 (Willenberg) und
E X, 168 (Rambeau) — Glauning, Lehrb. d. engl. Spr. mit Uebungsbuch.
Nördlingen 1880/81. E V, 425 (Willenberg) — Hoppe, Lehrbuch der
engl. Spr. f. Schulen. Theil I. Berlin 1878. E III, 174 (Wendt) — Japha,
Kurze Uebersicht der engl. Gramm. in Regeln und Beispielen. Köln 1878.
E V, 438 (Asher) — Jespersen, Kortfattet Engelsk Grammatik. Kopen-
hagen 1885. E IX, 350 (Klinghardt) — Kade, Anleitung zur Erlernung
der engl. Spr. 7. Aufl. Hamburg 1877. E II, 275 (Bertram) — Plate,
Vollständiger Lehrgang der engl. Spr. Elementarstufe. 43. Aufl. Dresden
1877. A I, 582 (Trautmann); Mittelstufe. 35. Aufl. Dr. 1877. A I, 583
(Trautmann); Concluding Part. 3. Aufl. Dr. 1874. A I, 583 (Trautmann),
vgl. E V, 202 (Bertram) und E VI, 127 (Rambeau); von demselben Verfasser: Lehrbuch der engl. Spr. II. Gramm. für Oberclassen. 37. Auflage.

Dresden 1878. E IV, 346 (BERTRAM) — RAUCH, English Repetitional Grammar. Berlin 1879. E III, 182 (WENDT) — REUTER, Lehrbuch der engl. Spr. 2. Ausg. Saarlouis 1877. E III, 181 (WENDT) — SCHMIDLIN, Lehrbuch der engl. Spr. Winterthur 1882. E VII, 156 (WILLENBERG) — SCHMIDT (Imm.), Lehrbuch der engl. Spr. Berlin 1876. A I, 582 (TRAUTMANN), E II, 276 (BERTRAM), vgl. E VI, 136 (RAMBEAU) — F. SCHMIDT, An Elementary German Grammar and Reading Book. L. 1884. E X, 169 (RAMBEAU) — SCHRÖER, Einleitung und Paradigmen zur Lehre von der Aussprache und Wortbildung (Supplement zur engl. Schulgramm.). Wien 1885. E X, 320 u. 372 (VIETOR), vgl. des Verfassers: Erklärung zu meinem »Supplement zur engl. Schulgrammatik«. E X, 529, vgl. 531 (VIETOR) — SONNENBURG, Gramm. der engl. Sprache nebst method. Uebungsbuche etc. 7. Aufl. Berlin 1880. E V, 193 (WENDT), vgl. E IV, 348 (BERTRAM), E VI, 279 (WENDT) — VIETOR, Englische Schulgramm. Leipzig 1879. A III, 204 (TRAUTMANN), E III, 176 (WENDT) — WEISCHER, Schulgramm. d. engl. Spr. 2. Ausg. Berlin 1893. E VIII, 167 (J. KOCH) — WERNEKKE, Abriss der engl. Formenlehre. Borna 1876 Progr. d. Realsch. E II, 278 (BERTRAM) — WERSHOVEN, Engl. Lehr- u. Lesebuch auf phonetischer Grundlage. Bielefeld u. Leipzig 1886. E X, 150 (RAMBEAU u. KLINGHARDT), und: Hülfsbuch für den engl. Unterricht an höh. Lehranstalten. Cöthen 1886. E X, 162 (RAMBEAU) — WITTSTOCK, Einführung in die engl. Spr. Leipzig 1878. A III, 204 (TRAUTMANN) — ZIMMERMANN, Grammatik der engl. Spr. Halle 1878, 9. Ausg. E III, 177 (WENDT), vgl. E X, 164 (RAMBEAU); von demselben Verfasser: Lehrbuch der engl. Spr. 30. Aufl. 1879 mit dazu gehörigen Sammlungen von Uebungsstücken. E V, 190 (WENDT) und E X, 164 (RAMBEAU).

## VII. Zur Lautlehre [1]).

Allgemeines: HELLWAG, De formatione loquelae (1781). Neudruck bes. von VIETOR. Heilbronn 1886. E IX, 468 (KLINGHARDT) — SIEVERS, Grundzüge der Phonetik. 3. Aufl. Leipzig 1885. E X, 298 (VIETOR), zur 2. Aufl. (1881) vgl. A IV, Anz. 56 (TRAUTMANN) — HOFFORY, Prof. Sievers und die Principien der Sprachphysiologie. Berlin 1884. E VIII, 341 (KLINGHARDT) — TRAUTMANN, Die Sprachlaute etc. Leipzig 1884/86. E X, 461 (E. FÖRSTER), vgl. 532, über die erste Hälfte insbesondere vgl. A VII, Anz. 42 (TRAUTMANN) u. E VIII, 338 (FÖRSTER) — VIETOR, Elemente der Phonetik und Orthoepie etc. Heilbronn 1884. E VIII, 330 (FRANKE) — TECHMER, Zur Veranschaulichung der Lautgesetze. Leipzig 1886. E X, 323 (KLINGHARDT) — WESTERN, Engelsk Lydlaere. Christiania 1882. E VIII, 348 (KLINGHARDT); von demselben Verfasser: Engl. Lautlehre für Studierende und Lehrer. Heilbronn 1885. E X, 491 (KLINGHARDT), und: Kurze Darstellung der engl. Ausspr. für Schulen. Heilbronn 1885. E X, 491 (KLINGHARDT).

---

1) Ueber Phonetik in der Schule vgl. unten den Abschnitt: Theorie des Studiums und des Unterrichts.

SWEET, Elementarbuch des gesprochenen Englisch. Oxford 1885. E X, 155 (KLINGHARDT).

GUTERSOHN, Beiträge zu einer phonetischen Vocallehre. Karlsruhe 1882 u. 1884. E VIII, 489 (DEUTSCHBEIN) u. A VIII, Anz. 29 (EINENKEL).

GLASER, Die Prothese im Griech., Romanischen u. Englischen. Weidenau 1879 Progr. E V, 235 (ZVĚŘINA).

TEN BRINK, Beiträge zur engl. Lautlehre. 1. Einleitendes. Altenglisches ʒ, héng und heht. 2. éé und èè im Altenglischen. A I, 526, vgl. II, 177.

Zur Aussprache: MARCH, Anglo-Saxon and Early English Pronunciation. E I, 312 — FISCHER, Zur Geschichte der Aussprache des Englischen. E IV, 288 — SCHNEIDER, Ueber die Ausspr. der engl. Vocale im 13. Jahrh. u. vordem; die Fortentwickelung derselben im 14., 16., 17. u. 18. Jahrh. bis zur endgültigen Feststellung ihrer Aussprache. Frankfurt a. M. 1878 Progr. 335. E III, 197 (KÖLBING) — H. SACHS, Die gesprochenen Laute der engl. Spr. und die Schriftzeichen, welche zur Darstellung derselben benutzt werden. L. 1882. E VII, 153 (SIEVERS) — ZIMMERMANN, Die englische Aussprache 'auf akustischer u. physiolog. Grundlage methodisch bearbeitet. Naumburg 1886. E X, 158 (KLINGHARDT).

Zum Vocalismus. HOLTHAUS, Beiträge zur Geschichte der engl. Vocale. A VIII, Anz. 66 — FICK, Vocalverkürzung in engl. Wörtern germanischen Ursprungs. E VIII, 502 — WELLS, Development of Old English Long Vowels. A VII, 203 — STRATMANN, a anstatt e. E IV, 99; a anstatt ea. E IV, 100; ags. ea = got. au. E II. 316, vgl. 533; í, E III, 41; o anstatt eo. E IV, 99; ou, ó f. ea. E V, 371; Der Umlaut von u. E V, 369; ǣ im Layamon. E II, 118, vgl. III, 403 — SACHSE, Das unorgan. e im O. Halle 1881. E VI, 266 (GNERLICH) — STURMFELS, Der altfrz. Vocalismus im Mittelengl. bis zum J. 1400. A VIII, 201 u. IX, 551 — SARRAZIN, Zur Vocaldissimulation im Mittelengl. E VIII, 63 — SCHIPPER, Zur altengl. Wortbetonung. A V, Anz. 88 — WISSMANN, Zur me Wortbetonung. A V, 466.

Zum Consonantismus: SCHARF, Ueber das Grimm'sche Lautverschiebungsgesetz mit Bezug auf die Stellung des Engl. in der german. Sprachfamilie. o. O. u. J. E V, 234 (ZVĚŘINA) — FÖRSTER, E., Zur Geschichte der engl. Gaumenlaute. A VII, Anz. 43 — TRAUTMANN, Orrm's Doppelconsonanten. A VII, Anz. 94 und 208 — EFFER, Einfache und doppelte Consonanten im Orrmulum. A VII, Anz. 166 (Bonner Diss.), vgl. E IX, 113 (MENTHEL) — VARNHAGEN, Zum me. Consonantismus. A VII, Anz. 86 — STRATMANN, b für w. E V, 371; k für đ. E III, 14 — ZUPITZA, Me. k für đ? A III, 375 — STRATMANN, sc (= nhd. sch) für s. E II, 316 — TRAUTMANN, Bemerkungen über die r-Laute. A III, 204, und: Ueber das nordhumbrische r. A III, 376 — STRATMANN, Das paragogische n im Laʒamon. A III, 552, und: Das paragogische n im Englischen des 12. Jahrhunderts. A IV, 106.

VIETOR, German Pronunciation, Practice and Theory. Heilbronn 1885. E IX, 110 (KLINGHARDT).

## VIII. Zur Formenlehre.

PLATT, Zur Kenntniss der ags. Geschlechter (Genera). A VI, 171 — STERN, Ueber das persönliche Geschlecht unpersönlicher Substantiva bei Shakespeare. Dresden 1881 Progr. 464. E VII, 372 (DEUTSCHBEIN).

PLATT, Zur altengl. Declination. E VI, 149; ein ags. Dualis. A VI, 175 — STRATMANN, Nom. u. Accus. Pl. der Masc. E III, 15 — PLATT, Ags. fem. wâ-Stämme. A VI, 176; Ags. u in Femin. der N-Decl. A VI, 175, vgl. 474 u. VII, 222 (SIEVERS); Ags. Fem.-Bildung -icge. A VI 177 — STRATMANN, Paragogisches e bei neutralen a-Stämmen. E IV, 289 — STRATMANN, Ags. dohtor. E III, 473.
STRATMANN, Ueber die bestimmte (schwache) Form der Adjectiva im Altengl. E III, 272.
WITTE, Ueber das neuags. Pronomen. E II, 121.

KLUGE, Beiträge zur Geschichte der german. Conjugation. Strassburg 1879. E III, 148 (MÖLLER) — SWEET, The Preterite of »cuman«. A III, 152 (SWEET) — STRATMANN, Zur Bildung des schwachen Prät.'s im Me. E V, 372; und: Ueber die Assimilation des j der verbalen ja-Stämme an den vorhergehenden Cons. E V, 371; ferner: Ags. funde, purde als Prät. Ind. E III, 472.

RITTER, Die Hauptregeln der engl. Formenlehre u. Syntax. 2. Ausg. Berlin 1883. A VII, Anz. 39 (ZERNIAL).

## IX. Zur Syntax.

PETRY, Die wichtigsten Eigenthümlichkeiten der englischen Syntax. 2. Ausg. Remscheid 1879. E IV, 142 (DEUTSCHBEIN), vgl. E VI, 139 (RAMBEAU), E X, 314 (RAMBEAU) und A VIII, Anz. 31 (ASHER) — RITTER, Die Hauptregeln der englischen Formenlehre und Syntax. Berlin 1883. 2. Ausg. A VII, Anz. 39 (ZERNIAL) — KRUMMACHER, Englische Miscellen (zur Syntax). Kassel 1879/80 Progr. E IV, 181 (KÖLBING) — BRINKMANN, Syntax des Französischen und Englischen in vergleichender Darstellung. Bd. I. Braunschweig 1884. E IX, 123 (THUM).
SCHÜRMANN, Darstellung der Syntax in Cynewulfs Elenc. Münster Paderborn) 1884 Diss. A VII, Anz. 30 (E. FÖRSTER) — NADER, Der Genetiv im Beówulf. Brünn 1882. E VI, 288 (KLINGHARDT) — NADER, Dativ und Instrumental im Beówulf. Wien 1883 Progr. E VII, 368 (KLINGHARDT) — HOLTBUER, Der syntakt. Gebrauch des Genetivs in dem Andreas, Gûðlâc, Phönix, dem hl. Kreuz und Höllenfahrt. A VIII, 1 — RÖSSGER, Ueber den syntakt. Gebrauch des Genetivs in Cynewulfs Elenc, Crist u.

Juliana. A VIII, 338 — HOFER, Der syntaktische Gebrauch des Dativs und Instrumentals in den Cädmon beigelegten Dichtungen. A VII, 355 — HOTZ, On the Use of the Subjunctive Mood in Anglo-Saxon, and its further History in Old English. Zürich 1882. E VI, 262 (KLINGHARDT). BECKMANN, Ueber die attributive Construction eines sächs. Genetivs oder substantiv. Possessivpronomens mit of. E VIII, 412 — VOGES, Der reflexive Dativ im Englischen. A VI, 317 — ZUPITZA, Der Accusativ qualitatis im heutigen Englisch. A VII, 156. KELLNER, Zur Syntax des engl. Verbums mit besonderer Berücksichtigung Shakespeare's. Wien 1885. E IX, 84 (DEUTSCHBEIN) — ZUPITZA, Zur Lehre vom neuengl. Conditionalis. A VII, Anz. 149. KÖLBING, Auslassung des Relativpronomens im Ags. E II, 282 — LOHMANN, Ueber die Auslassung des engl. Relativpronomens. A III, 115, vgl. 373 (SATTLER) und IV, 418 (LOHMANN). VERRON, The Construction, or Arrangement of Words and Sentences in the Present English Language. Part II, Münster 1878 Progr. 311. E III, 198 (KÖLBING). Part III, Münster 1879. E IV, 184 (KÖLBING).

## X. Zur Wortbildung.

WARNCKE, On the Formation of English Words by Means of Ablaut. Halle 1878. E III, 357 (ASHER) — HALL, On the English Adjectives in -able, with special reference to Reliable. L. 1877. E I, 503 (LINDNER) — STRATMANN, Altengl. -ere (äre). E III, 273 — TEN BRINK. Das altengl. Suffix -ere. A V, 1 — STRATMANN, Das Suffix -ild. E II, 20 — SWEET, Disguised Compounds in Old-English. A III, 151.

## XI. Wörterbücher [1])

(mit Ausschluss der etymologischen und synonymischen).

KLUGE, Zum altengl. Sprachschatz. Excerpte aus der Interlinearversion von Beda's Liber scintillarum. E IX, 35 — Anglo-Saxon and Old English Vocabularies by TH. WRIGHT. 2. Ed. by WÜLKER. L. 1884, 2 Bde. E VIII, 149 (SIEVERS).

LEO, Angelsächsisches Glossar, mit alphabetischem Index von BISZEGGER. Halle 1877. A II, 526 (SIEVERS) — BOSWORTH-TOLLER, An Anglo-Saxon Dictionary. Oxford 1882. Part I u. II. A V, Anz. 74, vgl. E VII, 131 (HEYNE) — GREIN-GROSCHOPP, Kleines ags. Wörterbuch. Kassel 1885. E VII, 489 (KÖLBING).

MURRAY, A New English Dictionary. Part I. Oxford 1884. A VII, Anz. 1 (STRATMANN), vgl. A VIII, Anz. 8 (HELWICH), A III, 413 (TOULMIN SMITH), E VIII, 120 (SATTLER), Part II. Oxford 1885. E IX, 466 (SATTLER). Catholicon Anglicum: An English-Latin Word-book, dated 1483. Ed.

---

1) Die phraseologischen Vocabularien sehe man unter XIV. — Die ags. Einzelglossare sind in dem zur Litteraturgeschichte gehörigen alphabetischen Register verzeichnet.

by SYDNEY J. HERRTAGE. L. 1881 (E. E. T. S.]. A V, Anz. 26 (L. TOULMIN SMITH'.
THIEME-WESSELY, Handwörterb. der engl. u. deutschen Spr. Hamburg 1883. E VIII, 192 (KÖLBING).
LANGENSCHEIDT'S engl. Nothwörterbücher. 3 Thle. Berlin o. J. (1884).
A VIII, Anz. 34 (ASHER). Theil III: Land und Leute in England. E IX, 326 (H.); Theil IV: Land und Leute in Amerika. E X, 326 (SCHÖNBACH).
DUNKER u. ULRICH, Neues Conversations-Wörterbuch der deutschen und englischen Sprache. Stettin 1887. E X, 324 (FELS).
BAUMANN, Londinismen. Berlin o. J. (1886). E X, 458 (HERFORD).
HIERTHES, Wörterbuch des schott. Dialects in den Werken von Scott und Burns. Augsburg 1882. E VI, 114 (KLINGHARDT), vgl. ebenda 476 und A VI, Anz. 73 (MORSBACH).
WERSHOVEN, Technical Vocabulary English and German. Leipzig 1890. A III, 568 (ASHER).
DIIM, Onomatik der engl. Spr. zum Gebrauche neben der Grammatik, enthaltend ein Vocabular nach neuen Principien und einen Abriss der wissenschaftl. Wortkunde. Berlin 1876. E V, 196 (WENDT).
KARES, Poesie und Moral im Wortschatz, mit besonderer Berücksichtigung der deutschen und englischen Spr. Essen 1882. E VIII, 142 (J. KOCH), vgl. 416 (KARES).

## XII. Zur Etymologie.

MÜLLER, E., Etymologisches Wörterbuch der engl. Sprache. 2. Aufl. Cöthen 1878/79. A IV, Anz. 50 (TRAUTMANN), vgl. E IV, 460 (VIETOR) —
SKEAT, An Etymological Dictionary of the English Language, arranged on an historical Basis. Part. 1, 2, 3 (A bis Red). Oxford 1879/80. A IV, Anz. 50 (TRAUTMANN), vgl. E III, 356 u. 505 (STRATMANN).
[KLUGE, Etymologisches Wörterb. der deutschen Sprache. Strassburg 1883. E VII, 358 (HAGER)].
[DIEZ, Etymolog. Wörterbuch der roman. Spr. 4. Ausg. Bonn 1879. E. II, 492 (KOSCHWITZ) — JARNICK, Index zu Diez' etym. Wörterb. d. rom. Spr. Berlin 1879. E II, 494 (KOSCHWITZ)].
HRUSCHKA, Zur ags. Namensforschung. Prag 1884 Prgr. E VIII, 488 KLUGE), 2. Theil. Prag 1885 Progr. E X, 178 (KLUGE) — PLATT, Ags. Ortsnamen. A VI, 174.

Etymologie und Sinnerklärung einzelner Worte: aht, äht. E V. 373 (STRATMANN) — amulet. A VII, Anz. 99 (TRAUTMANN) — aw. E III, 13 (STRATMANN) — bad. E VI, 91 (SARRAZIN), VIII 66 (SARRAZIN), VIII 424 (HART) — bare. E VI, 294 (STRATMANN), vgl. 150 (TEN BRINK) — barewe, bare, bere. E VII, 65 (TEN BRINK) — bend, benn. A IV, 105 (KLUGE) — bless. A III, 156 (SWEET) — beóhata. E II, 312 (SWEET) — blotch. E VI, 441 (SRATMANN) — blout. E II, 20 (STRATMANN) — boughpot. E IX, 331 Anm. u. X, 187 (J. KOCH) — burr. A IV, Anz. 51 (TRAUTMANN) — catch. A III, 376 (VARNHAGEN), vgl. A IV, Anz. 52 (TRAUTMANN) u. A IV, 412 (SKEAT u. SCHRÖER) — catcher. A IV, Anz. 53 (TRAUTMANN)

— chaff. E VI, 441 (STRATMANN) — collop. A IV, Anz. 54 (TRAUTMANN) — Cox's Museum. E X, 187 (J. KOCH) — deal. A IV, Anz. 54 (TRAUTMANN) — dear. A VIII, Anz. 144 (TRAUTMANN) — Decoy. E X, 181 (STOFFEL) — dusk. A IV, Anz. 55 (TRAUTMANN) — fag. A IV, Anz, 55 (TRAUTMANN) — fetian, fecean. A VI, 176 (PLATT) — Fudge. A IV, Anz. 55 (TRAUTMANN) — fultum. A III, 151 (SWEET) — gársecg. E II, 314 (SWEET) — gasp. E VI, 441 (STRATMANN) — Good-bye. A VIII, Anz. 144 (TRAUTMANN) — grep. E IX, 505 (KLUGE) — hárian, árian, nicht harian. A I, 467 (ZUPITZA) — intinga. A III, 152 (SWEET) — láessn, láesta. A IV, 104 (KLUGE) — látteów, láreów. A III, 152 (SWEET) — left. A III, 155 (SWEET) — light. A VIII, Anz. 145 (TRAUTMANN) — loose. A VII, Anz. 152 (ZUPITZA) — lurk. A IV, Anz. 55 (TRAUTMANN) — mellow. A IV, Anz. 56 (TRAUTMANN) — merry. E VIII, 465 (ZUPITZA) — oferþwingan. A IV, 105 KLUGE) — orchard. E III, 14 (STRATMANN) — pail. E X, 180 (KLUGE) — painim. A IV, Anz. 56 (TRAUTMANN) — plips, wlips. A I, 467 (ZUPITZA) — scorch. E VI, 441 (STRATMANN) — shoot. E VI, 442 (STRATMANN) — sol (mónað). E VIII, 479 (KLUGE) — spúven, speowen. E II, 19 (STRATMANN) — stark. A IV, Anz. 57 (TRAUTMANN) — sulung. A III, 151 (SWEET) — swats. E VIII, 479 (KLUGE) — sweot. A IV, 106 (KLUGE) — weor. A IV, 106 (KLUGE).

## XIII. Zur Synonymik.

DRESER, Engl. Synonymik für die Oberklassen höherer Lehranstalten. Wolfenbüttel 1879. E III. 400 (DEUTSCHBEIN), vgl. E V, 185 (DEUTSCHBEIN) und E VIII, 177 (WENDT) — KLÖPPER, Engl. Synonymik. Grössere Ausg. Rostock 1861. E V, 187 (WENDT) — MEURER, Engl. Synonymik. Köln 1679. E III, 283 (WENDT), 2. Ausg. Köln 1885. E X, 171 (WENDT). ABEL, Die engl. Verba des Befehls. Berlin 1876. E II, 232 (ASHER).

## XIV. Phraseologie, Stilistik, Conversationsbücher u. dgl.

LOEWE, Ueb. d. Phraseologie d. engl. Spr. Bernburg 1877 Prgr. 555. E III, 195 (KÖLBING) — LOEWE, Deutsch-engl. Phraseologie. 2. Ausg. Berlin 1885. E IX, 348 (WILLENBERG) — GÄRTNER, Systematische Phraseologie der englischen Umgangssprache. Bremen 1883. E VII, 498 (ARNDT), 2. Ausg. Bremen 1886. E X, 173 (WILLENBERG u. ARNDT).
HIEBSLAC, Englische Sprachschnitzer. 2. Ausg. Strassburg 1885. E IX, 326 (H.), 3. Ausg. Strassburg 1886. E X, 324 (H.) — De Sainte Claire, A Dictionary of English, French and German Idioms, Figurative Expressions and Proverbial Sayings. I. u. Berlin 1878. A II, 546 (ASHER), E III, 381 (VIETOR).
REGEL, Probe eines engl. Vocabulariums im Anschluss an das Voc. frçs. v. HÄDICKE. Crossen 1881 Progr. 92. E V, 444 (WILLENBERG) — PLÖTZ, English Vocabulary. 2. Ausg. Berlin 1883. E VIII, 354 (J. KOCH) — MEURER, Englisches Vocabularium und Einführung in die Conversation. Ausg. A u. B. Cöln 1883. E VIII, 354 (J. KOCH).

BOYLE, Idiomatisches Englisch für Deutsche. Eine Sammlung der gebräuchlichsten Redensarten und Anglicismen. Berlin 1878. E III, 389 (DEUTSCHBEIN). — JAPHA, Practische Vorschule der engl. Conversation. Wolfenbüttel 1880. E IV, 147 (DEUTSCHBEIN). — GRÄTER, English translator. A Course of Exercises for the Use of German Students of the English Language. Basel 1879. E IV, 144 (DEUTSCHBEIN) — RÜHLE, Achtzig Prüfungsaufgaben oder Uebungsstücke für die englische Composition und Exposition. Stuttgart o. J. E IV, 146 (DEUTSCHBEIN) — STIGELL, Englische Stilübungen für höhere Bildungsanstalten. 2. Aufl. Leipzig und Mainz 1879. E IV, 145 (DEUTSCHBEIN) — TRAUT, Englische Aufsatz- und Briefschule. Bernburg o. J. E X, 172 (WENDT) — WILKE, Anleitung zum engl. Aufsatz. Berlin 1881. E VII, 173 (MÜNCH).

SATTLER, Beiträge zur engl. Grammatik. I. Die adverbialen Zeitverhältnisse. Halle 1876. E I, 502 (LINDNER) — SATTLER, Beiträge zur Präpositionslehre im Neuenglischen. 1. to expect from, of. 2. a visit to. 3. welcome to. A I, 102; 4. in, at, on, auf; 5. to part from, to part with, 6. born of. A II, 73; 7. to be at home, to be home. A III, 69; 8. an audience of, 9. in .. circumstances, 10. different to, 11. in the distance, 12. free from, free of, 13. by the help, with the help, 14. with a vengeance. A IV, 168; 15. to die of, to die from; 16. the key of, the key to; 17. kind of him, kind in him, 18. in a loud voice, with a loud voice. A V, 383; 19. to borrow, to buy of, from. A VIII, 85; 20. at, in. A IX, 225 — SATTLER, Englische Collectaneen. 1. ride, drive = fahren. A IX, 168 — SATTLER, Zur Engl. Grammatik. 1. My own, of my own. E II, 2; 2. the first of January, the first January. E II, 14 und 390; 3. two inches and a half, two and a half inches. E II, 384; 4. no more, not more, no ... than, no ohne than, not vor einem Comparativ, not less in Verbindung mit Adj., Adv. u. Präp., not im Anschluss an das Präd. mit folg. Comparativ. E IV, 68; older, oldest, elder, eldest. E VI, 27; something, somewhat. E VI, 460; 7. to pay (make) a visit. E VIII, 33, vgl. 201; 8. Plural. E X, 255.

STOFFEL, astonish euphemistisch gebraucht. E IX, 485 — it might be a claw for the flesh there is upon it. E IX, 344 u. X, 189 (J. KOCH).

## XV. Sammlungen [1]),
### Chrestomathien, Lesebücher, Uebersetzungsbücher
(vgl. auch Nr. XIV).

HEYNE, Uebungsstücke zur Laut- und Flexionslehre der altgerman. Dialecte. Paderborn 1881. E IV, 514 (KÖLBING) — GREIN, Bibliothek

---

1 Die Sammlungen von Ausgaben altengl. Litteraturwerke von ZUPITZA, KÖLBING, VOLLMÖLLER u. A. sind nicht aufgeführt, dagegen sind die betr. einzelnen Texte in dem zur Litteraturgeschichte (XVII gehörigen alphabetischen Register (XXII) genannt.

der ags. Poesie. Neu bearbeitet etc. von WÜLKER. Bd. I, Theil 1. Kassel 1881. A IV, Anz. 78 (WÜLKER', vgl. E V, 239 u. VII, 482 (KÖLBING) — ZUPITZA, Alt- und mittelengl. Uebungsbuch. 2. Aufl. Wien 1881. A IV, Anz. 14 (KLUGE) — [ZUPITZA, Zu dem altengl. Uebungsbuche XXIV, 110. A III, 372 (vgl. E II, 283)] — SWEET, An Anglo-Saxon Reader in Prose and Verse. Oxford 1876. A I, 379 (TRAUTMANN) u. E I, 497 (KÖRNER) — EARLE, A Book for the Beginners in Anglo-Saxon, comprising a short grammar, some short lections from the gospel and a parsing glossary. 2. Ed. Oxford 1876. E IV, 139 (BRENNER) — KÖRNER, Einleitung in das Studium des Ags. Theil I u. II. Heilbronn 1880. E IV, 454 (BRENNER) — BRENNER, Ags. Sprachproben mit Glossar. München 1879. E III, 379 (KÖRNER), vgl. 207 (BRENNER).

MORRIS, Specimens of Early English. Part I. Oxford 1882. E VI, 92 (KÖLBING) — WÜLKER, Altengl. Lesebuch. Theil 1 u. 2. Halle 1874/80. E IV, 480 (KÖLBING), vgl. KÖLBING, Collationen zu W.'s A. L. E VI, 452 — SWEET, First Middle English Primer. Oxford 1884. E IX, 115 (KÖLBING). BISCHOFF, Engl. Leseb. Berlin 1881. E VI, 281 (WENDT) — BRETSCHNEIDER, Engl. Lesebuch für Real- u. höhere Bürgerschulen. Hannover 1879. E III, 387 (DEUTSCHBEIN) — CALLIN, Engl. Leseb. f. höh. Lehranstalten. 4. Aufl. Hannover 1896. E X, 479 (WÜRZNER und LINDNER) — DEUTSCHBEIN, Irving-Macaulay Lesebuch. Cöthen o. J. E X, 472 (DÖRR), vgl. XI, 213 f. — EBENER, Engl. Lesebuch. Stufe I. 4. Aufl. Hannover 1882. E VI, 124 (WILLENBERG) — GREWE, Select Reading Lessons. Engl. Lesebuch. Hannover 1884. E IX, 349 (WILLENBERG) — HERRIG, First English Reading Book. Engl. Lesebuch für mittl. Cl. höh. Lehranstalten. 13. Aufl. Braunschweig 1880. E IV, 351 (MÜNCH) — HOLZAMER, Engl. Lesebuch. Prag 1885, 2. Ausg. E X, 153 (WENDT) — J. u. E. LEHMANN, Lehr- u. Lesebuch der engl. Spr. Stufe I, Theil 1. 3. Ausg. Mannheim 1881 (WILLENBERG) — LÜDECKING, Engl. Lesebuch. Leipzig 1882/83, zwei Theile. E IX, 138 (J. KOCH) — MUNDE, Anglo-American Progressive Reader. Englisch-amerik. Leseb. 3. Ausg. Leipzig 1883. E VIII, 354 J. KOCH) — NADER u. WÜRZNER, Engl. Leseb. für höhere Lehranstalten. Wien 1886. E X, 144 (KLINGHARDT) — NICOLAI, Englische Chrestomathie. Iserlohn 1879. E III, 392 (MÜNCH) — PETERS, Engl. Lesebuch. 2. Aufl. Berlin 1878. E IV, 166 (MÜNCH) — RITTER, Engl. Lesebuch für Töchterschulen. 2. Aufl. Berlin 1877. E II, 279 (BERTRAM) — SEVIN, Englische Leseschule und Elementargrammatik, Tauberbischofsheim 1880. E V, 431 (DEUTSCHBEIN) — SAURE, Engl. Leseb. f. höhere Mädchenschulen. Kassel 1882. E VI, 126 (ASHER) — WERSHOVEN u. BECKER, Englisches Lesebuch für höhere Lehranstalten. Cöthen 1880. E III, 595 (OTTMANN), 4. Aufl. 1886. E X, 477 (RAMBEAU) — WIHLIDAL, Engl. Lesebuch f. Realschulen etc. Prag 1886. E X, 146 (BAUDISCH).

*ARBER, An English Garner. Ingatherings from our History and Literature. (Neudrucke). L., Bd. 1 u. 2, 1877/79. A III, 596 (TOULMIN SMITH).

OLIPHANT, The New English. L. 1886. E XI, 126 (MAYHEW).

FRITZE, Specimens of English Prose and Poetry selected and arranged for the Use of Schools etc. Magdeburg 1879. E IV, 163 (MÜNCH) — FINCK, Auswahl engl. Gedichte u. Prosastücke für Schulen u. zum Privatgebrauch. Weinheim 1878. E II, 527 (WENDT) — Sammlung deutscher u. englischer Lust- und Schauspiele zum Uebersetzen bearbeitet von MORRIS. Dresden 1880. E IV, 347 (BERTRAM) — WIEMANN, Englische Schülerbibliothek. Bändchen 1: Bibliographien berühmter Männer. Gotha 1879. E III, 396 (OTTMANN) — SCHMICK, Proben engl. Beredtsamkeit als Lesestoff in der Prima der Realgymnasien u. Oberrealschulen erläutert. Leipzig o. J. E X, 137 (THUM) — LAING u. WEISCHER, Analyses of Classic English Plays for the Use of Students of Engl. Lit. Stuttgart 1883. E VII, 162 (J. KOCH).

SCHMARJE, Garlands of English Poetry. Ausgewählte Gedichte zum Uebersetzen und Memoriren. Altona 1878. E IV, 164 (MÜNCH).

Modern American Lyrics. Ed. by KNORTZ und DICKMANN. Leipzig 1880. E IV, 343 (ASHER u. MORGAN) — DÖRN, Aus dem amerikanischen Dichterwald. Leipzig 1880. E IV, 462 u. V, 173 (HOPP).

WITTSTOCK, The Ancient Classics. Engl. Reading Book, containing pieces selected and translated from the Greek and Latin Classic Authors. Bremen 1880. E V, 203 (MÜNCH).

WERSHOVEN, The Scientific English Reader. Leipzig 1881. E IV, 353 (ASHER).

BREITINGER, Englische Briefe. Zum Rückübersetzen aus dem Deutschen in das Englische. Zürich 1883. E VIII, 369 (WILLENBERG) — English Letters from Germany on every day subjects. For the use of Ladies etc. Hamburg 1879. E V, 204 (BERTRAM).

BOYLE, William I German Emperor and King of Prussia. Wiesbaden 1879. E IX, 140 (MÄRTENS),

NICOLAI, Materialien zum Uebersetzen aus dem Deutschen in das Englische und aus dem Englischen in das Deutsche. Hamburg 1878. E II. 520 (BERTRAM) — PETERS, Materialien f. engl. Classenarbeiten. Leipzig 1883. E VIII, 368 (WILLENBERG) — SCHLEE, Die Geschichte Englands. Theil I: Von der Britenzeit bis 1399. Zum Uebers. ins Engl. bestimmt. Bielefeld 1879. E III, 389 (HUMBERT) — STORME, Materialien zum Uebers. aus dem Deutschen ins Englische. Hannover 1877, 2. Ausg. E III, 358 (DEUTSCHBEIN) — VOGEL u. DAPPER, Uebungen zum Uebers. in das Französische u. Englische für die oberen Classen. Perleberg 1886 Progr. 102. E X, 500 KÖRNIG) — WERSHOVEN, Zusammenhängende Stücke zum Uebersetzen in's Englische. Trier 1885. E IX, 143 (KLINGHARDT).

## XVI. Zur Rhythmik.

SCHIPPER, Englische Metrik. Bd. I. Bonn 1882. A V, 30 u. 139 (EINENKEL', vgl. 68 (SCHIPPER), VI, 64 (EINENKEL); Die Zweihebungstheorie der allitterirenden Halbzeile. E V, 488 (gegen WISSMANN im Ltbl. III, Nr. 4), und: Metrische Randglossen. E IX, 164 u. X, 192 — EINENKEL, Zu Schipper's metrischen Randglossen. E IX, 368 — TRAUTMANN, Metrische Antglossen. A VIII, Anz. 246 — TRAUTMANN, Ueber Laȝamon's Vers.

V II, 153; Zur alt- u. mittelengl. Verslehre. A V, Anz. 111, und: Otfrid in England. A VII, Anz. 211, vgl. VIII, Anz. 144 — MENTHEL, Zur Geschichte des Otfrid'schen Verses in England. A VIII, Anz. 49 u. X, 105, vgl. E IX, 164. SCHRÖER, Die Anfänge des Blankverses in England. A IV, 1, vgl. 419 — WAGNER, The English Dramatic Blank-Verse before Marlowe. Theil I. Osterode in O. P. 1881 Progr. 15. E V, 457 (SCHIPPER). ROSENTHAL, Die allitterirende altengl. Langzeile im 14. Jahrhundert. A I, 414. SEITZ, Zur Allitteration im Neuenglischen. E VIII, 359 (REGEL), vgl. IX, 163 (SEITZ). [SUCHIER, Zur Versbildung der Anglo-Normannen. A II, 215]. [BRATE, Fornordisk Metrik. Upsala 1884. E IX, 311 (KLUGE).

## XVII. Zur Litteraturgeschichte.

Werke, welche die gesammte Litteraturgeschichte oder einzelne Perioden oder Gebiete behandeln (Vgl. No. XXII).

Werke über die Gesammtlitteraturgeschichte: BIERBAUM, History of the English Language and Literature. Heidelberg 1883. E VII, 174 (KÖLBING) — BREITINGER, Grundzüge der engl. Sprach- n. Litteraturgeschichte. Zürich 1880. E V, 206 (KÖLBING) — TEN BRINK, Geschichte der engl. Lit. Bd. I. Berlin 1877. A II, 199 (WÜLKER), E I, 505 (KÖLBING) — BROOKE, Kurzer Leitfaden der Gesch. der engl. Lit. Deutsch bearbeitet von MATHIAS. Berlin 1882. E VIII, 182 (KÖLBING) — BROTHER AZARIAS, Development of English Literature. New York 1879. A IV, Anz. 3 (WÜLKER) — DEGENHARDT,* Select Specimens of Engl. Lit. chronologically arranged. Bremen 1879. E IV, 161 (MÜNCH) — DOBSON, A Handbook of English Literature for the Use of Candidates for Examinations. 2. Ed. L. 1880. E IV, 154 (ASHER) — ENGEL, Geschichte der engl. Lit. Leipzig 1883. E VIII, 182 (KÖLBING), vgl. 425 — GRÄTER, History of English Literature. 2. Ed. Basel 1879. E IV, 165 (MÜNCH) — MANN, A Short Sketch of English Literature from Chaucer to the Present Time. Bonn 1883. A VII, Anz. 21 (KOCH) — MANN, A Short Sketch of English Literature from Chaucer to the Present Time. Bonn 1883. E VIII, 182 (KÖLBING) — MENSCH, Characters of English Literature. Cöthen 1879. E II, 524 (BERTRAM) — MORLEY, A Sketch of English Literature. 4. Ed. L. o. J. (1877?). E I, 505 (KÖLBING) — RUDOLF, An Abridgement of the History of English Literature. Solothurn 1881. E VIII, 161 (DEUTSCHBEIN) — SACHS, Synchronistische Tabelle zur politischen u. Literärgeschichte Frankreichs u. Englands. Berlin 1879. E III, 176 (WENDT) — SAURE u. WEISCHER, Biographies of English Poets. Bilder aus der engl. Litteraturgeschichte. Köln u. Leipzig 1880. E V, 205 (MÜNCH) — SIEDLER, History of English Literature for the Use of Ladies' Schools and Seminaries. 2. Ausg. Leipzig 1884. E IX, 142 (KÖLBING) — SILLING, A Manual of English Literature. Leipzig 1879. E IV, 155 (ASHER) — SOLAZZI, Letteratura inglese. Mailand 1879 (Manuali Hoepli). E IV, 351 (ASHER) — TAINE, Geschichte der engl. Litt., übers. v. KATSCHER u. GERTH. Leipzig 1878/80, 3 Bde. E II, 262 u. IV, 366 (KÖLBING).

Zur ags. Litteraturgeschichte: WÜLKER, Grundriss zur ags. Litteraturgeschichte. 1. Hälfte. Leipzig 1884. A VII, Anz. 139 (WÜLKER), das vollständige Werk. A VIII, Anz. 157 (EINENKEL), vgl. E X, 126 (KRÜGER) — ROHRMANN, Essay concerning Anglo-Saxon Poetry. Lübben 1877 Progr. 88. E III, 194 (KÖLBING) — EINENKEL, Ueber die Verfasser einiger neuags. Schriften. Leipzig 1881 (Bonner Diss.). A V, Anz. 86 (MERKES), und: Eine englische Schriftstellerin aus dem Anfange des 12. Jahrhunderts. A V, 265 — BODE, Die Kenningar in der ags. Poesie mit Ausblicken auf andere Litteraturen. Darmstadt u. Leipzig 1886 (Strassburger Diss.). E X, 117 (KLUGE) — MERBACH, Das Meer in der Dichtung der Angelsachsen. Breslau 1884 Diss. E IX, 470 (KLUGE) — MERBOT, Aesthetische Studien zur ags. Poesie. Breslau 1883 Diss. E VIII, 480 (KLUGE) und A VI, Anz. 100 (J. KOCH).

Zur Geschichte des Drama's: KLEIN, Geschichte des englischen Drama's. Bd. I u. II (= Geschichte des Dramas. Bd. VII u. VIII). Leipzig 1876. E I, 505 (KÖLBING) — WARD, A History of English Dramatic Literature to the Death of Queen Anne. L. 1875, 2 Bde. A I, 164 und 355 (WAGNER) — ELZE, Eine Aufführung im Globe-Theater. Weimar 1878. E III, 369 (SEEMANN) — SÖRGEL, Die engl. Maskenspiele. Halle 1882. E VI, 251 (M. KOCH) — SOFFÉ, Eine Nachricht über englische Komödianten in Mähren. A X, 289 — LANDMANN, Der Euphuismus, sein Wesen, seine Quelle, seine Geschichte. Giessen 1881. E V, 409 (BREYMANN) — LANDMANN, Shakespeare and Euphuism (New Sh. Soc. Transact. 1880/82, p. 241). E VI, 94 (SCHWAN) — ELZE, Notes on Elizabethan Dramatists. Halle 1880 ff. E III, 506 (SEEMANN) u. IX, 117 (A. WAGNER), A III, 559 u. VII, Anz. 112 (PRÖSCHOLDT) — DÖHLER, Der Angriff Georg Villiers' auf die heroischen Dramen und Dichter Englands im 17. Jahrh. A X, 38.

PERRY, English Literature in the 18. Century. New York 1883. E VIII, 376 (BOBERTAG) — BELJAME, Le public et les hommes de lettres en Angleterre au 18. siècle (Dryden, Addison, Pope). Paris 1881. E VI, 467 (BOBERTAG) — HEMELING, Die engl. Humoristen des 18. Jahrhunderts. Ofen 1879 Prgr. d. Realschule in Leer. E IV, 186 (BOBERTAG).

HERFORD, Studies on the Literary Relation of England and Germany in the 16. Century. Cambridge 1886. E X, 282 (BOBERTAG) — ZART, Einfluss der engl. Philos. seit Bacon auf die deutsche Philos. das 18. Jahrhunderts. Berlin 1881. E VI, 112 (FREUDENTHAL) — M. KOCH, Ueber die Beziehungen der engl. Litt. zur deutschen im 18. Jahrh. Leipzig 1883. E VII, 140 (BOBERTAG).

LENTZNER, Englische Nachahmungen antiker Carmina figurata. E X 369.

## XVIII. Zur Sagengeschichte u. Folklore.

BUGGE, Studien über die Entstehung der nordischen Götter- und Heldensagen. Uebers. von BRENNER. Heft 1. München 1881. A IV, Anz. 87 (WÜLKER).
LIEBRECHT, Zur Volkskunde. Alte u. neue Aufsätze. Heilbronn 1879. E III, 172 (KÖLBING) — LIEBRECHT, Folk-Lore. I. Godiva. II. Skimmington. III. Drei Seelen. IV. Englischer Aberglaube. V. Schottischer Aberglaube. VI. Irischer Aberglaube. VII. Kiltgang. E I, 171 — HENSEL, Collection polyglotte de Proverbes. Sprichwörtliche Lebensregeln in fünf Sprachen: Deutsch, Englisch, Französ., Ital., Lat. Berlin o. J. E IV, 160 (ASHER).
LIEBRECHT, Die Folk-Lore Society in London. E III, 1 — Publications of the Folk-Lore Society (gegründet 1878) I o. O. u. J. A III, 379 (R. KÖHLER), vgl. E VI, 260 u. VII, 473 (LIEBRECHT. — The Folk-Lore Record. Vol. II, III u. IV. L. 1881. E IV, 130 u. V, 157 u. 394 (LIEBRECHT).
BLACK, Folk-Medicine. L. 1883. E VII, 126 (LIEBRECHT).
VARNHAGEN, Ein indisches Märchen auf seiner Wanderung durch die asiat. u. europ. Litteraturen. Berlin 1882. E VI, 259 (LIEBRECHT) —
BRAUNHOLTZ, Die erste nichtchristliche Parabel des Barlaam und Josaphat. Halle 1884. A VIII, Anz. 24 (BRANDES) — KOCH, J., Die Siebenschläferlegende, ihr Ursprung und ihre Verbreitung. Leipzig 1883. A VI, Anz. 46 (LÖSCHHORN) — KÖHLER, Der Mann im Monde. A II, 137.

## XIX. Zur Culturgeschichte u. politischen Geschichte.

JASTROW, Zur strafrechtlichen Stellung der Sklaven bei Deutschen u. Angelsachsen. Breslau 1878. E II, 476 (MAURER) — JUSSERAND, La vie nomade et les routes d'Angleterre au 14. siècle. Paris o. J. (1884?). A VII, Anz. 110 (TOULMIN SMITH) — KOCH, Der Valentinstag. A VIII, Anz. 242 — VARNHAGEN, Ueber Schellen an Reitpferden. A IV, 417 — SCHAIBLE, Geschichte der Deutschen in England. Strassburg 1885. E X, 436 (HAGER.
WENDT, Irland im 19. Jahrhundert. E XI, 91 — DÖHN, Beiträge zur Geschichte der nordamerikan. Union. Bd. I. Leipzig 1881. E V, 423 (THUM) — CARTHY, A History of Our Own Times. Leipzig 1879 ff. 3 Bde. E IV, 471 (THUM).

## XX. Zur Theorie des Studiums u. des Unterrichts.

KÖRTING, Gedanken und Bemerkungen über das Studium der neueren Sprachen auf den deutschen Hochschulen. Heilbr. 1882. E VI, 269 (KÖLBING) u. A V, Anz. 54 (TRAUTMANN) — ASHER, Ueber den Unterricht in den neueren Sprachen, speciell der englischen, an unseren Universitäten u. höheren Schulen. Berlin o. J. (1882). A V, Anz. 54 (TRAUTMANN) — (Anonym) Wie studiert man neuere Philologie und Germanistik? Von einem älteren Fachgenossen. Leipzig 1884. A VII, Anz. 129 (WÜLKER) — KLINGHARDT, Die Phonetik als Universitätsfach. E XI, 205 — KLINGHARDT, Reisediäten für Lehrer der neueren Sprachen. E X, 189, und: Die Reisestipendien der Neuphilologen. E X. 515.

Verzeichniss der Vorlesungen über englische Philologie S. S. 1878, E II, 290. W. S. 1878/79 ibid. II, 534; S. S. 1879 III, 203, W. S. 1879/80 III 404, S. S. 1880 ibid. III, 536; W. S. 1880/81 IV, 367; S. S. 1881 V, 269; W. S. 1881/82, S. S. 1882 V, 467; W. S. 1882/83 u. S. S. 1883 VII, 211; W. S. 1883/84, S. S. 1884 VIII, 202; W. S. 1884/85, S. S. 1885 IX, 194; W. S. 1885/86, S. S. 1886 X, 207; W. S. 1886/87, S. S. 1887 XI, 208.

SCHMEDING, Die classische Bildung in der Gegenwart. Berlin 1885. E IX, 475 (THUM) — FRARY, Die Tyrannei der todten Sprachen. Aus dem Französ. (»La Question du Latin«) übers. von RHODE. Hagen 1886. E X, 496 (PRÖSCHOLDT) — DANKER, Die Realgymnasien, bzw. Realschulen I. O., und das Studium der neueren Sprachen etc. Kassel 1883. E VIII, 148 (KÖLBING) — STEINBART, Zur Frage des Studiums der Realschulabiturienten. E VII, 201.

KLINGHARDT, Ziele u. Wege der modernen Sprachwissenschaft. E XI, 197 — Angewandte Sprachwissenschaft. E XI, 200.

Quousque tandem, Der Sprachunterricht muss umkehren. Heilbronn 1882. E VI, 272 (KLINGHARDT) u. A VI, Anz. 59 (J. KOCH) — BEHAGHEL, Die Entlastung der überbürdeten Schuljugend der Schuljugend der Mittelschulen. Heilbronn 1882. E VI, 273 (KLINGHARDT) — VIETOR, Die wissenschaftl. Gramm. u. der engl. Unterricht. E III, 106.

FRANKE, Die praktische Spracherlernung auf Grund der Psychologie u. der Physiologie der Sprache dargestellt. Heilbronn 1883. A VII, Anz. 34 (MORSBACH) — WEIL, Die neue Sprachenkunst. Ein Beitrag zur Lösung moderner Schulfragen. München 1884. E X, 487 (KÜHN) — OHLERT, Die fremdsprachliche Reformbewegung mit bes. Berücksichtigung des Französ. Königsberg i. P. 1886. E X, 489 (KÜHN) — JESPERSEN, Der neue Sprachunterricht. E X, 412.

TRAUTMANN, Schulbücher u. Lautliches. A I, 582 (TRAUTMANN) — BREYMANN, Ueber Lautphysiologie u. deren Bedeutung für den Unterricht. München 1884. E VIII, 344 (KLINGHARDT) — KLINGHARDT, Die Lautphysiologie in der Schule. E VIII, 287, und: Angewandte Phonetik. E XI, 206 — PASSY, Expérianses d'un professeur d'anglais sur la nouvèle métode d'enseignemant. E X, 506 — Dhi Fonètik Titćer. Dhi organ ov dhi fonètik titćerz' asóciécon, èdited bai P. PASSY. Neuilly-sur-Seine 1886. E X, 317 (WESTERN u. KLINGHARDT).

SCHRÖER, Ueber den Unterricht in der Aussprache des Englischen. Berlin 1884. E VIII, 346 (KLINGHARDT) — KLINGHARDT, Techmer's und Sweet's Vorschläge zur Reform des Unterrichts im Englischen. E X, 48 — BIERBAUM, Die Reform des neusprachl. Unterrichts. Kassel 1886. E IX,

471 (KRUMMACHER) — KORTEGARN, Bemerkungen über den fremdsprachl. Unterricht im Realgymnasium. Frankf. a. M. 1883 Progr. d. Wöhlerschule. E VII, 362 (KLINGHARDT) — v. LEHMANN, Lehrplan f. d. frz. u. engl. Unterricht. Barmen 1881 Progr. 404. E V, 454 (OTTMANN) — REHFELDT u. HEINRICHSEN, Lehrplan f. d. engl. u. französ. Unterricht. Bremen 1881 Progr. 626. E VI, 281 (WILLENBERG) — RAMBEAU, Der französ. und der engl. Unterricht am Gymnasium. Hamburg 1885 Progr. 660. E IX, 364 (KÖRNIG), vgl. 494 (RAMBEAU), und: Der französ. u. engl. Unterricht in der deutschen Schule, mit bes. Berücksichtigung des Gymnasiums. Hamburg 1886. E IX, 473 (KÖRNIG) — PALMGREN, Språkuppfostran (Undervisning i engelska vid en Flickskola). Stockholm 1885. E IX, 358 (KLINGHARDT) — [KÜHN, Zur Methode des frz. Unterrichts. Wiesbaden 1883. E VII, 491 (KLINGHARDT)] — PRÖSCHOLDT, Ein Wort über die neusprachl. Lesebücher u. zur Reform des Unterrichts. A VIII, Anz. 236 — LION, Der Kanon für die engl. Lectüre auf den Realgymnasien (bzw. Gymnasien) im Anschluss an die Verhandlungen der dritten Directorenconferenz in der Provinz Hannover (1882). E IX, 478 — OTTMANN, Ueber die Wahl des Lesestoffes im engl. Unterricht auf der Realschule erster Ordnung. E III, 338 — VOGEL, Bemerkungen zur frz. u. engl. Lectüre in den oberen Realschulclassen. Perleberg 1890 Progr. 90. E V, 447 (OTTMANN) — MÜNCH, Shakespeare's Macbeth im Unterricht der Prima. Barmen 1884 Progr. 425. E IX, 150 (KLINGHARDT) — WENDT, Die Behandlung der engl. Präpositionen auf den Realschulen I. O. E IV, 100; V, 379 u. VI, 216 — MÜNCH, Die Frage des engl. Aufsatzes in Realprima. E IV, 444 — HÖGEL, Bemerkungen über das Studium der engl. Vocabeln. Wien 1877 Progr. der Realsch. auf der Landstrasse. E V, 236 (ZVĚŘINA).

RHODE, Bericht über die Verhandlungen des ersten allgemeinen Neuphilologentages zu Hannover (4. bis 6. Oct. 1886). E X, 352 — QUIEHL, Zweiter deutscher Neuphilologentag zu Frankfurt a. M. (31. Mai u. 1. Juni 1887) E XI, 180 — WALTER, Bericht über die Sitzungen der neuphilolog. Section auf der 38. Versammlung deutscher Philologen u. Schulmänner in Giessen 1885. E IX, 374, und: Verhandlungen über die Reform des neusprachlichen Unterrichts auf der am 18. Mai 1887 zu Eschwege abgehaltenen Generalversammlung von Lehrern an höheren Unterrichtsanstalten der Provinz Hessen-Nassau und des Fürstenthums Waldeck. E XI, 188 — Verhandlung der Reallehrerversammlung zu Stuttgart über Phonetik im Unterricht (31. Mai 1887). E XI, 196 — Verhandlungen des Vereins akademisch gebildeter Lehrer an den badischen Mittelschulen zu Baden-Baden (4. Juni 1887). E XI, 194 — PALMGREN, Verhandlungen zur Reform des Sprachunterrichts auf der dritten nordischen Philologenversammlung zu Stockholm (10. bis 13. August 1886). E X, 335 — LUNDELL, Verhandlung des Lehrervereins zu Göteborg über Reform des Sprachunterrichts (12. Febr. 1887). E XI, 195.

HIME, A Schoolmasters Retrospect of Eighteen and a half Years in a Irish School. L. 1885. E IX, 321 (PRÖSCHOLDT).

WHITE, The Modern Languages in America. E X, 329.

## XXI. Vermischtes.

SATTLER, Y Gomeryd, das ist: Grammatik des Kymraeg oder der kelto-wälischen Sprache. Zürich 1856. E XI, 152 (C. MEYER).
NOREEN, Altisländ. u. altnorweg. Gramm. Halle 1884. E IX, 311 (KLUGE).
BASKERVILLE, The Poetry of Germany, consisting of selections from upwards of seventy of the most celebrated poets, translated into english verse, with the original text. Baden-Baden und Hamburg 1876. E II, 518 (WENDT).
[LESSING, I.'s Nathan the Wise, translated into English Verse by CORBETT. L. 1883. E IX, 114 (BOBERTAG)].
MENTZEL, Geschichte der Schauspielkunst in Frankfurt a. M. von ihren ersten Anfängen bis zur Eröffnung des Komödienhauses, o. J. u. O. (1882). A VI. Anz. 53 (WÜLKER).
Denkmäler provenzalischer Literatur u. Sprache, herausg. von SUCHIER. Halle 1883. E VIII, 191 (KÖLBING).
Dos Obras didácticas y dos Leyendas sacadas de manuscritos de la Biblioteca del Escorial. Dalas á luz la Sociedad de Bibliófilos Españoles. Madrid 1878. A III, 399 (VARNHAGEN).

## XXII. Alphabetisches Verzeichniss von Ausgaben einzelner Schriftwerke und Schriftsteller und von auf dieselben bezüglichen Einzelschriften.

Addison. FICKE, A Critical Eximination of A.'s Cato. Remscheid 1885 Progr. 437. A VIII, Anz. 45 (v. DADELSEN), E IX, 367 (BOBERTAG) — HRASTILEK, Ueber A.'s Cato. Kremsier 1881 Progr. E VI, 289 (ZVĚŘINA) — Älfred. HARTMANN, Ist König Ä. der Verfasser der alliterirenden Uebertragung der Metra des Boëthius? A V, 411 — LEICHT, Ist König Ä. der Verfasser der alliterirenden Metra des Boëthius? A VI, 126, und: Zur ags. Bearbeitung des Boëthius. A VII, 178 — ZIMMERMANN, Ueber den Verf. der altengl. Metren des Boëthius. Greifswald 1882 Diss. E VIII, 147 (BRIGHT) — ZUPITZA, Zu Älfred's Sprüchen, ed. Morris 118, 264 u. Hending, ed. Bödd. 293, 133. A III, 370 — Älfric. Ä.'s Grammatik und Glossar, herausg. von ZUPITZA (Sammlung engl. Denkmäler. Bd. 1). Berlin 1881. A IV, Anz. 14 (KLUGE), vgl. E IV, 366 (KÖLBING) — Ä.'s Lives of Saints, ed. by W. SKEAT. Part I. L. 1881 (E. F. T. S. 76). A VI, Anz. 104 (HOLTHAUS) — ASSMANN, Abt Ä.'s ags. Bearbeitung des Buches Esther, A IX, 25, Abt Ä.'s ags. Bearbeitung des Buches Hiob, Druck mit der Hds. verglichen. A IX, 39, und: Abt Ä.'s ags. Homilie über das Buch Judith. A X, 76 — GREIN, Ä.'s Buch der Richter (Ausg.). A II, 141 — MAC LEAN, Älfric's Version of Alcuini Interrogationes Sigewulfi in Genesin. A VI, 425 u. VII, 1 — Aelteste Denkmäler. The Oldest English Texts, ed. by SWEET. E X, 275 (SCHRÖER) — DIETER, Ueber die Sprache der ältesten engl. Denkmäler. A IX, 617 (DIETER gegen LÜBKE im Anz. f. d. A. XVIII, 265) u. E X, 275 (SCHRÖER) — Alexander.

HESSELS, The Dublin Ms. of the Allitterative Romance of A. E III, 531
— Altenglische Dichtungen des Ms. Harl. 2253, herausg. von
BÖDDEKER. Berlin 1878. A II, 507 (SCHIPPER). Zu A. D. p. 111, 227,
245. E III, 102 (KÖLBING) — Amis and Amiloun, zugleich mit der alt-
frz. Quelle herausg. v. KÖLBING. Heilbronn 1884. A VIII, Anz. 27 (EIN-
ENKEL) u. E IX, 456 (BREUL) — STOPFEL, Some Remarks on Prof. Köl-
bing's Edition of A. and A. E IX, 175 — KÖLBING, Zu A. u. A., E II,
295 u. V, 465, und: A. a. A. u. Guy of Warwick. E IX, 477 — SCHWIE-
GER, Die Sage von A. u. A. Berlin 1885 Progr. 54. E IX, 149 (KÖLBING)
— Ancren Riwle. KÖLBING, Eine unbekannte Hds. der A. R. E III,
535 — STRATMANN, Zu A. R. p. 92, 370. E II, 119 — Apollonius.
ZUPITZA, Zu A., ed. Thorpe. p. 3, 4, 7, 6, 11, 12, 13, 20. A I, 463 —
Arthur. ZUPITZA, Zu A., ed. Furnivall, v. 449 ff. A I, 480 — Ascham.
KATTERFELD, Roger A. Strassburg 1879. E IV, 338 (BOBERTAG) —
WALLENFELS, Roger A. Wiesbaden 1880 Progr. 356. E V, 456 (BOBERTAG)
— Auchinleck-Ms. KÖLBING, Kleine Publicationen aus dem Au.-M. E
VII, 111; VIII, 115; IX, 42 u. 440; XI, 1 — Austen. PELLEW, Jane
Au.'s Novels. Boston 1883. E VIII, 350 (BOBERTAG) — Ayenbite of
Inwyt s. Dan Michel — Bacon s. Promus — Bale. SCHRÖER, »A
Comedy concernynge thre; Lawes« von J. Bale (Ausg. mit Einleitung und
Anmerkungen). A V, 137 u. 232 — Balladen. LIEBRECHT, Zur engl.
Balladenpoesie. E III, 334 — The English and Scottish Popular Ballads,
ed. CHILD. Part I, II, III. Boston o. J. E IX, 444 (LIEBRECHT), A V,
Anz. 64 (Prospect), A VI, Anz. 66 (TRAUTMANN) — Barbour. REGEL, An
Inquiry into the Phonetic Peculiarities of B.'s Bruce. Gera 1877 Progr.
577. E III, 194 (KÖLBING) — KÖPPEL, Die Fragmente von B.'s Trojaner-
krieg. E X, 373. Ueber B.'s Legenden s. Legenden — Barnavelt.
BOYLE, Zur B.-Frage (gegen Delius, Shakespeare-Jahrb. XIX). E IX, 153
— Beaumont. BOYLE, B., Fletcher and Massinger. E VII, 66,
VIII, 39, IX, 209, X, 383 — LEONHARDT, Ueber die Beziehungen von
B.'s u. Fl.'s Philaster or Love lies a-Bleeding zu Shakespeare's Hamlet u.
Cymbeline. A VIII, 424 — LEONHARDT, Ueber B.'s und Fl.'s Knight
of the Burning Pestle. Annaberg 1885 Progr. 499. E IX, 361 (M. KOCH)
— Beda. Bedae historia eccclesiastica gentis Anglorum, ed. A. HOLDER.
Freiburg i. B. u. Tübingen 1882. A VI, Anz. 50 (PETERS) — Excerpte aus
der Interlinearversion von B.'s Liber scintillarum, herausg. v. KLUGE. E
IX, 35 — Benedictinerregel. Versificirte B. im »northern Dialect«,
herausg. v. BÖDDEKER. E II, 60 — BÖDDEKER, Ueber die Spr. der B. E
II, 344 — Ben Jonson. SÄGELKEN, B. J.'s Römerdramen. Bremen 1880.
Jenaer Diss. E VIII, 226 (M. KOCH) — BUFF, The Quarto Edition of B. J.'s
»Every Man in his Humour«. E I, 181 — Béowulf. a) Ausgaben,
bzw. Abdrücke: Autotypes of the Unique Cotton Ms. Vitellius XV.
With a Transliteration and Notes by ZUPITZA. L. 1882 (E. E. T. S.). A
VII, Anz. 41 (TRAUTMANN) u. E VII, 488 (KÖLBING); herausg. v. HOLDER.
Freiburg i. Br. u. Tübingen 1882. E VII, 452 (KÖLBING); herausg. von
ARNOLD. L. 1876. A I, 177 (WÜLKER); herausg. von HEYNE, 4. Ausg.

Paderborn 1879. E IV, 135 (BRENNER); herausg. v. HARRISON. Boston 1882. E VII, 482 (KÖLBING); KÖLBING, Zu Beówulf v. 168 f. E III, 92: b. Uebersetzungen: stabreimend übers. von GREIN, 2. Ausg. Kassel 1883. E VIII, 139 (KRÜGER; ZINSSER, Der Kampf B.'s mit Grendel. Als Probe einer metrischen Uebers. des ags. Epos B. Saarbrücken 1881 Progr. 448 (KRÜGER) E VII, 370; B., translated by GARNETT. Boston 1882. E VIII, 133 KRÜGER), vgl. A VI, Anz. 120 (SCHIPPER, 2. Ed. Boston 1885. E IX, 151 (KRÜGER; traduit par L. BOTKINE. Havre 1877. E I, 495 (KÖLBING); tradotto etc. da GRION. Lucca 1883. E IX, 64 (KRÜGER; WÜLKER, Besprechung der B.-Uebersetzungen, im Anschluss an: LUMSDEN, Beów., an Old English Poem, translated into Modern Rhymes. L. 1881. A IV, Anz. 69 — c) Erläuterungsschriften: BOTKINE, B., Analyse historique u. géographique. Paris 1876. E I, 495 (KÖRNER · DEDERICH, Historische und geographische Studien zum ags. B. Köln 1877. E I, 481 (KÖRNER; SARRAZIN, B. u. Cynewulf. A IX, 515; Die Beówulfsage in Dänemark. A IX, 195, und: Beowa u. Böðvar. A IX, 200; GERING, Der B. u. die isländische Grettissage. A III, 74; HOFFMANN, Der bildl. Ausdruck im B. u. in der Edda. E VI, 163; SCHULZ, Die Sprachformen des Hildebrandliedes im B. Königsberg i. P. 1882 Progr. E IX, 149 (KLINGHARDT); NADER, Der Genitiv im B. Brünn 1882. E VI, 288 (KLINGHARDT), und: Dativ und Instrumental im B. Wien 1883 Progr. E VII, 368 (KLINGHARDT; LEHMANN, Brünne u. Helm im ags. B. Leipzig 1885. A VIII, Anz. 167 (WÜLKER), u. E IX, 471 (A. SCHULZ) — Bernhard. VARNHAGEN, Zu den Sprüchen des hl. B. A III, 59 u. 285 — Beves of Hamtoun. KÖLBING, Zu Sir B. of H. E II, 317 — Bibelübersetzung. RAHMIG, Zu der neuen revidirten B. E V, 251, vgl. 254 (THUM) — Bienensegen. ZUPITZA, Ein verkannter englischer und zwei bisher ungedruckte lateinische Bienensegen. A I, 189 — Boëthius. Die allitt. Metra des B., angeblich übersetzt von König Älfred, s. Älfred — Bokenam (Osbern) s. Legenden u. Mappula Angliae — The Boke of Curtesy, herausg. v. BREUL. E IX, 51 — Botschaft des Gemahls, herausg. von WÜLKER. A II, 391 — Bret Harte. Tales of the Argonautes, herausg. v. TANGER. Leipzig, Students' Tauchnitz Ed. E X, 305 (BAUDISCH) — Brief. KLUGE, Fragment eines ags. Briefes. E VIII, 62 — Brut. Der Münchener B., herausg. von K. HOFMANN u. K. VOLLMÖLLER. A I, 561 (BAIST). Vgl. Laʒamon — Bulwer. WÜLKER, Edward B. und seine Werke. A IX, 565, und: Ueber B.'s Jugendwerke. I. B.'s Weed's and Wildflowers. A VI, Anz. 142 — The Lady of Lyons, herausg. v. ARNDT. Berlin 1883. E IX, 331 (J. KOCH), herausg. v. BISCHOFF. Leipzig, Students' Tauchnitz Ed. E X, 305 (BAUDISCH) — Money, a Comedy, herausg. v. FISCHER. Berlin 1883. E IX, 331 (J. KOCH) — Burke. Rede über die ostindische Bill des Ch. J. Fox, herausg. von WINKELMANN. Leipzig o. J. E XI, 160 (BAUDISCH) — Burns. HIERTHES, Wörterb. des schott. Dialects in den Werken von Scott u. Burns. Augsburg 1882. E VI, 114 (KLINGHARDT) — Byrhtferđ. KLUGE, Ags. Excerpte aus B.'s Handboc oder Enchiridion. A VIII, 298 — Byron. SCHARF, Poetry and Genius of Pope with the P. and G. of B. compared.

Wien 1875 Progr. der Josefstädter Relsch. E V, 234 (ZVĚŘINA) — LEVY,
B.'s Verhältniss zu Pope. A II, 256 — HENNIG, Verhältniss von Robert
Southey zu Lord B. A III, 426 — Child Harold's Pilgrimage, herausg.
v. A. MOMMSEN. Berlin 1885. E IX, 353 (PRÖSCHOLDT); herausg. von
KRUMMACHER. Bielefeld o. J. E X, 309 (WÜRZNER) — The Prisoner of
Chillon, ed. FISCHER. E III, 521 — The Pr. of Ch. and Mazeppa, herausg.
v. BANDOW. Bielefeld o. J.· E X, 309 (WÜRZNER) — KRUMMACHER, Zu
B.'s Child Harold. E VIII, 411 — MORSBACH, Zu B.'s Prisoner of Chillon.
A VI, Anz. 157, vgl. VII, Anz. 91 (ASHER), 101 (MORSBAH), VII, 513
(ASHER) — The Siege of Corinth, herausg. v. BANDOW. Bielefeld o. J.
E X, 309 (WÜRZNER) — KIRSCHSTEIN, Engl. Gedichte ins Deutsche über-
tragen und ein Essay: Gefangene von Chillon. Marienburg 1881 Progr. 25.
E VII, 375 (M. KOCH) — KÖHLER, A Glance at Lord Byron as a Drama-
tist. Jever 1877 Progr. 542. E III, 195 (KÖLBING) — SCHAFFNER, Lord
B.'s Cain und seine Quellen. Strassburg 1880. E IV, 335 (BOBERTAG) —
MAYN, Ueber B.'s Heaven and Earth. Breslau 1887 Diss. E XI, 145
(PRÖSCHOLDT) — LOHMANN, B.'s Manfred und sein Verhältniss zu Dich-
tungen verwandten Inhaltes. A V, 291 — Cädmon. STODDARD, The
Cädmon Poems in Ms. Junius XI. A X, 157 — WÜLKER, C. u. Milton.
A IV, 401 — HOFER, Der syntakt. Gebrauch des Dativs u. Instrumentals
in den C. beigelegten Dichtungen. A VII, 355 — Campbell. The
Pleasures of Hope and other Poems, herausg. v. BALZER. Berlin 1882.
E VII, 169 (THUM), vgl. 384 (BALZER) — Gertrud von Wyoming oder die
Pennsylvanische Hütte von Th. C., übers. von FINCK. Baden-Baden 1884
Progr. 533. E IX, 143 (M. KOCH) — Canticum de creatione, herausg.
v. HORSTMANN. A I, 287 — Carlyle, FROUDE, Das Leben Thomas C.'s,
übers. von FISCHER. Gotha 1887, 2 Bde. E X, 467 (KRUMMACHER) —
OSWALD, Thomas C. Ein Lebensbild und Goldkörner aus seinen Werken.
Leipzig 1882. A IV, Anz. 125 (TOULMIN SMITH) — WIENHOLD, Kurze
Darstellung der philos. Anschauungen Thomas C.'s, hauptsächlich nach
dessen Sartor Resartus. Borna 1878 Progr. 448. E III, 196 — The Reign
of Terror (French Revolution), herausg. v. HERRIG. Leipzig, Students'
Tauchnitz Ed. E X, 305 (BAUDISCH) — C.'s Sartor Resartus, übers. etc.
von TH. A. FISCHER. Leipzig 1882. E VI, 254 (KRUMMACHER) — KRUM-
MACHER, Notizen über den Sprachgebrauch C.'s. E VI, 352. — KRUM-
MACHER, Sprache u. Stil in C.'s Friedrich II. E XI, 67 — Cato. NEHAB,
Der altengl. Cato. Eine Uebertragung und Bearbeitung der Disticha Ca-
tonis. Berlin 1879 (Göttinger Diss.). A III, 383 (SCHLEICH) — Cato.
GOLDBERG, Ein altengl. C. A VII, 165 — Cato. KÖLBING, Zu Goldberg's
Ausg. eines altengl. Cato. E IX, 373 — Chambers. The Age of the
Stuarts, herausg. v. WENDT. Berlin 1883. E IX, 331 (J. KOCH) — Chap-
man. REGEL, Ueber George Ch.'s Homerübersetzung. E V, 1 u. 295 —
REGEL, Lexikalisches zu George Ch.'s Homerübers. Rossleben 1885 Progr.
224. E IX, 363 (FORCKE) — Chaucer. Publicationen der Chaucer Society 1876 Second Series Nr. 14, 15, Part III, 13, 14, 15, 16, 17. A II,
532 (J. KOCH. First Series XLIX bis LVII, Second Series Part IV, 11 u.

12. A III, 179 (J. KOCH). First Series 58 bis 61. A IV, Anz. 93 (J. KOCH).
First Series 63 (44). A VI, Anz. 80 (J. KOCH). Essays on Ch., his Words and
Works P. V. A VIII, Anz. 154 (J. KOCH) — J. KOCH, Zusammenstellung
sämmtlicher bis 1880 von der Ch. Society publicirten Hdss. u. alten Drucke.
A IV, Anz. 112 — WARD, Chaucer (English Men of Letters). L. 1879. A
III, 554 (J. KOCH) — WOOD, Ch.'s Influence upon James I. A III, 223 —
LANGE, Ch.'s Einfluss auf Douglas. A VI, 46 — TEN BRINK, Ch.'s Sprache
und Verskunst. Leipzig 1884. A VII, Anz. 141 (WÜLKER) u. E X, 114
(J. KOCH) — Ch.'s Werke übers. von A. v. DÜHRING, Bd. I. Strassburg 1883.
A VIII, Anz. 1 (J. KOCH) — Prolog der Canterbury Tales, herausg. von
ZUPITZA. Berlin 1882. A V, Anz. 138 (J. KOCH) — HOLTHAUSEN, Bemerkungen zu Ch.'s C. T. Prol. v. 162, 310, Knightes Tale 343 u. 403. A VIII,
454 — ZUPITZA, Zu Canterbury Tales Prol. 12, 14, 30, 179, 380, 399,
449. A I, 474, und: Zu Ch.'s C. T. Prol. 52 u. 169. A III, 370 — KÖLBING, Zu Ch.'s C. T. Prol. v. 52, 169. E III, 104 — KOCH, Zu den Cant.
T. Prol. v. 459 f. A VI, 105 — FURNIVALL, Ch.'s Prioress's Nun-Chaplain.
A IV, 238 — WILIDAHL, Ch.'s Knightes Tale with an Abstract of the
Poets Life. Budweis 1882 Progr. der K. K. Staatsrealschule. A VI, Anz.
51 (J. KOCH) — KÖLBING, Zu Ch.'s The Knightes Tale. E II, 528 —
KOCH, J., Ein Beitrag zur Kritik Ch.'s (Verhältniss von Knightes Tale u.
Queen Anelida and False Arcite zu Boccaccio's Tescide). E I 249 — VARNHAGEN, Zu Ch.'s Erzählung des Kaufmanns. A VII, Anz. 155 — R. KÖHLER, Zu Ch.'s the Milleres Tale. A I, 38 u. 186, II 135 — VARNHAGEN,
Zu Ch.'s Erzählung des Müllers.. A VII, Anz. 81 — PRÖSCHOLDT, Eine
prosaische Nachbildung der »Erzählung des Müllers« aus Ch.'s Cant. Tales.
A VII, 116 — EILERS, Die Erzählung des Pfarrers in Ch.'s Canterbury
Geschichten u. die Somme de Vices et de Vertus des Frère Lorens. Erlangen 1882 Diss. A V, Anz. 130 (J. KOCH) — VARNHAGEN, Die Erzählung von der Wiege (Reeve's Tale). E IX, 240 — KÖLBING, Zu Ch.'s
Cäcilienlegende. E I, 215 — BENNEWITZ, Ch.'s Sir Thopas. Halle 1879
Diss. E IV, 339 (LINDNER) — UHLEMANN, Ch.'s House of Fame u. Pope's
Temple of Fame. A VI, 107 — WILLERT, The House of Fame (Einleitung
und Textverhältniss). Berlin 1883 Diss. A VII, Anz. 24 (J. KOCH', und: Zum
Handschriftenverhältniss des Hous of Fame. A VII, Anz. 203, vgl. 208
(KOCH) — RAMBEAU, C.'s »Hous of Fame« in seinem Verhältniss zu Dante's
Divina Commedia. E III, 209 — BECH, Quellen und Plan der ‚Legende
of Goode Women' und ihr Verhältniss zur »Confessio Amantis«. A V, 313
— LANGE, Untersuchungen über Ch.'s Boke of the Duchesse. Halle 1883
Diss. A VI. Anz. 91 — KLINT, An Account of Ch.'s Translation of the
Romaunt of the Rose. o. O. u. J. E IV, 340 (LINDNER) — FICK, Zur
Frage der Authenticität der me. Uebers. des Romans von der Rose. E IX,
161, vgl. ebenda 506 — LINDNER, Die engl. Uebers. des Romans von der
Rose. E XI, 163 — KOCH, Mother of God. A VI, 104 — THUREIN,
Das Datum von Ch.'s Mars and Venus. A IX, 562 — WÜRZNER, Ueber
Ch.'s lyrische Gedichte. Steyr 1879 (abgedruckt aus dem 9. Jahresberichte
der Oberrealschule zu Steyr). A IV, Anz. 44 (SCHRÖER) u. E IV, 461

(LINDNER) — Chaucer. J. KOCH, Ausgewählte kleinere Dichtungen Ch.'s im Versmaasse des Originals in das Deutsche übertragen. Leipzig 1880. A IV, Anz. 44 (SCHRÖER), vgl. 49, u. E IV, 339 (LINDNER) — SCHÖPKE, Ueber Dryden's Bearbeitung Ch.'scher Gedichte. A II, 314 und III, 35 — Christ und Satan. GROSCHOPP, Das ags. Gedicht C. u. S. A VI, 248. — Chronicon Vilodunense s. Legenden — Chronik. ZUPITZA, Fragment einer engl. Chr. von 1113 u. 1114. A I, 195 — Codex Vercellensis. WÜLKER, Bemerkung zu dem C. V. A III, 161, vgl. V, 451 — Coleridge. BRANDL, Samuel Taylor C. u. die engl. Romantik. Berlin 1886 (M. KOCH). E XI, 139 — A Common-Place-Book of the 15. Century, ed. by L. TOULMIN SMITH. E IX, 453 (KÖLBING) — De Consuetudine Monachorum, herausg. von SCHRÖER. E IX, 290 — Coyne. Black Sheep, a Comedy, herausg. v. RAUCH. Berlin 1883. E IX, 331 (J. KOCH) — Cynewulf. WÜLKER, Ueber den Dichter C. A I, 483 — D'HAM, Der gegenwärtige Stand der Cynewulffrage. Limburg 1883 (Tübinger Diss.). A VII, Anz. 120 (HOLTHAUS) — SARRAZIN, Béowulf u. C. A IX, 515 — JANSEN, Beiträge zur Synonymik u. Poetik der allgemein als echt anerkannten Dichtungen C.'s. Münster 1883 Diss. E VIII, 350 (KLINGHARDT) — Andreas, ed. with Critical Notes and a Glossary (BASKERVILL). Boston 1885. E X 117 (KLUGE) — ZUPITZA, Zu A. v. 145 und 483. A III, 369 — KLUGE, Zu A. v. 1661. A IV, 106 — NAPIER, Zu A. v. 1182. A IV, 411 — FRITZSCHE, Das ags. Gedicht Andreas und der Dichter C. A II, 441 — RAMHORST, Das altengl. Gedicht vom hl. Andreas u. der Dichter C. Berlin 1885 Diss. E X, 118 (SCHRÖER) — GROSCHOPP, Das ags. Gedicht Christ u. Satan. A VI, 248 — Elene, herausg. von ZUPITZA. Berlin 1877. A I, 573 (SIEVERS) — GLÖDE, Untersuchung über die Quelle zu C.'s Elene. A IX, 271 — CHARITIUS, Ags. Gedichte von Gûdlâc. A II, 265 — LEFÈVRE, Das altengl. Gedicht vom hl. Gûdlâc. A VI, 181, vgl. 240 (WÜLKER) — TRAUTMANN, C. u. die Räthsel. A VI, Anz. 158, und: Zum 89. Räthsel. A VII, Anz. 210 — NUCK, Zu Trautmann's Deutung des 1. u. 89. Räthsels. A X, 390 — PREHN, Composition und Quellen der Räthsel des Exeterbuches. Paderborn 1883 (Münster'sche Diss.). A VII, Anz. 120 (HOLTHAUS) — SCHÜRMANN, Darstellung der Syntax in C.'s Elene. Münster (Paderborn) 1884 Diss. A VII, Anz. 30 (E. FÖRSTER) u. E VIII, 351 (KLINGHARDT) — RÖSSGER, Ueber den syntakt. Gebrauch des Genetivs in C.'s Elene, Crist u. Juliana. A VIII, 338 — HOLTBUER, Der syntakt. Gebrauch des Genitivs in Andreas, Gûdlâc, Phönix, dem hl. Kreuz u. Höllenfahrt. A VIII, 1 — Dame Siriz. KÖLBING, Collation zur D. S. E V, 378 — Dan Michel. STRATMANN, Zu D. M.'s Ayenbite of Inwyt p. 55, 68, 116. E II, 120 — VARNHAGEN, Beiträge zur Erklärung u. Textkritik von D. M.'s Ayenbyte of Inwyt. E I, 379; II, 27 — Davenant. H. FISCHER, Gibt es einen von Dryden oder D. bearbeiteten Julius Cäsar? A VIII, 415 — FLEAY, D.'s Macbeth u. Sh.'s Witches. A VII, 128 — Death and Life. POWELL, Notes on D. a. L. E VII, 97 — Defoe. Robinson, herausg. v. LÖWE. Halle 1882. E VI, 116 (FOTH) — Degrevant. KÖLBING, Zu D., ed. Halliwell, von

205 ff., 557 ff., 113 ff. E III, 100 — De rebus in Oriente mirabilibus.
HOLDER, Collation zu De rebus etc. A I, 331 — Destruction of Troy.
BRANDES, Die me. D. of T. u. ihre Quelle. E VIII, 398 — DICKENS, A
Christmas Carol, ed. FISCHER. Berlin 1877. E III, 524 (OTTMANN); herausg.
v. RIECHELMANN. 3. Aufl. Leipzig 1882. E VI, 142 (THUM) — SCHULER, Some
Remarks on D.'s Christmas Carol, ed. Riechelmann. E IX, 179 — Christmas
Carol, ed. IMM. SCHMIDT (Grössere Ausg.). Berlin 1885. E X, 134 (THUM);
herausg. v. WENDT. Berlin 1883. E IX, 331 (J. KOCH) — The Cricket
on the Hearth, ed. FISCHER. Berlin 1877. E III, 525 (OTTMANN); herausg.
v. HOPPE. 4. Ausg. Berlin 1882. A VI, Anz. 42 (MORSBACH) — The
Chimes, herausg. v. DE BEER. Maasluis o. J. (1879). E III, 189 (OTT-
MANN) — Pictures from Italy, herausg. v. WEISCHER. Leipzig u. Cöln 1879.
E III, 183 (OTTMANN) — Sketches, herausg. v. HOPPE. Leipzig, Students'
Tauchnitz Ed. E XI, 159 (BAUDISCH) — Digby, s. Mysteries — Be
Domes dåge. BRANDL, B. D. d. A IV, 97 — Douglas. LANGE, Chau-
cer's Einfluss auf D. A VI, 46 — Drossel u. Nachtigall. VARN-
HAGEN, Zu dem Streitgedichte von D. u. N. A IV, 207 — Dryden.
ELZE, Zu D.'s Annus Mirabilis, Str. 12, A II, 174, vgl. ebenda 506 (FUR-
NIVALL) u. 548 (ELZE) — OHLSEN, D. as a Dramatist and Critic. Altona
1883 Progr. 263. E VII, 379 (BOBERTAG) — BOBERTAG, D.'s Theorie des
Drama's. E IV, 373 — H. FISCHER, Gibt es einen von D. oder Davenant
bearbeiteten Julius Cäsar? A VIII, 415 — D.'s Trauerspiel Antonius u.
Kleopatra. Deutsch von OHLERT. Altona 1884. E X, 125 (BOBERTAG) —
SCHÖPKE, D.'s Bearbeitung Chaucer'scher Gedichte. A II, 314 u. III, 35
— Dunbar. SCHIPPER, William Dunbar. Sein Leben u. seine Gedichte.
Berlin 1884. A VII, Anz. 146 (TRAUTMANN) u. E X, 128 (KÖLBING) —
Editha, s. Legenden — Eliot. CONRAD, George E., ihr Leben und
Schaffen, dargestellt nach ihren Briefen u. Tagebüchern. Berlin 1887. E
XI, 143 (BIANCA BOBERTAG) — The Mill on the Floss, herausg. v. ISAAK.
Leipzig, Students' Tauchnitz Ed. E X, 305 (BAUDISCH) — Epinalglossen.
FURNIVALL, Facsimile of the Epinal Ms. etc. A III, 411 — Epistola
Alexandri ad Aristotelem, herausg. v. BASKERVILL. A IV, 139 —
HOLDER, Collation zur E. etc. A I, 507 — The Erl of Tolous and
the Emperes of Almayn, herausg. v. LÜDTKE. Berlin 1881 (Sammlung
engl. Denkmäler, Bd. III). A V, Anz. 4 (DÖNNE) u. E VII, 136 (SARRA-
ZIN) — Exeterbuch. Ueber das E. vgl. WÜLKER, A II, 374 — Exo-
dus. EBERT, Zum E. A V, 409 — The Story of Genesis and E. An
Early English Song about A. D. 1250. Ed. by R. MORRIS. 2. Ed. L. 1874
(E. E. T. S.). A VI, Anz. 1 (SCHUMANN) — FRITZSCHE, Ist die altengl.
Story of Genesis and Exodus das Werk eines Verfassers? A V, 43. Siehe
auch Genesis — Faust, s. Marlowe — Die Feinde des Menschen,
aus dem Auch.-Ms. herausg. von KÖLBING. E IX, 440 — Ferrex and
Porrex, s. Gorboduc — Fielding. BOBERTAG, Zur Charakteristik
Henry F.'s. E I, 317 — Fierabras. HAUSKNECHT, Zur Fierabrasdichtung
in England. A VII, 160 — CARSTENS, Zur Dialectbestimmung des me.
Firumbras. Kiel 1884. A VII, Anz. 4 (EINENKEL) — Firumbras, s. Fiera-

bras — Fletcher. FLEAY, On the Chronology of the Plays of Fl. and
Massinger. E IX, 12. Siehe auch Beaumont — Floris u. Blaunche-
flur. Mittelengl. Gedicht aus dem 13. Jahrh., herausg. v. HAUSKNECHT.
Berlin 1885. A VIII, Anz. 150 (LÜDTKE) u. E IX, 92 (KÖLBING) — STOFFEL,
Zu F. u. B., herausg. v. HAUSKNECHT. E IX, 389 — ZUPITZA, Zu F., ed.
Lumby, v. 257 ff., 261 ff., 318, 465, 549, 555, 701 ff. A I, 473 — KÖL-
BING, Zu F. a. B., ed. LUMBY, v. 127 ff., 257 ff., 261 ff., 616 ff., 701 ff. E III, 99 —
STRATMANN, Zu F. a. B. v. 129, 190, 218, 286, 288, 298, 305, 497, 616, 675.
E III, 270 — Ford. WOLFF, John F., ein Nachahmer Shakespeare's.
Heidelberg 1880 Diss. E IV, 479 (KÖLBING) — Forrest. LUDORFF,
William F.'s Thophiluslegende. A VII, 60 — Fragment. VARNHAGEN,
Ein F. des 12. Jahrhunderts. A III, 423 — Froude, Oceana. New Ed.
L. 1886. E XI, 153 (KRUMMACHER) — Gamelyn. The Tale of G., ed.
by SKEAT. Oxford 1884. E IX, 111 (LINDNER) — LINDNER, The Tale of
G. E II, 94 u. 321 — Gascoigne. HERFORD, On the Glass of Governe-
ment. E IX, 201 — Generydes. ZUPITZA, Zu G., ed Wright, v. 39, 307,
453, 864, 1455, 1460 (1725, 2059, 2592, 2556), 1632 f., 2479, 2572 ff.,
3084 ff., 3415 f. A I, 481 — Genesis. HÖNNCHER, Ueber die Quellen
der ags. Genesis. A VIII, 41, und: Studien zur ags. Genesis. A VII, 469
— EBERT, Zur ags. Genesis. A V, 124 — The Story of Genesis and
Exodus. An Early English Song about A. D. 1250. Ed by R. MORRIS.
2. Ed. L. 1874 (E. E. T. S.). A VI, Anz. 1 (SCHUMANN) — STRATMANN,
Zu G. and Exodus l. 2962 u. 481. E II, 120 u. E IV, 98 — KÖLBING,
Zu G. and E. v. 1, 35, 45, 54, 73, 78, 95, 147, 173, 205, 219, 309, 324,
345, 351, 359, 437, 441, 457, 459, 525, 607, 635, 651, 715, 739, 741, 755,
797, 811, 825, 863, 867, 869, 873, 885, 909 etc. etc. E III, 273 —
A. FRITSCHE, Ist die altengl. Story of Genesis and Exodus das Werk
eines Verfassers? A V, 43 — Gerefa, herausg. mit Einleitung von
LIEBERMANN. A IX, 251 — Gesetze. Extracts from the Anglo-Saxon
Laws, ed. by Cook. New York 1880. E IV, 142 (MAURER) — Glossen.
Altengl. Glossen, herausg. v. NAPIER. E XI, 62 — KÖLBING, Zur altengl.
Glossenlitteratur. E III, 469 — KLUGE, Ags. Glossen. A VIII, 448.
Siehe auch Aelteste Denkmäler u. Epinalglossen — Golagrus
u. Gawain, herausg. v. TRAUTMANN. A II, 395 — Goldsmith. The
Vicar of Wakefield, herausg. v. WILCKE. Leipzig 1878. E IV, 354 (OTT-
MANN) — The Traveller and the Deserted Village, herausg. v. WOLF. Berlin
1882. E VII, 169 (THUM) — Goldsmith. KRUMMACHER, Uebersetzungen
aus G. Kassel 1883 u. 84 Progr. 50. E VII, 374 (M. KOCH) u. E VIII,
457 (M. KOCH) — Gorboduc. G., or Ferrex and Porrex, a Tragedy etc.,
ed. by L. TOULMIN SMITH. Heilbronn 1883. A VI, Anz. 117 (SCHIPPER) u.
E VI, 469 (A. WAGNER) — Gower. BECH, Quellen u. Plan der »Legende
of Goode Women« und ihr Verhältniss zur »Confessio Amantis«. A V, 313
— Sir Gowther, eine engl. Romanze aus dem 15. Jahr., herausg. von
BREUL. Weimar 1883. A VII, Anz. 6 (EINENKEL) — The Grave, herausg.
von SCHRÖER. A V, 289 — Green. History of the English People, für
den Schulgebrauch bearbeitet von LION. Halle 1880/81. E VII, 171 (THUM)

— Greene. Mertens, Robert Greene and the play of George- a-Greene, the pinner of Wakefield. Breslau 1885 Diss. E X, 122 (M. Koch — Marlowe's Tragical History of Doctor Faustus and Gr.'s Honourable History of Friar Bacon and Friar Bungay. Ed. by Ward. Oxford 1878, Clarendon Press. A II, 518 (Wagner) — Creizenach, Zu G.'s James the Fourth. A VIII, 419 — Gregor. Krebs, Die ags. Uebers. der Dialoge G.'s. A II, 65, und: Zu der ags. Uebers. der Dialoge G.'s. A III, 70 — Gûðlác, s. Cynewulf — Guy v. Warwick. Tanner, Die Sage von G. v. W. Untersuchung über ihr Alter und ihre Geschichte. Heilbronn 1877 (Heidelberger Diss.'. A II, 191 (Zupitza) u. E. II, 246 (Kölbing) — Kölbing, Amis and Amiloun u. G. of W. E IX, 477 — Hali Maidenhad. Stratmann, Zu H. M. ‚Textbesserungen'. E III, 270 Stratmann, Textemendationen. E IV, 95 — Ms. Harl. 2253. Altengl. Dichtungen des Ms. Harl. 2253. Mit Gramm. u. Glossar herausg. v. Böddeker. Berlin 1878. E II, 499 (Kölbing) — Havelok. Zupitza, Zu H. v. 334, 373, 545, 551, 745, 1100, 1335, 1881, 2346, 2579. A I, 468, und: v. 506, 594, 784, 842, 1176, 1192, 1281, 1314, 1428, 1626, 1799, 1863, 2166, 2157, 2198, 2535, 2719, 2840, 2933. A VII, 145 — Stratmann, Verbesserungen zum H. E I, 423 und: V, 377 — Storm, H. the Dane and the Norse King Kurran. E III, 533 — Hawthorne. Schönbach, Beiträge zur Charakteristik H.'s. E VII, 239 — Hending. Varnhagen, Ueber die handschriftl. Ueberlieferung der Sprüchwörter H.'s. A IV, 180 — Schleich, Zu den Spüchwörtern H.'s. A V, 5 — Zupitza, Zu H., ed. Bödd. 293, 133. A III, 370 — Henrisone. H.'s Fabeln, herausg. v. Diebler. A IX, 337 u. 342 — Homilies s. Old English H. — Howard. Feise, Henry H., Earl of Surrey. Ein Beitrag zur Geschichte des Petrarchismus in England. Chemnitz 1883 Progr. 502. E IX, 145 (M. Koch) — How the Plowman lerned his Pater Noster, vgl. R. Köhler. A II, 388 — Huchown. Trautmann, Der Dichter H. u. seine Werke. A I 109 u. 188 — Hughes. Kares, Anmerkungen zu Tom Brown's Schooldays. E VI, 327; VII, 357; VIII, 193 — Hume. History of England (Theil I, bis 1216), ed. Petry. Berlin 1879. E III, 514 (Ottmann) — Hymnus Athanasii u. Gloria, ed. Wülker. A II, 359 — Informacio Alredi abbatis Monasterij de Rievalle ad sororem suam inclusam translata de Latino in Anglicum per Thomam N. (Aus Ms. Vernon), ed. Horstmann. E VII, 304 — Irving. Abbotsford, herausg. v. Hallbauer. Bielefeld o. J. E X, 309 (Würzner) — The Alhambra, ed. Lion. Berlin 1878. E III, 516 (Ottmann) — Bracebridge Hall, or the Humourists, ed. Lion. Berlin 1878|79, 2 Bde. E III, 518 (Ottmann) — Christmas (aus: The Sketch Book), herausg. von Tanger. L. 1883. A VI, Anz. 104 (Trautmann) u. E VII, 497 (Thum), XI, 160 (Baudisch) — The Life and Voyages of Chr. Columbus, ed. Schridde. Berlin 1878. E III, 515 (Ottmann) — Isumbras. Kölbing, Das neapler Fragment vom Sir I. E III, 200 — James I. Wood, Chaucer's Influence upon J. I. A III, 223 — Johnson. Eisentraut, Dr. J. as an Essayist. Nordhausen 1879. E IV, 184 (Kölbing) — Lives of English Poets, herausg. v. Böddeker. Bd. 1 Cowley. Berlin 1879. E IX, 132 (Thum) — Katherine, s. Legenden — King Horn, herausg. v. WISSMANN. Strassburg 1881. E V, 408 (STRATMANN) u. VI, 150 — KÖLBING, Bemerkungen zu Wissmann's Ausg. des K. H. E VI, 153 — STRATMANN, Zu K. H., ed. Lumby, v. 353, 1013, 1250. E III, 270 u. IV, 99 — WISSMANN, K. H. Untersuchungen zur mittelengl. Sprach- u. Culturgeschichte. Strassburg 1876. E I, 351 (STIMMING), und: Studien zu K. H. A IV, 342 — Kingsley. WÜLKER, K.'s Yeast u. Alton Locke. Hypatia. A IX, 601 — The King of Tars, aus dem Auch.-Ms. herausg. v. KÖLBING. E XI, 1 — Klagelied Maximian's. VARNHAGEN, Zu dem K. M.'s. A III, 275 — Laʒamon. STRATMANN, Zu L. v. 1448, 4537, 5097, 8091, 8621, 17130, 17402, 30607, 30664 etc. E III, 269, IV 96, V 373; āc in Laʒ. E II, 118, vgl. III, 403; Das paragogische n im Laʒ. A III. 552 — TRAUTMANN, Ueber L.'s Vers. A II, 153 — REGEL, Spruch u. Bild im L. A I, 197 — Lamb. Tales of Shakesp.; s. Shakespeare — Lament of the Irish Emigrant, übers. von KARES. E VI, 478 — Landor. ELZE, L.'s Rose Aylmer. E VII, 238 — Launfal. Th. Chestre's L. nebst dem Lai de Lanval herausg. von ERLING. Kempten 1883 Progr. E VIII, 378 (RHODE), vgl. IX, 182 (ERLING) — Lai le Fresne. VARNHAGEN, L. le Fr. (Ausg.). A III, 415 — ZUPITZA, Zum L. l. F. E X, 41 — Lee. MOSEN, Ueber Nathaniel Lee's Leben u. Werke. E II, 416 — Legenden. ZUPITZA, Zwei me. Legendenhdss. A I, 392 — Sammlung altengl. Legenden, herausg. von HORSTMANN. Heilbronn 1878. E III, 125 (KÖLBING) — HORSTMANN, Prosalegenden (Caxton's Ausg. des Lebens der Wernefrida. A III. 293; Marienlegenden 320; S. Dorothea 325; S. Hieronymus 328). A III. 293; Antonius. A IV, 109 — Prosalegenden (S. Elisabeth of Spalbelk, S. Christina mirabilis, S. Mary of Oegines, Ueber S. Katherina of Senis, herausg. v. HORSTMANN. A VIII, 102 — Altenglische L. Neue Folge, herausg. von HORSTMANN. Heilbronn 1881. A V, Anz. 21 (TRAUTMANN) — BUSS, Sind die von Horstmann herausgegebenen schottischen L. ein Werk Borbour's? A IX, 493 — Osbern Bokenam's L., herausg. v. HORSTMANN. Heilbr. 1883. E VII, 142 (KÖLBING) — HOOFE, Lautuntersuchungen zu Osbern Bokenam's Legenden. E VIII, 209 — STIEHLER, Altengl. L. der Stowe-Hds. A VII, 405 — Alexius. Englische A.-Legenden aus dem 14. u. 15. Jahrhundert, herausg. von J. SCHIPPER. Erstes Heft. Strassburg 1877. E II, 489. (KÖLBING) — Assumptio Mariae. GIERTH, Ueber die älteste me. Version der A. M. E VII, 1 — SCHWARZ, Die A. M. in der Schweifreimstrophe. E VIII, 427; STOFFEL, Zu A. M. in der Schweifreimstrophe. E IX, 177; KÖLBING, Zu A. M., ed. LUMBY, A. v. 163 f., 226, B. v. 18 ff., 26 ff., 75 f., 225 f., 317 ff., 605 ff., 609 f., 611 ff., 621 f., 623 ff., 758 ff., 769 ff., 821 f. E III, 93, und: Collation zur A. M. E VII, 348 — Barlaam u. Josaphat, herausg. v. HORSTMANN. Sagan 1877 Progr. 166. E III, 190 (KÖLBING) — Cäcilie, s. Chaucer — Celestin, herausg. v. HORSTMANN, A I, 55 (vgl. 390) — Chad. NAPIER, Ein altengl. Leben des hl. Chad. A X, 131 — Editha sive Chronicon Vilodunense im Wiltshire Dialect, herausg. v. HORSTMANN. Heilbronn 1883. A VII, Anz. 31 'MORSBACH) — Gregorius. KÖLBING, Zu G., ed. Horstmann, v. 411. E III, 101 — Euphrosyne. Die L. der E., herausg. v. HORSTMANN. E I, 300 — Juliana (ags.). STRATMANN, Textemendationen. E IV, 94 — Katharine. The Life of S. K. Ed. by EINENKEL. L. 1884 (E. E. T. S.). A VIII, Anz. 175 (FÖRSTER) — HALL, Notes on S. K., ed. Einenkel, Z. 1690. E IX, 174 — EINENKEL, Ueber den Verf. der neuengl. Legende von Katharina. A V, 91 — Kindheit Jesu. KÖLLER, Zu einer Stelle des altengl. Gedichts von der K. J. E II, 115 u. (KÖLBING) 117 — Marharete. STRATMANN, Zu Marharete p. 9 u. 14. E II, 119 u. E IV, 93 — Patrik. Sir P.'s Purgatory and the Knight Sir Owen, herausg. v. L. TOULMIN SMITH. E IX, 1 — KÖLBING, Zwei me. Bearbeitungen der Sage von St. Patrik's Purgatorium. E I, 57, vgl. 540 — Paulus. Die Vision des hl. Paulus, herausg. v. HORSTMANN. E I, 293, vgl. 539 — BRANDES, Ueber die Quelle der me. Versionen der Paulusvision. E VII, 34 — Susanna, herausg. v. HORSTMANN. A I, 85 — Legenden. Theophilus. KÖLBING, Die jüngere englische Fassung der Theophilussage, mit einer Einltg. zum ersten Male herausgegeben. E I, 16, vgl. 186 u. II, 281 f. — LUDORFF, William Forrest's Theophiluslegende. A VII, 60 — Thomas Beket, epische L. von Laurentius Wade (1497), herausg. v. HORSTMANN. E III, 409 — the Libell of English Policye, 1436. Text u. metrische Uebersetzung. Herausg. v. HERTZBERG, mit einer geschichtl. Einltg. von PAULI. Leipzig 1878. E II, 498 (LINDNER) — Lob der Frauen, herausg. v. KÖLBING. E VII, 101, vgl. VIII, 394 — Locke. MORD, J. L.'s Gedanken über Erziehung. Wien 1878 Progr. der Schottenfelder Realsch. E V, 234 (ZVĚŘÍNA) — Lodge. CARL, Ueber Thomas L.'s Leben u. Werke. Eine kritische Untersuchung im Anschluss an David Laing. A X, 235 — Longfellow. KNORTZ, L., literar-historische Studie. Hamburg 1879 (BOBERTAG). E III, 144 f — PÄTSCH, L. u. seine Stellung in der nordamerikan. Litt. Potsdam 1883 Progr. E VII, 380 (SCHÖNBACH) — Evangeline, herausg. von SCHMICK. Leipzig o. J. (d883?). E VIII, 377 (WENDT) — The Courtship of Miles Standish, herausg. v. WRIGHT. Berlin 1883. E IX, 331 (J. KOCH) — Longfellow. VARNHAGEN, L.'s Tales of a Wayside Inn u. ihre Quellen. Berlin 1884. A VII, Anz. 143 (J. KOCH) u. E VIII, 324 (LIEBRECHT) — Longfellow. THUM, Via Solitaria. An unpublished poem by L. E V, 470, vgl. VI, 294 — Long Life. VARNHAGEN, Zum Gedichte L. L. A II, 71, vgl. III, 67 — Lybeaus disconus. KÖLBING, Zur Ueberlieferung und Quelle des me. Gedichtes L. d. E I, 121 — MEBES, Ueber den Wigalois von Wirnt v. Gravenberg u. seine altfrz. Quelle. Neumünster 1879 Progr. 247. E IV, 182 (KÖLBING) — BETHGE, Wirnt von Gravenberg. Berlin 1881. E VII, 150 (RHODE) — Lydgate. ZUPITZA, Zur Biographie L.'s. [A III, 532 — SAUERSTEIN, Lydgate's Aesopübersetzung. A IX, 1 — Lyly. Euphues nebst dem 1. Kap. von Sydney's Arcadia, herausg. v. LANDMANN. Heilbronn 1887. E XI, 153 (SCHWAN) — GOODLET, Shakespeare's Debt do L. E V, 356, vgl. VI, 98 Anmerkung (SCHWAN) u. VII, 206 BOYLE) u. 210 (SCHWAN) — Macaulay. Ein Abschnitt aus dem ersten Capitel von M.'s Geschichtswerk. Für die obersten Classen höh. Schulen bearbeitet von SCHWALBACH. Leipzig 1879. E IV, 360

(OTTMANN) — DEUTSCHBEIN, 48 charakteristische Abschnitte aus dem ersten Buche von Macaulay's History of England. Cöthen o. J. E X, 472 (DÖRR) — A Description of England in 1685, taken from M.'s Hist. of E., herausg. v. SACHS. 2. Ed. Leipzig 1680. E V 224 (THUM) — History of England, Cap. 1 u. 2, herausg. v. IHNE. Leipzig, Students' Tauchnitz Ed. E XI, 159 (BAUDISCH) — History of England, Chapter III (State of England in 1685), herausg. v. Dickmann. Leipzig 1883. E VII, 496 (THUM) — Macaulay. Duke Monmouth's Rebellion, herausg. v. WERNER. Leipzig 1870. E IV, 357 (OTTMANN) u. XI, 161 (BAUDISCH) — THUM, Anmerkungen zu M.'s History of England. Reichenbach i. V. 1879 Progr. 480. E IV, 179 (WILLENBERG'; und: Anmerkungen zu Macaulay's History of England. 2. Auflage. Heilbronn 1892. E VI, 146 (WILLENBERG), A VI, Anz. 32 (MORSBACH) — THUM, Anmerkungen zu M.'s History II, III. E IV, 290 u. 404, VI 50 u. 398, VIII 1, IX 391 — ASHER, Glossen zu den Anmerkungen zu M.'s History von THUM. E V, 245, vgl. 249 — KÖLBING, Thum's Anmerkungen zu M.'s History. E IX, 199 (gegen A VI, Anz. 32). — ASHER, Zu M.'s History of England, Tauchnitz-Ausg. Bd. I, p. 281 u. 296. A VII, Anz. 91 — Lord Clive and Warren Hastings, ed. BÖDDEKER. Berlin 1876. E III, 521 (OTTMANN), vgl. IX, 132 (THUM); herausg. von THUM. Leipzig, Students' Tauchnitz Ed. E XI, 159 (BAUDISCH) — Warren Hastings, herausg. v. IMM. SCHMIDT. Grössere Ausg. Berlin 1880. E V, 216 (THUM) — Ausgewählte Essays zur Geschichte der engl. Litt. Bd. I. Oliver Goldsmith, Samuel Johnson, herausg. v. BINDEL. Berlin 1879. E V, 227 (WILLENBERG) — Ausgewählte Reden von Lord L. etc., herausg. v. DAVID BENDAN. Berlin 1880. E V 231 (OTTMANN) — Lord Mahon, s. Stanhope — Mappula Angliae von Osbern Bokenam, herausg. von HORSTMANN. E X, 1 — S. Marharete, s. Legenden — Marienklage. VARNHAGEN, Eine M. (Ausg.). A II. 252 — Marlowe. KLOSE, Die Unterschiede zwischen dem Kasseler Texte von M.'s Edward II. und dem von 1596, edirt von W. Wagner. E V, 242 — ELZE, Zu Eduard II, I 1. A I, 348 — M.'s Tragical History of Doctor Faustus and Greene's Honourable History of Friar Bacon and Friar Bungay. Ed. by WARD. Oxford 1878, Clarendon Press. A II, 515 (WAGNER) — PRÖSCHOLDT, Collation der Quarto von M.'s Faustus. A III, 88 — BREYMANN, Zu Pröscholdt's Collation von M.'s Faustus. A IV, 288 — WAGNER, Zu M.'s Faust III 1, 92 u. V 1, 90. A II, 175. Ueber das Verhältniss von M.'s Faust zu dem engl. u. deutschen Faustbuche. A II, 309 — DÜNTZER, Zu M.'s Faust. A I, 44 — SCHRÖER, Zu M.'s Faust. A V, 134 — ALBERS u. BREYMANN, Ueber M.'s Faust. E V, 56, VI, 157 u. 160 — DIEBLER, Faust- u. Wagnerpantomimen in England. A VII, 341 — ZARNCKE, Das englische Volksbuch von Dr. Faust. A IX, 610 — KELLNER, Die Quelle von M.'s Jew of Malta. E X 80 — Tambourlaine, herausg. v. A. WAGNER. Heilbronn 1885. E IX, 297 (KELLNER) — Marryat. The three Cutters, herausg. v. PÄTSCH. Bielefeld. E X, 309 (WÜRZNER) — Masterman Ready, or the Wreck of the Pacific, herausg. v. LION. Leipzig 1882. E VII, 165 (FOTH) — The Settlers in Canada, herausg. v. BENECKE. Bielefeld o. J. E X, 313 (WÜRZ-

NER', herausg. v. LÖWE. Halle 1686. E X, 313 (THUM) — Massinger.
PHELAN, Philip M. A II, 1, vgl. ebenda 504 u. III, 361 — FLEAY, On
the Chronology of the Plays of Fletcher and M. E IX, 12. Vgl. Beaumont — Metra (des Boëthius), s. Älfred — Milton. STERN, M. und
seine Zeit. Leipzig 1877/79, Bd. 1 u. 2. E IV, 326 (CARO) — SCHARF,
John M. u. J. J. Rousseau. Progr. des Realgymnas. in Freudenthal (Schles.).
1873. E V, 234 (ZVĚŘINA) — M.'s Verl. Paradies, Buch 1 in's Deutsche
übertragen von MOLENAAR. Landau 1881 Progr. E VI, 282 (M. KOCH) —
ELZE, Zu Paradise Lost IV, 528. A I, 349 — KÖLBING, Beitrag zur Erklärung v. M.'s l'Allegro v. 117 ff. E V, 153 — WÜLKER, Cädmon u. M. A IV,
401 — BRANDL, Zur ersten Verdeutschung von M.'s Verl. Par. A I, 460
— Minot. Laurence M.'s Lieder mit grammat.-metrischer Einleitung von
SCHOLLE. Strassburg 1884. A VII, Anz. 111 (EINENKEL) u. E VIII, 162
ROSENTHAL) — SCHRÖDER, Zu Laurence M. E VIII, 510 — Montagu.
Letters of Lady W. M., ed. LAMBECK. Berlin 1878. E III, 519 (OTTMANN)
— COLLMANN, Alexander Pope and Lady M. A IV, 241 — Morte Arthure. BRANSCHEID, Ueber die Quellen des stabreimenden M. A. A VIII,
Anz. 179 — Morus. BAUMSTARK, Thomas M. Freiburg 1879. E III, 135
(CARO) — Mucedorus, herausg. von WARNKE u. PRÖSCHOLDT. Halle
1878. A II, 179 (ASHER) — ELZE, Last Notes on M. E VI, 311 — Myrc.
ZUPITZA, Zu M., Instructions, ed. Peacock, v. 11 ff., Z. 690 ff., 735. A I,
480 — Mysteries. The Digby M., ed. by FURNIVALL (New Shakespeare
Society. Series VII). L. 1882. A VI, Anz. 74 (WÜLKER) — K. SCHMIDT,
Die Digbyspiele. A VIII, 371 — York Plays, ed. by L. TOULMIN SMITH.
Oxford 1885. A VIII, Anz. 159 (PRÖSCHOLDT) u. E IX, 448 (HALL) —
KAMANN, Die Quellen der Yorkspiele. A X, 189 — Play of Abraham and
Isaac, ed. by L. TOULMIN SMITH. A VII, 316 — Neot. WÜLKER, Ein
ags. Leben des N. (Ausg.). A III, 102 — KÖLBING, Collation zum ags.
Neot. E VI, 450 — Occleve. TOULMIN SMITH, Ballad by Thomas O.
addressed to Sir John Oldcastle. A V, 9 — Octavian, herausg. v. SARRAZIN. Heilbronn 1885. E IX, 456 (BREUL) — Old English Homilies.
STRATMANN, Zu O. E. H. 1. Series p. 123, 153; 2. Series p. 179, 215.
E II, 120, und zu p. 11 Z. 2, 15, Z. 26, 29 Z. 13, 33 Z. 18, 41 Z. 26, 53
Z. 26, 97 Z. 33, 121 Z. 14, S. 157 Z. 5. E III, 268, vgl. auch IV, 95 —
Old English Miscellany. ZUPITZA, Zu Morris' An O. E. M. p. 156.
A I, 410 — STRATMANN, Textemendationen zu O. E. M. E IV, 95 —
O mors, quam amara est memoria tua, ein me. Gedicht seltener
Form (Strophen von je 8 Zeilen mit der Reimordnung ababbaba), herausg.
v. VARNHAGEN. A VII, Anz. 85 — On god oreisun of ure lefdi,
v. 37 (KÖLBING). E I, 169 — Orfeo, herausg. v. ZIELKE. Breslau 1880.
A V, Anz. 13 (EINENKEL), u. E V, 166 (LINDNER) — Orologium Sapientiae, herausg. v. HORSTMANN. A X, 325 — Orrmulum. The O.
with the notes and glossary of WHITE, ed. by HOLT. Oxford 1878, 2 Bde.
E II, 494 (KÖLBING) — KÖLBING, Zur Textkritik des O. E I, 1 — SARRAZIN, Ueber die Quellen des O. E VI, 1 — SACHSE, Das unorganische e im
O. Halle 1881. E VI, 266 (GNERLICH) — TRAUTMANN, Orrm's Doppel-

consonanten. A VII, Anz. 94 u. 209 — EPFER, Einfache u. doppelte Consonanten im Orrmulum. A VII, Anz. 166, vgl. E IX, 113 (MENTHEL) — Otinel. TREUTLER, Die Otinelsage im Mittelalter. E V, 97 — Otway. MOSEN, Ueber O.'s Leben u. Werke. E I, 425 und II, 532 — Owl and Nightingale. STRATMANN, Emendations and additions to the old english poem of the O. and the N. E I, 212, vgl. 540 — Parlamentsreden. Engl. P. zur frz. Revolution. Zum Gebrauch in der Prima höh. Unterrichtsanstalten herausg. v. PERLE. Halle 1885, E X, 314 (THUM) — Paston Letters. BLUME, Die Sprache der P. L. Bremen 1882 Progr. 638. E VII, 375 (WENDT — Peele. LÄMMERHIRT, G. P., Untersuchungen über sein Leben und seine Werke. Rostock 1882. A VII, Anz. 3 (EINENKEL) — a Peniworth of Witte, herausg. v. KÖLBING. E VII, 111, vgl. VIII, 496 (ZUPITZA) — Philipp v. Thaūn, s. Physiologus — Phönix. GÄBLER, Ueber die Autorschaft des ags. Gedichtes vom Ph. A III, 488 — KLUGE, Zum Ph. E VIII, 474 — Physiologus. EBERT, Zum ags. Ph. A VI, 241 — MANN, Der Ph. des Philipp v. Thaūn u. seine Quellen. A VII 420, IX 391, und: Die Steine in Th.'s Ph. A IX, 447 — Piers the Plowman. KÖLBING, Beitrag zur Erklärung von P. the Pl. B Passus V v. 327 ff., ed. SKEAT. E V, 150 — Play of Abraham and Isaac, s. Mysteries — Poema morale, herausg. v. LEWIN, Halle 1881. E V, 409 (STRATMANN) u. A IV, Anz. 88 (EINENKEL) — ZUPITZA, Zum Poema morale. A I, 5, vgl. III, 32 und IV, 406 — Pope. DEETZ Alexander P. Ein Beitrag zur Litteraturgeschichte des 18. Jahrhunderts. Leipzig 1876. E I, 526 (BOBERTAG) — COLLMANN, Alexander Pope and Lady Montagu. A IV, 241 — WEISER. Pope's Einfluss auf Byron's Jugenddichtungen. A I, 252 — LEVY, Byron's Verhältniss zu P. A II, 256 — BOBERTAG, Zu P.'s Essay on criticism. E III, 43 — GRÖBEDINKEL, P.'s Essay on Criticism. Sein Verhältniss zu Horaz u. Boileau. Ohrdruf 1882 Progr. 260. E VII, 379 (BOBERTAG) — BOBERTAG, Zu P.'s Rape of the Lock. E I, 456 u. II, 204 — KNAAKE, Le Lutrin de Boileau et the Rape of the Lock de P. Nordhausen 1883 Progr. 243. E VII, 379 (BOBERTAG) — UHLEMANN, Chaucer's House of Fame u. P.'s Temple of Fame. A VI, 107 — SCHARF, Poetry and Genius of P. with the Poetry and Genius of Byron compared. Wien 1875 Progr. der Josefstädter Realschule. E V, 234 (ZVĚŘINA) — Promus. The Promus of Formularies and Elegancies by Francis Bacon, ed. by Mrs. HENRY POTT. L. 1883. A VII, Anz. 10 (WÜLKER) — Psalmen. Der vierte Psalm mit viererlei Glossen, herausg. v. WÜLKER. A II, 366 — Ps. 50, herausg. aus dem Auch.-Ms. v. KÖLBING. E IX, 49 — TANGER, Collation des Pariser Psalters mit Thorpe's Ausg. A VI, Anz. 125 — Psalter. ZEUNER, Die Spr. des kentischen Psalters. Halle 1882. E VI, 93 (BRENNER) — Puck Library. Grosart's P. L. E VI, 473 (TOULMIN SMITH) — Questions by-twene the maister of Oxenforde and his clerke, herausg. v. HORSTMANN. E VIII, 284 — Raleigh. BUFF, Ueber drei R.'sche Schriften. E II, 392, und: Who is the Author of the Tract entitled: »Some observations touching trade and commerce with the Hollander and other Nations«, commonly ascribed to Walter R. E I, 167 — Ralph Royster Doyster. WALTER, Beiträge zu R. R. D. E V, 67 — Rathschläge für eine Orientreise, herausg. v. HORSTMANN. E VIII, 277 — Reden der Seele. HAUPPE, Zu den Reden der Seele in der Worcesterhds. A IV, 237 — ags. Regel über den Donner, herausg. v. ASSMANN. A X, 185 — Robert v. Brunne. Die Chronik R.'s v. Br. (von Anfang bis zu Christi Geburt), herausg. v. ZETSCHE. A IX, 43 — Robert v. Gloucester. ELLMER, Ueber die Quellen der Reimchronik R.'s v. G. A X, 1 u. 291 — Robertson. Society, a Comedy, herausg. v. FISCHER. Berlin 1883. E IX, 331 (J. KOCH) — Rolandslied. SCHLEICH, Prolegomena ad carmen de Rolando anglicum. Burg 1879, Berliner Diss. A III, 401 (WÜLKER), und: SCHLEICH, Beiträge zum me. Roland. A IV, 307 — Rolle de Hampole. KÖLBING, Zu de R. H., English Prosa Treatises ed. PERRY, p. 8. E III, 406 — The Psalter or Psalms of David by R. R. of H. Ed. by BRAMLEY. A VIII, Anz. 170 (BERNHARDI) — The Psalter. With a Translation and Exposition in English by Richard Rolle de H., ed. BRAMLEY. Oxford 1884. E X, 112 (KÖLBING) — ADLER u. KALUŻA, Ueber die R. de H. zugeschriebene Paraphrase der sieben Busspsalmen. E X, 215 — ULLMANN, Studien zu Richard R. de H. E VII, 415 — KRIBEL, Studien zu R. R. de H. E VIII, 67 — Roman von der Rose, s. Chaucer — Romanzen. KÖLBING, Vier R.-Hdss. E VII, 177 — Ros. GRÖHLER, Zu Richard R. E X, 206 — Rowley. ZEITLIN, Shakespeare u. Rowley. A IV, 73 — Ruine, herausg. v. WÜLKER. A II, 384 — Runenlied. La chanson des runes, p. p. BOTKINE. Hâvre 1879. E III, 380 (KÖRNER) — Sachsenchronik. SWEET, Some of the sources of the anglo-saxon chronicle. E II, 310 — BEHM, The Language of the Later Part of the Peterborough Chronicle. Göteborg 1884. A VIII, Anz. 18 (WÜRZNER) — Salomon u. Saturn. SWEET, Collation of poetical S. u. S. with the Ms. A I, 150 — ZUPITZA, Collation von S. u. S. A III, 527 — Scherz. VARNHAGEN, Ein Sch. (kleines altengl. Gedicht). A II, 255 — Schwank. LIEBRECHT, Ein altengl. Schwank (Walter Map, De Sceva et Ollone mercatoribus. Nugae Curialium ed Th. Wright L. 1850 Dist. IV, cap 16). E II, 20 — Scott. HUTTON, Sir Walter Sc. (English Men of Letters). L. 1879. A V, Anz. 18 (BRANDL) — HIERTHES, Wörterb. des schott. Dialects in den Werken S.'s u. Burns'. E VI, 114 (KLINGHARDT). Vgl. ob. S. 406. — The Lady of the Lake, ed. LÖWE. Berlin 1878. E III, 522 (OTTMANN); herausg. v. KRUMMACHER. Berlin 1884. E VIII, 378 (THUM) — REHDANS, An exact Account and critical Examination of Sir Walter Sc.'s Poem »The Lady of the Lake«. Culm 1878 Progr. 4. F III, 196. Fortsetzung. Strassburg i.W.-Pr. 1880 Progr. 34. E IV, 185 (KÖLBING) — WIENCKE, Ueber W. Sc's The Lady of the Lake. Ploen 1886 Progr. 262. E X, 504 (M. KOCH) — The Lay of the Last Minstrel, ed. HENKEL. Berlin 1878. E III, 523 (OTTMANN) u. IV, 170 BREYMANN) — Marmion, herausg. v. THIERGEN. Bielefeld o. J. E X, 309 (WÜRZNER) — Quentin Durward, herausg. von THIEM. Bielefeld o. J. E X, 309 (WÜRZNER) — Waverley, herausg. von PENNER. Bielefeld o. J. E X, 309 (WÜRZNER) —

Tales of a Grandfather, herausg. v. PFUNDHELLER. Berlin 1876. E III,
510 (OTTMANN); herausg. v. BENDAN. Berlin 1879. E III, 185 (OTTMANN)
u. E IX, 487 (WERNER); herausg. v. LÖSCHHORN. Leipzig, Students'
Tauchnitz Ed. E XI, 159 (BAUDISCH) — History of England, herausg. v.
FRIEDRICH Bielefeld o. J. E X, 309 (WÜRZNER) — Seefahrer. KLUGE,
Zum S. E VI, 322 u. VIII, 472 — HÖNNCHER, Zur Dialogeintheilung im
Seefahrer. A IX, 435 — Sege of Melayne. KÖLBING, Zu Herrtage's
Ausg. v. The S. of M. E V, 467 — Seven dedly Sinnes, herausg. aus
dem Auch.-Ms. v. KÖLBING. E IX, 42 — Sevyn Sages. KÖLBING,
Collation zu S. S. E VI, 413 — PETRAS, Ueber die me. Fassungen der
Sage von den sieben weisen Meistern. Theil I: Ueberlieferung u. Quelle.
Breslauer Diss. 1885. E X, 279 (VARNHAGEN) — SHAKESPEARE a) Schriften
über Sh.'s Leben, Entwickelung, Kunst, Bedeutung u. dgl.
ARNOLD, Sh.-Bibliographie in the Netherlands. The Hague 1879. E III, 530
(SEEMANN) — MEURER, Synchronistische Zusammenstellung der wichtigsten
Schriften über Sh.'s Leben u. Werke. Köln 1882 Prgr. 382. E VII, 373 (M. KOCH)
— ELZE, Shakespeare. Halle 1876. A I, 155 (LEO), E II, 235 (KOPPEL)
— v. FRIESEN, Dr. K. Elze's W. Shakesp. Leipzig 1878. A I, 163 (LEO)
— LEO, Sh.-Denkmal in Stratford. E I, 365 — DOWDEN, Sh., sein Ent-
wickelungsgang in seinen Werken, übers. von W. WAGNER. Heilbronn
1879. E III, 400 (KÖLBING), über das engl. Original vgl. E I, 513 (SEE-
MANN) — DELIUS, Abhandlungen zu Sh. Elberfeld 1878. E III, 198
(KÖLBING) — LEO, Sh.-Notes. L. 1885. A VIII, Anz. 147 (ASHER) —
Publicationen der New Sh. Society. Series I 6, Series IV 2, Series VI 6.
E III, 399 (SEEMANN), vgl. A III, 564 (ASHER) u. E X, 453 (PRÖSCHOLDT)
— HEBMANN, Drei Shakespeare - Studien; I. Die Bedeutung des
Sommernachtstraumes für die Sh.-Biographie und die Geschichte des engl.
Drama's. Erlangen 1877. A II, 513 (PRÖSCHOLDT) und E III, 370 (SEE-
MANN); Sh. der Kämpfer. Die polemischen Beziehungen des Midsummer
Night's Dream u. Tempest urkundlich nachgewiesen. Abth. 1 bis 4. Er-
langen 1879. E III, 370 (SEEMANN) u. A III, 404 (PRÖSCHOLDT); Weitere
quellenmässige Beiträge zu Sh.'s litterarischen Kämpfen. I. Allgemeine
Uebersicht. Erlangen 1881. E V, 171 (SEEMANN); und: Mittheilungen
über Sh.'s litterarische Kämpfe. Bd. II: Die polemischen Beziehungen der
lustigen Weiber v. Windsor. Erlangen 1881. E V, 421 (SEEMANN) —
KRAUSS, Sh.'s Selbstbekenntnisse nach zum Theil noch unbenutzten Quellen [1].
Weimar 1882. E VI, 244 (KOCH) — KNAUER, W. Sh., der Philosoph der
sittl. Weltordnung. Innsbruck 1879. E III, 138 (SEEMANN) — SNIDER,
System of Sh.'s Drama's. St. Louis 1887, 2 Bde. E III, 359 (BLASIUS) —
FLEAY, Sh. and Puritanism. A VII, 223 — b) Allgemeines über Sh.'s
Werke, insbesondere über seine Dramen: ELZE, Eine Aufführung
im Globe-Theater. Weimar 1878. E III, 369 (SEEMANN) — Four Chapters of North's Plutarch (die Quellen zu Sh.'s Coriolan, J. Caesar, Antony
and Cleopatra (Hamlet, Timon of Athens)). Ed. by LEO. L. 1878. A III,
409 (TRAUTMANN), E II, 517 (KÖLBING) — HAYN, Ueber Sh.s Narren. Pr.

---

[1] Bezieht sich vornehmlich auf die Sonette.

Friedland 1880 Progr. 41. E IV, 184 (KÖLBING) — WAHL, Das parömiologische Sprachgut bei Sh. Erfurt (Druckort Leipzig) 1885 u. 86 Progr. 246 u. 251. E X, 179 u. 505 (M. KOCH) — SCHÜMANN, See u. Seefahrt nebst dem metaphorischen Gebrauch dieser Begriffe in Sh.'s Dramen. Leipzig 1876 Progr. der Thomasschule. A I, 370 (ASHER) — STEUERWALD, Lyrisches in Sh. München 1880. E V, 238 (KÖLBING) — ZEITLIN, Sh. u. Rowley. A IV, 73 — WITTE, Sh. u. Molière. Wiesbaden 1881 Progr. d. höh. Töchterschule. E V, 456 (SEEMANN) — LAMB, Tales from Sh. ed. RIECHELMANN. Berlin 1877. E III, 513 (OTTMANN); herausg. v. LÜCKING, 2. Ausg. Berlin 1884|85. E XI, 156 (PRÖSCHOLDT) — MEURER, Sh.-Lesebuch. Cöln 1879. E III, 187 (OTTMANN) — WILKEN, An Historical and Metrical Introduction into the Study of Sh.'s Works with Particular Regard to his Julius Caesar. Biedenkopf 1883 Progr. 379. E VII, 380 (M. KOCH) — PRÖLSS, Sh.'s dramat. Werke erläutert. Leipzig, Bd. I u. II, 1878. A III, 191 (PRÖSCHOLDT) — (Anonym), A New Study of Sh.: An Inquiry into the connection of the plays and poems, with the origins of the classical Drama, and with the Platonic Philosophy, through the Mysteries. L. o. J. E IX, 312 (PRÖSCHOLDT) — BAACKE, Vorstudien zur Einführung in das Verständniss Sh.'s. Vier Vorlesungen. Berlin o. J. E III, 508 (SEEMANN) — RETZSCH, Outlines to Sh.'s dramatic works. 4. ed. Leipzig 1878. E II, 280 (KÖLBING) — HENSE, Sh., Untersuchungen u. Studien. Halle 1884, E IX, 78 (M. KOCH) — ROSSI, Studien über Sh. und das moderne Theater. Aus dem Ital. übers. von MERIAN. Leipzig 1885. E IX, 308 (M. KOCH) — c) Schriften über Sh.'s Sprache und Rhythmik: DEUTSCHBEIN, Uebersicht über die grammat. Abweichungen vom heutigen Sprachgebrauche bei Sh. Zwickau 1881 u. 1882 Prgr. E VI, 255 (WENDT) — STERN, Ueber das persönliche Geschlecht unpersönlicher Subst. bei Sh. Dresden 1881 Progr. 464. E VII, 372 (DEUTSCHBEIN) — KELLNER, Zur Syntax des engl. Verbums mit besonderer Berücksichtigung Sh.'s. Wien 1885. E IX, 84 DEUTSCHBEIN) — LANDMANN, Sh. and Euphuism (New. Sh. Soc. Transact. 1880/82, p. 241). E VI, 94 (SCHWAN) — GOODLET, Sh.'s Debt to Lyly. E V, 356, vgl. VII, 206 (BOYLE) und 210 (SCHWAN) — HARRISON, GOODLET u. BOYLE, Report of the Tests Committee of the St. Petersburg Sh. Circle Febr. 28. 1880. E III, 473 — DAWSON, Sh.'s Metre. E XI, 174 — BOYLE, Exemples of Sh.'s rhythmical Prose. E VII, 206, vgl. 210 — d) Schriften über die Textüberlieferung Sh.'s; Gesammtausgaben: TIESSEN, Beiträge zur Feststellung und Erklärung des Sh.-textes. E II, 185 u. 440, III, 15 — TIESSEN, Herrn F. A. Leo's Verdienste um den Sh.-text. E V, 259 — PRÖSCHOLDT, Randverbesserungen der Cambridge- u. Globe-Ausg. der Sh.'schen Werke. A VII, 338 u. X, 127 — FURNIVALL, Proposed Edition of Sh. in Old Spelling. A III, 591 — Shakespeare's. Works. Ed. by W. Wagner. Hamburg 1879 ff. E III, 369 u. 530, V 238 (SEEMANN) — Works, herausg. in Huth's »Internat. Bibl.«, Bd. I, Leipzig 1885. E IX, 468 (M. KOCH) — Sämmtliche Werke in englisch-deutscher Parallelausg. I. Julius Cäsar. Leipzig 1884. E VIII, 452 (M. KOCH) — Sammlung Sh.'scher Stücke, für Schulen herausg. v. E. SCHMID (7 King

John. 8 Romeo and Juliet. 9 Twelfth Night. 10 First Part of King
Henry IV. 11 As You like it. 12 Coriolanus). Danzig 1876. E II, 525
(BERTRAM) — Sh's Werke, in Uebers. herausg. von M. KOCH. Stuttgart
o. J. E IX, 314 (PRÖSCHOLDT) — e) Ausgaben von u. Erläuterungsschriften zu einzelnen Dramen Sh.'s: 1. Antony and Cleopatra: ELZE, Notes and Conjectural Emendations on »Antony and Cleopatra« and »Pericles«. E IX, 267 — 2. Coriolanus, herausg. v. A. SCHMIDT.
Berlin 1878. A II, 181. E III, 525 (OTTMANN); herausg. von FRITSCHE.
Leipzig o. J. (1852?) E IX, 352 (KLINGHARDT) — ELZE, »Corioli« u. »Coriolanus« bei Sh. E X, 367 — 3. Cymbeline. LEONHARDT, Ueber die
Quellen Cymbeline's. A VI, 1, vgl. VII, 497 u. VIII, 455 — LEVY, Eine
neue Quelle zu Sh.'s C. A VII, 120, vgl. VIII, 197 — ELZE, A Letter to
C. M. Ingleby, Esq., containing Notes and Conjectural Emendations on
Sh.'s C. A VIII, 263 — TEN BRINK, Zu Cymbeline. A IX, 267 — SARRAZIN, Zu Cymbeline II 2, 49. E VIII, 496 — 4. Hamlet. TANGER, Hamlet nach Sh.'s Manuscript. A IV, 211 — TANGER, The First and Second
Quartos and the First Folio of Hamlet. Reprinted from the New Shakspere's Society's Transactions 1880|82. A V, Anz. 7 (TANGER) — HERFORD
u. WIDGERY, The First Quarto Edition of Hamlet, 1603. Two Essays.
L. 1880. E IV, 341 (SEEMANN) u. A IV, Anz. 27 (TANGER) — Sh.'s Hamletquellen, zusammengestellt etc. von GERICKE, herausg. v. MOLTKE. Leipzig 1881. E VI, 111 (SEEMANN) — BAUMGART, Die Hamlet-Tragödie und
ihre Kritik. Königsberg 1867. E I, 521 (SEEMANN) — KRUMMACHER, Geschichtliche und litterarhistorische Beziehungen zu Sh.'s Hamlet. Elberfeld
1877 Progr. 389. E III, 195 (KÖLBING) — CREIZENACH, Die Tragödie »Der
bestrafte Brudermord oder Prinz Hamlet aus Dänemark« und ihre Bedeutung für die Kritik des Sh.'schen H. Leipzig 1887. E XI, 141 (PRÖSCHOLDT) — VINING, Das Geheimniss des H. Leipzig 1883 (M. KOCH).
E-VIII, 130 — A Throw for a Throne, or the Prince Unmasked. By the
late sergeant ZINN with an Introduction by CHANCERY LANE. L. o. J.
E III, 509 (SEEMANN) — MAUERHOF, Ueber Hamlet. Leipzig 1882. E VI,
465 (M. KOCH) — STRUVE, H. Eine Charakterstudie. Weimar 1876. E I,
524 (SEEMANN) — JACOBY, Zur Beurtheilung von Sh.'s H. E IX, 167 —
FLEAY, Neglected Facts on H. E VII, 87 — LEONHARDT, Ueber die Beziehungen von Beaumont's u. Fletcher's Philaster or Love lies a- Bleeding
zu Sh's Hamlet u. Cymbeline. A VIII, 424 — Hamlet, herausg. von
FRITSCHE. Berlin 1881. E V, 208 (KRUMMACHER) — 5. Henry IV. ELZE,
Zu 1 König Henry IV, III 1, 158. E VIII, 495 — 6. Henry V. Henry V,
ed. W. WAGNER. Berlin 1876. E III, 528 (OTTMANN) — 7. Henry VIII.
BOYLE, Ueber die Aechtheit des Heinrich VIII. Petersburg 1884. E VIII,
360 (M. KOCH) — 8. Julius Cäsar. Julius Cäsar, herausg. v. RIECHELMANN. 2. Ausg. Leipzig 1879. E V, 212 (OTTMANN); herausg. v. MEURER.
Cöln 1881. E VI, 123 (WILLENBERG); herausg. von A. SCHMIDT. Berlin
1882. E VI, 274 (KRUMMACHER); herausg. v. E. W. SIEVERS. Salzwedel
o. J. E X, 139 (PRÖSCHOLDT); herausg. v. A. v. d. VELDE. Bielefeld o. J.
E X, 309 (WÜRZNER) — ELZE, Zu Jules Caesar I 2, I 3, II 1. A I, 341

— Asch, Sh.'s and Voltaire's J. C. compared. Gardelegen 1881 Progr. d. höh. Bürgerschule. E V, 457 (Seemann) — 9. King Lear. King Lear, ed. Schmidt. Berlin 1879. E III, 529 (Ottmann) — A. Schmidt, Zur Textkritik des King Lear. A III, 1 — 10. Macbeth. Macbeth, herausg. von Ey. Hannover 1879. E V, 215 (Ottmann); p. p. J. Darmesteter. Paris 1881. A IV, Anz. 126 (Toulmin Smith) — Turkus, Sh.'s M. Eine Studie. Leoben 1877 Progr. E V, 237 (Zvěrina) — Münch, Sh.'s M. im Unterricht der Prima. Barmen 1884 Progr. 425. E IX, 150 (Klinghardt) 11. The Merchant of Venice. The Merchant of Venice, herausg. v. Riechelmann. Leipzig 1876. E V, 211 (Ottmann); herausg. f. Schulen von Meurer. Cöln 1880. E V, 211 (Ottmann) u. VI, 123 (Willenberg); ed. Fritzsche. Berlin 1878. E III, 527 (Ottmann) — Elze, Zu The Merchant ef Venice II 2 u. III 2. A I, 338 — 12. Much Ado about Nothing. Much Ado about Nothing. Now first published in fully-recovered metrical form. L. 1884. E IX, 318 (M. Koch) — 13. Othello. Hano, Some Hints about Sh.'s Othello. Schlettstadt 1880 Progr. 441. E IV, 184 (Kölbing) — 14. Pericles. Boyle, Pericles. E V, 363 — 15. Richard II. Richard II., herausg. v. Riechelmann. Leipzig 1869. E IV, 365 (Ottmann) — 16. Richard III. Koppel, Textkritische Studien über Sh.'s Richard III. und King Lear. Dresden 1877. A I, 565 (Delius) — 17. Romeo and Juliet. M. Pott, Notes on Andrew Borde's Book and Passages from the Quartos of Romeo and Juliet. A IX, 319 — 18. Taming of a Shrew. v. Weilen, Sh.'s Vorspiel zu der Widerspenstigen Zähmung. Ein Beitrag zur vergl. Litteraturgeschichte. Frankfurt a. M. 1884. E IX, 301 (M. Koch) — 19. Tempest. Elze, Notes on the Tempest. E VI, 438, und: Zu Tempest I 1. A I, 338 — Caro, Die historischen Elemente in Shakespeare.'s »Sturm« und »Wintermärchen«. E II, 141 — Brockerhoff, Ueber Shakespeare's Sturm. Rheydt 1880 Progr. 415. E IV, 186 (Seemann) — Varnhagen, Zu Sh.'s Sturm. V 1, 58 u. 172. A III, 100 — 20. Two Noble Kinsmen. Elze, Zu The Two Noble Kinsmen III 5. A I, 347 — Boyle, [Sh. u. Die beiden edeln Vetter. E IV, 34 — 21. Winter's Tale. Boyle, [Sh.'s Wintermärchen u. Sturm, Abhandlung. Petersburg 1885. E IX, 305 (M. Koch) — Pseudoshakespearian Plays I The Comedy of Fair Em', herausg. von Warnke u. Pröscholdt. Halle 1883. E VIII, 123 [(M. Koch), II The Merry Devil of Edmonton. Halle 1884. E VIII, 329 (M. Koch), vgl. A VIII, Anz. 36 (Fernow) — Sonette. Stengel, Bilden die ersten 126 Sonette Sh.'s einen Sonettencyclus und welches ist die ursprüngliche Form desselben? E IV, 1 — Shelley. Druskowitz, Percy Bysshe Sh. Berlin 1884. E VIII, 327 (M. Koch) — Sh., a Poem, with other Writings relating to Sh. by the late J. Thomson. Printed for Private Circulation. At the Chiswick Press 1884. E IX, 152 (Hall) — ,Weisser, Ein unedirter Brief Sh.'s. A VI, 179 — Sheridan.' School for Scandal, herausg. von Riechelmann. Leipzig 1873. E IV, 361 (Ottmann); herausg. v. C. Schmidt. Leipzig o. J. E VII, 169 (Thum); herausg. v. Fischer. Berlin 1883. E IX, 331 (J. Koch) — The Rivals, herausg. v. Riechelmann. Leipzig 1866.

E IV, 363 (OTTMANN); herausg. von MILLER. Leipzig o. J. E VII, 169 (THUM); herausg. von FISCHER. Berlin 1883. E IX, 331 (J. KOCH) — Shirley. FLEAY, Annals of the Careers of James and Henry Sh. A VIII, 405 — Sieben weise Meister, s. Sevyn Sages — Signa ante Judicium. VARNHAGEN, Zu den S. a. J. A III, 533 — Skelton. KRUMPHOLZ, John Sk. u. sein Morality Play Magnyfycence. Prosswitz 1881 Progr. E VI, 268 (ZVĔŘINA) — Smollet. WERSHOVEN, Sm. et Lesage. Berlin 1883. E VII, 141 (BOBERTAG) — Southey. DOWDEN, S. (English Men of Letters). L. 1879. A IV, Anz. 1 (TOULMIN SMITH) — HENNIG, Verhältniss von Robert S. zu Lord Byron. A III, 426 — Sowdone of Babylone. The Romaunce of the Sowdone of B. and of Ferumbras his Sone who conquerede Rome. Ed. by HAUSKNECHT. L. 1881 (E. E. T. S). A V, Anz. 69 (SCHLEICH) — Spectator. Eine Auswahl zum Schulgebrauch heransg. von SCHRIDDE. 2 Theile. Berlin 1876. E IV, 169 (JÄCKEL) — COLLMANN, Zu dem Sp., ed. SCHRIDDE, p. 23, 49, 65, 75. A III, 97 — Spenser. KLUGE, Sp.'s Shepherd's Calendar. A III, 266 — REISSERT, Bemerkungen über Sp.'s Shepheard's Calendar und die frühere Bukolik. A IX, 205 — Sprüche. ZUPITZA, Lateinisch-englische Spr. A I, 285 — Stanhope. Prince Charles (History of England), herausg. v. KRUMMACHER. Leipzig, Students' Tauchnitz Ed. E X, 305 (BAUDISCH) — Steele. DOBSON, R. Steele (in: English Worthies, ed. Lang). L. 1886. E X, 285 (REGEL) — Streit zwischen Leib und Seele. KLEINERT, Ueber den Streit zwischen Leib und Seele. Halle 1880 Diss. A III, 569 (VARNHAGEN) — Streitgedichte zwischen Körper und Seele. VARNHAGEN (Ausgabe). A II, 225 u. WÜLKER, ebenda 502 — Suckling. SCHWARZ, Sir John S. Halle 1882. E VI, 254 (M. KOCH) — Swift. The Choice Works of Dean S. in Prosa and Verse. Carefully reprinted from the Original Editions. L. 1876. E I, 530 (KÖLBING) — Gulliver's Travels, ed. SCHRIDDE. Berlin 1877. E III, 512 (OTTMANN); herausg. v. HUMMEL. Leipzig o. J. E XI, 160 (BAUDISCH) — ASHER, Das Vorbild S.'s zu seinem Gulliver. A VII, Anz. 93 — Symbolum. ZUPITZA, Das Nicäische S. A I, 286, vgl. III, 33 — Tale of Gamelyn, s. Gamelyn — Te Deum laudamus, ed. WÜLKER. A II, 357 — Tennyson. Enoch Arden and Other Poems, herausg. v. KUTSCHERA. Berlin 1883. E IX, 331 (J. KOCH); herausg. v. HAMANN. Leipzig, Students' Tauchnitz Ed. E X, 305 (BAUDISCH) — Thackeray. Th.'s Lectures on the English Humourists of the 18. Century, herausg. von E. REGEL. Bd. 1 Swift, Bd. 6 Sterne u. Goldsmith. Halle 1885. A VIII, Anz. 177 (EFFER), vgl. E X, 133 (BOBERTAG) — LINDNER, Bemerkungen zu Th.'s Lectures on English Humourists, herausg. v. REGEL. E X, 367 — Samuel Titmarsh and the great Hoggarty Diamont. Herausg. von BOYLE. Leipzig, Students' Tauchnitz Ed. E X, 305 (BAUDISCH) — Theophilus, s. Legenden — Thomas v. Erceldoune, herausg. von BRANDL. (Sammlung englischer Denkmäler, Bd. II). Berlin 1880. A V, Anz. 1 (MUSHACKE), vgl. E IV, 366 (KÖLBING) — Thomson. BORCHARD, Textgeschichte von Th.'s Seasons. A VI, 375 — The Spring, herausg. v. WERNER. Leipzig 1879. E IV, 355 (OTTMANN) —

Tindale. CHENEY, The Sources of T.'s New Testament. A VI, 277 — Torrent of Portugal. KÖLBING, Collation zu T. of P. E VII, 344 — Trevisa. STRATMANN, Zur Erklärung von T.'s Polychron. 2, 207. E V, 378 — Tristan (Tristrem). Sir Tristrem, herausg. v. KÖLBING. Theil II. Heilbronn 1882. A VI, Anz. 48 (STRATMANN) — KÖLBING, Nachträgliches zum T. E II, 533 — Tristrem, herausg. v. R. Mc. NEILL. Edinburgh u. London 1886 (Publication 8 der Scottish Text Society). E X, 267 (KÖLBING) — POWELL, A few Notes on Sir T. E VI, 463 — RÖTTIGER, Der Tr. des Th. Ein Beitrag zur Kritik u. Sprache desselben. Göttingen 1883 Diss. E VII, 349 (KÖLBING) — VETTER, La légende de Tr. d'après le poème frçs. de Thomas et les versions principales qui s'y rattachent. Marburg 1882 Diss. E VII, 349 (KÖLBING) — Urkunden. STRATMANN, Eine englische U. von 1155. A VII, 220, s. auch Wills — Vater Unser, aus dem Auch.-Ms. herausg. v. KÖLBING. E IX, 47 — Vercellibuch, s. Codex Vercellensis — Vernon- (u. Simeon)hds. Die kleineren Gedichte der V.- u. S.-hds., herausg. v. VARNHAGEN. A VII, 280 — HORSTMANN, Mittheilungen aus dem V. M. E VIII, 254. Siehe auch Informacio — Visio Tungdali, lat. u. altdeutsch herausg. von A. WAGNER. Erlangen 1882. A VI, Anz. 63 (PETERS) — Vita Adae et Evae, ed. W. MEYER. (Abh. d. k. bayr. Akad. der Wissensch. I Cl., Bd. 14, Abth. 3). München 1879. E III, 199 (KÖLBING) — Waldere. KÖLBING, Die W.-Fragmente. E V, 240 u. 292 — DIETER, Die Walderefragmente und die ursprüngliche Gestalt der Walthersage. A X, 227 — White. GUNDLACH, Henry Kirke White. Weilburg 1884 Progr. 362. E IX, 148 (M. KOCH) — William of Palerne. STRATMANN, Textemendationen zu W. of P. E IV, 99 — SCHÜDEKOPF, Sprache u. Dialect des me. Gedichts William of Palerne. Erlangen 1886. E X, 291 (KALUŽA) — KALUŽA, Ueber das Verhältniss des me. alliterirenden Gedichtes William of Palerne zu seiner französischen Vorlage. E IV, 197 — William v. Shoreham. KONRATH, Beiträge zur Erklärung und Textkritik des W. v. Sh. Berlin 1878 (KÖLBING). E III, 164 — VARNHAGEN, Zu W. v. Sh. (Textbesserungen). A IV, 200 — Wills. The Fifty Earliest English Wills in the Court of Probate, London. A. D. 1387|1439. Ed. by FURNIVALL. L. 1882 (E. E. T. S.). A VI, Anz. 77 (MORSBACH) — Wilson. FERNOW, The three Lords and three Ladies of London by Robert Wilson [L. 1590]. . Hamburg 1885 Progr. E IX, 360 (M. KOCH) — Wulfstan. Sammlung der ihm zugeschriebenen Homilien, nebst Untersuchung über ihre Aechtheit, herausg. von NAPIER. Theil I: Texte u. Varianten. Berlin 1883. A VII, Anz. 7 (HOLTHAUS) u. E. VII, 479 (KLUGE) — NAPIER, Ueber die Werke des altenglischen Erzbischofs W. Weimar 1882 (Göttinger Diss.). A V, Anz. 77 (WÜLKER) — EINENKEL, Der Sermo Lupi ad Anglos, ein Gedicht. A VII, Anz. 200 — Wyatt. ALSCHER, Sir Thomas W. u. seine Stellung in der Entwickelungsgeschichte der engl. Litt. u. Verskunst. Wien 1886. E X, 123 (M. KOCH) — Wycherley. KLETTE, W.'s Leben u. dramat. Werke. Münster 1883 Diss. E VIII, 131 (MOSEN) — York Plays s. Mysteries.

# Sachregister.

(Die Zahlen beziehen sich auf die Seiten.)

Ablaut 139, 151, 303.
Ablautende Verba 304.
Ablautsreihen 304.
Ableitungssuffixe 231.
Accentuirendes Princip des Versbaues 369.
Activum 337.
Adjectiva 277.
Adverbialableitung 316.
Adverbien 316.
Affricatae 166 Anm.
Alliteration 371, 374, 383.
Altenglisch 80.
Altnordische Sprache 7.
Altnordische Worte im Engl. 223.
Amerikanische Litteratur 391.
Amerikanisches Englisch 117.
Analyse u. Synthese 43, 255.
Angeln 53.
Angelsachsen 52.
Angelsächsische Königreiche 53.
Angelsächsische Sprache 57.
Anglisch 106.
Anglisten 25 ff.
Anglo-Normannisch 79.
Ansatzrohr 128.
Artikel 208.
Asyndetische Satzanreihung 352.
Aufenthalt in England 40, 102.
Aussprache des Angelsächsischen 157.
Aussprache des Neuenglischen 185.
Aussprachgeschichte 190, 206.
Aussprachunterricht 207.

Bedeutungswandel 229.
Bibliographie 4.
Blankvers 372, 394.
Brechung 139, 148.

Cardinalia 283.
Casus 258.
Casusbildung 259, 261.
Casusrection 342.
Casussuffixe 259, 264.
Casusumschreibungen 269.
Cant 125.
Charakter des angelsächsischen Volkes 54.
Charakteristik der engl. Litteratur 397 ff.
Cockney-English 189.
Colloquial English 191.
Comparation 280.
Composita 237.
Congruenz des Prädicats mit dem Subject 346.
Conjugation 285 ff.
Conjunctionen 319.
Conjunctiv 339.
Consonanten 131.
Consonantenentwickelung 175.
Consonantenschwund 155.
Consonantenwandel 155.
Consonantismus des Germanischen 140.
Consonantismus des Ags. 153.
Consonantismus des Neuenglischen 164.

Dänen 65.
Dativ (»verkürzter«) 269.
Dauerlaute 131.
Declination der Adj. 277.
» » Numeralia 283.
Declination der Subst. 260.
» » Pronomina 270.
Demonstrativa 272.
Dialekte des Angelsächsischen 106.

Dialekte des Alt- und Mittelenglischen 105
Dialekte des Neuenglischen 115.
Diesse 131.
Diphthonge 152.

Early English Text Society Publications 82.
Eintheilung Grossbritanniens 97.
Encyklopädien 2.
Entwickelung der englischen Litteratur 397.
Entwickelung der engl. Syntax 326.
Etymologie 228.
Euphuismus 89, 92.

Fachwörterbücher 251.
Flüsterlaute 129.
Formenarmuth 44.
Formenbau 253 ff.
Formenreichthum 44.
Franco-Normannisch 70, 79.
Französisch 70, 73.
Französische Laute im Englischen 179.
Französische Worte im Englischen 216.
Friesen 53.
Futurum 312.

Genetiv („sächsischer") 269.
Genus des Nomens 257, 260, 266.
Genus des Verbums 286, 290.
Germanische Sprachen 8, 58.
Geschichte der englischen Philologie 19.
Geschichte der engl. Sprache 41.
Geschichte Englands 17.
Giel 129.
Gleichtaktigkeit 370.
Grammatiken 89.
Griechische Worte im Engl. 225.

Halbsächsisch 71.
Hypotaxe 349.
Hypothetische Periode 351.

Imperativ 340.
Indefinita 274.
Indirectes Object 343.
Indogermanische Sprachen 12.
Infinitiv 340.
Infinitiv cum Acc. 355.
Infinitiv cum Nom. 355.
Interjectionen 320.
Interrogativa 273.
Intransitiva 338.

Juxtaposita 238.

Kehlkopf 128.
Keltisch 47.
Keltische Worte im Engl. 223.
Kentisch 107, 109 Anm.
Klang des Angelsächsischen 158.
Klang des Neuenglischen 190.
Klapper 130.
Konjugation 285 ff.
Kosenamen 229.

Langzeile (angelsächsische) 373.
„ (des 14. Jahrh.'s) 380.
Lateinisch 52.
Lateinische Worte im Engl. 223
Laute 16, 127.
Lautgesetze 13.
Lautmalerei 227.
Lautphysiologie 127.
Lautverschiebung 141.
Litteraturgeschichte 391.
Litteraturgeschichten 393.

Merciseh 106.
Mischsprachen 76.
Mittelenglisch 85.
Modalverba 315.
Modi 287, 291.
Momentanlaute 131.

Nebensätze 354.
Neger-Englisch 119.
Neuangelsächsisch 71.
Neuenglisch 88.
Nominalcomposition 239.
Normannen 66.
Northumbrisch 106.
Numeralia 283.
Numeri des Nomens 257.
Numeri des Verbums 288, 291.

Object 342.
Onomatopoieta 227.
Ordinalia 284.
Orthographie 192 ff.
Ortsnamen 229.
Ostgermanisch 58.
Otfrid's Vers 377.

Palatalisirung 175.
Parataxe 349.
Participien 291.
Partikelcomposition 240.
Passivconstructionen 344.
Passivum 337.

Periodenbau 355.
Perioden der englischen Litteraturgeschichte 395.
Perioden der engL Sprachgeschichte 42.
Personalendungen 297.
Personalpronomina 271.
Personen des Verbums 288.
Philologie 1.
Phonetik 128.
Phonetische Schreibung des Englischen 196.
Pidgin-English 118.
Platzlaute 130.
Pluralbildung 267.
Poetische Redeform 366.
Possessiva 275.
Prädicat 345.
Präpositionen 317.
Präsensbildung 292.
Präteritalbildung 299.
Präteritopräsentia 294.
Pronomina 270.
Pronouncing Dictionaries 207.
Prüfungsordnung 34.

Reallexika 252.
Reduplication 300.
Reduplicirende Verba 301 f.
Reflexivpron. 274.
Reibelaute 130.
Reim 371, 384.
Relativa 276.
Rhythmik 368.
Romanische Worte im Englischen 217.
Römer 51.
Rückumlaut 139.
Runen 191.

Sachsen 52.
Sanskrit 15.
Satzbau 341.
Satzhochton 132, 186.
Satzkürzung 355.
Satzsynthese 355.
Satztheile 341.
Satzverbindung 349.
Schleifer 130.
Schottische Litteratur 391.
Schreibübungen 361.
Schreibung des Englischen 191.
Schriftsprache 86.
Schulgrammatiken 91.
Schwaches Präteritum 309.
Schwache Verba 294, 297.
Shakespearelecture 93.

Silbe 132.
Silbenabtheilung 198.
Silbenzählung im Verse 369, 383.
Slang 125.
Spelling-Reform 206.
Sprachgebiet des Englischen 94.
Sprachlaute 127.
Sprachwissenschaft 9.
Staatsexamen 34.
Stab 374.
Stabreim 371, 374.
Starke Verba 294, 297.
Starkes Präteritum 301.
Steigerung der Adj. 280.
Stil 357.
Stilkrankheiten 359.
Stimmtonlaute 129.
Studienplan 36.
Subject 341.
Syndetische Satzanreihung 352.
Synonyma 230.
Syntaktischer Gebrauch der Wortformen und Wortformumschreibungen 333.
Syntax 326.
Synthese und Analyse 43, 255.

Tempora 286, 291.
Tempusstämme 287.
Tonfuss 369.
Tonvers 369.
Transitiva 338.

Umgangssprache 114.
Umlaut 138, 149.
Ungleichtaktigkeit 370.
Universitätslehrer des Englischen 25.
Universitätsstudium der englischen Philologie 33.
Unpersönliches Verbum 338.

Verbaladjectiva 291.
Verbalflexion 285, 289.
Verbalformumschreibungen 311.
Verbalstamm 285.
Verbalsubstantiv 291.
Verbalsubstantiv auf -ing 333.
Versbindung 371.
Vocale 129, 134, 137.
Vocalentwickelung 166.
Vocalismus des Germanischen 137.
Vocalismus des Angelsächsischen 144.
   "        "   Neuenglischen 159.
Vocalsystem 134.
Volksetymologie 228.
Vulgärsprache 124.

Westgermanisch 58.
Westsächsisch 59, 107.
Wortableitung 231.
Wortbetonung der Composita 157.
Wortbetonung des Angelsächsischen 157.
Wortbetonung des Englischen 182.
Wortbetonung des Germanischen 139.
Worte 208.
Wörterbücher 241.
Wortformen 253.
Wortgeschichte 226.
Worthochton 132.
Wortkategorien 208.

Wortkürzungen 229.
Wortschatz 210.
Wortstamm 257, 260.
Wortstellung 347.
Wortzusammensetzung 237.
Wortzusammenziehung 241.
Wurzel 285..

Yankee-Englisch 117.

Zahl der englisch Redenden 103.
Zahl der englischen Worte 226 Anm.
Zeitschriften 5.

# Alphabetisches Verzeichniss der in den „Litteraturangaben" angeführten Schriftsteller nebst den Titeln ihrer Werke.

Abbott, C. C., (Headmaster of the City of London School), A Shakespearian Grammer 92; Concordance zu Pope 244 Anm.
Abel, C., Die engl. Verben des Befehls 250.
Alford, H. (Dean of Canterbury), The Queen's English 126.
Alscher, Rudolf (geb. 14./4 1860 zu Jägerndorf, Prof. a. d. Staatsoberrealschule daselbst), Sir Thomas Wyatt etc. 92.
Amelung, Arthur (geb. 15. 7. [alten Styles], 1840 zu Katharina in Livland, gest. 6. 4. 1874 zu Montreux), die Bildung der Tempusstämme 323; die Perfecta der schw. Conjug. 323.
Amos, A Primer of the Engl. Constitution 251.
Andresen, Karl Gustav (geb. 1. 6. 1813 zu Uetersen in Holstein, Prof. a. d. Univ. Bonn), Ueb. dtsche Volksetymologie 246.
Ascoli, Graziadio Isaia (geb. 16. 7. 1829 zu Görz, Prof. a. d. Akademie zu Mailand), Studi critici 10; Corsi di glottologia 11; Lettera glottologica 14, dei Neogrammatici 14.
Ascher, David (geb. 8. 12. 1818 zu Dresden, Privatlehrer in Leipzig), Ueb. d. Unterricht in den neueren Sprachen etc. 41.
Ayres, The Orthoepist 207.

Bahder, Karl v. (geb. 15. 7. 1856 zu Heidelberg, Privatdocent a. d. Univ. Leipzig), Die deutsche Phiologie im Grundriss 7; Die Verbalabstracta d. germ. Spr. 250.

Bahrs, Ueb. den Gebrauch der Anrede-Pronomina im Altengl. 365.
Balg, The i-sound in English 203.
Bancroft, Georges (geb. 3. 10. 1800 zu Worcester, Mass., gest. 1875 zu Berlin), History of the United States 18.
Bandow, Karl, Der Conjunctiv in der neuengl. Prosa 365.
Bardsley, English Surnames 249.
Baret, Étude sur la langue anglaise du XIV siècle 204.
Barnes, A German-Engl. Dict. of Words and Terms used in Medicine etc. 252.
Barnum, A Vocabulary of English Rhymes 390.
Barret, On the Etymons of Musical Terms 246.
Barringer, Etude s. l'anglais parlé aux Etats-Unis 124.
Bartlett, A Dictionary of Americanisms 124; Familiar Quotations 251.
Bartsch, Karl (geb. 25. 2. 1832 zu Sprottau, gest. 19. 2. 1888 als Prof. a. d. Univ. Heidelberg), s. S. 29.
Baskerville s. Harrison.
Baumann, Heinrich (Lehrer in London), Londinismen 126.
Beadnell, Spelling and Punctuation 207.
Bech, Wilhelm Fedor (geb. 30. 3. 1821 zu Retgenstedt b. Kölleda im Reg.-Bez. Merseburg, Prof. a. Gymnas. zu Zeitz), Der umgelautete Conjunct, Prät. etc. 424.
Beckmann, Ueber die attributive Constr. eines sächs. Genetivs etc.

364; Die doppelformigen engl. Adj. 324; Ueb. d. reflexive Verbum im Engl. 366.
Bechtel, Adolf (geb. 1837 zu Berlin, Prof. a. d. Staats-Oberrealschule zu Wien II), Germ. zd 201.
Begemann, Wilh., D. schw. Prät. der german. Spr., und: Zur Bedtg. des schw. Prät.'s 323.
Behaghel, Otto (geb. 3. 5. 1854 zu Karlsruhe, Prof. a. d. Univ. Giessen), Litteraturbl. f. germ. u. rom. Phil. 6; Die Pronomina personalia u. ihr Gebrauch im Heliand 365; Asyndetische Parataxe 367; Die Zeitfolge der abhängigen Rede 367.
Behm, The Language of the Later Part of the Peterborough Chronicle 204.
Behnsch, Ueb. das Verhältniss der dtschen u. der roman. Elemente in der engl. Spr. 245.
Behrens, David (Privatdocent a. d. Univ. Greifswald), Beitr. zur Gesch. d. frz. Spr. in England 79.
Behrmann, Die Pronomina personalia im Heliand 368.
Beljame, Quae e gallicis verbis in anglicam linguam Johannes Dryden introduxerit 245.
Bell, Visible Speech etc. 133.
Benfey, Theodor (geb. 28. 1. 1809 zu Nörten b. Göttingen, gest. 26. 6. 1881 als Prof. a. d. Univ. Göttingen), Geschichte der Sprachwiss. 10.
Bernays, Michael (geb. 27. 11. 1834 zu Hamburg, Profess. an der Univ. München), s. S. 29.
Bernhardt, Ernst (geb. 24. 12. 1831 zu Meiningen, Prof. am Gymnas. zu Erfurt), Ueb. d. Flexion der Adj. im Gotischen 322; Der Artikel im Got. 364; Zur got. Casuslehre 364; Ueb. den Genetivus partitivus etc. 264; Der got. Optativ 365.
Bezzenberger, Adalbert (geb. zu Kassel 14. 4. 1851, Prof. a. d. Univ. Königsberg), Beitr. zur Kunde der idg. Spr. 13; Ueb. d. A-Reihe im got. Spr. 323; Untersuchungen üb. die got. Adverbien und Partikeln 324.
Biard, Shall et will et les grammairiens anglais 366.
Bierbaum, Julius (Prof. a. d. höheren Mädchenschule zu Baden-Baden), Die Reform des neusprachl. Unterrichts 208.
Blackburn, The Change of ð to t in the Orrmulum 205.
Blume, Ueb. d. Ursprung etc. des Gerundiums im Engl. 366.
Bock, Die Syntax der Pronomina u. Numeralia in Älfreds Orosius 365.
Bode, Die Kenningar in der altgerman. Dichtung 359.
Böddeker, Karl, Ausg. d. altengl. Dichtungen d. Ms. Harl. 2253. 82; Ueber d. Spr. d. Benedictinerregel 204.
Böhmer, Eduard (geb. 24. 5. 1827 zu Stettin, vormals Prof. a. d. Univ. Strassburg), Gemeinsame Transscription f. Französ. u. Engl. 206.
Börsch, Karl (aus Drolshagen i. W.), Ueb. Metrik u. Poetik der me Dichtung the Owl and the Nightingale 359.
Böthke, Der Gebrauch der Pron. im Engl. 365.
Bohne, Bemerkungen zur Syntax Spenser's 363.
Bokemüller, Zur Lautkritik der Reimpredigt »Grant mal fist Adam« 80.
Boltz, August geb. zu Breslau 26. 9. 1819, lebt als Prof. a. D. in Darmstadt), Vorschule des Sanskrit 15.
Bonaparte, Louis-Lucien (geb. 4. 1. 1813 zu Mongrave), English Dialects 116 Anm., vgl. 122.
Bopp, Franz (geb. 14. 9. 1791 zu Mainz, gest. 23. 10. 1867 als Prof. a. d. Univ. Berlin), Vergl. Gramm. etc. 11; Ueber d. Zahlwörter im Sanskrit etc. 823.
Bosworth, Dictionary of the Anglo-Saxon Lang. 63.
Bourke, Ulick J. Canon, The College Irish Grammar 50.
Boutell, A Manual of British Archaeology 253.
Boyle, George (Prof. a. d. Ingenieuru. Artillerieschule zu Berlin), Idiomatisches Englisch f. Deutsche 251.
Brackebusch, W., Is English destined to become the Universal Language of the World?
Bramer, German. e etc. 201.
Brandl, Aloys (geb. 21. 6. 1855 zu Innsbruck, Prof. a. d. Univ. Göttingen), s. S. 30.
Brate, Nordische Lehnworte im Orrmulum 66.
Braune, Wilhelm Theodor (geb. 20. 2. 1850 zu Grossthiemig b. Ortrand

in der Prov. Sachsen, seit 1888 Prof. a. d. Univ. Heidelberg), Beitr. z. Gesch. d. dtsch. Spr. u. Lit. 6, Got. Gramm. 7, Ahd. Gramm. 7; Zur ahd. Lautlehre 201; Ueber d. grammat. Wechsel etc. 201.

Brausing, Zur Umstellung der Präpositionen im Engl. 367.

Breitekreuz, Beitr. zur Geschichte der Possessivpron. in der engl. Spr. 365.

Breitinger, Heinrich (geb. 11. 3. 1832 zu Zürich, Prof. a. d. dortigen Univ.), s. S. 30.

Brenner, Oscar (geb. 13. 6. 1854 zu Windsheim; Privatdocent a. d. Univ. München), Altnord. Handbuch 7.

Brewer, Dictionary of Phrase and Fable 251.

Breymann, Hermann (geb. 3. 7. 1843 zu Oker im Harz, Prof. a. d. Univ. München), s. S. 29.

Brightwell, Concordance zu Tennyson 244.

Brink, Bernhard ten (geb. 12. 1. 1841 zu Amsterdam, Prof. a. d. Univ. Strassburg), s. S. 30, ausserdem: Zum engl. Vocalismus 202; Beitr. z. engl. Lautlehre 203; Das altengl. Suffix-ere 203; Altengl. g 203; code 325.

Brincker, Friedr. (geb. 3. 3. 1860 zu Christinenfeld in Mecklenburg), Die Poetik Shakespeare's in den Römerdramen 390.

Brinkmann, Syntax des Französ. u. Engl. 363.

Bronisch, Das neutrale Possessivpron. b. Shakespeare 322.

Browne, The Origin of Certain Technical Terms 246; Notes on Shakespeare's Pronunciation 205; Distribution of Plant Names in the Scottish Lowlands 249; Notes on Shakespeare's Versification 390.

Brück, Die Consonantendoppelung in den mittelengl. Comparativen und Superlativen 325.

Bruggencate, ten, The Use of the Definite Article 364; The Use of »can« and »may« 366.

Brugmann, Karl (geb. 16. 3. 1849 zu Wiesbaden, Prof. a. d. Univ. Leipzig), Grundriss d. vgl. Gramm. d. idg. Spr. 19; Morpholog. Untersuchungen 11.

Brunswick, Wordsworth's Theorie der poet. Kunst 390.

Büchmann, Beiträge zur engl. Lexikographie 243.

Bühler, Georg, das got. zd 201.

Büttner, Ueb. d. Concurrenz der beiden Genetivformen im Engl. 364.

Bugge, Sophus (Prof. a. d. Univ. Christiania), Ueb. d. Formen d. geschlechtslosen persönl. Pron. in den germ. Spr. 322.

Bullock, Comprehensive Manual of Spelling 207.

Burckhardt, Ferdinand, der Gebrauch des Conjunctivs b. Ulfilas 365.

Busch, Oscar, u. Skelton, Henry, Handbuch d. engl. Umgangsspr. 251.

Callenberg, Layamon u. Orm in ihren Lautverhältnissen verglichen 205.

Carlyle, Thomas (geb. 4. 12. 1795 zu Ecclefechan b. Dumfries, gest. 5. 2. 1881), Oliver Cromwell's Letters and Speeches 18.

Caro, Horn Child and Maiden Rimnild 205.

Cassel, The Encyclopaedic Dictionary 243.

Carthew, The Origin of Family or Surnames 249.

Caylay, Remarks and Experiments on English Hexameters 389.

Charnok, Praenomina 249.

Clarke, Hyde, A Grammar of the English Tongue, spoken and written 126.

Cleveland, Concordance zu Milton 244 Anm.

Cohn, Die Sprache in der me. Predigtsamml. Ms. Lambeth CCCCLXXXVII 205.

Cole, On Scandinavian Place Names etc. 249.

Connor, The Elements of English Etymology 246.

Cook, Vowel Length in King Alfred's Orosius 204.

Cooley, Arnold J., A Dictionary of the Engl. Language 207.

Coote, Chaucer's Ten Syllable Verse 389.

Cosijn, Peter Jacob (geb. 29. 11. 1840 zu Ryswyk, Prof. a. d. Univ. Leyden), Westsächs. Gramm. 61; De taalformen van Alfred's Pastoral 324.

Cotgrave, A Dictionary of the French and English Tongues 243.

Cox, The Institutions of English Government 251.

Crabbe, English Synonymes 250.
Craik, The English of Shakespeare 205 Anm.
Culloch, M', A Dictionary Practical etc. of Commerce 252.
Curtius, Georg (geb. 16. 4. 1820 zu Lübeck, gest. 12. 9. 1885 zu Warmbrunn als Prof. a. d. Univ. Leipzig), Zur Chronologie der idg. Sprachforschung 11; Zur Kritik der neuesten Sprachforschung 14; Die Aspiraten in den idg. Spr. 202. Vgl. auch S. 321.
Dalen, Carl van, Versuch üb. die orthogr. Sylbenabtheilung der engl. Spr. 207.
Danker, Die Laut- u. Flexionslehre der mittelkent. Denkmäler 109 Anm.
Davies, A Supplementary English Dictionary 244; A Comparison of Celtic Words found in Old English etc. 244.
Delbrück, Bernh. (geb. 26. 7. 1842, Prof. a. d. Univ. Jena), Einltg. in das Sprachstudium 8; Die deutsche Lautverschiebg. 202; Die Decl. der Sbst. im Germ. 322; Ablat., Localis, Instrum. im Altindischen etc. 364.
Delius, Nikolaus (geb. 19. 9. 1813 zu Bremen, Prof. hon. a. der Univ. Bonn), Shakespeare-Ausg. 25; Shakespeare-Lex. 92.
Demme, On Latham's View of the Demonstrative Pronouns. 365.
Deutschbein, Karl (Oberlehrer am Realgymnas. zu Zwickau i. S.), Engl. Gramm. 91; Shakespeare-Gramm. 92; Ueber d. Resultate d. Lautphysiologie etc. 133.
De Vere, Americanisms 124.
Dieter, Ueb. Spr. u. Mundart der ältesten engl. Denkmäler 108 Anm
Dietrich, Franz Eduard Christoph (geb. 2. 7. 1810 zu Strauch b. Grossenhain i. S., Prof. a. d. Univ. Marburg), Historia declinationis theotiscae primariae 322.
Döring, Moritz (geb. 1847 zu Dresden, Oberlehrer am Nikolaigymnas zu Leipzig), Bemerkungen üb. Typus u. Styl der isländ. Saga 8.
Dreser, Engl. Synonymik 250.
Dressel, Die engl. Conjugation 325;
(Ducange Anglicus), The Vulgar Tongue 126.
Earle, John (Prof. a. d. Univ. Oxford), The Philology of the English Tongue, 3; A Book for the Beginner in Anglosaxon 63; English Plant Names 249.
Ebeling, Friedr. Wilh., Ags. Lesebuch 62.
Ebert, Adolf (geb. 1. 6. 1820 zu Cassel; Prof. a. d. Univ. Leipzig), s. S. 28.
Eckardt, Eugen, Ueb. die Syntax d. got. Relativpronomens 365; Ueb. engl. Ortsnamen 249.
Edgren, Quelques observations sur l'élément roman de l'anglais 204.
Effer, Einfache u. doppelte Cons. im Ormulum 20.
Eger, Technilogical Dict. 252.
Ehlerdings, The German and the Latin Elements in the Engl. Lang. 245.
Einenkel, Eugen (geb. 15. 9. 1853 zu Leipzig, Privatdocent a. d. Akademie zu Münster in W.), s. S. 30 u. 388.
Elliott, Marshall (Prof. a. d. Univ. Baltimore), Modern Language Notes 5.
Ellis, Alexander John (geb. 14. 6. 1814 zu Hoxton, Prof. a. d. Univ. Cambridge), History of the Early English Pronunciation 206; On Accent and Emphasis 203; On the Improvement of English Spelling 206; Partial Corrections of English Spelling 206.
Elsner, Untersuchungen zu dem me Fabliau Dame Siriz 204.
Elze, Karl (geb. 22. 5. 1821 zu Dessau; Prof. a. d. Univ. Halle), s. S. 27.
Erdmann, Axel, Essay on the History and Modern Use of the Verbal Forms on -ing 366.
Erdmann, Oscar Hermann Theodor (geb. 14. 2. 1846 zu Thorn, Oberlehrer am Wilhelmsgymnasium zu Königsberg i. Pr.), Untersuchungen üb. die Syntax Otfrids, und: Syntax d. dtschen Spr. 363 Anm.
Erzgräber, Beitr. z. engl. Lexikographie 244; Ueb. den Modus im engl. Nebensatze 367.
Ettmüller, Ludwig (geb. 5. 10. 1802 zu Gersdorf b. Löbau, gest. 15. 4. 1877 als Prof. a. d. Univ. Zürich), Herausgeber ags. Texte 23 (Engla and Seaxna scopas and boceras 62); Vorda vealhstod engla and seaxna 63.
Evans, The Spelling Experimenter etc. 207.

Ewers, Classification of Verbs 325.
Eyckmann, Older elder, oldest eldest 325.
Fallows, Handbook of Synonyms and Antonyms 250; Handbook of Briticisms etc. 251.
Fehse, Henry Howard Earl of Surrey 390.
Fenby, Dict. of Engl. Synonyms 250.
Ferguson, Surnames as a Science 249.
Feyerabend, In what manner did the French Dialect influence the Formation of the English Language? 204.
Fick, August (geb. 5. 5. 1833 zu Petershagen b. Minden, Prof. a. d. Univ. Breslau, früher a. d. Univ. Göttingen), Vgl. Wörterbuch d. idg. Spr. 11; Germ. Labiale aus Gutturalen 201.
— W., Vocalverkürzung in engl. Wörtern etc. 202; Zum me. Gedichte von der Perle 205.
Fiedler, Eduard (geb. 14. 9. 1817 zu Dessau, gest. 25. 7. 1850 [zu Zerbst?]), Wissenschaftl. Gramm. d. engl. Spr. 24 u. 90.
Fischer, Ueber die Sprache Wycliffs 57 Anm.; Zur Gesch. d. Aussprache d. Engl. 206.
Flamme, Syntax der Blickling Homilies 363.
Fleischhauer, Ueb. den Gebrauch d. Conjunctivs in Älfreds altengl. Uebers. von Gregors Cura past. 365.
Fleppe, Der ellipt. Relativsatz im Engl. 365.
Florio, A World of Words 242.
Flügel, Felix, Das engl. Lexikon in Deutschland 243; Wörterb. 243.
Förstemann, Ernst (geb. 18. 9. 1822 zu Danzig, Oberbibliothekar a. D. der kgl. Bibl. zu Dresden), Gesch. d. dtsch. Sprachstammes 200; Altdtsches Namenbuch 249 Anm.
Förster, E., Zur Gesch. d. engl. Gaumenlaute 203.
Fournier, Noms des plantes en anglo-saxon 249.
Freeman, Edward Augustus (geb. 1823 zu Harborne, Prof. a. d. Univ. Oxford), A History of the Norman Conquest of England 18; The Antiquity of the Name Somersetshire 249.
Fricke, Das altengl. Zahlwort XVI.

Friend, Popular Flower Names, und: Devonshire Plant Names 249.
Friswell, Familiar Words 251.
Froude, James Antony (geb. 23. 4. 1818 zu Darlington), History of England etc. 19.
Frucht, Metrisches u. Sprachliches zu Cynewulfs Elene XV.
Füldner, Wie sind die dtschen Präpositionen englisch wiederzugeben? 367.
Fuhrmann, Die allitt. Sprachformeln in Morris' Early Englsh Allitt. Poems XVI.
Furness, Concordance zu Shakespeare 244 Anm.
Furnivall, Henry, s. S. 32; ausserdem Fletcher's and Shakespeare's Triple Endings 390.

Garden, Dict. of Engl. Philosophical Terms 252.
Gascoigne, Certayne Notes of Instruction concerning the Making of Verse 386 Anm.
Gering, Ueb. d. syntakt. Gebrauch der Particpien im Got. 366.
Gesenius, De lingua Chauceri Diss. grammatica 204.
Gieschen, Die charakterist. Unterschiede der einzelnen Schreiber im Hatton Ms. der Cura Pastoralis Alfred's XV.
Gieseler, Ueb. die ags. Bestandtheile der engl. Spr. 245.
Gladstone, William Ewart (geb. 29. 12. 1809. zu Liverpool), Spelling Reform etc. 206.
Gödors, Zur Analogiebildg. im Mittel- u. Neuengl. 246.
Gomme, Rhythmical Laws 387.
Gottschalk, Ueb. d. Gebrauch des Artikels in Milton's Paradise Lost 364.
Grassmann, Hermann, Ueber die Aspiraten etc. 202.
Grein, Christian Wilhelm Michael (geb. 16. 10. 1825 zu Willingshausen in Kurhessen, gest. 15. 6. 1877 zu Hannover), Bibl. d. ags. Poesie u. Prosa 24 u. 62; Ist die Bezeichnung ags. Sprache wirklich unberechtigt? 57 Anm.; Ags. Gramm. 61; Sprachschatz d. ags. Dichter 63; Ablaut, Redupl. u. secundäre Wurzeln der starken Verben etc. 323.
Grimm, Jacob Ludw. Karl (geb. 4. 1. 1785 zu Hanau, gest. 20. 9. 1863

als Prof. a. d. Univ. Berlin), Deutsche Gramm. 23; Ueber Umlaut und Brechung 201; »Wer« 322; Ueb. die zusammengesetzten Zahlen 323.
Grimm, Wilhelm (geb. zu Hanau am 24. 2. 1786, gest. 16. 12. 1859 als Prof. a.d. Univ. zu Berlin).
Gröber, Gustav (geb. zu Leipzig 4. 5. 1844, Prof. a. d. Univ. Strassburg), Grundriss der roman. Philologie 16.
Gronhoud, Doublets in English 246.
Gropp, On the Language of the Proverbs of Alfred 363.
Groschopp, Kleines ags. Wörterbuch 63.
Grosse, A Classical Dictionary of the Vulgar Tongue 126.
Guest, A History of English Rhythms 368.
Günther, Spenser's syntakt. Eigenthümlichkeiten 363.
Gummere, On the English Dative-Nominative of the Personal Pronoun 365.
Gutersohn, J. (Prof. a. d. höheren Bürgerschule zu Karlsruhe), Beitr. zu einer phonet. Vocallehre 202.
Gwynne, A Word to the Wise etc. 207.

Haldeman, Affixes in their Origin and Application 240.
Hall, On the English Adjectives in -able 250; On the English Perfect Participle used infinitivally 366; On the Separation of to and the Infinitive Mood 367.
Halliwell, A Dictionary of Archaic and Provincial Words 251.
Hamann, Ueb. d. Gebrauch der Präpos. with 367.
Handmann, Die menschl. Stimme u. Sprache XV.
Hardy, Thomas Duffus (geb. 1804 zu Port Royal in Jamaica), Descriptive Catalogue etc. 19.
Harris, A Dict. of Medical Terminology 252.
Harrison, The Rise etc. of the Engl. Lang. 46; Negro-English 124; List of Strong Verbs in Beówulf 325.
Harrison u. Baskerville, A Handy Poetical Anglo-Saxon Dictionary 63.
Hassenkamp, R., Zusammenhang des lettoslav. u. germ. Sprachstammes 8.
Hausknecht, Emil (Prof. in Tokio), Ausg. v. Floris and Blauncheflur 82;

Ueb. Spr. etc. im Sowdane of Babylone 205.
Heesch, Ueb. Spr. u. Versbau des halbsächs. Gedichtes Debate of the Body and the Soul 204.
Hehn, Victor von (geb. 8. 10. 1813 zu Dorpat, lebt in Berlin), Culturpflanzen u. Hausthiere etc. 13; Das Salz 13.
Heinzel, Richard (geb. 3. 11. 1838 in Capo d'Istria, Prof. a. d. Univ. Wien), Geschichte der niederfränk. Geschäftsspr. 201; Ueb. den Styl der altgerman. Poesie 389.
Hellmers, Ueb. d. Spr. Robert Mannyng's of Brunne 205.
Helmholtz, Herm. Ludw. Ferd. (geb. zu Potsdam 31. 8. 1821, Prof. a. d. Univ. Berlin), Die Lehre von den Tonempfindungen 137.
Hennicke, Der Conjunctiv im Altengl. etc. 365.
Herford, Old Words used in Miracle Plays 245; Spenser's Use of in 363.
Herrig, Ludwig (geb. 12. 5. 1816 zu Braunschweig, Prof. in Berlin), Herausgeber des Archivs f. d. Studium der neueren Sprachen 243.
Herrtage, W., Ausg. des Catholicon Anglicum 242 Anm.
Heuser, Die me. Legenden von St. Editha u. Etheldreda 204.
Heyne, Moritz (geb. 8. 6. 1837 zu Weissenfels, Prof. a. d. Univ. Göttingen), Kurze Gramm. der altgerm. Dialecte 7.
Heyse, Karl Wilh. Ludw. (geb. 15. 10. 1797 zu Oldenburg, gest. 25. 11. 1855 als Prof. a. d. Univ. Berlin), System d. Sprachwiss. 7.
Hickey, On the Use of Trochaic Pentameter by Shakespeare and Others 390.
Hieblac, Engl. Sprachschnitzer 251.
Hilgers, Der dramat. Vers Shakespeare's etc. 389 f, und: Sind nicht in Sh. noch manche Verse wiederherzustellen, welche alle Ausgg. als Prosa geben? 369 f.
Hilmer, Zur altnorthumbr. Laut- u. Flexionslehre 106; Ueb. d. Spr. der altengl. Story of Genesis and Exodus 205.
Hjort, Om det Engelska Conjugationssystem 325.
Hoburg, Die Präpositionen in der engl. Spr. 367.
Höfer, Albert (geb. 2. 10. 1812 zu

Greifswald, Prof. a. d. dortigen Univ.), Der Rückumlaut 201; Das Pron. »dieser« 322.
Höpfner, Ernst (Geh. Rath in Berlin), Ztschr. f. deutsche Philologie 6.
Hofer, Der syntakt. Gebrauch des Dativs u. Instrumentals bei Cädmon 364.
Hoffmann, Die Reimformeln im Westgerman. 389; Der bildl. Ausdruck im Beówulf u. in der Edda 389.
Hoffory, J. (Prof. a. d. Univ. Berlin), Prof. Sievers u. die Principien der Lautphysiologie 136.
Hofmann, Ueb. Spr. u. Styl des altengl. Lai Havelok the Dane 205.
Holtbuer, Der syntakt. Gebrauch des Genetivs im Andreas etc. 364.
Holthaus, E., Beitr. zur Geschichte der engl. Vocale 79 (daselbst ist statt Anglia VIII 203 zu lesen Anglia VIII Anz. 86).
Holtzmann, Adolf (geb. 2. 5. 1810 in Karlsruhe, gest. 3. 7. 1870 als Prof. a. d. Univ. Heidelberg), Das lange a 200; Ueb. den Umlaut 201; Ueb. das deutsche Duodecimalsystem 323; Ueb. den Ablaut 323.
Holzweissig, Wahrheit u. Irrthum in der localist. Casusthcorie 364.
Hood, Pratical Guide to English Versification 387.
Hoofe, Lautuntersuchungen zu Osbern Bokenam's Legenden 205.
Hoppe, A. (Prof. am Berlinischen Gymnas. zum Grauen Kloster), Englisch-deutsches Supplement-Lexikon 252.
Horstmann, Karl (geb. 16. 11. 1847 zu Münster i. W., Docent a. d. Univ. Berlin), s. S. 25.
Hotten, The Slang Dictionary 124.
Hotz, On the Use of the Subjunctive Mood in Anglo-Saxon etc. 365.
Hotzel, Der norm. Dialect u. die frz. Schriftspr.; Die altfrz. Gesetze Wilhelms des Eroberers 80.
Houghton, Popular Names of Fishes 249.
Hovelacque, Abel, La linguistique 10.
Hruschka, Alois (geb. 18. 10. 1852 zu Theresienstadt, Prof. a. d. deutschen Staatsrealschule zu Prag), Zur ags. Namensforschung 246.
Hübschmann, Heinrich (Prof. a. d.
Univ. Strassburg), Das idg. Vocalsystem 200.
Hüllweck, Ueb. d. Gebrauch des Artikels in den Werken Alfred's d. G. 364.
Hughes, W., A Geographical Description of the British Islands etc. 101.
Humboldt, Wilhelm von (geb. 1767 zu Tegel b. Berlin, gest. 1835 zu Berlin), Ueb. die Verschiedenheiten des menschl. Sprachbaues 10.
Hunter, Richard, The Encyclopaedic Dictionary 243.

Isaak, Ueb. engl. Wortstellung 367.
Isberg, Grammatical Studies on Chaucer's Language 204.

Jacobi, Theodor (geb. 31. 1. 1816 zu Neisse, gest. 23. 2. 1848 als Docent a. d. Univ. Breslau), Ueber d. Bildung d. Nomina 322; Der Ablaut 323.
Jansen, Stephan Gottfried (geb. 13. 6. 1856 zu Säffeln), Beiträge zur Synonymik u. Poetik der etc. Dichtungen Cynewulf's 389.
Jespersen, Otto (Kopenhagen), Zur Lautgesetzfrage 14; Der neue Sprachunterricht 205.
Johnson, Samuel (geb. 1709 zu Lichfield, gest. 15. 12. 1784 zu London), Dictionary of the Engl. Language 243.
Jolly, Julius (geb. 29. 12. 1849 zu Heidelberg, Prof. a. d. Univ. Würzburg), Geschichte d. Inf.'s im Idg. 366; Zur Lehre vom Particip 366.
Joyce, P. W., A Grammar of the Irish Language 50; The Origin and History of Irish Names and Places 249; Irish Local Names explained 249.
Jubainville, Arbois de, Introduction à l'étude de la litt. celtique 51.
Justi, Ferdinand (geb. 2. 6. 1837 zu Marburg i. H., Prof. a. d. Univ. daselbst), Ueb. d. Zusammensetzung der Nomina in den idg. Spr. 250.

Kade, Emil (Prof. emer. am K. S. Cadettenhause), Anleitung zur Erlernung d. Engl· 91 (daselbst steht irrthümlich Kaden statt Kade); Von der Umstellung der Satzglieder in der engl. Spr. 367.
Kamann, Quelle u. Spr. der York Plays 205.

Karstens, Zur Dialektbestimmung d. Sir Ferumbras 205.
Kasten, An Inquiry into the Use of the Subjunctive Mood in the English of the Elizabethan Period. 365.
Kelle, Johann Nepomuk (geb. 15. 3. 1829, Prof. a. d. Univ. Prag), Vergl. Gramm. d. german. Spr. 322.
Kellner, Camillo (Oberlehrer am Gymnas. zu Zwickau); Elementargramm. d. Sanskrit 15.
— L. (Reallehrer in Wien), Zur Syntax d. engl. Verbums etc. 92.
Kemble, Hist. of the Engl. Lang. 46.
Kemble und Skeat, The Gospel etc. 106.
Kirschten, Ueberlieferung u. Spr. der me. Romanze The Life of Ipomedon 205.
Kissner, Alphons (geb. 3. 4. 1844, Prof. a. d. Univ. Königsberg), s. S. 28.
Klinghardt, Hermann (Oberlehrer am Realgymnas z. Reichenbach i. Schlesien; redigirte den pädagog. Theil in Bd. 10 u. 11 der Engl. Studien), Die Lautphysiologie in der Schule 207; Ueb. Techmer's und Sweet's Vorschläge zur Reform des Unterrichtes im Engl. 208; Die relative Satzverbdg. im Engl. 365.
Kloppe, Recherches s. le dialecte de Wace etc. 80.
Klöpper, (Gymnasiallehrer zu Rostock), Engl. Synonymik 250; Engl. Phraseologie 251.
Kluge, Friedrich (geb. 22. 6. 1856 zu Köln, Prof. a. d. Univ. Jena), s. S. 28; ausserdem: Die german. Consonantendehnung 201; Excerpte aus der Interlinearversion von Beda's Liber scintillarum 242 Anm.; Etymolog. Wörterbuch d. dtschen Spr. 246; Nominal-Stammbildungslehre der altgerm. Dialekte 250; Vermeintl. Comparativ weor 325; Form d. Comp. lässa 325.
Knigge, (Lehrer am Leibnitz-Realgymnas. z. Hannover), Die Spr. von Sir Gawain and the Green Knight 205.
Knothe, Angelsächsisch od. Englisch? 57 Anm.
Knowles, John, A Pronouncing and Explanatory Dictionary 207.
Koch, Christian Friedrich (geb. 15. 11. 1813 zu Berka in S.-Weimar; gest. 5. 9. 1872 als Prof. am Realgymnas. zu Eisenach), Engl Gramm. 24 u. 90; Linguistische Allotria 202; Der engl. Accent 203.
Koch, John, Ausg. d. Fölsing'schen Schulgramm. 81.
— Max (geb. zu München 22. 12. 1855, Prof. a. d. Univ. Marburg), s. S. 29.
Kögel, Rudolf (geb. 29. 11. 1855 zu Leipzig, Prof. a. d. dortigen Univ.), Ueber w und j im Westgerm. 201; Ueber einige german. Dentalverbindungen 201; Die schw. Verba 2ter u. 3ter Cl. 324.
Köhler, Emil Arthur (geb. 22. 3. 1841 zu Dresden, gest. 26. 8. 1873 als Oberlehrer a. d. Kreuzschule daselbst), Ueber den syntakt. Gebrauch d. Dativ's im Got. 364; Der syntakt. Gebrauch des Inf's im Got. 366.
— Wilhelm (geb. 2. 9. 1863 zu Hannover), Der syntakt. Gebrauch des Inf's im Beów. 366.
Kölbing, Eugen (geb. 21. 9. 1846 zu Herrenhut i. S.) s. S. 28; ausserdem: Untersuchungen üb. d. Ausfall des Relativpron's in den germ. Spr., und: Zur Entstehung der Relativsätze in den germ. Spr. 365.
Körner, Karl (geb. 17. 4. 1841 zu Hadamar in Nassau, gest. zu Hamburg 15. 3. 1883), Einleitung in das Stud. des Ags. 61.
Körting, Gustav (geb. 25. 6. 1845 zu Dresden, Prof. a. d. Akademie zu Münster i. W.), s. S. 29.
Konrath, M. (geb. 9. 3. 1843 zu Imst in Tyrol, Prof. a. d. Univ. Greifswald), s. S. 27.
Koschwitz, Eduard (geb. 7. 10. 1851 zu Breslau, Prof. a. d. Univ. Greifswald), Ausg. der Karlsreise 80.
Kräuter, Johann Friedrich, Zur Lautverschbg. 202.
Krek, Gregor (geb. 1840 zu Afriach in Krain; Prof. a. d. Univ. Graz), Einleitg. in die slav. Litteraturgesch. 8.
Kremer, Behandlg. der ersten Kompositionsglieder im german. Nominalcompos. 250.
Kress, Ueb. den Gebrauch des Instrumental's in der ags. Poesie 361.
Kreyenberg, Gotthold, Das Pidgin-English 124.
Krickau, Der Accus. mit dem Inf. im Engl. 368.
Krüger, Spr. u. Styl der me. Homi-

lien in der Hds. B 14, 52 Trinity College, Cambridge, 205.
Krummacher, Martin (geb. 15. 11. 1836 zu Tecklenburg, Director der höheren Mädchenschule zu Cassel), Notizen über den Sprachgebrauch Carlyle's 363.
Küster, Das Object im Engl. 364.
Kuhn, Adalbert (geb. 19. 11. 1812 zu Königsberg i. N., gest. 5. 5. 1881 als Director des Kölnischen Gymnasiums zu Berlin), Ztschr. f. vgl. Sprachf. 13; Beitr. z. vgl. Sprachforschung 13.
Kuhn, Ernst (geb. 7. 2. 1846, Prof. a. d. Univ. München), Ztschr. f. vgl. Sprachf. 13.
Kujack, On the Use of the Auxiliary Verbs in Old English 366.

Lachmann, Karl (geb. 4. 3. 1793 zu Braunschweig, gest. 13. 3. 1851 als Prof. a. d. Univ. Berlin), Ueber das Hildebrandslied 367 Anm. 2.
Landmann, Der Euphuismus etc. 92.
Lanier, The Science of English Verse 357.
Lappenberg, Johann Martin (geb. 30. 7. 1794 zu Hamburg, gest. ebenda als Archivar 25. 11. 1865), Geschichte Englands 17.
Latham, History etc. of the English Lang. 46.
Lazarus, Moritz (geb. 15. 9. 1824 zu Filehne, Prof. a. d. Univ. Berlin), Ztschr. f. Völkerpsychologie etc. 11.
Leach, The Letter H 203.
Leffler, Friedrich Leopold, Bidrag til läran om i-omljudet 201.
Le Héricher, Glossaire étymologique anglo-normand 242 Anm.
Lehmann, Synonym. Wörterb. der engl. Spr. 250.
Leiding, Die Sprache der Cynewulfschen Dichtungen Crist, Juliana u. Elene XV.
Leland, Pidgin English Singsing 124.
Le Marchant Douse, Grimm's Law 202.
Lemcke, Ludwig (geb. 25. 12. 1816 zu Brandenburg a. H., gest. als Prof. a. d. Univ. Giessen 21. 9. 1883), Jahrb. f. rom. u. engl. Spr. u. Lit. 5.
Lentzner, Karl (geb. 25. 5. 1842 zu Frankfurt a. M., Lector a. d. Univ. Breslau), s. S. 26; ausserdem: Australisches Englisch 124; Ueb. das Sonett etc. 390.

Lenz, Rudolf, Zur Physiologie u. Geschichte der Palatale 203.
Leo, Heinrich (geb. 10. 3. 1799 zu Rudolstadt, gest. 24. 4. 1878 als Prof. a. d. Univ. Halle), Ags. Sprachproben 62.
Leskien, August (geb. 8. 7. 1840 zu Kiel, Prof. a. d. Univ. Leipzig), Die Decl. im Slav.-Lit. u. German. 8; Handbuch der altbulgar. Spr. 15.
Lexer, Matthias (geb. 18. 20. 1830 zu Liesing in Kärnthen, Prof. a. d. Univ. München), Der Ablaut in der deutschen Spr. 323.
Lienemann, Eigenthümlichkeiten des Englischen der Vereinigten Staaten etc. 124.
Lindemann, An Illustrative of the Use of the English Periphrastical Conjugation 366.
Lindner, Max (geb. 4. 5. 1849 zu Oels, Privatdocent a. d. Univ. Rostock), s. S. 30; ausserdem: Ueber das Präfix a im Engl. 250; Das Pron. relat. im Engl. 325; The Allitteration in Chaucer's Canterbury Tales 389.
Löwe, H., (Gymnasiallehrer in Bernburg), Deutsch-engl. Phraseologie 251; Ueb. d. Phraseologie d. engl. Spr. 251.
Löwenhjelm, Om bruket af de engelska Hjelpverben »shall« och »will« 366.
Lohmann, Ueb. d. Auslassung des engl. Relativpron.'s 365.
Longley, Student's Pocket Medical Lexicon 252.
Longmuir, Rhythmical Index to the Engl. Lang. 390.
Loth, J., Ags.-Engl. Gramm. 62; Ags. Glossar 63; Beitr. zur Geschichte der engl. Sprachformen 324.
Lounsbury, Hist. of the Engl. Lang. 46.
Low, English Catalogue of Books 5.
Lower, English Surnames, und: Patronymica Britannica 249.
Lowndes, The Bibliographer's Manual of English Literature 5.
Lucas, Newton Ivory, Englisch-deutsches u. deutsch-englisches Wörterbuch 243.
Lücke, Otto, Absolute Participia im Got. 366.
Lüdtke, Ausg. des Erl of Tolous 82.
Lütgenau, Johann (geb. 5. 6. 1857 zu Bonn), John Palsgrave u. seine

Ausspr. des Frz. 20; Zur engl. Synonymik 250.
Luick, Ueb. d. Versbau des ags. Gedichtes Judith 387.
Lumby, A Glossary of difficult etc. Bible Words 245.
Lummert, Die Orthographie in der ersten Folioausg. der Shakespeare-Dramen 92.
Lundgren, Magnus F., Om Substantivens Stammar 322.
Macaulay, Thomas Babington (geb. 25. 10. 1800 zu Rothley Temple, gest. 29. 12. 1859 zu Kensington), History of England 18.
Mackay, New Light on Some Obscure Words and Phrases in the Works of Shakespeare 244; Gaelic Etymology of the Languages of Western Europe 245.
Mätzner, Eduard (geb. 25. 5. 1805 zu Rostock, Director d. Luisenschule zu Berlin), Altengl. Sprachproben 71, 81; Engl. Gramm. 89.
Mahlow, Georg Heinrich, Die langen Vocale a, e, o in den europ. Spr. 200.
March, Is there an Anglo-Saxon Language? 57; Anglo-Saxon and Early English Pronunciation 206.
Marshall, The Past, Present and Future of the Engl. Lang. 46.
Mall, Eduard (Prof. a. d. Univ. Würzburg), s. S. 30.
Marsh, The Origin and Hist. of the Engl. Lang. 46.
Martin, Ernst Eduard (geb. 5. 5. 1841 zu Jena, Prof. a. d. Univ. Strassburg), Quellen u. Forschungen 6.
Mayor, Dr. Guest and Dr. Abbott on English Metre 387.
Menthel, Zur Geschichte des Otfridschen Verses 388.
Menzies, Notes of the change made by four young children in pronouncing english words 202.
Merbach, Das Meer in der Dichtung der Ags. 389.
Merbot, Aesthetische Studien zur ags. Poesie 389.
Merlo, P., Problemi fonologici sull' articulazione e sull' accento 136 Anm.; Ragione del permanere dell' A etc. 200.
Meyer, Georg Hermann von (geb. 18. 8. 1815 zu Frankfurt a. M., Prof. a. d. Univ. Zürich), Unsere Sprachwerkzeuge 133 Anm.

Meyer, Gustav (geb. 25. 11. 1850 zu Grossstrelitz, Prof. a. d. Univ. Graz), Griech. Grammatik 321.
Meyer, Leo Karl Heinrich (geb. 3. 7. 1830 zu Bledeln b. Hildesheim, Prof. a. d. Univ. Dorpat), Ueb. die Flexion d. Adj. im Deutschen, und: Zur Lehre von der deutschen Adjectivflexion 322.
Migault, Histor. Skizzen über die Ursachen des Bunten u. Wirren in der neuengl. Orthographie etc. 207.
Miklosich, Franz von (geb. 20. 11. 1813 in der Nähe von Luttenberg in Steiermark, Prof. emer. a. d. Univ. Wien), Vergl. Gramm. d. slav. Spr. 15.
Miller, A Dictionary of English Names of Plants 249.
Misteli, Franz (geb. 11. 3. 1841, Prof. a. d. Univ. Basel), Lautgesetz und Analogie 14.
Mitford, An Inquiry into the Principles of Harmony etc. 386.
Möller, Hermann (geb. 13. 6. 1850 zu Jerpsted in Schleswig, Prof. a. d. Univ. Kopenhagen), Die Palatalreihe der idg. Grundspr. im Germ. 201; Zur Conjugation 323.
Mohrbutter, Alfred (geb. 21. 9. 1860 zu Hamburg, Lehrer daselbst), Darstellung der Syntax in den etc. Predigten Wulfstan's 363.
Moller, Adolf, Ueb. den Instrumentalis im Heliand 364.
Mollett, An illustrated Dict. of Words used in Art etc. 252.
Mommsen, Tycho (geb. 23. 5. 1819 zu Garding, Director a. d. Gymnas. zu Frankfurt a. M.), Ausg. v. Romeo and Juliet 24 u. 32.
Moon, Washington, The Dean's English etc. 126.
Morris, Richard, s. S. 31 f. u. 32 ff. (Ausg. in den Early English Text Society Publications); Historical Outlines of English Accidence 90; The Etymology of Local Names 249.
— and Skeat, Specimens of Early English etc. 81.
Morsbach, Lorenz (geb. 1. 6. 1850 zu Bonn, Docent an der dortigen Univ.), s. S. 26.
Murray, James H. A., A New English Dictionary 241.
Müllenhoff, Karl (geb. zu Marne in Holstein 8. 9. 1818, gest. 7. 11. 1883 als Prof. a. d. Univ. Berlin), Ztschr.

f. dtsch. Alterth. 6; Aelteste Beispiele des langen a im Deutschen 200; Angebl. Aoriste und Perfecta auf r im Altnord. u. Hochd. 323; De carmine Wessofontano 397 Anmerk. 2.
Müller, Eduard (geb. 29. 7. 1824 zu Dornburg a. E. in Anhalt, gest. 7. 4. 1861 als Prof. in Cöthen), Etymolog. Wörterb. d. engl. Spr. 246.
— Friedrich (geb. 5. 3. 1834 zu Jemnik, Prof. a. d. Univ. Wien), Grundriss der Sprachwiss. 10; Sind die Lautgesetze Naturgesetze? 14; Das grammat. Geschlecht 322.
— Max (geb. 6. 12. 1823, Prof. a. d. Univers. Oxford), Lectures on the Science of Language 9, Ueber die Resultate der Sprachwiss. 9.
— Theodor (geb. 1816, gest. 14. 4. 1881 als Prof. a. d. Univ. Göttingen), Ags. Gramm. 61.
Munster, Untersuchungen zu Thomas Chestre's Lanfal 205.
Muret, E. (Oberlehrer in Berlin), Englisch-dtsches u. dtsch.-englisches Wörterb. 243.
Murray, James H. A., A New English Dictionary 241; Old English Verbs in-cȝan 325.

Naber, Friedrich, Gotische Präpositionen 324.
Nader, Engelbert (geb. 9. 6. 1853 zu Waitzendorf, Prof. a. einer Staatsoberrealschule in Wien), Zur Syntax des Beówulfliedes 363; Der Genetiv, Dativ u. Instr. im Beów. 364.
Napier, Arthur Sampson (geb. 30. 8. 1853 zu Wilmslow, Prof. a. d. Univ. Oxford), Ausg. des Wulfstan 82.
Nares, A Glossary, or Collections of Words etc. 244.
Naubert, Karl (Geh. Rechnungsrath in der Kaiserl. Admiralität zu Berlin), Land und Leute in England u. in Nordamerika 252 (daselbst ist Neubert in Naubert zu bessern.)
Neumann, Friedrich (geb. 23. 4. 1854 zu Warnemünde, Prof. a. d. Univ. Freiburg i. B.), s. S. 27, ausserdem: die roman. Philologie im Grundriss 16.
Nicol, On the Old French Labial Vowels 79.
Niecks, A Concise Dict. of Musical Terms 252.

Noack, Eine Geschichte der relativen Pronomina in d. engl. Spr. 365.
Nölle, Ueber ags. u. halbsächs. Vocalismus 202.
Norman, English Synonyms 250.
Norrcen, Altnord. Gramm. 8.
Nyrop, Kristoffer (Kopenhagen) Adjektiverner Kønsbøning i de Romanske Sprog 14.

O'Donovan. John, Grammar of the Irish Language 50.
Ogilvie, Imperial Dictionary 243.
Ohlsson, Bruket af de engelske Hjelpverben shall och will 366.
Oliphant, (C. L. Kington) Mrs., The Old and Middle English, the New English 46.
Osthoff, Hermann (geb. 1847, Prof. a. d. Univ. Heidelberg), Morpholog. Untersuchungen 11; Zum grammat. Wechsel etc. 201; Das Verbum in der Nominalcompos. 250; Zur Frage des Ursprungs der germ. n-Decl. 322; Der got. Nom. Sg. der männl. ja-Stämme 322; Der Gen. Pl. im Germ. 322; Zur Geschichte des schw. dtschen Adj. 322; Die got. Adv. auf -o u. -ba 324.
Oswald, J. K., Das grammat. Geschlecht etc. 322.

Palmer, Leaves from a Word Hunter's Note Booke, und: Folk Etymology 246; A Dictionary of Words Perverted in Form etc. 246.
Paul, Hermann Otto Theodor (geb. 7. 8. 1846 zu Salbke b. Magdeburg, seit 1877 Prof. a. d. Univ. Freiburg i. B.), Beitr. z, Gesch. d. dtsch. Spr. u. Lit. 6; Mhd. Gramm. 7; Principien d. Sprachgesch. 9; Zur Geschichte d. german. Vocalismus 200; Die Vocale der Flexions- u. Ableitungssylben in den ältesten german. Dialecten 201; Die westgerman. Consonantendehnung 201; Ausfall des j vor i u. des w vor u im Westgerm. 201; Zur Lautverschiebung 202; Der Ablativ im German. 322; Zur Bildung des schw. Prät. u. Part. 323.
Pauli, Karl, Das Präteritum reduplicatum 323.
Payne, J., The Norman Element in the spoken and written English etc. 79.

Penning, A History of the Reflective Pronouns in the Engl. Lang. 365.
Petersen, August Emil, Vom Ablaut etc. 323.
Petry, Otto (geb. 15. 3. 1837 zu Sobernheim, Director der Realschule zu Remscheid), Die wichtigsten Eigenthümlichkeiten der engl. Syntax 363.
Pfeiffer, Franz (geb. 27. 2. 1815 zu Solothurn, gest. 29. 5. 1878 als Prof. a. d. Univ. Wien), Germania 6.
Phillips, Versuch einer Darstellung der Gesch. des ags. Rechts 57.
Pictet, Adolf (geb. 11. 9. 1799 zu Genf, gest. ebenda 20. 12. 1875), Les Origines indo-européennes 12.
Pineas, Beiträge zur engl. Lexikographie 243.
Piper, Paul Hermann Eduard (geb. 14. 3. 1844 zu Spremberg, Prof. an d. Realschule zu Altona), Ueb. den Gebrauch des Dativ's im Ulfilas etc. 361.
Pitman, A Phonetic Shorthand and Pronouncing Dictionary 207.
Platt, Zum consonant. Auslautsgesetz 203; Zur Kenntniss der ags. Geschlechter, Zur altengl. Decl., Ortsnamen der bóc-Decl., Ags. feminine wâ-Stämme, Ags. Femininbildung auf -icge, Ags. n im Feminin der n-Decl., Ein ags. Dual 324; Ags. fetjan, feccan 325.
Plötz, Karl, English Vocabulary 251.
Poestion, Lehrb. des Altnord. XIV.
Pokorny, Ignaz, Ueber die redupl. Präterita 323.
Pott, August Friedrich (geb. 14. 1. 1812 zu Nettelrede; gest. am 6. 7. 1887 als Prof. a. d. Univ. Halle), Einltg. in die allgem. Sprachwissenschaft 9; Etymolog. Forschungen 11; Doppelung 323.
Powell, Observations on Some Celtic Etymologies 246.
Pratje, H., Dativ u. Instrumentalis im Heliand 364.
Puttenham, Art of English Poesy 386 Anm.

Quossek, Sidney's Defense of Poesy 390.
Quousque tandem, Der Sprachunterricht muss umkehren 207.

Rambeau, Adolf (Oberlehrer in Hamburg), Der frz. u. engl. Unterricht in der dtschen Schule 208.

Ramsay, Romano-Celtic Names 249.
Ranke, Leopold von (geb. 21. 12. 1795 zu Wiehe, gest. 23. 5. 1886 zu Berlin), Englische Geschichte 17.
Raths, Bemerkungen über den Gebrauch der engl. Partizipien auf -ing 366.
Raumer, Rudolf von (geb. 14. 4. 1815 zu Breslau, gest. 30. 8. 1876 als Prof. a. d. Univ. Erlangen), Die Aspiration u. die Lautverschiebung 202.
Regel, C., An Inquiry into the Phonetic Peculiarities of Barbour's Bruce 204.
— Karl, de syllabae a ad formanda adverbia origine et natura 250.
Reifferscheid, Alexander (geb. 2. 6. 1847 zu Bonn, Prof. a. d. Univ. Greifswald), Lexikalisch - syntakt. Untersuchungen über die Partikel ge- 366.
Reimann, Die Sprache der mittelkent. Evangelien 205.
Richardson, Charles, A New Dictionary of the English Language 243.
Rieger, Friedr. Maximilian (geb. 8. 4. 1828 zu Darmstadt, wo er gegenwärtig als Privatgelehrter lebt), Ags. Lesebuch 63; Die alt- u. ags. Verskunst 387.
Ries, John, Die Stellung von Subject u. Prädicat im Heliand 367.
Rössger, Ueb. d. syntakt. Gebrauch des Genetivs in Cynewulf's Elene 364.
Roeth, Ueber den Ausfall des intervocal d im Norm. 80.
Roget, Thesaurus of Words and Phrases 251.
Rohde, Das Hülfszeitwort to do bei Shakespeare 366.
Rosenthal, Die allitt. engl. Langzeile im 14. Jahrh. 388.
Rowland, Thomas, A Grammar of the Welsh Language 50.
Rückert, Heinrich (geb. 14. 2. 1823 zu Koburg, gest. 14. 9. 1874 als Prof. a. d. Univ. Breslau), Die got. absoluten Nominativ- u. Accusativconstructionen 364.
Rumpelt, Berthold (geb. 29. 10. 1821 zu Freihan, gest. im 1881 als Prof. an d. Univ. Breslau), Die dtschen Zahlwörter 323.
Russell, Sailor's Language 252.
Rusteberg, Historical Development of the Gerund in the Engl. Lang. 366.

Sachs, Die gesprochenen Laute der engl. Spr. etc. 207.
Sachse, Das unorganische e im Orrmulum 205.
Sainte-Claire, Pasquet u. Hölscher, A Dictionary of English, French and German Idioms 251.
Salisbury, Phonology and Orthoepxy 207.
Sallwürk, Ernst von (geb. 7. 5. 1839 zu Sigmaringen, Ober-Schulrath zu Karlsruhe), Bemerkungen über den Vocalismus d. engl. Spr. 202.
San-Marte (Albert Schulz, geb. 18. 5. 1802 zu Schwedt a. O., geheimer Regierungsrath zu Magdeburg', Uebers. von Stephens' Gesch. der wälsch. Litt.
Sarrazin, Gregor (geb. 13. 5. 1857 zu Grätz in Posen, Privatdocent a. d. Univ. Kiel), s. S. 28, ausserdem: Beówulfstudien (erschienen Ostern 1888); Ags. Quantitäten 202; Vocaldissimilation im Mittelengl 203; Altnordisches im Beówulfsliede 245.
Sattler, Ernst, Y Gomery ŏ d. i. Gramm. des Kymraeg 50.
— W. (Prof. an der Hauptschule zu Bremen), Older Oldest, elder eldest 325; Something, Somewhat 365; Die adverbialen Zeitverhältnisse 367, ebenda: Beiträge zur Präpositionslehre im Neuengl. Vgl. auch S. 367 Anm.
Saussure, F. de, Mémoire s. le système primitif des voyelles etc. 200.
Sayce, Archibald Henry (geb. 25. 3. 1846 zu Shirehampton bei Bristol, Prof. a. d. Univ. Oxford), The Principles of Comparative Philology 10.
Scheibner, Oscar Theodor (geb. 7. 4. 1845 zu Bautzen, Director der Realschule zu Leisnig i. S.), Ueber die Herrschaft d. frz. Spr. in England 304.
Schemann, Karl Friedrich (geb. 13. 9. 1860 zu Hagen i. W., Lehrer am dortigen Realgymnas.), Die Synonyma im Beówulfsliede 250.
Scherer, Wilhelm (geb. 26. 4. 1841 zu Schönborn in Niederösterreich, gest. 6. 8. 1886 als Prof. a. d. Univ. Berlin), Ztschr. f. dtsch. Alterth. 6; Zur Geschichte der dtsch. Spr. 58 Anm., vgl. S. 321 unten; Die redupl. Präterita 323.
Schilling, Principles und Rules of Accent in the English Lang. 203.

Schipper, Jacob (geb. 19. 7. 1842 zu Fr. Aug. Groden in Oldenburg Prof. a. d. Univ. Wien), s. S. 30. (Bd. II Hälfte 1 der engl. Metrik erschien im Mai 1888), vgl. auch S. 388; De Marlovii versu 389.
Schirmer, Karl, Ueb. d. syntakt. Gebrauch des Optativs im Got. 365.
Schleicher, August (geb. 19. 2. 1821 zu Meiningen, gest. 6. 12. 1868 als Prof. a. d. Univ. Jena), Die deutsche Spr. 9; Compendium d. vgl. Gramm. 11; Idg. Chrestomathie 11; Das Zahlwort im Letto-Slav. u. Deutschen 323.
Schlüter, Wolfgang, Die mit dem Suffix -ja gebildeten dtschen Nomina 322; — Ueb. die Spr. u. Metrik der me. weltl. u. geistl. Lieder des Ms. Harl. 2253, 389.
Schmeisser, Wenzeslaus (geb. 1855 zu Jockelsdorf in Böhmen, Lehrer an der Oberrealschule zu Wiener Neustadt), Der neuengl. Consonantismus etc. 203.
Schmid, Reinhold, Die Gesetze der Angelsachsen 57.
Schmidt, Alexander (geb. 5. 12. 1816 zu Kaschin in Russland, geb. 27. 6. 1887 zu Königsberg), Shakespeare-Lexikon 92.
Schmidt, Immanuel (geb. 12. 8. 1823, Prof. a. d. Cadettenhause zu Lichterfelde), Engl. Gramm. 91.
Schmidt, Johannes (geb. 29. 7. 1843 zu Prenzlau, Prof. a. d. Univ. Berlin), Die Verwandtschaftsverhältnisse der idg. Spr. 12; Zur Gesch. des idg. Vocalismus 200; Was beweist das E in den europ. Spr.? 200; Die Vertreter von ursprüngl. äv, öv in den germ. Spr. 200; Die germ. Flexion des Verb. subst. 324.
— (Vorname war nicht zu ermitteln), On the Use of the Relative Pronouns in the Engl. Lang. 365.
Schmirgel, Ueber Styl u. Sprache des me. Epos Bewes of Hamtoun 389.
Schmitz, Bernh. (gest. 14. 4. 1881 als Prof. a. d. Univ. Greifswald), Encycl. des philol. Studiums der neueren Sprachen 2.
Schneider, Ueber Aussprache der engl. Vocale im 13. Jahrh. etc. 203.
Scholl, Phraseological Dict. of Commercial Correspondence 252.
Scholten, von, Metrische Unter-

suchungen zu John Marston's Trauerspielen 390.
Schrader, Karl, Ueb. den syntakt. Gebrauch des Genetiv's in der got. Spr. 364.
Schrader, Otto (geb. 28. 3. 1855 zu Weimar, lebt zu Jena, Sprachvergleichung u. Urgeschichte XIV.
— Das altengl. Relativpron. 265.
Schrauer, Kleine Beiträge zur altengl. Gramm. 250.
Schröer, Arnold (geb. 10. 11. 1857 zu Pressburg, Prof. a. d. Univ. Freiburg i. B.), s. S. 27; ausserdem: Ueber d. Unterricht in der Auspr. des Engl. 208.
Schubert, Heinrich, De Anglo-Saxonum re metrica 387.
Schuchardt, Hugo (geb. 4. 2. 1842 zu Gotha; Prof. a. d. Univ. Graz), Ueber d. Lautgesetze 14; Romanisches u. Keltisches 50; Kreolische Studien 124.
Schüddekopf, Spr. u. Dialect des me. Gedichtes William of Palerne 205.
Schürmann, Joseph (geb. 7. 2. 1856 zu Münster i. W., Lehrer am Realgymnas. zu Lippstadt), Darstellung der Syntax in Cynewulfs Elene 363.
Schwahn, Friedrich, Die got. Adjectivadverbien 324; — Conjugation in Sir Gawayn and the Green Knight 325.
Scott, P initial en gothique et en anglo-saxon 203.
Seitz, Karl Ludwig (geb. zu Norden 27. 4. 1837, Rector des Realprogymnas. z. Itzehoe), Beitr. zur engl. Lexikographie 244; Zur Allitt. 387 Anm. 3.
Shepherd, Hist. of the Engl. Language 46.
Sidney, Apology for Poetry 386 Anmerk.
Siebs, Der Vocalismus der Stammsylben etc. 202.
Sievers, Georg Eduard (geb. 25. 11. 1850 zu Lippoldsberg im Reg.-Bez, Kassel, Prof. a. d. Univ. Halle), Paradigmen zur deutschen Gramm. 7; Germ. ôu 201; Zur Accent- u. Lautlehre d. germ. Spr. 201; Altags. e u. o 203; Das Nominalsuffix tra 322; Die redupl. Präterita 323; Zur Flexion der schw. Verba 323; Miscellen zur ags. Gramm. 324; Der ags. Instrumental 324; Zur Rhythmik des german. Alliterationsverses 387.

Simmonds, The Commercial Dictionary etc. 252.
Skeat, Walter W., s. S. 31 f.; ausserdem: A rough List of Engl. Words found in Anglo-French 204; A Word List, illustrating the Correspondence of Modern English with Anglo-French Vowel-Sounds 204; A List of English Words, the Etymology of which is illustrated by comparison with Icelandic 245; An Etymological Dict. of the Engl. Lang. 246; A Essay on Allitterative Poetry 388; Principles of Engl. Etymology XVI.
Smart, B. H., Walker's Pronouncing Dictionary etc. 207.
Smith, Dictionary of Popular Names of Plants 249; Synonyms Discriminated 250.
Starford, A Dictionary of Anglicised Foreign Words and Phrases 245.
Steenstrup, Johannes C. H. R. (Prof. a. d. Univ. Kopenhagen), Danske og Norske Rike etc. 18; Danelag 19.
Steinmeyer, Elias (geb. zu Nowawess b. Potsdam 8. 2. 1848, Prof. a. d. Univ. Erlangen), Ztschr. f. deutsches Alterth. 6.
Steinthal, Chajim Heymann (geb. 16. 5. 1823 zu Gröbzig in Anhalt, Prof. a. d. Univ. Berlin), Rede auf Humboldt 10; Charakteristik der hauptsächlichsten Typen des Sprachbaues 10; Abriss d. Sprachwiss. 10; Ztschr. f. Völkerpsychologie etc. 11; Die Genera des Nomens 322.
Stengel, Edmund (geb. 5. 4. 1845 zu Halle, Prof. a. d. Univ. Marburg), s. S. 29.
Stenzler, Adolf Heinrich (geb. 9. 7. 1807, gest. 1884 als Prof. a. d. Univ. Breslau), Elementarbuch des Sanskrit 15.
Stephens, Thomas, Geschichte der wälschen Litt. 51.
Steuerwald, Lehrb. d. engl. Ausspr. etc. 207.
Stevenson, Rituale ecclesiae Dunelmensis 106.
Stimming, Albert (geb. 17. 12. 1846 zu Prenzlau, Prof. a. d. Univ. Kiel), s. S. 28.
Stimson, Glossary of Technical Terms 251.
Stockmann, Karl, De vocalium et consonarum infectione per i litteram 201.
Stoffel, Shall, should and will, would

366; Der Accus. cum. inf. mit for im Engl. 367.
Storch, Ags. Nominalcomposita 250.
Storm, Johann (Prof. a. d. Univ. Christiania), Englische Philologie 3.
Stormonth, John, Etymological and Pronouncing Dictionary 207.
Stratmann, Franz Heinrich (geb. 22. 1. 1822 zu Brackwede b. Bielefeld, gest. 9. 11. 1884 zu Köln), Mittelengl. Gramm. 81; Old English Dictionary 81; Ags. éa = got. au 203; Notizen zur me Lautlehre 203; Altengl.-cre 203; Ags. sc = ahd. sch 203; sc für s 203; Das paragogische n im Engl. des 12. Jahrh.'s 203; t für d 203; b für w 203; Das paragog. n im Layamon 203; Beitr. zu einem Wörterb. d. engl. Spr. 241 Anm.; Nom. u. Accus. Pl. des Masc., Notizen üb. die Decl. der nominalen i- u. ja-Stämme, das paragogische e neutraler a-Stämme im Mittelengl., ags. dohtor 324; Ueb. d. bestimmte Form der Adj. im Altengl. 325; Ueb. d. Ausstossung des Ableitungsvocales im schw. Prät. 325; Ags. funde purde als Prät. Ind. 325.
Strauch, Lat. ö in der norm. Mundart 60.
Streatfield, Lincolnshire and the Danes 66.
Sturmfels, A., Der Vocalismus im Mittelengl. 79.
Sturzen-Becker, Some Notes on the Leadings Grammatical Characteristiks of the Principal Early English Dialects 114.
Suchier, Hermann (geb. 1848 zu Cassel, Prof. a. d. Univ. Halle), Ausg. d. Reimpredigt »Grant mal fist Adam«, der Vie de St. Auban, des Brandan 80; Ueb. agn. Rhythmik 388 Anm. 1.
Sweet, Charles, A Dictionary of Engl. Law 251.
Sweet, Henry (Prof. a. d. Univ. Oxford), s. S. 31 f. (Die »History of English Sounds« ist 1888 in neuer Ausg. erschienen). An Anglo-Saxon Reader 61 u. 63; First Middle English Primer 71 Anm.; Old English Texts 106; Dialects and Prehistoric Forms 108; On Intonation in spoken English 203; History of g 203; Handbook of Phonetics 206; Sound Notation 206; Elementarbuch des gesproch. Englisch 208 Anm.; The Practical Study of Languages, und: Spelling Reform and the Practical Study of Languages 208 Anm.; Ausg. des Epinal Glossary 242 Anm.; Contributions to Old English Etymology 246; Disguised Compounds in Old English 250; Words, Logic and Grammar 363.
Svensson, Om språket i den förrn delen af Rushwortshandskriften 108.
Taine, Hippolyte-Adolphe (geb. 21. 4. 1828 zu Vouziers im Dép. des Ardennes, Prof. a. d. Ecole des beaux arts in Paris), Hist. de la litt. anglaise 33.
Tamm, Friedrich, Auslautendes t im German. 201.
Tanger, Wörterbuch d. engl. Eigennamen 253.
Tanger, Ueb. d. Natur der alt- u. neuengl. Consonanten 203.
Taylor, English Synonyms 250.
Techmer, Fritz (Privatdocent a. d. Univ. Leipzig), Internat. Ztschr. f. allgem. Sprachwiss. 9; Naturwissenschaftl. Synthese u. Analyse der hörbaren Spr. 133.
Tegg, Christina Surnames 249.
Teichmann, Die Verbalflexion in William Langley's Buche von Piers the Plowman 205.
Thackeray, William Makepeace (geb. 1811 zu Calcutta, gest. 24. 12. 1863), The Four Georges 18.
Thaussing, Das natürl. Lautsystem 136.
Theilkuhl, Beitr. zur engl. Lexikographie 243.
Thieme, Engl.-deutsches u. deutschenglisches Wörterb. 243.
Thierkopf, Der stammhafte Wechsel im Norm. 80.
Thierry, Jacques-Nicolas-Augustin (geb. 10. 5. 1795 zu Blois, gest. 22. 5. 1856 zu Paris), Hist. de la conquéte de l'Angleterre par les Normands 18.
Thommerel, Sur la fusion de l'Anglo-Saxon et du Franco-Normand 204.
Thorpe, Analecta Anglo-Saxonica 62.
Thrupp, The Anglo-Saxon Home 253.
Thurot, François-Charles-Eugène (geb. 13. 2. 1823 zu Paris, gest. ebenda 17. 1. 1882), Hist. de la prononciation frçse 20.
Tobler, Ludwig (geb. 1. 6. 1827 zu Zürich, Prof. a. d. Univ. daselbst),

Ueb. d. Anwendung des Begriffes von Gesetzen auf d. Sprachwiss. 13; Ueb. die Wortzusammensetzung 250; Ueb. die scheinbare Verwechslung zw. Nom. u. Accus. 364; Ueb. Auslassung u. Vertretung des Pron. relat. 365.
Tolhausen, Technical Dictionary 252.
Toller, T. Northcote, Anglo-Saxon Dict. 63.
Trautmann, Moritz (geb. 23. 4. 1842 zu Klöden in der Prov. Sachsen, Prof. a. d. Univ. Bonn), s. S. 26; ausserdem: Zur Lehre v. d. Vocalen 202; Die engl. ea u. eo 202; Zur Gesch. der R-Laute 203; Einiges über das nordhumbr. r 203; Orrm's Doppelcons. 205. Vgl. auch S. 388.
Treitz, Wilhelm, De vocalibus neoanglosaxonicis 202.
Trench, Richard Chenevix (vormals Prof. am King's College z. London), Engl. Past and Present 46 u. 245; On the Study of Words 245; A Select Glossary of Words 245.
Tschischwitz, Benno v. (geb. 11. 2. 1828 zu Schweidnitz, Oberlehrer in Celle), L'influence du grec et du latin s. le développement de la langue anglaise 92; Articuli determinativi anglici historia 364.
Tyrwhitt, On the Versification of Chaucer 389.

Uhlemann, Ueb. d. anglo-norm. Vita des St. Auban 79.
Umlauft, F., Das Gebiet des Umlauts im Hochd. 201.

Varnhagen, Hermann (geb. 10. 8. 1850 zu Arolsen, Prof. a. d. Univ. Erlangen), s. S. 26; ausserdem: An Inquiry into the Origin etc. of the English Particle but 250.
Verron, The Construction etc. of Words in the Present English Lang. 367.
Verner, Karl Adolf (geb. 7. 3. 1846 zu Aarhus, Prof. a. d. Univ. Kopenhagen), Zur Ablautsfrage 201; Eine Ausnahme der ersten Lautverschbg. 202.
Vetter, Ferdinand (geb. 3. 2. 1847 zu Osterfingen b. Schaffhausen, Prof. a. d. Univ. Bern), Zum Muspilli etc. 387.
Victor, Wilhelm (geb. 25. 12. 1850 zu Kleeberg, Prof. a. d. Univ. Marburg), s. S. 28; ausserdem: Einführung in das Stud. d. engl. Philol. Marburg 1888, vgl. Nachträge p. XIV; Die Ausspr. des Engl. nach deutschengl. Gramm. von 1750, 206; Die wissenschaftl. Gramm. u. der engl. Unterricht 209.
Vieweger, Ueb. d. Werth der grammat. Beziehungsfunction im Engl. 363.
Vising, Etude s. le dialecte anglonormand du 12 et 14 s. 79.
Vivant, Dictionnaire technique anglais-français 252.
Voges, Der reflexive Dativ im Engl. 364.
Vollmöller, Karl (geb. 16. 10. 1848 zu Ilsfeld in Württemberg, Prof. a. d. Univ. Göttingen), s. S. 27.

Wackernagel, Wilhelm (geb. 23. 4. 1806 zu Berlin, gest. 11. 12. 1869 als Prof. a. d. Univ. Basel, Conjugat. und Wortbildung durch Ablaut 323.
Waddy, Samuel, The English Echo 251.
Wagner, G., On Spenser's Use of Archaisms 362.
— The English Dramatic Blankvers 389.
Wahlenberg, Friedrich Wilhelm, Ueber die Einwirkung der Vocale auf Vocale 201.
Walker, A Critical Pronouncing Dictionary etc. 207; Rhyming Dictionary of the Engl. Lang. 390.
Waller, Das alte Wales 50.
Walter, Der Anfangsunterricht im Engl. 208.
Wandschneider, Zur Syntax des Verbs in Langley's Vision etc. 366.
Ward (and Lock), Standard Etymolog. Dict. of the Engl. Lang. 247; Popular Law Dictionary 252.
Warnke, Ueb. d. neuengl. Zwillingswörter 246; On the Formation of English Words by Means of Ablaut 250.
Webb, Manual of English Etymology 247.
Webster, Complete Dict. of the Engl. Lang. 243; Dictionary of Quotations 251.
Webbe, Discourse of English Poetry 356 Anm.
Wedgwood, Etymological Dict. 247; Contested Etymologies in the Dict. of the Rev. Skeat 264.

Wegener, Philipp (geb. 27. 7. 1848 zu Neuhaldensleben), Untersuchungen üb. die Grundfragen des Sprachlebens 9.
Weihrich, Friedrich, De gradibus comparationis etc. 322.
Weisser, Origin, Progress and Destiny of the Engl. Lang. 46.
Wells, L'ablaut en anglais 202; Developement of Old English Vowels 203.
Wendt, Die Behandlung der engl. Präpos. in der Realschule 367.
Wenker, Georg (Kustos a. d. Bibl. zu Marburg i. H.), Ueber die Verschiebung der Stammsilbenauslaute im Germ. 202.
Wershoven, Franz Joseph (geb. 7. 1. 1851 zu Losheim b. Trier, Oberlehrer daselbst), Engl. Volksetymologie 246; Naturwissenschl.-technisches Wörterb. 252.
Western, August (Lehrer in Frederikstadt), Engl. Lautlehre 22.
Westphal, Rudolf (geb. 3. 7. 1826 zu Obernkirchen, Schaumburg), Vgl. Gramm. d. idg. Spr. 11.
Wetzel, Emil (Lehrer am Dorotheenst. Realgymnas. zu Berlin), Die engl. Orthographie etc. 207.
Wheatley, Ausg. des Catholicon Anglicum 242 Anm.
White, Richard Grant, Americanisms 124; Memorandum of English Pronunciation in the Elizabethan Era 206; Words and their Uses 245.
Whitney, William Dwight (Prof. am Yale College zu New Haven, Conn., U. S. A.), Language and the Study of Lang. 10.
Wickborg, Notes on the Origin of the Early West-Saxon Vowel System 202; Ueb. d. Ursprung d. schwachen Präteritalbildg. 323.
Wilda, Ueb. d. örtliche Verbreitung d. zwölfzeiligen Schweifreimstrophe XVI.
Wilcke, Anleitung zum engl. Aufsatze 368.
Wilhelm, Eugen, De infinitivo linguarum sanscritae, bactricae etc. forma et usu 366.
Wilke, Metrische Untersuchungen zu Ben Jonson 290.
Wilson An Unwritten English Guttural 203.
Wimmer, F. A. (Prof. a. d. Univ. Kopenhagen), Oldnordisk Formlære u. Oldnordisk Læsebog 71.
Windisch, Ernst (geb. 4. 9. 1844 zu Dresden, Prof. a. d. Univ. Leipzig), Kurzgfasste irische Gramm., u. Keltische Sprachen 50; Das irische t-Prät.. in: Beitr. z. vgl. Sprachforschg. VIII 442; Untersuchungen über d. Gebrauch des Relativpron's in den idg. Spr. 365.
Winkelmann, Eduard (geb. 25. 6. 1838 zu Danzig, Prof. a. d. Univ. Heidelberg), Gesch der Ags. 17 f.
Wissmann, Theodor (geb. 23. 11. 1823 Wied-Selters in Nassau, gest. 7. 7. 1883), Zur me. Wortbetonung 388; King Horn, Untersuchungen zur me. Sprach- u. Kulturgeschichte 389.
Witcomb, On the Structure of English Verse 387.
Withworth, An Anglo-Indian Dictionary 245.
Witte, Ueb. das neuags. Pron. 325.
Wohlfahrt, Die Syntax des Verbs in Alfric's Uebers. d. Heptateuch etc. 306.
Worcester, J., A Dictionary of the English Language 243.
Worsaae, J. J. A., Minder om de danske etc. i England 19.
Wright, Thomas, The Celt, the Roman and the Saxon [46; Ausg. der Anglo-Saxon and Old-Englisch Vocabularies 242 Anm.; The Homes of Other Days 252.
Wülker, Richard (geb. 29. 7. 1846 zu Frankfurt a. M.; Prof. an der Univ. Leipzig), s. S. 28, ausserdem: Studienplan 41.

Zacher, Ernst Julius August (geb. 15. 2. 1816 zu Oberingk in Schlesien, gest. 23. 3. 1887 als Prof. a. d. Univ. Halle). Ztschr. f. dtsche Phil. 6.
Zarncke, Friedrich Karl Theodor geb. zu Zahrenstorf b. Brüel in Mecklenburg-Schwerin 7. 7. 1825, Prof. a. d. Univ. Leipzig), Lit. Centralblatt 6.
Zehetmayr, Sebastian (geb. 7. 6. 1815 zu Beicharting, Prof. am Gymnasium z. Freising), Analogisch-vgl. Wörterb. d. idg. Spr. 11.
Zethraus, Om användanet af Participium i Engelskan 366.

Zeuner, Die Sprache des kent. Psalters 108; Die Allitteration b. neuengl. Dichtern 387 Anm. 3.

Zeuss, Kaspar (geb. 22. 7. 1806 zu Vogtendorf im bair. Oberfranken, gest. als Lycealprofessor am 10. 11. 1856 zu Kronach in Oberfranken), Keltische Gramm. 50.

Ziegler, Hermann Heinrich (geb. 1. 1. 1859 zu Barlow in W., Lehrer in Elberfeld), Der poetische Sprachgebrauch in den sog. Cädmon'schen Dichtungen 389.

Zietsch, Ueber Quelle u. Spr. des me Gedichtes Seege of Troy 205.

Zimmer, Hermann (geb. 11. 12. 1851, Prof. a. d. Univ. Greifswald), Die Nominalsuffixe a u. â in den germ. Spr. 322.

Zupitza, Julius (geb. 4. 1. 1844 zu Karpen in Schl., Prof. a. d. Univ. Berlin), s. S. 25; ausserdem: me k für ð? 203; English Etymology 246; Der Accus. qualitatis im Engl. 364; Zur Lehre vom neuengl. Conditional 366.

Verlag von GEBR. HENNINGER in Heilbronn.

## Shakspere,
### sein Entwicklungsgang in seinen Werken.
Von
**Edward Dowden.**
Mit Bewilligung des Verfassers übersetzt von Wilhelm Wagner.
gr. 8. XII, 327 S. geh. ℳ 7.50.

## Anmerkungen zu Macaulay's History of England.
Von
**Dr. R. Thum.**
I. Theil. Zweite sehr vermehrte und verbesserte Auflage.
gr. 8. IV, 151 S. geh. ℳ 3.—.

## Englische Lautlehre für Studirende und Lehrer.
Von
**August Western,**
Lehrer an der höheren Schule zu Frederikstad.
Vom Verfasser selbst besorgte deutsche Ausgabe.
gr. 8. VIII, 98 S. geh. ℳ 2.—.

## Kurze Darstellung der englischen Aussprache
### für
### Schulen und zum Selbstunterricht.
Von
**August Western.**
8. 40 S. geh. ℳ —.80.

### Über den
## Ursprung der neuenglischen Schriftsprache
von
**Dr. Lorenz Morsbach,**
Privatdocent der englischen Philologie an der Universität Bonn.
gr. 8. X, 188 S. geh. ℳ 4.—.

## Beiträge zur Geschichte der französischen Sprache in England.
Von
**Dietrich Behrens.**
I. Zur Lautlehre der französischen Lehnwörter im Mittelenglischen.
(Französische Studien V. Band 2. Heft.)
gr. 8. IV, 224 S. geh. ℳ 7.60.

Verlag von GEBR. HENNINGER in Heilbronn.

## Sammlung altenglischer Legenden,
grösstentheils zum ersten Male
herausgegeben
von
**C. Horstmann.**
gr. 8. III, 229 S. geh. ℳ 7.20.

## Altenglische Legenden.
Neue Folge.
Mit Einleitung und Anmerkungen
herausgegeben von
**C. Horstmann.**
gr. 8. CXL, 536 S. geh. ℳ 21.—.

## Barbours, des schottischen Nationaldichters Legendensammlung
nebst den Fragmenten seines Trojanerkrieges
zum ersten Mal kritisch herausgegeben
von
**C. Horstmann.**

Erster Band. gr. 8. XI, 247 S. geh. ℳ 8.—. Zweiter Band. IV, 308 S. ℳ 9.60.

## S. Editha sive chronicon Viledunense
im Wiltshire Dialect
aus Ms. Cotton Faustiua B III
herausgegeben von
**C. Horstmann.**
gr. 8. VIII, 116 S. geh. ℳ 4.—.

## Elis Saga ok Rosamundu.
Mit Einleitung, deutscher Ueber-
setzung und Anmerkungen.
Zum ersten Mal herausgegeben von
**Eugen Kölbing.**
gr. 8. XLI, 217 S. geh. ℳ 8.50.

## Die nordische und die englische Version der Tristan-Sage.
Herausgegeben
von **Eugen Kölbing.**

I. Theil: **Tristrams Saga ok Isondar.** Mit einer literar-historischen Einleitung, deutscher Uebersetzung und Anmerkungen. gr. 8. CXLVIII, 224 S. geh. ℳ 12.—.

II. Theil: **Sir Tristrem.** Mit Einleitung, Anmerkungen und Glossar. Nebst einer Beilage: Deutsche Uebersetzung des englischen Textes. XCIII, 292 S. geh. ℳ 12.—.

## Einleitung in das Studium des Angelsächsischen.
Grammatik, Text, Uebersetzung Anmerkungen, Glossar
von **Karl Körner.**

I. Theil: **Angelsächsische Laut- und Formenlehre.** Zweite Auflage, bearbeitet von Adolf Socin. gr. 8. VIII, 90 S. geh. ℳ 2.—.

II. Theil: **Angelsächsische Texte.** Mit Uebersetzung, Anmerkungen und Glossar. Herausgegeben von Karl Körner. gr. 8. XI, 404 S. geh. ℳ 9 —.

## Die Sage von Guy von Warwick,
Untersuchung über ihr Alter und ihre Geschichte.
Von **A. Tanner.**
gr. 8. 67 S. geh. ℳ 2.—.

Verlag von GEBR. HENNINGER in Heilbronn.

## Altenglische Bibliothek

herausgegeben
von
**Eugen Kölbing.**

Erschienen:

**I. Band:**
**Osbern Bokenam's Legenden**, herausgegeben von C. Horstmann. geh. ℳ 5.60.

**II. Band:**
**Amis und Amiloun**, zugleich mit der altfranzös. Quelle herausgegeben von Eugen Kölbing. Nebst einer Beilage: Amícus ok Amílius Rímur. geh. ℳ 7.—.

**III. Band:**
**Octavian. Zwei mittelenglische Bearbeitungen der Sage**, herausgegeben von G. Sarrazin. geh. ℳ 4.50.

Unter der Presse:

**IV. Band:**
**Arthour and Merlin**, herausgegeben von Eugen Kölbing.

---

## Englische
## Sprach- und Literaturdenkmale
des 16., 17. und 18. Jahrhunderts

herausgegeben
von
**Karl Vollmöller.**

Erschienen:

**I. Band:**
**Gorboduc or Ferrex and Porrex.** A Tragedy by Thomas Norton and Thomas Sackville. A. D. 1561. Edited by L. Toulmin Smith. geh. ℳ 2.—.

**II. Band:**
**Marlowe's Werke**, historisch-kritische Ausgabe von Hermann Breymann und Albrecht Wagner. I. **Tamburlaine** herausgegeben von Albrecht Wagner. geh. ℳ 4.—.

**III. Band:**
**Mountford, The Life and Death of Doctor Faustus**, made into a farce. London, 1697, herausgegeben von Otto Francke. geh. ℳ 1.20.

**IV. Band:**
**Euphues.** The Anatomy of Wit by John Lyly M. A. To which is added the first chapter of Sir Philip Sidney's Arcadia, edited with introduction and notes by Dr. Friedrich Landmann. geh. ℳ 2.80.

Unter der Presse:

**V. Band:**
**Marlowe's Werke**, historisch-kritische Ausgabe. II. **The Tragical History of Doctor Faustus**, herausgegeben von Hermann Breymann.

Verlag von GEBR. HENNINGER in Heilbronn.

## Elemente der Phonetik und Orthoepie
des
Deutschen, Englischen und Französischen
mit Rücksicht auf die Bedürfnisse der Lehrpraxis
von
**Wilhelm Vietor.**
Zweite verbesserte Auflage.
gr. 8. XII, 276 S. geh. ℳ 4.80, geb. in Halbfrzbd. ℳ 6.30

---

## Die Aussprache des Latein
nach
physiologisch-historischen Grundsätzen
von
**Emil Seelmann.**
gr. 8. XV, 398 S. geh. ℳ 8.—.

---

## Raetoromanische Grammatik
von
**Th. Gartner.**
(Sammlung romanischer Grammatiken.)
gr. 8. XLVIII, 206 S. geh. ℳ 5.—, geb. in Halbfrzbd. ℳ 6.50.

---

## Englische Philologie.
Anleitung zum wissenschaftlichen Studium
der englischen Sprache.
Von
**Johan Storm,**
ord. Professor der romanischen und englischen Philologie an der Universität Christiania.

Vom Verfasser für das deutsche Publikum bearbeitet.

I. Die lebende Sprache.

Zweite Auflage.

In Vorbereitung.